# O Direito do Trabalho por Especialistas

Coordenador: Jorge Luiz Souto Maior

LACIER

## Ficha Catalográfica

**Dados Internacionais de Catalogação na Publicação (CIP)**
**(Câmara Brasileira do Livro, SP, Brasil)**

O Direito do trabalho por especialistas / organização Adriana R. Strabelli ... [et al.]. -- 1. ed. -- Campinas, SP : Lacier Editora, 2021.

Vários organizadores.
ISBN 978-65-88805-01-5

1. Direito 2. Direito do trabalho - Brasil I. Strabelli, Adriana R.

20-47890 CDU-34:331(81)

**Índices para catálogo sistemático:**

1. Direito do trabalho : Brasil 34:331(81)

Aline Graziele Benitez - Bibliotecária - CRB-1/3129

Diretor: *Lacier José de Rezende*

Diretor assistente: *Eduardo Soares Aureliano*

Projeto gráfico e capa: *Juliana Ferreira Carnielli*

Diagramação: *Juliana Ferreira Carnielli e Alice Corbett Fogli*

Imagem da capa: *vetor criado por rawpixel.com - br.freepik*

LACIER
www.lacier.com.br

# AUTORES E AUTORAS

## 1ª TURMA

*Aarão Miranda da Silva.*

## 2ª TURMA

*Roberto Benavente Cordeiro.*

## 3ª TURMA

*Juliana Hinsching Cezaretto Fernandes, Flávia Cyrineu Faria Bertolli Stecca, Cláudia Al-Alam Elias Fernandes.*

## 4ª TURMA

*Andrea de Souza Gonçalves, Augusto Crieco Sant'Anna Meirinho, Bruno da Costa Rodrigues, Lara Carolina Taveira Garcia, Luís Henrique Salina, Mariana Del Monaco, Maria Vitória Queija Aivar.*

## 5ª TURMA

*Cláudia Urano Machado Piovesana, Lara Porto Renó, Luís Guilherme Silva Robazzi, Regiane de Moura Macedo, Viviane Stadler.*

## 6ª TURMA

*Ana Carolina Yoshida Hirano de Andrade Mota, Gabriele Mutti Capioto, Luana Duarte Raposo, Luís Augusto Olivieiri, Taísa Cavalcante Sawada, Thaís Novais da Silva.*

## 7ª TURMA

*Adriana R. Strabelli, André Luiz Ferreira Alves, Carolina Masotti Monteiro, Cláudia Tejeda Costa, Elisângela Bressani Schadt, Flávio Leme Gonçalves, Giovanna Maria Magalhães Souto Maior, Josiane Godoy Lima, Mariana Benevides da Costa, Miriam Ramalho Alves, Rita de Cássia Corrêa Marcatti, Valéria Neves dos Santos Rodrigues, Tânia Romualdo Moraes.*

**8ª TURMA**

*Ana Carolina Bianchi Rocha Cuevas Marques, Bruno Cataldi Cipolla, Bruno de Oliveira Pregnolatto, Daniel Bianchi, Gabriel Zomer Facundini, Leonardo Lira Lima, Lilian Mayumi Rocha Hosaka, Milton Souza Guiguer, Osvaldo Ribeiro Franco Neto, Pedro Paulo de Azevedo Sodré Filho.*

**9ª TURMA**

*Ana Cláudia Ribeiro, Ana Luiza de Oliveira, Bianca Santos da Silva, Bruno Tauil Pivatto, Camilla de Oliveira Borges, Eduarda Mendes Andrade, Fabiana de Fátima Vieira dos Santos, Fábio Alexandre Costa, Felipe de Melo Barbosa, Leila Giovana Izidoro, Priscila da Graça, Priscila Kuhl Zoghbi, Priscila Leiria, Stephani Bianchini, Thiago Antônio Dias e Sumeira, Thiago Rogério Silva Soares, Tulio Avelino Teles de Andrade, Verônica Pavan, William Luciano Gonçalves, Yuri Kuroda Nabeshima.*

**10ª TURMA**

*Alexandre Corrêa, Anderson do Nascimento Leriano, André Luiz Lima da Silva, André Monici Sabino, André Monteiro do Rosário, Andresa Aparecida Moreira, Anna Beatriz de Alencar Reis, Arlindo Oliveira Lima, Bruna Fonseca Uchoa, Caio Spazzapan Meloni, Carlos Alexandre Aires Elldrikwer, Carlos Augusto Pereira Nunes, Charita Maria Doimo Rodrigues, Cristiane Anizeti dos Santos, Daiane Brasil Pereira Silva, Daniel Ferreira da Silva, Daniel Mermerian, Danielle da Costa Silva, Danilo de Carvalho Cremonini, Elaine D 'Ávila Coelho, Elisa Maria Secco Andreoni, Erazê Sutti, Érika Cristhiane Camargo Marques, Felipe Augusto de Azevedo Marques Arruda, Felipe Lopes Tamelini, Felipe Meleiro Fernandes, Francesco Scotoni M. da Silva, Frederico Espinoza Cerruti, Gabriel Henrique Zani Furlan, Gabriel Moreira De Santana, Gabriel Ruiz Peixoto, Gabriela Menezes Zacareli, Gabriela Oliveira Chikitani, Helena Pontes dos Santos, Iasmim Pereira Gois, Jéssica Serejo Luglio de Oliveira, Joana Roberta Gomes Marques, José do Socorro Teixeira Gomes, Larissa Daniela Carvalho de Sá, Marcela Vasconcellos Santos de Andrade, Mariana Evelin da Silva Leal, Mariana Moraes Vieira, Marina Costa Rosa Sant'Ana, Mayara Rocha de Lima Pires, Monique Dominicheli do Nascimento Basso, Natali Gomes Vancini, Otto Dmitry Garkauskas Hernandes, Patrícia Soares Nicolini de Deus, Patrícia Souza Anastácio, Pedro Tarozzo Tinoco Cabral Lima, Reinaldo Kosmo da Silva Lima, Renato Oliveira Batista, Roberto Alves de Andrade Barbosa, Samuel Alves da Silva, Tiago Alves da Silva.*

# SUMÁRIO

# APRESENTAÇÃO

No início de 1989, de forma bastante surpreendente para mim, diante das expectativas que tinha, ingressei, por intermédio de processo seletivo público, no curso de especialização "lato sensu" de Direito do Trabalho da Faculdade de Direito da Universidade de São Paulo.

Havia concluído meu curso de graduação no final de 1986, época que coincidiu também com o encerramento de uma curtíssima carreira de atleta profissional de futebol, e até aquele instante, 1989, estava meio sem rumo, tentando os primeiros passos na advocacia.

É bem verdade que tive a sorte grande de, a convite de um amigo antigo, Márcio Etienne Arreguy, dividir com ele o escritório que, em pouco tempo, passou a contar com a participação de seu pai, o professor Marçal Etienne Arreguy.

Nos encontros diários que mantinha com o Dr. Marçal, fui presenteado com aulas e mais aulas de Direito, sobretudo, Direito e Processo do Trabalho, às quais se somavam incursões na língua portuguesa, assim como na história, na geografia, na sociologia, nas artes e até no latim.

Tive, igualmente, o enorme benefício de, no ano de 1988, seguir um curso de especialização em Direito do Trabalho na Faculdade de Direito do Sul de Minas que, naquele ano, foi ministrado por Márcio Túlio Viana e que um dia, sem mais nem menos, chamou-me no canto, talvez percebendo o assédio que o jogador de futebol sofria no ambiente acadêmico, e disse que eu levava jeito para o Direito, embora precisasse, ainda, aprender a escrever, indicando-me, para iniciar, a leitura do Alienista, de Machado de Assis.

A todos esses ensinamentos, que generosamente me foram passados e que eu absorvia como se fosse um oxigênio, acrescidos a tantos outros, ligados à filosofia e à ciência política, que também diariamente me eram repassados de forma prazerosa por meu pai, o Dr. Souto, médico e bacharel em direito, é que se deveu, certamente, minha aprovação no referido curso.

Ainda assim não se pode desprezar o elemento sorte, visto que, concretamente, tratava-se de um recém-formado que dividiu a Faculdade com os treinamentos e a atuação como bancário, durante cerca de dois anos, e com o trabalho de secretário do clube de futebol, no restante do tempo, tudo aliado à atividade paralela da venda de assinaturas de um jornal (de porta em porta).

Mas além da sorte, o que mais me impressionou foi a impessoalidade do processo seletivo, que proporcionou a aprovação de uma pessoa, como eu, que não conhecia ninguém na Faculdade de Direito da USP. Aliás, até o dia da inscrição no certame, não sabia sequer onde se localizava a Faculdade. E ainda fiquei sabendo, tempos depois, que daquele certame, concorrendo às 12 vagas disponibilizadas, participaram muitos ex-alunos da Faculdade, advogados trabalhistas já consagrados e até juízes do trabalho.

O fato é que aquela aprovação, por si, modificou minha vida completamente, tanto que, em 1991, sob orientação do professor Wagner Drdla Giglio, ingressei no mestrado e, em 1993, fui aprovado no concurso para magistratura do trabalho na 15ª Região, ano em que também consegui aprovação no mesmo concurso na 3ª Região e fui até a prova oral no concurso da 1ª Região (deixando de comparecer em face das aprovações já obtidas).

Por que todo esse relato? Para demonstrar o quanto o curso de especialização na USP representou para mim. Um curso cujo acesso se dava por certame público e impessoal e que, além de ser ministrado por professores como Pedro Vidal Neto, Wagner Giglio, Amauri Mascaro Nascimento, Octavio Bueno Magano, Cássio de Mesquita Barros Jr, era gratuito.

Desde aquele instante me tornei devedor daquele curso e da sociedade que, afinal, me proporcionou aquela oportunidade. Nunca – em nenhum momento mesmo – deixei de ter a percepção de que aquelas conquistas não eram pessoais e sim fruto de uma estrutura social permissiva e incentivadora da produção do conhecimento. Com isso, sempre tive claro que toda a minha produção intelectual teria que ser voltada à melhoria da sociedade como um todo e, em especial, daqueles que, de forma concreta, produzem a riqueza e, com isso, financiam o investimento do fundo público em educação: a classe trabalhadora.

Tenho atuado para pagar essa dívida, que, no fundo, é impagável e por mais que se faça ainda se constituirá em débito, até que, enfim, uma sociedade efetivamente igualitária e humana seja concebida.

É dentro desse contexto que se insere o projeto do atual curso de especialização em Direito do Trabalho, do qual emerge o presente livro.

No ano de 1990, o curso de especialização referido, que estava inserido ao programa de pós-graduação da Faculdade e que, por isso, integrava todos os Departamentos, de modo que o aluno de Direito do Trabalho podia seguir, sem limites, disciplinas de outros Departamentos, como eu mesmo fiz, acompanhando as aulas de Celso Neves, Kazuo Watanabe, Ada Grinover, Geraldo Ataliba e tantos outros, foi extinto.

Foi um grande baque entre os estudantes e, desde aquele instante, visualizei que se um dia eu me tornasse professor da Faculdade, tentaria reativar o curso.

Ao ser aprovado no concurso para professor da Faculdade, em 2002, já dei início a essa tarefa, que não foi nada fácil, porque a estrutura da pós-graduação já não o previa. A possibilidade estava aberta como curso ligado à extensão universitária, mas para isso seria preciso criar um curso com programação própria, sendo que para que fosse gratuito para os alunos os professores não poderiam receber pelas aulas, tendo que acumulá-las na sua grade horária, a qual já incluía aulas na graduação e na pós-graduação.

A tarefa foi facilitada porque muitos dos professores do Departamento, de certo modo, também tinham sido formados pelo curso de especialização.

Assim, em 2003, cumprindo o compromisso assumido, foi dado início ao curso de especialização em Direito do Trabalho, coordenado por mim e sob a vice-coordenação do prof. Paulo Eduardo de Oliveira (um enorme incentivador), com acesso público e impessoal, gratuito e com aulas ministradas pelos professores do Departamento sem renumeração específica.

Foi uma enorme conquista institucional e uma intensa alegria pessoal.

Pela nova versão do curso de especialização, ministrado com essas características apenas pelo Departamento de Direito do Trabalho e da Seguridade Social, o objeto era abrir espaço para pessoas que, como eu, inicialmente, poderiam ter suas vidas alteradas com essa oportunidade de estudo.

Acredito que o objetivo tenha sido plenamente satisfeito. Isso está refletido, concretamente, no número de inscritos no processo seletivo que muitas vezes ultrapassou a 1.000 pessoas, para concorrer às atuais 100 vagas, cabendo lembrar que, inicialmente, eram apenas 20 as vagas e que, depois, pensando-se na ampliação do acesso, foram majoradas para 50, até se chegar, na 10ª edição, às atuais 100 vagas.

O cumprimento dos objetivos do curso também pode ser atestado pela qualidade dos(as) alunos(as), que acabam carregando consigo, nas suas atividades profissionais, os propósitos de publicização do conhecimento.

Mas é preciso registrar que não foi nada fácil manter o curso, talvez até mesmo por causa de seu sucesso e por ser efetivamente gratuito e de acesso público. Concretamente, tem sido bastante difícil a abertura do curso junto à Pró-Reitoria de Cultura e Extensão, que, a cada ano, de forma crescente, apresenta empecilhos e obstáculos de todos os tipos, para a criação do curso.

Assim, cada novo curso é uma vitória e foi com esse sentimento de batalha vencida, partilhado pelos(as) alunos(as), é que se promoveu, em 2018, um evento comemorativo da 10ª edição do curso, reunindo integrantes de todas as turmas.

O livro que ora se apresenta é o resultado das apresentações realizadas no evento, no qual cada turma fez um relato histórico do que se passou no Direito do Trabalho no período respectivo de sua integração ao curso.

O resultado é um livro primoroso, que serve como registro histórico inigualável do Direito do Trabalho de 2003 a 2019.

Serve, igualmente, como uma forma de devolver à sociedade o aprendizado obtido nas pesquisas, debates e estudos realizados no curso.

Abstraídos todos os inegáveis méritos, trata-se, em verdade, de uma singela prestação de contas.

Parabéns aos(às) alunos(as) pela dedicação.

Muito obrigado por reproduzirem os propósitos e os princípios do curso.

E que venham outras 10 edições (em um mundo melhor, espero)!

São Paulo, 3 de novembro de 2020.

*Jorge Luiz Souto Maior*

# 2003-2004 - A EMENDA CONSTITUCIONAL Nº 45 DE 2004 E A JUSTIÇA DO TRABALHO

*Aarão Miranda da Silva*

## 1. INTRODUÇÃO

No dia 31 de dezembro de 2004 foi promulgada a Emenda Constitucional nº 45, que alterou a competência trabalhista. Contudo antes que se consagre a alteração importante ter a luz de que a proposta era de 1992 e no curso do debate legislativo até a extinção da Justiça do Trabalho foi apresentada. Nesse sentido Augusto Cesar Ramos[1] escreveu:

> Antes de adentrar na análise específica do tema em epígrafe, faz-se oportuno lembrar que a EC 45, cuja PEC foi apresentada em 26-03 1992, pelo então Deputado Hélio Bicudo, promulgada em 8 de dezembro de 2004 e publicada no dia 31 do mesmo mês, é fruto de um longo debate no Congresso Nacional, que consumiu quase 13 anos. É importante ressaltar que na proposta original da mencionada EC, de autoria do Deputado Aloysio Nunes Ferreira, constava como medida mais extrema a extinção da Justiça do Trabalho por intermédio de sua incorporação pela Justiça Federal. Posteriormente, no relatório da Deputada Zulaê Cobra afastou-se essa ameaça, mantida, não obstante, a competência da Justiça do Trabalho para julgar as "ações oriundas da relação de emprego", o que pode justificar o lapso na manutenção do inciso IX do atual artigo 114 da CRFB, quando depois se ampliou a competência para abranger relações de trabalho. Partindo-se da premissa de que norma jurídica não resulta de um processo intelectual, técnico ou científico, mas do entrechoque de interesses entre classes sociais ou mesmo corporativos, a atuação da

1 Disponível em: https://jus.com.br/artigos/7841/a-emenda-constitucional-n-45-e-a-nova-competencia-da-justica-do-trabalho. Acesso em: 25 fev 2019.

ANAMATRA foi decisiva para persuadir os congressistas a alterarem a redação do inciso I, substituindo a expressão relação de emprego por relação de trabalho. Daí o porquê da alardeada incompatibilidade entre os incisos I e IX, que será mais adiante analisada. O fato é que a Justiça do Trabalho, cuja extinção outrora fora cogitada, com o advento da EC 45 ficou sobremaneira fortalecida com a ampliação de sua competência.

Otavio Pinto e Silva[2] escreveu que

> Uma das consequências mais importantes do processo de globalização da economia é a contínua alteração das relações de trabalho, em virtude de inovações tecnológicas que resultam em diversas formas de reestruturação produtiva. O próprio Direito do trabalho está diante de um momento de redefinição, pois foi concebido para regular uma modalidade de relação jurídica - o emprego - que aos poucos deixa de ser hegemônica. (...) A alteração do art. 114 da Constituição Federal nos leva à necessária reflexão sobre o conteúdo das relações de trabalho, um a vez que, a partir de agora, a Justiça do Trabalho vê ampliada a sua área de atuação, p ara além dos limites antes impostos p elo conceito de subordinação. A credito que qualquer revisão do nosso modelo de relações de trabalho terá que passar pela revalorização do trabalho autônomo e pelo desenvolvimento de fórmulas contratuais inovadoras que levem em conta o conceito de trabalho parassubordinado. O tradicional trabalho subordinado em regime de em prego terá que conviver com formas alternativas de prestação de serviços. Como bem observa Marcio Pochman, não se podem ais identificar o funcionamento do mercado de trabalho com o critério do assalariamento urbano, sustentado em grandes em presas: nos dias de hoje, faz-se necessária a constituição de legislação apropriada para distintos segmentos ocupacionais, por meio de uma nova regulação pública que universalize direitos, ainda que de forma não homogênea, mas incorporando todos os trabalhadores.

## 2. A COMPETÊNCIA DA JUSTIÇA DO TRABALHO APÓS A EC 45/2004

Em 30 de dezembro de 2004 foi editada a Emenda Constitucional nº 45 e, dentre as diversas alterações propostas, houve a ampliação da competência da Justiça do Trabalho. Além desse fato, o Poder Judiciário passou por

2 Rev. T S T, Brasília, vol. 71, n º 1, jan/abr 2005, p227 e ss. Disponível em: https://hdl.handle.net/20.500.12178/3728. Acesso em: 31 mar 2019.

sensíveis alterações. Após quase 15 anos, houve a consolidação das normas e propostas apresentadas e ainda evolução legislativa infraconstitucional.

O presente artigo propõe analisar as alterações apresentadas pela EC nº 45 de 2004 sob a ótica das questões trabalhistas e, ao fim, verificar se houve ratificação e confirmação da competência.

## 3. DAS ALTERAÇÕES GERAIS PROPOSTAS PELA EC 45/2004 E O POSICIONAMENTO DO STF

Um dos pontos que a EC 45 apresentou foi o inciso LXXVIII, do art. 5º da Constituição Federal, que assegurou "a todos, no âmbito judicial e administrativo, são assegurados a razoável duração do processo e os meios que garantam a celeridade de sua tramitação".

O princípio fundamental da duração razoável do processo permitiu uma evolução no Poder Judiciário, com reduções de procedimentos, com fixação de prazos para atuações dos juízes dos órgãos do Poder Judiciário, bem como mudou a relação entre a os Membros do Poder Judiciário e os jurisdicionados.

Anos após a EC 45, o Código de Processo Civil (lei nº 13.105/2015) consolidou esse princípio reduzindo a quantidade de procedimentos e impondo, ainda, celeridade processual. Mas é certo que a introdução e a consolidação do Processo Judicial Eletrônico foram a grande propulsão para a celeridade processual.

A celeridade processual consagra o princípio da efetividade e, por sua vez, permite ratificar o acesso à justiça. Contudo, há que se salientar que o amplo acesso à justiça, com o Judiciário mais próximo e mais célere, impactou na quantidade de ações distribuídas e, por conseguinte, na maior demanda dos profissionais envolvidos. Com efeito, não há uma pesquisa qualitativa para verificar a qualidade dos trabalhos e das decisões antes e depois da introdução destes mecanismos de celeridade processual.

Na área trabalhista, após anos de implementação, o Processo Judicial Eletrônico facilitou o acesso à justiça para o trabalhador, permitindo inclusive que o processo seja visualizado e acessado "on line" de qualquer local. E, ainda, houve a diminuição de custos com o procedimento, sendo assim, mais fácil a comunicação dos órgãos jurisdicionais.

Outro ponto essencial apresentado pela EC 45 foi a criação do Conselho Nacional de Justiça, conforme o art. 92 da CF. O CNJ foi instituído como uma grande incógnita sobre como seria a atuação como órgão Administrativo, fiscalizador e ainda controlador externo do Poder Judiciário; em paralelo, o Conselho Nacional do Ministério Público também iniciou suas atividades. Foram duas instituições importantes.

Esses dois pontos e institutos inseridos pela EC. 45 de 2004 foram essenciais para a consolidação da estrutura da Justiça do Trabalho e para o fortalecimento institucional, como se passa a expor.

## 4. DA AMPLIAÇÃO DA COMPETÊNCIA DA JUSTIÇA LABORAL

A EC. 45 houve por alterar a redação do art. 114 da Constituição Federal, e atribuiu à Justiça do Trabalho a competência para processar e julgar diversas ações.

De pronto, é possível afirmar que a nova competência atribuída impactou significativamente na demanda laboral e na estrutura da Justiça do Trabalho, sendo que, após as EC 20 e 24, a EC 45 foi a principal Norma Constitucional que consolidou o Poder da Justiça do Trabalho.

Jorge Luiz Souto Maior, à época da EC 45 de 2004, se posicionou sobre a ampliação da competência expondo que[3]:

> Este autêntico espírito altruísta, voltado à proteção do ser humano e do valor social do trabalho, certamente, fará com que a Justiça do Trabalho doravante: a) proteja a dignidade humana dos profissionais liberais, conferindo-lhes acesso à célere prestação jurisdicional trabalhista, para cobrar seus honorários de empresas, clientes ou pacientes (mesmo em relações de consumo); b) preserve, igualmente, a dignidade humana de empresas, clientes ou pacientes frente aos atos "repressores" dos profissionais liberais; c) confira direitos trabalhistas (embora não todos, como se diz) a

3 Rev. Trib. Reg. Trab. 3ª Reg., Belo Horizonte, v.40, n.70 (supl. esp.), p.95-111, jul./dez.2004.

trabalhadores parassubordinados ou independentes, que se encontram no mercado informal.

Particularmente, foi a nova redação do inciso I do art. 114 da Constituição Federal que trouxe o principal ponto de alteração, qual seja, a ampliação para que a Justiça do Trabalho processe e julgue as ações oriundas da "relação de trabalho".

Ora, a antiga redação previa somente a competência para o julgamento das relações de emprego, pois em um dos polos da lide obrigatoriamente deveria existir o empregador, ou seja, existia competência laboral em razão da pessoa (que deveria ser entre trabalhador e empregador). Como é notório, a relação de emprego é aquela regulamentada pela CLT conforme os arts. 3º e 2º, onde há subordinação, pessoalidade, pessoa física, não eventualidade ou habitualidade e remuneração, sendo que, nessas hipóteses em que há o vínculo de emprego, a CTPS deve ser anotada e todos os consectários legais são devidos.

A redação antiga do art. 114 da CF previa textualmente que:

> Art. 114. Compete à Justiça do Trabalho conciliar e julgar os dissídios individuais e coletivos entre trabalhadores e empregadores, abrangidos os entes de direito público externo e da administração pública direta e indireta dos Municípios, do Distrito Federal, dos Estados e da União, e, na forma da lei, outras controvérsias decorrentes da relação de trabalho, bem como os litígios que tenham origem no cumprimento de suas próprias sentenças, inclusive coletivas.

Contudo, por relação de trabalho há a abrangência do conceito de relação de emprego, trabalho parassubordinado e outras relações equiparadas, como o trabalho doméstico, o estágio, contratos especiais e outros.

O STF entendeu que mesmo que a lide envolvesse questões de natureza civil, sendo a origem (a causa de pedir) uma relação de trabalho, a competência deveria ser trabalhista. Assim:

> à determinação da competência da Justiça do Trabalho não importa que dependa a solução da lide de questões de direito civil, mas sim, no caso, que a promessa de contrato, cujo alegado conteúdo é o fundamento do pedido, tenha sido feita em razão da relação de emprego, inserindo-se no contrato de trabalho (STF, RE 503.278 AgR, rel. min. Ayres Britto, j. 26-4-2007, 1ª T, *DJ* de 3-8-2007.

Nos primeiros meses após a ampliação da competência, a jurisprudência trabalhista tentou fixar os limites para que a competência não fosse generalista ao extremo e, assim, trouxesse para a Justiça do Trabalho as relações cíveis de trabalho e, por menos, as relações de trabalho consumerista. A imposição da Justiça Especializada deu certo, mesmo que parcialmente, pois mantivesse na Justiça Estadual ou Federal as questões envolvendo o autônomo típico e ainda as relações de consumo.

O próprio STF analisou o tema em caso análogo e fixou a competência:

> Ação de cobrança de honorários advocatícios. Verbas arbitradas em favor da recorrida em razão de sua atuação como defensora dativa. Inexistência de relação de trabalho a justificar seu processamento perante uma vara da Justiça Federal do Trabalho. Relação mantida entre as partes que é de cunho meramente administrativo. Reconhecimento da competência da Justiça comum estadual para o processamento do feito. (STF, RE 607.520, rel. min. Dias Toffoli, j. 25-5-2011, P, *DJE* de 21-6-2011, com o Tema 305.)

Com efeito, o trabalho parassubordinado é o ponto de divergência na jurisprudência, pois casos como o corretor de imóveis não empregado, o representante comercial autônomo ou mesmo o vendedor sem vínculo são celeumas que são resolvidas pontualmente.

Contudo, a jurisprudência laboral firmou posicionamento no sentido de que se houver a pretensão de reconhecimento do vínculo de emprego ou mesmo a declaração e reconhecimento da fraude de qualquer outro contrato, inclusive de pessoa jurídica, e se pretender a anotação na CTPS, a competência será da Justiça do Trabalho para processar e julgar, para que, ao término da demanda, o Judiciário especializado ratifique o contrato afastando então a competência para a execução e contrato não trabalhista ou ainda, para que reconhecendo eventual fraude, determine a anotação da CTPS e os pagamentos dos haveres trabalhistas.

O próprio STF assim entendeu pela competência da Justiça do Trabalho:

> A definição da competência decorre da ação ajuizada. Tendo como causa de pedir relação jurídica regida pela CLT e pleito de reconhecimento do direito a verbas nela previstas, cabe à Justiça do Trabalho

julgá-la. (STF, CC 7.950, rel. min. Marco Aurélio, j. 14-9-2016, P, *DJE* de 1º-8-2017.)

Outro ponto de celeuma foi o marco temporal de aplicação ou não do novo texto constitucional. E o STF, ao ser provocado de forma direta, decidiu no CC 7204, de relatoria do Ministro Ayres Britto, em 2005 que:

> (...) o Plenário decidiu, por maioria, que o marco temporal da competência da Justiça Trabalhista é o advento da EC 45/2004. Emenda que explicitou a competência da Justiça Laboral na matéria em apreço. A nova orientação alcança os processos em trâmite pela Justiça comum estadual, desde que pendentes de julgamento de mérito. É dizer: as ações que tramitam perante a Justiça comum dos Estados, com sentença de mérito anterior à promulgação da EC 45/2004, lá continuam até o trânsito em julgado e correspondente execução. Quanto àquelas cujo mérito ainda não foi apreciado, hão de ser remetidas à Justiça do Trabalho, no Estado em que se encontram, com total aproveitamento dos atos praticados até então. A medida se impõe em razão das características que distinguem a Justiça comum estadual e a Justiça do Trabalho, cujos sistemas recursais, órgãos e instâncias não guardam exata correlação.

É inequívoco que, tão logo publicada, a E.C 45, o STF foi acionado para analisar se as relações de empregado público, de servidores ou mesmo de cargos comissionados estavam abrangidas pela competência da Justiça laboral, pois, no inciso I do art. 114 da CF, ainda constava a expressão "(...) ações oriundas da relação de trabalho, abrangidos os entes de direito público externo e da administração pública direta e indireta da União, dos Estados, do Distrito Federal e dos Municípios"

Assim, na ADI 3395 MC, de relatoria do Ministro Cezar Peluso, do ano de 2006, foi reconhecida a limitação da Justiça do Trabalho, a saber:

> Competência. Justiça do Trabalho. Incompetência reconhecida. Causas entre o poder público e seus servidores estatutários. Ações que não se reputam oriundas de relação de trabalho. Conceito estrito dessa relação. Feitos da competência da Justiça comum. Interpretação do art. 114, I, da CF, introduzido pela EC 45/2004. Precedentes. Liminar deferida para excluir outra interpretação. (...) O disposto no art. 114, I, da CF não abrange as causas instauradas entre o poder público e servidor que lhe seja vinculado por relação jurídico-estatutária.

Contudo, ante algumas controvérsias, nos anos de 2015 e 2017, o STF novamente foi acionado para esclarecer a competência da Justiça do

Trabalho referente aos servidores. E a Suprema Corte assim deliberou, primeiro em sede de repercussão geral, no processo ARE 906.491 de relatoria do Min. Teori Zavaski, em 2015, como tema no STF sob nº 853:

> Em regime de repercussão geral, fica reafirmada a jurisprudência do STF no sentido de ser da competência da Justiça do Trabalho processar e julgar demandas visando a obter prestações de natureza trabalhista, ajuizadas contra órgãos da administração pública por servidores que ingressaram em seus quadros, sem concurso público, antes do advento da CF/1988, sob regime da CLT.

E, após, em decisão em Agravo, sob nº ARE 1.001.075 RG, de relatoria do Ministro Gilmar Mendes, em 2016, que gerou o tema interno no STF sob nº 928, a saber:

> Competência da Justiça do Trabalho. Mudança de regime jurídico. Transposição para o regime estatutário. Verbas trabalhistas concernentes ao período anterior. Compete à Justiça do Trabalho processar e julgar ações relativas às verbas trabalhistas referentes ao período em que o servidor mantinha vínculo celetista com a administração, antes da transposição para o regime estatutário.

Salienta-se que em dois casos emblemáticos o STF houve por reconhecer os limites da Justiça do Trabalho, vejamos:

> Está presente a articulação, como causa de pedir, da regência do vínculo pela CLT. Embora possa haver o envolvimento da legislação municipal, colhe-se da inicial ter o reclamante instituído, por meio da LC 2/1991, "regime jurídico único de índole celetista". Vejam o teor do art. 1º do aludido diploma: "Art. 1º A presente lei aplicar-se-á aos servidores públicos municipais estatutários e efetivos, cujos cargos ficarão em extinção com suas aposentadorias, tendo em vista que o regime jurídico do Município de Lagoa da Prata é o da Consolidação das Leis do Trabalho (CLT)". Descabe concluir, portanto, pelo arguido desrespeito ao assentado na ADI 3.395 MC. Define-se a competência segundo a ação proposta. Se a causa de pedir é a relação de natureza celetista, visando-se parcelas trabalhistas, o deslinde da controvérsia incumbe à Justiça do Trabalho, e não à Justiça comum. A caracterização, ou não, da citada relação jurídica tem definição a cargo da jurisdição cível especializada referida. No mencionado processo objetivo, em apreciação precária e efêmera, porque atinente à medida acauteladora, apenas se afastou interpretação do inciso I do art. 114 da Carta Federal, na redação imprimida pela EC 45/2004, que venha a implicar o reconhecimento da competência da Justiça do Trabalho para examinar conflitos concernentes a regime especial de natureza

> jurídico-administrativa. (STF. Rcl 16.025 AgR, voto do rel. min. Marco Aurélio, j. 10-12-2013, 1ª T, *DJE* de 3-2-2014.)

E, em outra oportunidade, a Suprema Corte deliberou:

> A jurisprudência do STF também tem firme entendimento de que as ações de complementação de benefícios previdenciários movidas contra a União por servidores da extinta RFFSA [Rede Ferroviária Federal S.A.] devem ser processadas perante a Justiça comum. Inaplicabilidade ao caso da modulação de efeitos determinada quando do julgamento do 586.453 RG/SE, porque não se cuida de ação ajuizada contra entidade de previdência privada. (STF, ARE 665.744 AgR, rel. min. Dias Toffoli, j. 5-11-2013, 1ª T, *DJE* de 5-11-2013.)

O limite da competência da Justiça do Trabalho restou evidente em 2017, quando o próprio STF assim definiu:

> (...) compete à Justiça do Trabalho dirimir as controvérsias instauradas entre pessoas jurídicas de direito privado integrantes da administração indireta e seus empregados, cuja relação é regida pela CLT, compreendendo, inclusive, a fase pré-contratual. (STF, RE 1.015.362 AgR, rel. min. Edson Fachin, j. 12-5-2017, P, *DJE* de 29-5-2017.)

O entendimento consolidou o posicionamento do Pretório Excelso em 2005, que havia decidido que:

> Contrato por tempo determinado para atender a necessidade temporaria de excepcional interesse público. Típica demanda trabalhista contra pessoa jurídica de direito público. Competência da Justiça do Trabalho. Art. 114 da Constituição. Precedentes. (STF, CC 7.128, rel. min. Gilmar Mendes, j. 2-2-2005, P, *DJ* de 1º-4-2005.)

Bem como:

> Ao reconhecer a competência da Justiça do Trabalho para processar e julgar a reclamação trabalhista, o acórdão recorrido divergiu de pacífica orientação jurisprudencial deste STF. Compete à Justiça comum processar e julgar causas instauradas entre o poder público e seus servidores submetidos a regime especial disciplinado por lei local editada antes da Constituição Republicana de 1988, com fundamento no art. 106 da Constituição de 1967, na redação que lhe deu a EC 1/1969, ou no art. 37, IX, da Constituição de 1988. (STF, tema 43, RE 573.202, rel. min. Ricardo Lewandowski, j. 21-8-2008, P, *DJE* de 5-12-2008).

A ampliação da competência gerou dúvidas sobre as imunidades diplomáticas dos Estados ou representações estrangeiras. Nesse diapasão, o STF novamente decidiu que:

> Imunidade de jurisdição. Reclamação trabalhista. Litígio entre Estado estrangeiro e empregado brasileiro. Evolução do tema na doutrina, na legislação comparada e na jurisprudência do STF: da imunidade jurisdicional absoluta à imunidade jurisdicional meramente relativa. Recurso extraordinário não conhecido. Os Estados estrangeiros não dispõem de imunidade de jurisdição, perante o Poder Judiciário brasileiro, nas causas de natureza trabalhista, pois essa prerrogativa de direito internacional público tem caráter meramente relativo. Privilégios diplomáticos não podem ser invocados, em processos trabalhistas, para coonestar o enriquecimento sem causa de Estados estrangeiros, em inaceitável detrimento de trabalhadores residentes em território brasileiro, sob pena de essa prática consagrar censurável desvio ético-jurídico, incompatível com o princípio da boa-fé e inconciliável com os grandes postulados do direito internacional. O privilégio resultante da imunidade de execução não inibe a Justiça brasileira de exercer jurisdição nos processos de conhecimento instaurados contra Estados estrangeiros. (STF, RE 222.368 AgR, rel. min. Celso de Mello, j. 30-4-2002, 2ª T, DJ de 14-2-2003. E RE 1.034.840 RG, rel. min. Luiz Fux, j. 1º-6-2017, P, DJE de 30-6-2017, com o Tema 947).

A competência da Justiça laboral ainda foi objeto de Súmula do STF, que previu que compete a Justiça Especializada julgar ações envolvendo o meio ambiente do trabalho, quer individual, quercoletivo. Assim é o teor da Sumula 736 do STF: "Compete à Justiça do Trabalho julgar as ações que tenham como causa de pedir o descumprimento de normas trabalhistas relativas à segurança, higiene e saúde dos trabalhadores. E (...) compete à Justiça do Trabalho julgar ação civil pública na qual se discute questões relativas à saúde, à higiene e à segurança do trabalho. (RE 1.090.128 AgR, rel. min. Celso de Mello, j. 23-3-2018, 2ª T, *DJE* de 18-4-2018.)

Esse foi panorama apresentado que ampliou a competência da Justiça do Trabalho quanto à matéria trabalhista de forma direta, pois os incisos seguintes da nova redação do art. 114 da CF apresentaram a ampliação de competência com conteúdo correlatos, como se passa a expor.

Outro ponto que se tornou incontroverso após a E.C. 45 de 2004 foi a competência da Justiça do Trabalho para "II - as ações que envolvam exercício do direito de greve."

O direito de greve está previsto na Lei nº 7.783/89 e, conforme os Mandados de Injunções nºs 670, 708 e 712, o direito de greve do servidor público (art. 37, VII, da CF) utiliza subsidiariamente a referida lei.

Contudo, é certo que a competência para processar e julgar as questões envolvendo o direito de greve do servidor público será da Justiça Comum, Estadual ou Federal e não da Justiça do Trabalho.

Nesse sentido é o tema 544 do STF, que em 2017 foi ratificado com a repercussão geral reconhecida: "A Justiça Comum Federal ou Estadual é competente para julgar a abusividade da greve de servidores públicos celetistas da Administração direta, autarquias e fundações de direito público." (STF. RE 846.854, rel. p/ o ac. min. Alexandre de Moraes, j. 1º-8-2017, P, *DJE* de 7-2-2018)

Em 2008, a Justiça do Trabalho teve confirmada sua competência para, inclusive, julgar interditos proibitórios envolvendo o direito de Greve. Novamente o STF analisou o caso e decidiu que:

> Competência jurisdicional. Justiça do Trabalho *versus* Justiça comum. Ação de Interdito Proibitório. Movimento grevista. Acesso de funcionários e clientes à agência bancária: "piquete". Art. 114, II, da CF. Jurisprudência do STF. Competência da Justiça do Trabalho. A determinação da competência da Justiça do Trabalho não importa que dependa a solução da lide de questões de direito civil" (CJ 6.959), bastando que a questão submetida à apreciação judicial decorra da relação de emprego. Ação de interdito proibitório cuja causa de pedir decorre de movimento grevista, ainda que de forma preventiva. O exercício do direito de greve respeita a relação de emprego, pelo que a EC 45/2003 incluiu, expressamente, na competência da Justiça do Trabalho conhecer e julgar as ações dele decorrentes (art. 114, II, da Constituição da República). (STF, RE 579.648, rel. p/ o ac. min. Cármen Lúcia, j. 10-9-2008, P, *DJE* de 6-3-2009, com o tema nº 74).

A nova competência então atribuída à Justiça do Trabalho permitiu a ampla análise pela Justiça laboral do direito de greve e seus desdobramentos pelos empregados do setor privado. Tal medida, inclusive, acompanhou a razoabilidade, pois, em regra, o Dissídio Coletivo tem como norte questões laborais e não fazia sentido ter essas lides submetidas à justiça comum estadual e não a um juízo especializado.

Outro ponto da reforma constitucional de 2004, por meio da EC 45, foi a inserção no art. 114, inciso III, que "as ações sobre representação sindical, entre sindicatos, entre sindicatos e trabalhadores, e entre sindicatos e empregadores;"

Novamente, a sensatez imperou, pois, classicamente era a Justiça do Trabalho que possuía maior afetação e similaridade com o conteúdo "direito sindical". O STF, em 2008, e após em 2012, confirmou a competência trabalhista, quando julgou o conflito negativo de competência entre o STJ e o TST, fixando que:

> Contribuição sindical. EC 45/2004. A discussão relativa à legitimidade do sindicato para receber a contribuição sindical representa matéria funcional à atuação sindical, enquadrando-se, diante da nova redação dada pela EC 45/2004 ao art. 114, III, da CF, na competência da Justiça do Trabalho. (STF. CC 7.456, rel. min. Menezes Direito, j. 7-4-2008, P, *DJE* de 20-6-2008 e após no RE 488.446, rel. min. Gilmar Mendes, j. 9-5-2012, dec. monocrática, *DJE* de 14-5-2012)

Para tentar levar a discussão à Suprema Corte e ainda problematizar, após a EC 45, a ANAMATRA na oportunidade da 1ª Jornada de direito material e processual na Justiça do Trabalho, realizada em 23/11/2007, fixou entendimento que:

> 24. COMPETÊNCIA DA JUSTIÇA DO TRABALHO. CONFLITOS INTER E INTRA-SINDICAIS. Os conflitos inter e intra-sindicais, inclusive os que envolvam sindicatos de servidores públicos (estatutários e empregados públicos), são da competência da Justiça do Trabalho.

Contudo, prevaleceu o entendimento do texto de lei e o entendimento firmado pelo STF, no sentido de que os conflitos envolvendo os servidores estatutários não são da competência da Justiça do Trabalho.

Ou seja, mesmo que o entendimento do grupo de Juízes ligados à Anamatra anos após seja de tentar ampliar ainda mais a competência trabalhista e, assim, atrair os processos relacionados aos servidores, é certo que o STF houve por promover o recorte para excluir da competência trabalhista as lides envolvendo sindicatos de servidores públicos e os entes públicos, ou as lides entre eles.

O Inciso IV fixou que compete também à Justiça Especializada o processamento e julgamento envolvendo os mandados de segurança, *habeas corpus* e *habeas data*, quando o ato questionado envolver matéria sujeita à sua jurisdição.

Os mandados de segurança e os casos de *habeas data* trabalhistas não eram novidades antes da EC 45; contudo, a competência para os *Ha-*

*beas Corpus* gerou celeuma entre os especialistas, até que o STF pacificou o tema por meio da ADI 3.684, de relatoria do Ministro Cezar Peluso, com mérito analisado em 2007, vejamos:

> Competência criminal. Justiça do Trabalho. Ações penais. Processo e julgamento. Jurisdição penal genérica. Inexistência. Interpretação conforme dada ao art. 114, I, IV e IX, da CF, acrescidos pela EC 45/2004. Ação direta de inconstitucionalidade. Liminar deferida com efeito *ex tunc*. O disposto no art. 114, I, IV e IX, da CF, acrescidos pela EC 45, não atribui à Justiça do Trabalho competência para processar e julgar ações penais.

É certo que compete (e competia) à Justiça do Trabalho resolver os conflitos de competência entre órgãos com jurisdição trabalhista, ressalvado o disposto no art. 102, I, *"o"*, conforme agora preceitua o inciso V, do art. 114 da CF.

A competência também foi ampliada e sedimentou o que a jurisprudência determinava quanto às"ações de indenização por dano moral ou patrimonial, decorrentes da relação de trabalho", conforme o inciso VI, do art. 114 da CF.

Essa alteração consolidou a jurisprudência que permitia a Justiça Especializada processar e julgar os danos em ações individuais e coletivas.

E, por meio da Súmula vinculante nº 22, o STF previu que:

> A Justiça do Trabalho é competente para processar e julgar as ações de indenização por danos morais e patrimoniais decorrentes de acidente de trabalho propostas por empregado contra empregador, inclusive aquelas que ainda não possuíam sentença de mérito em primeiro grau quando da promulgação da EC 45/2004

A competência foi ratificada para requerer danos inclusive para os sucessores do falecido, conforme a repercussão geral reconhecida (e com mérito julgado) pelo STF.

> Competência. Processual civil e do trabalho. Repercussão geral reconhecida. Ação de indenização decorrente de danos sofridos em acidente de trabalho. Demanda diretamente decorrente de relação de trabalho, sendo irrelevante, para fins de fixação da competência, o fato de ter sido ajuizada por sucessores do trabalhador falecido. Aplicação da norma do art. 114, VI, da CF, com a redação que a ela foi dada pela EC 45/2004. Reconhecimento da competência da Justiça Federal do Trabalho para o processamento do feito. (STF, RE 600.091, rel. min. Dias Toffoli, j. 25-5-

2011, P, *DJE* de 15-8-2011, Tema 242. e CC 7.545, rel. min. Eros Grau, j. 3-6-2009, P, *DJE* de 14-8-2009)

Ora, o inciso VII fixou que compete a Justiça Especializada "as ações relativas às penalidades administrativas impostas aos empregadores pelos órgãos de fiscalização das relações de trabalho". Esse inciso consolidou o posicionamento da jurisprudência e ainda permitiu que o Juiz do Trabalho exerça a autoridade sob as atribuições administrativas dos órgãos de fiscalizações do trabalho".

O inciso VIII, do art. 114 da CF, previu que: "a execução, de ofício, das contribuições sociais previstas no art. 195, I, *a*, e II, e seus acréscimos legais, decorrentes das sentenças que proferir", também compete à Justiça do Trabalho.

Esse inciso é um dos mais problemáticos e causou dilemas após a sua edição, pois os limites objetivos do alcance do texto constitucional não foram definidos.

Exemplo sobre a discussão foi o posicionamento do STF por meio da súmula vinculante nº 53, que determinou que "a competência da Justiça do Trabalho prevista no art. 114, VIII, da CF alcança a execução de ofício das contribuições previdenciárias relativas ao objeto da condenação constante das sentenças que proferir e acordos por ela homologados".

Por fim, o inciso IX previu que compete à Justiça Laboral processar e julgar "outras controvérsias decorrentes da relação de trabalho, na forma da lei."

Em repercussão geral, com mérito analisado, o STF definiu, por exemplo, que, nos casos de empresas em fase de recuperação judicial, a competência é da Justiça Laboral. Conforme o tema 90, no RE 583.955, rel. min. Ricardo Lewandowski, j. 28-5-2009, P, *DJE* de 28-8-2009, a saber:

> A questão central debatida no presente recurso consiste em saber qual o juízo competente para processar e julgar a execução dos créditos trabalhistas no caso de empresa em fase de recuperação judicial. Na vigência do DL 7.661/1945 consolidou-se o entendimento de que a competência para executar os créditos ora discutidos é da Justiça estadual comum, sendo essa também a regra adotada pela Lei 11.101/2005. O inciso IX do art. 114 da CF apenas outorgou ao legislador ordinário a faculdade de submeter à competência da Justiça Laboral outras controvérsias, além daquelas taxativamente estabelecidas nos incisos anteriores, desde que

decorrentes da relação de trabalho. O texto constitucional não o obrigou a fazê-lo, deixando ao seu alvedrio a avaliação das hipóteses em que se afigure conveniente o julgamento pela Justiça do Trabalho, à luz das peculiaridades das situações que pretende regrar. A opção do legislador infraconstitucional foi manter o regime anterior de execução dos créditos trabalhistas pelo juízo universal da falência, sem prejuízo da competência da Justiça Laboral quanto ao julgamento do processo de conhecimento.

## 5. A AMPLIAÇÃO DA COMPETÊNCIA E OS REFLEXOS NA JURISDIÇÃO TRABALHISTA

Como mencionado, a ampliação da competência da Justiça do Trabalho com a EC 45 de 2004 impactou sensivelmente no número de ações e teses perante a justiça do trabalho.

Conforme os dados estatísticos do CNJ, no ano de 2004, houve a distribuição de 2.609.650 casos novos na primeira instância na Justiça Laboral, sendo este marco anterior aos efeitos da EC 45. Após, e já no ano de 2005, a quantidade de novas demandas foi de 2.985.969, ou seja, houve um aumento de mais de 10% na demanda laboral[4].

Os juízes do trabalho, de primeira ou segunda instância, passaram a trabalhar incessantemente e sobre novas temáticas.

Os reflexos da ampliação ocorreram também na advocacia trabalhista, que de forma sensível tornou-se mais técnica e especializada, exigindo, em contrapartida, maior tecnicidade de todos os agentes envolvidos.

Essa necessidade de tecnicidade repercutiu numa gama imensa de cursos e palestras sobre a ampliação de competência. Os tribunais e os órgãos de classes, de procuradores e da advocacia, iniciaram diversos cursos de curta ou média duração sobre o tema, dando aos profissionais subsídios e treinamento condizente.

4 Disponível em: http://www.cnj.jus.br/pesquisas-judiciarias/justicaemnumeros/2016-10-21-13-13-04/pj-justica-em-numeros. Acesso em: 30 mar 2019.

## 6. A COMPETÊNCIA AMPLIADA E A EFETIVIDADE DA JUSTIÇA DO TRABALHO

Como exposto, a EC nº 45 de 2004 alterou sensivelmente a competência trabalhista ampliando de forma considerável o espectro de atuação da Justiça do Trabalho.

A representatividade quantitativa de ações distribuídas perante a Justiça do Trabalho, conforme o TST, evidencia que a Justiça Laboral se sedimentou com a reforma de 2004. Essa sedimentação significou aumento no poder jurisdicional, mas também reconhecimento da importância do órgão.

A celeridade processual após a implantação do sistema do PJE (Processo Judicial Eletrônico) também começou a ser o norte da Justiça do Trabalho e o controle administrativo do CNJ permitiu transparência e razoabilidade, quer na atuação direta da Justiça do Trabalho, quer na atuação administrativa.

No presente texto, optou-se pelo recorte teórico e jurisprudencial de analisar somente a jurisprudência sob o viés do STF para encontrar um marco; contudo, passou-se também pelo posicionamento do TST referente à temática.

À guisa de conclusão, pode-se afirmar que a reforma na competência laboral de 2004 foi essencial para a autonomia e independência da Justiça do Trabalho, reforçando a premissa de acesso à justiça e de garantia ao não retrocesso social.

Grijalbo Fernandes Coutinho, no artigo "Capital x Justiça do Trabalho"[5], analisou de forma sintética as discussões em torno do tema de ampliação da competência e assim ponderou:

> para todas as causas dos trabalhadores, num mundo do trabalho de frenéticas mudanças, será colocada em xeque pelos setores que sempre a aceitaram com restrições. Foi por essa razão que vozes influentes do Governo Fernando Henrique Cardoso, da área econômica, por mais de uma vez, falaram em extinção da Justiça do Trabalho. Não deve ser diferente

---

5 Revista Jurídica da Amatra/ES Nº 04 - Vol. II - 2005 - publicação trimestral Revista Jurídica da Associação dos Magistrados do Espírito Santo, p.29-30.

> a opinião do mesmo Ministério do atual Governo. Aliás, todas as forças detentoras de capital político expressivo no cenário nacional nutrem, de algum modo, preconceito contra a justiça laboral, que, na maioria das vezes, apenas reflete o inconformismo com o direito social legislado e com a efetividade da atuação desse ramo do Judiciário. É taticamente mais sutil eliminar o Direito do Trabalho a partir da extinção da Justiça Especializada. Para o cumprimento do Direito do Trabalho é indispensável a manutenção de um ramo próprio para julgar tais causas. A professora Flávia Birolli anota que de nada adiantaria a criação dos direitos trabalhistas no Brasil, na era Vargas, se não existisse uma justiça especializada para fazer respeitar as regras previstas em lei. A outra corrente que se opõe ao comando constitucional vislumbra com nitidez o que representa a Justiça do Trabalho com a sua competência ampliada. São os setores empresariais, nacionais e estrangeiros, os seus economistas e os professores neoliberais que criticam o intervencionismo da justiça laboral nas relações entre o capital e o trabalho. Esses atores reclamam do custo do trabalho, dos encargos sociais, dos direitos sociais constitucionalizados, da CLT e de tudo que possa diminuir as extraordinárias margens de lucro. Receiam que a Justiça do Trabalho se fortaleça cada vez mais, perdendo, consequentemente, força a tese de sua extinção, como também temem que a visão social dos conflitos inerente à magistratura do trabalho expanda-se para a análise de outras relações conflituosas. A reunião de todos os trabalhadores sob a decisão do mesmo ramo do Judiciário recompõe a fragmentação que a evolução do capitalismo impôs à classe operária. O resgate da cidadania do trabalhador aflige os que não toleram enfrentar a revolução social necessária ao engrandecimento da Nação, que, passa, inequivocamente, pela redistribuição de renda e pela efetividade na prestação jurisdicional.

Ora, é certo que a ampliação na competência fortaleceu a Justiça do trabalho, quer pela tecnicidade, quer pelas demandas, quer pela forma ágil com que o processo do trabalho eletrônico se desenvolveu após quase 15 anos de EC 45.

Por mais que se tenha pregado o fim da Justiça Laboral ou sua unificação com a Justiça Federal, a EC foi essencial para a efetividade do direito trabalhista. Resta analisar, em um trabalho sociológico que foge do escopo deste, se a efetividade alcançou o trabalhador e a consciência laboral dos empresários ou mesmo da sociedade, pois é certo que o aumento por si de demandas trabalhistas, após a promulgação da EC 45, demonstrou que muitos direitos trabalhistas continuam sendo subtraídos dos trabalhadores e, assim, a sociologia poderá analisar se houve um aumento na quantidade de ações somente porque o acesso à justiça está mais fácil ou se os trabalhadores adquiriram consciência de classe e procuraram o Poder Judiciário para efetivar seus direitos mínimos.

Mesmo que novos ataques sejam realizados à Justiça do Trabalho, pelo princípio do não retrocesso social, haverá dificuldade em extinguir esta Justiça e, sobretudo, a sua forma de se comportar como um mecanismo vivo de atuação.

Não se pode olvidar que o capitalismo sempre tentou e tentará romper a barreira mínima, e aqui instransponível, a nosso sentir, de garantias e direitos trabalhistas mínimos, tentando desrespeitar e violar o trabalhador, quer na sua dignidade enquanto membro da sociedade que labora, quer enquanto indivíduo.

O passar dos anos e a sedimentação da competência demonstram que o trabalho decente e os direitos da personalidade eram, em 2004, e ainda são temas importantes para o Judiciário especializado, pois são nortes que se buscam como meio de se efetivar o princípio maior da dignidade da pessoa humana.

## 7. REFERÊNCIAS BIBLIOGRÁFICAS

COUTINHO, Gribaldo Fernandes; FAVA, Marcos Neves. Justiça do trabalho: competência ampliada, São Paulo: LTr, 2005

DALAZEN, João Oreste (autores diversos). Nova competência da Justiça do Trabalho. São Paulo; LTr, 2005.

DELGADO, Maurício Godinho. Curso de Direito Do Trabalho. 5ª ed. São Paulo: LTr.

MARTINS, Sérgio Pinto. Direito Processual do Trabalho. 27ª ed. São Paulo: Atlas, 2007.

NASCIMENTO, Amauri Mascaro. Curso de Direito Processual do Trabalho. 12ª ed. São Paulo: Saraiva, 2002.

NUNES, Cláudio Pedrosa. Controle Difuso de Constitucionalidade em Matéria Trabalhista. Editora LTR.

SILVA, Francisco de Assis, História do Brasil, São Paulo, Moderna, 1992

PINHEIRO, Alexandre Augusto Campana (Coord.). Competência da Justiça do Trabalho Aspectos Materiais e Processuais. Ed. LTR.

# 2005-2006 – PERÍODO DE AFIRMAÇÃO E AMPLIAÇÃO DOS DIREITOS SOCIAIS

*Roberto Benavente Cordeiro*

## 1. INTRODUÇÃO

Ao longo dos anos de 2005 e 2006, desenvolveram-se as aulas da segunda turma do Curso de Especialização em Direito do Trabalho da USP.

A experiência de se frequentar um curso como o ora festejado, em uma Universidade que guarda tanto renome e tradição como a Faculdade de Direito da Universidade de São Paulo, por si só, já se mostra marcante para todo e qualquer estudioso da ciência jurídica.

O privilégio da turma ora representada por este autor mostrou-se ainda maior em decorrência do cenário jurídico, político e social do Brasil à época.

O país experimentava um período de afirmação dos Direitos Sociais, de conferência de especial relevância a tais garantias do cidadão, até em decorrência do contexto político então existente. E diante de tal cenário, pudemos nas aulas realizadas aprofundar os estudos e debates acerca das novas criações legislativas, jurisprudenciais e doutrinárias surgidas em grande monta ao longo do curso, vivência esta que definitivamente representou um intenso ganho intelectual àqueles alunos do Curso de Especialização em Direito do Trabalho.

Esperamos, por meio da presente obra, retribuir a oportunidade de estudo recebida, compartilhando não apenas com os operadores do Direito, mas com toda a sociedade, os conhecimentos absorvidos, bem como as principais observações sobre as movimentações sociais existentes no período em que realizado o curso.

Para tanto, buscaremos dissertar sobre as principais inovações legislativas surgidas à época, assim como expor as criações doutrinárias e jurisprudenciais que marcaram o período.

Além do enfoque aos textos normativo e de sua exegese, pretenderemos também estudar as movimentações dos trabalhadores e dos demais atores jurídicos durante o período em que realizado o curso, com vistas a demonstrar os efeitos e impactos da ordem jurídica então vigente sobre a sociedade.

Por fim, passaremos a analisar com maior riqueza de detalhes o cenário político, social e econômico do Brasil, como forma de contextualizar as mudanças legislativas ocorridas, e justificar sua criação.

O presente estudo, em suma, não detém a pretensão única de servir como relato histórico das ocorrências legislativas, jurisprudenciais e doutrinárias surgidas nos anos de duração do curso, mas também em despertar sobre o leitor uma reflexão comparativa entre o Direito do Trabalho, o contexto social como um todo existente no país àquela época e na atualidade. Pretendemos, assim, despertar inquietação acerca dos motivos de a realidade social da atualidade se mostrar tão distinta daquela existente na década anterior, até com vistas a demonstrar, em última instância, que as tendências flexibilizadoras, a derrocada na proteção social conferida ao trabalhador que verificamos de forma cada vez mais crescente nos dias atuais não apresenta uma justificativa efetivamente concreta e plausível.

Esperamos assim que o presente trabalho possa servir como uma motriz de reflexão acerca da importância de se recobrar a tendência ampliadora da proteção e afirmação dos Direitos Sociais na ordem jurídica vigente.

## 2. JURISPRUDÊNCIA

A intensa criação legislativa ocorrida no período em análise ensejou a necessidade de largos debates doutrinários, trabalhos hermenêuticos e, por conseguinte, de produção jurisprudencial que interpretava e pacificava cizânias referentes à aplicação da legislação vigente. Diversas são as matérias debatidas ao longo do período, até porque, em uma sociedade litigiosa como a brasileira, o intenso trabalho jurisdicional automaticamente enseja o surgimento de extensa jurisprudência. De toda sorte, passamos a dedicar atenção, neste ponto da presente obra, a três dos posicionamentos jurisprudenciais de maior destaque surgidos no período de realização das aulas da II Turma do Curso de Especialização em Direito do Trabalho.

### 2.1. Artigo 114, I da Constituição da República Federativa do Brasil. Limites da competência material da Justiça do Trabalho

O primeiro ponto que merece especial enfoque, ao nosso ver, é alusivo à interpretação concedida ao artigo 114, I da Constituição da República Federativa do Brasil. Isso porque, em 31/12/2004, ou seja, meses antes do início das aulas desta Turma de Especialização, foi promulgada a Emenda Constitucional nº 45/2004, ampliadora dos limites de competência material da Justiça do Trabalho. Todo o debate acerca do teor de tal emenda se deu, portanto, durante o período em que desenvolvidas as aulas da presente turma.

Além de oito outros incisos que previam expressas hipóteses de novas competências materiais ao ramo jurisdicional trabalhista, ao primeiro inciso foi conferida a seguinte redação:

> Art. 114. Compete à Justiça do Trabalho processar e julgar:
>
> I - as ações oriundas da relação de trabalho, abrangidos os entes de direito público externo e da administração pública direta e indireta da União, dos Estados, do Distrito Federal e dos Municípios;
>
> [...]

Antes de promulgada a referida emenda, era pacífico o entendimento jurisprudencial no sentido de que competia à Justiça do Trabalho, tão e somente, pacificar os conflitos existentes entre empregados sujeitos ao regime celetista e seus empregadores. Contudo, diante da redação abrangente, genérica conferida ao novo texto do dispositivo constitucional em questão, surgiu o questionamento acerca de eventual extensão da competência da Justiça do Trabalho para abranger, também, o processamento e julgamento de demandas que versassem sobre relações de trabalho mantidas entre servidores públicos estatutários e os entes da administração pública a que vinculados.

Interessante destacar que no curso do processo legislativo que culminou na redação da Emenda Constitucional em estudo, o Parecer nº 1.747, constante da Emenda nº 240 da Comissão de Constituição, Justiça e Cidadania Câmara dos Deputados previa a competência material da Justiça do Trabalho para processar e julgar as ações oriundas da relação de trabalho (expressão aqui empregada em sentido amplo, ou seja, não limitado a típica relação empregatícia) com expressa exceção àquelas celebradas entre servidores públicos investidos em cargo de provimento efetivo ou em comissão, e o ente público. O texto aprovado e promulgado, contudo, foi distinto, o que reforçou a cizânia em questão.

Tanto o referido é verdade que logo nos primeiros dias de vigência da aludida emenda constitucional, houve ajuizamento da ADI nº 3.395 pela AJUFE – Associação dos Juízes Federais do Brasil, visando discutir exatamente os limites competenciais em questão. A referida ação recebeu decisão liminar, proferida pelo Ministro Nelson Jobim, posteriormente referendada pelo Tribunal Pleno, suspendendo qualquer interpretação dada ao inciso I do artigo 114 do texto constitucional que incluísse, no âmbito de competência da Justiça do Trabalho, o processamento e julgamento de demandas *"instauradas entre o Poder Público e seus servidores, a ele vinculados por típica relação de ordem estatutária ou de caráter jurídico-administrativo"*. Considerando-se que a decisão liminar em questão, proferida nos autos de uma ADI, produz efeitos *erga omnes*, restou afastada a competência Material da Justiça do Trabalho para o conhecimento de demandas que envolvessem relação estatutária de trabalho entre servidor público e ente da administração pública, competência esta que permaneceu com a Justiça Comum.

Em que pese não tenha, até a presente data, sido julgado em caráter definitivo o mérito da referida ADI, fato é que a decisão liminar proferida nos autos daquele feito norteou o entendimento jurisprudencial a partir de então adotado, de modo que, ao menos por ora, pacificada restou a controvérsia, respeitando-se os efeitos da decisão proferida pelo Ministro Nelson Jobim. É o que se verifica da jurisprudência abaixo colacionada:

> AGRAVO REGIMENTAL EM RECURSO EXTRAORDINÁRIO. SERVIDOR PÚBLICO. VANTAGENS PECUNIÁRIAS.

> COMPETÊNCIA DA JUSTIÇA DO TRABALHO PARA APRECIAR A CONTROVÉRSIA NO QUE CONCERNE ÀS PARCELAS RELATIVAS AO PERÍODO CELETISTA. COMPETÊNCIA DA JUSTIÇA COMUM QUANTO ÀS VERBAS POSTERERIORES AO ADVENTO DO REGIME JURÍDICO ÚNICO. O acórdão recorrido alinha-se à jurisprudência do Supremo Tribunal Federal sobre o tema. Precedentes. Agravo regimental a que se nega provimento". (RE nº 216.330/DF-AgR, Rel. Min. Roberto Barroso, Primeira Turma, DJe 18.2.2014).

Decisões de instâncias inferiores que adotavam entendimentos em sentido contrário eram igualmente objeto de reparo pelo C. STF, inclusive nos autos de reclamações constitucionais. Transcrevemos abaixo, *ipsis litteris*, texto jurisprudência nesse sentido:

> CONFLITO NEGATIVO DE COMPETÊNCIA. JUSTIÇA ESTADUAL E O TRIBUNAL SUPERIOR DO TRABALHO. RECLAMAÇÃO TRABALHISTA. SERVIDOR PÚBLICO. REGIME ESPECIAL DE DIREITO ADMINISTRATIVO. COMPETÊNCIA DA JUSTIÇA ESTADUAL. I - Compete à Justiça Estadual processar e julgar causas instauradas entre o Poder Público e seus servidores submetidos a regime especial disciplinado por lei local editada antes ou após a Constituição Republicana de 1988. II - Conflito conhecido para declarar competente a Justiça Estadual amazonense". (CC nº 7.201/AM, Tribunal Pleno, Relator o Ministro Marco Aurélio, Relator para o Acórdão Ministro Ricardo Lewandowski, DJe de 12/12/08).

Nessa mesma esteira, o STJ manteve vigente sua súmula nº 137, segundo a qual "*compete a Justiça Comum Estadual processar e julgar ação de servidor público municipal, pleiteando direitos relativos ao vínculo estatutário*".

Conclui-se, portanto, que a decisão liminar proferida, ainda que não tenha pacificado de forma final a questão, eis que ainda demanda confirmação em sentença definitiva de mérito na ADI, implicou em relevante norte que pacificou o posicionamento jurisprudencial acerca da matéria.

### 2.2. Lei nº 11.101/2005. Competência material da Justiça do Trabalho. Execuções em face de empresas em recuperação judicial ou estado falimentar.

O segundo ponto que entendemos merecer destaque dentre a jurisprudência surgida no período em apreço é referente a competência material para execução dos créditos de trabalhadores em face de empresas falimentares ou em recuperação judicial.

A matéria provocou intensa discussão, a qual culminou no surgimento de três principais correntes jurisprudenciais. A primeira, de vertente mais tradicionalista, sustentava que uma vez decretada a falência ou recuperação judicial da empresa, a execução de créditos trabalhistas seria automaticamente atraída pelo juízo universal, devendo nele prosseguir. Citamos, a título de ilustração, o julgado abaixo transcrito:

> RECURSO DE REVISTA. DECRETAÇÃO DE FALÊNCIA.CESSAÇÃO DA COMPETÊNCIA DO JUÍZO SINGULAR DA EXECUÇÃO TRABALHISTA EM PROL DA COMPETÊNCIA DO JUÍZO UNIVERSAL DA FALÊNCIA. A discussão cinge-se à indagação se se persiste ou não a competência do juízo singular da execução, quer o seja trabalhista ou civil, no cotejo com a competência do Juízo Universal da Falência. E para bem se posicionar sobre ela é mister salientar a distinção entre a prerrogativa da não-habilitação no processo falencial do crédito fiscal e o privilégio conferido ao crédito trabalhista exigível da Massa Falida. Com efeito, a prerrogativa da persistência da competência do juízo singular da execução encontra-se legalmente circunscrita ao crédito fazendário, cuja norma de exceção não comporta interpretação extensiva com o fim de aplicá-la ao crédito trabalhista, em que o privilégio que o distingue dos demais créditos só é inteligível dentro do concurso universal de credores que caracteriza o processo falencial. Por isso mesmo não sensibiliza a tese da preservação da competência do Judiciário do Trabalho, quer a falência tenha sido decretada antes ou depois da propositura da reclamação trabalhista, extraída do art. 877, da CLT, pois a questão restringe-se à vis attractiva do Juízo Universal da Quebra em relação ao juízo singular da execução, da qual se encontra a salvo apenas o crédito fiscal. Tampouco é capaz de alterar a ilação sobre a incompetência do Juízo singular da execução trabalhista o disposto no art. 24 § 2º, do Decreto-Lei 7.661/45, no sentido de o Juízo da Falência não atrair para si a competência para satisfação de crédito não sujeito a rateio. É que não obstante o crédito trabalhista desfrute de privilégio em relação ao crédito fazendário e aos créditos com garantia real, está efetivamente sujeito a rateio com outros créditos de idêntica hierarquia creditícia. Isso quer dizer que os créditos trabalhistas, conquanto se achem antepostos aos demais pelo seu privilégio quase absoluto, pois os pretere apenas o crédito oriundo de acidente do trabalho, não se distinguem entre si, pelo que é forçosa a sua habilitação no processo falencial a fim de resguardar a satisfação eqüitativa e proporcional de todos eles. Recurso de revista a que se nega provi-

mento". (TST - RR: 6682596220005125555 668259-62.2000.5.12.5555, Relator: Ives Gandra Martins Filho, Data de Julgamento: 16/05/2001, 4ª Turma,, Data de Publicação: DJ 29/06/2001).

A segunda corrente, buscando conferir maior efetividade ao processo do trabalho, sustentava que a Justiça do Trabalho teria competência irrestrita para a execução de suas decisões, competência esta conferida pelo artigo 114 da Constituição da República Federativa do Brasil, de modo que legislação infraconstitucional, como a Lei nº 11.101/2005, não poderia limitar a atuação desta Justiça Especializada. O entendimento em questão é sintetizado pela seguinte ementa:

> COMPETÊNCIA – FALÊNCIA- EXECUÇÃO. Compete à Justiça do Trabalho a execução da sentença prolatada contra a massa falida, seja anterior, seja posterior à declaração da quebra. Aplicação dos arts. 889 da CLT e 114 da Constituição Federal, que não cinde, no caso a competência, para restringi-lo ao processo de cognição. Invocação também do princípio da máxima efetividade na interpretação de norma constitucional. Recurso parcialmente conhecido e provido" (TST-RR 226331/1995-1ªT.- Rel. Min. João Oreste Dalazen-DJU 07.11.1997-p. 57456).

Por fim, a terceira linha de entendimento, mais eclética, defendia que bens penhorados antes da decretação da falência ou da recuperação judicial seriam passíveis de expropriação pela Justiça do Trabalho, não sendo atraídos pelo juízo universal. De outro lado, uma vez proferido o decreto falimentar ou de recuperação judicial, não mais poderia o Judiciário Trabalhista promover atos executórios, devendo o crédito ser inscrito para fins de execução pela Justiça Comum.

Após intenso debate, o C. STF veio a pacificar a matéria, proferindo decisão que se perfilhou a primeira das correntes, reconhecendo a competência exclusiva da Justiça Comum para promover a execução dos créditos trabalhistas. O aresto abaixo transcrito demonstra de forma expressa tal entendimento:

> EMENTA: CONFLITO NEGATIVO DE COMPETÊNCIA. EXECUÇÃO DE CRÉDITOS TRABALHISTAS EM PROCESSOS DE RECUPERAÇÃO JUDICIAL. COMPETÊNCIA DA JUSTIÇA ESTADUAL COMUM, COM EXCLUSÃO DA JUSTIÇA DO TRABALHO. INTERPRETAÇÃO DO DISPOSTO NA LEI 11.101/05, EM FACE DO ART. 114 DA CF. RECURSO EXTRAORDINÁRIO CONHECIDO E IMPROVIDO.

> I – A questão central debatida no presente recurso consiste em saber qual o juízo competente para processar e julgar a execução dos créditos trabalhistas no caso de empresa em fase de recuperação judicial.
>
> II – Na vigência do Decreto-lei 7.661/1945 consolidou-se o entendimento de que a competência para executar os créditos ora discutidos é da Justiça Estadual Comum, sendo essa também a regra adotada pela Lei 11.101/05.
>
> III – O inc. IX do art. 114 da Constituição Federal apenas outorgou ao legislador ordinário a faculdade de submeter à competência da Justiça Laboral outras controvérsias, além daquelas taxativamente estabelecidas nos incisos anteriores, desde que decorrentes da relação de trabalho.
>
> IV – O texto constitucional não o obrigou a fazê-lo, deixando ao seu alvedrio a avaliação das hipóteses em que se afigure conveniente o julgamento pela Justiça do Trabalho, à luz das peculiaridades das situações que pretende regrar.
>
> IV – A opção do legislador infraconstitucional foi manter o regime anterior de execução dos créditos trabalhistas pelo juízo universal da falência, sem prejuízo da competência da Justiça Laboral quanto ao julgamento do processo de conhecimento.
>
> V - Recurso extraordinário conhecido e improvido. (STF. RECURSO EXTRAORDINÁRIO 583.955-9. RELATOR: MIN. RICARDO LEWANDOWSKI).

A vertente jurisprudencial adotada, ao nosso ver, é justificável, na medida em que o juízo universal, conhecedor da integralidade dos débitos e créditos do devedor recuperando, detém melhores condições de decidir sobre a destinação de bens e valores constritos, de modo a otimizar a satisfação das dívidas do empresário, e possibilitar o saneamento da maior parte do passivo existente. Parece-nos acertado o direcionamento conferido à matéria pelas Cortes Superiores, pois.

## 3. DOUTRINA

As inovações legislativas ocorridas, em especial a ampliação da competência material da Justiça do Trabalho trazida pela EC nº 45/2004, como esperado, demandou profundos estudos, e consequentemente intensa produção doutrinária acerca da matéria.

Passamos, no presente tópico, a abordar questões ainda não aprofundadas anteriormente no presente estudo (até porque, as posições doutrinárias referentes aos temas já abordados também já foram objeto de menção) que mais geraram inquietação aos estudiosos do direito, resultando em farto material doutrinário.

### 3.1. Impactos da EC nº 45/2004 na competência material da Justiça do Trabalho. Abrangência das relações de consumo

O artigo 114 da Constituição da República Federativa do Brasil dispunha, em sua redação original, que:

> compete à Justiça do Trabalho conciliar e julgar os dissídios individuais e coletivos entre trabalhadores e empregadores, abrangidos os entes de direito público externo e da administração pública direta e indireta dos Municípios, do Distrito Federal, dos Estados e da União, e, na forma da lei, outras controvérsias decorrentes da relação de trabalho, bem como os litígios que tenham origem no cumprimento de suas próprias sentenças, inclusive coletivas.

A doutrina entendia de forma majoritária, senão unânime, que em sede de demandas individuais, a competência da Justiça do Trabalho se limitava a solução de conflitos existentes entre empregados e empregadores.

A Emenda Constitucional nº 45/2004, contudo, trouxe nova redação ao dispositivo constitucional em comento, passando a prever, dentre diversas outras disposições, que à Justiça do Trabalho cabia a competência de processar e julgar *"as ações oriundas da relação de trabalho, abrangidos os entes de direito público externo e da administração pública direta e indireta da União, dos Estados, do Distrito Federal e dos Municípios"*.

Note-se que houve supressão, no texto constitucional, da referência específica à análise de conflitos entre trabalhadores e empregadores. O novo texto constitucional definia a competência da Justiça do Trabalho para a apreciação das controvérsias decorrentes de relação de trabalho em sentido amplo. Evidente a intenção do legislador em ampliar o espectro de competência desta Justiça Especializada, pois.

Nesse contexto, a doutrina passou a debater quais seriam os limites efetivos desse novo âmbito competencial. E um dos temas que ensejou maior controvérsia seria aquele atinente ao juízo competente para apreciação dos conflitos decorrentes de relações de consumo.

Isso porque, uma relação de consumo, via de regra, é aquela celebrada entre um prestador de serviço ou vendedor de um produto, e o consumidor final. Relação esta que envolve, em última análise, a execução de um trabalho, qual seja, o de venda, ou prestação do serviço em si. Seria a intenção do legislador constituinte a de ampliar os limites cognitivos da Justiça do Trabalho ao ponto de atrair tal competência?

Em artigo doutrinário confeccionado no ano de 2005, Grijalbo Fernandes Coutinho[1] manifestou entendimento no sentido de que tal competência teria, de fato, sido atraída pela Justiça do Trabalho. Citamos trecho que ilustra tal posicionamento doutrinário, *in verbis:*

> Havendo relação de trabalho, seja de emprego ou não, os seus contornos serão apreciados pelo juiz do trabalho. Para esses casos, evidentemente, aplicará a Constituição e a legislação civil comum, considerando que as normas da CLT regulamentam o pacto entre o empregado e o empregador. Como consequência, a Justiça do Trabalho passa a ser o segmento do Poder Judiciário responsável pela análise de todos os conflitos decorrentes da relação de trabalho em sentido amplo. Os trabalhadores autônomos, de um modo geral, bem como os respectivos tomadores de serviço, terão as suas controvérsias conciliadas e julgadas pela Justiça do Trabalho. Corretores, representantes comerciais, representantes de laboratórios, mestres-de-obras, médicos, publicitários, estagiários, contratados do poder público por tempo certo ou por tarefa, consultores, contadores, economistas, arquitetos, engenheiros, dentre tantos outros profissionais liberais, ainda que não empregados, assim como também as pessoas que locaram a respectiva mão-de-obra (contratantes), quando do descumprimento do contrato firmado para a prestação de serviços, podem procurar a Justiça do Trabalho para solucionar os conflitos que tenham origem em tal ajuste, escrito ou verbal. Discussões em torno dos valores combinados e pagos, bem como a execução ou não dos serviços e a sua perfeição, além dos direitos de tais trabalhadores, estarão presentes nas atividades do magistrado do trabalho.

Prossegue o mesmo jurista manifestando inclusive entendimento pela adequação da extensão da competência, dada a experiência dos jul-

1 COUTINHO, Grijalbo Fernandes, apud CARA, Alípio Roberto Figueiredo. A Reforma do Judiciário e a Competência da Justiça do Trabalho. in NOVA COMPETÊNCIA DA JUSTIÇA DO TRABALHO. LTr. São Paulo: 2005, p. 17.

gadores oriunda das características das demandas antes apreciadas pela Justiça do Trabalho:

> Ninguém como o juiz do trabalho se encontra tão apto a tratar desses conflitos. Em seu dia-a-dia, invariavelmente, sempre lidou com esses elementos diferenciadores das peculiares relações de trabalho, como matéria prejudicial de mérito nas situações em que o tomador de serviços impugna a configuração da pretendida relação de emprego. De outro lado, não terá a menor dificuldade em lidar com situações em que o caráter tuitivo deva ser considerado não em favor do prestador, mas sim do tomador de serviços, como sói ocorrer em relações de consumo que também configurem relações de trabalho. A abrangência de todos os conflitos relacionados ao mundo do trabalho se revela conveniente, até mesmo para especializar o juiz na identificação e solução de situações outras, em que não haja qualquer desequilíbrio entre as partes da relação de trabalho, de sorte a aplicar em cada caso o direito material mais consentâneo, seja ele o direito do trabalho, seja o do consumidor, seja, enfim, o direito comum, sempre à luz dos princípios e normas constitucionais prevalentes [2].

Em sentido contrário, sustentou Fernando Henrique Pinto que:

> com todo o respeito, não se consegue enxergar, por maior esforço interpretativo que se faça, onde está escrito que as relações de prestação de serviço, que na verdade são relações de consumo, não de emprego, teriam experimentado essa modificação de competência. Dizem que a mudança ocorreria pela expressão "relação de trabalho", indevidamente elevada a uma exponencial interpretação ampliativa[3].

Uma terceira corrente sustentava que o fato de uma relação jurídica se enquadrar como de consumo não interferiria, necessariamente, na definição do juízo competente a apreciar os conflitos dela decorrentes, sendo necessária, unicamente, a existência de uma relação de trabalho na essência do negócio jurídico. Nesse sentido, manifestou-se José Hortêncio Ribeiro Junior[4]:

---

2 COUTINHO, Grijalbo Fernandes, O Mundo que Atrai a Competência da Justiça do Trabalho. in NOVA COMPETÊNCIA DA JUSTIÇA DO TRABALHO. LTr. São Paulo: 2005, p. 146.

3 PINTO, Fernando Henrique. Reforma do Judiciário e Competência da Justiça do Trabalho. Disponível em <https://secure.jurid.com.br/jurid/jurid.exe/carregahtml?arq=detalhe.html&ID=7473>

4 JUNIOR, José Hortêncio Ribeiro. Competência Laboral – Aspectos Processuais. in NOVA COMPETÊNCIA DA JUSTIÇA DO TRABALHO. LTr. São Paulo: 2005, p. 241-246.

> Para a determinação da competência da Justiça do Trabalho, pouco importa a natureza da matéria que esteja sendo discutida, fazendo-se mister apenas o cotejo de sua gênese, ou seja, se decorrente de uma relação de trabalho. Sendo assim, deparamo-nos com um feixe de relações jurídicas regidas pelas diversas ramificações do Direito, todas doravante abrangidas pela égide do artigo 114 da Constituição Federal. [...] Essa breve digressão se faz necessária apenas para destacar que a caracterização da relação de consumo emergente, de determinada relação de trabalho, não afasta a competência do Poder Judiciário Trabalhista. Isto porque, conforme já tratamos alhures, a novel regra constitucional não assenta competência em razão da matéria, mas sim em razão do labor.(...) A relação de consumo, como não poderia deixar de ser, trata-se de uma relação jurídica secundária, sendo sempre antecedida de uma outra relação jurídica. Veja-se, por exemplo, que na aquisição de um aparelho de televisão, antes de ser estabelecida a relação de consumo, há a formação de um contrato de compra e venda. Do mesmo modo, ao contratar a execução de determinado serviço, antes do aperfeiçoamento da relação de consumo, haverá a formação de um contrato de prestação de serviços. Estas circunstâncias evidenciam que a relação de consumo, apesar de eficacial, reclama a existência de uma relação jurídica prévia que não deixa de existir pela sua submissão às disposições da Lei n. 8.078/90.[...] Desta feita, não é a circunstância de estar a relação jurídica protegida pelo Código de Defesa do Consumidor que irá afastar a competência da Justiça do Trabalho. Havendo relação de trabalho, a demanda submeter-se-á à jurisdição trabalhista.

Ao nosso ver, a terceira corrente se mostra a mais acertada. O direito material a ser aplicado ao caso concreto não pode definir o Juízo competente para apreciá-la. Não por menos, demandas decorrentes de acidentes de trabalho, embora sejam apreciadas com enfoque nas regras civilistas de responsabilidade constantes do Código Civil, após a mesma Emenda Constitucional nº 45/2004, são incontroversamente apreciadas pela Justiça do Trabalho. Aplicando-se a mesma linha de raciocínio, relações que envolvam a prestação de um trabalho em si, por pessoa física em benefício de uma outra pessoa, retratam um contrato de trabalho (expressão aplicada aqui em sentido amplo), de modo que, ainda que regrada pela legislação consumerista, devem ser apreciadas pela Justiça do Trabalho, nos moldes da competência fixada pela emenda constitucional em estudo.

A matéria não foi objeto de pacificação até a presente data, de modo que a questão ainda representa objeto de estudo e debate doutrinário e jurisprudencial, especialmente em questões que corriqueiramente são objeto de demanda judicial, tais como as lides envolvendo advogados e seus clientes na contratação de honorários. De toda sorte, verifica-se movimento tendente a afastar da Justiça do Trabalho a competência para apreciação de tais espécies de litígio.

O Superior Tribunal de Justiça, que detém a competência para julgar os conflitos de competência entre órgãos jurisdicionais, nos termos do art. 105, I, d da CRFB/1988, firmou o entendimento, por meio da Súmula nº 363, no sentido de que "*compete à Justiça estadual processar e julgar a ação de cobrança ajuizada por profissional liberal contra cliente*".

Nesse mesmo sentido, verificam-se alguns arestos jurisprudenciais abaixo transcritos:

> RECURSO DE EMBARGOS INTERPOSTO NA VIGÊNCIA DA LEI 11.496/2007. INCOMPETÊNCIA DA JUSTIÇA DO TRABALHO. AÇÃO DE COBRANÇA. CONTRATO DE HONORÁRIOS ADVOCATÍCIOS. O entendimento deste Tribunal Superior, conforme precedente desta SDI-1 (E-RR-781/2005-005-04-00) é o de que o contrato de prestação de serviços advocatícios envolve relação de consumo. Por tal razão não se insere no conceito de relação de trabalho, constante do art. 114, I, da Constituição Federal, de forma a justificar a competência desta Justiça Especializada. Recurso de Embargos conhecido e desprovido. (E-RR - 76200-64.2005.5.04.0025, Relator Ministra Maria de Assis Calsing, DJET de 23/4/2010)
>
> COBRANÇA DE HONORÁRIOS ADVOCATÍCIOS DECORRENTES DE CONTRATO FIRMADO ENTRE O PROFISSIONAL E SEU CLIENTE. RELAÇÃO DE CONSUMO (LEI 8078/90). Incompetência da Justiça do Trabalho. A relação básica, cuja análise é conferida à Justiça do Trabalho, tem como centro de gravidade o trabalho humano desenvolvido em proveito alheio, mas inserido dentro de um sistema produtivo, de modo que o principal objetivo é a consecução efetiva do labor, dentro de referido sistema, mediante a paga respectiva. O que se visa é o trabalho em si, e este será remunerado. O produto final obtido pelo tomador de serviços, não faz parte da relação jurídica trabalhista, porquanto tem conotação eminentemente empresarial. O fato de a profissão de advogado estar regulamentada em lei específica (8906/94), não afasta o profissional nela inserido do conceito de fornecedor fixado pelo artigo 3º, da Lei 8078/90. O artigo 2º, da lei em exame, coloca o consumidor na condição de destinatário final do serviço prestado, o que foge totalmente do âmbito da relação de trabalho, a qual tem por objetivo

central o trabalho humano prestado e não o resultado final do mesmo. (ACÓRDÃO Nº20070432869, DOU 24/05/2007, Rel. JANE GRANZOTO TORRES DA SILVA).

O debate doutrinário acima exposto, portanto, trouxe à lume questão de extrema relevância, que ainda demanda pacificação pelas cortes superiores, de modo que ainda não se encontra esgotado.

### 3.2. Aplicabilidade do artigo 475-J do NCPC em âmbito processual trabalhista

Como virá, em tópico oportuno, a ser melhor detalhado, a disposição legal em comento visou a ampliar os instrumentos de que dispõe o Magistrado em busca de conferir efetividade ao provimento jurisdicional exarado.

A aplicabilidade do artigo 475-J do diploma processual de 1973, contudo, não foi reconhecida de forma unânime pelos estudiosos do direito, havendo considerável disparidade de entendimentos na doutrina e na jurisprudência.

A corrente que defendia a inaplicabilidade em âmbito processual trabalhista sustentava que a CLT, com as disposições contidas nos artigos 880 e seguintes, já previa regramento específico a ser seguido em fase de execução. Inexistente lacuna legislativa, não haveria que se falar em aplicação subsidiária do Código de Processo Civil, nos termos do artigo 889 da CLT.

Nesse sentido, a doutrina de Manoel Antônio Teixeira Filho[5], em obra publicada no ano de 2006:

> É conveniente advertir que leis de processo civil não revogam leis do processo do trabalho; e vice-versa. Sob este aspecto, pode-se cogitar não só de autonomia, mas de "soberania" dos sistemas próprios de cada um. Quanto à multa de 10%, julgamos ser também inaplicável ao processo do trabalho. Ocorre que esta penalidade pecuniária está intimamente ligada ao sistema instituído pelo art. 475-J, consistente em deslocar o

5 TEIXEIRA FILHO, Manoel Antônio. As novas leis alterantes do processo civil e sua repercussão no processo do trabalho. Revista Legislação do Trabalho, v.70, n.3, São Paulo: LTR, 2006, p.287.

procedimento da execução para o processo de conhecimento. Como este dispositivo do CPC não incide no processo do trabalho, em virtude de a execução trabalhista ser regida por normas (sistema) próprias (art. 786 e 892), inaplicável será a multa, nele prevista.

Argumentava-se, ainda, que o artigo 889 da norma consolidada previa, unicamente, a aplicação subsidiária da Lei dos Executivos Fiscais em sede de execução trabalhista, de modo que inexistiria respaldo legal para aplicação, em caráter subsidiário, do artigo 475-J do Código de Processo Civil em âmbito trabalhista.

De outro lado, aqueles que sustentavam a aplicabilidade do dispositivo entendem que a despeito das previsões contidas no artigo 880 da CLT, possível seria a conjunção do texto celetista com o comando do artigo 475-J do Código de Processo Civil, dada a compatibilidade deste com o arcabouço principiológico que caracteriza o Processo do Trabalho. Nesse sentido, qualquer disposição que viesse a imprimir maior celeridade e efetividade ao processo de execução seria aplicável, vislumbrando tais doutrinadores uma lacuna ontológica que, com amparo no artigo 889 da CLT, daria respaldo à aplicação da nova regra processual em âmbito trabalhista.

Defendendo tal tese, lecionou Luciano Athayde Chaves[6] em obra também do ano de 2006:

> Ora, não faz sentido algum se manter o intérprete fiel ao disposto no art. 880 da CLT, enquanto o processo comum dispõe, agora, de uma estrutura que superou a exigência de nova citação para que se faça cumprir as decisões judiciais, expressando, assim, maior sintonia com as idéias de celeridade, economia e efetividade processuais. É a hipótese mais do que evidente de lacuna ontológica do microssistema processual trabalhista.

A jurisprudência majoritária aparenta se filiar a primeira das correntes, sustentando a inaplicabilidade da disposição em comento em âmbito processual trabalhista. Citamos, a título de ilustração, o seguinte julgado do C. TST:

---

6 CHAVES, Luciano Athayde. A recente reforma no processo comum: Reflexos no direito judiciário do trabalho. 3ª edição. São Paulo: LTr, 2006, p.54

> RECURSO DE REVISTA. MULTA DO ART. 475-J DO CPC/1973. INAPLICABILIDADE NO PROCESSO DO TRABALHO. Esta Corte firmou o posicionamento no sentido da inaplicabilidade da multa prevista no art. 475-J do CPC/1973 ao processo trabalhista. Precedentes da SBDI-1 do TST. Ressalva do entendimento pessoal desta Relatora. Recurso de revista conhecido e provido. (RR - 4990-76.2015.5.04.0000, Relatora Ministra: Delaíde Miranda Arantes, Data de Julgamento: 08/06/2016, 2ª Turma, Data de Publicação: DEJT 17/06/2016).

A despeito de tal caminho adotado pela jurisprudência das cortes superiores, não raro verificam-se decisões em primeira instância determinando o cumprimento da sentença sob pena de aplicação da cominação em comento, o que evidencia que a matéria debatida desde a promulgação da lei, que acrescentou o dispositivo legal ao antigo Código de Processo Civil, ainda se encontra distante de uma pacificação de entendimento.

## 4. LEGISLAÇÃO

Seguindo sua histórica característica, a ordem jurídica brasileira apresentou farta produção legislativa no período objeto de estudo. No presente tópico, damos destaque a quatro criações legislativas de relevo em âmbito de direito material e processual do trabalho.

A primeira legislação a ser abordada é aquela que se destinou a melhor regulamentar, e assim conferir maior proteção contra fraudes e abusos de direito ao trabalhador aprendiz. A segunda, que visou ao menos minimizar distorção histórica no tratamento dispensado ao trabalhador doméstico. A terceira, que criou procedimentos destinados a regrar a falência e recuperação judicial das empresas, conferindo novo enfoque à questão, passando a apresentar preocupação não apenas com a satisfação dos credores, como também à preservação das empresas. E a quarta, que trouxe inovação ao procedimento de execução, sendo certo que embora tenha alterado a redação do Código de Processo Civil, por via hermenêutica e pela possibilidade de aplicação subsidiária ao processo trabalhista, também ensejou impacto no cumprimento das sentenças proferidas no âmbito da Justiça do Trabalho.

Passemos a melhor detalhar tais inovações legislativas.

**4.1. Contrato de Aprendizagem. Decreto nº 5.598, de 1º de dezembro de 2005.**

Como sabido, a Consolidação das Leis do Trabalho, em seu Título III, Capítulo II, prevê toda uma sistemática destinada a conferir proteção ao trabalho do menor.

Dentre tais normas protetivas, encontra-se aquela que prevê a possibilidade de celebração de contrato de aprendizagem, modalidade de contrato a termo que visa a possibilitar ao aprendiz o ingresso no mercado de trabalho, mediante conhecimento e aperfeiçoamento de um ofício em conjunto com a preparação teórica ministrada em instituições de ensino. Pode o contrato de aprendizagem ser definido, portanto, nos termos dispostos pelo Estatuto da Criança e do Adolescente, o qual em seu artigo 62 fixa a aprendizagem como modalidade de formação técnico-profissional, ministrada segundo diretrizes e bases da legislação educacional em vigor.

A CLT, em sua redação originária previa, em seu artigo 428, que:

> as Instituições de Previdência Social, diretamente, ou com a colaboração dos empregadores, considerando condições e recursos locais, promoverá a criação de colônias climáticas, situadas à beira-mar e na montanha, financiando a permanência dos menores trabalhadores em grupos conforme a idade e condições individuais, durante o período de férias ou quando se torne necessário, oferecendo todas as garantias para o aperfeiçoamento de sua saúde. Da mesma forma será incentivada, nas horas de lazer, a frequência regular aos campos de recreio, estabelecimentos congêneres e obras sociais idôneas, onde possa o menor desenvolver os hábitos de vida coletiva em ambiente saudável para o corpo e para o espírito.

O instituto recebeu aperfeiçoamento, por meio da promulgação da Lei nº 10.097/2000, a qual veio a regulamentar de forma efetiva o contrato de aprendizagem típico. Conferiu nova redação ao artigo 428 da CLT, passando a definir o contrato de aprendizagem como:

> contrato de trabalho especial, ajustado por escrito e por prazo determinado, em que o empregador se compromete a assegurar ao maior de quatorze e menor de dezoito anos, inscrito em programa de aprendizagem, formação técnico-profissional metódica, compatível com o seu

desenvolvimento físico, moral e psicológico, e o aprendiz, a executar, com zelo e diligência, as tarefas necessárias a essa formação.

A regulamentação do contrato de aprendizagem mostrou relevante valia, na medida em que tal modalidade de pacto laboral, ao mesmo tempo em que possibilita ao jovem trabalhador a aquisição de experiência prática em sua formação profissional, confere proteção contra exposição a condições laborais inadequadas ao estágio de desenvolvimento do menor, que poderiam prejudicar sua formação técnica, psíquica e laborativa. Como bem dispôs Alice Monteiro de Barros:

> a par de todos os fundamentos científicos citados para justificar as restrições do trabalho do menor, cumpre frisar que o aprendizado, em geral, e o da criança, em especial, passam por fases sucessivas, em que novos conhecimentos são assimilados. O aprendizado feito de forma inadequada altera o ritmo normal da aquisição de conhecimento, afetando os sistemas neurológico e psicológico do jovem que passa a ter dificuldade de enfrentar novas habilidades[7].

A despeito da importância da proteção em comento, é inegável que, com o desenvolvimento das relações sociais, mostrou-se compatível com o interesse público ampliar o espectro de abrangência do contrato de aprendizagem.

E atendendo a tal demanda é que foi promulgado o Decreto nº 5.598/2005, o qual trouxe importantes alterações ao regime de aprendizagem.

O referido decreto conferiu nova alteração ao artigo 428 da CLT, passando a prever o contrato de aprendizagem como aquele:

> ajustado por escrito e por prazo determinado, em que o empregador se compromete a assegurar ao maior de 14 (quatorze) e menor de 24 (vinte e quatro) anos inscrito em programa de aprendizagem formação técnico-profissional metódica, compatível com o seu desenvolvimento físico, moral e psicológico, e o aprendiz, a executar com zelo e diligência as tarefas necessárias a essa formação.

---

7 BARROS, Alice Monteiro de. Contratos e Regulamentações Especiais de Trabalho. LTR. 3ª Edição, p.p. 326

Houve, igualmente, inclusão do importante § 5º àquele dispositivo celetista, segundo o qual a "*idade máxima prevista no caput deste artigo não se aplica a aprendizes portadores de deficiência*".

Em resumo, o novo decreto ampliou o acesso a contratos de aprendizagem, antes restritos aos trabalhadores com idade de quatorze a dezoito anos, para aqueles com idade máxima de vinte e quatro anos. Contemplou ainda a possibilidade de inserção de trabalhadores portadores de deficiência, independentemente da idade, em contratos de aprendizagem.

A alteração legislativa em estudo, ao nosso ver, atendeu demanda social existente à época, na medida em que com o crescente acesso dos cidadãos ao sistema educacional em todos os níveis (impulsionado, como já referido alhures, por programas sociais e também por políticas de acesso às universidades, como o PROUNI), uma maior gama de trabalhadores passou a apresentar demanda por formação técnico profissional. O incremento da idade limite para celebração do contrato de aprendizagem possibilitou tal acesso.

Inegável, ainda, que a nova regulamentação do contrato de aprendizagem ampliou consideravelmente a possibilidade de acesso ao mercado de trabalho pelo trabalhador portador de deficiência. Dadas as dificuldades decorrentes das próprias limitações físicas ou intelectuais de tais indivíduos, não raro se verifica um ritmo distinto de desenvolvimento neurológico, psicológico, social e técnico de tais trabalhadores, o qual resulta na conclusão da aptidão destes para ingresso no mercado de trabalho em momento mais tardio. A limitação de idade para celebração de contrato de aprendizagem praticamente excluía de tais trabalhadores a possibilidade de inclusão em tais modalidades de avença, de modo que a inclusão do § 5º do artigo 428 da CLT veio a corrigir distorção existente, restituindo, em moldes distributivos, a igualdade de acesso de tais trabalhadores ao mercado de trabalho em comparação aos demais.

Importante destacar, por fim, que a ampliação do âmbito de celebração dos contratos e aprendizagem não pode ser recebida como uma alternativa fraudulenta à celebração de contratos de trabalho típicos por prazo indeterminado.

O objetivo das disposições legais em questão foi possibilitar o acesso de uma maior gama de indivíduos a instrumentos que possibilitassem o complemento do processo educacional, da formação profissional de tais indivíduos. Exatamente por tal motivo é que foi mantida a demanda por formação técnico profissional, caracterizada, nos termos do artigo 428, § 4º da CLT, "*por atividades teóricas e práticas, metodicamente organizadas em tarefas de complexidade progressiva desenvolvidas no ambiente de trabalho*", como requisito essencial a validade da celebração do contrato de aprendizagem.

Em resumo, a alteração legislativa em estudo buscou ampliar o acesso dos indivíduos a formação técnico profissional, majorando a possibilidade de acesso ao mercado de trabalho com prévia experiência prática, de modo a conferir maior efetividade aos ideais de valorização social do trabalho e acesso ao pleno emprego.

### 4.2. Ampliação do rol de direitos conferidos aos trabalhadores domésticos. Lei nº 11.324/2006

As primeiras disposições legais destinadas a regular o trabalho em âmbito doméstico remontam ao ano de 1830, e eram consubstanciadas em Ordenações do Reino de Portugal, que regulavam o contrato escrito sobre prestação de serviços efetuados por estrangeiros ou brasileiros dentro ou fora do Império. "*Esta lei de caráter genérico compreendia também as relações de emprego doméstico*"[8].

Mais adiante, em 1886, foi editado o Código de Posturas do Município de São Paulo, o qual definia em seu artigo 263, como criado de servir, dentre outras, "*toda pessoa de condição livre que, mediante salário convencionado, tiver ou quiser ter ocupação de [...] qualquer serviço doméstico*". Assegurava a tais trabalhadores o direito a aviso prévio de cinco dias, na rescisão contratual de iniciativa do empregador, bem como a obrigação de registro na Secretaria de Polícia, e a de conceder aviso prévio de oito dias, quando de sua iniciativa para a extinção do pacto laboral. "*Dispunha*

8 NORMANDO, Claudia Cavalcante, Trabalho Doméstico: Valores Jurídicos e Dignidade Humana, p.68.

*o Código ainda que é motivo de justa causa rescisória o fato de o empregado ficar impedido para o trabalho por doença ou para o caso de sair, deliberadamente, mormente à noite*"[9].

Já em 1890, momento anterior a vigência da primeira Constituição da República brasileira, foi promulgado, pelo Governo do Estado do Piauí o Decreto nº 23, de 11 de abril de 1890, disciplinando o que denominava de contratos de locação de serviço doméstico celebrados no âmbito daquele Estado. O regulamento daquele decreto, promulgado no mesmo ano, era composto de 61 artigos, e fixava diversos direitos e obrigações às partes, tais como a de obrigatoriedade de assinatura de carteira de trabalho, bem como os títulos devidos em decorrência da extinção contratual.

Em âmbito federal, as primeiras regras editadas em solo pátrio, que vieram em substituição às ordenações do Reino de Portugal, foram trazidas pelo Código Civil de 1916, promulgado por meio da Lei nº 3.071, de 1º de janeiro de 1916, o qual em seus artigos 1.216 a 1.236, disciplinava o contrato de trabalho doméstico como sendo uma relação jurídica de locação de serviços.

Dentre as previsões ali insertas, destacamos a que previa possibilidade de assinatura do contrato a rogo, quando uma das partes não soubesse ler e escrever (art. 1.217); a que limitava a duração do contrato ao prazo máximo de quatro anos (art. 1.229); a que previa a necessidade de concessão de aviso prévio de oito, quatro ou um dia, quando da extinção da contratualidade, dependendo da duração do pacto (art.1.221); e a que assegurava ao locador dispensado sem justa causa o direito a indenização equivalente à metade da remuneração devida até o término do contrato (art. 1.228).

Aos 27 de fevereiro de 1941, iniciou-se a vigência do Decreto-lei nº 3.078, destinado a disciplinar, especificamente, a locação de empregados em serviços domésticos. Definia tal decreto, em seu artigo primeiro, os empregados domésticos como "*aqueles que, de qualquer profissão ou mister, mediante remuneração, prestem serviços em residências particulares ou a benefício destas*".

9 Idem, p. 68

Consoante bem observa Fernando Bastos Ferraz, em sua obra "Empregados Domésticos", "*esta conceituação de empregado doméstico merece crítica por não precisar a quem deva ser prestado o serviço, além de não estabelecer a condição de destinar-se ele à economia de consumo da família*"[10]. De fato, a disposição legal em tela tornaria possível enquadrar como doméstico aquele trabalhador que, a despeito de realizar tarefas no âmbito da residência de seu empregador, não o faz em atividades inerentes ao núcleo familiar, como no caso clássico do empregado que colabora com seu empregador na atividade de fabricação de doces caseiros para venda ao público geral.

A despeito da narrada imprecisão conceitual, trazia o decreto ora em comento uma série de direitos que demonstravam certa evolução na proteção do trabalhador doméstico. Assim é que assegurava aviso prévio de oito dias para a resolução de contratos cuja vigência tivesse ultrapassado o período de seis meses, sob pena de pagamento de indenização correspondente a oito dias de salários (art. 3º, § 1º); a obrigatoriedade de anotação pelo empregador, do contrato em Carteira de Trabalho do empregado (art. 4º); os deveres contratuais do empregado e empregador (arts. 6º e 7º); e o direito a indenização do empregado quando da rescisão injustificada do contrato por iniciativa do empregador (art. 10). No plano previdenciário, assegurava em seu artigo 16 a realização de estudos, por parte do Ministério do Trabalho, Indústria e Comércio, destinados "*ao estabelecimento de um regime de previdência social para os empregados domésticos*".

Posteriormente, aprovada a Consolidação das Leis do Trabalho, a qual expressamente exclui, em seu artigo 7º, "a", os domésticos de seu campo de aplicação, passou a parcela majoritária da doutrina a considerar revogado o Decreto-lei 3.078/41. Isso com suporte no fato de que a CLT teria se transformado no único diploma destinado à proteção do trabalhador, revogando todas as demais normas atinentes a tal finalidade, fossem gerais ou específicas, desde que de âmbito nacional e vigência

---

10 FERRAZ, Fernando Bastos, Empregados Domésticos, p. 39

indeterminada. Essa foi a exegese feita, dentre outros, por Arnaldo Sussekind[11] sobre o artigo 1º, parágrafo único, do decreto nº 5. 452, de 1º de maio de 1943, que aprovou a Consolidação das Leis do Trabalho. Em sentido contrário, embora minoritariamente, defendiam Amauri Mascaro do Nascimento[12] e Mozart Victor Russomano[13] que por se tratar de lei especial, destinada a regrar campo expressamente excluído pela CLT, permanecia em vigência o supramencionado decreto-lei.

Aos 23-04-1956, promulgada a Lei nº 2.757, foram expressamente excluídos da categoria de domésticos, e assim inseridos no regime celetista geral, os empregados porteiros, zeladores, faxineiros e serventes de prédios e apartamentos residenciais a serviço da administração do condomínio, e não dos condôminos em particular.

Com relação aos demais profissionais não afetados pela lei acima referida, permaneceu em discussão a aplicabilidade do Decreto-lei nº 3.078/41, até a promulgação da Lei nº 5.859, de 11 de dezembro de 1972, que em conjunto com o decreto nº 71.885, de 9 de março de 1973, passaram a regulamentar de forma expressa, novamente, os direitos conferidos a tais trabalhadores.

Inicialmente, assegurava a Lei nº 5.859/72 apenas três direitos aos empregados domésticos, quais sejam os de férias anuais remuneradas de vinte dias úteis, o de anotação da contratualidade em CTPS, e o de inscrição como segurado obrigatório na Previdência Social. Tal legislação, aliada ao já mencionado conteúdo da norma consolidada, bem como ao teor do artigo 5º, "a", da Lei nº 605/1919, que lhes vedava a concessão de descanso semanal remunerado, compunha todo o arcabouço legal direcionado aos domésticos.

---

11 SUSSEKIND, Arnaldo. Comentários à CLT e à Legislação Complementar. 2ª Edição. Rio de Janeiro: Freitas Bastos, 1964, p. 23, apud Fernando Basto Ferraz, Empregados Domésticos, p.42.

12 NASCIMENTO, Amauri Mascaro. Compêndio de Direito do Trabalho. São Paulo: Ltr, 1972, p. 67, apud Fernando Basto Ferraz, Empregados Domésticos, p.41.

13 RUSSOMANO, Mozart Victor, Comentários à CLT, p. 34

Melhor detalhando a matéria, o Decreto nº 71.885/73, que aprovou o regulamento da supramencionada lei, dispôs ainda exceção àquele preceito celetista excludente, no sentido de ser aplicável sobre as relações de emprego doméstico o teor do capítulo da Consolidação das Leis do Trabalho referente ao direito de férias.

Com base em tal dispositivo, passou-se a entender, mesmo que de forma não uníssona, ter sido assegurado a tais empregados o direito a férias proporcionais, quando da rescisão da contratualidade antes de completo o período aquisitivo do direito a tal repouso em sua integralidade, bem como o direito à remuneração dobrada das férias concedidas fora do período concessivo correspondente. Apesar de majoritariamente aceito, discutido ainda se fazia o cabimento de tais garantias.

Posteriormente, a legislação atinente ao Vale-Transporte veio também a contemplar o empregado doméstico com tal parcela. Salienta-se, contudo, que o referido direito não foi concedido na legislação que o implementou originariamente, consubstanciada nas Leis nº 7.418/85 e 7.619/87, mas apenas quando da expedição do decreto nº 95.247, de 17-11-87 (art. 1º, II), destinado a regulamentar as aludidas leis.

A Constituição da República Federativa do Brasil, promulgada em 05/10/1988, trouxe certa extensão ao rol de parcelas asseguradas aos empregados domésticos. Assim é que o parágrafo único de seu artigo 7º passou a assegurar a tal classe obreira, além dos títulos acima mencionados, também os direitos ao salário mínimo, à irredutibilidade salarial, ao décimo terceiro salário, ao repouso semanal remunerado, preferencialmente aos domingos, ao gozo de férias remuneradas anuais, com acréscimo remuneratório de pelo menos um terço do salário normal, licença à gestante, sem prejuízo de emprego e salário, com duração de cento e vinte dias, licença paternidade, nos termos legalmente assegurados, aviso prévio proporcional ao tempo de serviço, de no mínimo trinta dias, e aposentadoria, além da integração à previdência social.

A partir do mês de março de 2000, por intermédio da Medida Provisória nº 1.986/1999, subsequentes revisões, e final conversão na Lei nº 10.208/2001, passou a ser optativa a inclusão, aos empregados domésticos, no Fundo de Garantia por Tempo de Serviço. Consequentemente, além do direito aos depósitos mensais, assegurado estaria ao doméstico cujo patrão optasse por tal regime, o direito à indenização rescisória de 40% sobre o FGTS recolhido ao longo de toda a contratualidade, bem como ao benefício do seguro desemprego. Esse, contudo, seria concedido em montante menor que aquele assegurado aos empregados comuns, vez que limitado a no máximo três parcelas, no valor equivalente a um salário mínimo.

Nota-se, portanto, que a despeito de ter se operado certo crescimento, ao longo dos tempos, do leque de direitos assegurados aos empregados domésticos, ainda assim permaneceram tais trabalhadores excluídos do campo de aplicação de importantíssimas normas protetivas.

Tal situação de patente discriminação nos levou, inclusive, ao longo do Curso de Especialização em Direito do Trabalho, a questionar os motivos da dispensa de tal tratamento diferenciado. Buscamos, ao longo do estudo realizado, apurar as origens históricas e fundamentos jurídicos que amparassem tal tratamento diferenciado, o que culminou com a elaboração da monografia de conclusão de curso realizada sob a orientação do Professor Sergio Pinto Martins, intitulada "*Dos Direitos do Empregado Doméstico – Incoerência da Interpretação Restritiva em Face do Conteúdo Principiológico Constitucional*".

No bojo do referido estudo verificamos que questões atinentes à natureza do labor doméstico, bem como ao modo e local em que esse é desempenhado, costumam ser apontadas como justificadoras do tratamento diferenciado dispensado ao obreiro inserido nesse tipo de atividade.

Nesse contexto, a exclusão de determinados direitos sociais do patrimônio jurídico dos domésticos se embasava no fundamento de que a essência de tal relação empregatícia não seria lucrativa. Dessa forma, por serem considerados como próprios, exclusivos do trabalho desenvolvido no contexto de uma atividade econômica, é que alguns títulos juslaborais como estabilidades, controle de jornada, dentre outros, não seriam assegurados àqueles empregados.

Tal justificativa foi inclusive adotada pela assembleia constituinte, encarregada da elaboração do texto ora em vigor. Tanto o referido é verdade que esse fundamento foi utilizado para a rejeição de pedidos de emendas ao projeto de Constituição.

À guisa de ilustração, mostra-se válido fazer referência ao pedido de emenda supressiva nº 01372[14], apresentado aos 09-06-87, de autoria de Abigail Feitosa, representante do Partido da Mobilização Democrática Brasileira, que recomendava a exclusão, do texto do projeto, exatamente do dispositivo equivalente ao atual parágrafo único do artigo 7º da Lei Maior. Sobre tal pleito, emitiu-se o parecer abaixo ilustrado, *ipsis litteris:*

> A presença de artigo específico sobre empregados domésticos objetiva explicitar a diferenciação entre eles e os demais trabalhadores que decorre da natureza específica do trabalho que executam. O empregado doméstico presta serviços pessoais no lar do empregador, que não obtém lucro deles. Em conseqüência, não fazem jus à totalidade dos direitos do trabalhador.

Outra justificativa comumente utilizada fazia alusão ao fato de que tal trabalho era realizado no núcleo de residência de uma família, protegida pelo manto da garantia à intimidade, de modo que a fiscalização do cumprimento de certas obrigações trabalhistas, tais como a de controle de jornada, ou o respeito a certa estabilidade assegurada, seriam inexequíveis.

Por fim, outro argumento sustentado como inviabilizador da equiparação de regimes jurídicos entre empregados comuns e o doméstico seria o de que a ampliação do rol de direitos dessa classe poderia acarretar acréscimo nos índices de emprego informal, decorrente do desinteresse, dos empregadores, de sustentar um contrato demasiadamente oneroso de emprego doméstico.

Os fundamentos jurídicos acima expostos não nos pareceram suficientemente aptos a justificar a exclusão do trabalhador doméstico da proteção conferida a qualquer outro empregado celetista.

A primeira delas mostra-se relativa, na medida em que apenas se analisada sob o prisma do empregador é que a atividade doméstica não se manifesta lucrativa. Ao empregado, o é. Por meio do trabalho doméstico

14 Bases da Assembleia Nacional Constituinte 1987-1988. Disponível em < http://www6g.senado.gov.br/apem/data/EMEN-G/22223.html>

é que esse obtém meios de sustento próprio, o de seus familiares, assegura sua sobrevivência e dignidade enquanto ser humano. Não se trata de labor voluntário, ou a título gratuito, mas sim oneroso, no qual o empregado vende sua energia laboral. É, portanto, lucrativo nesse aspecto.

A segunda, igualmente, não se justificaria, na medida em que ao nosso ver, a preocupação primária do operador do direito deve ser a de assegurar os direitos cabíveis a cada indivíduo, de acordo com a condição específica em que se inserem. A operacionalização desse arcabouço protetivo, sua fiscalização e controle, são questões secundárias, e de muito mais simples implementação. Insta consignar, nesse diapasão, ainda, que também o âmbito empresarial merece ter sua esfera de privacidade respeitada. Enquanto pessoas jurídicas de direito privado, as indústrias, fábricas ou sedes empresariais não são ambientes de franco acesso ao público, e mesmo assim, viável é a fiscalização trabalhista nesses locais.

Por fim, a terceira das justificativas expostas também não mereceria guarida, eis que aspectos econômicos, de modo algum, poderiam ser utilizados para justificar o descumprimento de normas de ordem pública, assecuratórias de condições mínimas de dignidade ao ser humano.

O aprofundamento dos estudos evidenciou, na realidade, que o discrímen adotado em relação aos trabalhadores domésticos teria raízes mais consolidadas em fatores históricos.

Isso porque inicialmente o trabalho doméstico era desempenhado preponderantemente por escravos. Tratava-se de mão de obra escrava atuante dentro do núcleo familiar do proprietário. Esse contato próximo com os senhores, aliás, gerava neles certa sensibilização com as condições dos escravos domésticos, de modo que, dentro de padrões não tão elevados de respeito à dignidade humana, característicos de regime de escravidão, vinham os servos a gozar de certas regalias. Assim é que, esses domésticos recebiam, a título de regalo, e de certa forma como recompensa pelo labor efetuado, roupas usadas de seus donos, o direito de acompanhar o senhor em passeios, dentre outras supostas vantagens.

Mesmo depois de abolida a escravatura, persistiu tal estigma, vez que os escravos, sem perspectiva de trabalho livre, permaneciam nas fazendas, laborando para os antigos senhores, em troca de comida e local para dormir. Prestavam serviços, portanto, *"na condição de trabalhadores livres do ponto de vista legal, mas aprisionados quanto aos aspectos social e econômico"*[15].

Pois bem. Nota-se que tanto durante, e mesmo no período posterior à abolição da escravatura, os benefícios concedidos aos trabalhadores domésticos eram sempre encarados como favores, como prestações benevolentes concedidas pelos tomadores do serviço. E tal conceito persistia arraigado na cultura pátria.

Com tais estudos, concluímos então que:

> essência do tratamento jurídico dispensado aos domésticos não encontra portanto forte sustentação fática, sequer jurídica. Aparenta, portanto, que sua raiz efetivamente é histórica, social, decorrente do modo em que o labor doméstico era originariamente realizado, e da tradição que de tal fato resultou. Ocorre que tal contexto, perante a ordem jurídica atual, demanda urgente superação, na medida em que díspare com todos os princípios consagrados em tratados internacionais, bem como com os objetivos e fundamentos de nosso Estado Democrático de Direito, estampados no corpo da Constituição. Nesse contexto, torna-se necessário o delineamento de uma nova interpretação da ordem jurídica destinada a alterar o status ora presente, eliminando os preconceitos historicamente arraigados na sociedade[16].

Defendeu-se a tese, assim, de que:

> não merece prosperar quando efetuada uma exegese sistemática do conteúdo da Constituição, levando-se em conta os princípios e valores que a permeiam. Nesse sentido, parece-nos mais adequado, justo e equânime sustentar que o rol de direitos assegurados a tal classe obreira, estampado na Carta Magna, é meramente exemplificativo, sendo cabível

15 NORMANDO, Claudia Cavalcante, Trabalho Doméstico: Valores Jurídicos e Dignidade Humana, p.49

16 CORDEIRO, ROBERTO BENAVENTE. "Dos direitos do empregado doméstico. Incoerência da interpretação restritiva em face do conteúdo principiológico constitucional". São Paulo: Revista do Departamento de Direito do Trabalho e da Seguridade Social. Faculdade de Direito da USP, 2007, p.199

> sua extensão, a qual ensejaria a plena equiparação do regime jurídico que lhes é assegurado àquele previsto aos demais trabalhadores celetistas[17].

E ao nosso ver, exatamente diante da incoerência de tal interpretação restritiva do rol de direitos conferidos aos trabalhadores domésticos é que, por intermédio do Projeto de Conversão da Medida Provisória nº 284/2006 em Lei, foi levado à tramitação um conjunto de emendas propostas pelo Senado Federal, sobre tal norma, que buscavam assegurar uma diversidade de direitos até então excluídos à classe doméstica, dentre os quais o da obrigatoriedade de inscrição no FGTS; o de garantia provisória de emprego à gestante; o de férias remuneradas com trinta dias de duração; e o de vedação de descontos sobre o salário. Tal projeto redundou na promulgação da Lei nº 11.324, de 19/07/06, que infelizmente, vetando os demais dispositivos, limitou-se a reconhecer aos domésticos à intangibilidade salarial, vedando-se a possibilidade de descontos, salvo os expressamente permitidos em lei, o direito a férias integrais de trinta dias, e também a garantia de emprego à gestante.

Embora tímida, a evolução legislativa em comento veio a reparar, ainda que parcialmente, a injustiça historicamente realizada com tais trabalhadores, contemplando-os com direitos de sensível importância, especialmente no que se refere a garantia de emprego à trabalhadora gestante, assecuratória de meios de sustento durante o período de gestação, e por conseguinte de sua dignidade, não apenas à trabalhadora gestante em si, como também ao próprio nascituro. Representou oportunidade, ainda, para discussões doutrinárias e legislativas a respeito do tema, as quais culminaram inclusive na edição de novas disposições legais posteriores, especialmente a Lei Complementar nº 150/2015, que avançou de forma ainda mais sensível na proteção dos direitos de tal categoria.

Em suma, independentemente da pequena monta do impacto causado pela alteração legislativa ora em estudo para a categoria doméstica em si, fato é que esta adquiriu extrema importância jurídica e ideológica,

17 CORDEIRO, ROBERTO BENAVENTE. op. cit., p. 191

demonstrando aos estudiosos do Direito que de fato era possível e juridicamente justificável a ampliação do rol de direitos conferidos aos trabalhadores domésticos, e propiciando debates que permitiram uma gradativa evolução da ordem jurídica em direção ao reparo cada vez maior do tratamento discriminatório infelizmente dispensado a tal classe de trabalhadores no curso do tempo.

### 4.3. Falência e Recuperação Judicial. Lei nº 11.101/2005

O renomado jurista Rubens Requião define o instituto da falência nos seguintes moldes:

> um procedimento legal que enseja o constrangimento do devedor comerciante, de maneira sistemática e ordenada, que, não podendo pagar todos os credores, submete seu patrimônio à liquidação, de molde a que uns credores não recebem seu crédito em detrimento do crédito dos demais. E esse procedimento se denomina falência[18].

Originariamente, o instituto da falência era regulamentado pelo Decreto Lei nº 7.661/1945, o qual em linhas gerais visava assegurar todos os meios para que os credores pudessem satisfazer seus créditos inadimplidos, ainda que tal situação demandasse a extinção da empresa em processo falimentar. O Decreto-Lei em questão previa ainda os institutos da concordata suspensiva e preventiva, favores similares a uma moratória conferida ao empresário em dificuldade para que saneasse seus créditos sem necessidade de extinção da empresa, benesse esta cuja concessão dependia do preenchimento de todos os requisitos previstos na legislação referida. A intenção do legislador na época, nitidamente, era a de proteger o crédito, a solvência e a segurança dos negócios jurídicos.

As crises econômicas que reiteradamente assolavam o país, aliadas às já conhecidas dificuldades enfrentadas por qualquer empreendedor em território brasileiro, decorrentes da elevada carga tributária, ensejavam, contudo, um relevante número de decretos falimentares, situação indesejada, visto que a falência de uma empresa implica em extinção de um

18 REQUIÃO, Rubens. Curso de direito comercial. São Paulo: Saraiva, 1991, p. 235

posto de trabalho, de uma fonte de arrecadação tributária e de movimentação de recursos.

Em face de tal contexto, foi promulgada em 09/02/2005, ou seja, logo quando do início das aulas da presente turma do Curso de Especialização em Direito do Trabalho, a Lei nº 11.101/2005, a qual trouxe em suas disposições mecanismos que, ao contrário do Decreto-Lei nº 7.661/1945, não buscavam apenas garantir a satisfação do crédito em detrimento da sobrevivência da empresa, mas sim priorizar a recuperação judicial ou extrajudicial dos empreendimentos, ampliando as possibilidades de saneamento financeiro das pessoas jurídicas em crise para evitar a quebra. Consagrado restava, assim, o princípio da preservação da empresa, que serve de norte para a interpretação da legislação ora em comento.

Interessa-nos, no estudo em andamento, a análise dos impactos de tal legislação à satisfação dos créditos trabalhistas. Passamos a direcionar atenção a tal tema, pois.

O crédito trabalhista, dada sua natureza alimentar, goza de privilégio em concurso com outros credores. Assim dispõe o artigo 449, § 1º da CLT, segundo o qual "*na falência constituirão créditos privilegiados a totalidade dos salários devidos ao empregado e a totalidade das indenizações a que tiver direito*".

Em atenção ao privilégio do crédito trabalhista, o artigo 151 da Lei nº 11.101/2005 dispôs que "*os créditos trabalhistas de natureza estritamente salarial vencidos nos 3 (três) meses anteriores à decretação da falência, até o limite de 5 (cinco) salários-mínimos por trabalhador, serão pagos tão logo haja disponibilidade em caixa*". A despeito de divergência doutrinária existente a respeito, o dispositivo em questão é majoritariamente interpretado como mecanismo que confere ao trabalhador a possibilidade de obter adiantamento dos créditos de natureza estritamente salarial, para posterior abatimento do quanto habilitado junto ao quadro geral de credores. Tudo em observância à natureza eminentemente alimentar do crédito em questão, cuja satisfação é essencial à subsistência do trabalhador. Este é o entendimento, a título de ilustração, de Fábio Ulhoa Coelho[19].

A par da prioridade de satisfação acima referida, dado o caráter privilegiado do crédito trabalhista, a proteção que tal condição demanda, mas também visando conjugar sua satisfação com a necessidade de se honrar os demais débitos mantidos pelo empresário em recuperação judicial, e assim possibilitar a preservação do empreendimento, a Lei nº 11.101/2005 previu limitação ao montante do crédito trabalhista que gozaria de privilégio. Nesse sentido, estipulou como crédito extraconcursal, ou seja, aqueles cuja satisfação detém prioridade máxima, sendo os primeiros a serem honrados, os "*derivados da legislação do trabalho ou decorrentes de acidentes de trabalho relativos a serviços prestados após a decretação da falência*". Da mesma forma, o artigo 83, I definiu como superprivilegiados, ou seja, aqueles a serem honrados logo em seguida aos extraconcursais, os "*derivados da legislação do trabalho, limitados a 150 (cento e cinquenta) salários-mínimos por credor, e os decorrentes de acidentes de trabalho*". O valor que exceder ao limite fixado no dispositivo legal em questão concorre com os demais créditos quirografários no juízo universal.

Nos termos da Legislação em apreço, então, cabe ao credor trabalhista proceder à habilitação de seus créditos junto ao quadro de credores da recuperação judicial, cuja satisfação deveria observar a ordem de privilégios acima referida.

Para tanto, necessário se faz o reconhecimento de seu crédito em ação trabalhista, para que possa ser devidamente anotado junto ao quadro de credores do Juízo da Recuperação Judicial. Até em razão de tal fato, as reclamações trabalhistas e as ações indenizatórias por acidentes de trabalho do direito comum, da competência da Justiça do Trabalho, não se suspendem em virtude do decreto de falência ou do deferimento do processamento da recuperação judicial, e devem ser processadas perante a Jus-

---

19 COELHO, Fábio Ulhoa. Comentários à Nova Lei de Falências e de Recuperação de Empresas. São Paulo, Saraiva, 2005, p. 384/385.

tiça Especializada até a apuração do respectivo crédito, que será inscrito no quadro-geral de credores pelo valor determinado em sentença (art. 6º, § 2º).

Uma vez elaborado, o quadro geral é submetido à aprovação em assembleia geral de credores, para então ser homologado e iniciado seu cumprimento. Registre-se que a legislação em apreço contempla de forma expressa a participação dos credores trabalhistas na referida assembleia geral (Lei nº 11.101/2005, art. 41, I).

De se destacar, ainda, outro privilégio conferido à satisfação do crédito trabalhista, previsto no artigo 54 da Lei nº 11.101/2005, segundo o qual "*o plano de recuperação judicial não poderá prever prazo superior a 1 (um) ano para pagamento dos créditos derivados da legislação do trabalho ou decorrentes de acidentes de trabalho vencidos até a data do pedido de recuperação judicial*". Na mesma linha, o parágrafo único preconiza: "*O plano não poderá, ainda, prever prazo superior a 30 (trinta) dias para o pagamento, até o limite de 5 (cinco) salários mínimos por trabalhador, dos créditos de natureza estritamente salarial vencidos nos 3 (três) meses anteriores ao pedido de recuperação judicial*".

Os novos regramentos acima expostos passaram a ser aplicados em âmbito trabalhista sem relevantes controvérsias. De outro lado, a principal cizânia surgida em decorrência da alteração legislativa em comento foi a pertinente à competência material para fins de execução do crédito trabalhista de empresa cuja falência ou recuperação judicial foi decretada. A questão ensejou intenso debate jurisprudencial, o qual será objeto de análise em tópico oportuno do presente estudo, sendo ao final pacificada pelo C. STF, que reconheceu a competência da Justiça Comum para promover a execução dos créditos trabalhistas existentes em face de empresa em falência ou recuperação judicial. Em outras palavras, uma vez habilitado o crédito trabalhista junto ao juízo universal, suspende-se o curso da execução trabalhista, até que esgotado o processo falimentar ou de recuperação, sendo retomada a marcha processual perante a Justiça do Trabalho apenas na hipótese de não satisfação do crédito perante a Justiça Comum.

Em que pese uma análise inicial das novas regras acima expostas evidencie que o legislador pretendeu apenas conferir maior proteção ao empresário em face das dificuldades econômicas notória e habitualmente enfrentadas pelo empreendedor em âmbito nacional, também é possível apurar, ao nosso ver, que a legislação em comento visou igualmente resguardar o interesse da classe trabalhadora em um aspecto mais abrangente. Em um primeiro aspecto, mantendo a concessão de privilégio ao crédito trabalhista para sua satisfação no juízo universal. E sob outro prisma, procurando preservar a existência das empresas, dos postos de trabalho por elas oferecidos, e por conseguinte, da fonte de sustento de diversos trabalhadores e de seus familiares.

Conclui-se, portanto, que ao menos a finalidade do legislador quando da criação dos dispositivos legais em comento se mostrou jurídica, econômica e socialmente válida. Infelizmente, o cotidiano das relações sociais e dos processos em trâmite no Poder Judiciário atualmente evidencia que as novas regras em aplicação não vêm se mostrando aptas a resgatar a higidez econômica das pessoas jurídicas que têm decretada a recuperação judicial com a efetividade pretendida.

Em interessante estudo realizado por Rafael Alves de Oliveira, o qual se dedicou a proceder análise empírica dos processos de recuperação judicial distribuídos junto à 2ª Vara de Falência e Recuperações Judiciais do Foro Cível Central da Comarca da Capital do Estado de São Paulo, verificou-se que 56% das recuperações judiciais deferidas a empresas foram posteriormente convoladas em falência. Neste universo, 38% das convolações decorreram do fato de o devedor confessar o estado falimentar, ao passo que 31% decorreram de descumprimento, pelo devedor, do plano de recuperação judicial [20].

Há que se ponderar que a legislação em comento deve ser aplicada exclusivamente com vistas a preservar o interesse do devedor de boa-fé, não podendo se prestar como instrumento de protelação do cumprimento das obrigações por devedores que sabidamente não detenham

20 OLIVEIRA, Rafael Alves de. RECUPERAÇÃO JUDICIAL: uma análise empírica dos processos de recuperação judicial distribuídos junto à 2º Vara de Falência e Recuperações Judiciais do Foro Cível Central da Comarca da Capital do Estado de São Paulo, com ênfase nas recuperações judiciais encerradas por cumprimento. Disponível em <http://bibliotecadigital.fgv.br/dspace/handle/10438/13642>, p. 65-68

condições de obter, de fato, a recuperação da higidez econômica. Conclui-se, então, que a despeito de dotadas de relevante interesse jurídico e social, as alterações legislativas em estudo merecem relevante cautela na aplicação e interpretação, devendo ser aplicadas visando o fim a que se destinam, e garantindo os credores em face de eventual má-fé e intuito protelatório dos devedores.

### 4.4. Lei nº 11.232, de 22 de dezembro de 2005. Inclusão do artigo 475-J ao Código de Processo Civil de 1973

A execução de sentença, como sabido, é um dos maiores entraves processuais na busca pela entrega da prestação jurisdicional. Não apenas as dificuldades financeiras, notoriamente enfrentadas por todo e qualquer cidadão, mormente em face das constantes crises econômicas que afetam o país, como também questões culturais, que lamentavelmente conduzem parcela dos indivíduos a imprimir desforços no sentido de se esquivar das responsabilidades perante terceiros, tornam dificultosa a tarefa de se materializar a entrega, ao credor, do bem jurídico que lhe foi reconhecido como de direito em uma decisão judicial transitada em julgado.

Em razao do cenário ora apresentado, a ordem jurídica sempre apresentou preocupação em criar mecanismos destinados a ampliar a efetividade do processo de execução.

E nesta esteira, em âmbito processual civil, por meio da Lei nº 11.232/2005 foi acrescido ao Código de Processo Civil de 1973 o artigo 475-J, cuja redação trouxe a seguinte inovação:

> Caso o devedor, condenado ao pagamento de quantia certa ou já fixada em liquidação, não o efetue no prazo de quinze dias, o montante da condenação será acrescido de multa no percentual de dez por cento e, a requerimento do credor e observado o disposto no art. 614, inciso II, desta Lei, expedir-se-á mandado de penhora e avaliação.

A previsão da possibilidade de aplicação de multa, na hipótese de não atendimento espontâneo do comando da sentença, visou nitidamente instar os devedores a respeitar as decisões passadas em julgado, evitando a necessidade de movimentação de toda a estrutura jurisdicional com vistas a promover o cumprimento forçado do comando jurisdicional.

Salutar a medida, eis que o aumento do débito em considerável percentual representa desvantagem ao devedor, o qual, via de regra, engendraria esforços no sentido de evitar o encarecimento de sua obrigação.

Ainda que tal disposição legal tenha sido trazida ao teor do Código de Processo Civil, possível seria sua aplicação em âmbito processual do trabalho, mediante trabalho hermenêutico, e invocando o comando legal inserto no artigo 889 da CLT.

A aplicabilidade de tal dispositivo gerou grande controvérsia doutrinária e jurisprudencial, que será abordada em tópicos posteriores do presente estudo. De toda sorte, entendemos merecer destaque também no presente capítulo a inovação legislativa em apreço, por se tratar de medida destinada a conferir maior efetividade, celeridade e respeito ao cumprimento dos comandos jurisdicionais.

## 5. MOBILIZAÇÃO DOS TRABALHADORES

O contexto político, social e econômico pelo qual passava o país na época favoreceu, igualmente, o incremento das mobilizações de trabalhadores em busca da manutenção ou melhoria de suas condições de trabalho e remuneração.

Alguns destes movimentos merecem destaque em decorrência do tempo de paralisação e do número de trabalhadores mobilizados.

Em linhas gerais, segundo estudo do DIEESE, ao longo do ano de 2005, foram registrados duzentos e noventa e nove movimentos grevistas, os quais paralisaram por cerca de vinte mil horas as atividades produtivas ao longo do país, no total. O número se mostrou expressivamente maior no curso do ano de 2006, já que apenas no primeiro semestre daquele período, cento e noventa e três paralisações registradas interromperam as atividades produtivas por mais de quinze mil horas.

O estudo indicou, ainda, que na esfera pública houve mobilização de um maior número de trabalhadores em comparação com a iniciativa privada. Consoante apurado:

> a média de trabalhadores por greve mostra a dimensão das paralisações do setor público, três vezes superior à apurada na esfera privada.

Cabe aqui destacar a média de trabalhadores verificada nas greves ocorridas nas empresas estatais, fortemente influenciada pelos movimentos dos trabalhadores da Petrobras (mais de 125 mil) e dos Correios (mais de 86 mil). Ainda chamam a atenção as mobilizações dos bancários, que, em duas paralisações envolvendo trabalhadores de bancos públicos e privados, contaram com cerca de 160 mil grevistas[21].

As greves em questão buscavam, na maioria dos casos, a ampliação de direitos, e não a defesa de títulos já adquiridos. Apontou o DIEESE que:

> em 2005, mais de dois terços das paralisações foram motivadas, total ou parcialmente, pela busca de ganhos salariais ou melhoria nas condições de trabalho, em sentido amplo. Esse comportamento é observável, sobretudo, nas mobilizações ocorridas na esfera pública. Na esfera privada, motivações propositivas são características das mobilizações dos industriários; as paralisações do setor de serviços são notadamente defensivas[22].

Dentre as reivindicações, o mesmo estudo acima referido indicou como preponderantes as postulações por reajustes salariais, planos de cargos e salários, alimentação e melhores condições de trabalho.

E todo o desforço da classe trabalhadora em suas mobilizações na época demonstraram resultado estatisticamente positivo:

> Em 2005, de cada quatro paralisações com resultados informados, três foram concluídas com a obtenção de alguma conquista. Em quase um quarto dos casos, a mobilização dos trabalhadores lhes assegurou ao menos a continuidade das negociações com o patronato acerca do conjunto ou de parte das questões pleiteadas[23].

A intensidade dos movimentos manteve-se no curso do ano de 2006.

De acordo com levantamento elaborado pelo Centro de Estudos em Logística (CEL) da Coppead/UFRJ, em 2006, os fiscais da Agência Nacional de Vigilância Sanitária (Anvisa), do Instituto Brasileiro do Meio Ambiente e dos Recursos Naturais Renováveis (Ibama), da Receita Federal, agropecuários, agentes do fundo de Marinha Mercante e

---

21 DIEESE. Estudos e Pesquisas – As Greves en 2005. Disponível em <https://www.dieese.org.br/balancodasgreves/2005/estpesq20_greves2005.pdf, 2006, p.05

22 Idem, p.37

23 Idem, p.05
Ibidem, p.38

caminhoneiros avulsos paralisaram suas atividades em níveis nacional ou regional por cento e cinquenta e seis dias[24].

Professores em Universidades Federais, igualmente, paralisaram suas atividades durante cerca de 109 dias no ano de 2005, em busca de reajustes salariais, greve que atingiu cerca de trinta instituições de ensino, com adesão de 30% a 40% dos profissionais em cada uma delas[25].

Nota-se, portanto, que no período em comento, os movimentos sindicais lograram êxito na movimentação de trabalhadores visando a conservação e ampliação de direitos, atingindo em sua grande maioria algum resultado positivo.

## 6. MOBILIZAÇÃO DOS ATORES JURÍDICOS

Todo o contexto acima exposto, envolvendo intensa criação legislativa, aliada à promulgação da Emenda Constitucional nº 45/2004 acarretou intensa realização de seminários e congressos, visando mormente possibilitar o estudo coletivo do novo espectro competencial do Poder Judiciário Trabalhista, podendo ser citados, dentre inúmeros outros com igual relevância, o XXVII CONAT – Congresso Nacional de Advogados Trabalhistas, realizado em 2005, cujo tema central abordou a nova competência da Justiça do Trabalho e os direitos fundamentais, e o Encontro de Juízes sobre a Ampliação da Competência da Justiça do Trabalho – Relação de Trabalho e Relação de Consumo, também realizado no ano de 2005.

Evidente se mostrava à época, ainda, a preocupação dos atores jurídicos em analisar a conduta de empregados e empregadores, alertando à sociedade sobre medidas praticadas tendentes a atentar contra ordem jurídica e o valor social do trabalho.

Merece destaque, neste ponto, manifesto datado do ano de 2006, intitulado "A População Anuncia à Volkswagen: não compraremos seus

---

24 Disponível em <https://www.tribunapr.com.br/noticias/economia/perda-com-greve-em-portos-foi-de-us-116-milhoes-em-2006>

25 WEBER, DEMETRIO. "MEC enfrenta a mais longa greve em 25 anos". Disponível em <http://noticias.universia.com.br/destaque/noticia/2005/12/16/454682/mec-enfrenta-mais-longa-greve-em-25-anos.html>

carros hoje!", assinado por uma centena de profissionais do Direito, dentre os quais Magistrados, Advogados, Servidores da Justiça do Trabalho, estudantes e professores, repudiando a conduta da montadora Volkswagen, de dispensar de forma imotivada cerca de mil e oitocentos trabalhadores, ameaçando ainda em reiterar a prática de demissão em massa. O manifesto em questão conclamava a população a não adquirir veículos fabricados pela referida empresa, como medida de combate à reprovável decisão daquela empresa, como se pode ver por trechos do manifesto, ora destacados:

> O anúncio, no final de 2001, de que a Volkswagen havia dispensado, por carta, 3.000 empregados, motivou o texto abaixo transcrito, da lavra de Jorge Luiz Souto Maior, que levava o título: "A dispensa de 3000 empregados pela Volkswagen: uma afronta à nação brasileira":
>
> *A presente manifestação tem o objetivo de tornar público que o ato perpetrado pela Volkswagen, no dia 09 de novembro passado, dispensando 3000 trabalhadores por uma simples carta de dispensa, constitui um atentado à democracia nacional, uma vez que põe em cheque a própria eficácia das instituições públicas deste país para servir como instrumento de correção das iniciativas privadas que não possuem um mínimo de compromisso com a ordem social. (....)*
>
> *A Volkswagen, ao dispensar 3.000 empregados, sem qualquer comprovação de necessidade econômica, sem uma necessária ampla discussão prévia com os seus interlocutores diretos e com as instituições públicas locais e nacionais, demonstrou, flagrantemente, que seu ato não foi mais que o resultado de uma torpe pressão de natureza econômica, uma represália pelo fato dos empregados não terem aceito as condições de trabalho que lhes pretendia impor.*
>
> *Tal empresa, assim agindo, no entanto, saiu daquilo que se poderia considerar o direito "potestativo" do empregador de cessar as relações de trabalho, para ingressar no campo do abuso do direito. A Volkswagen, nitidamente, abusou de seu direito, arranhando a ordem jurídica e atingindo a dignidade da pessoa humana dos trabalhadores (que se trata de um princípio fundamental da República Federativa do Brasil, inscrito no artigo 1o de nossa Constituição).*
>
> *(....)*
>
> Mas, a Volks não se importa com o nosso ordenamento jurídico e com nossas instituições públicas. Agora, em 2006, repete a dose e, considerando as experiências passadas, é óbvio que o faz convicta da impunidade. Brinca com o Brasil. Tripudia e pisa em cima da Constituição e dos direitos dos trabalhadores. Desta feita, pelo menos o governo anunciou que vai suspender um empréstimo do BNDES à Volks, mas isto não nega o fato já concretizado pela empresa de ter, novamente, ameaçado com a dispensa coletiva de trabalhadores, para impulsioná-los a uma "negocia-

ção" coletiva nos estritos moldes de seu interesse. Aliás, a Volks não se limitou a isto, mais uma vez, pela emissão de "cartas", dispensou 1.800 empregados e, ainda, tenta pressionar toda a opinião pública, ameaçando nos abandonar à própria sorte, fechando sua fábrica.

Nada contra uma empresa tentar se recuperar, manter o lucro, ou coisas do gênero, mas isto deve ser feito com respeito aos princípios jurídicos nacionais e internacionais, que estabelecem como valores fundamentais, o valor social do trabalho, a função social da propriedade e da atividade econômica, o respeito ao Estado de Direito, a proteção à cidadania. E todo e qualquer negócio jurídico deve ser baseado no princípio da boa-fé.

A dispensa coletiva como forma de ameaça e pressão, em plena negociação coletiva, para se obter redução de custos do trabalho, sem qualquer demonstração da real necessidade econômica, sem discussão com a sociedade, que também, por via indireta, é ameaçada, representa uma ofensa a todo o povo brasileiro, até porque se a Volks faz isto de forma impune com seus empregados e com a sociedade brasileira, todas as outras empresas, nacionais e estrangeiras, se sentirão no "direito" de agir da mesma forma.

No fundo, é como se a Volks nos dissesse: "vocês têm um Estado, com suas instituições públicas, e um ordenamento jurídico, mas eu não dou a mínima bola para isto, pois vocês são integrantes de um outro mundo, o 'terceiro mundo', composto de pessoas plenamente descartáveis no contexto mundial, a não ser que nos sirvam para a manutenção dos meus lucros. Além disso, eu tenho poder econômico e se vocês resistirem eu vou embora daqui e ponto final!"

Pois bem, chegou a hora dessa gente bronzeada mostrar o seu valor e, diante de mais esta demonstração de desrespeito à nossa nação, em ato de solidariedade aos trabalhadores e em desagravo ao nosso ordenamento jurídico, anunciar à Volks (numa linguagem que a empresa entende): NÃO COMPRAREMOS SEUS CARROS HOJE E ENQUANTO PERDURAR TAL SITUAÇÃO!

O manifesto em questão recebeu assinatura de uma série de renomados juristas, com destaque para o Professor de nosso Curso de Especialização, Jorge Luiz Souto Maior, e gerou repercussão na imprensa especializada[26].

26 https://www.conjur.com.br/2006-set-02/manifesto_conclama_populacao_boicotar_volkswagen

## 7. CONJUNTURA POLÍTICA, SOCIAL E ECONÔMICA

No período em que realizadas as aulas da segunda turma do Curso de Especialização, o país vivenciava a segunda metade do primeiro mandato presidencial de Luiz Inácio da Silva, caracterizada pela intensa preocupação com as políticas sociais.

Nas palavras de Milena Pavan Serafim e Renato Peixoto Dagnino:

> a gravidade do próprio contexto social, a incapacidade das tradicionais políticas sociais em reduzir ou melhorar esse quadro social; a participação de novos atores sociais em espaços como o Fórum Social Mundial; a atuação de organismos multilaterais, como Organizações das Nações Unidas (ONU), Banco Interamericano de Desenvolvimento (BID) etc; e a ascensão de um novo Governo, em 2003, colaboraram para que os temas da exclusão social entrassem na agenda governamental do primeiro governo Lula[27].

A implementação de programas como o Fome Zero, idealizado com vistas a erradicar a fome no país; o Primeiro Emprego, destinado a incentivar a admissão de jovens no mercado de trabalho; a ampliação do programa de bolsa família; e a criação do Prouni, instituído pela Lei nº 11.096 de 13 de janeiro de 2005, o qual visava possibilitar aos estudantes de baixa renda o acesso às Universidades, evidencia de forma patente a preocupação daquele governo com a melhoria das condições sociais da população mais carente de recursos.

Em decorrência do panorama acima mencionado, o Brasil experimentava, na época em estudo, ainda que timidamente, uma melhoria em sua condição econômica. Como leciona José Renato Salatiel:

> a maior renda do trabalhador converteu-se em compras. A alta no consumo, por sua vez, estimulou investimentos no comércio e na indústria, inclusive em contratações, realimentando o ciclo. O resultado foi a redução em 43% do número do número de pobres (brasileiros com renda per capital mensal inferior a R$ 140), que caiu de 50 milhões para 29,9 milhões desde 2003[28].

---

27 SERAFIM, Milena Pavan. DAGNINO, Renato Peixoto. Política Científica e Tecnológica e as Demandas da Inclusão Social no Governo Lula (2003-2006). Disponível em <www.scielo.br/scielo.php?script=sci_arttext&pid=S1984-92302011000300004>. p.p. 413

28 SALATIEL, José Renato. "Era Lula (2003-2010): Governo foi marcado por melhorias sociais e escândalos políticos". Disponível em <https://vestibular.uol.com.br/resumo-das-

O viés eminentemente social do governo em exercício na época se prestou como inspiração aos atores jurídicos. A doutrina direcionava crescente atenção ao estudo dos direitos sociais, ao status de garantias fundamentais conferidos a tais direitos, e às formas de se conferir efetividade a estes.

Observava-se, igualmente, um movimento de ampliação da competência material da Justiça do Trabalho, decorrente da promulgação da acima já referida e estudada Emenda Constitucional nº 45/2004.

O direcionamento dos estudos doutrinários, bem como a tendência jurisprudencial surgida a partir dos anos de 2005 e 2006, consolidando em linhas gerais a ampliação dos limites competenciais da Justiça do Trabalho, e não repelindo as novas competências, contribuiu sobremaneira para o fortalecimento da Justiça do Trabalho, a qual havia sido recente vítima de ataques por setores da sociedade que almejavam sua extinção. A preservação e fortalecimento de tal instituição mostrou extrema valia para a continuidade dos avanços sociais no país.

Todo este panorama influenciou, igualmente, a atividade legislativa e o posicionamento jurisprudencial, no sentido de se ampliar o espectro de direitos mínimos, a manutenção de postos de emprego, e a melhoria da condição social dos trabalhadores.

Como se pôde verificar nos tópicos acima já expostos no presente estudo, toda a tendência ora referida e sua materialização pôde ser visualizada pelas criações legislativas, doutrinárias e jurisprudenciais expostas ao longo do presente estudo.

## 8. CONCLUSÃO

Finalizados os estudos em questão, verificamos que o período ao longo do qual foram realizadas as aulas da II Turma do Curso de Especialização em Direito do Trabalho foi marcado por movimentações legisla-

disciplinas/atualidades/era-lula-2003-2010-governo-foi-marcado-por-melhorias-sociais-e-escandalos-politicos.htm>

tivas, jurisprudenciais, políticas e sociais destinadas a reforçar e reafirmar a importância dos direitos sociais.

Isso porque, com o cenário político propício, foram editadas normas jurídicas que previam a ampliação de direitos mínimos e que regulamentavam maior proteção a determinadas classes de trabalhadores, como as conferidas aos aprendizes e trabalhadores domésticos, consoante acima exposto. Ao mesmo tempo, o legislador demonstrava preocupação com a preservação de postos de trabalho, com a criação de mecanismos destinados a reduzir a necessidade de encerramento das atividades de empresas passíveis de recuperação de suas saúdes financeiras. Criou disposições, igualmente, tendentes a imprimir maior efetividade e celeridade à fase processual de cumprimento da sentença.

Ademais, o período foi marcado por movimentos sociais, jurisprudenciais e legislativos destinados, como visto, a ampliar a competência material da Justiça do Trabalho, reafirmando a importância de tal ramo judiciário como órgão destinado a reconhecer e conferir efetividade aos direitos sociais.

Todas as movimentações acima referidas tornaram ainda mais enriquecedora a oportunidade de realização do Curso de Especialização em Direito do Trabalho, mormente por permitir o debate e amadurecimento de ideias, princípios e normas surgidos e aperfeiçoados à época.

É possível constatar, ainda, que o país experimentava, naquela ocasião, um movimento distinto, praticamente oposto daquele atualmente enfrentado, no qual parcelas da sociedade buscam em moldes ferrenhos questionar a legitimidade da legislação trabalhista até então vigente. Tal movimentação atinge seu ápice na imposição, sem o necessário debate, estudo e aperfeiçoamento prévio, de legislação reformadora da CLT, visando não apenas reduzir o patamar civilizatório mínimo de direitos dos empregados, como também limitar a atuação da Justiça do Trabalho como ente apto a materializar, a tornar efetivos os direitos legalmente previstos e judicialmente reconhecidos.

O estudo ora realizado, portanto, mostra-se de extrema relevância, na medida em que, resgatando a história, permite o exame comparativo de dois momentos sociais distintos, e torna evidente que a sociedade deve realizar séria reflexão acerca dos rumos atualmente adotados, do acerto ou equívoco das medidas empregadas no tempo presente.

A ampliação e afirmação dos direitos sociais é caminho árduo a ser trilhado, e como o presente trabalho permitiu verificar, demandou longo tempo, debate e movimentação social para que concretizado, para que contemplado com *status* de lei. A desmesurada flexibilização de tais direitos, portanto, talvez não se apresente como a mais racional e adequada medida a ser implementada. Mormente se considerarmos que a materialização dos direitos sociais representa a entrega de meios de sustento aos trabalhadores, os quais, por meio do consumo, retornarão ao ciclo econômico do país. Em outras palavras, a garantia de direitos mínimos aos trabalhadores representa engrenagem relevante ao funcionamento da economia, de modo que sua subtração ou flexibilização, embasada em simples argumentos relacionados a crise econômica, pode redundar em resultado oposto ao pretendido, com agravamento da situação negativa ora enfrentada.

Em suma, o trabalho ora realizado demonstra que a reflexão acerca da evolução histórica do direito do trabalho, não apenas em suas origens, como também em seus desdobramentos contemporâneos, detém extrema valia e relevância não apenas aos estudiosos deste ramo do direito, como também para que todo e qualquer cidadão possa, de forma consciente, proceder ao exame do atual contexto econômico-social do país, e das consequências dos rumos ora empreendidos.

## 9. REFERÊNCIAS BIBLIOGRÁFICAS

BARROS, Alice Monteiro de. *Contratos e Regulamentações Especiais de Trabalho*. LTR. 3ª Edição.

CHAVES, Luciano Athayde. *A recente reforma no processo comum*: Reflexos no direito judiciário do trabalho. 3ª edição. São Paulo: LTr, 2006

COELHO, Fábio Ulhoa. *Comentários à Nova Lei de Falências e de Recuperação de Empresas*. São Paulo, Saraiva, 2005.

CORDEIRO, ROBERTO BENAVENTE. "*Dos direitos do empregado doméstico. Incoerência da interpretação restritiva em face do conteúdo principiológico constitucional*". São Paulo: Revista do Departamento de Direito do Trabalho e da Seguridade Social. Faculdade de Direito da USP, 2007.

COUTINHO, Grijalbo Fernandes. FAVA, Marcos Neves. Coordenadores. NOVA COMPETÊNCIA DA JUSTIÇA DO TRABALHO. LTr. São Paulo: 2005.

DIEESE. *Estudos e Pesquisas – As Greves en 2005*. Disponível em <https://www.dieese.org.br/balancodasgreves/2005/estpesq20_greves2005.pdf>, 2006.

FERRAZ, Fernando Basto. *Empregados Domésticos.* 1ª Edição. São Paulo: Ltr, 2003.

NORMANDO, Cláudia Cavalcante. *Trabalho Doméstico: Valores Jurídicos e Dignidade Humana.* 1ª Edição. Porto Alegre: Sergio Antonio Fabris Editor, 2005.

OLIVEIRA, Rafael Alves de. *RECUPERAÇÃO JUDICIAL: uma análise empírica dos processos de recuperação judicial distribuídos junto à 2º Vara de Falência e Recuperações Judiciais do Foro Cível Central da Comarca da Capital do Estado de São Paulo, com ênfase nas recuperações judiciais encerradas por cumprimento.* Disponível em <http://bibliotecadigital.fgv.br/dspace/handle/10438/13642>

PINTO, Fernando Henrique. *Reforma do Judiciário e Competência da Justiça do Trabalho. In* <https://secure.jurid.com.br/jurid/jurid.exe/carregahtml?arq=detalhe.html&ID=7473>.

REQUIÃO, Rubens. *Curso de direito comercial.* São Paulo: Saraiva, 1991.

RUSSOMANO, Mozart Victor. *Comentários à CLT.* Rio de Janeiro: Forense, 1982.

SALATIEL, José Renato. "*Era Lula (2003-2010): Governo foi marcado por melhorias sociais e escândalos políticos*". Disponível em <https://vestibular.uol.com.br/resumo-das-disciplinas/atualidades/era-lula-2003-2010-governo-foi-marcado-por-melhorias-sociais-e-escandalos-politicos.htm>.

SERAFIM, Milena Pavan. DAGNINO, Renato Peixoto. *Política Científica e Tecnológica e as Demandas da Inclusão Social no Governo Lula (2003-2006). Disponível em* <www.scielo.br/scielo.php?script=sci_arttext&pid=S1984-92302011000300004>.

SUSSEKIND, Arnaldo; MARANHÃO, Délio e VIANNA, Segadas. *Instituições de Direito do Trabalho.* 14ª edição. Rio de Janeiro: LTr,1993. Vol. 2.

TEIXEIRA FILHO, Manoel Antônio. *As novas leis alterantes do processo civil e sua repercussão no processo do trabalho.* Revista Legislação do Trabalho, v.70, n.3, São Paulo: LTR, 2006

WEBER, DEMETRIO. "*MEC enfrenta a mais longa greve em 25 anos*". *Disponível em* http://noticias.universia.com.br/destaque/noticia/2005/12/16/454682/mec-enfrenta-mais-longa-greve-em-25-anos.html.

# 2006-2007 – A ERA DE OURO DO DIREITO DO TRABALHO

*Juliana Hinsching Cezaretto Fernandes, Flávia Cyrineu Faria Bertolli Stecca, Cláudia Al-Alam Elias Fernandes*

## 1. INTRODUÇÃO

Era 2006, já no segundo semestre, quando no dia 14 de agosto foi aberto o envelope que mudaria a vida das 25 pessoas aprovadas na idônea e imparcial seleção dos alunos que teriam a responsabilidade e o privilégio de cursar as 400 horas da Especialização em Direito do Trabalho da USP. Éramos 12 anos mais jovens do que quando escrevemos este artigo e, seguramente, nao fazíamos ideia do que viria a seguir.

Éramos uma turma bastante eclética, com 17 mulheres e 8 homens em busca de aprimoramento na área trabalhista, oriundas das mais diversas universidades de Sul a Nordeste do Brasil. Fora do Largo de São Francisco éramos advogados, bacharéis em Direito, juízes, procuradores, serventuários da justiça, analistas. Lá dentro, éramos a Turma da Especialização, todos com o mesmo foco e com o objetivo de aprender.

Na dúzia de anos que se seguiu, a vida de cada um de nós tomou seu rumo, mas permanecemos unidos no sentimento de gratidão pela possibilidade de estudar com pessoas tão seletas e na percepção da responsabilidade social que envolve estudar gratuitamente em uma instituição pública, quando a esmagadora maioria da população precisa pagar se quiser garantir acesso ao estudo.

Assim, este artigo pode não ter sido escrito por 50 mãos, mas representa os 25 corações que bateram naquelas salas do Largo de São

Francisco e pretende apresentar um pouco dos anos 2006/2007, um biênio de avanços nas condições sociais e nos direitos dos trabalhadores.

## 2. JURISPRUDÊNCIA

### 2.1 Do direito à greve dos servidores públicos civis – da alteração de técnica de decisão do Supremo Tribunal Federal

A paralização do trabalho, como meio de reivindicação de direitos, existe desde antes do dinheiro como moeda existir. Segundo texto do Professor de História Márcio Sant'Anna[1], a primeira greve de que se tem registro histórico escrito aconteceu no final do governo de Ramsés III (1182 a.C. a 1151 a.C). Com o nome de "greve", estima-se que apareceu na França, quando desempregados ficavam reunidos na então chamada "Place de la Grève", esperando proposta de novo trabalho. Lá também se reuniam os trabalhadores insatisfeitos com suas condições de trabalho.

Atualmente, os países democráticos aceitam a greve como uma forma legítima de protesto. No dizer de Maurício Godinho Delgado[2], é "a paralisação coletiva provisória, parcial ou total, das atividades dos trabalhadores em face de seus empregadores ou tomadores de serviço, com o objetivo de lhes exercer pressão, visando a defesa ou conquista de interesses coletivos, ou com objetivos sociais mais amplos".

Nas belas palavras do Ministro Eros Grau[3] "a greve é a arma mais eficaz de que dispõem os trabalhadores como meio para a obtenção de melhoria em suas condições de vida.". Segundo ele, trata-se de um "poder de fato" e este é o motivo pelo qual a Constituição Federal de 1988 previa que o Direito de Greve era um direito assegurado a todos os trabalhadores (artigo 9º). Quanto aos servidores públicos, a Constituição Federal

---

1 Disponível em: https://cpantiguidade.wordpress.com/2009/11/13/ramses-iii-e-a-primeira-greve-mencionada-pela-historia/. Acessado em 18.01.19.

2 DELGADO, Maurício Godinho. "Direito Coletivo do Trabalho", 2ª Ed, São Paulo: Ltr, 2003. p. 172.

3 MI 712 / PA

determinou que o exercício de tal direito deveria ser feito "nos termos e nos limites definidos em lei complementar". Em 1998, a Emenda Constitucional 19 alterou a redação de "lei complementar" para "lei específica".

Ocorre que o Poder Legislativo, responsável por elaborar a referida lei, quedou-se inerte desde a promulgação da Constituição, o que nunca impediu os servidores públicos de fazerem as greves que eram, muitas vezes, levadas à Justiça para discussão de sua legalidade. Apreciando estes processos, o Supremo Tribunal Federal vinha decidindo, reiteradamente, pela ilegalidade da greve, sob o argumento de que a falta de edição de lei que regulamentasse o direito de greve não legitimava tal direito, porque entendia que a norma constitucional que garantia o direito de greve aos servidores era de eficácia limitada ou reduzida[4].

Em que pese opiniões divergentes, no sentido de que a previsão constitucional de greve seria uma regra de eficácia contida, o fato é que o Supremo Tribunal Federal fechara questão no sentido de que, sem a regulamentaçao legal, nao seria possível legitimar a greve dos servidores públicos.

Era necessário, portanto, que o Poder Legislativo fizesse a referida regulamentação legal. Diante da inércia legislativa, foram impetrados diversos mandados de injunção, remédio previsto pela mesma Constituição Federal de 1988 (artigo 5º, inciso LXXI) a ser utilizado pelo cidadão "sempre que a falta de norma regulamentadora torne inviável o exercício dos direitos e liberdades constitucionais e das prerrogativas inerentes à nacionalidade, à soberania e à cidadania".

Existem três correntes doutrinárias sobre os efeitos da decisão em mandado de injunção:

Para a primeira corrente, a decisão nessa espécie de ação seria meramente declaratória, ou seja, teria como escopo tão somente declarar a inconstitucionalidade da omissão legislativa e dar ciência dela ao órgão

4 VELLOSO, Ministro Carlos Mario da Silva, "A Greve no Serviço Público", in: FRANCO FILHO, Gergenor de Souza (coord.), Curso de Direito Coletivo do Trabalho – estudos em homenagem ao Ministro Orlando Teixeira da Costa, São Paulo: LTr, 1998, p. 563.

competente para as providências cabíveis. Este posicionamento foi o majoritário no Supremo Tribunal Federal desde o ano de 1990, quando o Pleno do Supremo Tribunal Federal julgou, em 21 de novembro, com relatoria do então Ministro Moreira Alves, o Mandado de Injunção 107 DF. Tal corrente foi aplicada ao caso dos do direito de greve do servidor público a partir do julgamento do Mandado de Injunção 20 DF, cuja ementa se reproduz abaixo:

> MANDADO DE INJUNÇÃO COLETIVO - DIREITO DE GREVE DO SERVIDOR PÚBLICO CIVIL - EVOLUÇÃO DESSE DIREITO NO CONSTITUCIONALISMO BRASILEIRO - MODELOS NORMATIVOS NO DIREITO COMPARADO - PRERROGATIVA JURÍDICA ASSEGURADA PELA CONSTITUIÇÃO (ART. 37, VII) - IMPOSSIBILIDADE DE SEU EXERCÍCIO ANTES DA EDIÇÃO DE LEI COMPLEMENTAR - OMISSÃO LEGISLATIVA - HIPÓTESE DE SUA CONFIGURAÇÃO - RECONHECIMENTO DO ESTADO DE MORA DO CONGRESSO NACIONAL - IMPETRAÇÃO POR ENTIDADE DE CLASSE - ADMISSIBILIDADE - WRIT CONCEDIDO. DIREITO DE GREVE NO SERVIÇO PÚBLICO: O preceito constitucional que reconheceu o direito de greve ao servidor público civil constitui norma de eficácia meramente limitada, desprovida, em conseqüência, de auto-aplicabilidade, razão pela qual, para atuar plenamente, depende da edição da lei complementar exigida pelo próprio texto da Constituição. A mera outorga constitucional do direito de greve ao servidor público civil não basta - ante a ausência de auto- aplicabilidade da norma constante do art. 37, VII, da Constituição - para justificar o seu imediato exercício. O exercício do direito público subjetivo de greve outorgado aos servidores civis só se revelará possível depois da edição da lei complementar reclamada pela Carta Política. A lei complementar referida - que vai definir os termos e os limites do exercício do direito de greve no serviço público - constitui requisito de aplicabilidade e de operatividade da norma inscrita no art. 37, VII, do texto constitucional. Essa situação de lacuna técnica, precisamente por inviabilizar o exercício do direito de greve, justifica a utilização e o deferimento do mandado de injunção. A inércia estatal configura-se, objetivamente, quando o excessivo e irrazoável retardamento na efetivação da prestação legislativa - não obstante a ausência, na Constituição, de prazo pré-fixado para a edição da necessária norma regulamentadora - vem a comprometer e a nulificar a situação subjetiva de vantagem criada pelo texto constitucional em favor dos seus beneficiários. MANDADO DE INJUNÇÃO COLETIVO: A jurisprudência do

Supremo Tribunal Federal firmou-se no sentido de admitir a utilização, pelos organismos sindicais e pelas entidades de classe, do mandado de injunção coletivo, com a finalidade de viabilizar, em favor dos membros ou associados dessas instituições, o exercício de direitos assegurados pela Constituição. Precedentes e doutrina. (STF - MI: 20 DF, Relator: Min. CELSO DE MELLO, Data de Julgamento: 19/05/1994, Tribunal Pleno, Data de Publicação: DJ 22-11-1996 PP-45690 EMENT VOL-01851-01 PP-00001)

O fundamento básico desta corrente é o de que, embora seja preciso dar efetividade às normas constitucionais, sobretudo àquelas que consubstanciam direitos fundamentais, o Poder Judiciário não pode ocupar o lugar do Poder ao qual o constituinte, "intérprete primeiro da vontade soberana do povo[5]", outorgou a função de legislar.

A segunda corrente doutrinária admite, por sua vez, a remoção, pelo Poder Judiciário, do referido obstáculo viabilizando o exercício de direito no caso concreto, mas sem legislar. Expoente defensor desta corrente era o Ministro Ricardo Lewandowski, que propôs a garantia do direito, mas sem que fosse necessário ao Supremo Tribunal Federal legislar.

Já a terceira corrente, defendida pelos Ministros Eros Grau (MI 712/PA) e Gilmar Mendes (MI 708), entende que compete ao Poder Judiciário elaborar a norma faltante para disciplinar a matéria pendente de regulamentação, suprindo, desse modo, a omissão do legislador. A decisão judicial ostentará, nesta corrente, caráter constitutivo, podendo ser adotada com validade *erga omnes* ou limitada à situação concreta.

Até 2006, nas diversas oportunidades em que o Supremo Tribunal Federal se manifestou sobre a matéria, reconheceu unicamente a necessidade de se editar a reclamada legislação, sem admitir uma concretização direta da norma constitucional, acolhendo, portanto, o cunho meramente declaratório do Mandado de Injunção.

5 MI 670, Ministro Ricardo Lewandowski: "Embora comungue da preocupação de que é preciso dar efetividade às normas constitucionais, sobretudo àquelas que consubstanciam direitos fundamentais, estou convencido que o Judiciário não pode ocupar o lugar do poder ao qual o constituinte, intérprete primeiro da vontade soberana do povo, outorgou a sublime função de legislar."

Entretanto, o transcurso de mais de uma década de inércia legislativa levou a Suprema Corte Constitucional a repensar a eficácia das decisões que vinha proferindo culminando com os debates no julgamento do Mandado de Injunção de nº 712-8, cuja decisão data de 06.11.2007. Concluiu-se que o modelo meramente declaratório era ineficaz, por frustrar a expectativa do impetrante de lograr uma tutela efetiva do direito, cujo exercício é obstado pela ausência de norma regulamentadora.

Seria necessário, então, escolher à qual corrente doutrinária o STF se vincularia: a defendida pelo Ministro Lewandowski em julgamento anterior ou a defendida pelo Ministros Gilmar Mendes e Eros Grau, conhecida como teoria concretista.

O Ministro Eros Grau era o relator no julgamento do Mandado de Injunção de nº 712-8, impetrado pelo Sindicato dos Trabalhadores do Poder Judiciário do Estado do Pará - SINJEP e fez prevalecer sua posição. Para afastar a ideia de que uma proposição legal feriria a separação de poderes, o ministro relator afirma que seria um caso de exercício do Poder Normativo da Justiça, comparando a situação da súmula vinculante que, uma vez editada, "atuará como texto normativo a ser interpretado/aplicado".

Superada a questão da possibilidade de o Judiciário "legislar" no caso em discussão, a proposta do Ministro Eros Grau como solução para a omissão legislativa para a possibilidade, ou não, do exercício do direito de greve pelos servidores públicos foi a aplicação, no que coubesse, da Lei 7.783/89, que dispõe sobre o exercício do direito de greve na iniciativa privada. Note-se que a decisão bem pontuou que "serviços ou atividades essenciais" e "necessidade inadiáveis da coletividade" não se sobrepõe a "serviços públicos" e vice-versa, razão pela qual impôs àquela Corte tratar os parâmetros atinente ao exercício do direto de greve pelos servidores públicos, no que tal situação fosse incompatível com aquela prevista pela Lei 7.783/89, em razão da essencialidade inerente aos serviços públicos e da inexistência de manifestação da tensão entre o trabalho e o capital, tal como se realiza no campo da exploração da atividade econômica pelos particulares.

Segundo a proposta, seriam alterados para esta redação, os seguintes artigos da Lei 7.783/89:3

A decisão proferida no Mandado de Injunção aqui estudado, portanto, produziu dois grandes efeitos no mundo jurídico: (i) mostrou a evolução na adoção de novas técnicas de decisão no controle abstrato de constitucionalidade, reconhecendo que o mandado de injunção pode e deve ser instrumento de realização do princípio da aplicabilidade imediata das normas definidoras de direitos e garantias fundamentais, abrigado no art. 5º, §1º, da Carta Magna;. e (ii) regulamentou o direito de greve dos servidores públicos civis depois de quase 20 anos de inércia legislativa.

## 2.2 Das horas extras em turnos ininterruptos de revezamento

Nascido na Lei 5.811/72, que regia os regimes de trabalho dos empregados nas atividades de exploração, perfuração, produção e refinação de petróleo, industrialização do xisto, indústria petroquímica e transporte de petróleo e seus derivados por meio de dutos, até o ano de 1988, o turno ininterrupto de revezamento não contemplava a previsão legal de redução de jornada.

Os anos que seguiram a entrada em vigor desta lei, no dizer de Regis Bonelli e Robson Gonçalves[6] em texto publicado pelo IPEA, foram para a indústria "um extenso processo de ajustamento que teve início simultaneamente com a crise da dívida externa". Eles ainda complementam que "nos anos 80 a indústria e a economia brasileiras apresentaram, como traço perverso adicional, um crescimento virtualmente nulo da produtividade da mão-de-obra".

Na busca desta produtividade, o regime de jornada em turnos ininterruptos de revezamento passou a ser utilizado por outras áreas da economia e identificado como prejudicial à saúde do trabalhador[7], o que

---

6 PADRÕES DE DESENVOLVIMENTO INDUSTRIAL NO BRASIL — 1980/95* http://www.en.ipea.gov.br/agencia/images/stories/PDFs/TDs/td_0645.pdf

7 A PRORROGAÇÃO, POR MEIO DE NORMA COLETIVA, DO TRABALHO EM TURNOS ININTERRUPTOS DE REVEZAMENTO E O MEIO AMBIENTE DE

levou o legislador constituinte a fixar o limite de jornada nesta modalidade em 6 (seis) horas, excepcionando apenas para a negociação coletiva.

Nos primeiros anos que sucederam a entrada em vigor da Constituição de 1988, a discussão que existia era sobre o que deveria ser ininterrupto: se o trabalho, o turno, a atividade empresarial; sobre se a existência de intervalo intrajornada ou descanso em um dia na semana descaracterizavam o regime, etc.

Logo em seguida da entrada em vigor da Constituição, em 12.10.1988, a Secretaria das Relações do Trabalho divulgou a Instrução Normativa SRT 1, tentando estabelecer o que caracterizaria a jornada de turnos ininterruptos para os fins da redução determinada pelo artigo 7º da Constituição Federal:

> a) existência de turnos. Isso significa que a empresa mantém uma ordem ou alteração dos horários de trabalho prestado em revezamento;
>
> b) que os turnos sejam em revezamento. Isso quer dizer que o empregado, ou turmas de empregados, trabalha alternadamente para que se possibilite, face à ininterrupção do trabalho, o descanso de outro empregado ou turma;
>
> c) que o revezamento seja ininterrupto, isto é, não sofra solução de continuidade no período de 24 (vinte e quatro) horas, independentemente de haver, ou não, trabalho aos domingos.

Em outras palavras, para ser caracterizado como Turno Ininterrupto de Revezamento, era preciso que houvesse trabalho nas 24 horas do dia. Este entendimento não era pacífico, mas foi o que a SDI1 do Tribunal Superior do Trabalho uniformizou quando, em 26.03.1999, a SDI1 publicou a Orientação Jurisprudencial 169, nos seguintes termos:

> OJ-SDI1-169 TURNO ININTERRUPTO DE REVEZAMENTO. FIXAÇÃO DE JORNADA DE TRABALHO MEDIANTE NEGOCIAÇÃO COLETIVA. VALIDADE. Quando há na empresa o sistema de turno ininterrupto de revezamento, é válida a fixação de jornada superior a seis horas mediante a negociação coletiva.

---

TRABALHO, POSSIBILIDADES E CONDIÇÕES, ALGUMAS CONSIDERAÇÕES.
Francisco A. M. P. Giordani *
Disponível em: http://www.amatra15.org.br/uploads/artigos/PRORROGACAOPORMEIO NORMACOLETIVATRABALHOFRANCISCOAMTGIORDANI.pdf.

A discussão que permanecia, portanto, era sobre a possibilidade de configuração do turno ininterrupto de revezamento para períodos superiores a 6 horas ou sobre a necessidade de negociação coletiva para a ampliação da jornada para 8 horas, quando a atividade empresarial tivesse tal característica.

Foi então que, em 13.10.2006, foi publicada a Súmula 423 do Tribunal Superior do Trabalho, com a seguinte redação:

> SUM-423 TURNO ININTERRUPTO DE REVEZAMENTO. FIXAÇÃO DE JORNADA DE TRABALHO MEDIANTE NEGOCIAÇÃO COLETIVA. VALIDADE (conversão da Orientação Jurisprudencial nº 169 da SBDI-I) - Res. 139/2006 – DJ 10, 11 e 13.10.2006
>
> Estabelecida jornada superior a seis horas e limitada a oito horas por meio de regular negociação coletiva, os empregados submetidos a turnos ininterruptos de revezamento não tem direito ao pagamento da 7ª e 8ª horas como extras.

A redação da Súmula 423 baseou-se no julgamento do Processo TST-E-RR-576619/1999.9. Redigido pelo ministro João Batista Brito Pereira, o acórdão consolida o posicionamento do TST sobre a viabilidade e validade da negociação coletiva que resulta na fixação do regime de turno ininterrupto de revezamento de oito horas sem o pagamento, como extra, do período excedente à sexta hora.

O Desembargador Relator admitiu, como excludente do direito ao pagamento como extras das horas excedentes à sexta diária, a expressa previsão normativa de fixação de jornada de oito horas, desde que observado esse limite e o de quarenta e quatro horas semanais, sob pena de negar vigência ao texto constitucional inscrito no artigo 7º, inciso XIV, no que excepciona a jornada de seis horas na hipótese de negociação coletiva, sem cogitar de qualquer compensação e mesmo que a empresa não tivesse atividade ininterrupta.

O Relator argumenta que o fato de o sistema de trabalho em turnos ininterruptos de revezamento poder, em tese, prejudicar a integridade física e mental do empregado, comprometendo sua saúde e até seu convívio social, essa modalidade se situa no âmbito da flexibilização balizada pelos próprios limites da Constituição que, no artigo 7º, cuidou de discriminar aspectos do contrato de trabalho que podem ser flexibilizados: salários (inciso VI), duração da jornada normal (compensação e elastecimento, inciso XIII) e duração da jornada nos turnos ininterruptos de revezamento (inciso XIV).

Antes desse pronunciamento, porém, o processo foi objeto de polêmica na SDI-1, que resolveu suscitar um incidente de uniformização de jurisprudência (IUJ) para que o Pleno do TST colocasse fim às divergências internas sobre o tema.

Posições opostas decorriam da interpretação da antiga Orientação Jurisprudencial nº 169, em que a SDI-1 apenas considerava válida a fixação de jornada superior a seis horas mediante a negociação coletiva, quando houvesse na empresa o turno ininterrupto de revezamento. A omissão em relação às horas extras levou a duas interpretações, uma favorável à supressão da remuneração extraordinária, e outra, contrária.

A maioria do Pleno reconheceu a possibilidade da negociação, desde que válida, para a exclusão do pagamento das horas extras, conforme o voto do relator dos embargos. Também decidiram pela redação de súmula sobre um assunto de ampla repercussão nas relações de trabalho no País.

A Súmula 423 do TST é oriunda da conversão da Orientação Jurisprudencial 169 da Subseção I Especializada em Dissídios Individuais, conforme previsto na Resolução 139, de 5.10.2006, do Tribunal Superior do Trabalho – TST.

### 2.3 Dos efeitos da aposentadoria espontânea no contrato de trabalho

O tema "Os efeitos da aposentadoria espontânea sobre o contrato de trabalho e sobre os depósitos do Fundo de Garantia por Tempo de Serviço" sempre chamou a atenção dos operadores de Direito, sendo objeto de rediscutido e revisado pelos Tribunais brasileiros.

Conforme ensina João de Lima Teixeira Filho[8], "Aposentadoria, em termos trabalhistas, é o exercício de um direito público subjetivo de

8 LIMA TEIXEIRA FILHO, João de," Instituições de Direito do Trabalho", 19ª Ed., 2ª Tiragem, São Paulo: LTr, 2000, Vol 1, p. 613.

que é titular o empregado, cuja consequência inarredável é o exaurimento das obrigações contratuais até então vigentes. Extingue-se, pois, o contrato de trabalho no momento em que a aposentadoria é concedida."

Nesse sentido, o parágrafo 2º, do artigo 453 da Consolidação das Leis do Trabalho, prevê que:

> Art. 453 - No tempo de serviço do empregado, quando readmitido, serão computados os períodos, ainda que não contínuos, em que tiver trabalhado anteriormente na empresa, salvo se houver sido despedido por falta grave, recebido indenização legal ou se aposentado espontaneamente. (Redação dada pela Lei nº 6.204, de 29.4.1975)
>
> § 2º O ato de concessão de benefício de aposentadoria a empregado que não tiver completado 35 (trinta e cinco) anos de serviço, se homem, ou trinta, se mulher, importa em extinção do vínculo empregatício. (Incluído pela Lei nº 9.528, de 10.12.1997) (Vide ADIN 1.721-3).

De acordo com o já citado autor João de Lima Teixeira Filho, "A aposentadoria não é ficção, mas um fato do qual promanam efeitos jurídicos liberatórios das partes em relação ao contrato que, nesse momento, finda. Isto é da essência do ato de jubilação. O prosseguimento na atividade equivale a uma readmissão."[9]

Há, todavia, uma exceção: caso a relação de emprego, em tese extinta, prossiga após a jubilação, como se nenhuma nova situação jurídica tivesse surgido, será concedido um efeito continuativo ao contrato de trabalho, o qual não será extinto com a jubilação, mas com o efetivo encerramento da prestação de serviços. Nesse sentido, o já mencionado doutrinador[10]:

> Há, aí, prova inequívoca do intento de *inalterabilidade de obrigações*, de preservação da integridade contratual numa condição mais favorável que o empregador defere ao empregado acima do patamar direitos erigidos pelo sistema normativo. De consequência, descabido alegar que a aposentadoria extinguiu um contrato de trabalho cujos indicadores fáticos vitais mostram, com solidez, que ele remanesce ativo – tratamento mais benéfico para o trabalhador.

---

9 LIMA TEIXEIRA FILHO, João de," Instituições de Direito do Trabalho", 19ª Ed., 2ª Tiragem, São Paulo: LTr, 2000, Vol 1, p. 613.

10 Idem, .p 614.

Em novembro de 2000, foi editada a Orientação Jurisprudencial de nº 177 da Sessão de Dissídios Individuais 1 do Tribunal Superior do Trabalho, que assim previa:

> Aposentadoria espontânea. Efeitos. A aposentadoria espontânea extingue o contrato de trabalho, mesmo quando o empregado continua a trabalhar na empresa após a concessão do benefício previdenciário. Assim sendo, indevida a multa de 40% (quarenta por cento) do FGTS em relação ao período anterior à aposentadoria.

João de Lima Teixeira Filho já previa em sua obra, em 2001, que tal situação não seria aceita pacificamente, quando menciona que "as centrais sindicais protestaram perante o Governo, objetivando consagrar a antítese: assegurar ao aposentado direito ao aviso prévio e à multa de 40% sobre os depósitos do FGTS."[11]

De fato, em 11.10.2006 o Supremo Tribunal Federal considerou inconstitucionais os parágrafos 1º e 2º do artigo 453 da CLT, por meio do julgamento das Ações Diretas de Inconstitucionalidade (ADIs) nº 1770 e 1721.

A inconstitucionalidade do parágrafo 1º do artigo 453 da CLT foi declarada no julgamento da ADI 1770, conforme abaixo transcrito:

> Decisão: O Tribunal, por maioria, confirmada a medida liminar, nos termos do voto do Relator, não conheceu do pedido quanto ao artigo 11, e parágrafos, da Lei nº 9.528/1997, e declarou a inconstitucionalidade quanto ao § 1º do artigo 453 da Consolidação das Leis do Trabalho, na redação dada pelo artigo 3º da mesma Lei nº 9.528/1997, vencido, em parte, o Senhor Ministro Marco Aurélio, que dava a procedência em menor extensão. Votou a Presidente, Ministra Ellen Gracie. Ausente, justificadamente, a Senhora Ministra Cármen Lúcia. Plenário, 11.10.2006. (STF, ADI 1770, Relator Ministro Joaquim Barbosa, DOU 11.10.2006)

Já a inconstitucionalidade do parágrafo 2º do artigo 453 da CLT foi declarada no julgamento da ADI 1721, cuja ementa é abaixo transcrita:

> Decisão: O Tribunal, por maioria, nos termos do voto do Relator, julgou procedente a ação, vencido o Senhor Ministro Marco Aurélio, que a julgava improcedente. Votou a Presidente, Ministra Ellen Gracie. Ausente, justificadamente, a Senhora Ministra Cármen Lúcia. Falou pela

11 Idem, p. 615

amicus curiae, Federação dos Trabalhadores nas Empresas de Correios e Telégrafos e Similares - FENTECT, o Dr. Roberto de Figueiredo Caldas. Plenário, 11.10.2006.

Tal julgamento confirmou os termos da liminar, concedida naqueles autos em 19/12/1997:

> O TRIBUNA, POR VOTAÇÃO MAJORITÁRIA, DEFERIU O PEDIDO DE MEDIDA CAUTELAR, PARA SUSPENDER, ATÉ A DECISÃO FINAL DA AÇÃO, A EFICÁCIA DO § 2º DO ART. 453 DA CONSOLIDAÇÃO DAS LEIS DO TRABALHO, INTRODUZIDO PELO ART. 3º DA LEI Nº 9.528, DE 10.12.97, EM QUE SE CONVERTEU A MEDIDA PROVISÓRIA Nº 1.528-14, DE 10.11.97, VENCIDOS OS MINS. NELSON JOBIM, OCTAVIO GALLOTTI, SYDNEY SANCHES E MOREIRA ALVES, QUE O INDEFERIAM. VOTOU O PRESIDENTE.

Diante do entendimento do STF, que entendeu que a previsão de extinção do contrato de trabalho com a aposentadoria espontânea "viola os preceitos constitucionais relativos à proteção e à garantia à percepção dos benefícios previdenciários", foi cancelada em 30.10.2006 a OJ 177. Passou a prevalecer o entendimento de que a aposentadoria espontânea deixou de ser causa de extinção do contrato de trabalho, por entender que esse posicionamento causaria um malefício ao trabalhador, quando, na realidade, a aposentadoria deveria ser interpretada como um benefício ao trabalhador que contribuiu por mais de 30 anos à Previdência Social.

A extinção compulsória do contrato de trabalho em caso de aposentaria acarretaria uma "punição" ao trabalhador, superior ou equivalente àquela punição sofrida pelo empregado que quebra a fidúcia de seu empregador e é dispensado por justa causa, por exemplo, razão pela qual tal Orientação Jurisprudencial foi cancelada.

## 3. DOUTRINA

### 3.1. Do direito ao lazer e do direito à desconexão ao trabalho

Em 2006, a doutrina *justrabalhista* fazia reflexões acerca da viabilidade da aplicação do direito social previsto no artigo 6º da Constituição Federal, "o direito ao lazer" nas relações de trabalho.

Estas reflexões tinham por escopo uma mudança na visão das relações de trabalho e a necessidade de defesa de um direito que os próprios trabalhadores renunciam para obter ou manter a atividade, momentos que deveriam ser destinados ao lazer.

Nas palavras de Calvet[12], buscava-se resgatar a origem humanística das relações de trabalho e a revalorização do tempo livre de que dispõe o trabalhador, com o objetivo de conquistar sua real dignidade e a firmação do valor social do trabalho, por isso a necessidade e importância da liberação de tempo para atividades fora do trabalho, nas quais o trabalhador poderia se expressar, tais como, na arte, no esporte, no estudo etc.

Iniciou-se, portanto, um movimento entre os idealistas e, ainda no plano teórico, em busca da revalorização do direito ao lazer, questionando-se a filosofia de que trabalhar é o bem maior e que sua dedicação demonstra o seu caráter. Para os doutrinadores, a realidade como bem maior passou a denegrir a vida humana, em virtude do trabalho excessivo e da renúncia constante do direito ao lazer pelos trabalhadores.

Nesse entendimento doutrinário, estabeleceu-se a compreensão de que a dignidade do homem está no seu momento de lazer ao partir de um pressuposto contrário ao contexto social, mas da valorização da saúde do trabalhador e não dos lucros e rendimentos da empresa, e ainda, ao considerar dignificante para o homem a sua moral, ao invés da sua intensa e excessiva dedicação ao trabalho.

Importante movimento idealista, protagonizado por Calvet[13], distinguia o descanso do lazer. O primeiro, que se traduz no sossego, tranquilidade, paz, ócio e folga, possui efetividade no ordenamento jurídico brasileiro, quando a legislação determina o descanso semanal remunerado, as férias, intervalos e a jornada limitada. Enquanto que o lazer, direito mais amplo compreende todo o tempo disponível após a labuta e, ainda, como atividade praticada nesse tempo, tais como divertimento, entretenimento, distração e recreio.

---

12 CALVET, Otavio Amaral. Direito ao lazer nas relações de trabalho. São Paulo: LTR, 2006.

13 Opus citatum

Embora alguns períodos de descanso demonstrem uma parcial efetividade do direito ao lazer, mesmo assim, o faz de forma parcial e teórica, uma vez que o próprio ordenamento jurídico brasileiro prevê mecanismos que violam esse direito fundamental, tais como permissão legal da prorrogação da jornada (horas extras), flexibilização ao descanso (venda parcial das férias, negociação dos intervalos, não obrigatoriedade do descanso aos domingos), exclusão de empregados da regra geral do instituto da duração do trabalho (jornadas não controladas previstas no art. 62 da CLT), entre outras.

Concluiu-se que o direito ao lazer não possuía absoluta efetividade, mas parcial, mínima, aquém de sua importância como direito fundamental social.

Na época, a esperança era que o Estado promovesse a absoluta efetividade do direito ao lazer, bem como o protegesse, excluindo do ordenamento jurídico as permissões legais de sua renúncia, negociação e disposição.

Nessa mesma época surgia o tema "Do Direito à Desconexão do Trabalho", em artigo do ilustre professor Jorge Souto Maior[14], em que abordava o avanço tecnológico, embora inevitável e, em certa medida, benéfico, também era uma forma de escravizar o homem aos meios de informação, seja para manter-se o tempo todo informado ou até mesmo para manter seu espaço no mercado de trabalho.

Tal direito foi traduzido pelo jurista como o direito de se desconectar do trabalho, ou seja, de não trabalhar, mas não no sentido completo e sim no de trabalhar menos, até o nível necessário à preservação da vida privada e da saúde.

Assim, o direito a se desconectar do trabalho surgia como uma necessidade de se desligar do trabalho, de fato, trabalhar menos, até o nível necessário à preservação da vida privada e da saúde.

---

14 MAIOR, Jorge Luiz Souto. Do Direito à Desconexão do Trabalho. Disponível em: <https://www.jorgesoutomaior.com/uploads/5/3/9/1/53916439/do_direito_%C3%A0_desconex%C3%A3o_do_trabalho>. Acesso em 04 de setembro de 2018.

Em 2006, já surgia a preocupação de que a tecnologia escravizava o homem, que permanece constantemente ligado à empresa, seja diretamente, quando trabalha após a sua jornada através dos inúmeros mecanismos tecnológicos e também, indiretamente, quando conduz e direciona toda a sua vida em função da empresa.

O grande problema que se apresentava e foi questionado por Souto Maior[15] eram as práticas regulares e constantes de conexão ao trabalho, extrapolando os limites do comum e do saudável, quando o trabalhador não consegue mais desconectar do trabalho, ao ponto de renunciar ao seu direito de lazer, não possuindo mais vida própria, de uma pessoa física, somente como representante da pessoa jurídica.

A grande preocupação doutrinária à época manifestada pelo jurista, era de que a competitividade do mercado e o avanço tecnológico, tais como uso de celular corporativo, *pager*, notebook, fax, ou seja, meios de conexão, faziam com que o empregado renunciasse a momentos de seu lazer para se dedicar ao trabalho.

A conclusão de referida expressão doutrinária, era de que sendo o lazer um direito fundamental e a sua efetividade depender primeiramente do exercício do direito à desconexão ao trabalho, pode-se afirmar que ao impedir de o trabalhador se desconectar do trabalho, estar-se-á violando um direito fundamental e, portanto, o valor maior da Constituição Federal e do Estado Democrático de Direito, que é o princípio da dignidade da pessoa humana, embasadora de todo o ordenamento jurídico brasileiro, especialmente dos direitos fundamentais.

Assim, pela característica da historicidade dos direitos fundamentais, a condição humana dos trabalhadores explorados por jornadas excessivas e extenuantes, traduz na necessidade de evolução em ampliação do direito ao lazer, com a positivação do direito à desconexão ao trabalho, em virtude de ser imprescindível para a efetividade desse direito fundamental.

---

15 Opus citatum

### 3.2. Alterações no Código de Processo Civil de 1973

Em relação ao direito processual do trabalho, a Lei nº 11.276/2006 teve grandes repercussões e discussões doutrinárias, uma vez que alterou aspectos importantes do Código de Processo Civil de 1973, até então vigente.

Desse modo, a doutrina processualística discutia, interpretava e analisava a modificação na forma de interposição de recursos, saneamento das nulidades processuais e o recebimento do recurso de apelação no processo do trabalho[16].

A conclusão de ilustres doutrinadores foi pela aplicabilidade do novo regramento ao processo do trabalho, no tocante ao saneamento de nulidades na esfera do tribunal, artigo 515, §4º do CPC/1973:

> §4º Constatando a ocorrência de nulidade sanável, o tribunal poderá determinar a realização ou renovação do ato processual, intimadas as partes; cumprida a diligência, sempre que possível prosseguirá o julgamento da apelação.

Surgiu, então, a possibilidade do Tribunal Regional do Trabalho sanar nulidades no recurso ordinário, sem a necessidade de retornar os autos à primeira instância, visando à aplicação da razoável duração do processo e da celeridade em sua tramitação.

Claro que a aplicação somente seria possível nos casos em essa nulidade poderia ser saneada no Tribunal sem afetar o devido processo legal, o direito ao contraditório e ampla de defesa e, ainda, naqueles em que não dependiam de repetição de atos pelo juiz de primeira instância.

A aplicabilidade da alteração processual civil também foi admitida no que tange à inadmissibilidade da apelação em razão da existência de súmulas do STJ e STF, no artigo 518 do CPC/1973.

No tocante ao processo do trabalho, a posição doutrinária esposada foi de inadmissibilidade do recurso ordinário pelo juiz de primeiro grau quando a decisão estivesse em conformidade com as súmulas do TST e STF.

---

16 MENEZES, Cláudio Armando Couce. CUNHA, Eduardo Maia Tenório. A nova reforma do CPC e a sua aplicação no âmbito da Justiça do Trabalho. Disponível em: <https://www.anamatra.org.br/artigos/691-a-nova-reforma-do-cpc-e-a-sua-aplicac-o-no-mbito-da-justica-do-trabalho-013975203795335445>. Acesso em 04 de setembro de 2018.

### 3.3. Do Teletrabalho e avanço tecnológico

Em 2007, o assunto doutrinário mais corrente na seara trabalhista era o "Teletrabalho", como uma nova modalidade de prestação de serviço por meio virtual, traduzindo-se em *home office* (em domicílio) ou em centros específicos, fora da sede da empresa, em ambos com utilização de meios de telecomunicações, tais como: internet, telefone, equipamentos de apoio, entre outros.

A doutrina foi uníssona no sentido de ser uma modalidade de prestação de serviço à distância prevista no art. 6º da CLT, sendo que o controle através de sistemas informatizados o caracteriza como relação de emprego, uma vez que presente a subordinação, onerosidade, pessoalidade e não eventualidade.

Todavia, a discussão que se levantou foi, principalmente, sobre a possiblidade de uma prestação de serviço precária, o risco de informalidade e da subcontratação ilícita e ainda, a impossibilidade ou ausência de limitação nas horas de prestação de serviço, desrespeitando o direito à desconexão.

Nesse contexto, o jurista Belmonte[17] analisa que embora o teletrabalho permita a redução de custos empresariais e maior flexibilidade na prestação do trabalho, traz problemas como o *risco de informalidade e exploração do trabalho-tratamento diferenciado de salários e direitos e de subcontratação ilícita.*

A possibilidade ou dificuldade de desconexão ao trabalho passou a ser um desafio no teletrabalho. Para Resedá[18], o sistema de pagamento baseado em metas e produção obrigava o trabalhador a ampliar seu tempo de trabalho, combinado com a comodidade de desenvolver as atividades em sua própria casa e a facilidade de comunicações, levaria à *escravidão tecnológica.*

17 BELMONTE, Alexandre Agra. Problemas Jurídicos do Teletrabalho. Revista do Direito do Trabalho, vol. 127/2007, p. 13 – 27.

18 RESEDÁ, Salomão. O Direito à Desconexão: uma Realidade no Teletrabalho. Revista do Dierito do Trabalho, vol. 126/2007, p. 157-175.

### 3.4. Do transportador autônomo de cargas

Também em 2007, a Lei 11.442/2007, trouxe grandes preocupações e discussões para os operadores do direito e estudiosos do direito trabalhista, uma vez que contrariava a legislação trabalhista ao regulamentar e permitir o *Transportador Autônomo de Cargas –TAC* e as Empresas de Transporte Rodoviário de Cargas – ETC.

O grande cerne da discussão foi a respeito de sua contradição à Legislação Trabalhista, quando permite a contratação sob forma autônoma sem possibilidade de reconhecimento do vínculo empregatício, bem como sua inconstitucionalidade, ao determinar a Justiça Comum no julgamento de ações oriundas desse tipo de contrato de transporte de carga.

Assim, juristas do direito do trabalho analisaram e interpretaram os aspectos dessa nova lei, concluindo que, as normas em questão não traduziam autonomia ao transportador de cargas, mas caracterizavam a relação empregatícia[19].

Na própria definição do *Transportador Autônomo de Cargas –TAC*, constatou-se as características do art. 3º da CLT, com a realização pelo próprio transportador (pessoalidade), a exclusividade (não eventualidade), sendo a serviço da empresa de transporte contratante (subordinação) e a retribuição certa pelo serviço prestado (onerosidade)[20].

## 4. LEGISLAÇÃO

A Lei Complementar nº 123 de 14 de dezembro de 2006[21] instituiu o Estatuto Nacional da Microempresa e da Empresa de Pequeno Porte e foi relevante na seara trabalhista porque prevê um tratamento diferenciado, inclusive ao cumprimento de obrigações trabalhistas e previdenciárias:

---

19 VIEIRA, Alcio Antonio. A Nova Lei nº 11.442/2007 e a Legislação Trabalhista. Disponível em: <https://jus.com.br/artigos/9396/a-nova-lei-11-442-2007-e-a-legislacao-trabalhista. Acesso em 20 de agosto de 2018.

20 Opus citatum

21 Brasil. Lei Complementar nº 123/2006. Institui o Estatuto Nacional da Microempresa e da Empresa de Pequeno Porte. Disponível em: < http://www2.camara.leg.br/legin/fed/leicom/2006/leicomplementar-123-14-dezembro-2006-548099-publicacaooriginal-63080-pl.html>. Acessado em 04 de setembro de 2018.

Art. 1º Esta Lei Complementar estabelece normas gerais relativas ao tratamento diferenciado e favorecido a ser dispensado às microempresas e empresas de pequeno porte no âmbito dos Poderes da União, dos Estados, do Distrito Federal e dos Municípios, especialmente no que se refere:

[...]

II - ao cumprimento de obrigações trabalhistas e previdenciárias, inclusive obrigações acessórias;

O artigo 51 da referida lei dispõe sobre as obrigações trabalhistas e dispensa as seguintes obrigações para a Microempresa e a Empresa de Pequeno Porte:

I - da afixação de Quadro de Trabalho em suas dependências;

II - da anotação das férias dos empregados nos respectivos livros ou fichas de registro;

III - de empregar e matricular seus aprendizes nos cursos dos Serviços Nacionais de Aprendizagem;

IV - da posse do livro intitulado "Inspeção do Trabalho"; e

V - de comunicar ao Ministério do Trabalho e Emprego a concessão de férias coletivas.

No artigo 52, as mesmas estão dispensadas dos seguintes procedimentos:

I - anotações na Carteira de Trabalho e Previdência Social - CTPS;

II - arquivamento dos documentos comprobatórios de cumprimento das obrigações trabalhistas e previdenciárias, enquanto não prescreverem essas obrigações;

III - apresentação da Guia de Recolhimento do Fundo de Garantia do Tempo de Serviço e Informações à Previdência Social - GFIP;

Por fim, no art. 54 a lei deixou para a Microempresa e da Empresa de Pequeno Porte a faculdade de: *fazer-se substituir ou representar perante a Justiça do Trabalho por terceiros que conheçam dos fatos, ainda que não possuam vínculo trabalhista ou societário.*

A Lei 11.442/2007[22] foi importante para estudos e discussões na seara *justrabalhista*, uma vez que define e permite o serviço autônomo no transporte de cargas por conta de terceiros e mediante remuneração.

---

22 Brasil. Lei nº 11.442/2007. Dispõe sobre o Transporte Rodoviários de Cargas por conta de Terceiros e mediante Remuneração. Disponível em: < http://www2.camara.leg.br/legin/fed/

Possui previsão expressa no artigo 5º de que *as relações decorrentes do contrato de transporte de cargas [...] são sempre de natureza comercial, não ensejando em nenhuma hipótese, a caracterização de vínculo empregatício*, de modo que, trouxe uma nova modalidade de prestação de serviços à margem da relação de emprego.

O artigo 836 da CLT foi alterado pela Lei nº 11.495/2007[23], ao determinar o depósito prévio de 20% (vinte por cento) do valor da causa em caso de ação rescisória, exceto quando for concedido o benefício da justiça gratuita.

A Lei nº 11.496/2007[24] alterou o artigo 894 da CLT, dando-lhe a nova redação:

> Art. 894. No Tribunal Superior do Trabalho cabem embargos, no prazo de 8 (oito) dias:
>
> I - de decisão não unânime de julgamento que:
>
> a. conciliar, julgar ou homologar conciliação em dissídios coletivos que excedam a competência territorial dos Tribunais Regionais do Trabalho e estender ou rever as sentenças normativas do Tribunal Superior do Trabalho, nos casos previstos em lei; e
>
> b. Vetado
>
> II - das decisões das Turmas que divergirem entre si, ou das decisões proferidas pela Seção de Dissídios Individuais, salvo se a decisão recorrida estiver em consonância com súmula ou orientação jurisprudencial do Tribunal Superior do Trabalho ou do Supremo Tribunal Federal.

---

lei/2007/lei-11442-5-janeiro-2007-549026-normaatualizada-pl.html>. Acessado em 04 de setembro de 2018.

23 Brasil. Lei nº 11.495/2007. Disponível em: < http://www2.camara.leg.br/legin/fed/lei/2007/lei-11495-22-junho-2007-555748-publicacaooriginal-75118-pl.html>. Acessado em 04 de setembro de 2018.

24 Brasil. Lei nº 11.442/2007. Dispõe sobre o Transporte Rodoviários de Cargas por conta de Terceiros e mediante Remuneração. Disponível em: < http://www2.camara.leg.br/legin/fed/lei/2007/lei-11442-5-janeiro-2007-549026-normaatualizada-pl.html>. Acessado em 04 de setembro de 2018.
Brasil. Lei nº 11.496/2007. Disponível em: < http://www2.camara.leg.br/legin/fed/lei/2007/lei-11496-22-junho-2007-555749-publicacaooriginal-75119-pl.html>. Acessado em 04 de setembro de 2018.

## 5. MOBILIZAÇÃO DOS ATORES JURÍDICOS E ANÁLISE DA CONJUNTURA ECONÔMICA E SOCIAL (2006/2007)

Voltadas a 2006, deparamo-nos com a reeleição de Luís Inácio Lula da Silva em uma eleição marcada pela dicotomia PT x PSDB. No primeiro turno, 90,25% dos votos válidos (86.630.734 votos) foram direcionados aos candidatos dos dois partidos (Lula com 48,61% e Geraldo Alckmin com 41,64%); no segundo turno, Lula foi eleito com 60,83% dos votos válidos, os quais totalizaram 95.838.221, valor próximo ao total de votos válidos do primeiro turno[25].

Estava validada a forma de governo do Partido dos Trabalhadores que, pela primeira vez chegara ao Governo Federal em 2002.

Os anos de 2006 e 2007 foram de crescimento do PIB e da criação de empregos com carteira assinada; de redução da taxa de desocupação[26], de aumento do percentual da população economicamente ativa com registro em Carteira[27], de aumento do percentual de contribuintes para o INSS[28], de aumento do rendimento familiar per capta. E não só os índices de desenvolvimento econômico eram melhores a cada ano naquele tempo; os índices sociais também, com aumento do percentual da população atendido pelo saneamento básico[29] e com luz elétrica em casa[30]. O PIB acumulado do ano de 2006 cresceu 3,7% em relação ao PIB de 2005[31].

25 No primeiro turno das eleições presidenciais foram 95.996.733 votos válidos.

26 In <https://seriesestatisticas.ibge.gov.br/series.aspx?no=7&op=0&vcodigo=FDT222&t=taxa-desocupacao-populacao-10-anos-mais >

27 In <https://seriesestatisticas.ibge.gov.br/series.aspx?no=7&op=0&vcodigo=PD352&t=carteira-trabalho-assinada-empregados-total-sexo>

28 In <https://seriesestatisticas.ibge.gov.br/series.aspx?no=7&op=0&vcodigo=FDT231&t=contribuintes-sistema-previdenciario-trabalho-principal-populacao>

29 In <https://seriesestatisticas.ibge.gov.br/series.aspx?no=16&op=0&vcodigo=IU38&t=adequacao-moradia-criterios-adequacao>

30 In <https://seriesestatisticas.ibge.gov.br/series.aspx?no=6&op=0&vcodigo=PD387&t=iluminacao-eletrica-existencia-domicilio>

31 In <https://censo2010.ibge.gov.br/noticias-censo.html?busca=1&id=1&idnoticia=850&t=pib-cresce-3-7-chega-r-2-trilhoes-2006&view=noticia acessado em 01.09.2018>

Portanto, o período a que se refere este estudo trata de um Brasil com uma economia em crescimento e com índices sociais e de distribuição de renda em compasso de melhora, apontando para a redução das desigualdades sociais e para a ascensão da classe trabalhadora que passou a ter acesso a bens de consumo[32] e serviços que não lhe eram permitidos em décadas anteriores.

E tal cenário existia mesmo diante do início da crise americana do Subprime que derrubou os índices das bolsas de valores do mundo todo entre os anos de 2007 e 2008. A crise começou a dar seus sinais em 09 de agosto de 2007[33], quando o Banco BNP Paribas anunciou a suspensão temporária de fundos de investimento que tinham créditos norte-americanos de baixa qualidade, o que comprometeria a liquidez. Esta seria a terceira crise do Capitalismo (antecedida pelas crises de 1873 a 1896 e de 1929 a 1939), mas até o final do ano de 2007 não se tinha, ainda, a ideia da dimensão que teria esta crise econômica mundial, a qual se mostrou com toda a sua extensão a partir de 15 de setembro de 2008, com o pedido de recuperação judicial do Lehman Brothers[34], e que levaria a BOVESPA aos menores índices desde o atentado às torres gêmeas em 11 de setembro.

No campo internacional, o Mercosul recebeu a Venezuela como associada, conforme informação trazidas pela retrospectiva de 2006 do site UOL[35]

Assim, o ano de 2007 se encerrou com uma expectativa de crescimento do PIB majorada pela CNI de 4,7% para 5,3%, valor bastante próximo ao crescimento do PIB registrado em 2007 (5,4%[36]).

Na contramão da prosperidade econômica identificada nos números acima apontados, o biênio 2006/2007 foi o que sucedeu a entrada em vigor da Lei 11.101/05, a qual extinguiu o instituto da concordata – do

32 In <https://seriesestatisticas.ibge.gov.br/lista_tema.aspx?op=0&no=6>

33 In <https://www.reuters.com/article/us-bnpparibas-subprime-funds-idUSWEB612920070809>

34 In <https://www.bbc.com/portuguese/reporterbbc/story/2008/09/080915_lehman_qa_pu.shtml>

35 Opus citatum FILHO. Armando Pereira. País passa outro ano com crescimento fraco. Disponível em: https://noticias.uol.com.br/ultnot/retrospectiva/2006/. Acessado em 14 de agosto de 2018.

36 In <https://economia.uol.com.br/ultnot/2008/03/12/ult4294u1121.jhtm>

qual estavam excluídos os créditos trabalhistas - e o substituiu pelo da Recuperação Judicial de Empresas – no qual, com exceção do regime especial das micro e pequenas empresas vigente à época[37]– os empregados passam a fazer parte do plano de recuperação judicial, colocando-os na linha de fogo dos efeitos da crise empresarial. Neste período, segundo os dados divulgados pela Serasa Experian, foram 521 recuperações judiciais requeridas neste período das quais, 197 foram de médias e grandes empresas, as quais, potencialmente, atingiriam direitos trabalhistas.

Ilustrando o cenário de que nem tudo eram flores no biênio 2006/2007, em 29/08/2006 a Volkswagem demitiu 1.800 funcionários, gerando grande repercussão no cenário jurídico e econômico. A justificativa era garantir a competitividade da fábrica e a sua viabilidade para atrair novos investimentos[38].

Analisando os fatos da época, conclui-se que o período estudado foi positivo para a economia e os investimentos, o que não afastou os empregadores da eterna tentativa de sobrepor o lucro e a "necessidade" de crescimento empresariais aos direitos trabalhistas e à dignidade.

Assim, com a exploração máxima da mão-de-obra, principalmente com o avanço da tecnologia e cenário econômico promissor de investimento e crescimento, surgiram as discussões sobre a *escravidão tecnológica, direito ao lazer, direito à desconexão ao trabalho, riscos do teletrabalho.*

No âmbito da magistratura nacional, comemorava-se com o XIII Congresso Nacional dos Magistrados do Trabalho – CONAMAT, que teve como tema central a "Magistratura e Transformação Social - 30 anos de Luta", realizado no período de 03 a 06 de maio de 2006, em Maceió, Alagoas [39].

---

37 A partir da LEI COMPLEMENTAR Nº 147, DE 7 DE AGOSTO DE 2014, o regime especial de recuperação judicial de micro e pequenas empresas deixou de envolver somente os credores quirografários e passou a abranger "todos os créditos existentes na data do pedido, ainda que não vencidos, excetuados os decorrentes de repasse de recursos oficiais, os fiscais e os previstos nos §§ 3o e 4o do art. 49"

38 UOL últimas notícias. Volkswagen demite 1.800 funcionários e sindicato ordena greve. Disponível em: <https://noticias.uol.com.br/ultnot/2006/08/29/ult1767u74609.jhtm>. Acessado em 06 de setembro de 2018.

39 AMATRA. JORNAL AMATRA 21. Disponível em: <http://www.amatra21.org.br/Arquivos/jornal/Amatra12.pdf. Acessado em 20 de agosto de 2018>.

Discutia-se o avanço do direito do trabalho e processo do trabalho, tanto que no XI Congresso Nacional de Procuradores do Trabalho realizado pela Associação Nacional dos Procuradores do Trabalho - ANPT, o tema foi: "A evolução dos direitos fundamentais na Justiça do Trabalho e no Ministério Público do Trabalho", realizado em Brasília, no período de 23 a 26 de março de 2006[40].

No mesmo ânimo foi o XXV Congresso Estadual de Advogados Trabalhistas do Estado de São Paulo que teve como temas: *A nova Competência da Justiça do Trabalho; As conexões do Direito Material Civil e Criminal e o Direito do Trabalho; A nova configuração dos Dissídios Coletivos do Trabalho; A Reforma Processual Civil e o Processo do Trabalho; A Proteção do Meio Ambiente do Trabalho; O Futuro da Advocacia Trabalhista.* Congresso realizado no período de 05 a 07 de outubro de 2006 foi na cidade de Ribeirão Preto [41].

## 6. MOBILIZAÇAO DOS TRABALHADORES

Segundo estudos de novembro de 2006, somente no primeiro semestre houve 193 greves, sendo 9% de abrangência nacional e o restante nas regiões Sudeste (45%), Nordeste (24%), Sul (9%), Norte (6%) e Centro-Oeste (5%). Dentro da região Sudeste, o estado de São Paulo foi responsável pelo maior número de paralisações.

No ano de 2006, o DIEESE não divulgou os números do segundo semestre, tampouco a divisão geográfica das greves de 2007, o que impede uma comparação para os fins deste estudo, mas informa que no ano de 2007 inteiro houve 316 greves.

Em ambos os anos estudados, a maioria das greves ocorreu na esfera pública (59% em 2006 e 51% em 2007), o que foi definitivamente legitimado pela decisão do STF referida no tópico supra sobre a jurispru-

40 Opus citatum

41 SINDICATO DOS ADVOGADOS DO ESTADO DE SÃO PAULO. XXV Congresso Estadual de Advogados Trabalhistas do Estado de São Paulo. O Direito do Trabalho Além do Tempo. Disponível em: http://www.sasp.org.br/noticias/38-notas-rapidas/98-xxv-congresso-estadual-de-advogados-trabalhistas-do-estado-de-sao-paulo.html. Acessado em 06 de setembro de 2018.

dência do período estudado. Além de mais numerosas, as greves no setor público impactaram em mais horas paradas do que as greves do setor privado, alcançando, em ambos os anos, percentual de mais de 80% do total de horas paradas, quase a totalidade concentrada no serviço público direto, como mostra a tabela abaixo:

TABELA 1

Total de greves e horas paradas nas esferas pública e privada, por setor de atividade econômica

Brasil, janeiro a junho de 2006

| Esfera/Setor | Greves | | Horas paradas | |
|---|---|---|---|---|
| | nº | % | nº | % (1) |
| **ESFERA PÚBLICA** | 113 | 58,6 | 13.252 | 87,4 |
| **Funcionalismo Público** | 103 | 53,4 | 12.618 | 83,2 |
| Governo Estadual | 46 | 23,8 | 4.498 | 29,7 |
| Governo Municipal | 33 | 17,1 | 2.720 | 17,9 |
| Governo Federal | 24 | 12,4 | 5.400 | 35,6 |
| **Empresas Estatais** | 10 | 5,2 | 634 | 4,2 |
| Serviços | 6 | 3,1 | 570 | 3,8 |
| Indústria | 4 | 2,1 | 64 | 0,4 |
| Comércio | 0 | - | 0 | 0,0 |
| **ESFERA PRIVADA** | 79 | 41,0 | 1.898 | 12,5 |
| Serviços | 43 | 22,3 | 904 | 6,0 |
| Indústria | 35 | 18,2 | 954 | 6,3 |
| Rural | 1 | 0,5 | 40 | 0,3 |
| Comércio | 0 | - | 0 | - |
| **ESFERA PÚBLICA E PRIVADA** | 1 | 0,5 | 8 | 0,0 |
| **Total** | 193 | 100,0 | 15.158 | 100,0 |

TABELA 1

Distribuição de greves e total de horas paradas, por esferas pública e privada e por setor de atividade por setor de atividade

Brasil - 2007

| Esfera/Setor | Greves | | Horas paradas | |
|---|---|---|---|---|
| | nº | % | nº | % |
| **ESFERA PÚBLICA** | 161 | 50,9 | 24.192 | 84,8 |
| **Funcionalismo Público** | 140 | 44,3 | 23.278 | 81,6 |
| Governo Estadual | 60 | 19,0 | 12.918 | 45,3 |
| Governo Municipal | 55 | 17,4 | 5.752 | 20,2 |
| Governo Federal | 25 | 7,9 | 4.608 | 16,2 |
| **Empresas Estatais** | 21 | 6,6 | 914 | 3,2 |
| Serviços | 13 | 4,1 | 362 | 1,3 |
| Indústria | 7 | 2,2 | 512 | 1,8 |
| Comércio | 1 | 0,3 | 40 | 0,1 |
| **ESFERA PRIVADA** | 149 | 47,2 | 4.291 | 15,0 |
| Serviços | 62 | 19,6 | 1.527 | 5,4 |
| Indústria | 83 | 26,3 | 2.684 | 9,4 |
| Rural | 4 | 1,3 | 80 | 0,3 |
| **PÚBLICA E PRIVADA (1)** | 6 | 1,9 | 36 | 0,1 |
| **Total** | 316 | 100,0 | 28.519 | 100,0 |

Quanto à motivação dos movimentos grevistas, é possível caracterizá-los como: a) *propositivas* - quando propõem a introdução de novas conquistas ou a melhora das condições de trabalho existentes; b) *defensivas* - as greves que defendem direitos já vigentes, lutando pela manutenção ou renovação de garantias ou contra o descumprimento de direitos; c) *de protesto* - quando as reivindicações não se restringem às relações de trabalho; d) *de solidariedade* – quando o objetivo do movimento é apoiar outros trabalhadores, que não sejam de sua categoria, de sua empresa ou, ainda, do mesmo setor da empresa em que trabalham.

De acordo com o critério supra, a tabela abaixo classifica os movimentos paredistas dos períodos estudados:

| Tipo de greve | 2006 | 2007 |
|---|---|---|
| Propositivas | 72% | 66% |
| Defensivas | 48% | 46% |
| Protesto | 16% | 15% |
| Solidariedade | 0 | 0,03% |

Sobre as matérias objeto das greves, em ambos os anos, o campeão absoluto foi o Reajuste Salarial, seguido por Plano de Cargos e Salário ou de carreira e auxílio alimentação. A natureza dos movimentos (predominantemente propositivas) e os objetos das negociações são reflexo de uma economia de baixo desemprego, em que, diante da possibilidade de procurar ocupações em outros locais, o empregado deixa de limitar-se a defender o que já tem e passa a lutar por melhorias das condições de trabalho:

**TABELA 4**
**Principais reivindicações das greves [1]**
**Brasil, janeiro a junho de 2006**

| Reivindicação | Greves | |
|---|---|---|
| | nº | % |
| Reajuste salarial | 116 | 60,1 |
| Plano de cargos, carreiras e salários | 58 | 30,1 |
| Auxílio-alimentação | 41 | 21,2 |
| Cumprimento de acordo | 26 | 13,5 |
| Melhoria das condições de trabalho | 25 | 13,0 |
| Contratação | 24 | 12,4 |
| Fixação ou elevação de piso salarial | 22 | 11,4 |
| Assistência médica | 20 | 10,4 |
| Atraso de salário | 15 | 7,8 |
| Isonomia salarial | 15 | 7,8 |
| Cumprimento de lei | 14 | 7,3 |
| Participação nos lucros e/ou resultados | 14 | 7,3 |
| Contra terceirização | 12 | 6,2 |
| Contra demissão | 11 | 5,7 |
| Melhoria no Ensino Público | 11 | 5,7 |
| Adicional de horas extras | 10 | 5,2 |
| Melhoria no local de trabalho [3] | 10 | 5,2 |
| Contra retaliação patronal e greves | 10 | 5,2 |

Fonte: DIEESE

Nota:

1. Foram listadas somente as reivindicações presentes em pelo menos dez greves
2. A soma das parcelas excede 100% porque uma mesma greve pode apresentar diversas reivindicações
3. Refere-se às condições infra-estruturais não diretamente relacionadas ao exercício do trabalho: instalação e manutenção de sanitários, bebedouros e armários; construção ou reforma de locais destinados à alimentação, repouso ou troca de roupas dos funcionários; fornecimento de água potável e produtos de higiene

**TABELA 10**
**Principais reivindicações das greves**
**Brasil - 2007**

| Reivindicação | Greves | |
|---|---|---|
| | nº | % |
| Reajuste salarial | 154 | 48,7 |
| Plano de cargos e Salários (PSC) ou de Carreira | 83 | 26,3 |
| Auxílio-alimentação | 58 | 18,4 |
| Contratações | 44 | 13,9 |
| Piso Salarial | 43 | 13,6 |
| Participação nos lucros e/ou resultados (PLR) | 41 | 13,0 |
| Descumprimento de acordo | 39 | 12,3 |
| Descumprimento de lei | 39 | 12,3 |
| Condições de trabalho | 37 | 11,7 |
| Atraso salarial | 34 | 10,8 |
| Isonomia salarial | 32 | 10,1 |
| Melhoria nos serviços públicos [1] | 26 | 8,2 |
| Assistência médica | 24 | 7,6 |
| Redução de jornada | 21 | 6,6 |
| Terceirização | 19 | 6,0 |
| Demissão | 18 | 5,7 |
| Adicional de horas extras | 17 | 5,4 |
| Abertura de negociações | 16 | 5,1 |

Fonte: DIEESE

Nota: (1) Serviços de educação, saúde e segurança, entre outros.

Obs.: A soma das parcelas pode ser superior ao total geral de greves, dado que uma mesma paralisação pode conter diversas reivindicações

Outro aspecto importante foi o de que reduziram os números de greve reclamando de atraso de salário, o que pode ser atribuído ao momento econômico vivido na época.

## 7. CONCLUSÃO

Olhar para trás, para um tempo de onde já se viveu mais de uma década, nos deu possibilidade de enxergar este recorte desde uma perspectiva macro.

Impossível olhar para o biênio 2006/2007 em fevereiro de 2019, quando acaba de assumir o poder um Presidente da República que representa ideias completamente antagônicas àquelas que reinavam soberanas no Brasil na primeira década do Século XXI.

Se é certo que o período não foi diferente de outros períodos da história do Direito do Trabalho (com a tensão constante entre o Capital e o Trabalho), também é certo que o caráter da luta dos trabalhadores mudou de perspectiva. Em 2006/2007, o Direito do Trabalho estava encorpando, falavam em melhorar a qualidade de vida dos trabalhadores, em evitar a fadiga, em aumentar conquistas; hoje, pouco mais de um ano da entrada em vigor da chamada Reforma Trabalhista, o Direito do Trabalho vive sob ataque permanente do discurso que responsabiliza os direitos dos trabalhadores pela crise econômica.

Se não foi o melhor momento para o Direito do Trabalho no Brasil, com certeza compôs o que chamados de "época de ouro" para os trabalhadores. As taxas de desocupação de 8,51% e 8,2% contrastam com a taxa de dezembro de 2018 que bateu 11,2% de desocupação.

A grande demissão em massa no período envolveu 1800 empregados da Volkswagen. Somente no ano de 2019 já se noticiou o PDV de 800 empregados da VIVO[42], mais o fechamento da fábrica da Ford[43]

42 Disponível em: http://sinttelrio.org.br/2019/01/18/vivo-vai-demitir-cerca-800-em-todo-pais/. Acessado em 06 de setembro de 2018.

43 Disponível em: https://istoe.com.br/fim-da-fabrica-da-ford-no-abc-representa-demissao-de-28-mil-diz-sindicato/. Acessado em 06 de setembro de 2018.

com a dispensa de cerca de 2800 empregados diretos. E estamos no mês de fevereiro.

Àquele tempo, foi possível refletir sobre a dignidade do trabalhador traduzida não somente ao trabalho, mas no seu direito de se desconectar e ter momentos de lazer voltados à cultura, religião, família, como quisesse o trabalhador. A preocupação com a *escravidão tecnológica* tirava o sono dos operadores do Direito e estudiosos, na esperança de que o Estado pudesse tomar providências para limitar e impedir tais violações e explorações.

Com a recessão de vento em popa e o desemprego assombrando todas as classes de trabalhadores, o mesmo Direito do Trabalho tenta, neste momento, defender as conquistas anteriores, garantir que o trabalhador não perca os anos de luta e que o país não caia num retrocesso social sem precedentes.

Os primeiros anos do Século XXI davam ao trabalhador a esperança de uma sociedade brasileira mais solidária e igualitária, de uma economia emergente, de ingresso das camadas populares no ensino superior. O processo do trabalho ganhava lugar de destaque dentre os processualistas, pois reconhecido como fonte de inspiração para a reforma do Código de Processo Civil no que tange à celeridade e a informalidade processuais.

A jurisprudência do STF mudou sensivelmente para permitir interpretações favoráveis aos trabalhadores e até mesmo para suprir lacunas legais, permitindo a greve dos servidores públicos civis adotando o entendimento de que a aposentadoria não poderia mais ser causa à extinção do contrato de trabalho, permanecendo devida a multa de 40% sobre o Fundo de Garantia por Tempo de Serviço do trabalhador que, aposentado, permanecesse trabalhando.

Nunca se poderia imaginar que era uma esperança utópica, ilusória e que na década seguinte o Direito do Trabalho retornaria quase que à estaca zero, que seria praticamente livre a negociação dos direitos mínimos, que seria regulamentada e liberada a terceirização da atividade-fim, que se criariam castas de trabalhadores com proteção inferior e que os operadores do Direito do Trabalho voltariam a lutar pelos direitos mínimos.

O trabalhador jamais imaginou que seria impedido ou dificultado o seu acesso à justiça, que mesmo buscando a efetividade de seus direitos, ainda poderia sair devendo à empresa que o obrigou a renunciá-los.

Preocupava-se com o uso excessivo do celular corporativo, *pager*, notebook. A preocupação era impedir que o avanço tecnológico escravizasse o trabalhador e ele acabasse por perder seu lazer, seu descanso.

A magistratura comemorava 30 anos de Luta e a transformação social, no XIII CONAMAT, sequer imaginavam que 12 anos depois, estariam lutando para não ser o fim da Justiça do Trabalho após a reforma trabalhista.

Se em 2006 a 2007 havia a esperança de uma situação melhor para os trabalhadores, doze anos depois, conclui-se que houve um retrocesso do direito do trabalho e princípios como o acesso à justiça e dignidade da pessoa humana, foram esquecidos na seara trabalhista, prevalecendo a competividade, exploração máxima do trabalhador, liberdade de negociação, ausência de direitos trabalhistas mínimos e sem qualquer proteção eficaz do Estado.

Em 2006/2007 não havia WhatsApp, não havia Uber, não havia Waze. Mas havia direito dos trabalhadores e um Estado preocupado em protegê-lo.

## 8. REFERÊNCIAS BIBLIOGRÁFICAS

ALMEIDA, Dayse Coelho. *Trabalho Doméstico: aspectos da Lei 11.324/2006.* Disponível em: < http://www.ambito-juridico.com.br/site/index.php?n_link=revista_artigos_leitura&artigo_id=1764>. Acesso em 14 de agosto de 2018.

AMATRA. *JORNAL AMATRA 21.* Disponível em: <http://www.amatra21.org.br/Arquivos/jornal/Amatra12.pdf. Acessado em 20 de agosto de 2018>.

BELMONTE, Alexandre Agra. *Problemas Jurídicos do Teletrabalho.* Revista do Direito do Trabalho, vol. 127/2007

BRASIL. Lei Complementar nº 123/2006. Institui o Estatuto Nacional da Microempresa e da Empresa de Pequeno Porte. Disponível em: < http://www2.camara.leg.br/legin/fed/leicom/2006/leicomplementar-123-14-dezembro-2006-548099-publicacaooriginal-63080-pl.html>. Acessado em 04 de setembro de 2018.

______. Lei nº 11.442/2007. Dispõe sobre o Transporte Rodoviários de Cargas por conta de Terceiros e mediante Remuneração. Disponível em: < http://www2.camara.leg.br/legin/fed/lei/2007/lei-11442-5-janeiro-2007-549026-normaatualizada-pl.html>. Acessado em 04 de setembro de 2018.

______. Lei nº 11.495/2007. Disponível em: < http://www2.camara.leg.br/legin/fed/lei/2007/lei-11495-22-junho-2007-555748-publicacaooriginal-75118-pl.html>. Acessado em 04 de setembro de 2018.

______. Lei nº 11.442/2007. Dispõe sobre o Transporte Rodoviários de Cargas por conta de Terceiros e mediante Remuneração. Disponível em: < http://www2.camara.leg.br/legin/fed/lei/2007/lei-11442-5-janeiro-2007-549026-normaatualizada-pl.html>. Acessado em 04 de setembro de 2018.

______. Lei nº 11.496/2007. Disponível em: < http://www2.camara.leg.br/legin/fed/lei/2007/lei-11496-22-junho-2007-555749-publicacaooriginal-75119-pl.html>. Acessado em 04 de setembro de 2018.

______. IGBE – Instituto Brasileiro de Geografia e Estatística. Disponível em www.ibge.gov.br

CALVET, Otavio Amaral. *Direito ao lazer nas relações de trabalho*. São Paulo: LTR, 2006.

DELGADO, Maurício Godinho. "Direito Coletivo do Trabalho", 2ª Ed, São Paulo: Ltr, 2003. p. 172.

ESEDÁ, Salomão. *O Direito à Desconexão: uma Realidade no Teletrabalho*. Revista do Direito do Trabalho, vol. 126/2007

FILHO. *Armando Pereira. País passa outro ano com crescimento fraco*. Disponível em: https://noticias.uol.com.br/ultnot/retrospectiva/2006/. Acessado em 14 de agosto de 2018.

GIORDANI, Francisco A. M. P. A PRORROGAÇÃO, POR MEIO DE NORMA COLETIVA, DO TRABALHO EM TURNOS ININTERRUPTOS DE REVEZAMENTO E O MEIO AMBIENTE DE TRABALHO, POSSIBILIDADES E CONDIÇÕES, ALGUMAS CONSIDERAÇÕES. Acessível em http://www.amatra15.org.br/uploads/artigos/PRORROGACAOPORMEIONORMACOLETIVATRABALHOFRANCISCOAMTGIORDANI.pdf

LIMA TEIXEIRA FILHO, João de," Instituições de Direito do Trabalho", 19ª Ed., 2ª Tiragem, São Paulo: LTr, 2000, Vol 1, p. 613

MAIOR, Jorge Luiz Souto. *Do Direito à Desconexão do Trabalho*. Disponível em: <https://www.jorgesoutomaior.com/uploads/5/3/9/1/53916439/do_direito_%C3%A0_desconex%C3%A3o_do_trabalho>. Acesso em 04 de setembro de 2018.

MENEZES, Cláudio Armando Couce. CUNHA, Eduardo Maia Tenório. *A nova reforma do CPC e a sua aplicação no âmbito da Justiça do Trabalho*. Disponível em:

<https://www.anamatra.org.br/artigos/691-a-nova-reforma-do-cpc-e-a-sua-aplicac-o-no-mbito-da-justica-do-trabalho-013975203795335445>. Acesso em 04 de setembro de 2018.

UOL últimas notícias. Volkswagen demite 1.800 funcionários e sindicato ordena greve. Disponível em: <https://noticias.uol.com.br/ultnot/2006/08/29/ult1767u74609.jhtm>. Acessado em 06 de setembro de 2018.

VELLOSO, Ministro Carlos Mario da Silva, "A Greve no Serviço Público", in: FRANCO FILHO, Gergenor de Souza (coord.), Curso de Direito Coletivo do Trabalho – estudos em homenagem ao Ministro Orlando Teixeira da Costa, São Paulo: LTr, 1998, p. 563.

República Federativa do Brasil. PADRÕES DE DESENVOLVIMENTO INDUSTRIAL NO BRASIL — 1980/95* http://www.en.ipea.gov.br/agencia/images/stories/PDFs/TDs/td_0645.pdf

VIEIRA, Alcio Antonio. *A Nova Lei nº 11.442/2007 e a Legislação Trabalhista.* Disponível em: <https://jus.com.br/artigos/9396/a-nova-lei-11-442-2007-e-a-legislacao-trabalhista. Acesso em 20 de agosto de 2018.

Sant'Anna, Márcio. Ramsés III. E a primeira greve mencionada pela história. disponível em https://cpantiguidade.wordpress.com/2009/11/13/ramses-iii-e-a-primeira-greve-mencionada-pela-historia/ acessado em 18.01.19

SINDICATO DOS ADVOGADOS DO ESTADO DE SÃO PAULO. *XXV Congresso Estadual de Advogados Trabalhistas do Estado de São Paulo. O Direito do Trabalho Além do Tempo.* Disponível em: http://www.sasp.org.br/noticias/38-notas-rapidas/98-xxv-congresso-estadual-de-advogados-trabalhistas-do-estado-de-sao-paulo.html. Acessado em 06 de setembro de 2018.

http://sinttelrio.org.br/2019/01/18/vivo-vai-demitir-cerca-800-em-todo-pais/

ISTO É. Revista. https://istoe.com.br/fim-da-fabrica

# 2008-2009 - A CRISE 2008/2009: UMA MAROLA NA ECONOMIA OU UM TSUNAMI NAS RELAÇÕES DE TRABALHO?

*Andrea de Souza Gonçalves, Augusto Crieco Sant'Anna Meirinho, Bruno da Costa Rodrigues, Lara Carolina Taveira Garcia, Luís Henrique Salina, Mariana Del Monaco, Maria Vitória Queija Aivar.*

## 1. INTRODUÇÃO: ANÁLISE DA CONJUNTURA SOCIAL, POLÍTICA E ECONÔMICA BRASILEIRA DE 2008/2009

Antes de iniciar qualquer análise sobre a conjuntura social, política, econômica brasileira no período de 2008/2009, é essencial ter em vista os tempos remotos de 1980 e 1990, quando vigorara predominantemente a orientação neoliberal sobre as ações políticas econômicas do Estado. O cenário pessimista da economia brasileira era composto de tentativas frustradas de estabilização econômica que não passavam de desastrosas providências precárias de resgatar o país que se encontrava imerso pela crise da dívida externa e cercado pela hiperinflação, quando se deparou com o sucesso e persistência da gestão "lulista", marcado pelo crescimento do produto interno, redução do número de famílias abaixo da linha de pobreza, a economia formal e o mercado de consumo que foram impulsionados pelo aumento da classe média. Não obstante, a aceleração do desenvolvimento econômico e social não foi desacompanhada da manutenção da estabilidade macroeconômica, sobretudo com o controle da inflação, redução do endividamento da *res publica* e a diminuição da vulnerabilidade do país diante das crises internacionais, munido de resistência aos impactos da crise financeira internacional de 2008/2009 sobre a economia brasileira.

Assim, em meio ao fim do milagre econômico, a crise da dívida externa e as políticas neoliberais, o governo Lula, que teve início no ano de 2003, se deparou com a hiperinflação, desemprego e a fragilidade da economia brasileira e se viu obrigado a adotar um novo modelo de desenvolvimento para o país: o *desenvolvimentista*. Assim pensava Celso Furtado:

> Nosso país se singulariza por dispor de considerável potencial de solos aráveis não aproveitados, fontes de energia e mão de obra subutilizadas, elementos que dificilmente se encontram reunidos em outras partes do planeta. Por outro lado, obriga dezenas de milhões de pessoas subnutridas e mesmo famintas [...]. O cerne da questão é definir que modelo de desenvolvimento vai se propor ao Brasil para os próximos anos. É fundamental solucionar o problema da criação de empregos.[1]

A opção pelo desenvolvimentismo trouxe consigo as políticas públicas que incrementaram o crescimento da economia brasileira: a Bolsa Família, criação do crédito consignado e valorização do salário mínimo. Em conjunto com o mercado externo favorável, houve ativação do mercado interno de massas, acompanhada da transferência de renda, aumento dos salários, do crédito e do mercado de trabalho. Foram gerados 40% a mais de postos de trabalho no segundo mandato: em 2007 a taxa de desemprego foi de 7,4% e, por fim, em 2010 a taxa de desemprego caiu 5,3%. O aumento do salário mínimo foi o grande fator para reduzir a pobreza.

O cenário brasileiro se assemelhou, no momento, a um círculo virtuoso: com a expansão do crédito, valorização do salário mínimo e o poder resultante da diminuição do preço relativo de artigos populares por meio de desonerações fiscais, permitiu o maior poder aquisitivo das famílias de baixa renda e, dessa forma, direcionou as empresas ao mercado interno e a incrementar o investimento para aproveitar a situação favorável, gerando postos de trabalho, os quais por sua vez realimentaram o consumo que conseguiu tocar na contradição fundamental da economia

1 FURTADO, Celso. O Longo amanhecer, pp. 32 e 102.

brasileira – *a massa do subproletariado miserável que o capitalismo brasileiro mantinha estagnada começava a ser absorvida no circuito econômico formal.*[2]

Contudo, em meados de 2007, a crise do "*subprime*", desencadeada nos Estados Unidos, tornou-se uma crise financeira internacional. Com o intuito de esclarecer o público brasileiro quanto à dimensão da crise financeira de 2008, o Comunicado da Presidência ilustrou que, de um modo geral, o impacto imediato sentido pelos países frente à crise correspondeu à redução de liquidez internacional e a consequente escassez das linhas de crédito.

Antes da crise de 2008, cinco ações e programas foram essenciais para que a economia brasileira não fosse tão afetada, como as economias mundiais, entre elas: o aumento na rede de proteção social; o aumento no salário mínimo; a expansão do investimento público; as desonerações tributárias programadas no Programa de Aceleração do Crescimento (PAC) e na Política de Desenvolvimento Produtivo (PDP); e a reestruturação dos salários e do efetivo do serviço público federal.

Todos esses fatores proporcionaram a estabilização na renda disponível a famílias brasileiras, além de manter a geração de postos de trabalho, conjuntamente, por meio da renda que se tornou disponível às empresas brasileiras em razão da desoneração fiscal.

O governo federal adotou medidas monetárias e fiscais anticíclicas com o objetivo de evitar que a crise internacional infiltrasse no sistema financeiro brasileiro e, assim, recuperar o ritmo de crescimento econômico. Foram tomados três tipos de ações: primeiramente, as ações e programas sociais que continuaram a ser usadas mesmo durante da crise; em segundo lugar, as ações emergenciais que foram realizadas durante a crise e que tiveram natureza temporária; e, por fim, novas ações estruturais que auxiliaram no combate a crise.

Como um dos efeitos da crise internacional no Brasil, tivemos a redução no nível de atividade econômica. A Carta de Conjuntura do

2 SINGER, André. Os sentidos do lulismo, pg. 150-151.

IPEA[3] apontava que a reversão dos fluxos de capitais, somada aos déficits recorrentes em transações correntes pelo Brasil contribuiriam para que a taxa de câmbio se depreciasse. E, de fato, depreciou. No período de 15 de setembro até 15 de outubro de 2008, a depreciação do real foi de 22,7%, como aponta Freitas[4]. Para além, as exportações brasileiras foram fortemente afetadas a partir de 2008 e os setores de construção civil, automóveis, agricultura e de móveis e eletrodomésticos sentiram a queda da produção e diminuição acentuada de suas vendas[5].

O resultado disso foi fortemente sentido no âmbito do Direito do Trabalho, como veremos a seguir, já que houve uma diminuição bastante forte de postos de trabalho, especialmente em setores produtivos mais diretamente ligado às exportações.

## 2. JURISPRUDÊNCIA: COLÓQUIO DOS ACONTECIMENTOS E FATOS MARCANTES NAS RELAÇÕES DE TRABALHO

### 2.1. Flexibilização dos Direitos Sociais Trabalhistas

Muito se discute sobre a flexibilização dos direitos sociais trabalhistas, principalmente o seu impacto na vida dos empregados, afirmando, ainda, a doutrina majoritária que desse quadro se promove a desregulamentação do Direito do Trabalho.

Por oportuno, impende afirmar que, na acepção jurídica do termo, flexibilizar significa, de forma mais simplista, diminuir as burocracias e impedimentos formais inerentes ao contrato de trabalho, ou

3 IPEA. A crise econômica global e seus reflexos sobre a economia brasileira. Carta de Conjuntura, dez. 2008. Disponível em: <www.ipea.gov.br/sites/000/2/publicacoes/cartaconjuntura/carta05/1_Crise.pdf>.

4 FREITAS, M. C. P. Os efeitos da crise global no Brasil: aversão ao risco e preferência pela liquidez no mercado de crédito. Estudos Avançados, v. 23, n. 66, 2009.

5 TCU. Ações do Governo para reduzir os efeitos da crise. Versão simplificada das Contas do Governo da República,2009.Disponívelem:<http://portal2.tcu.gov.br/portal/page/portal/TCU/comunidades/contas/contas_governo/contas_09/Textos/FIcha%201%20-%20Analise%20da%20Crise.pdf>.

mesmo a possibilidade de excetuar alguns direitos trabalhistas, tornando-os maleáveis.

Neste ponto, forçoso entender que o que seria flexibilizar direitos se não regular a força de trabalho, principalmente em razão do alto número de desemprego no país? Flexibilizar, em nosso entendimento, seria mais do que diminuir as "burocracias". Seria lidar com uma massa de disponíveis e, em consequência disso, com o medo dessas pessoas serem, a qualquer momento, substituídas.

É neste cenário que vamos abordar a flexibilização dos direitos sociais trabalhistas, conforme veremos nos tópicos a seguir.

### 2.1.1. A sociedade arcando com o ônus da crise. Do Estado de Bem-Estar Social ao Estado da Austeridade

Pode-se afirmar que o Estado de Bem-Estar Social surgiu após a Segunda Guerra Mundial. Seu desenvolvimento está intimamente relacionado ao processo de industrialização e dos problemas sociais gerados a partir dele, sendo um modo de organização em que o Estado é o regulador de toda a vida social, política e econômica do país, garantindo-se, assim, o mínimo de serviços públicos e assegurando que a desigualdade social, não comprometam o exercício pleno dos direitos civis e políticos.

Porém, a partir da década de 60, percebe-se certa limitação desse formato de Estado, principalmente em virtude do aumento das despesas governamentais que, por via de consequência, pode desembocar na crise fiscal estatal.

Neste contexto, surgem argumentos para justificar o fim do Estado de Bem-Estar Social, tais como: sobrecarga do Estado e a ingovernabilidade das democracias; desfazimento de algumas funções do Estado; a imagem do Estado como "mau administrador" da economia, sendo ineficiente e inoperante, andando na contramão do desenvolvimento. Isso fazer surgir o que chamamos de Crise Ideológica.

Considerando-se a história brasileira e o início da Crise Ideológica, torna-se possível afirmar que, no Brasil, nunca se alcançou a plena estrutura do Estado de Bem-Estar Social, tal como ocorreu nos países mais desenvolvidos economicamente. O que houve, na verdade, foi uma clara adaptação desse sistema no início da Era Vargas (1930/1945) e, a partir daí, uma transição de governos até chegarmos no período democrático, com uma ideia cristalizada de necessidade de desestatização com as inúmeras privatizações e, com elas, a política do "desmonte" ou, como alguns preferem chamar, a "a reestruturação do Estado de Bem-Estar brasileiro".

Daí porque podemos afirmar que o Estado de Bem-Estar Social passa ao Estado de Austeridade social sem ter sido completamente implementado em terras brasileiras. Esse movimento foi intensificado a partir da crise mundial de 2008, em que os direitos sociais passam por inúmeras transformações sob a nítida intenção de se estabelecer "Muito Estado e Pouco Social", fazendo com que a sociedade, especialmente a classe trabalhadora, arque, mais uma vez com o ônus da crise.

Em decorrência disso, estabelece-se o Estado de Austeridade à medida em que os países aplicam o aperto econômico e fiscal na tentativa de diminuir os direitos sociais anteriormente conquistados, adotando, por exemplo, cortes de gastos e alterações orçamentárias que, diante do cenário de desligamentos em massa, desemprego, terceirização, dentre outras facetas da crise, que faz ressurgir com nova força a teoria que prega a necessidade de maior flexibilização dos direitos sociais trabalhistas, numa tentativa "ideológica" de manter apenas os direitos mais básicos.

Nesse sentido, a flexibilização, antes entendida como advinda de grandes problemas financeiros das organizações, foi o argumento utilizado por todos os partidários deste "desenvolvimento" para justificar o novo, moderno e válido sistema como uma das formas mais inovadoras para driblar a crise a ponto de incutir no indivíduo que ser " flexível" não é só mais uma condição de sobrevivência no trabalho, mas a de continuar sendo um profissional útil no mercado de trabalho.

Mister afirmarmos nesse contexto que, para Maria Ester de Freitas, professora do departamento de Administração da Faculdade Getúlio Vargas, em seu texto publicado na revista *Organização, Recursos Humanos e Pla-*

*nejamento*, a flexibilização é encarada como um valor agregado ao trabalhador, ou seja, dando a ele o caráter de flexível. Afirma a ilustre professora que:

> "[...] A palavra "flexibilidade" cai do céu como uma luva ou uma benção. Ela é tudo o que há de mais caro atualmente nas organizações, pois representa o que garante esse rejuvenescimento permanente, que dá o tom do que é moderno, vivo e válido. Ela é a varinha mágica que renova estruturas, saberes, comportamentos, condutas, métodos, pensamentos, visão de mundo, representações, conceitos.
>
> **O ser flexível tornou-se o sonho dourado de todas as empresas**, e conseguir ser flexível, a necessidade desesperada, o pesadelo dos executivos atuais, por ser condição de sobrevivência. **Ser flexível e excelente é o "único" preço que os indivíduos têm de pagar para chegar e manter-se no pódio.** Todos estão convictos da necessidade de chegar ao pódio, mas também sabem que não existe pódio para todos. Há, em cada organização e em cada indivíduo, um ponto de exaustão cada vez mais próximo de ser atingido. É a eterna ameaça da guilhotina!
>
> A maneira de driblar essa necessidade de renovação constante é colocando a organização como o lugar do desenvolvimento pessoal e o único em que a sua realização pode se dar. Com um objetivo como esse, a renovação de energias será sempre de forma garantida. É preciso mobilizar o sujeito de forma total. **Ser flexível não é mais condição de sobrevivência no trabalho, mas condição de vida.** Nessa luta alucinada, as organizações investem em qualquer método, receita, guru, treinamento ou prática que lhes possa assegurar uma promessa de tornar flexíveis os seus quadros. Semanas na selva, guerrilhas, cristais, florais, astrologia, numerologia, neurolingüística, filosofia, zen-budismo, artes marciais, uma infinidade de práticas e pregações tem sido tentada para rapidamente tornar todos superadaptáveis. A racionalidade exaltada, nessa hora, cede lugar à uma irracionalidade quase insana.
>
> Ora, parece razoável supor que, **transformando a flexibilidade num valor em si mesmo**, as organizações correm o risco de cair na própria armadilha.
>
> **Flexibilidade, quando excessiva, não constrói nada, não consolida nada, não gera nada durável, não referencia nada, não garante nem a própria sobrevivência, já que não armazena nenhuma memória capaz de orientar uma tomada de decisão imprevista**. A literatura e a dramaturgia mostram-nos que, por trás de cada fonte da imortalidade, há sempre uma alma penada"[6]

6 FREITAS, Maria Ester de. Faculdade Getúlio Vargas, em seu texto publicado na revista Organização, Recursos Humanos e Planejamento,. 2011. P.12.

Na verdade, mais do que confirmar a necessidade da flexibilização de direitos sociais trabalhistas, podemos afirmar que são os trabalhadores que ganham o rótulo de "flexíveis", ou seja, capazes de adaptarem-se a grandes transformações, sempre visando a manutenção do seu trabalho com o menor custo possível ao empregador.

### 2.1.2. Declaração da Filadélfia versus G20

Declaração da Filadélfia é considerada o principal e maior pilar da formação da Organização Internacional do Trabalho (OIT). Em 1944, em meados do pós-guerra, a OIT acabou transformando a Declaração da Filadélfia como sua própria Constituição.

Em seu Capitulo I, a Declaração da Filadélfia, traz, dentre outras diretrizes, que "o trabalho não é uma mercadoria" e deve haver "possibilidade para todos de uma participação justa nos frutos do progresso em termos de salários e de ganhos, de duração do trabalho e outras condições de trabalho, bem como um salário mínimo vital para todos os que têm emprego e necessitam dessa proteção".

Neste sentido, por ocasião da 101ª Sessão de Conferência Internacional do Trabalho, algumas diretrizes foram adotadas com relação ao sistema pós-crise 2008/2009, principalmente com relação aos países participantes do G20, cujo foco era financeiro. Porém, foram abordadas ações para que o trabalho, de alguma forma, tivesse outro direcionamento, face a devastação financeira global.

Assim foi tratado na Conferência:

> "[...] A prioridade actual do trabalho da OIT neste domínio é a necessidade de **converter o trabalho digno no coração das políticas coordenadas para a recuperação da actual crise financeira mundial**. A OIT foi convidada a apoiar o trabalho do G20 e o Diretor-Geral participou da Cimeira de Pittsburgh e das 3 Cimeiras do G20 subsequentes. Embora os temas principais do G20 tenham sido a reforma financeira e as políticas fiscais, o emprego e o trabalho digno tiveram lugar de destaque nas Declarações das Cimeiras que sancionaram igualmente as Conclusões de duas reuniões dos Ministros do Trabalho e do Emprego. **Estas Declarações e Con-**

**clusões mencionaram o papel dos princípios e direitos fundamentais no trabalho".**[7]

Neste mesmo enfoque, por meio da Conferência de 2011, denominada Cimeira de Cannes, as autoridades representantes do G20 comprometeram-se a:

- Promover e fazer respeitar os princípios e direitos fundamentais no trabalho;
- Dar as boas-vindas e encorajar a OIT a continuar a promover a ratificação e aplicação das oito Convenções fundamentais da OIT;
- Reafirmar a importância de que se revestem os Princípios e Direitos Fundamentais do Trabalho para reequilibrar a globalização e exortar a Organização Mundial do Comércio (OMC), a Organização para Cooperação e Desenvolvimento Econômico (OCDE), o Grupo do Banco Mundial, o Fundo Monetário Internacional (FMI) e a OIT;
- Zelar por maior coerência nas suas atividades multilaterais para reforçar a dimensão social da globalização.

Um dos pontos altos desses trabalhos foi que, de forma uníssona, todos, tanto OIT como G20, ratificaram a importância dos Princípios e Direitos Fundamentais do Trabalho, considerando-os, inclusive, como elementos de inserção entre as políticas comerciais e de emprego, bem como ratificaram a importância de uma globalização justa e de reajuste do equilíbrio das economias nacionais e mundiais.

Era público e notório que o mundo passava por intensa e devastadora crise, o que não foi diferente com os países, mais desenvolvidos. Porém, nítido se fazia, como ainda se faz, pautar não só os atos políticos, como os financeiros e sociais, baseando-os sempre em valores relativos a princípios fundamentais do ordenamento jurídico vigente e direcionados a toda humanidade.

É certo também que o trabalho, sendo a base de todas as causas e consequências do nível financeiro, social e político de qualquer nação, qualquer organismo mundial deveria primar pelo atendimento de seus princípios básicos.

7 101ª Sessão de Conferência Internacional do Trabalho, Relatorio relativo aos Principios e Direitos Fundamentais do Trabalho- Do compromisso a ação http://cite.gov.pt/pt/destaques/complementosDestqs/ Relat_VI_101a_Sessao.pdf)acesso em 01/09/2018.3)

Este mesmo entendimento foi confirmado por, conforme transcrito abaixo, chegando a imputar a morte de Deus, como um marco para essa desagregação:

> Ora, uma das características mais marcantes das sociedades modernas é a ênfase na racionalidade extrema ou, ainda, o pós-moderno inaugura- se na "morte de Deus", na perda dos fundamentos, da transcendência, ou seja, no esfacelamento da religião, da ética, da moral e do sagrado. Desenvolveremos um raciocínio inverso: essa racionalidade definidora dos tempos modernos é, ela mesma, repleta de um imaginário e de um simbolismo que não encontram referências em nenhuma outra sociedade, e o imaginário das organizações modernas busca responder à problemática atual de fragilidade no processo de identificação dos indivíduos.[8]

Assim, pode-se dizer que a ausência de fundamentos éticos e morais, dentre outros paradigmas, também estava diretamente ligada ao estado de crise no período de 2008/2009. Obviamente que não foi a causa única, mas, sem sombra de dúvida, referida realidade contribuiu para o agravamento do contexto ali formado.

Cumpre ainda em esclarecer que, no mundo, após a crise 2008/2009, tentou-se aproximar os Direitos Humanos da Economia, nitidamente em decorrência da preocupação com a redução da proteção trazida pela insuficiência de recursos financeiros, o que poderia levar ao descaso com relação aos direitos humanos nas pautas governamentais.

### 2.1.3. O Estado da Austeridade no Brasil

Como já afirmamos anteriormente, ainda que a crise econômica mundial não tivesse atingido o Brasil como atingiu outros países, todos os setores da sociedade e da economia reavaliaram seus métodos e editaram políticas na tentativa de conter a crise.

Medidas foram editadas como forma de proteção ao núcleo essencial de direitos sociais, priorizando, em suma, os cortes de gastos, alterações orçamentárias, limitação de despesas, reformulação do setor industrial, sendo este o que mais sofreu na crise.

8 FREITAS, Maria Ester de. Faculdade Getúlio Vargas, em seu texto publicado na revista Organização, Recursos Humanos e Planejamento, 2011. p. 7.

Na Europa usou-se pela primeira vez o nome " austeridade" para denominar as políticas implementadas para redução das condições de vida e retirada dos direitos dos trabalhadores, no sentido de buscar alguma solução para o fim da crise. Já no Brasil, o termo adotado foi de "ajuste fiscal".

Por meio da análise do contexto, verifica-se que essa nomenclatura não é a mais apropriada, já que, nem de longe, tratou-se de mero ajuste fiscal. Isso porque o maior impacto se deu na classe trabalhadora, com crescimento gigantesco do desemprego, o que culmina na redução da circulação da moeda no mercado interno, causando impacto no comercio, da mesma forma.

O Estado de Austeridade teve impacto direto no sistema financeiro já que a ausência de dinheiro disponível no mercado internacional deixou o consumidor e as empresas sem crédito disponível, impactando diretamente na mão-de-obra.

Esse cenário, somado à alta do dólar, prejudicou diretamente empresas que possuíam passivos em dólar, aumentando o seu prejuízo, bem como impactou diretamente as empresas de turismos, que foram obrigadas a desligarem seus trabalhadores.

Todo o cenário acabou por desembocar diretamente nas relações de trabalho, no que observamos os mais variados métodos adotados pelos empregadores, sob a justificativa da crise para justificar as medidas tais como desligamentos em massa; a suspensão de contratos de trabalho; a redução de salário e jornada etc.

Dessa forma, nítido que o Brasil sofreu (e ainda sofre) com o cenário trazido pela crise de 2008/2009, sendo imperioso o olhar dos operadores do direito a fim de que possamos tornar válida a Declaração da Filadélfia, especialmente para a manutenção dos direitos trabalhistas mais básicos.

### 2.1.4. Suspensão do contrato de trabalho

O desenvolvimento do processo de flexibilização dos direitos sociais decorrente do regime ortodoxo de austeridade econômica imposta pela ideologia neoliberal aprofundada nos anos 90 – e apenas com aceleração contida na primeira década do milênio – ensejou (não sem resistência) alterações legislativas no intuito de conceder maior liberdade ao capital em detrimento dos trabalhadores e trabalhadoras.

> A força do ideário neoliberal não se fez presente apenas pelos trâmites tradicionais de alteração legislativa, pois também foram adotadas estratégias divorciadas da essência democrática e sem participação popular, sendo uma dessas estratégias a edição de medida provisória diretamente pelo Poder Executivo em matérias sem qualquer urgência, forçando a normatização de modo pouco republicano. E assim ocorreu com o art. 476-A da CLT, incluído pela Medida Provisória 2.164, reeditada 41 vezes, até se "consolidar" com a exceção prevista na EC 32/2001 que limitou a edição de medidas provisórias, incorporando a suspensão contratual como flexibilização.

Segundo o caput do art. 476-A, a lei passou a autorizar a suspensão do contrato de trabalho por um período de dois a cinco meses para participação do empregado em curso ou programa de qualificação profissional oferecido pelo empregador, com duração equivalente à suspensão contratual, mediante previsão em convenção ou acordo coletivo de trabalho e aquiescência formal do empregado.

O período de afastamento para qualificação, pago pelo Fundo de Amparo ao Trabalho (FAT), naturalmente gera perda de direitos constitucionais, pois o patamar remuneratório cai em razão do efeito da suspensão do contrato, sendo a remuneração essencialmente indenizatória, tudo em troca de (supostamente) assegurar, de forma precária, a manutenção do contrato em crise (estrutural ou não).

No entanto, ainda que o instituto tenha sido destinado à manutenção do nível de emprego em época de crise econômica, frise-se que tais crises tem como causa a própria reprodução do capital, sendo que a adoção de uma agenda neoliberal seguindo a lógica da austeridade em países do capitalismo periférico é contraditória na perspectiva do trabalho, do consumo e do equilíbrio fiscal, pois a vulnerabilidade criada em prol da movimentação e reprodução do capital faz com que a flexibilização de direitos sociais se torne uma medida economicamente recessiva, aprofundando um desolador cenário econômico em que é engendrado um modelo de transferência de renda para os mais ricos e para a especulação financeira.

Logo, a suspensão contratual segue a mesma lógica perversa concatenada em tal arcabouço sistêmico, pois o trabalhador e a trabalhadora pagam não só pela instabilidade econômica, mas também com a redução de direitos e, de forma difusa, pelo próprio período de suspensão do contrato, pois a base de indenização do período (na hipótese prevista de qualificação profissional) é custeada pela sociedade por meio do Fundo de Amparo ao Trabalho – FAT. Portanto, embora o instituto se apresente como uma forma de mitigar efeitos de crise, na realidade, compõe-se como mais um instrumento do modelo que reproduz a transferência da renda do trabalho ao detentor de capital.

Em que pese a medida tenha sido prevista anteriormente e dado o crescimento econômico verificado na primeira década do milênio, o instituto somente veio a ser utilizado substancialmente com os efeitos da crise econômica mundial de 2008/2009.

Porém, no cenário brasileiro, a força do capital tentou, na prática, "flexibilizar a flexibilização", na medida em que procurou impor o modelo de forma genérica e indistinta, despida dos próprios critérios normativos, como, por exemplo, sem a qualificação profissional e sem qualquer verificação concreta da especificidade econômica de cada setor, gerando forte atuação do Ministério Público do Trabalho e da Justiça do Trabalho na declaração de nulidade de diversos instrumentos coletivos nesse sentido.

Observando-se que o instituto já impunha, por si só, precarização, a resposta institucional à volúpia de seu desvirtuamento, bem como a consolidação do entendimento sobre a dispensa em massa indicando a suspensão como instrumento anterior de sua validade conseguira, nesses anos posteriores que sucederam ao estouro da crise econômica de 2008/2009, frear a aplicação indistinta e restringi-lo à hipótese legal, favorecendo, assim, a própria recuperação econômica em escala, dado o natural efeito recessivo de tais medidas.

No entanto, o freio institucional teve como efeito deletério a consolidação e legitimação dos instrumentos de flexibilização, representando substancial recuo de posicionamento da força dos trabalhadores e trabalhadoras no tensionamento entre o capital e a efetivação dos direitos sociais.

### 2.1.5. Redução de Jornada de Trabalho e Salário

Outro instrumento de flexibilização que ganhou força com a crise econômica de 2008/2009 foi a hipótese de redução de jornada com redução salarial correspondente.

O art. 503 da CLT já previa autorização de redução salarial linear de no máximo 25% em caso de força maior ou prejuízos devidamente comprovados, todavia, tal dispositivo não pode ser considerado recepcionado, na medida em que viola a garantia da irredutibilidade salarial que somente a autorizaria por norma coletiva (art. 7º, VI), bem como por impor aos trabalhadores e trabalhadores os riscos da atividade econômica.

A Lei 4.923/65, no mesmo sentido, dispõe que a empresa que, em face de conjuntura econômica, devidamente comprovada, se encontrar em condições que recomendem, transitoriamente, a redução da jornada normal ou do número de dias do trabalho, poderá fazê-lo, mediante prévio acordo com a entidade sindical representativa dos seus empregados, homologado pela Delegacia Regional do Trabalho, por prazo certo, não excedente de 3 (três) meses, prorrogável, nas mesmas condições, se ainda indispensável, e sempre de modo que a redução do salário mensal resultante não seja superior a 25% (vinte e cinco por cento) do salário contratual, respeitado o salário-mínimo regional e reduzidas proporcionalmente a remuneração e as gratificações de gerentes e diretores.

Note-se mais uma vez que o argumento da crise econômica para a adoção de medida de flexibilização induz a adoção de medida recessiva. Em um cenário de crise, tal como prega o discurso, qualquer racionalidade deveria se direcionar à redução da jornada de trabalho sem redução salarial, pois assim ficaria mantido o poder de compra dos trabalhadores e trabalhadoras na mesma escala, contribuindo para a recuperação econômica. Porém, a redução salarial implica diminuição do poder de consumo geral, não havendo sentido sua adoção na lógica capitalista macroeconômica, exceto na visão individualista e descolada da conjuntura, ficando evidente que se trata de uma medida de proteção unilateral do capital no sentido de socializar os riscos da atividade econômica e resguardar para si um proveito econômico às custas do trabalho alheio, sem que se possibilite, de fato, efeito econômico positivo.

Ainda que o sentido da lógica econômica aponte em sentido oposto, a atuação sindical e a interpretação jurisprudencial sobre a redução de jornada com redução salarial acabou sendo consolidada e legitimada dentro das condições fixadas, evidenciando mais um salto do capital contra os direitos sociais.

### 2.1.6. O Papel desempenhado pelas entidades sindicais frente à flexibilização

A reorganização produtiva aprofundada nos anos 90 em nosso país que, adotando as diretrizes do capitalismo central representados por grandes potências econômicas e organismos internacionais como o Fundo Monetário Internacional e o Banco Mundial, passou a impor medidas que propiciaram o acirramento da competitividade em um sistema globalizado, o que naturalmente gerou desmobilização, pois os trabalhadores e trabalhadoras passaram a ser cada vez mais concorrentes uns dos outros, diante da alta rotatividade, diversidade de empregadores ou tomadores, precarização com a terceirização de atividades, dentre outras medidas que tolheram a união de interesses comuns como resistência ao avanço do capital. Tal cenário se somou à contradição constitucional que, muito embora tenha garantido a "liberdade sindical", acabou mantendo a estrutura representativa de sindicato único com enquadramento definido em lei, além da contribuição sindical obrigatória.

E é com essa espécie de "liberdade amarrada" que o sistema representativo, em face da reorganização produtiva, ficou anacrônico, perdendo sua lógica tanto no contexto corporativo fechado como no contexto de liberdade sindical, aprofundando ainda mais a desmobilização gerada pelo sistema produtivo.

Nesse contexto, a proibição da intervenção estatal naturalmente fez extinguir a necessidade de autorização de criação e funcionamento das entidades e colocou fim ao enquadramento estanque do quadro de atividades sindicais definidas pela também extinta comissão de enquadramento, permitindo-se a criação de novas entidades mas com a grave restrição de continuar a se sujeitar à unicidade na base territorial e no limite do enquadramento pela atividade econômica do empregador (salvo categorias diferenciadas).

Esta restrição, na prática, possibilitou apenas a criação de novas entidades ligadas às atividades econômicas que ganharam autonomia com a segregação imposta pela nova organização produtiva (prestação de serviços, por exemplo) e que constituem, por si só, um fato substancial de desmobilização, bem como a criação de entidades pela cisão daquelas já existentes.

E a busca pela fatia do financiamento sindical aliada ao anacronismo sistêmico ensejou desmembramentos parciais dos sindicatos em razão de atividades "similares" ou "conexas", além do reconhecimento de categorias diferenciadas não só em razão de estatuto profissional, mas também pela abstrata expressão "condições de vida singulares" (§3º do art. 511). Assim, a manutenção do financiamento compulsório e a cultura hegemônica da lógica individualista do mercado - que também atingiu parte da representatividade - fez apertar o gatilho para a implosão interna que culminou em uma enorme pulverização, fazendo com que um quadro outrora dividido em algumas partes identificáveis se transformasse em um mosaico estilhaçado mantido na mesma moldura, sendo que cada estilhaço desse mosaico passou a significar a única representatividade de uma microparte propositalmente esfacelada de certa atividade.

Assim, exceto setores representativos com tradição de mobilização - e que também foram muito enfraquecidos -, a representatividade das entidades de trabalhadores e trabalhadoras foi afetada por todos lados, pois a ausência de efetiva liberdade para a escolha de outra entidade que seria mais representativa impinge aos trabalhadores e trabalhadoras um enorme desequilíbrio dentro dos interesses de cada contexto profissional que padece de força suficiente para fazer frente à qualquer negociação coletiva.

E é justamente nesse cenário de enorme desmobilização interna e externa, observando-se os litígios entre as próprias entidades sindicais, que permitiram um enorme avanço do capital sobre os direitos sociais, seja pela cooptação ou pelo enfraquecimento, fazendo com que a frágil atuação representativa profissional passasse, até para sobreviver, a legitimar os instrumentos de flexibilização normativos e negociados.

Mesmo considerando a edição da Lei 11.648/2008 que reconheceu natureza sindical às centrais sindicais e lhes destinaram parte do rateio da contribuição sindical (convém ressaltar que a ideia original inserta na discussão sobre a lei era o fim da contribuição sindical e a criação de uma contribuição negocial, o que acabou não ocorrendo), o que em tese possibilitaria uma melhor reorganização da representatividade em forma de unidade, o quadro já se mostrava sem muita perspectiva diante da autofagia já mencionada entre as entidades segregadas e da frágil mobilização dos trabalhadores com a falta de legitimidade das próprias entidades representativas.

### 2.2. Terceirização e Pejotização Instrumentos do Capitalismo Parasitário.

Desde o final do século XX até os dias atuais, a sociedade mundial se defronta com a consolidação de um processo de globalização que sem sombra de dúvidas possui fortes consequências políticas, sociais e econômicas atingindo diretamente o mercado de trabalho humano. A competição entre as corporações transnacionais introduziu no mundo do trabalho novas técnicas de organização do trabalho confrontando diretamente os paradigmas clássicos do trabalho subordinado.

No plano internacional em 1980 o neoliberalismo tomou força e se consolidou no terreno fértil de Margareth Thatcher, Ronald Reagan e Helmuth Kohl, e assim cresceu o discurso de que as crises econômicas somente existem em razão da proteção legal destinada aos trabalhadores e desta forma é necessária a reforma estrutural do mercado de trabalho de forma a imprimir a flexibilização que desconsidera o valor social do trabalho e a dignidade da pessoa, e desconstrói o postulado de solidariedade social construído e difundido a partir do pós 2ª Guerra Mundial. A globalização se impõe a solidariedade social até os dias atuais e como define Bauman, o capitalismo é um sistema parasitário:

> Sem meias palavras, o capitalismo é um sistema parasitário, pode prosperar durante um certo período, desde que encontre um organismo ainda não explorado que lhe forneça alimento. Mas não pode fazer isso

sem prejudicar o hospedeiro, destruindo assim, cedo ou tarde, as condições de sua prosperidade ou mesmo a sua sobrevivência.[9]

O princípio básico que alicerça as normas de proteção ao trabalho, *qual seja o trabalho não é uma mercadoria*[10] e que foi adotado pela Organização Internacional do Trabalho na Declaração da Filadélfia de 1944, é totalmente desconsiderado nos momentos das crises cíclicas do regime capitalista e como forma de superação dessas crises são criados instrumentos mirabolantes, como por exemplo a terceirização e a pejotização do trabalho humano, que se transformam em práticas definitivas nos momentos das bonanças econômicas, afinal ao sistema capitalista pouco importa o trabalho o valor social, o seu lema é descrito por Bauman pela *miragem da prosperidade agora e sempre.*[10]

Como salienta Pochmann enquanto a utilização de novos padrões de organização do trabalho, no plano internacional começou a se consolidar na década de 80, no Brasil a terceirização de mão- de- obra avançou rapidamente nos anos 90, após a implantação do Plano Real:

> No caso brasileiro a manifestação da terceirização se deu mais recentemente e com natureza distinta. Somente na década de 1990, particularmente com a implantação do Plano Real, que a terceirização de mão-de-obra avançou rapidamente, tendo nos anos oitenta a sua presença ainda relativamente residual na contratação de trabalhadores.
>
> Ao contrário da experiência em países desenvolvidos, a terceirização no Brasil, contém especificidades significativas. Na maior parte das vezes encontra-se associada ao ambiente persistente de semi-estagnação da economia nacional, de baixos investimentos, de diminuta incorporação de novas tecnologias, de abertura comercial e financeira e de desregulamentação da competição intercapitalista [11]

Com a crise mundial financeira de 2008 que até hoje imprime seus nefastos efeitos, atingindo países ricos e pobres, o postulado da soli-

---

9 BAUMAN Zygmunt. Capitalismo Parasitário e outros Temas Contemporâneos. São Paulo: Zahar.2009. p.9

10 A Conferência afirma novamente os princípios fundamentais sobre os quais se funda a Organização, isto é: a) o trabalho não é uma mercadoria;< in https://www.ilo.org/public/portugue/region/eurpro/ lisbon/pdf/constitucao.pdf. Acesso em 01/09/2018>

11 POCHMANN. Marcio. A Superterceirização do Trabalho in Debates Contemporâneos. Economia Social e do Trabalho. São Paulo: Ltr p.39

dariedade social que aperfeiçoa a liberdade, a igualdade e a segurança e a democracia são massacradas sem qualquer pudor.

A globalização envolve a mudança de paradigmas no processo produtivo e nas relações de trabalho sob a ótica da integração e da internacionalização do capital financeiro, onde os países ricos globalizam e os pobres ou em desenvolvimento são globalizados, e padecem com os piores reflexos dessa nova ordem social.

A solidariedade social deve ser considerada no combate às diferenças e a desigualdade social e econômica, como destaca Santos[12], colocando-a como valor e atributo moral, que "somente alcança o seu propósito quando imbuída de força geral do Estado e seus componentes elementares".

O trabalho humano não pode ser considerado como um elemento de produção é um bem e valor social em busca de resultados e de transformação para a redução da desigualdade social.

A Carta Magna de 1988, expressa o valor social do trabalho e da livre iniciativa e esses princípios devem fundamentar a atividade empresarial, que em um Estado Democrático de Direito não pode ter como foco exclusivo a obtenção de lucro, sem respeitar os demais atores sociais, desta forma, é a partir desses dois postulados que deve ser concebida a função social da empresa.

Neste sentido, destaca Grau[13]:

> O que mais releva enfatizar, entretanto, é o fato de que o princípio da função social da propriedade impõe ao proprietário – ou a quem detém o poder de controle, na empresa – o dever de exercê-lo em benéfico de outrem e não, apenas, de não o exercer em prejuízo de outrem. Isso significa que a função social da propriedade atua como fonte da imposição de comportamentos positivos - prestação de fazer, portanto, e não, meramente, de não fazer – ao detentor do poder que deflui da propriedade.

O trabalho humano não pode ser desconsiderado, ou desvalorizado pelo capital, independentemente da opção capitalista que impregna a

---

12 SANTOS, Boaventura. A crítica da Razão Indolente: contra o desperdício da experiência. 2. ed. São Paulo: Cortez, 2000, v.1, p.92-93.

13 GRAU, Eros Roberto. A ordem econômica na Constituição de 1988. 10. ed. São Paulo: Malheiros, 2005. p. 69.

carta magna brasileira pois, a empresa tem atribuição constitucional de verdadeiro ator social.

A interpretação do artigo 170 da Constituição Federal que apresenta o primado da ordem econômica, denota que as empresas são tão responsáveis ou até mais que o Estado na função material e ética de assegurar os direitos individuais e sociais, colaborando para a melhoria econômica da sociedade na qual está inserida e isso não significa a renúncia da empresa aos lucros, ou melhor, a livre iniciativa, mas a verdadeira compreensão do significado de uma sociedade justa e solidária. Desta forma o conteúdo do dispositivo analisado, não aniquilou a empresa ou sua principal finalidade, qual seja, a busca do lucro, mas ao se tornar fundamento de caráter ativo da República, esse ente econômico recebeu do texto constitucional a qualidade de agente de transformação.

A função social da empresa não pode ser confundida (culposa ou dolosamente) com a responsabilidade social da empresa, que se relaciona aos atos e condutas de caráter voluntário, sem que haja qualquer coercibilidade legal, enquanto a função social refere-se à atividade empresarial de modo cogente por meio da imposição legal como por exemplo, o respeito as normas trabalhistas de origem estatal ou autônoma, o que envolve a dignidade do trabalhador, a legislação do meio ambiente e do consumidor.

Fernandes[14] analisando a responsabilidade social da empresa a partir de uma tendência ética, onde a empresa se coloca como um ator social observa que também cresce o pensamento estratégico de tendência amoral, onde a empresa somente busca resultados e utiliza mecanismos de relevo social na sua gestão e pondera:

> Algo paradoxalmente estas duas visões contraditórias acabam frequentemente por convergir sobre a importância da organização/empresa ter uma responsabilidade social, embora por razões substancialmente diferentes. Se, para os primeiros, a SER é intrinsicamente uma <<boa causa>>, em termos morais e ideológicos, para os segundos, de forma bastante pragmática <<ser ético >> e ter uma <<responsabilidade social>> ajuda

14 FERNANDES. José Pedro Teixeira. A responsabilidade social da empresa e os seus críticos. Revista Científica do ISCET Porto nº 1 série 2. p70-.78. Disponível em. < http://www.jptfernandes.org/resources/ResponsabilidadeSocialEmpresa.pdf> acesso 02/09/2018

a vender e a afirmar a empresa no mercado. [...] O terreno da responsabilidade social da empresa transformou-se, assim, ainda que sob formas sofisticadas num prolongamento do velho antagonismo entre o capital liberal e os movimentos sociais, políticos e intelectuais que se lhe opõem.[13]

A função social da empresa, na temática trabalhista pode ser interna, com referência aos seus trabalhadores diretos e externa com relação aos agentes que compõe a sua cadeia produtiva, e envolve a atividade empresarial, utilizado como verdadeiro instrumento de mácula aos direitos sociais laborais.

Com relação à função social da empresa de forma externa, são inúmeras as denúncias e ações que se defronta o Ministério Público do Trabalho e a Justiça Especializada do Trabalho com relação a empresas que se apresentam como verdadeiros paradigmas de responsabilidade social, através de ações comunitárias e que cumprem de forma efetiva a legislação trabalhista e as demais normas decorrentes da autonomia privada coletiva em relação aos seus trabalhadores diretos, desta forma exercendo, corretamente a sua função social interna, no entanto, como forma de auferir maiores lucros através da redução de seus custos, utilizam-se de expedientes de precarização do trabalho em sua cadeia produtiva, e da exploração do trabalho as últimas consequências, com a utilização de mão de obra através de terceirização ilícita, pejotizada ou reduzida à condição análoga de escravo.

A terceirização sempre está atrelada à redução de custos, embora se tente imprimir como verdadeiro o discurso que esse método de organização do trabalho objetiva a concentração da empresa na sua atividade finalística, mas na realidade o que se observa é a deterioração do trabalho, não apenas no que se refere aos padrões salariais, mas inclusive com referência aos acidentes do trabalho em verdadeira afronta a dignidade da pessoa humana.

Mercante[15], apresentando o desenho da terceirização do processo produtivo:

> Existem muitos setores em que a maior parte do processo produtivo é realizado por empresas subcontratadas, sendo as empresas líderes res-

15 MERCANTE. Carolina Vieira. A responsabilidade Social Empresarial como meio Propulsor da Efetivação de Direitos Trabalhistas. São Paulo: Ltr. 2012.p. 121.

ponsáveis apenas pelo desenho, pelo planejamento, e pela comercialização dos produtos a exemplo dos setores têxteis e de confecção.

O Dieese (Departamento Intersindical de Estudos e Estatísticas) em estudo realizado sobre a terceirização no setor elétrico a partir colacionados dos anos de 2006, 2007,2008 e 2009 concluiu que existe um maior risco de morte por acidente de trabalho associado ao segmento terceirizado nesse setor do que em relação aos contratados diretamente.

> Os serviços terceirizados têm influência marcante nas taxas de acidentes do Setor Elétrico Brasileiro, especialmente na taxa de gravidade, tendo sido registrados 60 acidentes com consequências fatais em 2008. Esse valor, apesar de mostrar uma estabilização dos acidentes em relação ao ano anterior, (59), trata de vida humana que sabemos não ter preço, continuando muito alto se comparado às 15 ocorrências de acidentados de consequência fatal com empregados próprios (...). Cumpre observar, especialmente, o processo de terceirização das atividades no setor e naquelas de maior risco, iniciado em 1995.....Entre as conclusões do estudo destacam-se o nível de terceirização do setor elétrico, na casa dos 58,3% da força de trabalho, e o resultado obtido com a apuração das taxas de mortalidade por acidente de trabalho, que se mostraram substancialmente mais elevadas entre os terceirizados do que as apuradas para o segmento próprio. O resultado permitiu concluir que existe maior risco de morte associado ao segmento terceirizado da força de trabalho.

Até recentemente a questão que envolvia a terceirização de mão de obra estava restrita ao entendimento uniforme do Tribunal Superior do Trabalho expresso na súmula 331, editada em 1993, que aceita a intermediação de mão de obra para a atividade meio, mas proíbe para a atividade fim, estabelecendo a responsabilidade subsidiária ao tomador do serviço pelas obrigações assumidas exceção feita ao dono da obra, necessário que se verifique que a súmula mencionada substituiu o Enunciado 256 editado em 1986 que coibia a terceirização, em razão de procedimento que foi deflagrado pelo então Subprocurador do Trabalho Ives Gandra Martins Filho[16], em

16 Súmula nº 331 do TST -CONTRATO DE PRESTAÇÃO DE SERVIÇOS. LEGALIDADE (nova redação do item IV e inseridos os itens V e VI à redação) - Res. 174/2011, DEJT divulgado em 27, 30 e 31.05.2011

I - A contratação de trabalhadores por empresa interposta é ilegal, formando-se o vínculo diretamente com o tomador dos serviços, salvo no caso de trabalho temporário (Lei nº 6.019, de 03.01.1974).

que propôs a época a alteração do Enunciado 256, sendo que a Comissão de Súmulas do Tribunal Superior do Trabalho editou em 17 de setembro o Enunciado 331[17], a referida Súmula passou por nova alteração em 2000 para suprir lacuna referente a responsabilização subsidiária dos entes públicos e em relação a esse tema sofreu nova modificação em 2011, em razão de Ação Declaratória de Inconstitucionalidade com relação ao artigo 70 da lei de licitações, julgada pelo Supremo Tribunal Federal.

Necessário esclarecer que a Súmula 331 não foi cancelada, mas sofreu grande impacto da reforma trabalhista com a alteração da lei 6019/74, que entre outras alterações permite a terceirização da atividade meio, questão essa recentemente declarada constitucional pelo Supremo Tribunal Federal.

A análise da trajetória da jurisprudência uniforme do Tribunal Superior do Trabalho demonstra sem sombra de dúvidas que os limites impostos à terceirização foram cedendo às pressões do mercado e da Administração Pública, exemplo dessa afirmação pode ser verificado nos precedentes referentes aos anos de 2008 e 2009, que redundaram na última alteração levada a cabo em 2011c [19], especialmente no que se refere à inserção do item V, com relação a atribuição de responsabilidade subsidiária do tomador do

---

II - A contratação irregular de trabalhador, mediante empresa interposta, não gera vínculo de emprego com os órgãos da Administração Pública direta, indireta ou fundacional (art. 37, II, da CF/1988).
III - Não forma vínculo de emprego com o tomador a contratação de serviços de vigilância (Lei nº 7.102, de 20.06.1983) e de conservação e limpeza, bem como a de serviços especializados ligados à atividade-meio do tomador, desde que inexistente a pessoalidade e a subordinação direta.
IV - O inadimplemento das obrigações trabalhistas, por parte do empregador, implica a responsabilidade subsidiária do tomador dos serviços quanto àquelas obrigações, desde que haja participado da relação processual e conste também do título executivo judicial.
V - Os entes integrantes da Administração Pública direta e indireta respondem subsidiariamente, nas mesmas condições do item IV, caso evidenciada a sua conduta culposa no cumprimento das obrigações da Lei n.º 8.666, de 21.06.1993, especialmente na fiscalização do cumprimento das obrigações contratuais e legais da prestadora de serviço como empregadora. A aludida responsabilidade não decorre de mero inadimplemento das obrigações trabalhistas assumidas pela empresa regularmente contratada.
VI – A responsabilidade subsidiária do tomador de serviços abrange todas as verbas decorrentes da condenação referentes ao período da prestação laboral.

17 Enunciado 256 – CONTRATO DE PRESTAÇÃO DE SERVIÇOS: Salvo dos casos de trabalho temporário e de serviços de vigilância, previstos nas leis 6019/74 e 7102/83, é ilegal a contratação de trabalhadores por empresa interposta, formando vínculo diretamente com o tomador de serviços.

serviço somente em caso de evidenciada a sua conduta culposa no cumprimento das obrigações da Lei n.º 8.666, de 21.06.1993.

O caminho adotado pelo Poder Judiciário Trabalhista desde o cancelamento da Súmula 256, salvo melhor juízo demonstra o afastamento jurisprudencial da corte trabalhista da interpretação do Direito do Trabalho a partir da Constituição Federal.

Para além da terceirização e da ânsia por maiores lucros em detrimento da legislação protetiva do trabalho, as empresas se utilizam da fraude consubstanciada na pejotização de seus empregados, ou seja, empregados do ponto de vista da realidade e pessoas jurídicas na formalidade contratual regulada pelo Código Civil de 2002, principalmente pelos artigos 593 a 609 apesar de estarem presentes todos os aspectos necessários para a constituição da relação emprego.

A prática da pejotização, portanto, tem como objetivo mascarar o vínculo empregatício e o consequente afastamento dos direitos trabalhistas na relação jurídica estabelecida em patente fraude. Note-se que em 2005 foi editada a lei 11.996 que em seu artigo 129, estabelece que:

> Para fins fiscais e previdenciários, a prestação de serviços intelectuais, inclusive os de natureza científica, artística ou cultural, em caráter personalíssimo ou não, com ou sem a designação de quaisquer obrigações a sócios ou empregados da sociedade prestadora de serviços, quando por esta realizada, se sujeita tão-somente à legislação aplicável às pessoas jurídicas, sem prejuízo da observância do disposto no art. 50 da Lei n.º 10.406, de 10 de janeiro de 2002 - Código Civil.

O dispositivo legal referenciado jamais poderia ter o condão de justificar a fraude da pejotização que se multiplicou no mercado de trabalho e chegou em profusão nos anos de 2008 e 2009 na Justiça Especializada Trabalhista[18], e o passar dos anos somente maximizou essa triste realidade.

---

18 Agravo de instrumento improvido. Vistos, relatados e discutidos estes autos de Agravo de Instrumento em Recurso de Revista nº TST-AIRR-1313/2001-051-01-40-6 , em que é Agravante TV GLOBO LTDA. e Agravada CLAUDIA CORDEIRO CRUZ. Data de Publicação 18/03/2008 - Número do Acórdão 20080181974. Magistrado Relator LIZETE BELIDO BARRETO ROCHA, Magistrado Presidente WILSON FERNANDES - Data de Julgamento 06/03/2008 - Comarca São Paulo Turma 1 20080045752 01555200702502009 - Acórdão outra

Em tempos de globalização, observa-se o discurso que objetiva a eliminação do conflito entre trabalhadores e empregadores, o que por certo se trata de uma falácia, na medida em que a relação de trabalho traz em sua essência a subordinação jurídica, onde o trabalhador coloca a sua força de trabalho à disposição da vontade empresarial. Assim, existe tão somente a possibilidade fática de regulação dos interesses e jamais eliminação completa dos conflitos de matiz trabalhista.

Observa-se, ainda, que a eclosão de novas formas de contratação objetivam mascarar a subordinação jurídica como se isso pudesse suprimir da sociedade o conflito entre capital e trabalho. Assim, a terceirização, a pejotização e a conexão total do trabalhador são colocadas na ordem fática das relações de trabalho e se cria o ideário através das novas formas de gestão de recursos humanos, onde a subordinação é substituída pela parceria. Dessa forma, o conflito é obscurecido e, nesse processo, o trabalhador se aliena da sua real condição, onde o seu algoz é outro trabalhador e não a empresa que menospreza seus direitos de forma diuturna.

Para Oliveira Dias[19], "não se pode compreender as relações de trabalho nem os fenômenos que delas decorrem "[...] sem admitirmos que em sua essência estão os conflitos de interesses entre o capital e o trabalho, que trazem consigo o estado permanente de negociação, como um atributo da própria formação dessa relação".

---

empresa nas funções acima referidas. Não é estranha ao mundo do trabalho a instituição de "pessoa jurídica" para mascarar verdadeira relação de emprego, é o que se denomina "pejotização", palavra cunhada sobre a denominação de "pessoa jurídica". Mas não basta essa fantasiosa designação para ilidir verdadeira relação de emprego. A prova oral corroborou a existência dessa relação. Acórdão Inteiro Teor NUMERAÇÂO ANTIGA: AIRR - 1313/2001-051-01-40 PUBLICAÇÃO: DEJT - 31/10/2008 A C Ó R D Ã O 6ª Turma AGRAVO DE INSTRUMENTO. RECURSO DE REVISTA. CONSTITUIÇÃO DE PESSOA JURÍDICA COM O INTUITO DE DISSIMULAR O CONTRATO DE TRABALHO. DISCREPÂNCIA ENTRE O ASPECTO FORMAL E A REALIDADE.O acórdão recorrido contém todas as premissas que autorizam o exame do enquadramento jurídico dado pelo TRT aos fatos registrados. Nesse contexto, verifica-se que se tratava de típica fraude ao contrato de trabalho, consubstanciada na imposição feita pelo empregador para que o empregado constituísse pessoa jurídica com o objetivo de burlar a relação de emprego havida entre as partes. Não se constata violação dos artigos 110 e 111 do Código demonstrada a ocorrência de fraude, revelada na discrepância entre o aspecto formal (contratos celebrados) e a realidade. Agravo de instrumento improvido. Vistos, relatados e discutidos estes autos de Agravo de Instrumento em Recurso de Revista nº TST-AIRR-1313/2001-051-01-40-6, em que é Agravante TV GLOBO LTDA. e Agravada CLAUDIA CORDEIRO CRUZ.

19 OLIVEIRA DIAS, Carlos Eduardo. Entre Cordeiros e Lobos. São Paulo: Ltr.2009 p. 116

Considerando que conflito e a negociação coletiva são dois pilares das relações de trabalho e a solução do conflito é sempre pontual, os instrumentos jurídicos da negociação coletiva devem ser respeitados, não sob a ótica permissiva da novel legislação infraconstitucional reformada, mas como corolário do sistema de proteção do Direito do Trabalho, que pressupõe assimetria entre as partes contratantes em razão do requisito da subordinação jurídica inerente aos contratos individuais de trabalho que norteiam a vida laboral dos representados das entidades sindicais profissionais.

No contexto da pejotização, inúmeros são os casos que se apresentam nos Tribunais Trabalhistas, relacionados à reiteração de fraude ao vínculo de emprego através da exigência, por parte das empresas, no sentido de que o empregado formalize seu contrato de trabalho através de empresa constituída formalmente para maquiar a relação de trabalho subordinado e o mesmo ocorre com a terceirização via de regra eivada pela absoluta ilegalidade.

Nesse contexto, o papel das entidades sindicais é fundamental de forma mais contundente das centrais sindicais, que foram reconhecidas como entes de coordenação sindical no nível nacional e principalmente por não estarem atreladas ao princípio da unicidade sindical, certamente, cabe a elas a articulação de mecanismos de defesa, que possibilitem um planejamento estratégico de ação com as demais entidades do sistema de forma a coibir as ações relacionadas a precarização do trabalho.

Antes da edição da lei 11. 648/08, as centrais tinham atuação de fato no movimento sindical e do ponto de vista institucional eram simplesmente associações de natureza civil regidas pelo Código Civil, sem qualquer caráter jurídico de matiz sindical, com a edição da lei, adquiriram o status de entidade sindical; mas com características especiais, na definição de Mascaro[20]:

---

20 Nascimento. Amauri Mascaro. Compendio de Direito Sindical. São Paulo: Ltr 2008.p. 253.

> [...] São organizações intercategoriais, numa linha horizontal, abrangentes de diversas categorias. Delas, são aderentes não os trabalhadores diretamente, mas as entidades de primeiro grau que os representam ou as de segundo que integram os sindicatos. Portanto representam sindicatos, federações e confederações de mais de uma categoria, atuam numa base territorial ampla, quase sempre em todo o país.

Considerando-se que as questões que envolvem os direitos dos trabalhadores hoje não se resumem aos interesses específicos de cada categoria, muito ao contrário, as mazelas impostas pelo capitalismo globalizado, na tônica do desemprego estrutural e da precarização das condições de trabalho como a subcontratação e a pejotização, perpassa pelo conjunto de trabalhadores sem qualquer distinção, as entidades intercategoriais podem ser muito mais efetivas na priorização dos interesses que devem ser objeto de sua ação e articulação.

As centrais sindicais, se verdadeiramente representativas, certamente podem se colocar como interlocutores dos interesses dos trabalhadores, não somente perante as entidades representativas dos interesses do capital, mas também em relação ao Estado e à sociedade civil. A lei 11648/08 em seu artigo 1º estabelece que cabe às centrais sindicais, coordenar a representação dos trabalhadores por meio das organizações a ela filiadas e participar da negociação em fóruns, colegiados de órgão públicos e demais espaços de diálogo social, que possuam composição tripartite, nos quais estejam em discussão os interesses gerais dos trabalhadores.

Nos debates que envolvem o mercado de trabalho a necessidade de estímulo ao enfrentamento das questões que se refletem em toda a sociedade devem demonstrar inovação, o que seria perfeitamente possível através do instituto da concertação social.

Concertação Social para Sonia Mascaro[21] é objeto de estudo do Direito Coletivo do Trabalho e das Ciências Sociais e trata-se de: "um acordo que envolve três polos: governo, trabalhadores e empregadores, sobre

---

21 MASCARO. Sonia. Concertação Social: Saída para a Crise? Disponível em < http://www.nucleomascaro.com.br/index.php?option=com_content&view=article&id=162:concertacao-social-saida-para-a-crise&catid=64:artigos&Itemid=127> acesso em 03 de maio de 2014.

matérias de natureza econômica e social. Esse acordo deve versar sobre o interesse geral da sociedade, portanto está acima de interesses coletivos"

Na seara das questões laborais a concertação social, não pode prescindir de liberdade sindical, de forma a permitir que os trabalhadores e os empregadores sejam legitimamente representados, para Fioravante[22]:

> [....] à luz da experiência vivida pela Itália pela Espanha, a concertação social pode ser um instrumento bastante útil para o enfrentamento de diversos temas de política social e econômica. Todavia o pleno reconhecimento da liberdade sindical é imprescindível para que a concertação social seja realizada de maneira legítima, pois somente mediante a existência de interlocutores verdadeiramente representativos, governo e atores sociais conseguirão manter entendimentos socialmente vinculantes e que sejam capazes de espelhar a realidade social. O Brasil não reconhece plenamente a liberdade sindical e por tal motivo, as tentativas de concertação social realizadas a partir da segunda metade da década de 1980 não contaram com o efetivo envolvimento das partes sociais. Mesmo assim, o país progrediu desde então, e atualmente gera grande interesse por parte da comunidade internacional. Não obstante, para que o Brasil aprofunde o processo da integração regional, bem como conquiste uma posição de efetivo destaque e influência no contexto internacional, é fundamental o reconhecimento pleno da liberdade sindical, o que permitirá finalizar a transição democrática, bem como a celebração de pactos sociais legítimos, sempre que eles se demonstrarem necessários.

Desde os anos finais da primeira década do século XXI se difundiu o discurso do modelo neoliberal da competitividade, da flexibilização e da meritocracia, onde o desemprego e a aviltamento das condições de trabalho faz parte do mundo do trabalho e o trabalhador que perdeu o sentido de solidariedade social se retrai no individualismo, assim somente um rearranjo das forças sociais poderá fazer frente a essa realidade devastadora e para tanto e papel da organização sindical é fundamental.

---

22 FIORAVANTE. Tania Maira. Desafios e possibilidades de realização da concentração social no Brasil à luz das experiências italiana e espanhola. Tese de Doutorado. Faculdade de Direito da Universidade de São Paulo- USP. Área de Conhecimento Direito do Trabalho e da Seguridade Social. Orientador Silva, Walküre Lopes Ribeiro. Data de Defesa2011-05-09. Imprensa. São Paulo, 2011. Disponível em: < http://www.teses.usp.br/teses/disponiveis/2/2138/tde-10092012-164233/pt-br.php> acesso me 03 de maio de 2014.

### 2.3. Dumping Social – Ação Vale do Rio Doce

Entende-se por dumping social a prática reiterada de descumprimento da legislação laboral, conduta essa que induz ao rebaixamento dos direitos sociais, levando uma concorrência desleal no mercado. De fato, o conceito de "dumping" surge no âmbito internacional relacionado às questões comerciais. No entanto, a correlação com os direitos sociais não deslegitima o conceito e aplicação de condenações no âmbito interno. Nesse sentido:

> "Como se vêm não há nada mais próprio do que falar em "dumping" para se referir às práticas econômicas que visem suprimir a concorrência também no mercado interno. E, quando essas práticas estão ligadas ao rebaixamento das bases sociais, ou seja, à desconsideração dos cursos necessários para efetivar os direitos trabalhistas e previdenciários, nada mais apropriado do que se denominar esse fenômeno de "dumping social".
>
> [...]
>
> O "dumping social" constitui uma prática reincidente, reiterada, de descumprimento da legislação trabalhista, como forma de possibilitar a majoração do lucro e de levar vantagem sobre a concorrência. Deve, pois, repercutir juridicamente, pois causa um grave desajuste em todo o modo de produção, com sérios prejuízos para os trabalhadores e para a sociedade em geral."

Após 2006, como consequência da reiterada prática do descumprimento da legislação trabalhista, as condenações pela prática de "dumping social" ganham força no poder judiciário trabalhista. Assim, em 23 de novembro de 2007, durante a 1ª Jornada de Direito Material e Processual da Justiça do Trabalho, no Tribunal Superior do Trabalho, aprova-se o Enunciado n. 4, com o seguinte teor:

> DUMPING SOCIAL: DANO À SOCIEDADE. INDENIZAÇÃO SUPLEMENTAR. As agressões reincidentes e inescusáveis aos direitos trabalhistas geram um dano à sociedade, pois como tal prática desconsidera-se, propositalmente, a estrutura do Estado social e do próprio modelo capitalista com a obtenção de vantagem indevida perante a concorrência. A prática, portanto, reflete o conhecido "dumping social", motivando a necessária reação do Judiciário trabalhista para corrigi-la. O dano à sociedade configura ato ilícito, por exercício abusivo do direito, já que extrapola limites econômicos e sociais, nos exatos termos dos arts. 186, 187 e 927 do Código Civil. Encontra-se no art. 404, parágrafo único do Código Civil, o fundamento de ordem positiva para impingir ao

agressor contumaz uma indenização suplementar, como aliás, já previam os artigos 652, "d", e 832, § 1º, da CLT.

Após a 1ª Jornada de Direito Material e Processual da Justiça do Trabalho, as condenações pela prática de "dumping social" ganham ainda mais força, sob o aspecto de que o dano de tal prática possui uma relevância social, não se reparando apenas na perspectiva individual. Assim, a Justiça do Trabalho passa a aplicar esse entendimento, conforme evidenciam várias decisões de primeiro grau em diversos estados e, posteriormente, nos tribunais regionais.

No Processo nº 01035.2005.002.18.00.3, da 2ª Vara do Trabalho de Goiânia, o juiz, Ranúlio Mendes Moreira, considerou que a prática de terceirização ilícita constitui "dumping social", condenando as reclamadas, Construtora MB Engenharia e Cooperativa Mundcop – Cooperativa de Prestação de Serviços Multidisciplinares do Estado de Goiás, ao pagamento de indenização de R$100.000,00 (cem mil reais).

No interior de São Paulo, o juiz Jorge Luiz Souto Maior, à época titular da 3ª Vara do Trabalho de Jundiaí, no processo nº 0206800-80.2007.5.15.0096, condenou a reclamada, Spal Indústria Brasileira De Bebidas S.A. (Coca-Cola), ao pagamento de indenização por dano social em razão do reiterado descumprimento da legislação laboral, especialmente quanto à jornada exaustiva de trabalho de motorista, situação que colocava em risco toda a sociedade, tendo em vista, a insegurança que tal situação traz a todos que se utilizam das rodovias. Ainda, houve a abordagem, no referido processo, quanto a conduta da reclamada de ludibriar os consumidores, pois, em propagandas comerciais, a empresa reclamada divulgava ser "socialmente responsável", em que pese não zelar pelos bem-estar dos empregados, induzindo o consumidor a erro, daí a caracterização de propaganda enganosa e concorrência desleal no mercado consumidor.

Em 2008, veio à tona a decisão do juiz Antônio Arraes Branco Avelino, processo nº 0130400-04.2007.5.24.0022, com trâmite na 2ª Vara do Trabalho de Dourados/MS, condenando a reclamada ELEVA ALIMENTOS S/A (PERDIGÃO S/A) ao pagamento de indenização de R$500.000,00 (quinhentos mil reais), pela prática de "dumping social", devida a exposição dos trabalhadores a jornadas exaustivas, de até 14 e 16 horas, sem descanso semanal.

No Rio Grande do Sul, a juíza Valdete Souto Severo, no processo nº 00477.2009.005.04.5, em 2009, condenou a reclamada, CASAS BAHIA COMERCIAL LTDA., ao pagamento de indenização no valor de R$700.000,00 (setecentos mil), em razão da reiterada prática de "pagamento por fora" e assédio moral no ambiente de trabalho.

Em Minas Gerais, o juiz Alexandre Chibante Martins, no processo nº 00866.2009.063.03.00.3, com trâmite na Vara do Trabalho de Ituiutaba, condenou a reclamada, Grupo JBS-Friboi, ao pagamento de indenização de R$1.100,00 (mil e cem reais) pela prática reiterada do não pagamento de horas extras e a contratação sem registro na carteira de trabalho, nesse caso a indenização foi revertida para o reclamante. Essa condenação foi a primeira a ser mantida em segunda instância, a 4ª Turma do Tribunal mineiro acatou a tese do "dumping social".

Em São Paulo, a juíza Beatriz Helena Miguel Jiacomini, da 4ª Vara de São Paulo, reconheceu a insistente fraude da reclamada, Chambertain Administradora - Brazil Hospitality Group, em contratar empregados por meio de cooperativas fraudulentas e por "pejotização", condenando ao pagamento de indenização no valor de R$50.000,00 (cinquenta mil reais), revertida para a Associação de Apoio a Criança com Câncer (AACC).

Assim, a decisão de maior impacto financeiro veio do estado do Pará. Em março de 2010, O Ministério Público do Trabalho ajuizou ação, sob nº 0068500-45.2008.5.08.0114, em face da Companhia Vale do Rio Doce e várias Construtoras.

No caso, o juiz, Jônatas Andrade, da Vara do Trabalho de Parauapebas, condenou a Vale a pagar R$100 milhões de reais por danos morais coletivos e R$200 milhões por "dumping social", a condenação ficou somente a cargo da Vale e não das Construtoras, prestadoras de serviços. Segundo dados dos autos, a Vale determinava às suas prestadoras de serviços à não computarem as horas, para não prejudicarem a interpretação legislativa feita pela companhia. Nos termos da sentença condenatória: "a construção do artifício de fraude foi comandada pela Vale, inclusive para não pagamento dos direitos trabalhistas".

Dessa forma, averiguou-se no processo, o desrespeito reiterado de prestações de horas *in itinere* e de horas extraordinárias, sem a devida contraprestação aos empregados. Por tais razões, o magistrado entendeu que a prática contumaz de desrespeito à legislação laboral causava uma concorrência desleal, afetando a qualidade de vida dos empregados.

A Vale chegou a economizar mais de 200 milhões de reais com o não pagamento das horas *in itinere*, nos cinco anos anteriores à condenação. O juiz, Jônatas Andrade, determinou que o valor do dano moral coletivo fosse revertido aos municípios da província mineral de Carajás e Parauapebas, comunidade diretamente afetada, e que a multa por "dumping social" fosse destinada do Fundo de Amparo ao Trabalhador.

Com esses casos emblemáticos, o período, entre o ano de 2006 e 2010, foi crucial para sedimentar a compreensão do conceito de "dumping social". As decisões do Judiciário Brasileiro foram de suma importância para a concretização de direitos sociais, possuem o objetivo de combater a lógica perversa empresarial de que não cumprir direitos sociais é economicamente viável, já que nem todos trabalhadores reclamam à Justiça e, ainda, que reclamem, há o "benefício" de só se pagar o período não prejudicado pela prescrição. Foi nesse cenário de descumprimento sem freios da legislação trabalhista que o conceito de "dumping social" se firma e a Direito do Trabalho se reinventa mais uma vez.

## 3. DOUTRINA: DESLIGAMENTOS EM MASSA

### 3.1. A questão terminológica da dispensa coletiva dos trabalhadores

O presente tema apresenta importância singular frente à denominada Reforma Trabalhista ocorrida no ano de 2017.

Sem tecer maiores considerações sobre o processo legislativo que culminou com a edição da Lei nº 13.467/2017, houve a opção do legislador em atentar diretamente contra um dos direitos mais básicos do ser humano, qual seja, o direito ao trabalho[23].

Esse atentado se aperfeiçoa com a facilitação da dispensa coletiva, ou em massa, objetivando afastar os posicionamentos que prestigiam o valor social do trabalho, ao tentar tornar desnecessária a intervenção sindical nesse processo.

No ordenamento jurídico brasileiro não havia uma distinção efetiva entre a dispensa individual e a coletiva, embora a demissão simultânea de diversos trabalhadores não fosse um fenômeno desconhecido no âmbito das relações laborais.

Na verdade, havia omissão no plano normativo, de um tratamento especial para as demissões coletivas, o que levou a jurisprudência trabalhista a se debruçar sobre essa questão[24].

A preocupação se justificava em decorrência dos efeitos maléficos da dispensa simultânea de um número elevado de trabalhadores.

Esse panorama é modificado pela reforma trabalhista, na medida em que a Lei nº 13.467, de 2017, acrescentou o art. 477-A à Consolidação das Leis do Trabalho, que assim dispõe:

> Art. 477-A. As dispensas imotivadas individuais, plúrimas ou coletivas equiparam-se para todos os fins, não havendo necessidade de autorização prévia de entidade sindical ou de celebração de convenção coletiva ou acordo coletivo de trabalho para sua efetivação.

No panorama pós-reforma, o direito positivado passou a fazer referência a três modalidades de dispensa: individual, plúrima e coletiva.

---

23 O direito ao trabalho é direito social, previsto no art. 6º da Constituição da República de 1988, portanto, direito fundamental.

24 Cabe observar que o Código do Trabalho de Portugal trata do despedimento coletivo, definindo-o em seu art. 359, nos seguintes termos: "Considera-se despedimento coletivo a cessação de contratos de trabalho promovida pelo empregador e operada simultânea ou sucessivamente no período de três meses, abrangendo, pelo menos, dois ou cinco trabalhadores, conforme se trate, respetivamente, de microempresa ou de pequena empresa, por um lado, ou de média ou grande empresa, por outro, sempre que aquela ocorrência se fundamente em encerramento de uma ou várias secções ou estrutura equivalente ou redução do número de trabalhadores determinada por motivos de mercado, estruturais ou tecnológicos".

No presente estudo, importa conceituar dispensa coletiva. Antes disso, aponta-se o despautério do legislador ao equiparar, para todos os fins, as dispensas imotivadas individuais, plúrimas ou coletivas. Isso porque os efeitos que ocorrem no plano real de cada uma dessas espécies de dispensas são evidentemente diversos. Dar tratamento equivalente a fatos que são diversos no plano fenomênico demonstra descolamento com a realidade, para dizer o mínimo.

O legislador poderia até dizer que formiga e elefante são animais idênticos, mas obviamente uma norma com esse conteúdo não igualaria no mundo real tangível essas duas espécies.

A partir dessa constatação óbvia, não é razoável equiparar a demissão de um trabalhador, ou de dez trabalhadores, por exemplo, com a dispensa simultânea de três mil pessoas.

Outro erro, agora dos intérpretes, incluindo setores da sociedade civil, é afirmar que o art. 477-A da CLT dispensa a participação das entidades sindicais nas discussões prévias que conduzem à demissão coletiva.

Como gostam os defensores da reforma trabalhista, vamos para a literalidade do artigo: o que o dispositivo em comento estabelece é a desnecessidade de autorização prévia ou de instrumento coletivo de trabalho (acordo ou convenção). Em nenhum momento o legislador disse que não se deve assegurar o diálogo social, que impõe a participação dos sindicatos.

Não se pode confundir negociação coletiva com os produtos do diálogo intersubjetivo coletivo. Se a norma diz não haver necessidade de autorização prévia, até porque a decisão da dispensa é um ato empresarial unilateral, ela não afasta a atuação sindical, sobretudo diante do Texto Constitucional que coloca as entidades sindicais no centro do diálogo social.

Não custa relembrar, aos que parecem ter esquecido, que ao sindicato cabe a defesa dos direitos e interesses coletivos ou individuais da categoria, inclusive em questões judiciais ou administrativas (art. 8º, inciso III, CRFB de 1988). Um dos próprios fundamentos da reforma trabalhista, brandida pelos seus defensores, foi o fortalecimento da negociação coletiva.

Fazendo uma interpretação sistemática, e aplicando os princípios do direito coletivo do trabalho, onde deve ser posta a temática das dispensas coletivas, não se pode afastar a atuação sindical na fase que antecede a efetivação da dispensa em massa de trabalhadores.

Feitas essas considerações, pode-se apresentar a conceituação da dispensa coletiva feita pela doutrina.

Vólia Bomfim Cassar diz que, dispensa coletiva, em massa, é aquela praticada para o afastamento de uma gama de empregados pelo mesmo motivo, a redução do quadro de empregados, sendo normalmente praticada por motivos de dificuldades financeiras ou econômicas, objetivando a manutenção da saúde financeira da empresa[25].

Luciano Martinez fala em despedida singular e despedida coletiva. Para o autor, a despedida coletiva é aquela "operada simultaneamente, por motivo único, contra um grupo de trabalhadores, sem pretensão de substituição dos dispensados[26]".

Portanto, o fundamento que leva à dispensa coletiva é único, homogêneo, e deve ser tutelado coletivamente, pela atuação dos sindicatos, extrajudicialmente ou em juízo, ou por outros atores sociais que têm a missão institucional de defender interesses metaindividuais, como é o caso do Ministério Público.

Concluindo esse tópico, as expressões "dispensa coletiva" e "dispensa em massa" serão utilizadas como sinônimas. Pensa-se, inclusive, que dispensa em massa reflete melhor o fenômeno, sobretudo em seus aspectos negativos e deletérios no tecido social.

### 3.2. Dispensa coletiva e ordenamento constitucional brasileiro. Análise axiológica.

No Brasil, são feitas algumas afirmativas convenientes. Por exemplo, afirma-se que o empregador tem o direito potestativo de demitir o trabalhador imotivadamente.

---

25 CASSAR, Vólia Bomfim. Direito do Trabalho. Rio de Janeiro: Forense. São Paulo: Método, 2018, p. 1025.

26 MARTINEZ, Luciano. Curso de Direito do Trabalho. São Paulo: Saraiva, 2015, p. 633.

Peguemos o "conceito" de direito potestativo na rede mundial de computadores, na "wikipedia"[27], por exemplo, já que em "pesquisa" na principal ferramenta de busca é o primeiro resultado.

> **Direito potestativo** é um direito que não admite contestações. É o caso, por exemplo, do direito assegurado ao empregador de dispensar um empregado (no contexto do direito trabalho).

Essa afirmação é feita por diversos segmentos da sociedade civil, inclusive por um número significativo de juristas (tomando essa expressão em sentido amplo).

Afirma-se, inclusive, não haver norma limitando o direito subjetivo do empregador de romper o vínculo de trabalho imotivadamente, salvo as exceções de garantia de emprego (previstas em norma heterônoma ou autônoma).

Délio Maranhão, em obra clássica escrita com Arnaldo Sussekind, Segadas Vianna e Lima Teixeira, dizia que a resilição unilateral, ou seja, a dispensa do empregado, seria o ato pelo qual um dos contratantes do contrato de trabalho, o empregador, exerce o direito potestativo de extinguir a relação jurídica que os ligava, sendo "uma declaração unilateral de vontade, de natureza recepctícia e constitutiva" [29].

Cabe observar que a primeira edição da obra "Instituições de Direito do Trabalho" se deu em 1957, quando vigia a Constituição de 1946, que não possuía qualquer norma de caráter geral limitadora ao direito de dispensa do trabalhador[28].

Também não havia norma internacional tratando sobre o término da relação de emprego[29].

---

27 Por óbvio que a "Wikipédia" não deve ser utilizada para se buscar conceitos científicos. O que se pretende é demonstrar que o direito do empregador de demitir o trabalhador sem qualquer justificativa, equiparando a um direito potestativo, é uma assertiva de difusão ampla, sendo, inclusive, o exemplo dado por uma "enciclopédia" construída por internautas, ou seja, que as pessoas podem editar elas mesmas.

28 Salvo os casos de estabilidade previstos em lei, conforme o art. 157, inciso XII, da Constituição dos Estados Unidos do Brasil de 1946 (estabilidade, na empresa ou na exploração rural, e indenização ao trabalhador despedido, nos casos e nas condições que a lei estatuir).

29 A Recomendação nº 119, sobre o Término da Relação de Emprego somente foi adotada pela OIT em 1963. Por sua vez, a Convenção nº 158 sobre o Término da Relação de Trabalho é de 1982.

Destarte, razoável se atribuir, nesse cenário normativo, a potestade do término da relação de emprego ao empregador.

Contudo, o Brasil passou por profundas modificações, amadurecendo a consciência das limitações acerca dos direitos fundamentais, culminando com o processo de redemocratização que levou à adoção de uma Constituição inauguradora de um Estado Democrático de Direito, adjetivado de social, e centrado na dignidade da pessoa humana[30].

Assim, a partir da promulgação da Constituição da República Federativa do Brasil de 1988, a qual representa o conjunto normativo de maior hierarquia no ordenamento brasileiro, é plenamente possível entender de forma diversa, ou seja, que não existe esse direito amplo e irrestrito conferido ao empregador de encerrar a relação de emprego.

Sob o prisma axiológico (ou seja, de valor), a CRFB/1988 confere ao trabalho humano especial lugar em seu texto, a despeito de diversas decisões recentes, nas esferas dos três Poderes da República, aviltando os valores que lhe foram atribuídos pelo Constituinte originário.

O valor social do trabalho aparece em três momentos singulares na Constituição: fundamento da República (art. 1º, inciso III), fundamento da ordem econômica (art. 170, *caput*) e base da ordem social (art. 193).

Inclusive, quando aparece junto à livre iniciativa, vem em primeiro lugar, indicando a sua prevalência: reconhece-se a livre iniciativa, mas ela se encontra condicionada aos valores sociais do trabalho.

O vetor axiológico do trabalho é evidente e incontestável, pois indelevelmente inscrito no Texto Maior. E tem mais: a vida com dignidade encontra no trabalho humano a sua principal fonte asseguradora.

Significa dizer: sem trabalho não há dignidade no ser humano. Mesmo uma pessoa incapacitada de trabalhar, tem no trabalho de outrem a fonte de sua manutenção. Em última instância, e considerando as pessoas que recebem recursos da Seguridade Social, a sua dignidade é assegurada pelo trabalho de toda a sociedade contribuinte.

30 Trintno Idem, Ibidem, p. 208.

Como observa Thais Safe Carneiro, "é graças ao trabalho humano que se torna possível satisfazer as necessidades básicas da vida (condições sociais mínimas) essenciais à realização da nossa dignidade", destacando com clareza que é "por meio do trabalho que o homem exerce plenamente sua autonomia fruindo amplamente de seus direitos fundamentais[31]".

Afirma-se: o trabalho é essencial para a vida com dignidade do trabalhador e de sua família.

Portanto, não parece adequado, sob o prisma axiológico, interpretar o art. 7º, inciso I, da CRFB/1988, como autorizador de dispensa arbitrária ou sem justa causa, desde que o empregador compense a perda do trabalho com uma indenização pecuniária.

Arnaldo Sussekind apresenta, resumidamente, as controvérsias sobre a estabilidade na relação de emprego geradas no âmbito da Assembleia Nacional Constituinte, concluindo que o disposto no inciso I do 7º, é o resultado da diretriz prevalente:

> Dificultar a despedida do empregado, tornando-a mais onerosa, ao invés de proibi-la, ainda que arbitrária. Se o preceito adotado manda a lei complementar prever "indenização compensatória" (...) é porque parte do princípio de que o contrato de trabalho pode ser denunciado unilateralmente pelo empregador, mesmo quando arbitrário o seu ato. (...) Este foi, aliás, o objetivo confessado da emenda resultante do acordo entre as correntes do centrodireita e do centroesquerda, aprovado pelo Plenário da Assembleia, nos dois turnos de votação[32].

A norma forte desse dispositivo é a proteção da relação de emprego contra despedida arbitrária ou sem justa causa, sendo a indenização compensatória uma consequência, mas não o elemento que protege a relação de emprego. A proteção tem como objetivo evitar a ocorrência de um dano, no caso, a perda do trabalho necessário para a sobrevivência do trabalhador.

31 SUSSEKIND, Arnaldo. Direito Constitucional do Trabalho. Rio de Janeiro: Renovar, 1999, pg. 104105.

32 SUSSEKIND, Arnaldo. Direito Constitucional do Trabalho. Rio de Janeiro: Renovar, 1999, pg. 104105.

Parece evidente que o pagamento de uma indenização, a título de compensação, não tem o condão de proteger a relação de emprego, muito pelo contrário, a desprestigia.

A proteção só tem sentido para preservação da relação de emprego. Não há outra interpretação lógica.

Adriana Calvo[33], citando Renato Rua de Almeida, destaca a posição do autor no sentido de que, a partir da Constituição da República de 1988, não existe mais o direito potestativo do empregador de demitir sem justa causa ou de forma arbitrária, implicando abuso do direito de despedir.

Se as despedidas devem ser motivadas, como parece indicar o art. 7º, inciso I, do Texto Constitucional, as dispensas coletivas ou em massa devem ser fundamentadas em algum critério objetivo, demonstrável pelo empregador, já que existe interesse social relevante de manutenção dos empregos (interesses nos planos individual, familiar, coletivo e público).

Assim sendo, não há como afastar a atuação das entidades sindicais no processo de demissão coletiva, que deve ser necessariamente dialógico. Não se está falando em autorização prévia, mas de transparência e boa-fé, princípios norteadores do processo negocial coletivo.

Prevalecendo o entendimento de que o art. 477-A da CLT afasta a participação das entidades sindicais do diálogo prévio à dispensa coletiva, evidentemente que o dispositivo entra em choque com a Constituição da República de 1988.

Inclusive essa foi a conclusão assumida na 2ª Jornada de Direito Material e Processual do Trabalho promovida pela Associação Nacional dos Magistrados do Trabalho (Anamatra), ao adotar o Enunciado nº 57, *in verbis*:

> **DISPENSA COLETIVA: INCONSTITUCIONALIDADE:** O ART. 477-A DA CLT PADECE DE INCONSTITUCIONALIDADE, ALÉM DE INCONVENCIONALIDADE, POIS VIOLA OS ARTIGOS 1º, III, IV, 6º, 7º, I, XXVI, 8º, III, VI, 170, CAPUT, III E VIII, 193, DA CONSTITUIÇÃO FEDERAL, COMO TAMBÉM O ARTIGO 4º DA CONVENÇÃO Nº 98, O ARTIGO 5º DA CONVENÇÃO Nº 154 E O ART. 13 DA CONVENÇÃO Nº 158,

33 CALVO, Adriana. Manual de Direito do Trabalho. São Paulo: Saraiva, 2016, p. 295.

TODAS DA OIT. VIOLA, AINDA, A VEDAÇÃO DE PROTEÇÃO INSUFICIENTE E DE RETROCESSO SOCIAL. AS QUESTÕES RELATIVAS À DISPENSA COLETIVA DEVERÃO OBSERVAR: A) O DIREITO DE INFORMAÇÃO, TRANSPARÊNCIA E PARTICIPAÇÃO DA ENTIDADE SINDICAL; B) O DEVER GERAL DE BOA FÉ OBJETIVA; E C) O DEVER DE BUSCA DE MEIOS ALTERNATIVOS ÀS DEMISSÕES EM MASSA[34].

### 3.3. Posição Internacional sobre o tema

Essa questão pode ser analisada sob dois prismas: o direito comparado e o direito internacional. Para uma abordagem à luz do direito comparado, sugere-se a leitura do artigo "A ação civil pública e as dispensas coletivas[35]".

Para fins do estudo que se entabula agora, interessa verificar o que dispõe o direito internacional público, sobretudo os instrumentos que se referem ao direito ao trabalho como direito humano.

Preliminarmente, importante consignar que não há questionamentos acerca da natureza do direito ao trabalho como fundamental. A Constituição Federal de 1988 evidencia a sua fundamentalidade ao incluir o direito ao trabalho no rol dos direitos sociais enumerados em seu art. 6º [36].

Sendo direito fundamental, pois previsto no plano constitucional brasileiro, também não pode haver dúvidas de que o direito ao trabalho também é direito humano, prescrito em diversos diplomas internacionais.

A título exemplificativo, e para não fugir ao tema do presente estudo com uma enumeração longa de diplomas convencionais sobre a na-

---

34 A 2ª Jornada de Direito Material e Processual do Trabalho ocorreu nos dias 9 e 10 de outubro de 2017, em Brasília (DF), e foi totalmente dedicada ao debate da interpretação da Lei nº 13.467/2017, que dispõe sobre a reforma trabalhista. O evento, segundo a Anamatra, reuniu mais de 600 juízes, procuradores e auditores fiscais do Trabalho, além de advogados e outros operadores do Direito.

35 MEIRINHO, Augusto Grieco Sant´Anna e PORTO, Lorena Vasconcelos. A ação civil pública e as dispensas coletivas. In: DELGADO, Gabriela Neves e PEREIRA, Ricardo José Macedo de Britto (Coord.). Trabalho, Constituição e Cidadania. A dimensão coletiva dos direitos sociais trabalhistas. São Paulo: LTr, 2014, pp. 429-433.

36 Art. 6º. São direitos sociais a educação, a saúde, a alimentação, o trabalho, a moradia, o transporte, o lazer, a segurança, a previdência social, a proteção à maternidade e à infância, a assistência aos desamparados, na forma desta Constituição. (sem grifo no original).

tureza do direito ao trabalho como direito humano, cita-se a Declaração Universal dos Direitos Humanos da ONU e a Carta da Organização dos Estados Americanos (OEA).

- Declaração Universal dos Direitos Humanos da Organização das Nações Unidas (artigo XXIII): "todo ser humano tem direito ao trabalho, à livre escolha de emprego, a condições justas e favoráveis de trabalho e à proteção contra o desemprego".[37]

- Carta da Organização dos Estados Americanos (artigo 34): estabelece que para alcançar a igualdade de oportunidades, a eliminação da pobreza crítica e a distribuição equitativa da riqueza e renda, entre outras metas básicas, deve ser assegurado salários justos, oportunidades de emprego e condições de trabalho aceitáveis para todos[38].

Parece relevante, ainda, fazer referência à Convenção Americana sobre Direitos Humanos (Pacto de San José da Costa Rica), internalizada em nosso ordenamento jurídico e que estabelece a progressividade do desenvolvimento, em seu artigo 26:

> Os Estados Partes, comprometem-se a adotar providências, tanto no âmbito interno como mediante cooperação internacional, especialmente econômica e técnica, a fim de conseguir progressivamente a plena efetividade dos direitos que decorrem das normas econômicas, sociais e sobre educação, ciência e cultura, constantes da Carta da Organização dos Estados Americanos, reformada pelo Protocolo de Buenos Aires, na medida dos recursos disponíveis, por via legislativa ou por outros meios apropriados.

Gabriela Neves Delgado é contundente ao afirmar que o "direito fundamental ao trabalho digno, enquanto Direito Humano, é alçado à condição de indisponibilidade absoluta por todos os instrumentos internacionais"[39], reconhecendo ser também prevalente no Direito do Trabalho Brasileiro.

---

37 UNICEF. Declaração Universal dos Direitos Humanos. Disponível em: https://www.unicef.org/brazil/declaracao-universal-dos-direitos-humanos. Acesso em: 13 nov 2020.

38 A letra b, do artigo 45, da Carta da OEA consigna que: b) O trabalho é um direito e um dever social; confere dignidade a quem o realiza e deve ser exercido em condições que, compreendendo um regime de salários justos, assegurem a vida, a saúde e um nível econômico digno ao trabalhador e sua família, tanto durante os anos de atividade como na velhice, ou quando qualquer circunstância o prive da possibilidade de trabalhar;

39 DELGADO, Gabriela Neves. Direito Fundamental ao Trabalho Digno. São Paulo: LTr, 2015, p. 186.

### 3.4. A Convenção 158 da OIT e a paralisia judicial quanto a sua vigência

Sendo a fundamentalidade do direito ao trabalho incontestável do ponto de vista normativo, internacional e interno, não é razoável permitir que o empregador tenha o direito potestativo amplo e irrestrito de encerrar a relação de trabalho unilateralmente, sem qualquer motivação.

Contudo, o legislador brasileiro, passados 30 anos da promulgação da Constituição da República de 1988, não teve capacidade de produzir a norma exigida pelo art. 7º, inciso I, do Texto Constitucional. Apesar dessa omissão flagrante, o Congresso Nacional autorizou o Presidente da República a ratificar a Convenção nº 158 da Organização Internacional do Trabalho, o que foi feito pelo Presidente Fernando Henrique Cardoso, embora tenha em seguida denunciado o seu texto.

Pode-se afirmar que a Convenção nº 158 da OIT, que trata sobre a proteção contra dispensa arbitrária ou imotivada, é importante instrumento normativo para efetivação do direito fundamental ao trabalho. Como todas as convenções da OIT, é norma versando sobre direitos humanos e, ao ser incorporada ao ordenamento jurídico brasileiro, passa à categoria de direitos fundamentais, com *status* diferenciado, como vem entendendo o Supremo Tribunal Federal (norma supralegal).

> Estando, sob apreciação do STF, no momento em que se escreve este estudo, a decisão do Pretório Excelso irá definir a postura do Estado Brasileiro frente à valorização do trabalho humano, enquanto direito humano e fundamental (direito ao trabalho); ou revelará a precedência do formalismo procedimental sobre o conteúdo de direito material das normas sobre direitos fundamentais, mesmo que não prevista no Texto da Constituição da República[40].

Se o legislador vem se quedando inerte há trinta anos, o STF não fica atrás na sua demora em resolver questão da maior relevância.

---

40 MEIRINHO, Augusto Grieco Sant´Anna. O Supremo Tribunal Federal e o Direito ao Trabalho. Estudo sobre o Impacto da decisão sobre o destino da Convenção n. 158 da Organização Internacional do Trabalho. In: ALVES, Hélio Gustavo (Coord.) Temas Atuais de relações Previdenciárias e Trabalhistas. São Paulo: LTr, 2017, p. 21.

Os efeitos são sentidos por aquelas pessoas que dependem do trabalho para a subsistência. Por arrastamento, toda a sociedade padece da nova onda reformista, inclusive aqueles que patrocinam os ataques aos direitos fundamentais, mesmo que não percebam isso.

Em que pese a denúncia feita pelo Governo brasileiro à Convenção nº 158 da OIT, Grijalbo Fernandes Coutinho e Hugo Cavalcanti Melo Filho defendem a sua utilização como fonte formal do direito, aplicando-se o art. 5º, § 2º da CRFB/1988, ou o art. 8º da CLT:

> De outro lado, o art. 477-A não resiste à aferição de compatibilidade vertical com a Convenção n. 158 da OIT, o que impõe a paralisação de seus efeitos. É de se registrar, com Souto Maior (2017), que a Convenção n. 158, apesar de denunciada pelo Brasil no governo Fernando Henrique Cardoso, "pode ser utilizada como fonte formal do direito do trabalho, seja por força do art. 8º, seja pela literalidade do art. 5º, §2º, da Constituição. De igual modo, contraria a Convenção n. 154 da Organização Internacional do Trabalho que determina a negociação coletiva e a participação do sindicato em questões de interesse comum .3.5. A repercussão social sobre a dispensa coletiva. O mal trazido pela inércia legislativa sobre a matéria.

Os malefícios para a sociedade decorrentes da paralisia legislativa, no que tange à regulamentação do art. 7º, inciso I, da Constituição de 1988, são evidentes.

Além de não produzir a norma que protege a relação de emprego contra despedida arbitrária ou imotivada, permite a repetição de falácias ligadas à suposta liberdade absoluta de rompimento da relação de emprego, sem qualquer fato justificador.

Isso é reforçado com as mudanças trazidas pela Lei nº 13.467, de 2017. Luciano Martinez, ao analisar o art. 477-A da CLT, é contundente no sentido da prejudicialidade trazida pela reforma trabalhista:

> Apesar de toda a lógica conforme a Constituição do posicionamento jurisprudencial ora apresentado, o legislador da reforma trabalhista de 2017 criou o art. 477-A na CLT (...). Houve, portanto, um retrocesso ao modo de avaliar as dispensas, pois, em essência, nem mesmo o legislador conseguiria verdadeiramente equipará-las. Não há dúvidas de que as despedidas transindividuais produzem efeitos sociais deletérios e não se

questiona nem um segundo sobre o interesse que as entidades sindicais podem ter sobre elas[41].

Em recente decisão tomada na Reclamação Correicional nº 1000393-87.2017.5.00.0000, o então Presidente do Tribunal Superior do Trabalho, ao interpretar o art. 477-A da CLT como norma que dispensou a intervenção sindical, franqueou a demissão de 150 trabalhadores por entidade de ensino superior.

> REQUERENTE: SOCIEDADE DE EDUCACAO RITTER DOS REIS LTDA. e outros Advogado(s) do reclamante: JOAO PEDRO EYLER POVOA REQUERIDA: Desembargadora Beatriz Renck "In casu", para impedir a utilização, pelo empregador, do direito potestativo de dispensa sem justa causa, a autoridade coatora e a autoridade requerida, contra expresso, exigiram o que a lei expressamente dispensa, que é a intermediação negocial do sindicato de texto de lei classe para as demissões ditas de massa. (...) Nesse sentido, mesmo superado tal precedente, quer jurisprudencialmente, quer legalmente, insistem as autoridades requeridas em esgrimi-lo, quanto aos seus fundamentos, refratárias à jurisprudência atual do TST e à Lei 13.467/17, da reforma trabalhista. Assim, impedir instituição de ensino de realizar demissões nas janelas de julho e dezembro, louvando-se exclusivamente no fato do número de demissões realizadas, ao arrepio da lei e do princípio da legalidade, recomenda a intervenção da Corregedoria-Geral da Justiça do Trabalho, lei e do princípio da legalidade ocasionalmente exercida pela Presidência do TST, para restabelecer o império da lei e impedir o dano que sofrerá a entidade de ensino, cerceada no gerenciamento de seus recursos humanos, irreparável financeiros e orçamentários, comprometendo planejamento de aulas, programas pedagógicos e sua situação econômica.

O Ministro Ives Gandra da Silva Martins, em sua decisão, funda-se tão somente na literalidade do art. 477-A da CLT e no princípio da legalidade, embora as decisões que foram modificadas tenham fundamentos na Constituição da República e em Convenções Internacionais da OIT.

Se a legalidade impõe uma interpretação literal, parece que não foi considerado que o legislador não tratou da possibilidade da participação

41 MARTINEZ, Luciano. Reforma Trabalhistas. Entenda o que mudou. São Paulo: Saraiva, 2018, p. 159.

sindical em um diálogo social prévio á demissão em massa, como consignado na decisão que se segue, adotada em 26 de abril de 2018, *in verbis*:

PROCESSO nº 0011778-65.2017.5.03.0000 (MS)

IMPETRANTE: SINDICATO DOS PROFESSORES DO ESTADO DE MINAS GERAIS

IMPETRADO: MM. JUÍZO DA 46ª VARA DO TRABALHO DE BELO HORIZONTE

LITISCONSORTE: SOCIEDADE DE ENSINO SUPERIOR ESTÁCIO DE SÁ LTDA.

RELATOR: JOSÉ EDUARDO DE RESENDE CHAVES JÚNIOR

EMENTA: MANDADO DE SEGURANÇA. TUTELA DE URGÊNCIA. PRESENÇA DOS REQUISITOS DA PROBABILIDADE DO DIREITO E DO PERIGO DE DANO OU RISCO AO RESULTADO ÚTIL DO PROCESSO. DIREITO LÍQUIDO E CERTO À SUA CONCESSÃO. INTERPRETAÇÃO CONFORME A CONVENCIONALIDADE INTERNACIONAL. DISPENSA COLETIVA.

1.Nos termos do art. 300 do novo CPC, "A tutela de urgência será concedida quando houver elementos que evidenciem a probabilidade do direito e o perigo de dano ou o risco ao resultado útil do processo". Dispõe ainda o seu § 3º que: "A tutela de urgência de natureza antecipada não será concedida quando houver perigo de irreversibilidade dos efeitos da decisão"(grifei). Ou seja, uma vez presentes os requisitos legais (probabilidade do direito e perigo de dano ou risco ao resultado útil do processo), e inexistindo perigo de irreversibilidade dos efeitos da decisão, a tutela de urgência deverá ser concedida pelo Magistrado. Note-se que a lei não diz que a tutela de urgência poderá ser concedida. Não se trata, aqui, de uma faculdade do Juízo, mas de um poder-dever, a ser exercido sempre que presentes os pressupostos legais para a concessão da tutela de urgência pretendida.

2. O disposto no art. 477-A da CLT, introduzido pela Lei n. 13.467/17, em sua própria literalidade, a despeito de esclarecer não ser necessária a "autorização prévia de entidade sindical ou de celebração de convenção coletiva ou acordo coletivo de trabalho para sua efetivação", quedou-se silente a respeito da necessidade da instauração da consulta prévia para sua validade, no que bem andou o legislador, pois não poderia mesmo avançar mais e derrogar os preceitos internacionais que tratam da necessidade do diálogo social no âmbito coletivo.

3. As normas de direitos humanos sobre o trabalho, quando internalizadas no ordenamento nacional, asseguram um patamar mínimo (não

um teto) de garantias que dirigem a interpretação das normas emanadas do legislador ordinário.

4. O juiz brasileiro não é apenas um juiz nacional, mas um garante do sistema internacional de proteção aos direitos humanos.

Essa decisão tem o mérito adicional de reconhecer que o juiz brasileiro também tem obrigações de tutela do sistema internacional de proteção de direitos humanos, revelando a importância do denominado controle de convencionalidade, mormente diante dos avanços legislativos ordinários sobre os direitos fundamentais.

Nesse sentido, mais relevante se torna o reconhecimento dos legitimados à defesa dos direitos metaindividuais, como é o caso das entidades sindicais, ao lado do Ministério Público do Trabalho.

Cabe anotar, ainda, que os efeitos da dispensa coletiva, sobretudo em cidades com concentração de trabalhadores em um determinado setor ou empresa, implica desestruturação social, inclusive, com repercussão direta na economia local.

Sem trabalho, reduz-se o consumo, o recolhimento de tributos impactando a saúde financeira do Estado, além de aumentarem os gastos públicos com a seguridade social (por exemplo, com o pagamento de seguro-desemprego).

### 3.5. A necessidade da negociação coletiva como instrumento calibrador e protetivo dos direitos fundamentais dos trabalhadores frente ao plano de demissão.

Como visto acima, o art. 477-A da CLT expressamente consignou não haver necessidade de autorização prévia da entidade sindical ou de celebração de instrumento coletivo de trabalho para o aperfeiçoamento das dispensas coletivas.

Cabe anotar, como discutido anteriormente, que a norma não vedou o entabulamento de negociação coletiva para a ocorrência das demissões coletivas.

A despeito de toda a discussão acerca da internalização da Convenção nº 158 da OIT no ordenamento jurídico brasileiro, a jurisprudência mais sensível aos direitos fundamentais dos trabalhadores passou a entender pela necessidade da participação das entidades sindicais no processo de dispensa coletiva, sobretudo para a fixação de critérios objetivando minimizar os efeitos negativos da decisão tomada pelo empregador.

Assim, adotando-se uma interpretação sistemática, construiu-se um entendimento de que a dispensa coletiva impõe a negociação com as entidades sindicais, não configurando, portanto, um direito potestativo do empregador.

> DISSÍDIO COLETIVO DE NATUREZA JURÍDICA. DISPENSA COLETIVA. ENCERRAMENTO DA UNIDADE FABRIL. NEGOCIAÇÃO COLETIVA.
>
> 1. Ao interpretar o sistema constitucional vigente, como também as Convenções da OIT, firmou-se a jurisprudência desta Seção de Dissídios Coletivos no sentido de que a dispensa coletiva não constitui mero direito potestativo do empregador, uma vez que, para sua ocorrência e a definição de seus termos, tem de ser objeto de negociação com o correspondente sindicato de trabalhadores. 2. Na hipótese vertente, a empresa suscitada encerrou suas atividades no município de Aratu-BA, procedendo à dispensa de todos os empregados dessa unidade industrial, alegando questões de estratégia empresarial e redução dos custos de produção. 3. Nesse contexto, a negociação coletiva prévia com a entidade sindical dos trabalhadores fazia-se ainda mais necessária, tendo em vista que não se tratava de mera redução de pessoal, mas de dispensa da totalidade dos empregados do estabelecimento, com consequências mais graves para os trabalhadores desempregados. 4. Impõe-se, portanto, a manutenção da decisão recorrida que declarou a ineficácia da dispensa coletiva, e suas consequências jurídicas no âmbito das relações trabalhistas dos empregados envolvidos. Recurso ordinário a que se nega provimento. (RO - 6-61.2011.5.05.0000, Relator Ministro: Walmir Oliveira da Costa. Data de Julgamento: 11/12/2012, Seção Especializada em Dissídios Coletivos, Data de Publicação: 22/02/2013).

Vale a penar transcrever precedente importante da lavra do Ministro Maurício Godinho Delgado, citado na referida reclamação correicional, como exemplo de ativismo judicial.

> A ordem constitucional e infraconstitucional democrática brasileira, desde a Constituição de 1988 e diplomas internacionais ratificados (Convenções OIT n. 11, 87, 98, 135, 141 e 151, ilustrativamente), não permite o manejo meramente unilateral e potestativista das dispensas trabalhistas coletivas, por de tratar de ato/fato coletivo, inerente ao Direito

> Coletivo do Trabalho, e não Direito Individual, exigindo, por conseqüência, a participação do(s) respectivo(s) sindicato(s) profissional(is) obreiro(s). Regras e princípios constitucionais que determinam o respeito à dignidade da pessoa humana (art. 1º, III, CF), a valorização do trabalho e especialmente do emprego (arts. 1º, IV, 6º e 170, VIII, CF), a subordinação da propriedade à sua função socioambiental (arts. 5º, XXIII e 170, III, CF) e a intervenção sindical nas questões coletivas trabalhistas (art. 8º, III e VI, CF), tudo impõe que se reconheça distinção normativa entre as dispensas meramente tópicas e individuais e as dispensas massivas, coletivas, as quais são social, econômica, familiar e comunitariamente impactantes. Nesta linha, seria, inválida a dispensa coletiva enquanto não negociada com o sindicato de trabalhadores espontaneamente ou no plano do processo judicial coletivo. A d. Maioria, contudo, decidiu apenas fixar a premissa, para casos futuros, de que 'a negociação coletiva é imprescindível para a dispensa em massa de trabalhadores'" (TST-ED-RO-DC-30900-12.2009.5.15.0000, Rel. Min., Mauricio Godinho Delgado. SDC, DEJT de 04/09/09) (grifos nossos).

A participação dos sindicatos, no processo dialógico da negociação, funcionaria como um instrumento calibrador e equilibrador da decisão tomada pelo empregador, coletivizando as deliberações, sob o ponto de vista das consequências.

A finalidade da participação da entidade sindical é tutelar de direitos fundamentais dos trabalhadores atingidos pela decisão empresarial, sob o aspecto da atenuação dos drásticos efeitos deletérios da dispensa em massa, em verdadeira negociação fundada na boa-fé objetiva e na lealdade entre os atores sociais.

Homero Batista, criticando a redação do art. 477-A da CLT, reconheceu que a melhor forma encontrada pela jurisprudência foi a de:

> exigir que a empresa explicasse perante a entidade sindical por que razão não adotou nenhuma estratégia preventiva ou paliativa antes de tomas a decisão da dispensa em massa, donde o entendimento de que esta modalidade agressiva de corte de postos de trabalho deveria ser previamente submetida à negociação coletiva[42].

42 SILVA, Homero Batista Mateus da. Comentários à Reforma Trabalhista. São Paulo: Editora Revista dos Tribunais, 2017, p. 91.

Luciano Martinez, ao analisar o art. 477-A da CLT, destaca que a dispensa coletiva, para ser efetivada, precisava passar pelo crivo do sindicato representativo da categoria profissional atingida, a quem, nos moldes do art. 8º, III, da Constituição da república, se atribui a defesa dos direitos e interesses transindividuais, inclusive em questões judiciais ou administrativas. Nesse particular é obrigatória a referência ao *leading case* da Embraer – Empresa Brasileira de Aeronáutica S.A. Dissídio Coletivo TST-RODC-309/2009-000-15-00.4. Nos autos do referido processo, a Secção Especializada em Dissídios Coletivos do Tribunal Superior do Trabalho assentou a necessidade de prévia negociação coletiva com o sindicato obreiro para a dispensa em massa dos empregados. Se inviável a negociação coletiva, a Alta Corte Trabalhista afirmou cabível o processo judicial de Dissídio Coletivo com o objetivo de regular os efeitos pertinentes[43].

Fixa-se a posição aqui defendida: o art. 477-A da CLT, introduzido pela Lei nº 13.467, de 2017, não afastou a necessidade de atuação sindical no processo de dispensa coletiva. A própria reforma trabalhista é fundada na valorização da negociação coletiva, não sendo razoável que uma de suas alterações se choque frontalmente com esse fundamento amplamente divulgado.

## 4. LEGISLAÇÃO: OS MECANISMOS DE PROTEÇÃO JURISDICIONAL DOS DIREITOS FUNDAMENTAIS DOS TRABALHADORES FRENTE A DISPENSA COLETIVA

O legislador do art. 477-A da CLT comete o "equívoco" de igualar a dispensa coletiva com a dispensa individual. Embora a origem da despedida seja um ato de vontade do empregador, as repercussões na vida das pessoas e na sociedade são diversas.

43 MARTINEZ, Luciano, Op. cit., 2018, pp. 158-159. Cabe anotar, ainda, que em sede de recurso extraordinário (RE 647.651/SP), o STF reconheceu que a questão possuía repercussão geral. Oportuno observar que o recurso extraordinário foi protocolado em 29 de junho de 2011 e que os fatos que levaram ao ajuizamento do dissídio coletivo são de 2008.

As diferenças entre essas modalidades de despedida ocorrem tanto na origem, como se verificou dos conceitos apresentados anteriormente, quanto nas repercussões posteriores ao despedimento.

Se os danos oriundos da dispensa individual repercutem na esfera pessoal do trabalhador, e de sua família, as consequências de um despedimento coletivo atinge a sociedade como um todo.

Por essa razão, os mecanismos de proteção devem ser diversos diante da lesão a direitos metaindividuais.

As lesões a direitos metaindividuais são aquelas que transbordam da individualidade, e são típicas de uma sociedade de massa, interligada por múltiplas relações jurídicas, atingindo diversas pessoas simultaneamente. Mauro Schiavi capta bem essa realidade, ao dizer que o acesso a justiça não pode ficar limitado à tutela do interesse individual, sobretudo em uma sociedade massificada.

> Vivemos, hoje, uma sociedade de massas, onde os conflitos se propagam em diversas regiões e atingem muitas pessoas ao mesmo tempo. Isso se deve, em muito, ao próprio sistema capitalista e à propagação intensa da comunicação e da informação. (...) Diante da multiplicidade de conflitos de origem comum ou que atingem um número indeterminado de pessoas, ou até mesmo um grupo determinado, há necessidade de se criar mecanismos para o acesso coletivo à justiça, como forma de garantir a efetividade dos direitos fundamentais[44].

Embora o ambiente atual seja propício para ocorrerem dispensas coletivas, sobretudo diante da recente decisão do Supremo Tribunal Federal que liberou a terceirização irrestrita, há dois casos emblemáticos que pautaram as discussões sobre essa temática nos últimos dez anos: o caso "Embraer" e o caso "Web Jet".

No caso "Embraer", o sindicato da categoria profissional ajuizou um dissídio coletivo, diante da inviabilidade, naquele momento, de se entabular negociação coletiva entre os atores sociais, sindicato e empresa.

Já o caso "Web Jet" se refere à demissão coletiva de 850 empregados da empresa aérea, que havia sido adquirida pela Gol Linhas Aéreas.

---

44 SCHIAVI, Mauro. Manual de Direito Processual do Trabalho. São Paulo: LTr, 2017, p. 1460

A 23ª Vara do Trabalho no Rio de Janeiro acatou o pedido formulado pelo Ministério Público do Trabalho, no bojo da ação civil pública ACP 0001618-2012-023, condenando a empresa Gol em dano moral coletivo, bem como a reintegrar os empregados demitidos da Web Jet. Na referida ação coletiva, o MPT evidenciou que a empresa aérea não havia realizado negociação com a entidade sindical da categoria antes das demissões, conforme o entendimento então prevalente no âmbito do TST.

Na sentença, a Magistrada consignou que, para ser considerada lícita, a dispensa coletiva deve atender a requisitos mínimos, como a apresentação de causas e motivações, econômicas, tecnológicas ou estruturais, que sejam capazes de colocar em risco a existência da empresa e, feita essa constatação, deverá haver negociação prévia de como essa dispensa será realizada.

Verifica-se, portanto, que a Justiça do Trabalho não condicionou a dispensa coletiva à autorização prévia da entidade sindical e sim à existência de negociação coletiva, prestigiada pelo Texto Constitucional.

Em caso mais recente, envolvendo a demissão de mais de 100 trabalhadores pela Abril Comunicações S/A (em recuperação judicial), no bojo da ACP nº 1000446-88.2018.5.02.0061, o juízo da 61ª Vara do Trabalho do TRT da 2ª Região, em sentença proferida em 25 de setembro de 2018, julgou procedentes em parte os pedidos formulados pelo Ministério Público do Trabalho e pelo Sindicato dos Jornalistas Profissionais do Estado de São Paulo (atuando na qualidade de assistente litisconsorcial), declarando a nulidade das demissões efetivadas a partir de dezembro de 2017, determinando o seguinte:

> a) a imediata reintegração de todos os trabalhadores dispensados, com pagamento da remuneração devida desde a dispensa até a efetiva reintegração, sob pena de multa diária de R$ 100,00 por empregado dispensado, nos termos dos artigos 536 do CPC.
>
> b) que a requerida se abstenha de demitir trabalhadores sem prévia e efetiva negociação coletiva, sob pena de multa de R$ 10.000,00 em razão de cada trabalhador dispensado a partir desta decisão.
>
> c) R$ 500.000,00 a título de danos morais coletivos a ser revertido ao FAT

Em sua fundamentação, o Magistrado do Trabalho fez considerações sobre o art. 477-A da CLT, acrescentado no diploma consolidado pela Lei nº 13.467/2017, nos seguintes termos:

> À primeira vista pode-se chegar à equivocada conclusão de que não se faz necessária prévia negociação coletiva para validade de demissões coletivas. Ocorre que toda legislação infra constitucional deve ser interpretada à luz da Lei Maior, levando-se em consideração a unidade e coerência de todo o ordenamento jurídico. (...) A negociação coletiva igualmente é valorizada pela própria Lei 13.467/2017 ao disciplinar matérias que poderão prevalecer até mesmo sobre a lei. Logo, por todos esses motivos não se pode - a partir de uma interpretação literal e isolada do artigo 477-A da CLT, extrair que não se faz necessária prévia negociação coletiva para despedidas coletivas. Na verdade, o artigo 477-A, da CLT não exige prévia autorização da entidade sindical, ou mesmo a formalização de acordo coletivo ou convenção coletiva de trabalho, mas não dispensa a negociação coletiva, o que por certo iria de encontro com todos os dispositivos legais já mencionados acima. Convém destacar que as demissões em massa causam grande impacto social, cujos termos dependem de prévia negociação coletiva na tentativa de minimizar os prejuízos à coletividade, mormente levando-se em consideração a boa-fé objetiva e os fins sociais da propriedade. No presente caso, houve tratativa patronal com o sindicato da categoria, porém, não se pode reconhecer que houve efetiva negociação, mediante concessões justas e recíprocas. Observe-se que a entidade patronal se limitou a oferecer o pagamento das verbas rescisórias em 10 parcelas, o pagamento de um salário de indenização, um mês de plano de saúde com termo inicial depois de esgotado o aviso prévio, bem como vale refeição por 6 meses. Ocorre que não se faz razoável aceitar como proposta justa o parcelamento de verbas rescisórias e um salário como indenização, já que estes direitos são assegurados por lei. A lei estabelece prazo para pagamento de verbas rescisórias, cuja violação já implica em indenização de 1 salário adicional. Logo, a proposta da reclamada era para que, na verdade, a parte adversa (os trabalhadores) lhe fizesse concessão de direitos e não o contrário. Verifica-se que a contraproposta feita pelos trabalhadores não foi aceita, sendo certo que as negociações não avançaram, não se tendo notícia de proposta patronal justa. Convém destacar que a necessidade de negociação coletiva para legitimar a dispensa em massa reside na tentativa de minimizar os prejuízos para os envolvidos e toda sociedade. Mediante negociação prévia poderiam ser estabelecidos critérios objetivos para demissão, tentativa de aproveitamento de trabalhadores em outra função, aproveitamento em outras unidades, demissões

> escalonadas em razão de tempo de contrato ou idade, dos mais jovens aos idosos, demissão prioritária de quem manifestasse seu interesse particular em aderir ao acordo, concessão de férias coletivas, pagamento de indenização substitutiva e outras medidas capazes de solucionar a questão. Assim, entendo que a proposta formulada pelo requerido não alcança os objetivos da lei, tratando-se de tentativa de minimizar apenas a situação do próprio empregador. Veja que a entidade sindical não teve chances de discutir quais os trabalhadores que seriam demitidos, o que poderia causar menor impacto econômico e social. Do mesmo modo, nenhuma das propostas efetuadas pelo sindicado foram aceitas, ou seja, a «negociação» não foi apta a minimizar os drásticos efeitos da dispensa coletiva. Destaca-se que os riscos do empreendimento recaem sobre o empregador, não sendo razoável a maximização dos lucros e a socialização dos prejuízos, não se cumprindo sequer o mínimo exigido pela legislação em vigor. Observe-se que sequer as verbas rescisórias foram quitadas, não tendo sido apresentado plano ou proposta que pudesse minimizar os impactos sociais que a demissão em massa inegavelmente causa no seio social[45].

O presente caso é ainda mais relevante na medida em que o juízo entendeu que as tratativas realizadas pela empresa e a entidade sindical, que em tese poderiam ser consideradas, em uma visão rápida e descuidada, como negociação coletiva, não foram efetivas, na medida em que o seu objetivo foi onerar ainda mais os trabalhadores que sofreriam a demissão com concessões ao empregador.

Concluindo pela adequação da ação civil pública como instrumento mais adequado para a tutela de direitos metaindividuais ameaçados ou violados com a dispensa coletiva, as questões processuais são menos relevantes já que sedimentadas na doutrina e na jurisprudência.

Ronaldo Lima dos Santos dispõe que, no âmbito das relações de trabalho, a ação civil pública pode ser compreendida como o instrumento processual, de cunho constitucional, assegurado a determinados autores ideológicos com legitimação prevista em lei "para a tutela preventiva, inibitória, repressiva ou reparatória de danos morais e patrimoniais aos

45 <https://consulta.pje.trtsp.jus.br/visualizador/pages/conteudo.seam?p_tipo=2&p_grau=1&p_id=1NeIb7 eoq%2FuVUf9%2Bu2AFYQ%3D%3D&p_idpje=toxIX6qb%2F7M%3D&p_num=toxIX6qb%2F7M%3D&p_npag=x>. Acesso em 26 setembro 2018.

interesses transindividuais – difusos, coletivos e individuais homogêneos - afetos, direta ou indiretamente, às relações de trabalho[46]"

A legitimidade para o ajuizamento de ação civil pública está prevista no art. 5º da Lei nº 7.347/85, cabendo ao Ministério Público do Trabalho e às entidades sindicais (por força do art. 8º, inciso III da CRFB/88).

No caso do ajuizamento da ACP pela entidade sindical, o MPT atuará como fiscal da ordem jurídica de forma obrigatória, conforme prevê expressamente a Lei nº 7.347/85 (art. 5º, § 1º. O Ministério Público, se não intervier no processo como parte, atuará obrigatoriamente como fiscal da lei). A não intervenção do MPT acarreta nulidade no processo, consequência prevista no art. 279 do CPC de 2015.

A competência para processar e julgar a ACP é da Justiça do Trabalho já que a controvérsia é oriunda da relação de trabalho, nos termos do art. 114, inciso I, da Constituição Federal. Cabe ao juízo da Vara do Trabalho conhecer originariamente a ação civil pública, sendo essa a competência funcional para a propositura da demanda coletiva.

O foro para o ajuizamento da ação (competência territorial) será o do local em que ocorreu o dano (art. 2º, da Lei nº 7.347/85), aplicando-se o entendimento consolidado pelo TST na OJ 130.

> **OJ 130. AÇÃO CIVIL PÚBLICA. COMPETÊNCIA. LOCAL DO DANO. LEI Nº 7.347/1985, ART. 2º. CÓDIGO DE DEFESA DO CONSUMIDOR, ART. 93 (redação alterada na sessão do Tribunal Pleno realizada em 14.09.2012) – Res. 186/2012, DEJT divulgado em 25, 26 e 27.09.2012**
>
> I – A competência para a Ação Civil Pública fixa-se pela extensão do dano.
>
> II – Em caso de dano de abrangência regional, que atinja cidades sujeitas à jurisdição de mais de uma Vara do Trabalho, a competência será de qualquer das varas das localidades atingidas, ainda que vinculadas a Tribunais Regionais do Trabalho distintos.

46 SANTOS, Ronaldo Lima. Ação Civil Pública no Processo do Trabalho. In: THOME, Candy Florêncio e SCHWARZ, Rodrigo Garcia (Org.) Direito Processual do Trabalho. Curso de Revisão e Atualização. Rio de Janeiro: Elsevier, 2011, p. 284.

III – Em caso de dano de abrangência suprarregional ou nacional, há competência concorrente para a Ação Civil Pública das varas do trabalho das sedes dos Tribunais Regionais do Trabalho.

IV – Estará prevento o juízo a que a primeira ação houver sido distribuída.

Em relação aos pedidos, esses podem versar sobre obrigações de fazer, obrigações de não fazer, bem como em condenação em pecúnia (art. 3º, da Lei nº 7.347/85), podendo, ainda, o juiz conceder antecipação liminar dos efeitos da tutela, com ou sem justificação prévia (art. 12 da LACP). Esses pedidos são compatíveis com o objeto de uma ação coletiva relacionada à despedida em massa.

Portanto, é possível requerer ao juiz, liminarmente, que seja determinado à empresa que se abstenha de dispensar trabalhadores até que seja realizada negociações coletivas com a entidade sindical. Por sua vez, caso as demissões já tenham ocorrido, pode-se requer ao juízo que determine a reintegração dos trabalhadores dispensados antes da negociação coletiva, que determine à empresa que dê ampla publicidade acerca dos fundamentos que motivaram a iniciativa de dispensar os trabalhadores, que se entabule diálogo com a entidade sindical, entre outros.

Em sede de pedido definitivo, que seja declarada a nulidade das dispensas coletivas, determinada a reintegração dos trabalhadores dispensados, com o pagamento das verbas trabalhistas correspondentes, bem como na obrigação de não dispensar os trabalhadores sem justa causa ou por motivo econômico, técnico, etc, sem que seja realizada negociação coletiva com a entidade sindical. Pode-se, ainda, requerer a condenação da empresa no pagamento de valor pecuniário a título de dano moral coletivo.

Por fim, a partir do que ficou consignado acima, é possível que os fundamentos da dispensa coletiva apresentados pela empresa, se demonstrem verdadeiros, segundo as condições fáticas demonstradas durante a tramitação da ACP.

O que o ordenamento constitucional pretende coibir, pelo menos a partir de uma interpretação conforme os princípios constantes na CRFB de 1988, é a dispensa imotivada ou arbitrária. Havendo justo motivo para a demissão dos trabalhadores, a conduta do empregador estará albergada pela Convenção 158 da OIT.

Nesse caso, é possível que haja conciliação entre os atores sociais envolvidos na controvérsia fática, de forma a estabelecerem critérios razoáveis de dimensionamento das dispensas, preservando os empregos dos trabalhadores mais vulneráveis, e sempre com a participação da entidade sindical representativa da categoria profissional.

Afinal de contas, a dita reforma trabalhista pretendia valorizar a negociação coletiva, pelo menos no discurso.

## 5. MOBILIZAÇÃO DOS TRABALHADORES: ANÁLISE DA MOBILIZAÇÃO DOS TRABALHADORES EM 2008 E 2009 A PARTIR DOS BALANÇOS DE GREVES DO DIEESE - DEPARTAMENTO INTERSINDICAL DE ESTATÍSTICA E ESTUDOS SOCIOECONÔMICOS

Os direitos dos trabalhadores não encontram fundamento e explicação apenas no texto constitucional, na legislação e em normas coletivas, mas possuem razão e sentido histórico.

Pode-se afirmar, nesse sentido, que a luta dos trabalhadores contra a superexploração, realizada especialmente após a revolução industrial, impôs o reconhecimento do valor social do trabalho como patamar civilizatório que não comporta retrocesso.

Jorge Luiz Souto Maior aponta que *"há uma razão e uma experiência que dão sentido ao direito"*:

> Não se pode perder de vista que o direito é histórico exatamente porque seus valores, ou, em certo sentido, seus princípios, são históricos. Há uma razão e uma experiência que dão sentido ao direito. Daí porque, embora sem retomar a ideia do direito natural, deve-se reconhecer que o direito não é só a lei. (...)
>
> O direito do trabalho tem uma razão histórica inequívoca e uma função, decorrente dessa razão, que, igualmente, não se pode questionar. O direito do trabalho surgiu como reação à enorme injustiça social, provocada pelo advento da produção em massa, e objetivou, por isso, humanizar as relações de trabalho[47].

---

47 SOUTO MAIOR, Jorge Luiz. O direito do trabalho como instrumento de justiça social. São Paulo: Ltr, 2000, Págs. 288/289.

Diante da correlação de forças políticas existentes na sociedade, a manutenção de direitos dos trabalhadores previstos em leis ou normas coletivas, a aplicação e efetividade de direitos garantidos pela Constituição Federal e a conquista de novos direitos depende da constante organização dos trabalhadores.

Nesse contexto, é importante analisar a mobilização dos trabalhadores brasileiros em 2008 e 2009 a partir de balanços de greves realizados pelo DIEESE – Departamento Intersindical de Estatística e Estudos Socioeconômicos.

A greve constituiu direito fundamental dos trabalhadores, estampado no artigo 9º da Constituição Federal, de causar prejuízos ao empregador, por meio da paralisação da prestação de serviços, para reivindicar a progressiva melhoria de suas condições sociais.

O DIEESE reúne informações e produz importantes análises das greves realizadas pelos trabalhadores brasileiros desde 1983.

Em 2008, foram registradas 411 greves, maior número de paralisações desde 2004, quando o DIEESE retomou a publicação dos balanços anuais. Pela primeira vez em 5 (cinco anos), as greves do setor privado superaram aquelas realizadas no setor público. Foram 224 movimentos grevistas no setor privado, 184 no setor público e 3 greves conjuntas. Em 2009, ocorreu número superior de greves (518) e, novamente, os movimentos grevistas realizados no setor privado (266) superaram aqueles realizados no setor público (251)[48].

Ademais, considerando os interesses dos trabalhadores, o DIEESE classifica as greves como propositivas, defensivas, de protesto e de solidariedade. As defensivas são divididas, ainda, em greves em razão de descumprimento de direitos e greves pela manutenção de condições vigentes.

Em síntese, conforme disposto no balanço de greves do DIEESE de 2008, as greves propositivas buscam *"novas conquistas ou avanços nas condições*

---

48 Dieese (Departamento Intersindical de Estatísticas e Estudos Socioeconômicos), 2012. Estudos e Pesquisas nº 60. Balanço de greves em 2009 e 2010. Disponível em https://www.dieese.org.br/balancodasgreves/2010/estPesq60balGreves20092010.pdf, consulta realizada em 23/09/2018.

*vigentes"*, as greves defensivas em razão de descumprimento de direitos são realizadas *"contra o descumprimento de normas trabalhistas estabelecidas em lei, acordo ou convenção coletiva de trabalho"*, as greves defensivas pela manutenção de condições vigentes buscam conter ameaças de extinção ou redução de direitos, greves de protesto são organizadas *"por motivos que ultrapassem o âmbito das relações trabalhistas"* e, por fim, as greves de solidariedade são realizadas *"em apoio a movimentos de trabalhadores de outras categorias, empresas ou setores"*. Por fim, um mesmo movimento grevista pode conter múltiplas motivações.

É pertinente observar o caráter das reivindicações das greves realizadas pelos trabalhadores brasileiros em 2008 e 2009, conforme divulgado pelo DIEESE[49]:

| CARÁTER | 2008 | | 2009 | |
|---|---|---|---|---|
| | Total=411 | | Total=518 | |
| | nº | % | nº | % |
| PROPOSITIVAS | 284 | 69,1 | 349 | 67,4 |
| DEFENSIVAS | 171 | 41,6 | 253 | 48,8 |
| Manutenção de condições | 72 | 17,5 | 124 | 23,9 |
| Descumprimento de direitos | 118 | 28,7 | 156 | 30,1 |
| PROTESTO | 53 | 12,9 | 55 | 10,6 |
| SOLIDARIEDADE | 1 | 0,2 | 2 | 0,4 |

O DIEESE também investigou quais foram as principais reivindicações dos movimentos grevistas em 2008 e 2009.

Em 2008, destacaram-se as greves por demandas econômicas como reajuste salarial; introdução, manutenção ou melhoria do auxílio alimentação e implementação ou cumprimento de PLR – Participação em lucros e resultados. Também foram expressivas as greves por melhores condições de trabalho e contra o atraso do pagamento de salários.

49 Reprodução da Tabela "Principais reivindicações das greves Brasil, 2008" do Balanço de greves de 2008 do DIEESE.

## 5.1 Reivindicações das greves de 2008[50]

| **Reivindicação** | **Greves de 2008 (411)** | |
|---|---|---|
| | **nº** | **%** |
| Reajuste salarial | 192 | 46,7 |
| Auxílio-alimentação | 90 | 21,9 |
| Plano de carreira ou de cargos e salários | 90 | 21,9 |
| PLR | 63 | 15,3 |
| Condições de trabalho | 61 | 14,8 |
| Descumprimento de acordo | 54 | 13,1 |
| Piso salarial | 53 | 12,9 |
| Atraso de salário | 42 | 10,2 |

Em 2009, as principais reivindicações das greves continuaram relacionadas às questões econômicas como a exigência de reajustes salariais, pagamento de auxílio alimentação e PLR – Participação em lucros e resultados. A busca de melhores condições de trabalho e, a luta contra o atraso de salários continuaram expressivas.

Entretanto, destaca-se o surgimento de reivindicações importantes relacionadas ao direito ao emprego como a luta por contratação, redução de jornada e contra a demissão em massa. Trata-se da organização dos trabalhadores contra as demissões em massa realizadas, principalmente, no setor industrial.

50 Reprodução parcial da Tabela "Principais reivindicações das greves Brasil, 2009 e 2010" do Balanço de greves de 2009/2010 do DIEESE.

## 5.2 Reivindicações das greves de 2009[51]

| Reivindicação | Greves de 2009 (518) | |
|---|---|---|
| | nº | % |
| Reajuste salarial | 266 | 51,4 |
| Plano de carreira ou de cargos e salários | 94 | 18,1 |
| Auxílio alimentação | 98 | 18,9 |
| Condições de trabalho | 86 | 16,6 |
| PLR | 65 | 12,5 |
| Atraso de salário | 62 | 12,0 |
| Piso salarial | 45 | 8,7 |
| Contratação | 53 | 10,2 |
| Redução de jornada | 33 | 6,4 |
| Isonomia salarial | 28 | 5,4 |
| Assistência médica | 30 | 5,8 |
| Melhorias nos serviços públicos | 21 | 4,1 |
| Contra demissão | 41 | 7,9 |

Aponta-se, ainda, que as greves do setor público implicaram no ano de 2008, em maior número de grevistas e de horas paradas. Em 2009, novamente, houve maior número de horas paradas por greves no setor público, mas o número de grevistas do setor privado foi maior.

Em síntese, no ano de 2008, tivemos 1.103.384 trabalhadores grevistas e 17.457 horas paradas no setor público e, 603.441 trabalhadores grevistas e 6.984 horas paradas no setor privado e, por fim, 232 horas paradas em movimentos conjuntos. Em 2009, o setor público teve 555.975 trabalhadores grevistas e, 25.316 horas paradas e o setor privado, 795.399 grevistas e 9.294 horas paradas, sendo que em movimentos conjuntos foram mobilizados 216.660 trabalhadores e houve 120 horas paradas.

Quanto a esses dados, Paula Marcelino explica que:

> Os dados demonstram que o que altera a quantidade de grevistas e horas paradas são as categorias profissionais que aderem às greves e as

51 51 Reprodução parcial da Tabela "Principais reivindicações das greves Brasil, 2009 e 2010" do Balanço de greves de 2009/2010 do DIEESE.

52 MARCELINO, Paula. Sindicalismo e neodesenvolvimentismo: Analisando as greves entre 2003 e 2013 no Brasil. Tempo Social, revista de sociologia da USO, v. 29, nº 3. Disponível em http://www.scielo.br/pdf/ts/v29n3/1809-4554-ts-29-03-0201.pdf. Consulta realizada em 24/9/2018.

53 DIEESE, 2012. Estudos e Pesquisas nº 60. Balanço de greves em 2009 e 2010. Disponível em https://www.dieese.org.br/balancodasgreves/2010/estPesq60balGreves20092010.pdf. Consulta realizada em 23/09/2018.

condições em que elas são feitas. Em 2008, os trabalhadores se beneficiaram de um crescimento econômico observado nos três últimos trimestres do ano anterior e apenas no final do ano a crise econômica passou a exercer algum efeito moderador da luta sindical; isso por causa de uma queda do nível de empregos. Naquele ano, professores do ensino fundamental e médio de São Paulo fizeram uma greve de dezenove dias; a categoria é composta por mais de 220 mil trabalhadores. Apenas os funcionários públicos estaduais do país foram responsáveis por 21,9% do total de greves deflagradas naquele ano; somados os professores dos sistemas municipais, foram 550 mil trabalhadores em greve, 27% do total do ano. A indústria, que costuma elevar o número total de trabalhadores em greve, foi responsável em 2008 por 32,1% das greves. Destaque, naquele ano, foi a greve que paralisou mais de 110 mil metalúrgicos no estado de São Paulo e que tinha por principal reivindicação a redução da jornada de trabalho[52].

Conforme apontamentos do Balanço das greves em 2008 do DIEESE, o fortalecimento do movimento grevista em 2008 está relacionado ao crescimento econômico ocorrido nos três primeiros trimestres desse ano, após uma sequência de resultados positivos desde 2004, que favoreceu a organização dos trabalhadores por melhoria de suas condições sociais. Por outro lado, mesmo com o anúncio da crise econômica, o DIEESE concluiu que não houve refluxo do movimento grevista no último trimestre de 2008, considerando o número de greves realizadas em anos anteriores e suas características. Por fim, em 2008, cerca de 73% dos movimentos grevistas alcançaram resultado positivo.

Em 2009, o país sofreu os impactos da crise econômica mundial anunciada no último trimestre de 2008, o que afetou os empregos, principalmente, no setor industrial. Conforme análise do DIEESE, o *ambiente* de incertezas, demissões em massa e pressão econômica por precarização do trabalho estimulou o aumento de greves com caráter defensivo (253 greves, 48,8% do total) e não provocou a diminuição do movimento grevista. Ao contrário, os trabalhadores reagiram à crise econômica e à amea-

52 MARCELINO, Paula. Sindicalismo e neodesenvolvimentismo: Analisando as greves entre 2003 e 2013 no Brasil. Tempo Social, revista de sociologia da USO, v. 29, nº 3. Disponível em http://www.scielo.br/pdf/ts/v29n3/1809-4554-ts-29-03-0201.pdf. Consulta realizada em 24/9/2018.

ça aos seus direitos, tanto que o número de greves em 2009 (518) superou o número de greves de 2008 (411).

De toda forma, conforme descrito pelo DIEESE, o movimento grevista não pode ser explicado apenas pela conjuntura econômica:

> A conjuntura econômica influencia a disposição e as motivações dos trabalhadores para deflagrar greves, mas, certamente, essa variável não basta para explicar esses movimentos. Para tanto, é preciso observar elementos tais como a tradição de organização sindical das diversas categorias de trabalhadores, as mudanças socioeconômicas pelas quais elas vêm passando, o perfil das relações de trabalho vigentes em cada setor e o próprio estágio de desenvolvimento das instituições democráticas no país[53].

Nos anos de 2008 e 2009, além de alcançarem reajustes salariais e melhores condições de trabalho, os trabalhadores se posicionaram, por meio de greves, contra a precarização do trabalho e as demissões em massa e se consolidaram como interlocutores políticos legítimos.

Embora não tenha obtido sucesso, foi significativa a mobilização dos trabalhadores, no ano de 2008, pela aprovação de uma Emenda Constitucional para redução da jornada normal para 40 horas semanais sem redução de salários, proposta que continua atual como resposta dos trabalhadores às crises econômicas.

Aponta-se, ainda, que a realização de greves foi fundamental para a aprovação da Lei 11.738 de 16 de julho de 2008, que estabeleceu o salário profissional dos professores públicos da educação básica e reconheceu o direito ao pagamento de atividades inerentes ao exercício do magistério, sem a interação com alunos, como a preparação de aulas e trabalhos. Fixou-se que a jornada de trabalho dos professores da educação básica pública deve ser composta de, no máximo, 2/3 de carga horária para a realização de atividades com interação com alunos e o restante de, no mínimo, 1/3 da carga horária, deve ser destinado ao pagamento do trabalho extraclasse.

---

53 DIEESE, 2012. Estudos e Pesquisas nº 60. Balanço de greves em 2009 e 2010. Disponível em https://www.dieese.org.br/balancodasgreves/2010/estPesq60balGreves20092010.pdf. Consulta realizada em 23/09/2018.

Pode-se afirmar, por fim, que a realização de greves em 2008 e 2009 foi fundamental para a reação dos trabalhadores contra a precarização do trabalho, pela manutenção de direitos previstos na Constituição Federal, em leis e acordos coletivos e para o fortalecimento das instituições democráticas do país.

Em síntese, foi a mobilização dos trabalhadores que atribuiu sentido histórico e concretude ao Direito do Trabalho nos anos de 2008/2009.

## 6. CONCLUSÃO

Em breve conclusão, temos a observar que os anos 2008/2009 foram marcados pela chegada dos efeitos, ainda que menores do que em outros países, da crise financeira mundial.

Em razão disso, pudemos observar uma movimentação das classes dominantes para, a pretexto do ajuste fiscal, "flexibilizar" direitos trabalhistas, ampliando diversas figuras nefastas, tais como a suspensão do contrato de trabalho, a redução do salário e da jornada, a "pejotização", a dispensa em massa de trabalhadores, etc.

Em que pese esse movimento, a partir do momento que algumas dessas figuras foram levadas para a análise judicial, diversos juízes e Tribunais Trabalhistas passaram a dar a maior concretude possível aos direitos fundamentais e serviram como verdadeira barreira do avanço do capital sobre a classe trabalhadora.

Assim, os anos 2008/2009 observamos, principalmente, precedentes judiciais que determinaram o tratamento que deveria ser dispensado aos desligamentos em massa, a partir de então.

Esses anos foram também marcados por forte mobilização dos trabalhadores, por meio da realização de greves e manifestações, fundamentais para a reação contra a precarização do trabalho, pela manutenção de direitos previstos na Constituição Federal, em leis e acordos coletivos de trabalho e para o fortalecimento das instituições democráticas do país.

Não podemos negar que a crise de 2008/2009, nos demonstrou a face mais perversa do binômio capital x trabalho, aniquilando inúmeros postos de trabalho e deixando a margem da lei centenas e milhares de trabalhadores já que, os grandes proprietários dos meios de produção, que representavam a classe economicamente mais poderosa, foram de certa forma, substituídos pelos detentores de títulos ou ações, criando, cada vez mais, severa desigualdade social, experimentadas até os dias de hoje.

Dez anos depois, após várias demissões em massa, crise financeira, desemprego, dentre outras figuras, quer nos parecer que nada mudou, principalmente em virtude as novas ondas de demissão em massa que vem assombrando os trabalhadores brasileiros atualmente, o que especialmente, citamos o caso da montadora Ford, localizada na cidade de São Bernardo do Campo, que acaba de anunciar, em Janeiro de 2019, o fechamento de sua unidade, implicando no desaparecimento de inúmeros empregos diretos, indiretos 2008/2009, está mais do que viva em nossa realidade.

## 7. REFERÊNCIAS BIBLIOGRÁFICAS

**CALVO**, Adriana. *Manual de Direito do Trabalho*. São Paulo: ed. Saraiva, 2016.

**CARNEIRO**, Thais Safe. Direitos Fundamentais e Sociais Trabalhistas, Dignidade da Pessoa Humana, Reserva do Possível e Proibição ao Retrocesso Social. In: DELGADO, Gabriela Neves e PEREIRA, Ricardo José Macêdo de Britto. *Trabalho, Constituição e Cidadania*. A dimensão coletiva dos direitos sociais trabalhistas. São Paulo: LTr, 2014, pp. 198-211.

**CASSAR**, Vólia Bomfim. *Direito do Trabalho*. Rio de Janeiro: Forense. São Paulo: ed. Método, 2018.

**COUTINHO**, Grijalbo Fernandes; MELO FILHO, Hugo Cavalcanti. A injuridicidade da dispensa em massa de trabalhadoras e trabalhadores autorizada pela Lei n. 13.467/2017. In: FELICIANO, Guilherme Guimarães, TREVISO, Marco Aurélio Marsiglia e FONTES, Saulo Tarcísio de Carvalho (Orgs.). *Reforma trabalhista*: visão, compreensão e crítica. São Paulo: LTr, 2017.

**FERNANDEZ, Maria Dilnéia Espíndola e RODRIGUEZ, Margarita Victoria.** O processo de elaboração da Lei n. 11.738/2008 (Lei do piso salarial profissional nacional para carreira e remuneração docente): Trajetória, Disputas e Tensões. Revista HISTEDBR On-line, Campinas, n.41, p. 88-101, mar2011. Disponível em http://www.histedbr.fe.unicamp.br/revista/edicoes/41/art06_41.pdf, consulta realizada em 24/09/2018.

**FREITAS**, Maria Ester de. Faculdade Getulio Vargas, em seu texto publicado na revista *Organização, Recursos Humanos e Planejamento*. 2011.

**FURTADO**, Celso. O Longo amanhecer.

**DELGADO**, Gabriela Neves. *Direito Fundamental ao Trabalho Digno*. São Paulo: LTr, 2015.

**DIEESE (Departamento Intersindical de Estatísticas e Estudos Socioeconômicos), 2009**. Estudos e Pesquisas nº 45. Balanço de greves em 2008. Disponível em https://www.dieese.org.br/balancodasgreves/2008/estPesq45balancoGreves2008.pdf, consulta realizada em 23/09/2018.

________, **2012**. Estudos e Pesquisas nº 60. Balanço de greves em 2009 e 2010. Disponível em https://www.dieese.org.br/balancodasgreves/2010/estPesq60bal Greves20092010.pdf, consulta realizada em 23/09/2018.

**MARCELINO, Paula.** Sindicalismo e neodesenvolvimentismo: Analisando as greves entre 2003 e 2013 no Brasil. Tempo Social, revista de sociologia da USP, v. 29, nº 3. Disponível em http://www.scielo.br/pdf/ts/v29n3/1809-4554-ts-29-03-0201.pdf. Consulta realizada em 24/9/2018.

**MARTINEZ**, Luciano. *Curso de Direito do Trabalho*. São Paulo: Saraiva, 2015.

________. *Reforma Trabalhistas*. Entenda o que mudou. São Paulo: Saraiva, 2018.

**MEIRINHO**, Augusto Grieco Sant´Anna e PORTO, Lorena Vasconcelos. A ação civil pública e as dispensas coletivas. In: DELGADO, Gabriela Neves e PEREIRA, Ricardo José Macedo de Britto (Coord.). *Trabalho, Constituição e Cidadania*. A dimensão coletiva dos direitos sociais trabalhistas. São Paulo: LTr, 2014, pp. 428-439.

________. O Supremo Tribunal Federal e o Direito ao Trabalho. Estudo sobre o Impacto da decisão sobre o destino da Convenção n. 158 da Organização Internacional do Trabalho. In: ALVES, Hélio Gustavo (Coord.) *Temas Atuais de relações Previdenciárias e Trabalhistas*. São Paulo: LTr, 2017, pp. 18-28.

**SANTOS**, Ronaldo Lima. *Ação Civil Pública no Processo do Trabalho. In:* THOME, Candy Florêncio e SCHWARZ, Rodrigo Garcia (Org.) Direito Processual do Trabalho. Curso de Revisão e Atualização. Rio de Janeiro: Elsevier, 2011, pp. 283-308.

**SCHIAVI**, Mauro. *Manual de Direito Processual do Trabalho*. São Paulo: LTr, 2017.

**SILVA**, Homero Batista Mateus da. *Comentários à Reforma Trabalhista*. São Paulo: Editora Revista dos Tribunais, 2017.

**SINGER**, André. Os sentidos do lulismo: reforma gradual e pacto conservador. São Paulo: Companhia das Letras, 2012.

**SUSSEKIND**, Arnaldo. *Direito Constitucional do Trabalho*. Rio de Janeiro: Renovar, 1999.

**SUSSEKIND**, Arnaldo et. al. *Instituições de Direito do Trabalho*. Volume I. São Paulo: LTr, 1997.

**IPEA**. A crise econômica global e seus reflexos sobre a economia brasileira. Carta de Conjuntura, dez. 2008. Disponível em: <www.ipea.gov.br/sites/000/2/publicacoes/cartaconjuntura/carta05/1_Crise.pdf>.

**FREITAS**, M. C. P. Os efeitos da crise global no Brasil: aversão ao risco e preferência pela liquidez no mercado de crédito. Estudos Avançados, v. 23, n. 66, 2009.

**TCU**. Ações do Governo para reduzir os efeitos da crise. Versão simplificada das Contas do Governo da República, 2009. Disponível em: <http://portal2.tcu.gov.br/portal/page/portal/TCU/comunidades/contas/contas_governo/contas_09/Textos/FIcha010-0Analise20da0Crise.pdf>.

**SAKAMOTO**, Leonardo. Justiça do Trabalho condena Vale a pagar R$300 milhões. Disponível em: https://blogdosakamoto.blogosfera.uol.com.br/2010/03/10/justica-do-trabalho-condena-vale-a-pagar-r-300-milhoes/, consulta realizada em 24/09/2018.

**SOUTO MAIOR, Jorge Luiz**. O direito do trabalho como instrumento de justiça social. São Paulo: Ltr, 2000.

________, MOREIRA, Ranúlio Mendes, SEVERO, Valdete Souto: Dumping Social nas Relações de Trabalho. 2ª edição. 2014. Editora: LTr.

101ª Sessão de Conferência Internacional do Trabalho, Relatório relativo aos Princípios e Direitos Fundamentais do Trabalho - Do compromisso à ação. Disponível em: http://cite.gov.pt/pt/destaques/complementosDestqs/Relat_VI_101a_Sessao.pdf, acesso em 01/09/2018.

# 2009-2010 - O DIREITO DO TRABALHO NOVAMENTE COMO "RESPONSÁVEL" PELA CRISE ECONÔMICA

*Cláudia Urano Machado Piovesana, Lara Porto Renó, Luís Guilherme Silva Robazzi, Regiane de Moura Macedo, Viviane Stadler.*

## 1. INTRODUÇÃO

> "Toda ciência seria supérflua se houvesse coincidência imediata entre a aparência e a essência das coisas."
> (Karl Marx, em O Capital - crítica da Economia Política)

O contexto de crise econômica que vigorava no período em que ingressamos na V Turma do Curso de Especialização em Direito do Trabalho nos apresentou questionamentos acerca desse ramo do Direito que, por certo, permearam nossos debates durante toda sua extensão.

Seria ele realmente o grande responsável pela crise econômica? Era, de fato, necessário o seu retrocesso para que pudéssemos efetivamente avançar? Seria o momento de repensar os seus princípios?

O discurso pronto alardeado pela grande mídia e pela incessante doutrina flexibilizatória, contudo, não oferecia as respostas. Limitando-se a jargões fáceis como "a CLT é retrógrada, inspirada na Carta del Lavoro, uma dádiva da era Vargas" não era sequer capaz de comprovar suas alegações lançadas ao vento e apreendidas pela opinião popular como um verdadeiro mantra. A aparência, assim, era frágil demais.

Os ataques ao ramo jurídico trabalhista vinham de todas as frentes, seja pela via legislativa, jurisprudencial e mesmo doutrinária, com o intuito de repensar o Direito do Trabalho sob novas bases, uma vez que, segundo se dizia, as tradicionais já não lhe serviam mais e era urgente sua modernização.

Era preciso, então, buscar as raízes do Direito do Trabalho, sua verdadeira essência para que tais questionamentos pudessem ser respondidos e fundamentadamente rebatidos.

Passamos pela análise dos clássicos em matéria trabalhista, estudamos o nascedouro da doutrina no Brasil, as bases históricas sobre o qual ele se fundou e é pelos breves apontamentos que seguem acerca da jurisprudência, doutrina e legislação do período, mobilização dos trabalhadores e dos demais atores jurídicos e da conjuntura polícia, social e econômica que consignamos o que foram aqueles anos de 2009 e 2010, sob a nossa ótica, para o Direito do Trabalho.

## 2. JURISPRUDÊNCIA

No que concerne às mudanças e movimento da jurisprudência no período que trata a presente análise, verifica-se uma intensa atuação do Tribunal Superior na revisão e cancelamento de seus entendimentos sumulados, bem como a edição de uma série de novos entendimentos.

No campo específico do Direito Material, temos, no período de 2009 e 2010, o cancelamento das Orientações Jurisprudenciais da Seção de Dissídios Individuais 1 (SDI-1) do Tribunal Superior do Trabalho (TST), que tratavam sobre a exigibilidade de atestado da doença profissional expedido pelo INSS, quando exigido por cláusula normativa e da inexigibilidade da multa do art.477 §8º da CLT em caso de fundada controvérsia quanto à existência da obrigação cujo inadimplemento gerou a multa, respectivamente.

Quanto às novidades jurisprudenciais, a SDI-1 do TST editou a OJ n.375, diferenciando suspensão do prazo prescricional e suspensão contratual, o que veio em prejuízo do trabalhador que teve seu contrato suspenso em virtude da percepção do auxílio-doença ou da aposentadoria por invalidez, o que passou a não impedir a fluência da prescrição quinquenal, ressalvada a hipótese de absoluta impossibilidade de acesso ao Judiciário; OJ n.385 da SDI-1, dirimindo a controvérsia existente quando o agente perigoso estivesse localizado em andar diverso daquele em que permanecia o trabalhador, deixando certo que é, sim, devido o pagamento do adicional de periculosidade ao empregado que desenvolve suas atividades em edifício (construção vertical), seja em pavimento igual ou distinto daquele onde estão instalados tanques para armazenamento de líquido inflamável, em quantidade acima do limite legal, considerando-se como área de risco toda a área interna da construção vertical.

No tocante às jornadas de trabalho, a OJ n.388 explicitou o que já constava do texto da CLT, apenas não especificamente no tocante ao trabalhador submetido à jornada 12X36, no sentido de, compreendendo a totalidade de sua jornada no período noturno, tem o empregado direito ao adicional noturno relativo às horas trabalhadas após as 5 horas da manhã.

Os trabalhadores submetidos a turnos ininterruptos de revezamento foram contemplados com dois novos verbetes, OJs ns.395 e 396 da SDI-1, que preceituam que têm eles direito à hora noturna reduzida, não havendo incompatibilidade entre as disposições contidas nos arts. 73, § 1º, da CLT e 7º, XIV, da Constituição Federal e, em caso de alteração da jornada de 8 para 6 horas diárias, ao empregado horista deve ser aplicado o divisor 180, em respeito ao disposto no art. 7º, VI, da mesma Constituição, que assegura a irredutibilidade salarial.

No que concerne à situação do trabalhador que recebe remuneração mista, ou seja, uma parte fixa e outra variável (o chamado comissionista misto), nos termos da OJ n.397 da SDI-1 do C.TST, passou a ser-lhe aplicado o já previsto na súmula 340, de modo que, em caso de sobrejornada, em relação à parte fixa, são devidas as horas simples acrescidas do adicional de horas extras e, em relação à parte variável, é devido somente o adicional de horas extras, não fornecendo maiores fundamentos à conclusão exarada, no sentido de se considerar lícito o pagamento apenas do adicional referente às horas extras.

Quanto às profissões específicas e categorias diferenciadas, foi editada a OJ n.391, excluindo a necessidade de submissão prévia de demanda do portuário à comissão paritária, constituída nos termos do art. 23 da Lei nº 8.630, de 25.02.1993 (Lei dos Portos), uma vez que não se trata de pressuposto de constituição e desenvolvimento válido e regular do processo, ante a ausência de previsão em lei.

Explicitou-se, ainda, a contraprestação mensal devida ao professor, que trabalha no limite máximo da jornada prevista no art. 318 da CLT, como sendo de um salário mínimo integral, não se cogitando do pagamento proporcional em relação à jornada prevista no art. 7º, XIII, da Constituição Federal.

Quanto ao advogado empregado, nos termos da então nova OJ n.403 da SDI-1, contratado para jornada de 40 horas semanais, antes da edição da Lei nº 8.906, de 04.07.1994, está sujeito ao regime de dedicação exclusiva disposto no art. 20 da referida lei, pelo que não tem direito à jornada de 20 horas semanais ou 4 diárias. No tocante ao jornalista de empresa não jornalística, ou seja, aquele que exerce funções típicas de sua profissão, independentemente do ramo de atividade do empregador, por meio da OJ 407 da mesma SDI, restou pacificado seu direito à jornada reduzida prevista no artigo 303 da CLT.

Em matéria de responsabilidade, a OJ n.411 limitou a responsabilidade do sucessor trabalhista em caso de não aquisição de empresa pertencente ao mesmo grupo econômico da sucedida, quando, à época, a empresa devedora direta era solvente ou idônea economicamente, ressalvada a hipótese de má-fé ou fraude na sucessão.

Por fim, em matéria processual, foi editada a súmula 424, consignando que o §1º do art. 636 da CLT, que estabelece a exigência de prova do depósito prévio do valor da multa cominada em razão de autuação administrativa como pressuposto de admissibilidade de recurso administrativo, não foi recepcionado pela Constituição Federal de 1988, ante a sua incompatibilidade com o inciso LV do art. 5º.

A súmula 425, por sua vez, limitou o *jus postulandi* na Justiça do Trabalho, consignando que o estabelecido pelo art.791 da CLT não alcança a ação rescisória, a ação cautelar, o mandado de segurança e os recursos de competência do Tribunal Superior do Trabalho, limitando-se às Varas e aos Tribunais Regionais do Trabalho.

Tratou, via OJ n.286 da SDI-1, do mandato tácito, explicitando que a juntada da ata de audiência, em que consignada a presença do advogado, desde que não estivesse atuando com mandato expresso, torna dispensável a procuração deste, porque demonstrada a existência de mandato tácito e, ainda, em seu item II, que, uma vez configurada a existência de mandato tácito, fica suprida a irregularidade detectada no mandato expresso.

A fim de coibir a fraude em acordos trabalhistas realizados após sentença condenatória, a OJ n.376 da SDI-1 consignou ser devida a contribuição previdenciária sobre o valor do acordo celebrado e homologado após o trânsito em julgado de decisão judicial, respeitada a proporcionalidade de valores entre as parcelas de natureza salarial e indenizatória deferidas na decisão condenatória e as parcelas objeto do acordo. Ainda referente aos acordos trabalhistas, no tocante àqueles celebrados sem o reconhecimento de vínculo, a OJ n.398 da mesma SDI deixou expresso ser devido o recolhimento da contribuição previdenciária, mediante a alíquota de 20% a cargo do tomador de serviços e de 11% por parte do prestador de serviços, na qualidade de contribuinte individual, sobre o valor total do acordo, respeitado o teto de contribuição por inteligência do § 4º do art. 30 e do inciso III do art. 22, todos da Lei n.º 8.212, de 24.07.1991.

Quanto ao abuso do direito de ação, muitas vezes alegado e confirmado em processos trabalhistas no caso de ação trabalhista ajuizada após decorrido o período de garantia de emprego, por meio da OJ n. 399 da SDI-1, o TST esclareceu-se que as ações trabalhistas submetem-se apenas ao prazo prescricional inscrito no art. 7º, XXIX, da CF/1988, não havendo que se falar em necessidade de ajuizamento ainda durante a garantia de emprego, de modo que é devida a indenização desde a dispensa até a data do término do período estabilitário.

Quanto às súmulas vinculantes do período, destacamos as de número 22 e 23 do STF tratando da competência da Justiça do Trabalho, a primeira prevendo ser ela competente para processar e julgar as ações de indenização por danos morais e patrimoniais decorrentes de acidente de trabalho propostas por empregado contra empregador, inclusive aquelas que ainda não possuíam sentença de mérito em primeiro grau quando da promulgação da Emenda Constitucional nº 45/04 e, a segunda, preconizando a competência da mesma Especializada para processar e julgar ação possessória ajuizada em decorrência do exercício do direito de greve pelos trabalhadores da iniciativa privada.

## 3. DOUTRINA

As obras doutrinárias do período que tratamos chamam a atenção para a resistência antiflexibilizatória que representam frente à genérica alegação de crise econômica apta a legitimar, no período, toda sorte de precarização, vinda dos mais diversos núcleos de poder.

Nesse contexto, é de Marcio Tulio Vianna, não por coincidência, o prefácio de duas das obras publicadas no período que ora analisamos, obras estas que, em certa medida, tratam do mesmo assunto, tendo, contudo, atores jurídicos distintos. A primeira, "O Direito do trabalho flexibilizado por FHC e Lula", publicada em 2009, trata da precarização dos direitos sociais exercida pela via legislativa durante os mandatos presidenciais respectivos; a segunda, consubstanciada no Volume I da coleção intitulada Mundo do Trabalho, organizada pelo mesmo Grijalbo, em companhia de Hugo Cavalcanti Melo Filho, do Professor Jorge Luiz Souto Maior e de Marcos Neves Fava, cuida, por sua vez, da mesma onda flexibilizatória, desta vez emanada da jurisprudência do próprio Tribunal Superior do Trabalho.

Publicada em 2009, a primeira obra a que nos referimos, de Grijalbo Fernandes Coutinho, chama atenção, segundo pontuado pelo próprio autor

> para algo que parecia sem muita relevância – o Direito do Trabalho no governo Lula -, assim como dá pistas para a realização de investigação mais profunda acerca de vários temas, com destaque para a terceirização no setor bancário promovida silenciosamente pelo Banco

Central de FHC e Lula. Categorias como petroleiros, bancários, domésticos, empregados do sistema de comunicações, rurais, comerciários e outras tantas merecem abordagem específica sobre o tratamento a elas dispensados por FHC e Lula.[1]

Embora controversa acerca do efetivo papel desempenhado por Lula, Márcio Tulio assim descreve

> a comparação entre os dois presidentes, embora original e importante, é apenas o tema explícito do script. O pano de fundo é o processo de flexibilização, que invade todo o cenário, contamina todos os atores e tanto se apresenta despudoradamente para o público, quando às vezes se esconde por detrás dos bastidores. [...] A partir das conclusões que tirarmos, é preciso que cada um de nós se posicione. Afinal, como disse alguém, vivemos, hoje, como nossos antepassados viveram, uma nova luta pelo Direito. E nessa luta, como em tantas outras, podemos não ter certeza de tudo, mas não há neutralidade possível.[2]

No primeiro volume do Mundo do Trabalho, por sua vez, procede-se à denúncia da flexibilização do Direito do Trabalho pela mais alta Corte Trabalhista, Corte esta que, em tese, deveria protegê-lo, revelando, assim, como apontado pelo mesmo Márcio Tulio, "a face mais perversa da jurisprudência".

No livro, é feita a crítica ao tratamento dado à greve pelo TST, à prescrição nos casos de danos decorrentes de acidente do trabalho, ao inexplicável critério adotado pela súmula 363 do mesmo tribunal em limitar o pagamento a apenas algumas verbas em caso de nulidade de contrato celebrado com a Administração Pública, em franco prejuízo ao trabalhador, além da imunidade, aqui chamada de "estrambótica", concedida via OJ 191 da SDI-1 do TS ao dono da obra, dentre outras matérias, de não menos relevância.

Destacando os efeitos nefastos da flexibilização via jurisprudência, Marcio Tulio, com a precisão que lhe é peculiar, preceitua que estes são sempre mais graves, uma vez que

1 COUTINHO, Grijalbo Fernandes. O Direito do Trabalho flexibilizado por FHC e Lula. São Paulo: LTr, 2009, p.6.

2 Ibidem, p.13.

> em maior ou menor medida, para o bem ou para o mal, as decisões dos tribunais têm sempre um peso político. Mesmo quando não sumuladas, elas sinalizam tendências, disciplinam os juízes mais jovens e autorizam bons e maus comportamentos, na medida em que revelam à sociedade a palavra sagrada, a inteligência da lei, o "verdadeiro" Direito. Nesse sentido, um tribunal pode ter até mais força que o legislador, pois enquanto este mostra apenas a lei que foi feita, aquele exibe a lei como deve ser lida, entendida, aplicada, e, enquanto o primeiro se defronta com críticas, pressões e lobbies, o segundo tem à sua frente, apenas, as elegantes razões de um ou dois advogados. [...] Por tudo isso, ao falarmos de flexibilização, precisamos mesmo – como ensina o livro, avançar para além da pura letra da lei. Pode-se flexibilizar legislando, negociando, desregulamentando, regulamentando, não aplicando, fiscalizando, não fiscalizando, e, sobretudo, interpretando.[3]

Ainda na mesma toada contestatória, embora publicado em 2008, imprescindível fazer referência à publicação que, em grande medida, inaugurou na doutrina contemporânea o Direito do Trabalho pautado pela busca de sua essência e não apenas a mera análise dos dispositivos legais que o compõem, ao tratar da relação de emprego.

Publicado antes mesmo do volume I, a obra do Professor Jorge Luiz Souto Maior, "A relação de emprego", do seu Curso de Direito do Trabalho convidou-nos a efetivamente pensar este ramo do direito, e foi assim que o fizemos durante nosso curso de Especialização, iniciado logo após, em 2009, partindo da contestação, de antemão, das previsões catastróficas não despidas de um intuito por trás delas, conforme pontuado pelo autor:

> A contestação frequente, que está na mídia e na boca da intelectualidade, martelando as nossas mentes, de que a maior parcela da população não tem emprego (mesmo não considerando os diversos empregos mascarados que existem nestes dados estatísticos) tem a função precisa (mesmo que na perspectiva de alguns, não haja tal intenção) de tornar frágil a importância do emprego. Assim, o "pleno emprego", que fora uma promessa do Estado Social, com força jurídica dentro do sistema, passa a ser, abertamente, apontado como "sonho inatingível" e, pior, que aqueles

3 COUTINHO, Grijalbo Fernandes; MELO FILHO, Hugo Cavalcanti; SOUTO MAIOR, Jorge Luiz; FAVA, Marcos Neves. (Coord). O mundo do trabalho. Leituras críticas da jurisprudência do TST: em defesa do Direito do Trabalho. São Paulo: LTr, 2009. v.1.

que têm emprego são uma camada de privilegiados. Com isto ao mesmo tempo, permite-se a redução de direitos que ao longo dos tempos se incorporam à relação de emprego e elimina-se o compromisso do sistema em a busca do pleno emprego. Muitas vezes chega-se ao cúmulo de dizer que a desgraça daqueles que não têm emprego é culpa dos empregados, em razão dos direitos que possuem.[4]

E é com foco na busca da essência para além da aparência, que começamos, assim, o curo de Especialização, questionando esse sistema que se funda nos direitos sociais como freio e que, se seu intuito for prosseguir sem eles, o próprio sistema, em si, sucumbiu, uma vez que passa a subsistir sem os limites de uma legislação social sem que se nada coloque em seu lugar como alternativa a esse modelo de sociedade.

Na mesma linha de proteção do Direito do Trabalho, na busca de garantir sua efetividade, a doutrina à época muito se pautou na análise desse ramo como um direito fundamental, tratando dos direitos elencados no artigo 5º da Constituição Federal como não apenas dirigidos a limitar o poder estatal, na medida em que referidos direitos, na sociedade atual, não são vilipendiados apenas por este, mas também pelos empregador, sendo as empresas importantes polos de poder. Fala-se, então, em eficácia horizontal dos direitos fundamentais, aplicando-os também às relações entre particulares, no caso, empregado e empregador.

Nessa toada, muitos são as obras e artigos publicados em revistas especializadas tratando do direito à intimidade do trabalhador, da discriminação procedida pelas empresas na admissão, contratação e dispensa, dentre outros[5].

Partindo desse entendimento, parte da doutrina, também, passou a empregar no Direito do Trabalho as mesmas técnicas de interpretação aplicadas a referidos direitos fundamentais, procedendo aos chamados

4 SOUTO MAIOR, Jorge Luiz. Curso de direito do trabalho: a relação de emprego. São Paulo: LTr, 2008. v.II. p.18.

5 Como exemplo, tem-se: CALVO, Adriana. Conflito entre o poder do empregador e a privacidade do empregado no ambiente de trabalho. Revista LTr. 73-01. p. 65; ROBORTELLA, Luiz Carlos Amorim. BOUCINHAS FILHO, Jorge Cavalcanti. Discriminação por idade – rescisão contratual e plano de previdência complementar. Revista LTr. 73-12.

exercícios de ponderação de interesses, quando diante da alegada colisão de dois direitos fundamentais: o do empregado e o do empregador.

Desse modo e com supedâneo na doutrina internacional de grande popularidade à época entre os constitucionalistas, admitiu-se, sem receio, que o direito do trabalhador pudesse ceder, em determinado caso concreto, se, na hipótese, prevalecesse o direito do empregador o que, em um contexto de crise alardeada, revelou-se de extremo perigo à eficácia do Direito do Trabalho.

Isso porque, este último só tem razão de ser destacado dos demais ramos do Direito, na medida em que já procedeu à ponderação necessária, de modo que é o direito do trabalhador quem tem que prevalecer, não cabendo aqui referidos exercícios de ponderação, aptos a ensejar que ora sim, ora não, o Direito do Trabalho possa ceder, sob argumentos vagos de proporcionalidade e razoabilidade, como preceituado pela doutrina em questão.

Ressalte-se, por oportuno, que a tradução da obra do aclamado constitucionalista germânico Robert Alexy por Virgilio Afonso da Silva, "Teoria dos Direitos Fundamentais" data desse período, por certo tendo influenciando a doutrina trabalhista à época para a publicação de estudos no sentido acima declinado.

Como não poderia deixar de ser, em face do contexto histórico que vivíamos, destacamos a grande produção doutrinária acerca da crise econômica, tendo muitos dos periódicos do período tratado do assunto, inclusive destacando as demissões coletivas havidas, tema da avaliação de ingresso no curso de Especialização. Em defesa do Direito do Trabalho e revelando "a história que a história não conta", de outra banda, ressaltamos os artigos do Professor Souto Maior "Amo muito tudo isso", "Negociação coletiva de trabalho em tempos de crise econômica"[6], apenas para citar alguns.

Por fim, não poderíamos deixar de fazer referência à obra da Professora Daniela Muradas Reis, "O princípio da vedação do retrocesso no Direito do Trabalho", realizando importante análise da normatividade tra-

6 Ambos disponíveis no blog do professor, www.jorgesoutomaior.com.br/blog . Acesso em 02/02/2019.

balhista no plano internacional, especialmente no tocante à vigência e denúncia desses diplomas, de grande importância no contexto de proeminência da convecção 158 da OIT no período. Nesse sentido, destaca a autora:

> o não retrocesso relaciona-se ao princípio da proteção ao trabalhador, pedra angular do direito do trabalho. O princípio da proteção, como se sabe, grava a originalidade do direito do Trabalho, enunciando o seu sentido teleológico. Com lastro na dignidade da pessoa humana e no valor ínsito ao trabalho humano, o principio tutelar enuncia ser a missão deste ramo jurídico a proteção ad0o trabalhador, com a retificação jurídica da desigualdade socioeconômica inerente à relação entre capital e trabalho.[7]

## 4. LEGISLAÇÃO

Como ocorre historicamente de modo cíclico, em momentos de crises econômicas, há um avanço das teorias flexibilizadoras no âmbito do direito trabalhista no sentido de redução de direitos e, consequentemente, uma suposta redução do custo do trabalho.

Nos anos de 2009 e 2010, o contexto econômico era muito diferente do atual, sendo que no ano de 2009, por exemplo, a taxa de desemprego foi de 8,1%, ou seja, a segunda mais baixa desde 2002 (http://www.brasil.gov.br/economia-e-emprego/2010/01/desemprego-em-2009-tem-a-segunda-menor-taxa-desde-2002).

Por conseguinte, nos respectivos anos, embora de forma tímida, o Brasil teve seu arcabouço jurídico fortalecido no sentido de ampliar a proteção à classe trabalhadora.

Levando-se em conta a persistência da discriminação racial no Brasil, mesmo com a vigência da atual Constituição Federal, a qual traz a igualdade (art. 5º) e a busca da isonomia material entre as raças (art. 3º), foi aprovada a Lei nº 12.288, de 20 de julho de 2010, conhecida como Estatuto da Igualdade Racial.

O art. 39 do mencionado estatuto, já em seu *caput* trouxe importante contribuição ao prever que o poder público tem o dever de promo-

---

7 REIS, Daniela Muradas. O princípio da vedação ao retrocesso no Direito do Trabalho. LTr: 2010.p.12.

ver a igualdade de oportunidades e condições no setor público, bem como incentivá-la no setor privado.

Na mesma linha de ampliar o sistema legal de proteção trabalhista, por meio do Decreto nº 6.949, de 25 de agosto de 2009, o Congresso Nacional aprovou a Convenção Internacional sobre os Direitos das Pessoas com Deficiência. Uma vez atendidos os requisitos do art. 5º, § 3º, da Constituição Federal, referida norma internacional passou a viger no Brasil com força de norma de natureza constitucional.

Outro estatuto aprovado no período em destaque, foi o Estatuto do Trabalhador Avulso, fixado pela Lei 12.023/2009.

Mesmo se tratando apenas de legislação regulamentadora do conteúdo do artigo 7º, *parágrafo único*, da CF, referida lei possui grande importância para essa classe de trabalhadores, pois, na prática laboral, encerra maiores discussões sobre a eficácia mediata ou imediata dos direitos fundamentais constitucionais, já que estabelece regras claras de aplicação direta do teor previsto na Lei Maior.

Conquanto não se tratem de novos estatutos, não se pode olvidar de diversas alterações legislativas pontuais de grande valia no sentido de ampliar a proteção dos trabalhadores.

Cita-se, em primeiro lugar, a Lei nº 12.010, de 2009 que suprimiu o critério de distinção para fixação do tempo de licença maternidade, com base na idade da(o) adotada(o) ao revogar os parágrafos do art. 392-A da CLT.

Também houve a revogação do artigo 508 da CLT, cujo teor extirpado previa a modalidade especial de justa causa para o trabalhador de instituições bancárias, consistente na existência contumaz de dívidas. Da mesma maneira, o legislador ordinário entendeu que não há discriminação lógica para se impor regras específicas e alheias às atividades laborais aos trabalhadores da categoria dos bancários. Tratava-se de injustificável discriminação a esses trabalhadores.

A respeito das mudanças legislativas na esfera processual trabalhista, não se observou mudanças estruturais em específico, mas tão somente alterações pontuais de algumas regras e alterações de normas não voltadas especificamente para esse ramo.

No que concerne às mudanças pontuais no processo do trabalho, houve, por meio da Lei nº 12.275, de 2010, a inclusão da necessidade de realização de depósito recursal como requisito extrínseco de admissão do recurso de agravo de instrumento.

Ainda, a Lei nº 11.925/2009 alterou o artigo 830 da CLT no sentido de trazer a mesma disposição do Código de Processo Civil quanto à necessidade do advogado em declarar a autenticidade dos documentos por ele colacionados aos autos.

Já no âmbito processual constitucional, depois de muito tempo de inércia legislativa, foi promulgada a Lei nº 12.016/2009, responsável por regulamentar o mandado de segurança de acordo com a atual Constituição Federal de 1988.

Na seara constitucional, ainda, a EC 62/2009 alterou de forma substancial o regime de precatórios e de pagamento de requisições de pequeno valor, o que afetou de forma incisiva a execução contra a Fazenda Pública na justiça laboral. Isso porque as pessoas jurídicas de direito público estão entre os maiores litigantes na justiça especializada, seja como devedores subsidiários decorrentes da terceirização se serviços, como também na posição de litigantes principais.

No campo infralegal, também, pode-se citar a Portaria nº 1.510, de 21 de agosto de 2009, que regulamentou o ponto de registro de horário eletrônico, trazendo maior segurança jurídica ao trabalhador, com a impressão de comprovantes, e ao empregador, com a definição de critérios objetivos para a adoção do controle de jornada de seus empregados.

Por outro lado e de forma contraditória à ampliação de avanços legislativos e dos direitos sociais apontados, sob o ponto de vista da análise geral e da totalidade dos fatos é de grande importância mencionarmos o fato de que a doutrina dos direitos sociais e especificamente do Direito do Trabalho, também não estava vivendo um momento tranquilo na sua história, isto porque, também foi um período marcado por diversos ataques do capital sobre a classe trabalhadora, o que pode constatado no teor dos debates e das ideias acerca dos princípios e do alcance da aplicação das normas previstas no rol dos direitos sociais previstos como norma fundamental n Constituição Federal e no âmbito do trabalho.

Neste sentido, conquanto se possa dizer que tratou-se de um período de avanços legislativos como nos casos das convenções da Organização Internacional do Trabalho de números 151 e 102 que foram ratificadas pelo Brasil entre os anos de 2009 e 2010, respectivamente, tratando do direito de sindicalização e relações de trabalho na administração pública, bem como da proteção no âmbito da seguridade social ao tratar de normas mínimas da seguridade social, ao mesmo tempo, foi objeto de debates, publicações e eventos em diversas áreas do direito, como no direito administrativo, por exemplo, evidenciando a tendência de tratamento restritivo de interpretação dos direitos constitucionais fundamentais, constata-se a luta que se travou entre o capital e o trabalho no *"neoconstitucionalismo"* ou ainda, o aprofundamento do neoliberalismo, assim como o surgimento da teoria do princípio da supremacia do interesse público sobre o particular, o que serviu como objeto de fundamento para limitar diversos direitos fundamentais como o direito de greve, por exemplo elencado no artigo 9º da Constituição Federal, direito fundamental e de aplicação imediata que ganhou grande fôlego no avanço normativo com ratificação da Convenção da OTI, seguindo assim o mundo de contradições que é inerente ao modo de produção capitalista.

Ainda no que se refere às mudanças legislativas no período, cabe ainda destacar algumas alterações importantes concernentes ao Direito do Trabalho e Previdência Social, questões de direito, reconhecimento das novas funções exercidas no mercado de trabalho, bem como o fortalecimento da Justiça do Trabalho decorrente da criação de novos cargos de juiz do trabalho substituto e de outro lado no reconhecimento do aumento de demandas judiciais trabalhistas.

No campo da previdência social, destaca-se o decreto nº 7.054 de 28 de dezembro de 2009 que altera o §1º do artigo 11 do Regulamento da Previdência Social, aprovado pelo Decreto nº 3.048 de 1999 e que amplia a possibilidade de filiação na previdência social, na condição de segurado facultativo, ao presidiário que não exerce atividade remunerada nem esteja vinculado a qualquer regime da previdência social, ampliando a proteção social no trato da seguridade social. [8]

Outro aspecto importante concernente à proteção social das trabalhadoras e trabalhadores, bem como a proteção social à infância e direitos da criança e pessoas em formação, foi a possibilidade de ampliação do período de licença maternidade por intermédio da criação do Programa Empresa Cidadã, no tocante a empregadas de pessoas jurídicas.

Assim, por intermédio do conteúdo do decreto nº 7.052 de 23 de dezembro de 2009, que regulamentou a Lei nº 11.770 de 9 de setembro de 2008[9] e criou o Programa Empresa Cidadão, passou-se a prever a prorrogação por sessenta dias da duração da licença-maternidade prevista no inciso VXIII do caput do artigo 7º da Constituição Federal, bem como artigos 71 e 71-A da Lei nº 8.213, de 24 de julho de 1991, condicionado a apresentação do requerimento até o final do primeiro mês após o parto, aplicável também na hipótese de parto antecipado e para a hipótese de adoção ou guarda judicial para fins de adoção, ficando previstos, para estas hipóteses, o afastamento de diferentes períodos, dependendo da idade da criança e outras especificações.

Além disso, destaca-se o advento da Lei 12.009 de julho de 2009[10] que regulamentou o exercício da profissão de mototaxista e motoboy em entrega de mercadorias e em serviço comunitário de rua, dispôs sobre regras de segurança e regras gerais para seu exercício, tais como idade mínima de 21 anos (artigo 1º), o uso de colete de segurança, a proibição de transportes de combustíveis, produtos inflamáveis, tóxicos, (parágrafo 2º, do artigo 139-A), bem como o reconhecimento da responsabilidade solidária do empregador e o risco da atividade, em aplicação da teoria da responsabilidade objetiva no âmbito da jurisprudência dos Tribunais.

---

8 Disponivel em: http://www.planalto.gov.br/ccivil_03/decreto/D3048.htm. Acesso em 10/02/2019.

9 Disponivel em: http://www.planalto.gov.br/ccivil_03/_Ato2007-2010/2009/Decreto/D7052.htm. Acesso em 10/02/2019.

10 Disponível em: http://www.planalto.gov.br/ccivil_03/_Ato2007-2010/2009/Lei/L12009.htm. Acesso em 12/02/2019.

No que concerne às regulações do trabalho contratado no Brasil e exercício no exterior, importa destacar o advento da Lei nº 11.962 de 3 de julho de 2009[11] que alterou as disposições previstas na Lei nº 7.064 de 6 de dezembro de 1982, aplicável a todas as empresas que venham a contratar ou transferir trabalhadores para prestar serviço no exterior.

## 5. MOBILIZAÇÃO DOS TRABALHADORES

No cenário internacional, o aprofundamento dos efeitos da crise e medidas de austeridade sobre os trabalhadores fizeram eclodir uma série de paralisações pela Europa.

Em 2009, os trabalhadores franceses mobilizaram-se em greves gerais e ações de protesto, especialmente contra a proposta de reforma previdenciária do governo Sarkozy [12] e pelo auxílio aos desempregados e aos pobres em geral.

A onda de protestos manteve-se pelo ano de 2010, intensificando-se durante os meses de setembro e outubro, contra a proposta do governo de aumentar a idade mínima de aposentadoria de sessenta para sessenta e dois anos que havia, à época, sido aprovada na Assembleia e seria encaminhada a votação no Senado.

Na Espanha, em apenas um ano, o total de desempregados duplicou e chegou a um índice semelhante aos dos países latino-americanos. Essa cifra catastrófica superou todas as previsões do governo.

O pacote de medidas de austeridade anunciadas pelo governo espanhol, prevendo a redução dos direitos dos trabalhadores em novos contratos, mudanças para permitir aos empregadores realizar demissões mais facilmente e a reforma da previdência, alterando a idade mínima de aposentadoria de 65 anos para 67 anos, fez eclodir uma grande greve ge-

---

11 Disponivel em: http://www.planalto.gov.br/ccivil_03/_Ato2007-2010/2009/Lei/L11962.htm. Acesso em 12/02/2019.

12 Disponível em https://www.bbc.com/portuguese/noticias/2009/01/090129_franca_protestos_df_cq_tc2, https://oglobo.globo.com/mundo/milhares-vao-as-ruas-em-protesto-na-franca-3576898. Acesso em 12/02/19.

ral, com a adesão de mais de 70% dos trabalhadores, segundo as Centrais Sindicais daquele país, em 29 de setembro de 2010.

A greve geral protagonizada pelos trabalhadores da Espanha foi acompanhada por manifestações nas capitais da Bélgica, Portugal, Itália, Letônia, Lituânia, República Checa, Chipre, Sérvia, Romênia, Polônia, Irlanda e França.[13]

Em 24 de novembro de 2010, foi a vez dos trabalhadores de Portugal protagonizarem a maior greve geral de sua história, contra as medidas de austeridade pretendidas pelo Governo.[14]Os sindicatos apontaram 85% de adesão dos trabalhadores.

A grave crise econômica que atingiu a Grécia também fez eclodir, naquele país, uma série de greves gerais e protestos contra as medidas de austeridade tomadas pelo governo. Em 5 de maio de 2010, três pessoas morreram, em uma das maiores manifestações na Grécia desde 1973[15].

No continente americano, os trabalhadores da Vale Inco, no Canadá iniciaram a greve contra a proposta final de acordo coletivo feita pela Vale para o período de 2009 a 2011. Participam da greve cerca de 3.500 mineiros das comunidades de Sudbury, Port Colborne e Voisey´s Bay na província (estado) de Ontário. Juntas, as minas desta região são responsáveis por 31% da produção mundial de níquel da Vale. Em Sudbury, a greve só se encerrou em 7 de julho de 2010, 361 dias após iniciada. Em Voiscy's Bay, uma instalação menor, a greve ainda durou mais seis meses, alcançando no total 18 meses de paralisação.[16]

No Brasil, o balanço de greves publicado pelo Dieese aponta um aumento no número de greves nos anos de 2009 e 2010, registrando a ocorrência de 518 greves em 2009 e 446, em 2010. Segundo os dados sistema-

13 Disponível em https://www.bbc.com/portuguese/noticias/2010/09/100929_greveespanha_ai. Acesso em 12/02/19.

14 Disponível em https://economia.uol.com.br/ultimas-noticias/afp/2010/11/24/greve-geral-historica-em-portugal-contra-plano-de-ajuste.jhtm. Acesso em 12/02/19.

15 Disponível em http://g1.globo.com/economia-e-negocios/noticia/2010/05/incendio-de-predio-durante-protestos-antipacote-na-grecia-deixa-1-morto.html. Acesso em 12/02/19.

16 Disponível em http://www.iassc2018.sinteseeventos.com.br/simposio/view?ID_SIMPOSIO=14&impressao. Acesso em 12/02/19.

tizados pelo DIEESE, em 2009, o total de greves foi 26% maior que o ocorrido em 2008, enquanto em 2010, o total foi 14% menor que o de 2009.

O Dieese, destaca-se, utilizou para referido balanço a base de dados do Sistema de Acompanhamento de Greves, desenvolvido e mantido pelo próprio departamento e que reúne informações das greves desde 1978 bem como de notícias sobre greves veiculadas em jornais impressos e eletrônicos e da imprensa sindical.

Nesse estudo, apurou-se que, em 2009, o número de greves realizadas por trabalhadores na esfera privada (266) superou o da esfera pública (251). Já em 2010, o número de greves na esfera privada (176) foi inferior ao encontrado na esfera pública (269), havendo uma queda mais acentuada no setor industrial, de 149 greves, em 2009, para 97 greves, em 2010.

Ainda em 2009, o país enfrentou os impactos da crise econômica mundial, inclusive ingressando no quadro de recessão. O DIEESE aponta que a crise econômica ensejou greves de caráter mais defensivo, especialmente contra demissões em massa e tentativas de retirada de direitos.

O aquecimento dos índices econômicos teve repercussões na redução do número de greves ocorridas entre 2009 e 2010 e na origem dos movimentos que, em 2010, partiram, principalmente, do setor público, que respondeu por 60,3% do total de greves desse ano. Na direção oposta, reduziram-se expressivamente as greves na indústria (setor privado), bem como houve mudança nas motivações para as greves nesse setor – de reajuste salarial e contra as demissões para reivindicações pela participação nos lucros e resultados.

Entre as greves do período, podemos destacar o Dia Nacional de Lutas contra as demissões, pelo emprego, direitos e reivindicações dos trabalhadores, convocado pelas centrais sindicais em 30 de março de 2009.

Em 24 de abril, ocorreu a greve geral dos trabalhadores da educação, em defesa dos salários, contra a precarização do ensino público no país e pelo piso nacional da educação.

Devemos destacar, ainda, a greve unificada das Universidades estaduais paulistas. Realizada na USP, UNESP e UNICAMP. Na primeira, a greve foi duramente reprimida, com a atuação da Tropa de Choque nos

Campi, em repressão aos estudantes, funcionários e professores da universidade, episódio que reuniu cerca de 2 mil pessoas.

Servidores do então Ministério do Trabalho e Emprego, da Justiça Federal e da Justiça do Trabalho também deflagraram greve em defesa de melhores condições de trabalho e salário. Por reajuste salarial, os servidores do judiciário paulista fizeram uma greve que durou 127 dias, no ano de 2010.[17]Com a mesma pauta, os servidores do judiciário federal no Estado de São Paulo realizaram 70 dias de greve[18].

Como parte do processo de reorganização do movimento sindical brasileiro, em junho de 2010, no Congresso Nacional da Classe Trabalhadora – CONCLAT – ocorrido na cidade de Santos, São Paulo, foi fundada a CSP Conlutas – Central Sindical e Popular.

O Congresso contou com a participação de 3.150 delegados(as) vindos de todas as regiões do país. A entidade passou a reunir a Coordenação Nacional de Lutas – CONLUTAS, que se organizava desde 2004, a partir da ruptura com a CUT de maneira crítica à capitulação ao governo Lula, o MTST (Movimento dos Trabalhadores Sem Teto), MUST (Movimento Urbano dos Sem Teto) e outras organizações do movimento popular urbano, o MTL (Movimento Terra, Trabalho e Liberdade) agregando, ainda, organizações da juventude e de luta contra a opressão.

## 6. MOBILIZAÇÃO DOS ATORES JURÍDICOS

Do dia 28 de abril de 2010 a 1º de maio de 2010, ocorreu, em Brasília, o XV Congresso Nacional dos Magistrados Trabalhistas – CONAMAT, com o seguinte tema: "A Constituição, o Trabalho e a Democracia: Tensões e Perspectivas".

17 Disponível em https://www.conjur.com.br/2010-set-01/chega-fim-greve-servidores-justica-sao-paulo. Acesso em 13/02/2019.

18 Disponível em http://g1.globo.com/brasil/noticia/2010/07/greve-de-servidores-federais-termina-apos-69-dias.html. Acesso em 13/02/2019.

Na pretensão de trazer subsídios teóricos aos magistrados trabalhistas e aos demais operadores do direito laboral, algumas teses foram aprovadas na plenária do CONAMAT.

Em um contexto de grande influência das correntes doutrinárias neoconstitucionalistas, diversas das teses aprovadas foram marcadas pela irradiação do texto constitucional na esfera laboral, que se denominou de constitucionalização do direito do trabalho.

Nesse viés, a tese de nº 1 da Comissão fixou o entendimento no sentido da necessidade de efetivação dos direitos fundamentais constitucionais por meio do ativismo judicial, sem que, com isso, possa se falar em afronta à separação de poderes.

Ainda, na Comissão 1, outros pontos específicos foram aprovados, como a garantia da duração razoável do processo, da aplicação da ponderação de princípios, a eficácia imediata no caso concreto do adicional de penosidade.

Por sua vez, a Comissão 2 – RELAÇÕES COLETIVAS DE TRABALHO E DEMOCRACIA – aprovou teses que trataram dos mais variados temas, como a necessidade de comunicação aos entes coletivamente legitimados para a Ação Civil Pública, no caso de existência de ações individuais com pedidos similares em face de uma mesma empresa, o reconhecimento das negociações coletivas como aspecto da liberdade sindical e a interpretação de que os dias de greve devem ser considerados como interrupção da atividade laboral e não suspensão, o que garantiria o pagamento dos dias parados.

Tema esse que atualmente tem ganhado relevante destaque pelas recentes decisões do C. TST e do STF em sentido contrário ao da tese acima, autorizando os descontos dos dias de paralisação, como se decidiu no Recurso Extraordinário (RE) 693456, com repercussão geral reconhecida, a qual tratava da constitucionalidade do desconto dos dias não trabalhados em razão de greve de servidor público.

Na Comissão 3 – O PROCESSO DO TRABALHO E O PRINCÍPIO FUNDAMENTAL DA DURAÇÃO RAZOÁVEL -, como o próprio assunto escolhido deixa evidente, frente ao grande volume processual da esfera trabalhista, foram aprovadas teses no sentido de trazer celeridade e efetividade processuais, como por meio da aplicação do antigo art. 475-J do CPC (atual art. 523, do NCPC) e da hipoteca judiciária, além de outras deliberações como a possibilidade de antecipação de tutela no sentido de exigir o pagamento de verbas de natureza alimentar de empresas terceirizadas comprovadamente não idôneas.

Já a Comissão 4 – PROCESSO VIRTUAL: TENSÕES ENTRE A EFICIÊNCIA E O EXERCÍCIO DE DIREITOS FUNDAMENTAIS –, atenta às mudanças trazidas pelo Processo Judicial Eletrônico – PJe –, firmou teses no sentido de garantir a publicidade dos atos processuais, da gestão do lixo como medida de preservação ambiental, além da necessidade de se preservar dados sensíveis, evitando a perda de informações processuais.

Além disso, verificou-se no período uma forte atuação de órgãos sociais, como a Fundacentro, que organizou diversos eventos, seminários e cursos tratando da saúde e segurança da trabalhadora e trabalhador, assim como questões como assédio moral, desconexão e doenças psicolaborais.

O tradicional congresso da Editora LTr, organizado então pelo Prof. Amauri Mascaro do Nascimento, realizado anualmente, trouxe também como temática principal a crise econômica, destacando o viés de necessária "colaboração" dos trabalhadores. Assim, as palestras enaltecendo a suspensão contratual para qualificação profissional preconizada pela própria CLT como solução viável em tempos de crise e a necessidade de revisão do princípio protetor, como sempre vem à tona nesses períodos.

Num segundo painel, tratou-se da temática referente ao Direito Constitucional do Trabalho, com palestras focadas basicamente na Convenção 158 da Organização Internacional do Trabalho.

Por fim, o congresso "Temas Atuais de Direito do Trabalho", realizado pelo Departamento de Direito do Trabalho da Faculdade de Direito da Universidade de São Paulo, nos respectivos anos, tratou das seguintes temáticas: em 2009, as palestras abordaram Estágio e relação de emprego; Direito do Trabalho e direito à intimidade; O dano social e sua reparação; Novos enfoques do dissídio coletivo de natureza jurídica; Nova lei do mandado de segurança: reflexos no processo do trabalho; Repensando a dispensa coletiva no Brasil, na perspectiva da Comunidade Europeia; O exercício abusivo do direito processual; A boa-fé objetiva aplicada ao Direito Individual do Trabalho; Centrais Sindicais no contexto da liberdade sindical; Regulamentação de profissões e limites constitucionais à instituição de exigências legais ao exercício do trabalho na jurisprudência do STF; A harmonização de normas trabalhistas na União Europeia: principais diretivas; Efeitos do acordo judicial em sede de ação civil pública e nas ações de cumprimento.

Já em 2010, os temas disseram respeito à proteção à intimidade do trabalhador; Alcoolismo como patologia e os reflexos no artigo 482, f, da CLT; Nova lei do mandado de segurança; Prostituição infanto-juvenil e seu impacto nas relações de trabalho; Proteção ao trabalhador fronteiriço; Agenda trabalhista para o novo governo; Interdito proibitório no direito de greve; Presença de elementos corporativos no direito coletivo brasileiro; Marcação de ponto eletrônico; Jornadas de trabalho atípicas e Assédio moral no ambiente de trabalho.

## 7. CONJUNTURA POLÍTICA, ECONÔMICA E SOCIAL

A V Turma do curso de Especialização em Direito do Trabalho da Universidade de São Paulo iniciou as atividades no segundo semestre de 2009. Sem dúvidas, um período agitado para a classe trabalhadora de todo o globo.

O mundo, em choque, experimentava os efeitos da crise iniciada na área do mercado de hipotecas nos EUA. Assistia, boquiaberto, a falência Lehman Brothers, um símbolo dos tempos hostis que se aproximavam. Como era de se esperar, os Estados nacionais agiram rápido na tentativa de conter os efeitos da crise. O governo estadunidense injetou mais de 17 bilhões de dólares nas empresas GM e Chrysler.

O nível de endividamento dos governos aumentou vertiginosamente. O PIB na Espanha caiu 1,8% e o déficit orçamentário atingiu 62,78 bilhões de euros (93,343 milhões de dólares), 5,96% do PIB nos primeiros meses de 2009.

A crise grega, talvez a mais emblemática de toda Europa, alcançou um déficit orçamentário de 13,6% do PIB em 2009. Na Grã-Bretanha, esse déficit chegou a 13% do PIB. Na Espanha 11,2%, na Irlanda a 14,3% e na Itália a 5,3%.[19]

Em abril de 2009, a cúpula do G20 reuniu-se em Londres para discutir uma resposta unificada para a crise. A reunião foi marcada pelos protestos antiglobalização. Batizada de "Put People First" (primeiro as pessoas), a manifestação foi organizada por 150 entidades e reuniu, segundo a imprensa, 40 mil pessoas.[20]

O resultado da economia nos países europeus nos primeiros meses de 2009 indicou um aprofundamento da recessão no continente. Segundo a imprensa, a Europa atingiu patamares comparáveis ao fim da Segunda Guerra. Enquanto a recessão se agravou na Alemanha, que sofreu queda de 3,8% entre janeiro e março, maior queda em 40 anos, a economia francesa entrou oficialmente em recessão, com queda de 1,2% do PIB no primeiro trimestre do ano de 2009, e extinção de 138 mil empregos.

A OIT aponta que no período de 2008 a 2014, houve uma intensificação na promoção de reformas normativas no campo da regulação do mercado de trabalho. Dessas reformas, 92% constituíram mudanças permanentes na legislação, o que sugere que a crise levou a uma mudança de longo prazo na regulação do mercado de trabalho em todo o mundo. A maior parte das reformas atingiu contratos permanentes (30%) e a negociação coletiva (27%).

Os principais temas foram jornada de trabalho (74%), contratos de trabalho temporário (65%), demissões coletivas (62%) e novas formas de contratação (28%).[21]

A desregulamentação dos mercados de trabalho foi acompanhada por medidas de consolidação orçamental, o que revela uma ação positiva dos Estados no sentido de assegurar os interesses da parcela detentora do poder econô-

19 Disponível em https://oglobo.globo.com/mundo/entenda-crise-na-grecia-3012712. Acesso em 12/02/19.

20 Disponível em https://www.theguardian.com/world/gallery/2009/mar/28/g20-protest-london-put-people-first. Acesso em 12/02/2019.

21 Dados disponíveis em ADASCALITEI, Dragos. MORANO, Clemente Pignatti. Labour market reforms since the crisis: drivers and consequences. International Labour Office, Research Department. - Geneva: ILO, 2015 (Research Department working paper ; No. 5).

mico nos momentos de crise, especialmente ceifando direitos sociais, seja pela mudança da legislação trabalhista, seja pelos cortes no orçamento público. Em curtas palavras, a conta da crise econômica é imposta aos trabalhadores.

No Brasil, um episódio marca o contexto de crise, e é especialmente peculiar para nossa turma da Pós-graduação, já que a prova de seleção para ingresso trouxe justamente o tema das demissões em massa. Em 19 de fevereiro de 2009, a fabricante de aeronaves Embraer divulgava um comunicado informando que, em decorrência da "crise sem precedentes que afeta a economia global", reduziria seu quadro de empregados em 20%, o que acarretaria mais de 4 mil demissões. Foram 4200 trabalhadores demitidos.

Ainda em 2009, o Brasil entrou em recessão. A confirmação técnica do quadro recessivo do país se deu após a divulgação da produção industrial do país no primeiro trimestre do ano. Segundo o IBGE, a produção industrial despencou 14,7% entre janeiro e março, em relação ao mesmo período de 2008. Foi o pior resultado desde 1991. Só em março, caiu 10% em relação ao mesmo mês do ano passado. Nos dois últimos trimestres, a queda da produção acumulada chega a 16,7%.[22]

Mesmo com medidas como isenção de IPI para as montadoras, as demissões em massa alastraram-se no ABC paulista, produzindo um efeito cascata de desemprego. [23]

Os efeitos da crise econômica ainda foram acompanhados da crise política, em um período marcado pelo "Fora Sarney", parlamentar filiado ao PMDB que protagonizou uma série de escândalos de corrupção.[24]

O período contou, ainda, com a escolha do Rio de Janeiro como sede para os jogos Olímpicos de 2016, e o avanço na política de militarização das favelas cariocas, com a instalação de Unidades de Política

---

22 Disponível em https://extra.globo.com/noticias/economia/pib-do-brasil-recua-08-no-primeiro-trimestre-de-2009-brasil-tem-recessao-297319.html. Acesso em 12/02/2019.

23 Disponível em https://www1.folha.uol.com.br/fsp/dinheiro/fi1205200915.htm; http://g1.globo.com/Noticias/Economia_Negocios/0,,MUL1064456-9356,00-GOVERNO+ANUNCIA+PACOTE+DE+MEDIDAS+DE+ESTIMULO+A+ECONOMIA+DO+PAIS.html. Acesso em 12/02/2019.

24 Disponível em https://www.clickpb.com.br/politica/jose-sarney-protagonizou-25-escandalos-em-2009-65664.html. Acesso em 12/02/2019.

Pacificadora em Babilônia, Chapéu, Mangueira, Pavão-Pavãozinho, Cantagalo, Tabajaras, Cabritos, Borel, Formiga, Andaraí, Salgueiro, Turano, Cidade de Deus, Batan, Providência[25].

Com 56,05% dos votos válidos, e um programa fundado na continuidade do governo Lula, foi eleita a primeira Presidenta do país, Dilma Rousseff, ex-ministra-chefe da Casa Civil do Governo Lula, na coligação "Para o Brasil seguir mudando", tendo o então deputado Michel Temer como candidato a vice-presidente. Dilma obteve sua vitória eleitoral disputando contra a chapa liderada por José Serra, da coligação "O Brasil pode mais".

A ex-presidenta pautou sua campanha em 13 eixos programáticos: fortalecer a democracia política e econômica; expansão do emprego e renda; projeto que assegurasse sustentável transformação produtiva; defesa do meio ambiente; erradicação da pobreza absoluta; atenção especial aos trabalhadores; garantia de educação para a igualdade social; transformação do Brasil em potência tecnológica; garantia de qualidade do Sistema Único de Saúde (SUS); habitação e vida digna aos brasileiros; valorização da cultura nacional; combate ao crime organizado bem como a defesa da soberania nacional.[26]

Com mais de 1,3 milhões de votos, Francisco Everardo Oliveira Silva, o Tiririca, foi o Deputado eleito com a maior quantidade de votos no país. Sua campanha, centrada no jargão "Pior do que está, não fica", angariou os votos em protesto, demonstrando o desgaste das instituições, prelúdio da crise política que se aprofundaria nos próximos anos.

Em suma, o período foi marcado pelo forte impacto da crise econômica desencadeada em 2008, com a atuação firme dos Estados Nacionais na contensão de seus efeitos e, sobretudo, na manutenção dos interesses do grande capital.

---

25 Disponível em http://www.upprj.com/index.php/historico. Acesso em 12/02/2019.

26 Disponível em http://g1.globo.com/especiais/eleicoes-2010/noticia/2010/10/dilma-lanca-documento-com-13-diretrizes-de-governo.html. Acesso em 12/02/2019.

## 8. CONCLUSÃO

Samba,
Agoniza mas não morre,
Alguém sempre te socorre,
Antes do suspiro derradeiro.

Samba,
Negro, forte, destemido,
Foi duramente perseguido,
Na esquina, no botequim, no terreiro.

Samba,
Inocente, pé-no-chão,
A fidalguia do salão,
Te abraçou, te envolveu,
Mudaram toda a sua estrutura,
Te impuseram outra cultura,
E você não percebeu,
Mudaram toda a sua estrutura,
Te impuseram outra cultura,
E você não percebeu.
(SARGENTO, Nelson. Agoniza mas não morre).

Tal qual o samba de Nelson Sargento, o Direito do Trabalho agoniza, mas não morre, resiste ainda que vilipendiado, frente aos ataques procedidos pelas mais diversas áreas.

Passa, é certo, por momentos de alento, com a legislação protetiva seguindo em respeito ao caput do art.7º da Constituição Federal, mas ainda tendo pela frente um longo percurso para vê-la efetivamente aplicada, uma vez que neste momento, também, como visto, a flexibilização pode se efetivar, não raro com efeitos ainda mais nefastos.

"Outra cultura" busca alterar suas estruturas, como vimos, através da importação pura e simples de teorias estrangeiras sem se atentar à realidade e às especificidade deste ramo, que o erigiram à categoria de um ramo jurídico próprio, buscando aproximá-lo do direito comum.

Demais disso, muito embora se alardeie o fim do trabalho, contraditoriamente, verificamos, quando do cenário de crise, a alegação de que é seu custo quem efetivamente atravanca o desenvolvimento. Mas, se ele é prescindível hodiernamente, por que tanto se preocupa em atacá-lo, objetivando a redução dos direitos ao seu limite? São as contradições que a aparência não soluciona, razão pela qual o retorno à essência nesses anos de estudo foi de extrema importância para a análise do Direito do Trabalho.

Assim procedendo, objetivamos desmistificar os mitos e denunciar as contradições, a fim de lutar, no plano do pensamento, pela sobrevivência deste ramo, o que, em última análise, representa a sobrevivência do próprio modelo capitalista de produção, mas desde que calcado sobre as bases da justiça social.

É preciso alertar, constantemente, ser este o pacto que firmamos como sociedade para que retóricas de desconstrução de direitos sociais, provenham de onde for, sequer sejam cogitadas e reste preservado o respeito à racionalidade desenvolvida até o presente momento da história humana.

## 9. REFERÊNCIAS BIBLIOGRÁFICAS

ADASCALITEI, Dragos. MORANO, Clemente Pignatti. Labour market reforms since the crisis: drivers and consequences. International Labour Office, Research Department. - Geneva: ILO, 2015 (Research Department working paper ; No. 5).

ANTUNES, Ricardo. **Os sentidos do trabalho.** Ensaio sobre a afirmação e negação do trabalho. São Paulo. Boitempo, 2009.

BITTAR, Eduardo C. Bianca. **Introdução ao Estudo do Direito**. Humanismo, democracia e justiça. São Paulo. Saraiva, 2018.

COUTINHO, Grijalbo Fernandes. **O Direito do Trabalho flexibilizado por FHC e Lula**. São Paulo: LTr, 2009.

________; MELO FILHO, Hugo Cavalcanti; SOUTO MAIOR, Jorge Luiz; FAVA, Marcos Neves. (Coord). **O mundo do trabalho.** Leituras críticas da jurisprudência do TST: em defesa do Direito do Trabalho. São Paulo: LTr, 2009. v.1.

REIS, Daniela Muradas. **O princípio da vedação ao retrocesso no Direito do Trabalho**. LTr: 2010.

SILVA, Virgílio Afonso da Silva. Direitos fundamentais conteúdo essencial, restrições e eficácia. 2ª edição. São Paulo. Malheiros, 2010.

SOUTO MAIOR, Jorge Luiz. **Curso de direito do trabalho**: a relação de emprego. São Paulo: LTr, 2008. v.II.

# 2011-2012 - GRANDES OBRAS E PRECARIZAÇÃO DO TRABALHO

*Ana Carolina Yoshida Hirano de Andrade Mota, Gabriele Mutti Capioto, Luana Duarte Raposo, Luís Augusto Olivieiri, Taísa Cavalcante Sawada, Thaís Novais da Silva.*

## 1. INTRODUÇÃO

O texto foi o resultado do esforço coletivo e escrito segundo o olhar criterioso de cada autor do grupo. Dessa forma, trará a marca da seletividade e subjetividade de seis diferentes pessoas.

Escrever um texto abordando um período passado, os anos de 2011 e 2012, que abrangeu o curso de nossa turma de especialização em Direito do Trabalho e Processo do Trabalho na Universidade de São Paulo, nos envolve de nostalgia. Isto porque o curso foi um tempo de descobertas, de aprendizado, nos forneceu instrumental técnico, teórico e crítico para pensar e trabalhar o Direito do Trabalho e Processual do Trabalho de forma diferente. Muitas ideias foram apresentadas, alguns sonhos traçados e formas de problematizar questões vividas em grupo.

O curso nos deixou uma marca profunda. Foi um espaço de convivência e reflexão, no qual se buscou o sentido de um campo do Direito que se funda na coletividade, na solidariedade e na busca pela melhoria das condições do trabalho.

Ao conviver com colegas militantes de partes contrárias nos polos de força da relação de trabalho adquirimos sensibilidade para ver outro lado. Afinal, a maioria dos colegas militava como patrono ora de empregadores, ora de empregados. Isso nos deu a perspectiva da alteridade, hoje tão desprestigiada.

Colaboramos na esperança de que nosso testemunho tenha valor, que essa fotografia de um momento de realização e vivência do Direito do Trabalho, que nos é tão caro, possa servir de subsídio e energia para reflexões e ações futuras.

O presente texto foi estruturado em seis partes a seguir apresentadas: a) jurisprudência, b) doutrina, c) legislação, d) mobilização de trabalhadores, e) mobilização de atores sociais, conjuntura política, social e econômica e f) conclusão.

Vamos a elas.

## 2. JURISPRUDÊNCIA

Entre o início de 2011 e julho de 2012, mudanças ocorreram no cenário jurisprudencial envolvendo matérias objeto do Direito do Trabalho e Direito Processual do Trabalho.

No referido período, o Supremo Tribunal Federal não editou Súmula Vinculante, tampouco Súmulas com reflexos diretos em matéria trabalhista.

Dentre os julgamentos que mereceram destaques no Supremo Tribunal Federal envolvendo a área trabalhista, convém citar o proferido no RE 596478[1], tema com repercussão geral, que resultou de debate sobre o recolhimento do FGTS nos casos em que há a contratação de servidor público sem concurso nos casos exigidos pela Constituição Federal.

Foi declarada a constitucionalidade do artigo 19-A da Lei n. 8.036/90, o qual preceitua que é devido o depósito do Fundo de Garantia do Tempo de Serviço na conta de trabalhador cujo contrato com a Administração Pública tenha sido declarado nulo por ausência de prévia aprovação em concurso público, desde que mantido o seu direito ao salário. Assim, ficou decidido no RE 596478 que mesmo quando reconhecida a nulidade da contratação do empregado público, nos termos do artigo 37, § 2º, da Constituição Federal, subsiste o direito do trabalhador ao depósito do FGTS se for reconhecido como devido o salário pelos serviços prestados. Na ocasião, foram vencidos os Ministros Ellen Gracie, Carmen Lúcia, Joa-

1 http://redir.stf.jus.br/paginadorpub/paginador.jsp?docTP=AC&docID=629995

quim Barbosa, Luiz Fux e Marco Aurélio, que entenderam pela inconstitucionalidade do artigo 19-A da Lei n. 8.036/90, sob o fundamento de que a nulidade da investidura impediria o surgimento de direitos.

Verifica-se, assim, que o Supremo Tribunal Federal manteve o entendimento do Tribunal Superior do Trabalho que há muito tempo possui Súmula sobre os efeitos de contrato nulo decorrente de contratação de servidor público, após a Constituição Federal de 1988, sem prévia aprovação em concurso público, qual seja, a Súmula n.363, com última redação dada pela Resolução n. 121/2003. Tal Súmula confere ao trabalhador, além do pagamento da contraprestação pactuada, o reconhecimento do direito ao recebimento de valores referentes aos depósitos do FGTS.

Já o Tribunal Superior do Trabalho procedeu, no período compreendido entre 2011 e 2012, com inúmeras atualizações em sua jurisprudência consolidada.

Em 2011, foram editadas as Resoluções 174/2011, 175/2011 e 176/2011, todas com publicações em 27, 30 e 31 de maio de 2011.

Por meio da Resolução n. 174, de 24 de maio de 2011, o Egrégio Tribunal Pleno do Tribunal Superior do Trabalho resolveu editar as Súmulas n. 426, 427, 428 e 429; revisar as Súmulas n. 74, 85, 219, 291, 326, 327, 331, 364, 369 e 387; manter o teor da Súmula n. 102 e cancelar a Súmula n. 349.

Dentre as Súmulas editadas em 2011, curioso notar que muitas sofreram impactos com a Lei n. 13.467, de 13 de julho de 2017.

A Súmula n. 426 do TST tratou da obrigatoriedade de recolhimento de depósito recursal na guia GFIP, salvo no caso das relações de trabalho não submetidas ao FGTS. Atualmente, essa Súmula fica prejudicada com a nova redação do artigo 899, parágrafo 4º, da Consolidação das Leis do Trabalho, o qual prevê que o depósito para a interposição de recurso deve ser feita em conta vinculada do juízo.

A Súmula n. 428 do TST, decorrente da Orientação jurisprudencial 49 da SBDI-1, consolidou o entendimento de que o uso de aparelho de intercomunicação, a exemplo de BIP, "pager" ou aparelho celular, pelo empregado, por si só, não caracteriza o regime de sobreaviso, uma vez que o empregado não permanece em sua residência aguardando, a qualquer momento, convocação para o serviço. Com o artigo 611-A, inciso VIII, da Consolidação das Leis do Trabalho, redação dada pela Lei n. 13.467, de 13 de julho de 2017, há a previsão legal de que o negociado tem prevalência sobre o legislado quando tratar, dentre outros temas, do sobreaviso.

A Súmula n. 429 do TST, por sua vez, consolidou o entendimento de que se considera como à disposição do empregador o tempo necessário ao deslocamento do trabalhador entre a portaria da empresa e o seu local de trabalho, desde que superado o limite de 10 (dez) minutos diários. A Lei 13.467/2017 também alterou o artigo 4º da Consolidação das Leis do Trabalho, incluindo o parágrafo 2º com o objetivo de detalhar o tema do tempo à disposição do empregador. Não obstante, o deslocamento entre portaria e local de trabalho não foi inserido nas exceções trazidas no referido parágrafo.

A Súmula n. 85 do TST foi revisada para inclusão do seu item V, que dispôs que o banco de horas somente poderia ser instituído por negociação coletiva, em contraponto à atual previsão do artigo 59, parágrafo 5º, da Consolidação das Leis do Trabalho, que prevê que o banco de horas poderá ser pactuado por acordo individual escrito, desde que a compensação ocorra no período máximo de seis meses.

A Súmula n. 219 do TST foi revisada e tem como objeto os honorários advocatícios, tema que também foi afetado pela Lei 13.467/2017, que incluiu os honorários de sucumbência na Justiça do Trabalho no artigo 791-A, da Consolidação das Leis do Trabalho.

Houve revisão, ainda, da conhecida Súmula n. 331 do TST, que trata da terceirização nas relações de emprego. Além da alteração do item IV, houve a inclusão dos itens V e VI. O item V trata da responsabilidade subsidiária dos entes públicos, caso evidenciada a conduta culposa no cumprimento das obrigações da Lei n. 8.666, de 21.06.1993, especialmente na fiscalização do cumprimento das obrigações contratuais e legais da prestadora de serviço como empregadora. Já o item VI prevê que a responsabilidade subsidiária do tomador de serviços abrange todas as verbas decorrentes da condenação referentes ao período da prestação laboral.

Por meio da Resolução n. 175, de 24 de maio de 2011, o Egrégio Tribunal Pleno do Tribunal Superior do Trabalho revisou as Orientações Jurisprudenciais n. 18 e 191 da SBDI-1, bem como a Orientação Jurisprudencial n. 7 do Tribunal Pleno manteve as Orientações Jurisprudenciais n. 344, 402 e 383 da SBDI-1, assim como a Orientação Jurisprudencial Transitória n. 36 da SBDI-1 e cancelou as Orientações Jurisprudenciais n. 49, 156, 215, 273 e 301 da SBDI-1e a Orientação Jurisprudencial Transitória n. 4 da SBDI-1.

Merece destaque a manutenção da Orientação Jurisprudencial n. 383 da SBDI-1, que prevê que a contratação irregular de trabalhador, mediante empresa interposta, não gera vínculo de emprego com ente da Administração Pública, não afastando, contudo, pelo princípio da isonomia, o direito dos empregados terceirizados às mesmas verbas trabalhistas legais e normativas asseguradas àqueles contratados pelo tomador dos serviços, desde que presente a igualdade de funções, por aplicação analógica do artigo 12, "a", da Lei n. 6.019, de 03.01.1974.

Na da Resolução n. 176, de 24 de maio de 2011, o objeto é a edição do Precedente Normativo da Seção Especializada em Dissídios Coletivos n. 120, nos seguintes termos: "PN Nº 120. SENTENÇA NORMATIVA. DURAÇÃO. POSSIBILIDADE E LIMITES. A sentença normativa vigora, desde seu termo inicial até que sentença normativa, convenção coletiva de trabalho ou acordo coletivo de trabalho superveniente produza sua revogação, expressa ou tácita, respeitado, porém, o prazo máximo legal de quatro anos de vigência.".

Até julho de 2012, sobre jurisprudência, foram editadas as Resoluções 177/2012, 178/2012, 181/2012 e 182/2012.

Por meio da Resolução n. 177, de 06 de fevereiro de 2012, o Egrégio Tribunal Pleno do Tribunal Superior do Trabalho editou as Súmulas 430, 431, 432, 433 e 434 e alterou a redação da Súmula 298.

A Súmula n. 430 do TST também consolida entendimento sobre contratação de servidor sem concurso público, no sentido de que devem ser convalidados os efeitos do contrato de trabalho que, considerado nulo por ausência de concurso público, quando celebrado originalmente com ente da Administração Pública Indireta, continua a existir após a privatização.

Com a conversão da Orientação Jurisprudencial n. 357 da SDBI-1 na Súmula n. 434 do TST, em 2012, consolidou-se o entendimento de que há extemporaneidade de recurso interposto antes da publicação de acórdão. A referida Súmula, porém, foi cancelada em 2015.

A Resolução n. 178, de 06 de fevereiro de 2012, o Pleno do Tribunal Superior do Trabalho alterou a redação das Orientações Jurisprudenciais 142, 336 e 352, da SBDI-1 e cancelou a Orientação Jurisprudencial n. 357 da SBDI-1.

Aqui, merece destaque a Orientação Jurisprudencial n. 352 da SBDI-1, posteriormente convertida na Súmula n. 442, que prevê que nas causas sujeitas ao procedimento sumaríssimo, a admissibilidade de recurso de revista está limitada à demonstração de violação direta a dispositivo da Constituição Federal ou contrariedade a Súmula do Tribunal Superior do Trabalho, não se admitindo o recurso por contrariedade a Orientação Jurisprudencial, ante a ausência de previsão no artigo 896, § 6º, da CLT.

Com a Resolução n. 181, de 16 de abril de 2012, o Pleno do Tribunal Superior do Trabalho alterou a redação das Súmulas n. 221 e 368 e cancelou a Súmula n. 207. A Súmula n. 221 do TST trata de recurso de revista, enquanto sua Súmula n. 368 trata da competência, responsabilidade de pagamento e forma de cálculo dos descontos previdenciários e fiscais.

Houve o cancelamento da Súmula n. 207 do TST, que consubstanciava entendimento consolidado no sentido de que a relação jurídica trabalhista deveria ser regida pelas leis vigentes no país da prestação de serviço e não por aquelas do local da contratação.

Já a Resolução n. 182, de 16 de abril de 2012, traz decisão do Pleno do Tribunal Superior do Trabalho de alterar a redação das Orientações Jurisprudenciais 115, 235 e 257 da SBDI-1, bem como da Orientação Jurisprudencial Transitória n. 42 da SBDI-1.

As Orientações Jurisprudenciais 115 e 257 da SBDI-1 tratam de recurso de revista. Verifica-se em matéria processual do trabalho que o enfrentamento de questões atinentes ao recurso de revista decorreu de alterações trazidas pela Lei n. 11.496/2007.

Dessa breve análise jurisprudencial, tem-se que no período compreendido entre 2011 e julho de 2012, foi dada ênfase nos efeitos da contratação irregular pela Administração Pública, seja no Supremo Tribunal Federal, seja no Tribunal Superior do Trabalho.

Em relação à Administração Pública, o Tribunal Superior do Trabalho ainda tratou do tema terceirização na Administração Pública, consolidando seu entendimento sobre responsabilidade subsidiária dos entes públicos.

Da análise jurisprudencial da época, com o cotejo com os dias atuais, extrai-se que com a recente "reforma" trabalhista, a jurisprudência consolidada do TST será altamente impactada com a nova lei.

## 3. DOUTRINA

Num contexto de conflitos e reinvindicações por melhores condições de trabalho, as discussões em torno da precarização ganharam destaque, sobretudo aquelas relacionadas à terceirização dos serviços.

Em outubro de 2011, o Tribunal Superior do Trabalho realizou a primeira audiência pública para discutir o tema da terceirização da mão-de-obra

O ex-ministro João Oreste Dalazen, presidente do TST na época, destacou dois pontos essenciais para o aprimoramento da regulamentação da terceirização, quais sejam: a adoção a responsabilidade solidária, por parte do tomador de serviço, pelo descumprimento de obrigações trabalhistas e a limitação dos casos de terceirização. De acordo com o ex-ministro, a terceirização da atividade-fim seria a própria negação do Direito do Trabalho.

Na doutrina, a terceirização é definida como o fenômeno pelo qual se dissocia a relação econômica de trabalho da relação jurídica de trabalho, ou seja, o trabalhador é inserido no processo produtivo do tomador de serviços sem que se estendam a este os vínculos decorrentes da legislação trabalhista, sendo estes preservados em relação à empresa prestadora de serviços.[2]

Se por um lado a terceirização atende as reinvindicações dos empresários com a redução do custo de produção, maior lucratividade e produtividade, por outro, representa a intensificação de um processo de precarização das relações de trabalho.

---

2 DELGADO. Maurício Godinho. Curso de Direito do Trabalho. 16ª ed. São Paulo: Ltr, 2017. p. 503.

Além das justificativas técnicas que apontam as suas vantagens no contexto empresarial, a terceirização apresenta uma dimensão política. O trabalhador torna-se o próprio objeto do contrato de trabalho, transforma-se em mercadoria a disposição na empresa tomadora de serviços. Trata-se de uma grave violação à dignidade do trabalhador, ao mesmo tempo em que promove a redução de salários e a degradação das condições de trabalho, a terceirização intensifica a exploração. [3]

Parte da matéria estava regulada em Lei, mas, sendo esta insuficiente, a jurisprudência a completou, nos termos exposto no item "a" deste texto. Nesse sentido, tem-se a Súmula 331:

> CONTRATO DE PRESTAÇÃO DE SERVIÇOS. LEGALIDADE (nova redação do item IV e inseridos os itens V e VI à redação) - Res. 174/2011, DEJT divulgado em 27, 30 e 31.05.2011
>
> I - A contratação de trabalhadores por empresa interposta é ilegal, formando-se o vínculo diretamente com o tomador dos serviços, salvo no caso de trabalho temporário (Lei nº 6.019, de 03.01.1974).
>
> II - A contratação irregular de trabalhador, mediante empresa interposta, não gera vínculo de emprego com os órgãos da Administração Pública direta, indireta ou fundacional (art. 37, II, da CF/1988).
>
> III - Não forma vínculo de emprego com o tomador a contratação de serviços de vigilância (Lei nº 7.102, de 20.06.1983) e de conservação e limpeza, bem como a de serviços especializados ligados à atividade-meio do tomador, desde que inexistente a pessoalidade e a subordinação direta.
>
> IV - O inadimplemento das obrigações trabalhistas, por parte do empregador, implica a responsabilidade subsidiária do tomador dos serviços quanto àquelas obrigações, desde que haja participado da relação processual e conste também do título executivo judicial.
>
> V - Os entes integrantes da Administração Pública direta e indireta respondem subsidiariamente, nas mesmas condições do item IV, caso evidenciada a sua conduta culposa no cumprimento das obrigações da Lei n.º 8.666, de 21.06.1993, especialmente na fiscalização do cumprimento das obrigações contratuais e legais da prestadora de serviço como empregadora.

---

3 VIANNA, Márcio Túlio. A terceirização revisitada: algumas críticas e sugestões para um novo tratamento da matéria. Rev. TST, Brasília, vol. 78, no 4, out/dez 2012. Disponivel em: http://www.femargs.com.br/uploads/artigos/a-terceirizacao-revisitada/a-terceirizacao-revisitada.pdf, Acesso em 02/09/2018.

A aludida responsabilidade não decorre de mero inadimplemento das obrigações trabalhistas assumidas pela empresa regularmente contratada.

VI – A responsabilidade subsidiária do tomador de serviços abrange todas as verbas decorrentes da condenação referentes ao período da prestação laboral.

Admite-se que uma empresa forneça mão-de-obra a outra para prestar serviços que não estejam relacionados com a atividade-fim. De acordo com a referida súmula, seriam quatro as hipóteses de terceirização, quais sejam: situações empresariais que autorizavam a contratação de trabalho temporário, atividades de vigilância, atividades de conservação e de limpeza e serviços especializados ligados as atividades-meio do tomador.

A partir do disposto na Súmula n. 331 passaremos a análise de dois aspectos amplamente discutidos na doutrina, quais sejam: as divergências em relação ao conceito de atividade-meio e atividade-fim, e, a questão da responsabilidade.

A doutrina entedia ser possível a terceirização com objetivo de transferir para outrem atividades consideradas secundárias, ou seja, aquelas atividades que não estavam vinculadas à atividade-fim da empresa.

Para alguns doutrinadores a atividade-fim estava relacionada à essencialidade do serviço prestado, consequentemente, a atividade-meio não seria essencial. Já para outros a atividade-fim estaria relacionada com o objetivo social da pessoa jurídica.

De acordo com Godinho, "atividades-fim podem ser conceituadas como as funções e tarefas empresariais e laborais que se ajustam ao núcleo da dinâmica empresarial do tomador dos serviços", seriam portanto, aquelas atividades que configuram a dinâmica empresarial do tomador de serviços. Já as "atividades-meio são aquelas funções e tarefas empresariais e laborais que não se ajustam ao núcleo da dinâmica empresarial do tomador dos serviços", são atividades periféricas que não se inserem na dinâmica empresarial. [4]

A doutrina também apontava o critério da especialidade para definir a licitude da terceirização. Nesse sentido, seria essencial que a em-

4 DELGADO. Maurício Godinho. Op. cit. p. 518.

presa prestadora fosse especializada no serviço que pretendia prestar, sem que promovesse a redução do ganho do trabalhador ou a eliminação da responsabilidade pelo adimplemento dos direitos trabalhistas. Sobre este aspecto, vale destacar a crítica de Viana[5]:

> Note-se que uma das hipóteses admitidas pela Súmula nº 331 é exatamente a dos "serviços especializados ligados à atividade-meio do tomador". No entanto, em geral, quem exerce um serviço especializado tende a se encaixar mais numa atividade-fim do que numa atividade-meio. Desse modo, se admitirmos sempre a terceirização de serviços especializados, sem distinguir meio e fim, estaremos, na prática, apenas invertendo os termos da equação, ou seja, permitindo a terceirização na atividade-fim.

Para Souto Maior o critério adotado pela Súmula n. 331 para a determinação da licitude ou não da terceirização era impreciso, gerando insegurança jurídica aos trabalhadores. Assim, se a finalidade da empresa é a obtenção de lucro, todas as atividades desenvolvidas pela empresa estão vinculadas a este fim. Nesse sentido, para o autor, numa tentativa de regulamentar a terceirização, a jurisprudência havia legalizado a intermediação de mão-de-obra.[6]

Outra possibilidade apontada pela doutrina foi permissão da terceirização em todas as atividades empresariais, colocando um término da discussão sobre o conceito de atividade-meio e atividade-fim. Assim, a doutrina passou a sustentar a possibilidade de terceirização desde que não se configurasse a precarização das relações de trabalho.

De fato, na terceirização a empresa tomadora aluga a mão-de-obra de uma outra empresa, transformando o trabalhador em objeto para realização do lucro. Neste aspecto, a distinção entre atividade-meio e atividade-fim perde o sentido já que a terceirização por si só representa uma contrariedade ao Direito do Trabalho.

Independentemente da corrente adotada, fato é que a terceirização consolidou-se no processo de precarização das relações de trabalho, sendo

---

5 VIANNA, Márcio Túlio. Op. Cit. p.214.

6 MAIOR. Jorge Luiz Souto. Curso de Direito do Trabalho: a relação de emprego. Vol. II. São Paulo: LTr, 2008. p. 143.

possível afirmar que já em 2012 observava-se uma tendência a ampliação do fenômeno da terceirização em detrimento dos direitos dos trabalhadores.[7]

No que tange a responsabilidade a Súmula n. 331 estabelecia apenas a responsabilidade subsidiária do tomador de serviço que só responderia pelas dívidas trabalhistas de maneira acessória, no caso de a empresa prestadora de serviços não efetuar o pagamento das verbas reconhecidas judicialmente.

A responsabilidade subsidiária da tomadora de serviços decorre do seu dever de fiscalização dos contratos, sobretudo quanto ao adimplemento das obrigações das empresas prestadoras de serviço para com seus empregados.

Cabe destacar o julgamento da ADC 16 em que o Supremo Tribunal Federal declarou a constitucionalidade do art. 71 da Lei 8666/93, considerando que a mera inadimplência do contratado não pode transferir à Administração Pública a responsabilidade pelo pagamento dos encargos trabalhistas, apenas a comprovação de efetiva conduta culposa na fiscalização do cumprimento das obrigações contratuais possibilitaria a responsabilização subsidiária da Administração Pública.

Parte da doutrina sustentava a necessidade do reconhecimento da responsabilidade solidária já que a conduta da empresa tomadora ao contratar empresa incapaz de garantir os direitos dos trabalhadores se enquadraria na hipótese do artigo 927 do Código Civil, devendo responder solidariamente pela reparação dos danos causados.

Para Souto Maior[8] a responsabilidade solidária passiva, no âmbito da Justiça do Trabalho, dever ser considerada um princípio de eficácia das normas trabalhistas. Nesse sentido, sustenta:

Não há, portanto, qualquer razão para não se admitir o princípio da responsabilidade solidaria passiva no Direito do Trabalho, sobretudo quando se lembra que os arranjos econômicos cada vez mais complexos tendem sempre a produzir mecanismos que os afastam da necessária res-

---

7 No dia 30/08/2018, no julgamento da Arguição de Descumprimento de Preceito Fundamental (ADPF) 324 e o Recurso Extraordinário (RE) 958252 com repercussão geral, o plenário do STF decidiu que é lícita a terceirização de todas as atividades empresariais, sejam atividades-meio ou atividades-fim.

8 MAIOR. Jorge Luiz Souto. Op. cit. p. 165.

ponsabilidade social referente ao respeito das normas trabalhistas. Ora, a função do Direito do Trabalho é, exatamente, a de evitar que tal resultado se produza e até por isto foi que o Direito do Trabalho se constituiu de forma elástica, baseado na normatização de princípios, apresentando-se, como dito por *De La Cueva,* um direito em constante construção.

De fato, partindo da perspectiva da efetivação dos direitos trabalhistas, a responsabilidade subsidiária representa um obstáculo aos trabalhadores.

Ainda na perspectiva de efetivação dos direitos trabalhistas, o ideal seria vincular o empregado ao tomador de serviços, inibindo qualquer forma de terceirização já que esta aprofunda as desigualdades e contraria o Direito do Trabalho. Contudo, apesar de algumas vozes contrárias, a terceirização consolidou-se como estratégia empresarial e foi ganhando forças ao longo do tempo.

## 4. LEGISLAÇÃO

Entre o ano de 2011 e meados do ano de 2012, a produção legislativa no Brasil, especificamente na área trabalhista, trouxe algumas inovações, mesmo que apenas em alguns pontos específicos. Houve leis editadas que tratavam especificamente de direito do trabalho e processo do trabalho, bem como que modificaram a Consolidação das Leis do Trabalho nesse lapso temporal. O grande destaque foi a regulamentação do aviso prévio.

Destaca-se a alteração ocorrida no artigo 6º da Consolidação das Leis do Trabalho, que trata da impossibilidade de distinção do trabalho realizado no estabelecimento do empregador, com o realizado de outras formas. Deu-se pela Lei n. 12.551 de 2011 a inclusão do trabalho realizado à distância como uma de suas possibilidades. Determinou referida legislação que, desde então, não poderia se distinguir entre o trabalho realizado no estabelecimento do empregador, o executado no domicílio do empregado e, também, eis a inovação, o praticado a distância, desde que estejam caracterizados os pressupostos da relação de emprego. A mesma lei ainda incluiu o parágrafo único ao mesmo artigo para determinar que os meios telemáticos e informatizados de comando, controle e supervisão se equiparam, para fins de subordinação jurídica, aos meios pessoais e diretos de comando, controle e supervisão do trabalho alheio.

O mesmo ano de 2011 ainda vislumbrou, a partir da aprovação da Lei n. 12.440, o acréscimo à Consolidação das Leis do Trabalho do título VII-A[9], especificamente do seu artigo 642-A, que trata da prova da inexistência de débitos trabalhistas, sendo um grande destaque do período a instituição da Certidão Negativa de Débitos Trabalhistas (CNDT), expedida gratuita e eletronicamente, para comprovar a inexistência de débitos inadimplidos perante a Justiça do Trabalho.

Com o advento dessa certidão, não pode constar, no nome do interessado em obtê-la, ocorrência de inadimplemento de obrigações estabelecidas em sentença condenatória transitada em julgado proferida pela Justiça do Trabalho ou em acordos judiciais trabalhistas, inclusive no concernente aos recolhimentos previdenciários, a honorários, a custas, a emolumentos ou a recolhimentos determinados em lei, assim como também não pode haver inadimplemento de obrigações decorrentes de execução de acordos firmados perante o Ministério Público do Trabalho ou Comissão de Conciliação Prévia. Caso verificada a existência de débitos garantidos por penhora suficiente ou com exigibilidade suspensa, possibilita-se a expedição Certidão Positiva de Débitos Trabalhistas em nome do interessado com os mesmos efeitos da Certidão Negativa de Débitos Trabalhistas (CNDT).

Ainda no ano de 2011, a Consolidação das Leis do Trabalho recebeu inovação processual trabalhista trazida pela Lei n. 12.437, na parte que trata das partes e seus procuradores, especificamente em seu artigo 791. Foi incluída a determinação de que a constituição de procurador com poderes para o foro em geral poderá ser efetivada, mediante simples registro em ata de audiência, a requerimento verbal do advogado interessado, com anuência da parte representada.

Também no mesmo ano de 2011, com aprovação da Lei n. 12.405 houve inclusão de regramento na parte da Consolidação das Leis do Traba-

---

9 Como decorrência do advento da Certidão Negativa de Débitos trabalhistas, em data posterior, qual seja no ano de 2014, acrescentou-se ao artigo 896 da CLT, o parágrafo 10°, para determinar que cabe recurso de revista por violação à lei federal, por divergência jurisprudencial e por ofensa à Constituição Federal nas execuções fiscais e nas controvérsias da fase de execução que envolvam a Certidão Negativa de Débitos Trabalhistas (CNDT), criada pela Lei n. 12.440, de 7 de julho de 2011.

lho que trata da execução, para acrescentar ao artigo 879 seu parágrafo 6º que passou a determinar, a partir de então, que durante a liquidação, tratando-se de cálculos complexos, o juiz poderá nomear perito para a elaboração e fixará, depois da conclusão do trabalho, o valor dos respectivos honorários com observância, entre outros, dos critérios de razoabilidade e proporcionalidade.

Por sua vez, em 2012, o artigo 71 da Consolidação das Leis do Trabalho foi modificado pela Lei n. 12.610, especificamente com o acréscimo de seu parágrafo quinto. Mas, após, em 2015, ele foi novamente alterado. Citado artigo cuida do intervalo intrajornada, determinando que, em qualquer trabalho contínuo, cuja duração exceda de 6 (seis) horas, é obrigatória a concessão de um intervalo para repouso ou alimentação, o qual será, no mínimo, de 1 hora e, salvo acordo escrito ou contrato coletivo em contrário, não poderá exceder de 2 horas. E nos trabalhos que ultrapassem 4 horas e durem até 6 horas diárias deve haver um intervalo de 15 minutos.

Em 2012, previa o parágrafo 5º do artigo 71 que tanto os intervalos de 15 minutos quanto de 1 hora poderiam ser fracionados. Mas em 2015, a lei foi alterada para determinar que o intervalo de 1 hora poderia, além de fracionado, ser reduzido; contudo o intervalo de 15 minutos poderia ser apenas fracionado. Isso especificamente para casos de previsão em convenção ou acordo coletivo de trabalho, ante a natureza do serviço e em virtude das condições especiais de trabalho a que são submetidos estritamente os motoristas, cobradores, fiscalizadores de campo e afins nos serviços de operação de veículos rodoviários, empregados no setor de transporte coletivo de passageiros, mantida a remuneração e concedidos intervalos para descanso menores ao final de cada viagem.

Essa mesma Lei n. 12.610 de 2012 também alterou a Consolidação das Leis do Trabalho, incluindo na mesma a regulamentação quanto ao trabalho do motorista profissional, o que foi bem comentado pelos profissionais do direito do trabalho naquele ano, com publicações a respeito, trazendo outros temas para o debate, como a questão da trepidação a que estão sujeitos. Essa lei, de 2012, trouxe regulamentação específica com relação a esses profissionais, incluindo os artigos 235-A até 235-H. Posteriormente, em 2015, esses artigos foram novamente modificados, em parte, pela Lei n. 13.103, que alterou a redação de alguns dispositivos.

A lei de 2012 determinava que se destinava ao motorista profissional e trazia os deveres destes, para, em 2015, limitar a aplicação da regulamentação ao motorista profissional empregado.

Os deveres que não foram alterados pela lei de 2015 dizem respeito a estarem atentos os motoristas profissionais às condições de segurança do veículo; conduzir o veículo com perícia, prudência, zelo e com observância aos princípios de direção defensiva; zelar pela carga transportada e pelo veículo; colocar-se à disposição dos órgãos públicos de fiscalização na via pública. Por sua vez, alguns deveres de 2012 foram alterados para determinar que além de respeitar a legislação de trânsito e, em especial, as normas relativas ao tempo de direção e de descanso, este último deveria ser controlado e registrado na forma do previsto no art. 67-E da Lei n. 9.503, de 23 de setembro de 1997 - Código de Trânsito Brasileiro. A lei de 2012 estabeleceu o programa de prevenção de uso de drogas e álcool; ao passo que a de 2015 ampliou-o para determinar a submissão dos motoristas profissionais empregados a exames toxicológicos com janela de detecção mínima de 90 dias e a programa de controle de uso de droga e de bebida alcoólica, instituído pelo empregador, com sua ampla ciência, pelo menos uma vez a cada 2 anos e 6 meses. Poderia ser utilizado para esse fim o exame obrigatório previsto na Lei n. 9.503, de 23 de setembro de 1997 - Código de Trânsito Brasileiro, desde que realizado nos últimos 60 dias. Desde 2012, a recusa do empregado em submeter-se a teste e ao programa de controle de uso de droga e de bebida alcoolica é considerado infração disciplinar passível de penalização, nos termos da lei.

Também disciplinou a Lei n. 12.610 de 2012 a questão da jornada de trabalho do motorista profissional empregado. A Lei n. 13.103 de 2015 impôs que ela fosse de 8 horas, admitindo-se a sua prorrogação por até 2 horas extraordinárias ou, mediante previsão em convenção ou acordo coletivo, por até 4 horas extraordinárias, o que, portanto, alterou a lei de 2012 que não permitia a prorrogação para 4 horas.

O diploma de 2012 também previa normatização sobre intervalos, mas foi revogado por aquele de 2015. O mesmo que ocorreu com o artigo 235-H, que determinava que outras condições específicas de trabalho do motorista profissional, desde que não prejudiciais à saúde e à segurança do trabalhador, incluindo jornadas especiais, remuneração, benefícios, atividades acessórias e demais elementos integrantes da relação de emprego, poderiam ser previstas em convenções e acordos coletivos de trabalho, observadas as demais disposições desta Consolidação.

Outra inclusão ocorrida no ano de 2012 ocorreu no artigo 429 da Consolidação das Leis do Trabalho que trata da aprendizagem. Assim, os estabelecimentos de qualquer natureza foram obrigados a empregar e matricular nos cursos dos Serviços Nacionais de Aprendizagem número de aprendizes equivalente a cinco por cento, no mínimo, e quinze por cento, no máximo, dos trabalhadores existentes em cada estabelecimento, cujas funções demandem formação profissional, bem como a ofertar vagas de aprendizes a adolescentes usuários do Sistema Nacional de Atendimento Socioeducativo (Sinase) nas condições a serem dispostas em instrumentos de cooperação celebrados entre os estabelecimentos e os gestores dos Sistemas de Atendimento Socioeducativo locais.

Fora do âmbito da Consolidação das Leis do Trabalho, podemos citar como leis que tiveram reflexos na área trabalhista a Lei Complementar n. 139, de 10 de novembro de 2011, que alterou, por sua vez, dispositivos da Lei Complementar n. 123, de 14 de dezembro de 2006, conhecida como Estatuto Nacional da Microempresa e da Empresa de Pequeno Porte. Essa lei traz uma série de implicações no âmbito das relações de trabalho, com destaque à modificação trazida pelo artigo 1º da Lei Complementar n. 139, no artigo 9º da Lei Complementar n.123 de 2006, em seu parágrafo 4º. Estipulou que, no caso de existência de obrigações tributárias, previdenciárias ou trabalhistas referidas no caput do artigo, o titular, o sócio ou o administrador da microempresa e da empresa de pequeno porte que se encontre sem movimento há mais de 12 meses poderia solicitar a baixa nos registros dos órgãos públicos federais, estaduais e municipais independentemente do pagamento de débitos tributários, taxas ou multas devidas pelo atraso na entrega das respectivas declarações nesses períodos, com observância dos requisitos previstos. Essa previsão, entretanto, foi revogada posteriormente pela Lei Complementar n. 147 de 2014.

O Código de Processo Civil, aplicado subsidiariamente ao processo do trabalho, não trouxe inovações no período que trouxessem reflexos para o âmbito laboral.

Porém, destaca-se, no ano de 2011, o advento do Decreto n. 7.602 de 7 de novembro, que se refere à Política Nacional de Segurança e Saúde no Trabalho – PNSST, trazendo seus objetivos e princípios, diretrizes e responsabilidades, além de tratar da sua gestão.

A Lei n. 12.513, de 26 de outubro de 2011, que instituiu o Programa Nacional de Acesso ao Ensino Técnico e Emprego (Pronatec), igualmente trouxe alterações no tocante ao Seguro-Desemprego, o Abono Salarial e instituiu o Fundo de Amparo ao Trabalhador (FAT).

Houve também legislação de âmbito administrativo, mas com implicação no ramo da Justiça Laboral, como por exemplo, leis orçamentárias e de criação de cargos[10].

Todavia, talvez a lei mais significativa para o período aqui tratado seja a de n. 12.506, de 11 de outubro de 2011, que regulamentou o aviso prévio, trazendo muita controvérsia e debate para o mundo do direito laboral especificamente quanto a este tópico. Determinou esta lei que o aviso prévio, de que trata o Capítulo VI do Título IV da Consolidação das Leis do Trabalho - CLT, será concedido na proporção de 30 dias aos empregados que contem até 1 ano de serviço na mesma empresa, mas serão acrescidos 3 dias por ano de serviço prestado na mesma empresa, até o máximo de 60 dias, perfazendo um total de até 90 dias. Tratou-se de significativa inovação, pois alterou o que vinha sendo até então aplicado que era apenas o aviso prévio de 30 dias, independente do período em que tivesse o empregado exercido suas funções junto ao seu empregador.

As normatizações acima citadas, todavia, não esgotam tudo o que foi produzido no âmbito do direito do trabalho e do direito processual do trabalho no período comentado, qual seja, o ano de 2011 até meados de 2012. Houve outros normativos a respeito. Entretanto, o que se reputou de mais significativo no período foi considerado nessa breve análise.

---

10 Cita-se, como exemplo, a Lei n. 12.549, de 15.12.2011, que dispõe sobre a criação de cargos de provimento efetivo no quadro de pessoal da Secretaria do Tribunal Regional do Trabalho da 5a Região.

## 5. MOBILIZAÇÃO DE TRABALHADORES

O período estudado é marcado pelo crescimento do mercado de trabalho formal[11], sobretudo em razão das grandes obras desenvolvidas mediante os programas de aceleração de crescimento (PAC) instituídos pelos governos Lula e Dilma (PT). Contudo, predominou a precariedade das relações de trabalho, com incremento de contratações via terceirização e grande rotatividade dos contratos de trabalho[12].

Tal cenário fez crescer o número de movimento grevista nos anos de 2011 e 2012, após um intervalo de 15 anos (entre 1997 e 2011) marcado por relativa estabilidade do número de greves em baixo patamar[13]. Em períodos de crescimento econômico é maior o poder de pressão dos sindicatos em busca de efetivação de direitos.

Nesse sentido, o relatório do DIEESE de 2012 revela um crescimento de greves com concentrações de trabalhadores em atos públicos, de 77,6% em 2010, para 93% em 2011, e 95% em 2012. Isso significa um aumento de ações grevistas com passeatas e concentrações, piquetes[14]. Prevaleceram as greves de caráter propositivo, ou seja, que propuseram novas conquistas, sobretudo relacionadas a reajustes salariais. As greves defensivas, contra o descumprimento de direitos, embora expressivas, revelaram-se em menor número, nesse período.

Outro dado relevante diz respeito à estratégia dos movimentos sindicais e dos empregadores em levar ao Judiciário as discussões acerca dos efeitos da greve. Segundo Mandl (2014), em 2011 houve um aumento da judicialização das greves, constatando-se que praticamente 50% das

11 DIEESE. Nota técnica. O mercado de trabalho formal brasileiro – Resultado da Rais 2011. Disponível em www.dieese.org.br. Acesso em 03 de setembro de 2018.

12 CUT. Terceirização e Desenvolvimento. Uma conta que não fecha. Dossiê acerca do impacto da terceirização sobre os trabalhadores e propostas para garantir a igualdade de direitos. Disponível em www.cut.org.br. Acesso em 03 de setembro de 2018.

13 DIEESE. Nota técnica. Balanço das greves 2010-2011. Disponível em www.dieese.org.br. Acesso em 03 de setembro de 2018.

14 Idem.

greves do funcionalismo público foram objeto de ação judicial. Em 2012, 41 % das greves foram levadas ao Judiciário[15].

Destacaremos algumas mobilizações desse período.

Os trabalhadores e trabalhadoras terceirizadas da área de segurança da USP foram protagonistas de uma grande mobilização frente à precarização a que foram submetidos. Em abril de 2011, a exemplo do que já havia ocorrido em 2005, quando as mulheres terceirizadas da área da limpeza fizeram uma grande paralisação, cerca de 140 entraram em greve, reivindicando direitos básicos como pagamento de salários, férias e adicional de insalubridade.

Em junho, os bombeiros do Estado foram às ruas para reivindicar aumento de salário e melhorias nas condições de trabalho. A ação culminou na ocupação do quartel central da corporação por cerca de 400 trabalhadores, que foram presos e depois liberados. Ao final do movimento, cinco trabalhadores bombeiros foram presos por prática de crimes militares. Contudo a manifestação acabou ganhando apoio da população e pressionou o governador do Estado a sancionar projeto que garantiu algumas das reivindicações dos grevistas.

Em Rondônia, a obra de Jirau para construção de usina hidrelétrica foi autora de diversos vilipêndios a direitos trabalhistas, sobretudo no que dizem respeito à saúde e segurança dos trabalhadores da obra. As condições subumanas de trabalho já eram denunciadas há tempos pelos trabalhadores e Ministério Público do Trabalho. O descaso fez eclodir, em setembro de 2011, levantes dos trabalhadores que chegaram a atear fogo e provocaram a destruição de alojamentos em protesto por melhores condições de trabalho. Imediatamente, o Ministério da Justiça enviou à região a Força Nacional, tropas do exército e até a Marinha e Aeronáutica. Lado outro, a mobilização finalmente chamou a atenção do restante do país para as precárias condições em que aqueles trabalhadores estavam sujeitos.

Também em 2011 houve uma longa greve dos servidores da Justiça, que durou 62 dias. Também nesse ano houve a paralisação de um dia

---

15 MANDL. Alexandre Tortorella. A judicialização dos conflitos coletivos de trabalho: uma análise das greves julgadas pelo TST nos anos 2000. Campinas. 2014. Dissertação de Mestrado. Universidade Estadual de Campinas – Instituto de Economia.

dos magistrados federais e do trabalho. A greve foi amplamente criticada pelo Conselho da Justiça Federal, Conselho Superior da Justiça do Trabalho e pela Corregedora do Conselho Nacional de Justiça, Eliana Calmon.

Nesse período, observaram-se relevantes discussões acerca da contratação de força de trabalho mediante terceirização, inclusive com a realização da primeira audiência pública sobre o tema no Tribunal Superior do Trabalho, que ocorreu nos dias 04 e 05 de outubro. O objetivo, segundo o Presidente do TST à época, Ministro João Oreste Dalazen, foi o de coletar elementos técnicos para uma compreensão socioeconômico da terceirização. A audiência contou com depoimentos de 51 pessoas representantes de trabalhadores e de empresas e estudiosos do assunto. A maior parte dos depoimentos deu conta dos efeitos perversos da terceirização, apontando a sua utilização para fins de precarização do trabalho.

O ano de 2012 foi marcado por diversas greves em instituições federais de ensino superior, tendo ocorrido adesão de 95% das instituições. O movimento foi considerado o mais longo da história, tendo durado cerca de 4 meses.

Também naquele ano mobilizaram-se os caminhoneiros, com bloqueio de rodovias, organizada pelo "movimento união Brasil caminhoneiro" que congregava motoristas, empresas e cooperativas. A reivindicação dizia respeito ao inconformismo com a edição da Lei n. 12.619, publicada em 30 de abril.

No Ceará, a greve de policiais militares durou cerca de dois meses e também ensejou o indiciamento de trabalhadores por crime militar. A categoria reivindicava melhores salários e condições de trabalho. Durante o movimento, os policiais chegaram a ocupar um quartel militar.

Por outro lado, percebe-se que houve um enfraquecimento da resistência sindical às políticas dos governos do PT. Vale lembrar que no período Lula foram apresentadas significativas mudanças no sistema previdenciário, culminando na Emenda Constitucional n. 41/2003.[16] A nova lei de

16 Posteriormente, veio a EC 47/2005 que suavizou os efeitos da EC 41/2003, instituindo um regime de transição.

falências, de 2005, também representou um ataque aos trabalhadores, sem que tenha havido resistência do movimento sindical. Não se olvide, ainda, os vetos do Presidente que negou às empregadas domésticas o FGTS, a multa de 40%, o salário-família e o seguro-desemprego (Lei 11.324/2006). Houve, também, a intensificação da precarização dos motoristas de cargas, com a promulgação da Lei n. 11.142/2007, que afastou o vínculo de emprego entre o motorista transportador de cargas e a empresa do setor.

Não se pode deixar de observar que a maior entidade sindical brasileira, a CUT, em razão de sua relação com o partido dos trabalhadores, pouco resistiu às flexibilizações referidas acima. Sobre o assunto, convém transcrever o ensinamento de Grijalbo Fernandes Coutinho:

> A Central Única dos Trabalhadores, emudecida diante de atos do governo Lula tendentes à flexibilização ou com uma suave crítica para não desgastar o governo do "companheiro", não tem a mesma vitalidade dos anos 1980. Essa veia conformista pode fazer parte de um processo mais longo, que atingiu o ápice do governo Lula. O argumento para a apatia, na maioria das vezes, é veiculado no sentido de que a crítica contundente desgastaria o primeiro governo de um operário para favorecer a direito raivosa comandada por PSDB e Democratas. [17]

## 6. MOBILIZAÇÃO DE ATORES SOCIAIS. CONJUNTURA POLÍTICA, SOCIAL E ECONÔMICA.

Em dezembro de 2010 um jovem tunisiano, em mais um dia de trabalho, foi vender suas frutas e legumes, em mais um dia de feira. Com seu carrinho de mão, suas balanças, para pesar os víveres alimentares, e com alguma expectativa, a de sustentar a si e sua família, foi laborar. O jovem tinha 26 anos e estudos na área de computação. Mas, no país em que vivia negociando frutas era como supunha que, afinal, sobreviveria. Pois bem.

O período compreendido pela nossa especialização em Direito do Trabalho e Direito Processual do Trabalho englobou os anos de 2011 e 2012. É muito significativo que a contextualização da mobilização dos

17 COUTINHO, Grijalbo Fernandes. O Direito do Trabalho Flexibilizado por FHC e Lula. Ltr, São Paulo, 2009. Pág. 171.

atores sociais, neste brevíssimo lapso temporal, tenha início de uma forma extremamente angustiante, violenta e triste. Mas é preciso contextualizar.

Continuando... Mohamed Bouazizi, em mais um dia de feira, ousava trabalhar para sustentar sua família de oito pessoas. Fiscais do governo entenderam que poderiam exigir dinheiro do jovem feirante, em troca de nada. Talvez porque fossem do governo? Talvez porque sua função já fora totalmente desvirtuada? O feirante foi extorquido. Talvez como já tivesse sido antes. O que se sabe é que o jovem tunisiano não se dispôs a pagar a propina.

Foi socado, chutado e esmurrado (e há quem diga que sua mulher foi na cara cuspida). Não se conformou e foi pedir de volta seu material de trabalho confiscado. Lá chegando não foi recebido. Inconformado, houve um estalo em sua cabeça: uma ideia invertida, absurdo camusiano em situação real.

Escolheu: escolheu não se calar diante de tamanha injustiça, escolheu se rebelar contra a corrupção, contra o governo autoritário, contra a impossibilidade de ter expectativas futuras, contra a humilhação sofrida, contra o achaque a sua dignidade. Então trouxe um galão de gasolina e jogou o conteúdo por cima de sua cabeça. Ateou fogo em seu corpo. Segundo Gardner, em matéria para a BBC News[18], esse foi o homem que acendeu a fagulha da Primavera Árabe. Esse ator social, único, com sua autoimolação manifestou irresignação, revolta, crítica, e com esse ato transcendeu os limites da dignidade da Primavera Árabe.

A partir desta ação formaram-se correntes de solidariedade que deram o início às diversas manifestações questionando governos autoritários: os movimentos sociais ocorreram no norte da África e no Oriente Médio. Na Tunísia, no Egito, na Síria, na Líbia, Argélia, Bahrein, dentre outros países.

Os resultados da força dos referidos movimentos foram concretos: o presidente da Tunísia, Zine el-Abdine Ben Ali, fugiu para a Arábia Saudita (após mais de 23 anos no poder). O presidente Hosni Mubarak, do Egito, renunciou ao posto (após três décadas). Na Líbia, após uma guerra

---

18 GARDNER, Frank. O homem que 'acendeu' a fagulha da Primavera Árabe. BBC News Brasil, São Paulo, 17 de dez. de 2011. Disponível em: https://www.bbc.com/portuguese/noticias/2011/12/111217_bouazizi_primavera_arabe_bg>. Acesso em: 10 de ago. de 2018.

civil somada à intervenção internacional, Muammar Kadafi morreu, após 42 anos governando.

Em outras partes do Globo também ocorreram manifestações sociais, não tão contundentes quanto às da Primavera Árabe: nas Américas, na Europa, Ásia.

Em geral, os movimentos foram pacíficos, tais como ocupações de praças ou incitações e estruturações dos movimentos nas redes sociais.

Nos anos de 2011 e 2012 podemos destacar as seguintes manifestações sociais:

Na China houve manifestações pacíficas estudantis denominadas Movimento Democrático chinês que eclodiram em fevereiro de 2011 e cujo principal pleito foi maior representatividade dos partidos políticos. Na Rússia o movimento social foi contra a manutenção do Partido Rússia Unida no poder e contra eleições fraudulentas. Na Índia houve movimento popular anticorrupção. Na Grécia houve manifestações contra a crise e contra a política de austeridade. Em Burkina Faso a morte de um estudante decorrente do abuso de poder de policiais desencadeou manifestações contra a brutalidade policial, baixos salários, repressão, autocracia. Nos Estados Unidos houve o Movimento *Occupy Wall Street* (17 de setembro de 2011) de protesto contra a assimetria causada pela proteção de instituições do setor financeiro em detrimento de políticas sociais e econômicas para outros setores da sociedade. Este movimento também ocorreu em outros países, tais como a Inglaterra e no Brasil. Na Espanha houve o *Movimiento 15-M* (dos Indignados), em maio de 2011, contra a corrupção, o desemprego e a falta de representatividade dos partidos políticos. No Chile ocorreram diversas manifestações estudantis reivindicando educação gratuita e de qualidade.

No Brasil, Dilma Rousseff toma posse em 1º de janeiro de 2011 sucedendo Luiz Inácio Lula da Silva, como a primeira mulher eleita presidente da República Federativa do Brasil. E como resposta às manifestações sociais anteriores ao ano de 2011 daqueles que exigiam a apuração dos crimes políticos da época da ditadura foi criada a Comissão da Verdade e sancionada a Lei da Informação.

O país passava por uma onda otimista propiciada pelos ganhos de investimentos internacionais, pois despontou como opção para investidores estrangeiros diante da crise econômica norte-americana. No entanto, apesar do contexto otimista no cenário econômico e político, houve manifestações sociais, em diversos locais do país, de diferentes setores da sociedade.

Podemos destacar algumas das manifestações ocorridas a seguir.

A construção da Usina Hidrelétrica de Belo Monte foi tema de muitos protestos, realizados em grandes capitais do país e reunindo grupos diversos, destacando-se membros das comunidades ribeirinhas, ambientalistas e organizações indígenas. Todos reivindicavam estudos mais aprofundados e a necessidade de ações com menor impacto ambiental. A relevância do tema foi tão grande que o mesmo foi submetido à Organização dos Estados Americanos (OEA). Esta, por sua vez, recomendou ao governo brasileiro a suspensão da execução da obra. Diante da repreensão deste organismo internacional, o Brasil retaliou e não pagou sua contribuição anual de seis milhões à OEA.

Em maio de 2011 foi aprovado o Código Florestal que suscitou manifestações de ruralistas e ambientalistas. Os últimos contra o suposto privilegio aos desmatamentos e os primeiros afirmando que o Código era muito conservador e prejudicava a produção.

Diversos Tribunais Regionais do Trabalho realizaram seminários sobre os 70 anos da Justiça do Trabalho promovendo congressos e palestras.

Relevante manifestação social foi realizada pela legalização de drogas em todo o país. Denominada Marcha da Maconha, inicialmente reprimida, por hipoteticamente fazer apologia ao uso das drogas, foi chancelada pelo Supremo Tribunal Federal (STF). Este entendeu, por unanimidade, que as manifestações consistiam em exercício do poder de livre expressão.

Em janeiro de 2012 o Brasil sediou, na cidade de Porto Alegre, o Fórum Social Mundial que teve como tema a *Crise Capitalista, Justiça Social e Ambiental.*

Em junho de 2012, no Rio de Janeiro, o Brasil sediou a Cúpula das Nações Unidas para o Desenvolvimento Sustentável, a Rio+20, que assinalou vinte anos de realização da Conferência das Nações Unidas sobre Meio Ambiente e Desenvolvimento (Rio-92) definindo a agenda do desenvolvimento sustentável para décadas seguintes. A conferência buscou discutir temas como economia verde e desenvolvimento sustentável, erradicação da pobreza e criação de estrutura institucional para o desenvolvimento sustentável.

Nota-se que nos primeiros anos do governo da primeira presidente eleita democraticamente, Dilma Rousseff, ocorreram vários movimentos de diversos atores sociais: contra a corrupção de diversos setores na política e nas instituições preestabelecidas.

Mas destacam-se, sobremaneira, ao lado do movimento contra a corrupção, as manifestações de cunho ambiental: diversas mobilizações sociais tiveram como tema o desenvolvimento sustentável e a defesa do meio ambiente sadio. São exemplos os protestos contra a concepção da Usina de Belo Monte, contra o novo Código Florestal do Brasil e a reunião da Cúpula das Nações Unidas para o Desenvolvimento Sustentável, a Rio+20.

O que se pode observar é que em uma sociedade minimamente democrática os cidadãos manifestam livremente suas ideias e opiniões. Quando agem coletivamente realizam movimentos sociais a fim de pressionar a agenda discutida institucionalmente, pois, por vezes, os canais institucionais preestabelecidos desconsideram as reivindicações dos diversos atores sociais. Manifestam, dessa forma, um conflito. Segundo Pereira:

> Dentro de um contexto democrático, a explicitação do conflito permite que determinadas temáticas adentrem o espaço público através do uso estratégico da mídia e da influência da opinião pública. Desta forma, os movimentos sociais influenciam e são influenciados pelos contextos políticos nos quais estão inseridos. Eles podem demandar a mudança ou a manutenção do ambiente em que estão inseridos; podem também questionar a forma pela qual as decisões políticas são tomadas, demandando uma maior participação popular nos campos decisórios. [19]

---

19 PEREIRA, Marcus Abilio. Movimentos sociais e democracia: a tensão necessária. Opin. Publica, Campinas, v. 18, n. 1, p. 68-87, jun. 2012. Disponível em: <http://www.scielo.br/scielo.php?script=sci_arttext&pid=S0104-62762012000100004&lng=pt&nrm=iso>. Acesso em: 05 ago. 2018. p.85.

A Primavera Árabe ocorrida em 2011 teve como finalidade principal criar espaços de exercício de liberdade, fomentando a queda de inúmeros governos ditatoriais que permaneciam no governo há décadas. Com isso, os pleitos por alternância de poder e lisura do pleito eleitoral se alastraram. Nesse caso, pelo menos inicialmente, a mobilização social teve como objetivo tornar mais efetiva a participação dos cidadãos na gestão da coisa pública.

Nos países já ditos democratizados, as demandas foram no sentido de administração da coisa pública de forma ética e justa, sem corrupção. Os cidadãos pressionaram e exerceram influência, de alguma forma, na gestão da coisa pública. Esta a matriz da democracia representativa: liberdade de manifestação dos diversos interesses através de mobilizações sociais: estudantis, de gênero, de inclusão, religiosas.

No período de 2011 a 2012 houve grande repercussão da mobilização dos atores sociais no Brasil e no mundo.

Os movimentos sociais e suas novas dinâmicas e instrumentos (tais como redes sociais) mostram que as antigas categorias do sistema social[20] não dão conta de explicar as ações dos novos sujeitos que despontam na sociedade, exigindo nova construção crítica para refletir os problemas e endereçar soluções.

Mas também é possível observar, com otimismo, que temas tais como a necessidade de elaborar estruturas para a economia sustentável, surgem com o olhar mais profundo e cuidadoso das necessidades existenciais para o homem viver com mais dignidade.

## 7. CONCLUSÃO

A vida do Direito do Trabalho nunca foi fácil. O ambiente em que se desenvolveu o Direito do Trabalho é conflituoso por definição. No período em que se fez análise, percebe-se um avanço da agenda liberal, seja

---

20 Segundo Alain Touraine o ator social pode ser definido por sua posição em um sistema social. Por exemplo, em um sistema de produção agrário, há o campesinato, composto pelos camponeses; em uma sociedade industrial há o operariado. Nas sociedades atuais qual seria o sistema de produção? Como encaixar todos os tipos e diversidade de trabalhos que despontam?

pela produção legislativa, seja pelos julgamentos pautados no Supremo Tribunal Federal. Não devemos nos esquecer de que, em junho de 2011, o PL n. 4330, que tinha objeto a ampliação da terceirização e estava paralisado no Congresso Nacional desde 2004, voltou a tramitar. Destaque, ainda, para a Lei n. 12.690/2012 que tratou das cooperativas de trabalho, que manteve a existência de um sistema paralelo à relação de emprego.

Entretanto, houve, também, outras leis que ampliaram direitos trabalhistas, conforme visto acima, com destaque para a Lei n. 12.551/2012, que alterou o artigo 6º da CLT, para o fim de reconhecer o vínculo de emprego aos trabalhadores que exercem seu labor a distância e em domicílio, e considerou que "os meios telemáticos e informatizados de comando, controle e supervisão se equiparam, para fins de subordinação jurídica, aos meios pessoais e diretos de comando, controle e supervisão do trabalho alheio."

Assim, o Direito do trabalho caminhou, ora para frente, ora não, como nos jogos de tabuleiro, onde se avança e recua de acordo com a sorte dos dados. O interesse econômico de parte da sociedade, formada por empresários e conglomerados multinacionais, já tentavam, há tempos, modernizar, leia-se, desregulamentar a legislação social.

Fato é que no momento histórico analisado, coisas boas também aconteceram, como se percebe pelos textos abordados nesse capítulo. Mas como nada no mundo do direito do trabalho é fácil, poucos anos depois alguns desses avanços legislativos foram afrontados pela contrarreforma trabalhista, que será tratado em tópicos seguintes.

O momento econômico relativamente bom vivenciado pelo Brasil à época acabou por amenizar os ataques graduais ao Direito do Trabalho, embora na seara internacional percebêssemos o acirramento de políticas de austeridade, em desfavor da classe trabalhadora, tendo em vista a crise do capitalismo financeiro mundial.

Trata-se de um movimento dialético recorrente no Direito do Trabalho, sendo certo que, ao longo de sua história, sempre que há avanços surge um forte movimento reacionário[21], sobretudo em momentos de crise econômica.

---

21 MAIOR, Jorge Luiz. História do Direito do Trabalho no Brasil. Ltr, São Paulo, 2015. pag. 699.

A intenção é mostrar ao leitor que na análise histórica do Direito, principalmente no Direito do Trabalho, não há estabilidade confiável e segurança permanente, devendo-se sempre perquirir a aplicação da lei cotejando-a em relação ao espírito da Constituição Federal, dos tratados internalizados pelo Estado Brasileiro e, sobretudo, com a carga principiológica que norteia esse nobre campo do direito, sob pena de sua total descaracterização.

## 8. REFERÊNCIAS BIBLIOGRÁFICAS

ALVES, Giovanni. O Novo (e Precário) Mundo do Trabalho – Reestruturação Produtiva e Crise do Sindicalismo. Boitempo editorial. 2000.

COUTINHO, Grijalbo Fernandes. *O Direito do Trabalho Flexibilizado por FHC e Lula. Ltr, São Paulo, 2009.*

DELGADO. Maurício Godinho. Curso de Direito do Trabalho. 16ª ed. São Paulo: Ltr, 2017.

DELGADO, Maurício Godinho. DELGADO, Gabriela Neves. A reforma trabalhista no Brasil: com os comentários à Lei 13.467/2017. – São Paulo: LTr, 2017.

DIEESE. < www.dieese.org.br. > Acesso em 03 de setembro de 2018.

GARDNER, Frank. O homem que 'acendeu' a fagulha da Primavera Árabe. BBC News Brasil, São Paulo, 17 de dez. de 2011. Disponível em: https://www.bbc.com/portuguese/noticias/2011/12/111217_bouazizi_primavera_arabe_bg>. Acesso em: 10 de ago. de 2018.

MANDL. Alexandre Tortorella. *A judicialização dos conflitos coletivos de trabalho: uma análise das greves julgadas pelo TST nos anos 2000. Campinas. 2014. Dissertação de Mestrado. Universidade Estadual de Campinas – Instituto de Economia.*

MAIOR. Jorge Luiz Souto. Curso de Direito do Trabalho: a relação de emprego. Vol. II. São Paulo: LTr, 2008.

MAIOR, Jorge Luiz. *História do Direito do Trabalho no Brasil.* Ltr, São Paulo, 2015

PEREIRA, Marcus Abilio. Movimentos sociais e democracia: a tensão necessária. Opin. Publica, Campinas, v. 18, n. 1, 2012. Disponível em: <http://www.scielo.br /scielo.php?script=sci_arttext&pid=S0104-62762012000100004&lng=pt&nrm=iso>. Acesso em: 05 ago. 2018.

VIANNA, Márcio Túlio. A terceirização revisitada: algumas críticas e sugestões para um novo tratamento da matéria. Rev. TST, Brasília, vol. 78, no 4, out/dez 2012. Disponivel em: http://www.femargs.com.br/uploads/artigos/a-terceirizacao-revisitada/a-terceirizacao-revisitada.pdf, acesso em 02/09/2018.

# 2012-2013 – PORTA ABERTA AOS DIREITOS SOCIAIS

*Adriana R. Strabelli, André Luiz Ferreira Alves, Carolina Masotti Monteiro, Cláudia Tejeda Costa, Elisângela Bressani Schadt, Flávio Leme Gonçalves, Giovanna Maria Magalhães Souto Maior, Josiane Godoy Lima, Mariana Benevides da Costa, Miriam Ramalho Alves, Rita de Cássia Corrêa Marcatti, Valéria Neves dos Santos Rodrigues, Tânia Romualdo Moraes.*

## 1. INTRODUÇÃO

A turma da Especialização em Direito do Trabalho da Faculdade de Direito da USP, que se iniciou no ano de 2012, mal sabia que acompanharia o começo de um período de significativa intensificação da disputa, entre os atores sociais, nas relações juslaborais. Era tempo do primeiro governo Dilma Rousseff - mulher estreante na Presidência da República -, da Copa das Confederações, dos preparativos para os grandes eventos desportivos que o Brasil receberia – a saber, Copa do Mundo de Futebol e Olimpíadas – sendo, ainda, o tempo das chamadas Jornadas de Junho de 2013, derivadas, *a priori*, do descontentamento popular com a elevação do preço do transporte coletivo urbano.

Assim, chamada a refletir sobre a evolução do Direito do Trabalho no lapso de seu transcurso, anos de 2012 e 2013, a Turma citada considerou importante correlacionar os acontecimentos da seara jurídica, com as relações sociais respeitantes, posto entender o Direito, no modelo capitalista de produção, como produto das mesmas. Apresenta, então, na sequência, breve digressão histórica do Direito do Trabalho, no período, destacando a perspectiva jurisprudencial do Supremo Tribunal Federal, do Tribunal Superior do Trabalho, como, também, da legislação ali promulgada, das publicações doutrinárias, da conjuntura política e socioeconômica e, por fim, da mobilização dos atores jurídicos.

Sumariamente, então, será possível acompanhar diversas alterações de súmulas e orientações jurisprudenciais do Tribunal Superior do Trabalho, decisões relevantes do Supremo Tribunal Federal sobre direitos trabalhistas, publicação da emenda constitucional sobre os direitos dos empregados domésticos, nova legislação sobre portuários e motoristas, lançamento de propostas de modernização da legislação trabalhista e publicações sobre os 70 anos da CLT, bem como o incremento de manifestações sociais e de greves.

## 2. JURISPRUDÊNCIA

Os anos de 2012 e 2013 foram marcados por diversas alterações em súmulas e orientações jurisprudenciais trabalhistas, bem como por julgamentos importantes dos Tribunais Superiores e, em especial, do Supremo Tribunal Federal – STF.

No âmbito do Tribunal Superior do Trabalho – TST, em **06 de fevereiro de 2012,** o Pleno editou cinco súmulas, de números: i) **430** *(Convalidam-se os efeitos do contrato de trabalho que, considerado nulo por ausência de concurso público, quando celebrado originalmente com ente da Administração Pública Indireta, continua a existir após a sua privatização)*; ii) **431, 432** *(O recolhimento a destempo da contribuição sindical rural não acarreta a aplicação da multa progressiva prevista no art. 600 da CLT, em decorrência da sua revogação tácita pela Lei nº 8.022, de 12 de abril de 1990)*; iii) **433** *(A admissibilidade do recurso de embargos contra acórdão de Turma em Recurso de Revista em fase de execução, publicado na vigência da Lei nº 11.496, de 26.06.2007, condiciona-se à demonstração de divergência jurisprudencial entre Turmas ou destas e a Seção Especializada em Dissídios Individuais do Tribunal Superior do Trabalho em relação à interpretação de dispositivo constitucional.)*; iv) **434** *(Extemporaneidade - que foi cancelada em junho de 2015 – Res. 198/2015)*. Igualmente, o mesmo órgão jurisdicional alterou a redação da **Súmula 298** *(Ação rescisória.*

*Violação a disposição de lei. Pronunciamento explícito)* conforme Resolução n.º 177/2012 do TST[1], editando, por fim, as orientações jurisprudenciais 413 a 417, da SDI - 1.

Passados dois meses, em 16 de abril de 2012, o Pleno aprovou alterações em duas súmulas e quatro orientações jurisprudenciais, além do cancelamento da Súmula nº 207,_que tratava dos conflitos de leis trabalhistas no espaço - *Princípio da lex loci executionis.* Aludida Súmula dispunha que *"A relação jurídica trabalhista é regida pelas leis vigentes no país da prestação de serviço e não por aquelas do local da contratação"*.

Outrossim, foram alteradas as súmulas de número 221 (*Recurso de Revista. Violação de lei. Indicação de Preceito. Interpretação razoável*) e de número 368 (*Descontos Previdenciários e Fiscais - alteração do item II – Responsabilidade do empregador pelo recolhimento, devendo ser calculadas, mês a mês*), sendo que, em julho de 2017, esta mesma Súmula veio a sofrer alterações e inclusões outras, de modo a adquirir redação longuíssima e, até, complexa.

Modificações também ocorreram em orientações jurisprudenciais da Subseção 1, especializada em Dissídios Individuais (SDI-1). Foram elas: i) **OJ 115** (*O conhecimento do recurso de revista, quanto à preliminar de nulidade por negativa de prestação jurisdicional, supoe indicaçao de violação do art. 832 da CLT, do art. 458 do CPC ou do art. 93, IX da CF/88*); ii) **OJ 257** (*A invocação expressa do recurso de revista dos preceitos legais ou constitucionais tidos como violados não significa exigir da parte a utilização das expressões "contrariar", "ferir", "violar", etc. – alterada em decorrência do inciso II do art. 894 da CLT*), iii) **OJ 235** (*O empregado que recebe salário por produção e trabalha em sobrejornada tem direito à percepção apenas do adicional de horas extras, exceto no caso do empregado cortador de cana, a quem é devido o pagamento das horas extras e do adicional respectivo*), iv) OJ's 418, 420, verificando-se, ao final, também modificação na **Orientação Jurisprudencial Transitória n.° 42** (*Petrobrás. Pensão por morte assegurada no manual de pessoal, não se estende à*

1 TST. Resolução nº 177, de 6 de fevereiro de 2012. Disponível em: <https://juslaboris.tst.jus.br/bitstream/handle/20.500.12178/19836/2012_res0177.pdf?sequence=1&isAllowed=y>. Acesso em: 19 set. 2018.

*hipótese em que sobrevém o óbito do trabalhador quando já extinto o contrato de trabalho)*[2], conforme Resolução 181[3] e 182[4], do TST.

Não fossem bastantes tais alterações, na "histórica sessão realizada em **14 de setembro de 2012**"[5], o Pleno do TST, em sessão extraordinária, realizada sob a Presidência do Excelentíssimo Ministro João Oreste Dalazen, Presidente do Tribunal, presentes os Excelentíssimos Srs. Ministros Maria Cristina Irigoyen Peduzzi, Vice-Presidente, Antônio José de Barros Levenhagen, Corregedor-Geral da Justiça do Trabalho, Carlos Alberto Reis de Paula, Ives Gandra da Silva Martins Filho, João Batista Brito Pereira, Renato de Lacerda Paiva, Emmanoel Pereira, Lelio Bentes Corrêa, Aloysio Silva Corrêa da Veiga, Luiz Philippe Vieira de Mello Filho, Alberto Luiz Bresciani de Fontan Pereira, Maria de Assis Calsing, Dora Maria da Costa, Pedro Paulo Teixeira Manus, Fernando Eizo Ono, Guilherme Augusto Caputo Bastos, Márcio Eurico Vitral Amaro, Walmir Oliveira da Costa, Maurício Godinho Delgado, Kátia Magalhães Arruda, Augusto César Leite de Carvalho, José Roberto Freire Pimenta, Delaíde Alves Miranda Arantes, Hugo Carlos Scheuermann, Alexandre de Souza Agra Belmonte, e o Ex.mo Sr. Procurador Geral do Trabalho, Dr. Luis Antônio Camargo de Melo, o TST efetuou profunda modificação de sua jurisprudência sumulada, o que pode ser verificado na Resolução n.º 185, de 14 de setembro de 2012[6].

---

2 TST. Notícias. Disponível em: <http://www.tst.jus.br/noticias/-/asset_publisher/89Dk/content/pleno-do-tst-altera-e-cancela-sumulas-e-orientacoes-jurisprudenciais. Acesso em: 19 fev. 2018.

3 TST. Resolução nº 181, 16 de abril de 2012. https://juslaboris.tst.jus.br/bitstream/handle/20.500.12178/21916/2012_res0181.pdf?search-result=true&query=2012&current-scope=20.500.12178%2F1&filtertype_0=especieato&filtertype_1=author&filter_0=Resolu%C3%A7%C3%A3o&filter_relational_operator_1=equals&filter_1=Brasil.+Tribunal+Superior+do+Trabalho+%28TST%29&filter_relational_operator_0=equals&rpp=20&sort_by=dc.date.issued_dt&order=desc&page=2. Acesso em 19 set. 2018.

4 TST. Disponível: <https://juslaboris.tst.jus.br/bitstream/handle/20.500.12178/21936/2012_res0182.pdf?sequence=1&isAllowed=y>. Acesso em: 19 set. 2018.

5 TST. Disponível: <http://www.editoramagister.com/doutrina_27111288_AS_ALTERACOES_NAS_SUMULAS_DO_TST.aspx>. Acesso em: 19 set. 2018.

6 TST. Disponível em: <https://juslaboris.tst.jus.br/bitstream/handle/20.500.12178/26556/2012_res0185.pdf?search-result=true&query=185&current-scope=20.500.12178%2F1&filtertype_0=especieato&filtertype_1=author&filter_0=Resolu%C3%A7%C3%A3o&filter_relational_operator_1=equals&filter_1=Brasil.+Tribunal+Superior+do+Trabalho+%28TST%29&filter_

Naquela sessão extraordinária, o Pleno alterou a redação de onze súmulas, a saber: i) **6** *(equiparação salarial – alteração da redação do item VI que sofreu nova alteração em junho de 2015)*; ii) **10** (*O direito aos salários do período de férias escolares assegurado aos professores – art. 322, caput e § 3º, da CLT – não exclui o direito ao aviso prévio, na hipótese de dispensa sem justa causa ao término do ano letivo ou no curso das férias escolares*); iii) **124** (*divisor salário-hora do bancário - sofreu nova alteração em julho de 2017*); iv) **221** (*A admissibilidade do recurso de revista por violação tem como pressuposto a indicação expressa do dispositivo de lei ou da Constituição tido como violado.*); v) **244** (*Gestante. Aplicação da Estabilidade Provisória aos contratos por tempo determinado – Alteração da redação do item III da Súmula n.º 244*); vi) **277** (*Ultratividade - As cláusulas normativas dos acordos coletivos ou convenções coletivas integram os contratos individuais de trabalho e somente poderão ser modificadas ou suprimidas mediante negociação coletiva de trabalho)*; vii) **337** (*Recurso de Revista – alteração do item IV – comprovação de divergência jurisprudencial*); viii) **369** *(Alterar a redação do item I da Súmula n.º 369 - É assegurada a estabilidade provisória ao empregado dirigente sindical, ainda que a comunicação do registro da candidatura ou da eleição e da posse seja realizada fora do prazo previsto no art. 543, § 5º, da CLT, desde que a ciência ao empregador, por qualquer meio, ocorra na vigência do contrato de trabalho.)*; ix) **385** *(Feriado local – necessidade de comprovação)*; x) **428** (*sobreaviso - uso de instrumentos telemáticos ou informatizados, por si só, não caracteriza o regime*); xi) **431** (*Para os empregados a que alude o art. 58, caput, da CLT, quando sujeitos a 40 horas semanais de trabalho, aplica-se o divisor 200 (duzentos) para o cálculo do valor do salário-hora.).*

Ademais, foram introduzidos acréscimos em duas outras súmulas, quais sejam, a **228** (*Adicional de insalubridade. Base de cálculo. Acrescentar à Súmula n.º 228 o adendo "Súmula cuja eficácia está suspensa por decisão liminar do Supremo Tribunal Federal") e a* **378** (*inserido o item III - O empregado submetido a contrato de trabalho por tempo determinado goza da garantia*

relational_operator_0=equals&rpp=20&sort_by=dc.date.issued_dt&order=desc>. Acesso em: 19 set. 2018.

*provisória de emprego, decorrente de acidente de trabalho, prevista no art. 118 da Lei nº 8.213/91).*

De resto, orientações jurisprudenciais (OJ's) foram convertidas em súmulas, criando-se súmulas novas, a saber: i) **435** (*conversão da Orientação Jurisprudencial n.º 73 da SBDI-2 com nova redação – Aplicação subsidiária do art. 557 do CPC ao Processo do Trabalho)*; ii) **436** *(conversão da Orientação Jurisprudencial nº 52 da SBDI-I e inserção do item II à redação – representação processual de procuradores – dispensa juntada instrumento de mandato, mas é essencial declarar-se exercente do cargo de procurador)*; iii) **437** *(Intervalo intrajornada - conversão das Orientações Jurisprudenciais nos 307, 342, 354, 380 e 381 da SBDI-1)*; iv) **442** (*Nas causas sujeitas ao procedimento sumaríssimo, a admissibilidade de recurso de revista está limitada à demonstração de violação direta a dispositivo da Constituição Federal ou contrariedade a Súmula do Tribunal Superior do Trabalho, não se admitindo o recurso por contrariedade a Orientação Jurisprudencial deste Tribunal (Livro II, Título II, Capítulo III, do RITST), ante a ausência de previsão no art. 896, § 6º, da CLT. - conversão da Orientação Jurisprudencial nº 352 da SBDI-1).*

Seis novas súmulas foram editadas: i) **438** (*O empregado submetido a trabalho contínuo em ambiente artificialmente frio, nos termos do parágrafo único do art. 253 da CLT, ainda que não labore em câmara frigorífica, tem direito ao intervalo intrajornada previsto no caput do art. 253 da CLT*); ii) **439** (*Nas condenações por dano moral, a atualização monetária é devida a partir da data da decisão de arbitramento ou de alteração do valor. Os juros incidem desde o ajuizamento da ação, nos termos do art. 883 da CLT*); iii) **440** (*reconhecimento direito à manutenção de plano de saúde ou de assistência médica aos aposentados por invalidez e aos em gozo auxílio-doença acidentário*); iv) **441** (*aplicação do aviso prévio proporcional da Lei 12.506/11 às rescisões ocorridas a partir de 13/10/2011)*; v) **443** (*Dispensa discriminatória. Presunção. Empregado portador de doença grave. Estigma ou preconceito. Direito à reintegração)*; vi) **444** (*escala 12x36. Validade por Norma Coletiva*).

Por fim, ainda relativamente às súmulas, duas delas foram canceladas: i) a **136** (*Não se aplica às Varas do Trabalho o princípio da identidade física do juiz*); ii) a **343** *(O bancário sujeito à jornada de 8 (oito) horas (art. 224, § 2º, da CLT), após a CF/1988, tem salário-hora calculado com base no divisor 220 (duzentos e vinte), não mais 240 (duzentos e quarenta)).*

Na mesma data, quanto às orientações jurisprudenciais (OJ's), o Pleno alterou a redação de duas delas, a saber: i) **130** *(Ação Civil Pública. Competência. Local Do Dano. Lei Nº 7.347/1985, Art. 2º. Código De Defesa Do Consumidor, Art. 93)*; ii) **173** (*adicional de insalubridade por exposição ao sol e ao calor*). Cancelou, a seu tempo, 09 (nove) OJ's da SBDI-1: i) **52** *(mandato. Procurador público – conversão na S. 436)*, ii) **84** *(aviso-prévio)*, iii) **307** *(intervalo intrajornada – conversão S. 437)*; iv) **342** *(intervalo intrajornada – conversão S. 437)*; v) **352** *(conversão S. 442 – RR em Sumaríssimo*), vi) **354** *(intervalo intrajornada– conversão item III, S. 437)*, vii) **380** *(intervalo – conversão item IV, S. 437)*, viii) **381** *(intervalo – aglutinada ao item I, S. 437*); ix) **384** *(termo inicial da prescrição do avulso)*. Da SBDI-2, o Pleno cancelou somente uma OJ, **73** *(conversão na S. 435 – aplicação ar. 557, CPC)*, alterando a redação da **OJ nº5 da SDC - Seção de Dissídio Coletivo** *(dissídio coletivo para apreciação de cláusula de natureza social – possibilidade jurídica)*, conforme Resolução n.º 186, de 14 de setembro de 2012[7].

Em 2013, o Pleno do TST, em sessão extraordinária realizada em **27 de fevereiro de 2013**, editou a **Súmula 445**, referente à inaplicabilidade ao Direito do Trabalho do artigo 1.216 do Código Civil, que trata da indenização por frutos percebidos pela posse de má-fé, no caso de inadimplemento de verbas trabalhistas, conforme Resolução 189/2013[8].

Finalmente, em **11 de dezembro de 2013,** o Pleno do TST, em sessão extraordinária, editou as **Súmula 446** *(trata do intervalo intrajornada do maquinista ferroviário e sua compatibilidade com os artigos 71,§ 4º,*

---

7 TST. Disponível em: https://juslaboris.tst.jus.br/bitstream/handle/20.500.12178/26557/2012_res0186.pdf?sequence=1&isAllowed=y. Acesso em: 19 set. 2018.

8 TST. Disponível em: https://juslaboris.tst.jus.br/bitstream/handle/20.500.12178/29318/2013_res0189.pdf?sequence=1&isAllowed=y. Acesso em 19 set. 2018.

*e 328, § 5º, da CLT)* e **447** (*indevido adicional de periculosidade aos que permanecem a bordo durante o abastecimento de aeronave)*; acrescentou o item II à Súmula **288** *(coexistência de dois regulamentos de planos de previdência complementar – opção por um implica renuncia às regras do outro)* e alterou a redação da Súmula **392** *(competência dano moral e material decorrente de relação de trabalho, inclusive oriundas de acidente de trabalho e doenças a ele equiparadas)* conforme Resolução 193/2013[9].

Nessa oportunidade, foram citados, resumidamente, os assuntos principais a respeito de algumas delas. Vale mencionar que, além das várias modificações nas respectivas súmulas, o TST proferiu importantes julgados concernentes a temas variados nos anos objeto de estudo[10], tais como:

i. Não aplicação da OJ-SDI-1 nº 191, ao dono da obra, quando envolver acidente de trabalho, e responsabilização solidária por indenização a título de danos morais, materiais e estéticos (E-RR-9950500-45.2005.5.09.0872), vez que se trata de verbas de natureza civil;
ii. Garantia de estabilidade provisória à empregada doméstica gestante, mesmo antes da vigência da Lei nº 11.324/2006 (E-ED-RR-5112200- 31.2002.5.02.0900, SBDI-I);
iii. Configuração de dano moral por uso indevido da imagem do trabalhador por meio uniforme com propagandas comerciais (E-RR-40540-81.2006.5.01.0049); e,
iv. Aplicação dos critérios da responsabilidade objetiva em acidente de trabalho com resultado morte do trabalhador no desempenho de atividade de risco em rede elétrica, mesmo antes

9 TST. Resolução, nº 193, de 11 de dezembro de 2013. Disponível em: https://juslaboris.tst.jus.br/bitstream/handle/20.500.12178/35139/2013_res0193.pdf?search-result=true&query=2012&current-scope=20.500.12178%2F1&filtertype_0=especieato&filtertype_1=author&filter_0=Resolu%C3%A7%C3%A3o&filter_relational_operator_1=equals&filter_1=Brasil.+Tribunal+Superior+do+Trabalho+%28TST%29&filter_relational_operator_0=equals&rpp=20&sort_by=dc.date.issued_dt&order=desc. Acesso em: 19 set. 2018.

10 TST. Disponível em: http://www.tst.jus.br/web/guest/informativo-tst. Acesso em: 19 set. 2018.

da vigência do Código Civil de 2002 (E-ED-RR-40400-84.2005.5.15.0116).

Não obstante a natureza protetiva estampada nas decisões exemplificadas, o TST também se pronunciou a respeito da possibilidade e validade de cláusula em norma coletiva fixar número de horas *in itinere* a ser adimplido pelo empregador, mesmo que em quantidade inferior ao tempo efetivamente despendido. A condição a se observar seria a razoável proporção entre o tempo efetivamente despendido no trajeto e o número de horas a ser pago, tal como se observa dos julgados dos processos nº E-RR-2200-43.2005.5.15.0072, E-RR470-29.2010.5.09.0091, E-ED--RR-46800-48.2007.5.04.0861, E-RR-471-14.2010.5.09.0091.

De modo a enaltecer a negociação coletiva, no processo nº RO-161-37.2011.5.06.0000, o TST firmou entendimento de que é possível ser pactuado o pagamento de vale transporte em pecúnia aos empregados.

No Supremo Tribunal Federal – STF, nos anos 2012 e 2013, âmbito trabalhista, destacam-se alguns julgamentos importantes:

i. Tema 191 – RE 596478. Tese: É constitucional o art. 19-A da Lei 8.036/1990, que dispõe ser devido o depósito do Fundo de Garantia do Tempo de Serviço - FGTS na conta de trabalhador cujo contrato com a Administração Pública seja declarado nulo por ausência de prévia aprovação em concurso público, desde que mantido o direito ao salário. Julgado em 13.06.2012.

ii. Tema 116 – RE 581160. Tese: É inconstitucional o art. 29-C da Lei 8.036/1990, introduzido pelo art. 9º da MP 2.164-41/2001, que veda a condenação em honorários advocatícios nas ações entre o FGTS e os titulares de contas vinculadas, bem como naquelas em que figuram os respectivos representantes ou substitutos processuais. Julgado em 20.06.2012.

iii. Tema 594 – RE 627294. Tese: As regras dos parágrafos 4º e 5º do artigo 40 da Constituição Federal, na redação anterior à EC 20/1998, não se aplicam ao servidor submetido ao regime da CLT que se aposentou ou faleceu antes do advento da Lei nº 8.112/1990. Julgado em 21.09.2012.

iv. Tema 190 – RE 586453. Tese: Compete à Justiça comum o processamento de demandas ajuizadas contra entidades privadas de previdência com o propósito de obter complementação de aposentadoria, mantendo-se na Justiça Federal do Trabalho, até o trânsito em julgado e correspondente execução, todas as causas dessa espécie em que houver sido proferida sentença de mérito até 20/2/2013. Julgado em 20.02.2013.

v. Tema 131 – RE 589998. Tema: Os empregados públicos das empresas públicas e sociedades de economia mista não fazem jus à estabilidade prevista no art. 41 da Constituição Federal, mas sua dispensa deve ser motivada. Julgado em 21.03.2013.

Com efeito, então, houve intensa acomodação da jurisprudência trabalhista nos anos de 2012 e 2013, verificando-se, como visto, inúmeras alterações, todas, de suma importância para o Direito do Trabalho.

## 3. DOUTRINA

Muito embora controvertida por ser fonte formal não estatal do Direito e, portanto, destituída de força vinculante, a completude deste estudo demanda que se refira à doutrina da época de sua análise, que, como já se sabe, compreende os anos de 2012 e 2013. Assim, moderada pelas limitações próprias do espaço, realiza-se perfunctória reportagem à doutrina, esclarecendo-se, a propósito, que não se vencerão todas as segmentações didáticas da disciplina, focando-se, tão só, na respectiva seara material.

Assim, no intervalo temporal sob comento, despontaram obras significativas, destacando-se, entre as mesmas, distintas homenagens aos já citados setenta anos da Consolidação das Leis do Trabalho. Outra matéria, então momentosa, como já expresso algures, foi referente à já citada Emenda Constitucional nº 72, de 02 de abril de 2013, respeitante ao equacionamento jurídico das trabalhadoras e trabalhadores domésticos às demais categorias profissionais. Direito Ambiental do Trabalho e saúde do trabalhador, assim como o dimensionamento do Direito do Trabalho e a reorganização das forças produtivas, em especial, a terceirização, tais assunto também vicejaram na doutrina juslaboral da época.

Em seu conjunto, vale dizer, excetuando a terceirização, precarizadora e indecente de per si, as demais temáticas desenvolvidas no período examinado manifestam uma certa expansão formal do Direito do Trabalho, no Brasil, digamos assim. Era um tempo de quase pleno emprego, de acentuado desenvolvimentismo, com muitas obras de infraestrutura e com maior inserção socioeconômica das camadas mais pobres da população, de maneira que se vislumbra um seu reflexo nas análises doutrinárias trabalhistas, especialmente, no tangente ao meio ambiente do trabalho e à saúde do trabalhador, temáticas de nítido cariz ampliativo do universo juslaboral, nada obstante as escorregadas legislativas – já se viram – atinentes aos trabalhadores domésticos e aos motoristas profissionais. Vários direitos surgiram, mas, nem todos, observe-se bem, prestantes à efetivação do projeto constitucional solidário e inclusivo.

Logo, muito e em diferentes linhas de compreensão, escreveu-se sobre o primeiro tema delineado, ou seja, sobre as homenagens à legislaçao trabalhista aniversariante. Velhos e novos autores a se debruçarem sobre o assunto, nada, contudo, com a singeleza e a plenitude da obra do Professor Márcio Túlio Viana, a saber, *70 anos da CLT: uma história de trabalhadores*. Disse-se, entrementes, que era vetusta a Consolidação, carecedora de reformas estruturais; disse-se, ao contrário, que era funcional e dinâmica, porquanto oxigenada e atualizada, ao longo de toda sua história.

O Poeta das Minas Gerais, então, vestido de Professor, na obra retro mencionada, ele, eivado de serenidade e leveza, excursiona pelo Direito do Trabalho e, também, pela CLT, dispondo-a como "um pouco cigana"[11], vinda de diferentes tempos e lugares[12], até se conformar num texto, que,

11 VIANA, Márcio Túlio. 70 anos da CLT: uma história de trabalhadores – Brasília: Tribunal Superior do Trabalho, 2013, p.75.

12 Op. cit., pp. 75 - 88.

uma vez concluído, tornou-se ponto de partida[13] para outras jornadas de luta, jornadas essas, trespassadas no tempo, cuja passagem, necessariamente, assinalou, seja quanto à interpretação de seus institutos, seja quanto a sua aplicação, seja, ainda, quanto à simbologia correspondente[14].

Sinônimo de segurança e de inserção social, dos anos 1940 aos 1960[15], ao longo da década de 1970, com a crise econômica do petróleo e o despontar da ideologia neoliberalista, a segurança social começou a sofrer investidas do capital[16], que, desde então, buscando a sua mitigação e eliminação, paulatinamente, ressignificou referida legislação e passou a achacá-la de envelhecida, rígida demais, detalhista, incompatível com as demandas do mundo pós moderno.

Recaíram, pois, sobre a CLT, contra-ataques ao movimento expansionista juslaboral, apregoando-se a desproteção do trabalhador, "para não retirar o país do bonde da história"[17]. Eis o tempo da flexibilização e da desregulamentação de direitos, da ideologia neoliberal, da globalização, as quais, em síntese, quanto à legislação consolidada, levaram, na sublime grafia de Márcio Túlio Viana, a uma sua enxertia com elementos civilistas, estranhos a sua marca inicial[18], traduzida, noutras palavras, pela tutela e pela visibilização socioeconômica dos trabalhadores, enquanto sujeitos mais fracos da sociedade[19].

Ditos enxertos, a seu tempo, não desanimaram o mineiro Menestrel, que, muito preparado e experimentado pelas veredas da jurisdição, conservou-se firme, desfiando lavras de esperança e resistência, literalmente[20]:

> Esses elementos são mesmo estranhos porque, como eu dizia, já não seguem – ou não seguem tanto – os seus princípios. Isso não significa

13 Idem, p. 115.

14 Ibidem, p. 129.

15 Ibidem, p. 113

16 Ibidem, pp. 116-117 e 125.

17 Ibidem, p. 126.

18 Ibidem, p. 97.

19 Ibidem., p. 116.

20 Ibidem, p. 97.

que a causa está perdida. Sempre, ou quase sempre, podemos ler de outros modos as palavras. [...]

Até ali, idos de 2013, não haviam cedido, ainda, a classe trabalhadora e a CLT, nada obstante os pecados desta última, apontados por Viana, como sendo a exclusão, do conteúdo de seu texto, dos trabalhadores rurais e dos trabalhadores domésticos[21], esta última, a propósito, somente consertada, naquele mesmo ano, pela Emenda Constitucional n.º 72, de 02 de abril de 2013, que, igualmente à CLT septuagenária, também foi objeto de variegados estudos doutrinários.

Na seara, relevo para um interessante artigo científico produzido por dois jovens estudiosos[22], que cotejaram prescrições normativas e vida real das empregadas domésticas; as disposições da página legislativa, em face do cotidiano provado por tais profissionais, equiparando, nestes lindes, a Emenda Constitucional pré falada com uma "nova abolição", já que verdadeiro marco histórico dos direitos sociais, no Brasil. Entrementes, vale dizer que ela altera o parágrafo único do art. 7.º, da Constituição Federal, para, nele, encartar, em favor dos trabalhadores domésticos, os incisos IV, VI, VII, VIII, X, XIII, XV, XVI, XVII, XIX, XXI, XXII, XXIV, XXX, XXXI e XXXIII do mesmo dispositivo legal.

Esse estudo, no entanto, muito embora tenha identificado conquistas de direitos formais para a categoria profissional em questão, com patente ampliação do seu catálogo, ele também identificou a falta de sua imediata materialização[23], identificando, ainda, ausência de políticas públicas outras[24], para efetiva inserção social desses trabalhadores, os quais, por essa razão, ainda se percebem, subjetivamente considerando, em posições de sujeição aos empregadores, a quem, de pronto, recorrem para a aquisição de

21 Ibidem., p. 103.

22 NUNES, Christiane Girard. SILVA, Pedro Henrique Isaac. Entre o prescrito e o real: o papel da subjetividade na efetivação dos direitos das empregadas domésticas no Brasil. Revista Sociedade e Estado – volume 28 – Setembro/Dezembro de 2013, p. 587 a 606.

23 Op. cit.

24 Idem.

certas graças e favores[25], como, p.ex., o empréstimo para a entrada da casa própria, para o financiamento do casamento dos filhos, etc.

Ademais, como dito alhures, Direito Ambiental do Trabalho e saúde do trabalhador, como dito algures, também despontaram na reedição de clássico estudo do Prof. Raimundo Simão de Melo, isto, em proposição dogmática e sistematizada para a disciplina, numa tentativa, digamos assim, de autonomizá-la. Nesse sentido, a obra tratou do meio ambiente geral, dele, apartando o meio ambiente do trabalho, cuja natureza jurídica pleiteou ser a de "um bem difuso a ser tutelado"[26], objeto de matéria própria, qual seja, o Direito Ambiental do Trabalho, "[...] como disciplina que integra essa categoria de direitos; não se funda na titularidade da situação subjetiva meramente individual, ambicionando uma proteção metaindividual"[27].

Robustecendo a tese, o fato da degradação do meio ambiente do trabalho atingir a sociedade, como um todo, haja vista ser esta quem lhe paga as contas finais[28], como, também, a dotação de cabedal legislativo (Constituição Federal, PNMA, CLT, NR's, Convenções da OIT e normas penais)[29] e de principiologia inerentes (prevenção, precaução, desenvolvimento sustentável, poluidor-pagador, participação e ubiquidade)[30].

Da mesma época e sobre o mesmo assunto, o Direito Ambiental do Trabalho – apontamentos para uma teoria geral: saúde, ambiente e trabalho, novos rumos da regulamentação jurídica do trabalho, primeiro volume, consistente em obra coletiva, coordenada por Guilherme Guimarães Feliciano e João Urias[31]. No particular, complementando o livro

---

25 Ibidem.

26 MELO, Raimundo Simão. Direito Ambiental do Trabalho e a saúde do trabalhador – 5ª ed. – São Paulo: LTr, 2013, p. 27.

27 MELO, Raimundo Simão. Direito Ambiental do Trabalho e a saúde do trabalhador – 5ª ed. – São Paulo: LTr, 2013, p. 27.

28 Idem.

29 Ibidem.

30 Ibidem.

31 FELICIANO, Guilherme Guimarães. URIAS. João. Coordenadores. Direito Ambiental do Trabalho – apontamentos para uma teoria geral: saúde, ambiente e trabalho, novos rumos da regulamentação jurídica do trabalho. Volume 1. São Paulo: LTr, 2013.

do Professor Simão de Melo, trouxe-se a lume uma perspectiva mais sociológica da temática, robustecendo a tentativa de se conferir autonomia à disciplina e, igualmente, já desde o texto introdutório, sugerindo uma nova modalidade de responsabilidade civil, baseada na Política Nacional do Meio Ambiente, com a ideia de formação de juslaborambientalistas aptos a superarem as rasas justificativas da culpa[32].

Ainda sobre a saúde do trabalhador, obra da lavra do ilustre magistrado trabalhista, Dr. José Antônio Ribeiro de Oliveira Silva[33], em estudo comparativo entre o ordenamento jurídico espanhol e o brasileiro, onde o autor sustentou serem jornada de trabalho e sua limitação direitos fundamentais do trabalhador[34], com relato histórico da luta social por esse regramento, ora constitucionalizado nos dois países cotejados[35]. Na toada, o autor se enveredou pela dignidade da pessoa humana do trabalhador, em cujo conteúdo, entre outros direitos, conexo ao direito à vida, vislumbra o direito à saúde[36] e sua demanda lógica e consequente por expressos limites à jornada laboral.

As normas referentes ao assunto devem ser imperativas[37], apesar dos registros de flexibilização dos limites diários, semanais, quadrimestrais e anuais, conforme seja o ordenamento, se espanhol, ou se brasileiro[38]. Resultado disso, nos dois países, a demonstração de que, nas categorias profissionais com maior número de horas trabalhadas, verificou-se elevação da acidentalidade e da morbidade laborais[39], nada obstante, no Brasil, serem incompletas as estatísticas pertinentes, em razão da subnotificação de acidentes do trabalho e doenças ocupacionais[40].

---

32 Op. cit., p. 23.

33 SILVA, José Antônio Ribeiro de Oliveira Silva. A flexibilização da jornada de trabalho e a violação do direito à saúde do trabalhador – uma análise comparativa dos sistemas jurídicos brasileiro e espanhol. São Paulo: LTr, 2013.

34 Op. cit., p.245.

35 Idem, p. 38-43.

36 Ibidem, p. 77-83.

37 Ibidem, p. 245.

38 Ibidem, p. 249.

39 Ibidem, p. 250.

40 Ibidem, p. 251.

A sustentação final do livro consiste na advocacia da mitigação do regime capitalista, a ser substituído por um Estado Social[41], conforme promessas ao término da Segunda Grande Guerra, com igualdade, quanto aos limites universais da jornada de trabalho, para que todos os trabalhadores e trabalhadoras se ativem menos horas diárias, para que haja postos de emprego para todos e todas[42].

Sobre as dimensões do Direito do Trabalho, cumpre anotar obra coletiva organizada pelos Professores Jorge Luiz Souto Maior e Noa Piatã Bassfeld Gnata, qual seja, "Trabalhos Marginais", onde diferentes estudiosos perpassaram pela realidade de diferentes espécies de trabalhos – e trabalhadores e trabalhadoras –, total ou parcialmente, excluídos das tradicionais tutelas juslaborais. Nela, cada um a seu tempo, eles analisaram a extensão da cobertura social que o Direito do Trabalho deve ter, considerando, como método respectivo, o posicionamento no *locus* do trabalhador[43], com vistas a conhecer as suas demandas e opressões e construir uma justiça social efetiva e não reflexiva da ordem econômica capitalista[44].

Por fim, remissão à homenagem feita ao Professor Maurício Godinho Delgado[45], que, panoramizando todas as inquietudes e debates juslaborais da época, tratou dos novos contornos do Direito do Trabalho, da reestruturação produtiva e da precarização de direitos, da centralidade do trabalho no estado democrático, do trabalho decente e dos direitos humanos, da Justiça do Trabalho e da efetividade da justiça social[46]. Cuida-se de obra coletiva, capitaneada pelas Professoras Daniela Muradas Reis, Roberta Dantas de Mello e Solange Barbosa de Castro Coura, que a organizaram inteligente e oportunamente.

---

41 Ibidem, p. 252.

42 Ibidem, p. 253.

43 MAIOR, Jorge Luiz Souto. GNATA, Noa Piatã Bassfeld. Trabalhos marginais – São Paulo: LTr, 2013.

44 Op. cit.

45 Trabalho e justiça social: um tributo a Maurício Godinho Delgado. Daniela Muradas Reis, Roberta Dantas de Mello, Solange Barbosa de Castro Coura, coordenadoras – São Paulo: LTr, 2013.

46 Op. cit., pp 5-9.

E, dos estudos ali assentados, por todos, salienta-se o do Professor Ricardo Antunes, pelo vulto da tratativa, de certa forma, envolvendo as demais contribuições. Seu texto, "A morfologia do trabalho, as formas diferenciadas da reestruturação e da informalidade no Brasil", que, de início, aponta a transformação do capitalismo no Brasil, apontando, ainda, as suas causas, resumidamente, a divisão internacional do trabalho e o Consenso de Washington[47]. Com isso, viajando pelas distintas etapas da industrialização brasileira, referido autor chega à década de 1990, quando, no Governo FHC, o processo de reestruturação produtiva do capital deslancha no País[48].

Analisando os setores automobilístico, financeiro, têxtil, calçadista, das telecomunicações, do trabalho artístico, reconhece o infoproletariado[49] – para as profissões de cunho tecnológico, caracterizados tais trabalhadores pela precariedade e informalidade de seus vínculos[50], mormente se comparados com seus equivalentes, nas chamadas economias avançadas. Outrossim, caracteriza o estágio do capitalismo brasileiro na atualidade, onde, em resumo, observam-se enxugamento da força de trabalho, mutações sociotécnicas no processo produtivo e organização social do trabalho, com incidência da terceirização e de novas formas de gestão da força de trabalho, inclusive com captura da subjetividade do trabalhador, além da flexibilização e da desregulamentação de direitos[51].

O texto é finalizado com oportuna apresentação dos trabalhadores informais, então, tipologizados[52] (trabalhadores informais tradicionais, trabalhadores informais assalariados sem registro, trabalhadores informais por conta própria), com franco diálogo, no particular e

47 ANTUNES. Ricardo. A nova morfologia do trabalho, as formas diferenciadas de reestruturação produtiva e a informalidade no Brasil. REIS, Daniela Muradas. MELLO, Roberta Dantas. COURA, Solange Barbosa de Castro – Coordenadoras. Trabalho e justiça social: um tributo a Maurício Godinho Delgado – São Paulo: LTr, 2013., p. 158.

48 Op. cit., p159.

49 Idem, p. 163.

50 Ibidem, p. 163.

51 Ibidem, p. 163.

52 Ibidem, pp. 163/164.

complementarmente, com o dimensionamento juslaboral realizado pela obra "Trabalhos Marginais", já que as atividades laborais ali retratadas são exercidas, no mais das vezes, de maneira informal, precarizada e indecente, ainda que terceirizadas.

## 4. LEGISLAÇÃO

Já se disse desde a introdução, o Direito do Trabalho sofre direta influência das forças socioeconômicas e políticas atinentes ao modo de produção capitalista e a legislação trabalhista, por sua vez, ela acompanha a dinâmica da confrontação de tais interesses, o que gera movimentos de retração e expansão de direitos dos trabalhadores. Nesse sentido, passa-se a pontuar as principais alterações legislativas juslaborais, destacando-se, como primeira análise, em razão da repercussão promovida pela alteração constitucional, a Emenda Constitucional nº 72, de 02 de abril de 2013.

Vejamos.

Em junho de 2011, na 100.ª Conferência Internacional do Trabalho, a OIT definiu a adoção de instrumento internacional de proteção ao trabalho doméstico por meio da Convenção sobre o Trabalho Decente para as Trabalhadoras e os Trabalhadores Domésticos (Convenção 189 da OIT).

O trabalho doméstico, que durante anos foi alijado da proteção social no Brasil, país que apresenta o maior número de trabalhadores domésticos do mundo – não por acaso, em sua maioria, mulheres e negros –, este trabalho possuía direitos restritos aos dispostos na Lei nº 5.859, de 11 de dezembro de 1972, normativa com claro conteúdo discriminatório, em relação aos demais trabalhadores.

Diante da pressão internacional e com a adoção da Convenção 189 da OIT, o Brasil promulgou a Emenda Constitucional nº 72, de 02 de abril de 2013, que alterou o parágrafo único do artigo 7º, da Constituição Federal, para incluir outros dezesseis direitos, conforme, abaixo, relacionados:

> I - relação de emprego protegida contra despedida arbitrária ou sem justa causa, nos termos de lei complementar, que preverá indenização compensatória, dentre outros direitos;

II - seguro-desemprego, em caso de desemprego involuntário;

III - fundo de garantia do tempo de serviço;

VII - garantia de salário, nunca inferior ao mínimo, para os que percebem remuneração variável;

IX - remuneração do trabalho noturno superior à do diurno;

X - proteção do salário na forma da lei, constituindo crime sua retenção dolosa;

XII - salário-família pago em razão do dependente do trabalhador de baixa renda nos termos da lei;

XIII - duração do trabalho normal não superior a oito horas diárias e quarenta e quatro semanais, facultada a compensação de horários e a redução da jornada, mediante acordo ou convenção coletiva de trabalho;

XVI - remuneração do serviço extraordinário superior, no mínimo, em cinquenta por cento à do normal;

XXII - redução dos riscos inerentes ao trabalho, por meio de normas de saúde, higiene e segurança;

XXV - assistência gratuita aos filhos e dependentes desde o nascimento até 5 (cinco) anos de idade em creches e pré-escolas;

XXVI - reconhecimento das convenções e acordos coletivos de trabalho;

XXVIII - seguro contra acidentes de trabalho, a cargo do empregador, sem excluir a indenização a que este está obrigado, quando incorrer em dolo ou culpa;

XXX - proibição de diferença de salários, de exercício de funções e de critério de admissão por motivo de sexo, idade, cor ou estado civil;

XXXI - proibição de qualquer discriminação no tocante a salário e critérios de admissão do trabalhador portador de deficiência;

XXXIII - proibição de trabalho noturno, perigoso ou insalubre a menores de dezoito e de qualquer trabalho a menores de dezesseis anos, salvo na condição de aprendiz, a partir de quatorze anos.

Em que pese seja certo que a EC 72/2013 trouxe a ampliação de direitos dos trabalhadores domésticos, fica evidente que ainda permanece a restrição de outros tantos direitos. A EC 72/2013 condicionou a aplicabilidade de vários dispositivos à regulamentação posterior, o que veio a se concretizar com a Lei Complementar nº 150, de 01 de junho de 2015.

Nesse sentido, trabalhadoras e trabalhadores domésticos ainda não usufruem dos direitos fundamentais ao piso salarial, ao adicional de remuneração por atividades penosas, insalubres e perigosas, à proteção em face da automação e à proteção do mercado de trabalho da mulher, isto, a propósito, em categoria profissional marcadamente feminina, tal como já se disse, faz pouco. Vexa, igualmente, que atividade laboral de patente penosidade, em razão da repetição e da sobrecarga dos movimentos, com predisposição a distintas patologias osteomusculares dos membros superiores, não encete direito ao adicional devido, nem ao descanso preventivo de doenças ocupacionais, isto, sem contar, também, a possibilidade de trabalhadoras e trabalhadores domésticos manejarem agentes de risco insalubres.

Perdeu, então, o legislador a oportunidade de superar, por completo, a discriminação entre os ditos trabalhadores "comuns" e os trabalhadores domésticos e de promover a igualdade plena de direitos, com a simples revogação do parágrafo único, do artigo 7º, da Constituição da República. Salvo engano, uma opção política legislativa ainda eivada dos desdobramentos culturais do escravismo incidente na sociedade brasileira por cerca de 350 (trezentos e cinquenta) anos, sendo ela, também, paradoxal, se se considerar o ânimo inclusivo, solidário e de construção social da justiça e da igualdade, ânimo esse, afirmado pela mesma Carta Constitucional, desde os seus fundamentos, de maneira que, pela contenção nessa ampliação de direitos, a Constituição Federal contradiz a si mesma.

Noutra senda, a Lei n.º 12.761, de 27 de dezembro de 2012, regulamentada pelo Decreto 8.084, de 27 de agosto de 2013, que instituiu o Vale-Cultura, com o objetivo de possibilitar à classe trabalhadora o acesso e a fruição dos produtos e serviços culturais, estimular a visitação a estabelecimentos culturais e artísticos e incentivar o acesso a eventos e espetáculos culturais e artísticos (art. 2º). A lei excluiu a natureza salarial da parcela, incluindo o benefício no rol do artigo 458 da CLT, e criou incentivo tributário às empresas (art. 10 da Lei 12.761/12), com o claro escopo de incentivar o empregador à concessão do benefício sem maiores ônus.

Levando em consideração a realidade brasileira, na qual, os salários dos trabalhadores são extremamente reduzidos e não concretizam sequer o comando constitucional previsto no artigo 7º, inciso IV, da Constituição Federal (onde não há previsão da cultura como necessidade básica), a lei trouxe importante instrumento de incentivo à inclusão social e ao exercício de direitos culturais, estímulo à reflexão e respeito à diversidade. No entanto, diante de seu caráter não obrigatório, mesmo com os incentivos fiscais concedidos pela lei às empresas, não se percebeu grande adesão ao programa.[53]

Demais, a Lei 12.619, de 30 de abril de 2012, que alterou, de forma considerável, as relações de trabalho do motorista profissional. Um dos grandes avanços dessa lei foi a limitação da jornada do motorista, uma vez que a tendência doutrinária e jurisprudencial era a inclusão deste profissional na disposição do artigo 62, I da CLT, ou seja, excluindo-o da aplicação do capítulo da "Duração da Jornada". A lei insere o art. 235-C na CLT, que passa a prever, expressamente, a limitação de jornada nos termos constitucionais, *in verbis:* "*A jornada diária de trabalho do motorista profissional será a estabelecida na Constituição Federal ou mediante instrumentos de acordos ou convenção coletiva de trabalho.*"

O artigo 2º, inciso V, da Lei 12.619, de 30 de abril de 2012, estabeleceu como direito do motorista empregado ter sua jornada de trabalho e tempo de direção controlados de forma idônea pelo empregador. Textualmente:

> Art. 2º São direitos dos motoristas profissionais [...]: V- jornada de trabalho e tempo de direção controlados de maneira fidedigna pelo empregador, que poderá valer-se de anotação em diário de bordo, papeleta ou ficha de trabalho externo, nos termos do § 3º do art. 74 da CLT, aprovada pelo Decreto-Lei nº 5.452, de 1º de maio de 1943, ou de meios eletrônicos idôneos instalados nos veículos, a critério do empregador.

Ela trouxe, portanto, o reconhecimento de que, embora o motorista exerça trabalho externo, o controle de sua jornada é passível de ser realizado. Com a obrigatoriedade do controle, garantiu-se, ainda, a fruição do intervalo e do descanso semanal:

> Art. 235-C [...] §3º Será assegurado ao motorista profissional intervalo mínimo de 1 (uma) hora para refeição, além de intervalo de repou-

53 Vide informação disponível no site do Sistema Nacional de Informações e indicadores culturais. Disponível em: http://sniic.cultura.gov.br/indicadores/indicadores-do-vale-cultura/. Acesso em: 22 de set. 2018.

so diário de 11 (onze) horas a cada 24 (vinte e quatro) horas e descanso semanal de 35 (trinta e cinco) horas.

Apesar do avanço acima consignado, com a Lei 12.619, de 30 de abril de 12, o legislador distorceu o conceito tradicional de jornada de trabalho, previsto no artigo 4º da CLT (tempo de serviço efetivo e tempo à disposição), para excluir, da mesma, o "tempo de reserva" e o "tempo de espera", apontando para o retrocesso social na temática (artigo 235-C, §2º da CLT). O tempo de reserva, previsto na lei sob comento (artigo 235-E §6º da CLT) – apesar de sua natureza de tempo à disposição do empregador –, é remunerado com o valor correspondente a 30% da hora normal. Do mesmo modo, o tempo de espera (artigo 235-C §8º da CLT), que pode ocorrer nas hipóteses de carregamento ou descarga da mercadoria, fiscalização da mercadoria em barreiras fiscais ou alfandegárias ou quando o motorista permanece junto ao veículo por exigência do empregador nas viagens de longa distância, ainda que, por natureza deva ser caracterizado como tempo à disposição do empregador, ele, se extrapolar a jornada normal, será remunerado com o adicional de 30%, instituindo-se, ainda, a natureza indenizatória. Ou seja, noutras palavras, criou-se uma "hora extraordinária" sem natureza salarial e com adicional inferior ao previsto constitucionalmente.

Outro retrocesso considerável trazido pela norma em questão é o estabelecimento da chamada jornada 12x36, cuja possibilidade de instituição colide com o próprio objetivo dessa Lei, que reconhece a natureza desgastante do trabalho do motorista profissional, mas, ao mesmo tempo, possibilita a extensão da jornada para 12 (doze) horas diárias. No mesmo sentido, a possibilidade de fracionamento do descanso semanal (Artigo 235-E, §3º da CLT). Referida previsão normativa, acrescente-se, pela direta relação entre majoração de jornada de trabalho e majoração dos índices de acidentalidade do trabalho, ela representa medida poluidora, labor ambientalmente considerando, porquanto incrementar os riscos de acidentes do trabalho e seus equiparados legais para uma categoria profissional tão sacrificada e já tão exposta aos mesmos.

Assim, mesmo que se considere um avanço a limitação da jornada de trabalho do motorista profissional, com seu efetivo controle, por meio dessa lei, o que se pretendeu, mesmo, foi, de forma transversa, restringir o conceito de jornada de trabalho e, em detrimento do trabalhador, obstar seu direito ao recebimento das horas extraordinárias devidas.

A Lei nº 12.594, de 18 de janeiro de 2012, entre outras questões, insere o § 2º no artigo 429 da CLT, criando para os estabelecimentos a obrigação de contratar aprendizes adolescentes cumpridores de medidas socioeducativas. O contrato de aprendizagem é regulado pela CLT, nos artigos 428 a 433, sendo um contrato de trabalho especial, com prazo determinado, em que se associa ensino e trabalho, com o objetivo de formar, profissionalmente, o aprendiz, pessoa maior de quatorze e menor de vinte e quatro anos, e prepará-lo para o mercado de trabalho.

Nessa perspectiva, a inserção do §2º no artigo 429 da CLT trata de importante medida de inclusão social voltada ao adolescente que pratique ato infracional. No entanto, importa salientar que essa integração social estabelecida por meio do contrato de aprendizagem só se verifica efetivamente com o reconhecimento jurídico do trabalho dessas pessoas e o respeito aos seus direitos trabalhistas, assegurados pela Constituição Federal de 1988.

Dessa forma, em que pese a relevância dessa norma integrativa, há que se registrar que permanecem as inconstitucionalidades previstas no: § 2º do artigo 428 da CLT, que garante ao aprendiz somente o salário mínimo hora; artigo 431, *caput,* da CLT, que autoriza, por meio do contrato de aprendizagem, a intermediação de mão-de-obra em atividade fim da empresa, negando a formação do vínculo de emprego com a empresa tomadora dos serviços; § 1º do artigo nº 432 da CLT, que atribui jornada de 8 (oito) horas de trabalho aos aprendizes que tiveram completado o ensino fundamental, excluindo-os da jornada de 6 (seis) horas; e § 2º do artigo nº 433 da CLT, que procura evitar qualquer custo do empregador, quanto a pagar ao aprendiz as indenizações previstas nos arts. 479 e 480, da CLT, na rescisão contratual sem justa causa.[54]

---

54 SOUTO MAIOR, Jorge Luiz. Curso de Direito do Trabalho: a relação de emprego. Volume II. São Paulo: LTr, 2008, p.243.

Na data de 05 de junho de 2012, foi promulgada a Lei 12.663, denominada de Lei Geral da Copa, que trouxe medidas protecionistas aos direitos comerciais da FIFA, em detrimento dos interesses e direitos humanos. Em apertada síntese, dentre inúmeras repercussões maléficas desse megaevento, citam-se: a) o aumento dos riscos de acidentes de trabalho no ramo da construção civil, conforme amplamente divulgado no meio jurídico[55], e que, por si só, constitui matéria para artigo científico específico; b) as desapropriações[56] realizadas em prol da construção de estádios e obras de mobilidade (várias não concretizadas), que levaram diversas famílias a perderem suas moradias, recebendo um valor indenizatório muito inferior ao que teriam direito, em total desrespeito ao direito humano fundamental à moradia e à dignidade humana (art. 1º, inciso III e art. 6º, da Constituição Federal), fato, que repercutiu, inclusive, perante a ONU – Organização das Nações Unidas[57].

Em 8 de dezembro de 2012, foi aprovada a Lei nº 12.740, que altera a redação do art. 193 da CLT, para redefinir os critérios para caracterização das atividades ou operações perigosas, e que revoga a Lei nº 7.369, de 20 de setembro de 1985, que previa adicional de periculosidade para os trabalhadores do setor de energia elétrica.

Com a alteração trazida pela Lei nº 12.740, de 8 de dezembro de 2012, passam a ser consideradas atividades ou operações perigosas, de acordo com a regulamentação aprovada pelo Ministério do Trabalho, aquelas que, por sua natureza ou métodos de trabalho, implicarem risco acentuado, em razão da exposição permanente do trabalhador (*caput*, art. 193, CLT) a "inflamáveis, explosivos ou energia elétrica" (inciso I), como, também, "a roubos ou outras espécies de violência física nas atividades profissionais de segurança pessoal ou segurança patrimonial" (inciso II). No §3º, do art. 193, considerou-se que adicionais da mesma natureza,

---

55 TST. Disponível em: <http://www.tst.jus.br/noticias/-/journal_content/56/10157/1339781?refererPlid=10730>. Acesso em 19/09/2018.

56 REVISTA UFPE. Disponível em: <http://www.revista.ufpe.br/revistaanthropologicas/index.php/revista/article/view/387>. Acesso em: 19 set. 2018.

57 O GLOBO. Disponível em: <https://oglobo.globo.com/politica/onu-critica-brasil-por-desapropriacoes-para-copa-olimpiada-2791929>. Acesso em: 19 de set. 2018.

eventualmente concedidos ao vigilante por meio de acordo coletivo, serão descontados ou compensados.

Previa a redação anterior do art. 193, como atividades ou operações perigosas, apenas aquelas que envolviam o contato permanente com inflamáveis ou explosivos em condições de risco acentuado. A alteração do art. 193 da CLT representa, portanto, norma ampliativa de direitos, mas, como salienta Homero Batista Mateus da Silva, essa previsão gerou um "limbo jurídico entre 10.12.2012 e 17.07.2014", para os eletricitários e empregados equiparados, com relação ao direito ao adicional de periculosidade por exposição à rede elétrica, que estava assegurado desde 1985, visto que, primeiramente, foi revogada a Lei nº 7.369, de 20 de setembro de 1985, para, só na sequência, ser estabelecido que caberia ao Ministério do Trabalho regulamentar tal questão, o que ocorreu somente em 17 de julho de 2014, com a publicação da Portaria 1.078, veiculando o Anexo 4 da NR 16.[58]

Em 05 de junho de 2013, foi aprovada a Lei nº 12. 815, que dispõe sobre a exploração direta e indireta, pela União, de portos e instalações portuárias e sobre as atividades desempenhadas pelos operadores portuários, instituindo um novo marco regulatório para a exploração das infraestruturas portuárias no Brasil, revogando a Lei 8.630, de 25 de fevereiro de 1993.

A Lei nº 12.815, de 05 de junho de 2013, também chamada de "Nova Lei dos Portos", conversão da Medida Provisória nº 595, de 06 de dezembro de 2012, trouxe significativas alterações para os trabalhadores portuários, entre as quais, destacamos a previsão, para as atividades estiva, conferência de carga, conserto de carga, bloco e vigilância de embarcações, da obrigatoriedade de que as contratações de trabalhadores, com vínculo empregatício, fossem realizadas, exclusivamente, entre trabalhadores portuários avulsos registrados, conforme previsto em seu artigo 40, § 2º.

Em 08 de julho de 2013, foi instituído o programa "Mais médicos", por meio da Medida Provisória n° 621, publicada em 8 de julho de 2013 e

58 SILVA, Homero Batista Mateus da. Curso de Direito do Trabalho Aplicado. Volume 3 - Saúde e Segurança do Trabalho". São Paulo: Revista dos Tribunais, 2ª edição, 2015, p. 137-138.

regulamentada, em outubro do mesmo ano, pela Lei n° 12.871, 22 de outubro de 2013, tendo por objetivo, nos termos do art. 3º da Medida Provisória, supra citada: (i) aprimorar a formação médica no Brasil, assegurando maior experiência no campo de prática durante o processo de formação; (ii) ampliar a inserção do médico em formação nas unidades de atendimento do SUS, aperfeiçoando o seu conhecimento sobre a realidade da saúde da população brasileira; (iii) fortalecer a política de educação permanente com a integração ensino-serviço, por meio da atuação das instituições públicas de educação superior na supervisão acadêmica das atividades desenvolvidas pelos médicos; (iv) promover a troca de conhecimentos e experiências entre profissionais da saúde brasileiros e médicos formados em instituições estrangeiras; e (v) aperfeiçoar médicos nas políticas públicas de saúde do Brasil e na organização e funcionamento do SUS.

Em 27 de novembro de 2013, foi apresentada proposta para criação da Lei Antiterrorismo, Projeto de Lei do Senado nº 499, elaborada pela Comissão Mista de Consolidação das Leis e Regulamentação da Constituição, com sugestão feita pelo Senador Romero Jucá (PMDB/RR), relator da matéria. O PL nº 499/2013 ganhou grande repercussão à época, sobretudo, diante das intensas manifestações populares ocorridas[59], no Brasil, no mês de junho daquele mesmo ano, e da sua tramitação em regime de urgência, com a finalidade de prevenir e reprimir certas condutas. Conforme salienta Adriano Teixeira:

> É de saltar aos olhos que um projeto de lei penal, que comina penas máximas no limite do permitido (30 anos, conforme o art. 75, caput, do Código Penal) e mínimas (que mal merecem essa denominação), de, por exemplo, 16 e 24 anos (o que o faria ser provavelmente o diploma normativo mais severo de todo o ordenamento jurídico brasileiro), seja votado em caráter de urgência, com o fito de prevenir e reprimir condutas das quais não se tem sequer registro na história recente do Brasil.[60]

---

59 As chamadas Jornadas de Junho 2013.

60 TEIXEIRA, Adriano. Contra a apressada aprovação do Projeto de Lei Antiterrorismo (PLC 101/2015):
Não há urgência em tipificar o terrorismo no Brasil. Jota Info. Matéria publicada em 09/11/2015. Disponível em: < https://www.jota.info/opiniao-e-analise/artigos/contra-a-apressada-aprovacao-do-projeto-de-lei-antiterrorismo-plc-1012015-09112015>. Acesso em: 23 set. 2018.

Nos termos do artigo 2º, *caput,* do PL nº 499/2013, o crime de terrorismo é tipificado como "provocar ou infundir terror ou pânico generalizado mediante ofensa ou tentativa de ofensa à vida, à integridade física ou à saúde ou à privação da liberdade de pessoa. Pena – Reclusão, de 15 (quinze) a 30 (anos)."

Para o Conselho Federal da Ordem dos Advogados do Brasil (OAB), não há justificativa para que se promova a tipificação da conduta em lei específica, lembrando-se de que, no projeto do Novo Código Penal (PLS 236/2011), a definição do crime de terrorismo já está em discussão.[61]

Seguindo, em 14 de março de 2013, O Congresso Nacional editou a Lei 12.790 que dispõe sobre a regulamentação do exercício da profissão de comerciário. Entre outras disposições, referida lei estabelece que a categoria profissional de empregados no comércio seguirá o quadro de atividades e profissões do art. 577 e 511 da CLT. Ainda, que a jornada de trabalho deverá observar o limite de 8 horas diária e 44 horas semanais, bem como, o limite de 6 horas de trabalho em turno ininterrupto de revezamento. Como se pode perceber, até aí, não trouxe nenhuma novidade no campo do Direito do Trabalho. Esta lei criou o "Dia do Comerciário", que não traz nenhuma alteração prática, nenhum impacto trabalhista, especificamente. Apenas, considera o dia 30 de outubro de cada ano como um dia comemorativo da categoria, que se pretendeu criar.

Com a edição da referida lei, aventou-se a possibilidade de se considerar excluída a fixação do piso salarial pelos Estados[62]. A Lei Complementar nº 103, de 14 de julho de 2000, permite aos Estados fixar piso salarial para os empregados que não tenham esse valor fixado em lei ou negociação coletiva. Como a Lei 12.790, de 14 de março de 2013, é uma norma especial e estabelece em seu art. 4º que o piso salarial será fixado

61 SENADO NOTÍCIAS. OAB desaprova projeto que define o crime de terrorismo. Disponível em: < https://www12.senado.leg.br/noticias/materias/2014/09/30/oab-desaprova-projeto-que-define-o-crime-de-terrorismo>. Acesso em: 23 set. 2018.

62 TJRS. Disponível em: <http://www.tjrs.jus.br/site/imprensa/noticias/?idNoticia=241236>. Acesso em: 12 set. 2018.

em convenção ou acordo coletivo de trabalho, pretendeu-se que estaria excluída a possibilidade dos Estados estabelecerem de forma diferente.

No entanto, não parece que a lei tenha retirado essa possibilidade da competência delegada dos Estados. A lei não fixou o piso salarial de forma específica. Pelo contrário, foi bastante genérica e, apenas, tentou explicitar possibilidade já prevista na CLT. Ademais, pode se dizer que a Lei Complementar nº 103, de 14 de junho de 2000, serve, exatamente, para casos em que não há negociação coletiva. O que irá determinar a aplicação de uma ou de outra norma é a existência, ou não, de negociação coletiva e a observância dos princípios laborais basilares. Nesse sentido, questiona-se a respeito dos impactos e dos reais benefícios trazidos pela referida lei. Na tentativa de se criar uma nova categoria profissional e de valorizá-la, parece, de fato, abrir-se margem para discussões sobre a incidência, ou não, de direitos trabalhistas, até então, consagrados, contribuindo para uma maior insegurança jurídica.

O mesmo não se pode dizer da Lei 12.812, editada em 16 de maio daquele mesmo ano. Ela acrescentou o art. 391-A à CLT, "para dispor sobre a estabilidade provisória da gestante, prevista na alínea "b", do inciso II, do art. 10, do Ato das Disposições Constitucionais Transitórias". Referida alteração, de envergadura e de grande repercussão, é bastante significativa e vale transcrever o que dispõe:

> Art. 391-A. A confirmação do estado de gravidez advindo no curso do contrato de trabalho, ainda que durante o prazo do aviso prévio trabalhado ou indenizado, garante à empregada gestante a estabilidade provisória prevista na alínea b do inciso II do art. 10 do Ato das Disposições Constitucionais Transitórias.

O art. 10, alínea "b", inciso II, do ADCT, prevê estabilidade provisória da gestante, desde a confirmação da gravidez, até cinco meses após o parto, que pode ser prorrogado por até sessenta dias para as empresas que tenham aderido ao Programa Empresa Cidadã (instituído pela Lei nº 11.779, de 17de setembro de 2008). Nesse sentido, à luz de que o aviso prévio integra o contrato de trabalho para todos os efeitos (art. 487, §1º da CLT) e que, nesses termos, "a data a ser anotada na CPTS deve corresponder à do término do prazo do aviso prévio, ainda que indenizado" (Orientação Jurisprudencial 82, da SDI-1 do TST), a Lei nº 12.812, de 16 de maio de 2013, encerra discussão, ao estabelecer que, confirmada a gravidez mesmo durante o aviso prévio, seja ele trabalhado ou indenizado, é garantida a estabilidade provisória no emprego, nos termos estabelecido desde de 1988.

A Lei nº 12.592, publicada em 19 de janeiro de 2012, originalmente, reconheceu e conceituou o exercício das atividades dos profissionais de Cabelereiro, Barbeiro, Esteticista Manicure, Pedicure, Depilador e Maquiador. Instituiu o dia 19 de janeiro de cada ano como sendo uma data comemorativa e, também, estabeleceu a óbvia necessidade da observância de padrões de higiene, por esses profissionais, no exercício de suas funções, consoante normas sanitárias. Como se percebe, referida norma não teve nenhuma repercussão trabalhista, a não ser reconhecer uma categoria profissional. Alteração posterior passou a estabelecer alguns regramentos para o exercício da profissão. No entanto, a análise mais detida dos seus dispositivos extrapola os limites temporais estabelecidos para o presente trabalho, especialmente, porque foram incluídos já no ano 2016.

Outra norma editada ainda neste mesmo ano de 2012 foi a Lei nº 12.690, em 19 de julho. Dispôs sobre a organização e o funcionamento das Cooperativas de Trabalho, e instituiu o Programa Nacional de Fomento às Cooperativas de Trabalho – PRONACOOP. Inicialmente, esta lei pretendeu revogar o parágrafo único, do art. 442 da CLT, que estabeleceu que não haverá relação de emprego com a sociedade cooperativa, qualquer que seja o ramo da atividade. No entanto, o art. 30, que assim o faria, restou vetado pelo Presidente da República. Assim, embora a capitulação da lei tenha mantido a informação da revogação do dispositivo, segue em vigor a redação do parágrafo único do art. 442, como determinada em 1994.

As Cooperativas de Trabalho, conforme conceito do art. 2º da referida lei, podem ser definidas como "a sociedade constituída por trabalhadores para o exercício de suas atividades laborativas ou profissionais com proveito comum, autonomia e autogestão para obterem melhor qualificação, renda, situação socioeconômica e condições gerais de trabalho". Estabelece ainda que poderão ser de serviços ou de produção e não ser utilizadas para intermediação de mão de obra (art. 4º e art. 5º). A lei ainda prevê inúmeros direitos dos cooperados que muito se aproximam dos direitos estabelecidos para os trabalhadores com vínculo empregatício (art. 7º), como, por exemplo: piso salarial da categoria; jornada de oito horas diárias, com limite de quarenta e quatro horas semanais; férias anuais; adicional noturno, entre outros.

Ainda que tenha fixado a observância de valores constitucionalmente estabelecidos, como a valorização do trabalho e da livre iniciativa, a preservação dos direitos sociais e a não precarização do trabalho (art. 3º), bem como, tenha fixado penalidades a serem aplicadas pela fiscalização do Ministério do Trabalho (art. 17), a cooperativa de trabalho muito se aproxima do vínculo empregatício e possibilita seguir sendo utilizada como meio fraudulento de intermediação de mão de obra, fato que se intensificou, desde a mudança na CLT, no ano de 1994.

## 5. MOBILIZAÇÕES DOS TRABALHADORES

No ano de 2013, segundo DIEESE, houve 2.050 greves, demonstrando um crescimento de 134% em relação ao ano anterior, quando foram registradas 877 greves, e o maior número de toda a série histórica[63] conforme gráfico abaixo:

**TABELA 1**

**Total de greves nas esferas pública e privada - Brasil, 2012 e 2013**

| Esfera | 2012 | | 2013 | | Taxa de crescimento | Variação da participação |
|---|---|---|---|---|---|---|
| | nº | % | nº | % (1) | (%) | (pp) |
| ESFERA PÚBLICA | 410 | 46,8 | 933 | 45,5 | 127,6 | -1,2 |
| Funcionalismo Público | 381 | 43,4 | 796 | 38,8 | 108,9 | -4,6 |
| Empresas Estatais | 29 | 3,3 | 137 | 6,7 | 372,4 | 3,4 |
| ESFERA PRIVADA | 464 | 52,9 | 1.106 | 54,0 | 138,4 | 1,0 |
| ESFERA PÚBLICA E PRIVADA(1) | 3 | 0,3 | 11 | 0,5 | 266,7 | 0,2 |
| **Total** | **877** | **100** | **2.050** | **100** | **133,8** | - |

Fonte: DIEESE, Sistema de Acompanhamento de Greves (SAG-DIEESE)
Nota: (1) Greves empreendidas conjuntamente por trabalhadores das esferas pública e privadas

63 . DIEESE. Balanço das greves 2013. Disponível em: <https://www.dieese.org.br/balancodasgreves/2013/estPesq79balancogreves2013.pdf>. Acesso em: 19 de set. 2018.

Ademais, de 2012 a 2013, as greves tornaram-se mais curtas, conforme Tabelas 3 e 4 abaixo colacionadas.

TABELA 3

**Distribuição de greves segundo a duração dos movimentos, por esfera - Brasil, 2012**

| Dias de paralisação (1) | Total | | | Esfera Pública | | | | | | Esfera Privada | | |
|---|---|---|---|---|---|---|---|---|---|---|---|---|
| | | | | Funcionalismo Público | | | Empresas Estatais | | | | | |
| | nº | % | % acum. | nº | % | % acum. | nº | % | % acum. | nº | % | % acum. |
| 1 | 266 | 30,3 | 30,3 | 96 | 25,2 | 25,2 | 12 | 41,4 | 41,4 | 158 | 34,1 | 34,1 |
| 2 a 5 | 258 | 29,4 | 59,7 | 87 | 22,8 | 48 | 8 | 27,6 | 69 | 163 | 35,1 | 69,2 |
| 6 a 10 | 111 | 12,7 | 72,4 | 35 | 9,2 | 57,2 | 2 | 6,9 | 75,9 | 73 | 15,7 | 85 |
| 11 a 20 | 95 | 10,8 | 83,2 | 48 | 12,6 | 69,8 | 5 | 17,2 | 93,1 | 40 | 8,6 | 93,6 |
| 21 a 30 | 46 | 5,2 | 88,5 | 28 | 7,3 | 77,2 | 1 | 3,4 | 96,6 | 17 | 3,7 | 97,2 |
| 31 a 40 | 25 | 2,9 | 91,3 | 17 | 4,5 | 81,6 | 1 | 3,4 | 100 | 7 | 1,5 | 98,8 |
| 41 a 50 | 17 | 1,9 | 93,2 | 14 | 3,7 | 85,3 | - | - | - | 3 | 0,6 | 99,4 |
| 51 a 60 | 20 | 2,3 | 95,5 | 17 | 4,5 | 89,8 | - | - | - | 3 | 0,6 | 100 |
| 61 a 70 | 12 | 1,4 | 96,9 | 12 | 3,1 | 92,9 | - | - | - | - | - | - |
| 71 a 80 | 11 | 1,3 | 98,1 | 11 | 2,9 | 95,8 | - | - | - | - | - | - |
| 81 a 90 | 4 | 0,5 | 98,6 | 4 | 1 | 96,9 | - | - | - | - | - | - |
| 91 a 100 | 1 | 0,1 | 98,7 | 1 | 0,3 | 97,1 | - | - | - | - | - | - |
| mais de 100 | 11 | 1,3 | 100 | 11 | 2,9 | 100 | - | - | - | - | - | - |
| **Total** | **877** | **100** | - | **381** | **100** | - | **29** | **100** | - | **464** | **100** | - |

Fonte: DIEESE, Sistema de Acompanhamento de Greves (SAG-DIEESE)
Nota: (1) dias coridos
Obs.: Não foram discriminadas as paralisações que envolveram conjuntamente trabalhadores das esferas pública e privada

TABELA 4

**Distribuição de greves segundo a duração dos movimentos, por esfera - Brasil, 2013**

| Dias de paralisação (1) | Total | | | Esfera Pública | | | | | | Esfera Privada | | |
|---|---|---|---|---|---|---|---|---|---|---|---|---|
| | | | | Funcionalismo Público | | | Empresas Estatais | | | | | |
| | nº | % | % acum. | nº | % | % acum. | nº | % | % acum. | nº | % | % acum. |
| 1 | 1001 | 48,8 | 48,8 | 353 | 44,3 | 44,3 | 77 | 56,2 | 56,2 | 562 | 50,8 | 50,8 |
| 2 a 5 | 539 | 26,3 | 75,1 | 165 | 20,7 | 65,0 | 36 | 26,3 | 82,5 | 337 | 30,5 | 81,3 |
| 6 a 10 | 189 | 9,2 | 84,3 | 61 | 7,7 | 72,7 | 9 | 6,6 | 89 | 119 | 10,8 | 92 |
| 11 a 20 | 147 | 7,2 | 91,5 | 81 | 10,2 | 82,9 | 9 | 6,6 | 95,6 | 57 | 5,2 | 97,2 |
| 21 a 30 | 65 | 3,2 | 94,7 | 45 | 5,7 | 88,5 | 4 | 2,9 | 98,5 | 15 | 1,4 | 98,5 |
| 31 a 40 | 27 | 1,3 | 96 | 19 | 2,4 | 91 | 1 | 0,7 | 99,3 | 7 | 0,6 | 99,2 |
| 41 a 50 | 25 | 1,2 | 97,2 | 20 | 2,5 | 93,4 | 1 | 0,7 | 100 | 4 | 0,4 | 99,5 |
| 51 a 60 | 14 | 0,7 | 97,9 | 13 | 1,6 | 95,1 | - | - | - | 1 | 0,1 | 99,6 |
| 61 a 70 | 15 | 0,7 | 98,6 | 13 | 1,6 | 96,7 | - | - | - | 2 | 0,2 | 99,8 |
| 71 a 80 | 10 | 0,5 | 99,1 | 10 | 1,3 | 98 | - | - | - | 0 | 0 | 99,8 |
| 81 a 90 | 8 | 0,4 | 99,5 | 6 | 0,8 | 98,7 | - | - | - | 2 | 0,2 | 100 |
| 91 a 100 | 3 | 0,1 | 99,6 | 3 | 0,4 | 99,1 | - | - | - | - | - | - |
| mais de 100 | 7 | 0,3 | 100 | 7 | 0,9 | 100 | - | - | - | - | - | - |
| **Total** | **2.050** | **100** | - | **796** | **100** | - | **137** | **100** | - | **1.106** | **100** | - |

Fonte: DIEESE, Sistema de Acompanhamento de Greves (SAG-DIEESE)
Nota: (1) dias coridos
Obs.: Não foram discriminadas as paralisações que envolveram conjuntamente trabalhadores das esferas pública e privada

Das tabelas acima mencionadas, verifica-se que, em 2012, 30% das paralisações foram encerradas no mesmo dia em que foram deflagradas, enquanto em 2013 esta proporção aumentou para 49%. Em sentido inverso, 28% das greves deflagradas em 2012 alongaram-se por mais de 10 dias; em 2013, apenas 16% das mobilizações tiveram essa mesma duração[64]. Ainda de acordo com o DIESEE, de 2012 a 2013, a participação das greves de advertência, no total de mobilizações paredistas, aumentou de 24% para 35%[65].

As mesmas greves de 2013 contaram com a participação de cerca de 2 milhões de grevistas, com média de 2.164 trabalhadores por greve, totalizando cerca de 214 milhões no indicador trabalhadores x horas paradas[66].

Em relação ao número de trabalhadores, as paralisações com até 200 grevistas, que constituíram 45% das mobilizações realizadas em 2013, reuniram menos de 2% do total de trabalhadores parados. Por outro lado, cinco paralisações realizadas, cada uma delas, por mais de 50 mil trabalhadores, constituíram apenas 0,5 % dos protestos realizados em 2013 e reuniram 35% do total de grevistas[67].

No que tange à motivação das greves, o conjunto das exigências dos trabalhadores foi examinado pelo DIESEE e classificado de acordo com as razões que determinaram sua deflagração. Greves que propõem novas conquistas ou ampliação das já asseguradas são consideradas de caráter propositivo. As greves denominadas defensivas são as que se caracterizam pela defesa de condições de trabalho vigentes, pelo respeito a condições mínimas de trabalho, saúde e segurança ou contra o descumprimento de direitos estabelecidos em acordo, convenção coletiva ou legislação[68].

64 DIEESE. Balanço das greves 2013. Disponível em: <https://www.dieese.org.br/balancodasgreves/2013/estPesq79balancogreves2013.pdf>. Acesso em: 19 set. 2018.

65 idem

66 idem

67 idem

68 . DIEESE. Balanço das greves 2013. Disponível em: <https://www.dieese.org.br/balancodasgreves/2013/estPesq79balancogreves2013.pdf>. Acesso em: 19 set. 2018.

Paralisações que visam ao atendimento de reivindicações que ultrapassam o âmbito das relações de trabalho são classificadas como greves de protesto. Já os movimentos que propõem apoiar trabalhadores de outras categorias, empresas ou setores da empresa, são consideradas greves de solidariedade. É preciso mencionar que uma mesma paralisação pode conter mais de um caráter na pauta das reivindicações. Por isso, nas tabelas, a soma dos percentuais pode ultrapassar os 100%[69].

Em 2013, (Tabelas 11 e 12) a proporção das greves que trouxeram reivindicações propositivas sofreu um recuo de 64% para 57% enquanto a proporção das greves que trouxeram reivindicações defensivas experimentou um incremento de 67% para 75%[70].

Somente entre as greves do funcionalismo público há, entre 2012 e 2013, um aumento da participação das greves propositivas. Por outro lado, o incremento do caráter defensivo das greves foi grande nas empresas estatais (e um pouco menor na esfera privada)[71].

Entre o funcionalismo público – ainda a respeito do caráter defensivo das greves –, há uma mudança no tipo predominante: em 2012, eram as mobilizações contra o descumprimento de direitos; em 2013, foram as mobilizações pela manutenção de condições[72].

Nas estatais, por sua vez, a predominância das greves pela manutenção de condições é, apenas, reforçada[73].

Entre as greves defensivas da esfera privada, no entanto, a maior parte (46%) continua tendo seu caráter relacionado ao descumprimento de direitos, mesmo diante do grande aumento, de 30% para 42%, nas greves que têm sua natureza relacionada à manutenção de condições vigentes[74].

69 idem

70 idem

71 idem

72 idem

73 idem

74 idem

TABELA 12

**Caráter das greves por esfera - Brasil 2013**

| Caráter | Total | | Esfera Pública | | | | Esfera Privada | |
|---|---|---|---|---|---|---|---|---|
| | | | Funcionalismo Público | | Empresas Estatais | | | |
| | nº | % | nº | % | nº | % | nº | % |
| Propositivas | 1.177 | 57,4 | 548 | 68,8 | 79 | 57,7 | 545 | 49,3 |
| Defensivas | 1.536 | 74,9 | 603 | 75,9 | 113 | 82,5 | 810 | 73,2 |
| Manutenção de condições vigentes | 1.043 | 50,9 | 467 | 58,7 | 99 | 72,3 | 468 | 42,3 |
| Descumprimento de direitos | 818 | 39,9 | 289 | 36,3 | 19 | 13,9 | 508 | 45,9 |
| Protesto | 300 | 14,6 | 256 | 32,2 | 17 | 12,4 | 20 | 1,8 |
| Solidariedade | 6 | 0,3 | 3 | 0,4 | 0 | 0 | 2 | 0,2 |
| **Total** | **2.050** | **100** | **796** | **100** | **137** | **100** | **1106** | **100** |

Fonte: DIEESE. Sistema de Acompanhamento de Greves (SAG-DIEESE)

Obs: (a) A soma das parcelas pode ser superior ao total de greves dado que uma mesma paralisação pode conter diversas e distintas motivações; (b) Não foram discriminadas as paralisações que envolveram conjuntamente trabalhadores das esferas pública e privada

TABELA 13

**Principais reivindicações das greves - Brasil 2012 e 2013**

| Reivindicação | 2012 | | 2013 | |
|---|---|---|---|---|
| | nº | % | nº | % |
| Reajuste salarial | 359 | 40,9 | 738 | 36 |
| Alimentação | 238 | 27,1 | 549 | 26,8 |
| Condições de trabalho | 133 | 15,2 | 430 | 21 |
| PCS - Plano de Cargos e Salários | 201 | 22,9 | 394 | 19,2 |
| Pagamento de salários atrasados | 160 | 18,2 | 375 | 18,3 |
| PLR - Participação nos Lucros e/ou Resultados | 167 | 19 | 249 | 12,1 |
| Piso salarial | 142 | 16,2 | 228 | 11,1 |
| Assistência médica | 108 | 12,3 | 208 | 10,1 |
| Local de trabalho | 41 | 4,7 | 207 | 10,1 |
| **Total** | **877** | **100** | **2050** | **100** |

Fonte: DIEESE, Sistema de Acompanhamento de Greves (SAG-DIEESE)

Obs.: A soma das parcelas pode ser superior ao total de greves dado que a mesma paralisação pode conter diversas e distintas motivações

Conforme conclui o Balanço de Greves, do DIEESE, em 2012, os metalúrgicos e os servidores municipais da educação tiveram posição de destaque no aumento do número de greves e de horas paradas, sendo as pautas reivindicatórias dessas categorias relacionadas diretamente à ênfase defensiva das greves nesse ano.[75]

Com relação às greves deflagradas em 2013, três características principais podem ser apontadas: grande crescimento numérico, com expansão das greves em categorias diversas daquelas tradicionalmente mobilizadas; itens defensivos passaram a integrar a pauta da maioria dos

75 DIEESE. Balanço das greves 2012. Disponível em: < https://www.dieese.org.br/balancodasgreves/2012/estPesq66balancogreves2012.pdf, p. 32. Acesso em: 22 fev. 2019.

movimentos; aumento na participação de greves mais curtas, em especial, as paralisações de advertência, referenciadas apenas na empresa ou, na unidade, no caso do servidor público.[76]

## 6. MOBILIZAÇÃO DOS ATORES JURÍDICOS

Diversos foram os congressos, seminários e eventos realizados, entre os anos de 2012 e 2013, pelos atores jurídicos do Brasil. Com o intuito de não se alongar muito no tema, tratar-se-ão, aqui, dos seminários envolvendo o Trabalho Infantil, realizado no ano de 2012, e algumas mobilizações acerca dos 70 anos da CLT em 2013.

No ano de 2012, o TST realizou o primeiro Seminário do Trabalho Infantil, Aprendizagem e Justiça do Trabalho, do dia 09 ao dia 11 de outubro. Em referido seminário, foi promovido o debate que estimulou o levantamento e implementação de propostas de erradicação do trabalho infantil no Brasil e no mundo, com a afirmação da necessária participação da Justiça do Trabalho no combate ao trabalho infantil, com a garantia da profissionalização adequada do adolescente.

No discurso emocionante de encerramento do seminário[77], o Ministro e Presidente do TST José Orestes Dalazen transmitiu a mensagem que "*o trabalho precoce da criança, mesmo que acompanhado de estudo, como se vê, é nefasto e sempre nefasto*". A realização de referido seminário selou o compromisso da defesa dos direitos humanos e, em particular, da defesa dos direitos da criança e do adolescente pela Justiça do Trabalho.

Restou evidente a necessidade de políticas públicas, já que a pobreza é uma das causas principais que levam crianças e adolescentes a buscarem trabalho. Importante que a busca pelo combate e erradicação do trabalho infantil seja objetivo não apenas do Poder Judiciário, mas contando com participação da sociedade e de grupos organizados, com a

---

76 DIEESE. Balanço das greves 2013. Disponível em: https://www.dieese.org.br/balancodasgreves/2013/estPesq79balancogreves2013.pdf, p. 41. Acesso em: 19 set. 2018.

77 YOUTUBE. Disponível em: https://www.youtube.com/watch?v=VDfIP2ByyOg. Acesso em 19 de set. 2018.

finalidade de se obter uma melhor formação e profissionalização do jovem, além garantir o crescimento lúdico da criança, afastando esse grupo da exploração do trabalho, que pode ser avassalador para suas vidas.

Em 1º de maio de 2013, a CLT completou 70 anos. Em decorrência disso, diversas foram as comemorações e eventos ocorridos no país. O TST editou o ato conjunto nº 10/TST.CSJT, de 09 de abril de 2013, instituindo o selo, a logomarca e o carimbo comemorativo dos 70 anos da CLT, recomendando sua utilização nas comunicações oficiais.[78]

No dia 1º de maio de 1943, Getúlio Vargas, juntamente com a classe trabalhadora do Rio de Janeiro (antiga capital federal), reuniu-se no Estádio São Januário do Clube de Regatas Vasco da Gama, a fim de promulgar o texto original da CLT.

Em decorrência dessa importância histórica para o Direito do Trabalho, o Clube de Regatas Vasco da Gama fez uma singela homenagem aos 70 anos da CLT, oportunidade em que Roberto Dinamite, Presidente do clube, escreveu "*há 70 anos era promulgado algo que, de tão bem elaborado que foi, permanece até hoje como o conjunto de regras que estabelece a relação empregado-empregador no nosso País*"[79]. Porém, anos mais tarde, o texto tão bem elaborado (utilizando-se das palavras de Roberto Dinamite) sofreu duras alterações através da Lei nº 13.467, de 13 de julho de 2017.

A Confederação Nacional da Indústria (CNI) divulgou o que denominou de "série especial"[80] sobre os 70 anos da CLT destacando, na sua visão, a importância da modernização das leis trabalhistas no Brasil. Tratou-se de uma série com cinco capítulos de reportagens, entrevistas e artigos veiculados entre os dias 30 de abril e 03 de maio de 2013. Merecem destaque dois capítulos veiculados nessa série especial: o segundo capítulo, onde foi apresentado um documento editado pela CNI com o

---

78 TST. Disponível em: https://juslaboris.tst.jus.br/handle/20.500.12178/29818. Acesso em: 19 set. 2018.

79 CLUBE DE REGATAS VASCO DA GAMA. Disponível em: http://www.vasco.com.br/site/noticia/detalhe/4832/vasco-homenageia-os-70-anos-da-clt. Acesso em: 21 set. 2018.

80 PORTAL DA INDÚSTRIA. Disponível em: <http://www.portaldaindustria.com.br/agenciacni/noticias/2013/04/cni-divulga-serie-especial-sobre-os-70-anos-da-clt/. Acesso em: 19 set. 2018.

título "101 Propostas para Modernização Trabalhista"[81]; e o terceiro capítulo, onde empresários apontaram os obstáculos causados pelas 2.500 normas trabalhistas existentes no país[82].

No primeiro documento, entre as propostas apresentadas para a alegada modernização trabalhista, dificilmente, consegue-se encontrar alguma proposta que seja benéfica ao empregado. Pelo contrário, todas as propostas apresentadas beneficiam os empregadores, com o intuito de flexibilizar normas trabalhistas, retirando e diminuindo direitos da classe trabalhadora. No terceiro capítulo dessa série especial, segundo os empresários, a CLT gera insegurança jurídica pelo excesso de burocracia e da superproteção ao empregado.

Na época em que completou 70 anos, a alegação dos empregadores era a de que se tratava a CLT de um documento ultrapassado, com legislações antigas, que não mais condiziam com a realidade do país. Com esse discurso, o empresariado queria passar a impressão de que a CLT ficou parada no tempo, sem que houvesse qualquer tipo de atualização legislativa com o intuito de se adequar à nova realidade social.

Como já detalhado no segmento respeitante à doutrina, Márcio Túlio Viana, em texto comemorativo aos 70 anos da CLT[83], deixou claro o quanto a CLT foi modificada ao longo dos anos, apontando as alterações ocorridas no direito individual, na estrutura sindical e na negociação coletiva.

Nesse sentido, ainda no ano de 2013, foi organizado o Seminário "Entendendo os 70 anos da CLT (e o Brasil)", pelo recém formado Grupo de Pesquisa Trabalho e Capital – GPTC, coordenado pelo Professor Jorge Luiz Souto Maior, na Faculdade de Direito da Universidade de São

---

81 CNI. Disponível em: http://bucket-gw-cni-static-cms-si.s3.amazonaws.com/legacy/app/conteudo_18/2013/04/29/3696/20130429134339558168e.pdf. Acesso em: 19 set. 2018.

82 CNI. Disponível em: http://www.portaldaindustria.com.br/agenciacni/noticias/2013/05/com-2-500-normas-legislacao-trabalhista-e-altamente-burocratica-dizem-empresarios-1/. Acesso em: 19 set. 2018.

83 VIANA, Márcio Túlio. 70 Anos da CLT: uma análise voltada para os estudantes e os que não militam na área trabalhista. Rev. Fac. Direito UFMG, Belo Horizonte, n. 63, jul./dez. 2013, p. 647 – 670

Paulo – FD-USP. Buscou-se, em tal evento, esclarecer o mito existente nos muitos discursos e ataques à CLT com a fundamentação de que é uma legislação idosa.

Por meio das pesquisas realizadas ao longo do primeiro semestre no GPTC, os pesquisadores e pesquisadoras deixaram claro para o público a CLT, diversamente do que foi muito disseminado na comemoração dos seus 70 anos, não é uma legislação idosa. Pelo contrário, ela se amolda à realidade social do momento, buscando se adequar diante de tantas mudanças que o país enfrentou desde sua consolidação.

Como resultado final desse evento, houve a publicação do livro "Mito 70 Anos da CLT", pela editora LTr, com a consolidação de todos os artigos apresentados pelos pesquisadores e pesquisadoras, além das intervenções feitas no seminário por alguns dos maiores estudiosos das relações de trabalho no Brasil: Adriano Luiz Duarte, Aldacy Rachid Coutinho, Antônio Fabrício de Matos Gonçalves, Daniela Muradas, Giovanni Alves, Grijalbo Fernandes Coutinho, João Tristan Vargas, Lincoln Secco, Ricardo Antunes, Sayonara Grillo Coutinho Leonardo da Silva e Tarso de Melo.

Por fim, vale aqui a transcrição de trecho do artigo do poeta professor, Márcio Túlio Viana, no livro acima citado, onde assim explicou:

> Por outro lado, a CLT está longe de ser o que foi. De Vargas para cá, já sofreu mais de 1.200 alterações formais! E, ainda assim, as mudanças mais importantes são as invisíveis; as que transitam pelo universo dos princípios e da interpretação, e que – por isso mesmo – sorvem o que há de mais novo e mutante na vida.
>
> Hoje, como eu dizia, esse espaço de movimento e de incerteza se ampliou como nunca, e tende a continuar se ampliando. E nesse sentido a CLT está, sim, muito mais flexível, seja para o bem como para o mal.
>
> Assim como tantas coisas do mundo, a CLT mudou de ritmo; acelerou. Suas novidades aparecem a cada novo segundo. Cada vez mais ela se separa de sua forma concreta, palpável, mensurável; exagerando um pouco, é espuma de sabão entre os dedos.[84]

84 VIANA, Márcio Túlio. Os sentidos da CLT. In: MAIOR, Jorge Luiz Souto (coord.). O Mito 70 anos da CLT – um estudo preliminar. São Paulo: LTr, 2015, p. 242-248

## 7. CONJUNTURA POLÍTICA, SOCIAL E ECONÔMICA

A par do fisiologismo dos governos petistas – e, portanto, erronias –, nos anos de 2012 e 2013, seguia o primeiro mandato da primeira Presidenta da República brasileira, mandato este, exatamente por esta razão, considerado histórico.

Quanto ao mundo do trabalho, por assim dizer, tendo em vista a influência que recebe dos aspectos econômicos e sociopolíticos, pode-se dizer que o Governo Dilma Rousseff foi caracterizado pelo chamado "capitalismo de Estado", com desenvolvimentismo e intervencionismo na economia.

Daí, por exemplo, entre tantas outras medidas significativas, as desonerações tributárias, visando expansão e melhoria da prestação de serviços públicos concedidos a empresas privadas, tais como, as telecomunicações e o saneamento básico (i), os investimentos na infraestrutura do transporte, da indústria e da geração de energia (ii), os programas de inserção social, tais como Brasil Sem Miséria, Minha Casa Minha Vida, o Pronatec e o Mais Médicos.

Relativamente a esses programas, houve geração de emprego na construção das grandes e pequenas obras necessárias, sem contar a estrutura preparativa para a Copa FIFA de 2014, grande evento desportivo que se deu no Brasil, também, no Governo Dilma Rousseff. Em todos os casos, foi terceirizado percentual significativo dos empregos gerados, verificando-se, também, os acidentes de trabalho, inclusive fatais, quando da construção dos estádios.

Sob tal conjuntura, o Brasil, julgado por agências estrangeiras privadas de análise de risco de investimento, tem apontada a maior perda mundial da competitividade, iniciando-se, por sua vez, um processo (externo) de destruição do modelo econômico ali concebido. As elites econômicas nacionais são cooptadas, para uma (re)adequação do País às expectativas mercantilistas e neocolonialistas de Bretton Woods/Consenso de Washington, para os quais, o Brasil deve ser desindustrializado e cumprir o seu papel de produtor e exportador de commodities agrícolas (celeiro do mundo) e minerais, nada interessando o seu empenho na construção do BRICS e seu levante contra a ALCA.

Por conta de todo esse contexto, o país passou por um período de crise[85][86], tendo a economia apresentado sinais de desaceleração, o que levou o governo a tomar medidas de desoneração, tanto para o setor produtivo, quanto para os consumidores em geral, como redução nas tarifas de

---

85 O GLOBO. FMI alerta para uma crise financeira crônica se economia mundial não levantar voo. Disponível em: https://oglobo.globo.com/economia/fmi-alerta-para-uma-crise-financeira-cronica-se-economia-mundial-nao-levantar-voo-8138873. Acesso em: 16 set. 2018.

86 Segundo notícia veiculada pelo Jornal El País e reproduzida pelo jornal O Globo: "Na reunião do Fundo Monetário Internacional (FMI), em Washington, pouco tem se falado sobre um eventual resgate da Espanha, sobre a ruptura da Zona do Euro ou sobre o problema fiscal nos Estados Unidos. Hoje, o medo de um novo tsunami nos mercados pode ser percebido em cada gráfico ou estatística apresentados e impregna tanto o discurso oficial quanto o informal durante as reuniões de primavera do fundo. A atual situação de calma é frágil, destaca o jornal espanhol "El País". Se os problemas da economia produtiva não se resolverem, a trégua vai acabar e a "crise financeira mundial poderia entrar numa fase mais crônica, caraterizada por uma deterioração das condições financeiras e por episódios de recorrente instabilidade", alerta o informe de estabilidade do Fundo.
O organismo dirigido por Christine Lagarde não parou de repetir nesses últimos dias: a Europa deve completar o saneamento de seu sistema bancário e favorecer que o crédito volte a fluir pela economia. Já no âmbito global todos os países devem comprometer-se com a agenda de reformas regulatórias e aprovar planos fiscais de longo prazo. O responsável financeiro do FMI, José Viñals, lançou mão nesta quarta-feira de metáforas meteorológicas para apresentar as novas perspectivas:
— A primavera chegou, claramente, também para os mercados financeiros globais, onde, depois de tormentas consecutivas e nuvens ameaçadoras, está surgindo o céu azul e dias mais ensolarados.
O bom desempenho das principais Bolsas mundiais nos últimos meses e a melhora dos títulos de dívida pública dos países com mais problemas dão conta dessa sensação de alívio. O panorama, no entanto, começa a se tornar mais obscuro quando se lança luz sobre o fluxo de crédito — que contraiu-se cerca de 5% desde o início da crise —, o endividamento excessivo de muitas empresas e a contração prevista para a zona do euro. Há nuvens negras pairando sobre a economia.
No caso europeu, a maior parte da melhora se deve ao programa de compra de títulos soberanos aprovado pelo Banco Central Europeu (BCE) para ajudar aos países que pedirem resgate, um mecanismo que produziu um efeito "placebo", segundo o "El País".
"Apesar de os investidores e os funcionários parecerem acomodados com o fato de o programa permanecer virtual, essa dinâmica poderia mudar", aconselha o FMI.
Além disso, a situação política na Itália complica a implantação de qualquer medida e, embora as condições de financiamento estejam mais favoráveis para muitos países, as necessidades de financiamento seguem em alta. O Fundo adverte também, em seu informe, que o risco-país dos Estados perderá até 2016 toda a melhora que tiveram se os países não levarem à frente as reformas de que precisam.
Os mercados também estão sendo beneficiados pelas injeções de liquidez de grandes bancos centrais, que até agora evitaram o pior, mas as autoridades já começam a se preocupar com o que vai acontecer quando esses estímulos forem retirados. Os riscos que as autoridades monetárias estão assumindo constituem um perigo em potencial, pela síndrome de abstinência que as medidas podem causar, pelos riscos que estão assumindo em suas balanças e por possíveis bolhas que podem ser geradas em países emergentes, pela desvalorização da moeda dos países mais ricos.
O GLOBO. FMI alerta para uma crise financeira crônica se economia mundial não levantar voo. Disponível em: <https://oglobo.globo.com/economia/fmi-alerta-para-uma-crise-financeira-cronica-se-economia-mundial-nao-levantar-voo-8138873>. Acesso em: 16 de set. 2018.

luz, que somariam estimados R$ 458 bilhões (quatrocentos e cinquenta e oito bilhões de reais), em 2018, promoção de pacotes de estímulos fiscais e financeiros, que aumentaram a dívida bruta do país.[87]

No ano de 2012, a Confederação Nacional da Indústria – CNI – apresenta documento denominado *101 propostas para modernização trabalhista*[88], boa parte delas, absorvidas pela Reforma Trabalhista de 2017, sob a seguinte fundamentação:

> O Brasil tem grandes desafios para manter seu crescimento econômico e sua transformação social. A cada dia, Estado e sociedade avançam na percepção de que a sustentabilidade desse processo depende, fundamentalmente, da criação de condições favoráveis ao desenvolvimento das atividades produtivas. Não há soluções milagrosas ou fáceis. É preciso garantir competitividade às empresas, possibilitando a oferta de produtos e serviços a preços acessíveis aos consumidores, e a geração de mais e melhores empregos. As relações de trabalho são determinantes nesse panorama. Elas definem aspectos diretamente relacionados à qualidade do emprego, com proteção do trabalhador e de seus ganhos. Ao mesmo tempo, ao impactar diretamente os custos de produção e os níveis de produtividade, influenciam a propensão que os empregadores têm para investir e abrir vagas.
>
> É amplamente reconhecido que o sistema trabalhista do país não atende às necessidades da sociedade brasileira contemporânea. Calcada em um regime legalista rígido e com pouco espaço para negociação, a regulação tem escassa conexão com a realidade produtiva. Reflexo disso, o trabalho formal no Brasil tem um alto grau de conflito e de insegurança jurídica, é excessivamente onerado e configura uma barreira ao crescimento da produtividade. Pesquisa da CNI feita em 2012 revela que a área trabalhista, com 86% das citações, e a tributação (94%) são apontadas como os entraves primordiais ao desenvolvimento produtivo. Nas questões tributárias, a desoneração da folha foi indicada como o principal ponto a ser resolvido, com 82% das respostas. O país vive um momento de maturidade e sabe que precisa equacionar as questões estruturais que prejudicam o crescimento e a inclusão social. Modernizar as relações de trabalho é um objetivo a ser perseguido.

---

87 BBC. Disponível em: <https://www.bbc.com/portuguese/brasil-37207258>. Acesso em 16 de set. 2018.

88 CNI. Disponível em: <https://bucket-gw-cni-static-cms-si.s3.amazonaws.com/m/edia/filer_public/c0/9e/c09e210e-a7bc-4e12-adfa-7edebcf73578/20130206173400990740i.pdf>. Acesso em: 18 de set. 2018.

> É preciso identificar oportunidades de redução de custos e de riscos associados ao emprego formal, sem abrir mão da proteção dos trabalhadores. Isso será fundamental para sustentar o ingresso de dezenas de milhões de brasileiros no mercado de trabalho formal.[89]

Em suma, as propostas se pautavam na valorização da negociação coletiva, espaços de negociação individual, possibilidade de redução do intervalo intrajornada para repouso, ultratividade das normas coletivas, compensação habitual de jornada semanal, jornada de trabalho de 12 x 36, pagamento do período suprimido do intervalo intrajornada, negociação do banco de horas com a categoria preponderante, acordo individual de compensação de jornada, trabalho aos domingos e feriados, turno ininterrupto de revezamento, trabalho noturno, trabalho em regime de tempo parcial, tempo à disposição do empregador após portaria, regulamentação de atividades profissionais, sobreaviso, contratação de pessoas físicas em serviço eventual, flexibilização do trabalho em prazo determinado, terceirização, sistemas de remuneração estratégica, Horas *in itinere*, Intervalo de descanso para a mulher, rescisão Consensual, homologação opcional de rescisão para MPE's e de profissionais de grau superior, homologação de acordos trabalhistas (jurisdição voluntária), penhora *on-line* em execuções trabalhistas, temas estes, que foram a principal fonte formal para a Lei nº 13.467, de 13 de julho de 2017.

Em junho de 2013, iniciaram as manifestações organizadas pelo Movimento Passe Livre que foram desencadeadas pelo aumento da tarifa de transporte público na cidade de São Paulo.[90]

Tais manifestações atingiram grandes proporções, irradiaram-se pelas principais capitais, e, com o lema inicial de "não é por R$ 0,20", passaram a ter, como objeto mediato, a crítica à corrupção, à PEC 37, impactos sociais e financeiros ocasionados pela Copa do Mundo que estava por vir, investimentos em saúde e educação, projeto de lei do ACE,

89 idem

90 SOUTO MAIOR, Jorge Luiz. História do Direito do Trabalho no Brasil – Curso de Direito do Trabalho, volume I, parte II. São Paulo, Editora Ltr, 2017, p. 419.

ultrapassando a temática inicial do aumento da tarifa de transporte público, chegando, inclusive, até Brasília quando, em 24 de abril de 2013, ocorreu marcha de 20 mil pessoas, tendo sido reprimida violentamente.

A cobertura da grande mídia buscou enquadrar todos os manifestantes como baderneiros e vândalos ante a situações isoladas de depredação do patrimônio público, pichações em ônibus, muros e postes e vidraças quebradas o que resultou em atitude desproporcional da polícia, que se utilizou, conforme ressalta, Jorge Luiz Souto Maior:

> [...] métodos de guerra contra pessoas que buscavam exercer sua cidadania, pessoas que não praticavam ato outro que não fosse o de estarem participando de uma manifestação política, de cunho reivindicatório, sendo que as agressões atingiram, inclusive, pessoas que estavam no local exercendo a sua profissão (jornalistas e fotógrafos, por exemplo).[91]

Para tanto, houve apropriação da luta pelo "Passe Livre", luta esta, nascida, "a priori", para combater o aumento das tarifas de transporte público, mas que, "a posteriori", com as chamadas Jornadas de Junho 2013, foi apropriada por setores de coloração política substancialmente conservadora, passando a veicular bandeiras conservadoras, que levaram ao golpe de Estado de 2016. Foi o ressurgir para o poder republicano das mesmas forças políticas que implantaram a ditadura civil-empresarial -militar no Brasil, com (re)hasteamento das mesmas bandeiras, sobretudo, de combate ao comunismo e corolários.

Nestas, manifestaram-se segmentos socioeconômicos de diferentes colorações políticas, verificando-se, na impressa televisiva, um incentivo ao golpe de Estado que ocorreu três anos depois.

Em 2013, começaram a ocorrer ainda as chamadas pedaladas fiscais, nome dado à prática do Tesouro Nacional de atrasar de forma proposital o repasse de dinheiro para bancos (públicos e privados) e autarquias, como o INSS, tendo por objetivo melhorar artificialmente as contas federais. Ao deixar de transferir o dinheiro, o governo apresentava todos os meses despesas menores do que elas deveriam ser na

91 SOUTO MAIOR, Jorge Luiz. História do Direito do Trabalho no Brasil – Curso de Direito do Trabalho, volume I, parte II. São Paulo, Editora Ltr, 2017, p. 422.

prática. Tal prática foi o motivo que levou a Presidenta Dilma Rousseff a sofrer processo de *impeachment*.

## 8. CONCLUSÃO

Como alhures adiantado, ao longo de 2012 e 2013, acirrou-se a disputa dos atores sociais pelo avanço e retração dos direitos trabalhistas. Com efeito, o relato da evolução da jurisprudência, legislação, doutrina e conjuntura social do período evidenciam como movimentos de expansão são seguidos por outros de retração.

Ao mesmo tempo que o TST edita uma súmula sobre presunção de dispensa discriminatória em caso de empregado com doença grave, edita outra no sentido de validar a jornada 12x36. Tem-se o aumento dos direitos dos empregados domésticos, mas, não, a igualdade plena; há, também, a previsão do direito dos motoristas ao controle de jornada, mas com limitação do conceito de tempo à disposição.

À véspera do septuagenário aniversário da CLT, há o lançamento das 101 propostas para modernização trabalhista, da CNI, com significativa e posterior absorção pela Lei nº 13.467, de 13 de julho de 2017. No mesmo período, há a realização do primeiro seminário do recém-formado GPTC, na Faculdade de Direito da USP, fruto de um semestre de estudos e pesquisas sobre a evolução da CLT em 70 anos, cujo resultado foi materializado em um livro, estreando o intenso movimento editorial do grupo de pesquisa citado.

O ano de 2013 ainda é marcado pela significativa elevação das greves e pelas manifestações de junho, com alcance numérico de grandes proporções e temas variados, como crítica ao aumento de passagens de ônibus, à corrupção, à PEC 37 e aos impactos sociais e financeiros causados pela Copa de 2014, quando se pode observar a cobertura tendenciosa da mídia. Além disso, o programa "Mais médicos".

Referido período histórico bem retrata a singularidade do Direito do Trabalho como um objeto em constante disputa no sistema jurídico, o que é determinante para avanços e retrocessos sociais. O conhecimento do que se passou em 2012 e, sobretudo, em 2013, com o Direito do Trabalho, é imprescindível para se compreender e analisar o momento atual, no qual, o Direito do Trabalho no Brasil vivencia mais uma tentativa de desmonte, por meio da já mencionada Lei nº 13.467, de 13 de julho de 2017.

## 9. REFERÊNCIAS BIBLIOGRÁFICAS


ANTUNES. Ricardo. *A nova morfologia do trabalho, as formas diferenciadas de reestruturação produtiva e a informalidade no Brasil.* REIS, Daniela Muradas. MELLO, Roberta Dantas. COURA, Solange Barbosa de Castro – Coordenadoras. Trabalho e justiça social: um tributo a Maurício Godinho Delgado – São Paulo: LTr, 2013.

BBC. Disponível em: https://www.bbc.com/portuguese/brasil-37207258. Acesso em: 16 set. 2018.

CÂMARA LEGISLATIVA. Disponível em: http://www2.camara.leg.br/legin/fed/lei/2012/lei-12592-18-janeiro-2012-612301-publicacaooriginal-134969-pl.html. Acesso em: 12 set. 2018.

DELGADO, Mauricio Godinho. *Curso de direito do trabalho.* - 16 ed. – São Paulo: LTr, 2017.

EDITORA MAGISTER. Disponível em: http://www.editoramagister.com/doutrina_27111288_AS_ALTERACOES_NAS_SUMULAS_DO_TST.aspx. Acesso em: 19 set. 2018

FELICIANO, Guilherme Guimarães. URIAS. João. Coordenadores. *Direito Ambiental do Trabalho – apontamentos para uma teoria geral: saúde, ambiente e trabalho, novos rumos da regulamentação jurídica do trabalho.* Volume 1. São Paulo: LTr, 2013.

FREIRE, Ricardo Maurício. *Curso de Introdução ao Estudo do Direito* – 1ª ed. – Salvador: Editora JusPODIUM, 2009.

MAIOR, Jorge Luiz Souto. GNATA, Noa Piatã Bassfeld. *Trabalhos marginais* – São Paulo: LTr, 2013.

MAIOR, Jorge Luiz Souto. *História do direito do trabalho no Brasil: curso de direito do trabalho*, volume 1: parte II - São Paulo: LTr, 2017.

________. *Curso de Direito do Trabalho: a relação de emprego.* Volume II. São Paulo: LTr, 2008.

MELO, Raimundo Simão. *Direito Ambiental do Trabalho e a saúde do trabalhador* – 5ª ed. – São Paulo: LTr, 2013.

NUNES, Christiane Girard. SILVA, Pedro Henrique Isaac. *Entre o prescrito e o real: o papel da subjetividade na efetivação dos direitos das empregadas domésticas no Brasil.* Revista Sociedade e Estado – volume 28 – Setembro/Dezembro de 2013.

PLANALTO. Disponível em: http://www.planalto.gov.br/ccivil_03/_Ato2011-2014/2013/Lei/L12790.htm. Acesso em: 10 set. 2018.

PLANALTO. Disponível em: http://www.planalto.gov.br/ccivil_03/_Ato2011-2014/2012/Lei/L12690.htm. Acesso em: 12 set. 2018.

PLANALTO. Disponível em: https://www.planalto.gov.br/ccivil_03/_ato2011-2014/2013/lei/l12812.htm. Acesso em: 10 set. 2018.

REIS, Daniela Muradas. MELLO, Roberta Dantas. COURA, Solange Barbosa de Castro – Coordenadoras. *Trabalho e justiça social: um tributo a Maurício Godinho Delgado* – São Paulo: LTr, 2013.

SENADO NOTÍCIAS. *OAB desaprova projeto que define o crime de terrorismo.* Disponível em: https://www12.senado.leg.br/noticias/materias/2014/09/30/oab-desaprova-projeto-que-define-o-crime-de-terrorismo. Acesso em: 23 set. 2018.

SILVA, Homero Batista Mateus da. *Curso de direito do trabalho aplicado*: vol.1 – parte geral – 3. ed. rev., atual. e ampl. – São Paulo: Editora Revista dos Tribunais, 2015.

SILVA, Homero Batista Mateus da. Curso de Direito do Trabalho Aplicado. *Saúde e Segurança do Trabalho.* Volume 3. São Paulo: Revista dos Tribunais, 2ª edição, 2015.

SILVA, José Antônio Ribeiro de Oliveira Silva. *A flexibilização da jornada de trabalho e a violação do direito à saúde do trabalhador – uma análise comparativa dos sistemas jurídicos brasileiro e espanhol.* São Paulo, LTr, 2013.

SNIIC. Disponível em: http://sniic.cultura.gov.br/indicadores/indicadores-do-vale-cultura/. Acesso em: 22 de set. 2018.

STF. Disponível em: http://www.stf.jus.br/portal/cms/verNoticiaDetalhe.asp?idConteudo=291537. Acesso em: 12 set. 2018.

TEIXEIRA, Adriano. *Contra a apressada aprovação do Projeto de Lei Antiterrorismo (PLC 101/2015): Não há urgência em tipificar o terrorismo no Brasil.* Jota Info. Disponível em: https://www.jota.info/opiniao-e-analise/artigos/contra-a-apressada-aprovacao-do-projeto-de-lei-antiterrorismo-plc-1012015-09112015. Acesso em: 23 set. 2018.

TJRS. Disponível em: http://www.tjrs.jus.br/site/imprensa/noticias/?idNoticia=241236. Acesso em: 12 set. 2018.

TST. Disponível em: https://juslaboris.tst.jus.br. Acesso em: 19 set. 2018.

VIANA, Márcio Túlio. *70 anos da CLT: uma história de trabalhadores* – Brasília: Tribunal Superior do Trabalho, 2013.

# 2015-2016 - UM RÉQUIEM PARA O DESENVOLVIMENTISMO?

*Ana Carolina Bianchi Rocha Cuevas Marques, Bruno Cataldi Cipolla, Bruno de Oliveira Pregnolatto, Daniel Bianchi, Gabriel Zomer Facundini, Leonardo Lira Lima, Lilian Mayumi Rocha Hosaka, Milton Souza Guiguer, Osvaldo Ribeiro Franco Neto, Pedro Paulo de Azevedo Sodré Filho.*

## 1. INTRODUÇÃO

Como integrantes do Curso de Especialização, matriculados do início do ano de 2015 até o primeiro semestre de 2016, cumpriu a nós traçarmos em linhas gerais, as transformações pelas quais passou a regulamentação jurídica das relações de trabalho deste momento. Pretende-se capturar e descrever alguns temas do direito material e processual do trabalho, expondo um painel, por assim dizer, fotográfico do movimento de retração socioeconômica e política para os interesses da classe trabalhadora, nos contextos nacional e internacional, que derivou da correlação de forças entre as classes no momento enfocado, e que se manifestou, dentre outros, no processo de impeachment de Dilma Rousseff.

O texto abrange – assim como os demais textos que compõem essa obra coletiva – as seguintes seções; jurisprudência, doutrina, legislação, mobilização dos trabalhadores, mobilização dos atores jurídicos, conjuntura política, social e econômica, além de uma conclusão. Cada autor e autora é responsável pela exposição de um tópico. Entretanto, mesmo elaborado a diversas mãos, não houve perda de unidade no artigo, sendo todos os autores, porém, igualmente responsáveis pelas opiniões aqui contidas.

Antes de adentrar à primeira seção, é imperioso render homenagem a todos aqueles que fazem com que o curso exista, especialmente aos professores que graciosamente responsabilizaram-se pelos créditos lecionados à oitava turma: Jorge Luiz Souto Maior, Paulo Eduardo V. Oliveira, Otávio Pinto e Silva, Homero Batista Mateus da Silva, Guilherme Guimarães Feliciano, Antônio Rodrigues de Freitas Junior e Flávio Roberto Batista. Deve-se reconhecer e congratular também o esforço institucional para manutenção do curso de especialização, por parte de servidores e servidoras, professores e professoras do Departamento do Direito do Trabalho e da Seguridade Social, da Faculdade de Direito da Universidade de São Paulo, e da Diretoria da unidade por acolher a realização desse importante curso para a comunidade acadêmica e a população, que só tem a se beneficiar com o progresso técnico e científico do direito do trabalho.

## 2. JURISPRUDÊNCIA

Este capítulo traz uma breve análise da jurisprudência do período entre o início do ano de 2015 até o primeiro semestre de 2016. Inicialmente, vale registrar que a atuação dos tribunais na interpretação e aplicação do direito não está dissociada do seu papel institucional, nem pode ser compreendida à parte das relações sociais que a constitui, nas quais se expressam interesses de classes antagônicos. Não causa surpresa, então, que ao longo de todo o artigo, sejam referidas e examinadas diversas decisões judiciais relevantes para o direito material e processual do trabalho e, com maior atenção, a interpretação que o Supremo Tribunal Federal vem atribuindo às normas de legislação social, e que não caminha no sentido de assegurar um patamar superior de proteção dos direitos sociais da classe trabalhadora.

Nesse último aspecto, que será abordado adiante, o Supremo Tribunal Federal é considerado como um ator relevante na produção do mundo jurídico que se mobiliza como instituição e como poder constitucional, e detém o poder de sustar a aplicação da lei no território nacional (muitas vezes exercido monocraticamente), para dar compreensão aos direitos sociais do trabalhador e da trabalhadora a partir de uma perspectiva convergente com os interesses de poderosas frações das classes altas, que, a toda evidência, não expressam, nem veiculam, interesses caros à classe trabalhadora, senão retoricamente.

Por sua vez, visando à elaboração de um registro histórico da jurisprudência no período em questão, 2015/2016, destacamos a seguir os enunciados de súmulas dos tribunais superiores relacionados à regulamentação das relações de trabalho aprovados.

Supremo Tribunal Federal:

SÚMULA VINCULANTE 39 Compete privativamente à União legislar sobre vencimentos dos membros das polícias civil e militar e do corpo de bombeiros militar do Distrito Federal. (Data de Aprovação Sessão Plenária de 11/03/2015. Fonte de Publicação DJe nº 55 de 20/03/2015, p. 1. DOU de 20/03/2015, p. 1.)

SÚMULA VINCULANTE 40 A contribuição confederativa de que trata o art. 8º, IV, da Constituição Federal, só é exigível dos filiados ao sindicato respectivo. (Data de Aprovação Sessão Plenária de 11/03/2015. Fonte de Publicação DJe nº 55 de 20/03/2015, p. 1. DOU de 20/03/2015, p. 1.)

SÚMULA VINCULANTE 42 É inconstitucional a vinculação do reajuste de vencimentos de servidores estaduais ou municipais a índices federais de correção monetária. (Data de Aprovação Sessão Plenária de 11/03/2015. Fonte de Publicação DJe nº 55 de 20/03/2015, p. 2. DOU de 20/03/2015, p. 2.)

SÚMULA VINCULANTE 43 É inconstitucional toda modalidade de provimento que propicie ao servidor investir-se, sem prévia aprovação em concurso público destinado ao seu provimento, em cargo que não integra a carreira na qual anteriormente investido. (Data de Aprovação Sessão Plenária de 08/04/2015. Fonte de Publicação DJe nº 72 de 17/04/2015, p. 1. DOU de 17/04/2015, p. 1.)

SÚMULA VINCULANTE 44 Só por lei se pode sujeitar a exame psicotécnico a habilitação de candidato a cargo público. (Data de Aprovação Sessão Plenária de 08/04/2015. Fonte de Publicação DJe nº 72 de 17/04/2015, p. 1. DOU de 17/04/2015, p. 1.)

SÚMULA VINCULANTE 47 Os honorários advocatícios incluídos na condenação ou destacados do montante principal devido ao credor consubstanciam verba de natureza alimentar cuja satisfação ocorrerá com a expedição de precatório ou requisição de pequeno valor, observada ordem especial restrita aos créditos dessa natureza. (Data de Aprovação Sessão Plenária de 27/05/2015. Fonte de Publicação DJe nº 104 de 02/06/2015, p. 1. DOU de 02/06/2015, p. 1.)

SÚMULA VINCULANTE 51 O reajuste de 28,86%, concedido aos servidores militares pelas Leis 8622/1993 e 8627/1993, estende-se aos servidores civis do poder executivo, observadas as eventuais compensações decorrentes dos reajustes diferenciados concedidos pelos mesmos diplomas legais. (Data de Aprovação Sessão Plenária de 18/06/2015. Fonte de Publicação DJe nº 121 de 23/06/2015, p. 1. DOU de 23/06/2015, p. 1.)

SÚMULA VINCULANTE 53 A competência da Justiça do Trabalho prevista no art. 114, VIII, da Constituição Federal alcança a execução de ofício das contribuições previdenciárias relativas ao objeto da condenação constante das sentenças que proferir e acordos por ela homologados. (Data de Aprovação Sessão Plenária de 18/06/2015. Fonte de Publicação DJe nº 121 de 23/06/2015, p. 2. DOU de 23/06/2015, p. 2)

SÚMULA VINCULANTE 55 O direito ao auxílio-alimentação não se estende aos servidores inativos. (Data de Aprovação Sessão Plenária de 17/03/2016. Fonte de Publicação DJe nº 54 de 28/03/2016, p. 1. DOU de 28/03/2016, p. 134)

**Superior Tribunal de Justiça:**

SÚMULA 517 São devidos honorários advocatícios no cumprimento de sentença, haja ou não impugnação, depois de escoado o prazo para pagamento voluntário, que se inicia após a intimação do advogado da parte executada. (CE - CORTE ESPECIAL, d.j. 26/02/2015. DJe 02/03/2015 RSTJ vol. 243 p. 1055)

SÚMULA 552 O portador de surdez unilateral não se qualifica como pessoa com deficiência para o fim de disputar as vagas reservadas em concursos públicos. (CE - CORTE ESPECIAL, d.j. 04/11/2015, DJe 09/11/2015).

SÚMULA 556 É indevida a incidência de imposto de renda sobre o valor da complementação de aposentadoria pago por entidade de previdência privada e em relação ao resgate de contribuições recolhidas para referidas entidades patrocinadoras no período de 1º/1/1989 a 31/12/1995, em razão da isenção concedida pelo art. 6º, VII, b, da Lei n. 7.713/1988, na redação anterior à que lhe foi dada pela Lei n. 9.250/1995. (S1 - PRIMEIRA SEÇÃO, d.j. 09/12/2015, DJe 15/12/2015).

SÚMULA 561 Os Conselhos Regionais de Farmácia possuem atribuição para fiscalizar e autuar as farmácias e drogarias quanto ao cumprimento da exigência de manter profissional legalmente habilitado (farmacêutico) durante todo o período de funcionamento dos respectivos estabelecimentos. (S1 - PRIMEIRA SEÇÃO, d.j. 09/12/2015 DJe 15/12/2015)

SÚMULA 571 A taxa progressiva de juros não se aplica às contas vinculadas ao FGTS de trabalhadores qualificados como avulsos. (S1 - PRIMEIRA SEÇÃO. d.j. 27/04/2016 DJe 02/05/2016)

SÚMULA 573 Nas ações de indenização decorrente de seguro DPVAT, a ciência inequívoca do caráter permanente da invalidez, para fins de contagem do prazo prescricional, depende de laudo médico, exceto nos casos de invalidez permanente notória ou naqueles em que o conhecimento anterior resulte comprovado na fase de instrução. (S2 - SEGUNDA SEÇÃO. d.j. 22/06/2016 DJe 27/06/2016 RB vol. 637 p. 81)

SÚMULA 576 Ausente requerimento administrativo no INSS, o termo inicial para a implantação da aposentadoria por invalidez concedida judicialmente será a data da citação válida. (S1 - PRIMEIRA SEÇÃO. d.j. 22/06/2016 DJe 27/06/2016 RB vol. 637 p. 81)

SÚMULA 577 É possível reconhecer o tempo de serviço rural anterior ao documento mais antigo apresentado, desde que amparado em convincente prova testemunhal colhida sob o contraditório. (S1 - PRIMEIRA SEÇÃO. d.j. 22/06/2016 DJe 27/06/2016 RB vol. 637 p. 81)

SÚMULA 578 Os empregados que laboram no cultivo da cana-de-açúcar para empresa agroindustrial ligada ao setor sucroalcooleiro detêm a qualidade de rurícola, ensejando a isenção do FGTS desde a edição da Lei Complementar n. 11/1971 até a promulgação da Constituição Federal de 1988. (S1 - PRIMEIRA SEÇÃO. d.j. 22/06/2016 DJe 27/06/2016 RB vol. 637 p. 81)

**Tribunal Superior do Trabalho:**

RESOLUÇÃO Nº 197, DE 12 DE MAIO DE 2015. Converte em Súmula a Orientação Jurisprudencial nº 115 da Subseção I Especializada em Dissídios Individuais. Altera o item I da Súmula nº 219. Altera a redação das Súmulas n.os 25 e 366. Cancela as Orientações Jurisprudenciais nºs 104, 115, 186 e 305 da Subseção I Especializada em Dissídios Individuais.

RESOLUÇÃO Nº 198, DE 9 DE JUNHO DE 2015. Altera a redação da Súmula nº 362. Altera o item VI da Súmula nº 6. Cancela a Súmula nº 434.

RESOLUÇÃO Nº 199, DE 09 DE JUNHO DE 2015. Altera a redação da Súmula nº 422.

RESOLUÇÃO Nº 200, DE 27 DE OUTUBRO DE 2015. Altera a redação da Súmula nº 392. Cancela as Orientações Jurisprudenciais n.ºs 315 e 419 da Subseção-I da Seção Especializada em Dissídios Individuais.

RESOLUÇÃO N.º 202, DE 16 DE FEVEREIRO DE 2016. Altera a Orientação Jurisprudencial nº 358 da Subseção I Especializada em Dissídios Individuais.

RESOLUÇÃO Nº 204, DE 15 DE MARÇO DE 2016. Altera a Súmula nº 219 e cancela a Súmula nº 285 e a Orientação Jurisprudencial nº 377 da Subseção I Especializada em Dissídios Individuais.

RESOLUÇÃO Nº 206, DE 12 DE ABRIL DE 2016. Cancela a Orientação Jurisprudencial nº 155 da Subseção II Especializada em Dissídios Individuais.

RESOLUÇÃO N.º 207, DE 12 DE ABRIL DE 2016. Altera a Súmula nº 288 do Tribunal Superior do Trabalho

RESOLUÇÃO Nº 208, DE 19 DE ABRIL DE 2016. Altera a redação das Súmulas n.ºs 263, 393, 400, 405, 407, 408 e 421. Atualiza as Súmulas nºs 74, 353,387,394,397,415 e 435. Atualiza as Orientações jurisprudenciais nºs. 255, 310, 371, 378, 392 e 421 da Subseção I da Seção Especializada em Dissídios Individuais. Atualiza as Orientações Jurisprudenciais nºs. 12, 34, 41, 54, 78, 101, 107, 124, 136, 146 e 157 da Subseção II da Seção Especializada em Dissídios Individuais.

RESOLUÇÃO Nº 209, DE 30 DE MAIO DE 2016. Altera a redação das Súmulas nos 85, 364, 404 e 413. Altera a redação das Orientações Jurisprudenciais nos 130, 389, 409 e 412 da Subseção I da Seção Especializada em Dissídios Individuais. Altera a redação da Orientação Jurisprudencial nº 59 da Subseção II da Seção Especializada em Dissídios Individuais. Edita as Súmulas nos 460, 461 e 462. Determina a republicação da Orientação Jurisprudencial nº 392 da Subseção I da Seção Especializada em Dissídios Individuais

RESOLUÇÃO Nº 210, DE 27 DE JUNHO DE 2016. Altera a redação da Súmula nº 383. Altera a redação da Orientação Jurisprudencial nº 237 da Subseção I da Seção Especializada em Dissídios Individuais. Cancela a Súmula nº 164. Cancela as Orientações Jurisprudenciais nos 338 e 331 da Subseção I da Seção Especializada em Dissídios Individuais.

Já por esse registro, denota-se a significativa produção de direito sumular nos tribunais de cúpula em torno do trabalho prestado por pessoa física e sua regulamentação jurídica, buscando, assim, conferir homogeneidade à interpretação e aplicação do direito objetivo no território nacional. Outros mecanismos foram introduzidos no direito processual do trabalho visando também, em princípio, ao mesmo fim, como as modificações introduzidas no sistema recursal pela Lei nº 13.015, de 21.7.2014, vigente sessenta dias após a sua publicação. O próprio direito processual comum foi significativamente alterado com a promulgação da Lei nº 13.105, de 16.3.2015, o que será abordado em tópico específico.

Evidentemente, a técnica processual não está desconectada da perspectiva política e institucional, pode-se destacar, no que diz respeito ao sistema recursal trabalhista (com a edição da Lei nº 13.015, de 21.7.2014), o aspecto disciplinar da atuação dos órgãos judiciais de primeira instância da Justiça do Trabalho[1] e a ampliação de uma jurisprudência defensiva no âmbito do Tribunal Superior do Trabalho.

Entretanto, dando ênfase tão-só aos elementos de direito positivo, observa-se com a edição da Lei nº 13.015, de 21.7.2014, a intenção de uniformização do direito do trabalho nos tribunais que compõem esse ramo do Poder Judiciário, por exemplo, nas modificações introduzidas nos §§3º a 6º, do artigo 896, da CLT (posteriormente revogadas pela Lei nº 13.467, de 13.7.2017), e nas inserções dos artigos 896-B e 896-C, da CLT.

Sob o rito de recurso repetitivo foram afetadas, no período 2015/2016, as seguintes matérias perante o Tribunal Superior do Trabalho:

> TEMA 1: A exigência de apresentação de certidão de antecedentes criminais pelos candidatos ao emprego gera dano moral? – DATA 26/03/2015 (RELATOR: AUGUSTO CÉSAR LEITE DE CARVALHO ÓRGÃO JULGADOR: SBDI-1 PLENA – JULGADO EM 20-4-2017).
>
> TEMA 2: A definição do sábado como dia de repouso semanal remunerado, por norma coletiva da categoria dos bancários, mesmo que apenas para fins de reflexos das horas extras habituais, acarreta alteração no divisor utilizado para cálculo das horas extraordinárias, nos termos da Súmula nº 124 deste Tribunal? - DATA 18/06/2015 (RELATOR: CLÁUDIO MASCARENHAS BRANDÃO, ÓRGÃO JULGADOR: SBDI-1 PLENA - JULGADO EM 21-11-2016).
>
> TEMA 3: Possibilidade de deferimento de honorários advocatícios em reclamações trabalhistas típicas - portanto envolvendo trabalhadores e empregados, sem a observância de todos os requisitos constantes no art. 14, caput e §§ 1º e 2º, Lei nº 5.584/70, tal como hoje previsto nas Súmulas nºs 219 e 329 do Tribunal Superior do Trabalho, em face

1 SODRÉ FILHO, Pedro Paulo de Azevedo. Formas Recursais. In.: MAIOR, Jorge Luiz Souto; SEVERO, Valdete Souto (coord.). Resistência 2: defesa e crítica da justiça do trabalho. São Paulo: Expressão Popular, 2018, p. 301-7.

do disposto no art. 5º, inciso LXXIV, da Constituição Federal de 1988, segundo o qual 'o Estado prestará assistência jurídica integral e gratuita aos que comprovem insuficiência de recursos', inclusive a título de indenização por perdas e danos, nos termos dos arts. 389 e 404 do Código Civil. - DATA 03/3/2016 (Relator: JOSÉ ROBERTO FREIRE PIMENTA – ÓRGÃO JULGADOR: TRIBUNAL PLENO).

TEMA 4: Multa do art. 523, § 1º do CPC-2015 (antigo art. 475-J, CPC-1973) -A multa prevista no art. 523, § 1º, do CPC-2015 (antigo art. 475-J do CPC1973) é compatível com o Processo do Trabalho? A definição quanto à aplicação efetiva dessa multa deve ocorrer na fase de execução trabalhista? - DATA 5/5/2016 (RELATOR: MAURÍCIO GODINHO DELGADO, ÓRGÃO JULGADOR: TRIBUNAL PLENO – JULGADO EM 21/8/2017).

TEMA 5: ADICIONAL DE INSALUBRIDADE. OPERADORES DE TELEMARKETING. UTILIZAÇÃO DE FONES DE OUVIDOS. ANEXO 13 DA NR 15 DA PORTARIA Nº 3.214/78 DO MTE - Os operadores de telemarketing, que utilizam fones de ouvidos, têm direito ao recebimento de adicional de insalubridade nos termos do Anexo 13 da NR 15 da Portaria nº 3.214/78 do MTE? - DATA 5/5/2016 (RELATOR: WALMIR OLIVEIRA DA COSTA, ÓRGÃO JULGADOR: SBDI-1 PLENA – JULGADO EM 25/5/2017).

TEMA 6: O conceito de 'dono da obra', previsto na OJ nº 191 da SBDI-1/TST, para efeitos de exclusão de responsabilidade solidária ou subsidiária trabalhista, restringe-se a pessoa física ou micro e pequenas empresas, na forma da lei, que não exerçam atividade econômica vinculada ao objeto contratado? DATA 5/5/16 (RELATOR: JOÃO ORESTE DALAZEN, ÓRGÃO JULGADOR: SBDI-1 Plena – JULGADO EM 11/5/2017).

TEMA 7: Aplica-se à TAP Manutenção e Engenharia Brasil S.A. o preceito insculpido no artigo 60, caput e parágrafo único, da Lei nº 11.101/05 ou o entendimento preconizado na Orientação Juriprudencial nº 411 da SBDI-1? DATA 27-6-16 (RELATOR: GUILHERME AUGUSTO CAPUTO BASTOS, ÓRGÃO JULGADOR: TRIBUNAL PLENO – JULGADO EM 22/5/2017).

A Lei nº 13.015, de 21.7.2014, é resultado da tramitação do Projeto de Lei nº 2.214/2011, apresentado pelo Deputado Valtenir Pereira (PSB-MT), em cuja motivação se reconhece expressamente a iniciativa legislativa da Presidência do Tribunal Superior do Trabalho, encampada na Câmara dos Deputados pelo autor do projeto, com os objetivos de uniformizar a jurisprudência dos Tribunais Regionais do Trabalho e restringir o acesso recursal das partes ao Tribunal Superior do Trabalho, sob a justificativa da enorme quantidade de processos para decidir na Corte.[2]

Em artigo sobre a Lei nº 13.015, de 21.7.2014, o Ministro do Tribunal Superior do Trabalho, Luiz Philippe Vieira de Mello Filho, inicia o texto com a constatação de que a Corte, nas últimas décadas, tem sua finalidade institucional comprometida "pelo excessivo volume de processos, pela anacrônica assimetria recursal e, em especial, pela impossibilidade formal e material de atingir o seu desiderato."[3]. Não se olvida a situação dos tribunais de cúpula, cujo desenho institucional não poderia prever a crescente litigiosidade no âmbito das relações de trabalho no país, porém, as garantias do acesso à justiça e do devido processo legal, asseguradas expressamente no catálogo de direitos fundamentais da carta constitucional, devem ser concretizadas no plano substancial.

A inserção de filtros de duvidosa legalidade para o conhecimento dos recursos nos tribunais superiores, e assim ensejar a rejeição monocrática da insurgência, sem apreciação do mérito do questionamento da parte pelo colegiado, é o que veio a ser denominado de jurisprudência defensiva. Esse fenômeno em alguma medida ganhou foros de legalidade na Justiça do Trabalho a partir da vigência da Lei nº 13.015, de 21.7.2014 – lembrando que o pressuposto específico da transcendência para o conhecimento do recurso de revista já havia sido inserido na CLT pela MP nº 2.226, de 04.9.2001, que acrescentou o art. 896-A, porém não foi regulamentado, motivo por que não aplicado, ao menos até a vigência da Lei nº 13.467, de 13.7.2017, que deu corpo ao comando do artigo 896-A, inserindo seis parágrafos e regulando a apreciação do pressuposto da transcendência.

2 Disponível em <https://www.camara.leg.br/proposicoesWeb/fichadetramitacao?idProposicao=518751>. Acesso em 20/07/2018.

3 MELLO FILHO, Luiz Philippe Vieira de; MELLO NETO, Luiz Philippe Vieira de. A Lei 13.015/2014 e o Incidente de Resolução de Demandas Repetitivas: uma visão. In.: MIESSA, Élisson (org.). O Novo Código de Processo Civil e seus Reflexos no Processo do Trabalho. 2. ed. Salvador: Jvspodium, 2016, p. 1.183.

Comentando a novidade introduzida pela MP nº 2.226, de 04.9.2001, Wagner D. Giglio e Claudia Giglio Veltri Corrêa[4] observaram, dentre outros aspectos, que apontava para a sua inconstitucionalidade (no âmbito da MP nº 2.226, de 04.9.2001, objeto da análise dos autores), um denominado desvio axiológico que se conecta com o prejuízo aos jurisdicionados acima destacado:

> Parece, além disso, haver ocorrido um desvio axiológico, pois a reforma legislativa, em lugar de considerar o direito e os interesses dos jurisdicionados, aprimorando a administração da justiça, cuidou-se de resolver problema dos juízes, de superar as dificuldades de atuação do Tribunal Superior do Trabalho. Se bem sucedida – pessoalmente, não cremos que venha a ser – a adoção do critério da transcendência poderá solucionar a sobrecarga de processos dos Ministros do Tribunal Superior, mas sacrificará o direito dos jurisdicionados, pois numerosos recursos contra ilegalidades e má aplicação de normas terão suas decisões incorretas confirmadas por falta de transcendência.

Note-se que o Código de Processo Civil adotou disposições contrárias a algumas práticas consagradas nos tribunais superiores e qualificadas como jurisprudência defensiva, como, por exemplo, o disposto nos artigos 932, parágrafo único; 941, §3º; 1.007, §§2º, 4º e 7º; 1.029, §3º; 1.032 e 1.033. Contudo, a tensão entre a quantidade de recursos e a estrutura dos tribunais superiores não cessará, o que impacta sensivelmente, dentre outros, a qualidade da prestação jurisdicional, atualizando cotidianamente o desafio da concretização do princípio da primazia da solução do mérito (CPC, art. 4º).

A produção do direito pelos tribunais, na medida que declaram a norma individual e concreta que deve regular os casos submetidos ao seu conhecimento, deve ser encarada em sua totalidade, pois a interpretação e aplicação do direito pelos tribunais está relacionada a sua institucionalidade e imersa na realidade socioeconômica, constituída pelas relações entre as classes e suas frações, da qual não se separa.

---

4 GIGLIO, Wagner D.; CORRÊA, Claudia Giglio Veltri. Direito Processual do Trabalho. 16. ed. São Paulo: Saraiva, 2007, p. 472.

Nessa seção, buscou-se traçar um breve panorama da jurisprudência no período compreendido entre janeiro de 2015 e julho de 2016, porém, como referido, diversas questões que poderiam ser apresentadas no exame da jurisprudência serão abordadas em outras seções do artigo, especialmente a atuação do Supremo Tribunal Federal como ator político e social e o impacto de suas decisões para o direito do trabalho.

## 3. DOUTRINA

Os anos de 2015 e 2016 foram marcados pela promulgação de um novo código de processo civil (Lei nº 13.105, de 16.3.2015), com pretensão de aplicação ao Processo do Trabalho de modo supletivo e subsidiário, de acordo com o seu artigo 15. As circunstâncias, portanto, foram profícuas para uma renovada reflexão doutrinária sobre a interação entre o Processo do Trabalho e o processo civil e para a análise da aplicação no Processo do Trabalho dos institutos oriundos do processo civil – como, por exemplo, o incidente de desconsideração da personalidade jurídica.

Além disso, com a adoção de um novo código de processo civil houve a necessidade, por parte dos doutrinadores, de reeditar praticamente todos os manuais e cursos de Processo do Trabalho disponíveis no mercado, assim como foram publicadas inúmeras obras coletivas e monografias voltadas a interpretar a relação entre o Processo do Trabalho e o processo civil e a submeter à crítica a novel legislação em suas dimensões normativa e axiológica. Por esse motivo, nesta seção abordar-se-á a Lei nº 13.105, de 16.3.2015, em sua relação com a doutrina da ciência do direito processual do trabalho. Nada obstante, ao final serão feitas referências a específicas obras doutrinárias, tendo em vista razões oportunamente esclarecidas.

De um ponto de vista de teoria geral do direito do trabalho, as (re)formulações por que passa a legislação que regulamenta as relações de trabalho concretas, por efeito do diverso ajuste na correlação de forças entre as classes sociais e suas frações no período em análise nesse artigo – que também se manifesta na interpretação e aplicação da legislação social à luz da Constituição Federal, capitaneada na mesma época pelo Supremo Tribunal Federal –, não caminharam separadamente das transformações propostas para a legislação processual, que se ocupa justamente do estabelecimento de um procedimento dotado de previsibilidade para a realização do direito objetivo posto, e que pretende reger os instrumentos para a pacificação dos conflitos de interesses juridicamente qualificados que se manifestam nas relações socioeconômicas, as quais se dão em abundância entre sujeitos de direitos individualizáveis – empregado, empresa individual ou coletiva, tomador dos serviços prestados por trabalhadores em atividades-fim e atividades-meio, entidades de representação classista, etc. –, legitimados a provocar os órgãos jurisdicionais, e as estruturas estatais e paraestatais de fiscalização do Direito Material do Trabalho.

Como pressuposto para a compreensão da transformação do direito processual comum aqui tratada, destaca-se a existência de uma nítida relação entre o direito, entendido no sentido de um corpo de normas jurídicas postas pelo Poder Público e dotado de sistematicidade, e o desenvolvimento do mercado de trocas de bens e serviços, no qual se inclui a força de trabalho. Karl Marx já havia destacado esse fato, com desbocada ironia, em sua obra O Capital:[5]

> A esfera da circulação ou da troca de mercadorias, em cujos limites se move a compra e a venda da força de trabalho, é, de fato, um verdadeiro Éden dos direitos inatos do homem. Ela é o reino exclusivo da liberdade, da igualdade, da propriedade e de Bentham. Liberdade, pois os compradores e vendedores de uma mercadoria, por exemplo, da força de trabalho, são movidos apenas por seu livre-arbítrio. Eles contratam como pessoas livres, dotadas dos mesmos direitos. O contrato é o resultado, em que suas vontades recebem uma expressão legal comum a ambas as partes. Igualdade, pois eles se relacionam um com o outro apenas como possuidores de mercadorias e trocam equivalente por equivalente. Propriedade, pois cada um dispõe apenas do que é seu. Bentham, pois cada um olha somente para si mesmo.

Existe, portanto, uma evidente relação entre o modo de produção capitalista e o direito, que pode ser verificada, por exemplo, na edição do novo Código de Processo Civil e na sua relação com o direito do trabalho, que visa, em última instância, a disciplinar a compra, venda e consequente

---

5 MARX, Karl. O Capital: crítica da economia política. Livro I: o processo de produção do capital. São Paulo: Boitempo, 2013, p.250-1.

emprego da força de trabalho na produção e circulação de bens e serviços no território nacional. Assim, não há por que estranhar a relação entre o direito processual do trabalho, o direito processual comum e a regulação do modo de extração do mais-valor.

A Lei nº 13.105, publicada no D.O.U. em 17 de março de 2015, teve origem no Projeto de Lei do Senado Federal nº 166/2010, de autoria do Senador José Sarney, no qual tomou forma o anteprojeto de lei elaborado pela comissão de juristas presidida pelo então Ministro do Superior Tribunal de Justiça, Luiz Fux, cuja primeira reunião deu-se em 30 de novembro de 2009, conforme extrato da ata publicada no Diário do Senado Federal de 03/02/2010 (quarta-feira).

A exposição de motivos que acompanha a novel legislação processual civil não deixa dúvidas que se buscou privilegiar a previsibilidade das decisões e a estabilidade da jurisprudência dos Tribunais Superiores, vinculando o julgamento das demais instâncias, notadamente a primeira, sobre a questão de direito deduzida no processo. A previsibilidade e estabilidade das normas jurídicas que compõem o ordenamento atende à concretização do princípio da segurança jurídica. Todavia, se o direito e as relações econômicas reciprocamente se referem, deve-se questionar qual a relação entre segurança jurídica (decorrente da previsibilidade das decisões judiciais e do procedimento de onde provêm) e o desenvolvimento das trocas na sociedade de mercado.

O Desembargador do Trabalho da 15ª Região, Jorge Luiz Souto Maior aponta essa conexão a partir do Documento Técnico nº 319, do Banco Mundial, de 1996,[6] no qual foram sugeridos eixos para a reforma do Judiciário nos países da América Latina e do Caribe, destacando-se do documento:[7]

> A economia de mercado demanda um sistema jurídico eficaz para governos e o setor privado, visando solver os conflitos e organizar as relações sociais. Ao passo que os mercados se tornam mais abertos e abrangentes, e as transações mais complexas as instituições jurídicas

---

6 Disponível em https://www.anamatra.org.br/attachments/article/24400/00003439.pdf - Acesso em 30/09/2018

7 Apud: MAIOR, Jorge Luiz Souto. O Conflito entre o novo CPC e o Processo do Trabalho. In: Élisson MIESSA (coord.). O Novo Código de Processo Civil e seus Reflexos no Processo do Trabalho. 2. ed. Salvador: JusPodivm, 2016, p. 1376.

formais e imparciais são de fundamental importância. Sem estas instituições, o desenvolvimento no setor privado e a modernização do setor público não será completo.

Desse contexto advieram as reformas do Poder Judiciário pelo Poder Constituinte Derivado, especialmente com a Emenda Constitucional nº 45/2004, e as instituições que lhe acompanharam, como por exemplo o Conselho Nacional de Justiça, e as novas técnicas introduzidas no sistema, tal como a Súmula Vinculante.

O caminho proposto pelo Banco Mundial, se por um lado subentende a adoção da economia de mercado – que não pode ser negada no âmbito da vigente ordem constitucional, à luz do artigo 1º, IV, da CRFB/88 –, de outro pressupõe que a ordem socioeconômica pode alcançar harmonia funcional, com progresso social. Nesses fundamentos se coloca o código de processo civil de 2015.

Contudo, no que se refere à compra e venda da força de trabalho, elemento central para qualquer economia de mercado, não há unanimidade quanto à possibilidade de harmonia funcional entre os polos da relação de produção: capital e trabalho. Com efeito, é teórico e empiricamente plausível o reconhecimento de um profundo (e irreconciliável) conflito entre a classe que toma a força de trabalho e a subordina aos seus interesses, e a classe que aliena a força de trabalho porque indispensável à sua sobrevivência, cuja pacificação dá-se pela subjugação de uma classe pela outra –, daí se pode falar em uma aparente, falsa, harmonia social como objetivo e produto do processo, com reflexos no plano ético.

E, seguindo esse recorte teórico, à subjugação de uma classe por outra, decorrente da sua posição relativa à propriedade dos meios de produção, corresponde um arcabouço jurídico que lhe possibilita a reprodução do modo de produção. Por isso que a afirmação da necessidade de instituições jurídicas formais e imparciais no documento referido do Banco Mundial, que aparentemente é inegável, pode encobrir na realidade a violência da dominação de uma classe por outra, que somente se mantém pela força.

A segurança jurídica enfaticamente perseguida pelo novo diploma deve ser analisada em seus efeitos sobre a relação de trabalho e o Processo do Trabalho, antes da singela e automatizada aplicação de seus institutos, princípios e normas de uma seara em outra, pois a ciência do direito não pode rejeitar a conclusão a que chegou de que o processo é um instrumento para a realização do direito material, não tendo fim em si mesmo.

Assim sendo, deve-se questionar se existe compatibilidade entre normas processuais voltadas para a realização do direito material, no qual se pressupõe a igualdade e liberdade (autonomia privada) da contratação dos sujeitos, como é o caso do direito civil e empresarial, e aquelas voltadas para a realização do direito material, que pressupõem a desigualdade entre as partes contratantes, como é o caso do direito do trabalho, antes de realizar a aplicação do artigo 15 a partir da interpretação da sua literalidade, no âmbito do direito processual do trabalho.

Como bem observa Jorge Luiz Souto Maior, para reconhecer a desigualdade entre as partes na relação de trabalho não é necessário ir além do seu próprio arcabouço jurídico, pois o empregador "...não precisa da tutela do Estado para a satisfação de seu interesse.", podendo se valer, por exemplo, do poder disciplinar para repreender a conduta de um subordinado, chegando à resolução por justa causa da relação de emprego sem a necessidade de intermediação do Poder Judiciário ou outro órgão estatal. "O mesmo, no entanto, não ocorre com o empregado [segue o referido jurista], que diante da supressão de seus direitos, por ato do empregador, precisa, geralmente, se socorrer da via processual.".[8] Na hipótese de justa causa aplicada pelo empregador no exercício do poder disciplinar, se o empregado julgar que a atribuição da falta grave é injusta, ou arbitrária, ou desproporcional, seu único socorro, autorizado pelo ordenamento jurídico, é provocar o órgão jurisdicional competente. A disparidade na posição jurídica entre empregado e empregador é tão evidente quanto a disparidade observável na realidade material das relações socioeconômicas no Brasil.

Deve-se, assim, perguntar se os princípios e normas que informam o Direito Material do Trabalho e, desse modo, demandam realização por meio do Processo do Trabalho, são compatíveis com os princípios e nor-

---

8 MAIOR, Jorge Luiz Souto. O Conflito entre o novo CPC e o Processo do Trabalho. In: MIESSA, Élisson (coord.). O Novo Código de Processo Civil e seus Reflexos no Processo do Trabalho. 2. ed. Salvador: JusPodivm, 2016, p. 1367.

mas de direito material cuja concretização é buscada no direito processual civil. A questão parece de simples solução se se reconhecer unicamente um caráter técnico à legislação processual desconectada de seu contexto, porém um exame um pouco mais detido revela incompatibilidades visíveis.

Tome-se um exemplo; o incidente de desconsideração da personalidade jurídica, previsto nos artigos 133 a 137, do CPC. É inegável que no âmbito das relações civis e empresariais o instituto traz previsibilidade e segurança, pois a desconsideração da personalidade jurídica, visando à responsabilização dos sócios por dívidas da pessoa jurídica, deve seguir um procedimento predeterminado, garantido o contraditório. Entretanto, quais os efeitos dessa previsibilidade no direito processual do trabalho, em que se admite que as partes não estão em pé de igualdade jurídica e material, e em que, na quase generalidade dos casos, o reclamante está buscando a satisfação de um direito cuja violação no curso da relação de emprego foi reconhecida judicialmente.

A segurança jurídica que o incidente de desconsideração da personalidade jurídica traz para o direito processual do trabalho é o da previsibilidade do custo do descumprimento da lei para o infrator, que não será mais "pego de surpresa" com medidas de constrição patrimonial determinadas em sede de execução de sentença de mérito. Por esse motivo, aliada à evidente demora que o incidente traz ao feito, é que a sua aplicação no Processo do Trabalho foi rechaçada por parcela considerável da doutrina quando da promulgação do CPC.[9]

Diante dessa resistência, a "reforma trabalhista" promulgada pela Lei nº 13.467, de 13.7.2017, cuidou de alterar a CLT para atrair expressamente para a Consolidação as normas previstas nos artigos 133 a 137 do CPC/2015, que regem o incidente em questão, por meio da inserção do artigo 855-A. A segurança jurídica que se concretiza a partir de uma lógica que não é peculiar aos princípios do direito do trabalho é impingida sobre o instrumento de realização do Direito Material do Trabalho,

9 Cf. SCHIAVI, Mauro. Manual de Direito Processual do Trabalho: de acordo com o novo CPC. 10. ed. São Paulo: LTr, 2016, p. 1082-7.

o que em última instância acaba por destruir a racionalidade própria da ciência do direito do trabalho.

Logo se vê que não se trata da positivação de uma técnica processual comum, posto que mais eficiente, racional, previsível, complexa e efetiva que a anterior, consubstanciada no código de processo civil e na dogmática do direito processual civil (e da teoria geral do processo), que segundo seus ditames incide na medida do possível nas demais searas do direito processual (trabalhista, eleitoral e administrativo), conforme se poderia entender a partir da interpretação literal do artigo 15, do CPC/2015, ao menos, no que toca ao objeto deste artigo, com relação ao direito processual do trabalho, pois este detém autonomia em relação ao direito processual civil.

Adota-se aqui a posição majoritária da doutrina, que entende haver autonomia entre o direito processual civil e o direito processual do trabalho, que são entendidos como ramos de um mesmo tronco, o que permite a construção de uma teoria geral do direito processual, que abarque os traços e fundamentos comuns ao processo civil, ao processo penal e ao Processo do Trabalho penal, seus ramos fundamentais, porém registram-se posições divergentes, como, por exemplo, as de Octávio Bueno Magano, Ramiro Podetti e Valentin Carrion, que negam a autonomia do Processo do Trabalho diante do processo civil, lembrado por Salvador Franco de Lima Laurino.[10] Atualmente, destaca-se a posição de Edilton Meireles, para quem as ações trabalhistas típicas submetem-se à jurisdição comum. Nas suas palavras, "...a ação trabalhista, em verdade, é um procedimento especial, disciplinado em legislação específica (esparsa, em relação ao CPC). Em suma, é um processo civil especial.".[11]

De qualquer sorte, o caráter subsidiário do processo civil em relação ao Processo do Trabalho deve, portanto, ser avaliado a partir das pecu-

10 LAURINO, Salvador Franco de Lima. O artigo 15 do novo Código de Processo Civil e os limites da autonomia do Processo do Trabalho. In.: BRANDÃO, Cláudio; MALLET, Estevão (coord.). Processo do Trabalho. 2. ed. Salvador: Juspodivm, 2016, p. 117.

11 MEIRELES, Edilton. O novo CPC e sua aplicação supletiva e subsidiária no Processo do Trabalho. In.: MIESSA, Élisson (org.). O Novo Código de Processo Civil: e seus reflexos no Processo do Trabalho. 2. ed. Salvador: Juspodivm, 2016, p. 59-60.

liaridades do direito material que se busca concretizar – usualmente, reparar – e do contexto material da produção das normas jurídicas, na medida que não existem instituições imparciais em relação ao capital e à classe capitalista e suas frações. O Processo do Trabalho, como instrumento de realização do direito objetivo que disciplina a compra e venda da força de trabalho, manifesta-se concretamente em uma lide intersubjetiva, na qual se busca a aplicação de normas jurídicas postas por um poder democrático, que as instituiu dotadas de impessoalidade e generalidade, porque ilegitimamente recusado o seu cumprimento. A promulgação da Lei nº 13.105, de 16.3.2015, quando examinados os aspectos socioeconômicos e políticos do momento de sua elaboração, aqui explorados no recorte proporcionado pelos anos de 2015 e 2016, guarda coerência ideológica com o cipoal de normas jurídicas produzidas naquele momento no país, como se pretende descortinar na seção seguinte.

Por fim, deve ser feita referência ao lançamento da obra Retalhos Históricos do Direito do Trabalho, pela editora LTr, trabalho coletivo organizado por Ana Carolina Bianchi Rocha Cuevas Marques, Giovanna Maria Magalhães Souto Maior e Renata do Nascimento Rodrigues, realizado em 2017, mas que contou com artigos elaborados por membros das turmas sétima e oitava do curso de especialização. Deve ser registrado, também, que no ano de 2015 ocorreu o lançamento editorial da obra coletiva O Mito: 70 anos da CLT – um estudo preliminar, coordenada por Gustavo Seferian Scheffer Machado, Jorge Luiz Souto Maior e Paulo de Carvalho Yamamoto, pela editora LTr, e elaborada a partir de discussões no Grupo de Estudos Trabalho e Capital, da Faculdade de Direito da Universidade de São Paulo.

## 4. LEGISLAÇÃO: ATAQUES À LEGISLAÇÃO TRABALHISTA – OS CASOS DO PL Nº 4.330 (TERCEIRIZAÇÃO) E LEI Nº 13.189/2015 (PPE)

Nesta seção, que compõe a maior parte do artigo, serão abordadas as principais iniciativas legislativas havidas no período compreendido pelo ano de 2015 e pelo primeiro semestre de 2016, iniciando pelo exame crítico do Projeto de Lei nº 4.330, que versa sobre terceirização, e da Lei nº 13.189/2015, que instituiu o Programa de Proteção ao Emprego – PPE, e avançando a análise sobre a Lei Complementar nº 150/2015 (trabalho doméstico) e a Lei nº 13.103/2015 (motorista profissional rodoviário). Conforme anotado anteriormente, nos tópicos abaixo são feitas diversas referências à jurisprudência e à conjuntura socioeconômica, mas sempre tendo em vista a introdução das novas normas no ordenamento jurídico.

### 4.1. Legalização da terceirização

O período ficará marcado pelo fato de os empregadores passarem a disputar outras esferas institucionais para pressionar pela regulamentação da terceirização, de modo a privilegiar seus interesses de classe, seja no Legislativo, seja dentro do próprio Judiciário, por meio das repercussões gerais sobre terceirização perante o STF.

Dentre os exemplos dessa regulação perniciosa aos trabalhadores estão o PL 4330/2014, que tramitava na Câmara dos Deputados, e PLC 30/2015, do Senado Federal, que tratavam da regulamentação da terceirização. Em termos históricos, tais projetos de lei eram os mais retrógrados de que se tinha notícia, desde os governos militares, pois, a promulgação significaria tornar a CLT ainda mais destituída de eficácia e de força, uma vez que permitiria às empresas a exploração de mão-de-obra mediante contratos de prestação de serviços por meio de pessoas jurídicas, via terceirização ou quarteirizações, em detrimento da contratação direta e dos direitos assegurados pela CLT.

Sabe-se que a terceirização é praticada há muito tempo no mercado de trabalho brasileiro. Sua regulamentação, contudo, sempre foi alvo de muita disputa, que durante o período compreendido no biênio de 2015/2016 acirrou-se consideravelmente, acarretando como ápice a verdadeira corrida legislativa para a aprovação da Lei nº 13.429, já em março de 2017 e, portanto, extrapolando o recorte temporal ora analisado.

Buscando captar a disputa pela regulamentação da terceirização enquanto fenômeno engendrado pelo capitalismo, nas diversas esferas institucionais brasileiras no período ora analisado, é possível verificar que em muitas de suas decisões, com base na Súmula 331, o TST, vinha adotando uma postura progressista no sentido de mitigar, pelo menos monetariamente, as latentes desigualdades emanadas da terceirização, garantindo um número expressivo de declarações de vínculos empregatícios entre os trabalhadores terceirizados diretamente com os tomadores de serviços[12]. O problema desse modus operandi está na impossibilidade de organização coletiva dos trabalhadores terceirizados junto a sua real categoria profissional, qual seja, aquela a que se vinculam os trabalhadores efetivos. Tal realidade configuraria uma espécie de política judiciária do precariado, que monetariza os direitos sociais para minimizar os malefícios ainda maiores da terceirização.

Apesar da postura progressista evidenciada em suas decisões, o Poder Judiciário Trabalhista quase nada podia fazer em relação a um dos piores efeitos da terceirização, qual seja, a fragmentação da classe trabalhadora e pulverização de sua identidade de classe. Por mais progressistas que fossem tais decisões, dadas as limitações do sistema jurídico, elas não extrapolavam a esfera individual. Ao decidir, garantindo os direitos individuais de cada trabalhador terceirizado lesado que buscou o judiciário para ressarcir seus prejuízos, o TST não fez mais que mitigar o efeito monetário da relação empregatícia estabelecida entre os envolvidos. Ainda que as decisões determinassem a assinatura da CTPS pelo real empregador, ou seja, a empresa tomadora, assim como a extensão dos direitos convencionais estabelecidos para as categorias profissionais das quais os terceirizados realmente faziam parte, todos os reclamantes continuavam a sentir que não faziam parte destas reais e respectivas categorias profissionais.

Dentro da perspectiva econômica, as decisões que reconheceram o vínculo empregatício diretamente com o tomador ressarciram os danos sofridos pela ausência de isonomia entre terceirizados e efetivos. O que

12 Tais interpretações foram extraídas do estudo empírico realizado em: MARQUES, Ana Carolina Bianchi Rocha Cuevas. Terceirização: a política judiciária do precariado. Monografia (Especialização – Comissão de Cultura e Extensão Universitária – Pós Graduação lato sensu em Direito do Trabalho e Processo do Trabalho) Faculdade de Direito, Universidade de São Paulo, 2016. 97p.

estas decisões não viabilizaram, e nem estaria dentro das suas competências viabilizar, é a formação do vínculo básico de solidariedade existente entre os trabalhadores, oriundo da formação de identidade de classe. Com isso, o TST, apesar de adotar uma postura progressista quanto à terceirização, também garantiu a manutenção de uma política judiciária que contribuiu para despolitizar a classe trabalhadora.

A judicialização da terceirização na esfera trabalhista podia até garantir os mesmos direitos aos terceirizados, do ponto de vista da quantia de dinheiro em que tais direitos pudessem ser convertidos, mas nada teve a fazer para que os trabalhadores terceirizados pudessem lutar junto aos efetivos para construir a maximização de tais direitos.

Diante desse cenário, portanto, é que os empregadores passaram a disputar outras esferas institucionais para regulamentar a matéria[13]. O projeto de lei que se encontrava com a tramitação mais avançada, o antigo PL nº 4.330/2004, que após a aprovação pela Câmara dos Deputados passou a tramitar como PLC nº 30/2015, visava impedir que o Judiciário promovesse a posteriori a extensão de benefícios convencionais aos terceirizados, ao inviabilizar a sindicalização dos trabalhadores terceirizados na categoria profissional preponderante das tomadoras de serviço.

A terceirização só aumentou nas últimas décadas, de sorte que a legitimação da precarização representada pela aprovação do PL n.°4.330/2004, pela Câmara dos Deputados em 2015 constituiu uma derrota histórica para os trabalhadores. A Súmula 331 do TST abriu caminho para ampliar a terceirização nos anos 1990 e nas décadas seguintes. Conjuntamente ao avanço neoliberal, o sindicalismo brasileiro, enfraquecido também pela aliança de classe promovida nos governos petistas, deu espaço ao fortalecimento de diversas frações da classe dominante. Com o esgotamento desta aliança de classe, o governo optou por seguir atenta-

13 ARE 713.211 e ARE 791.932. BRASIL. Supremo Tribunal Federal. ARE 713.211, DF, 11 de junho de 2013. Disponível em: <http://portal.stf.jus.br/processos/detalhe.asp?incidente=4304602>. Acesso em: 20. set. 2018. BRASIL. Supremo Tribunal Federal. ARE 791.932, DF, 26 de setembro de 2014. Disponível em: <http:// http://portal.stf.jus.br/processos/detalhe.asp?incidente=4517937>. Acesso em: 20. set. 2018.

mente as regras do poder hegemônico, não desafiando o capital financeiro, até seus últimos suspiros. Mas não apenas no Executivo as forças do neoliberalismo se manifestaram, também na Câmara dos Deputados, de perfil conservador deu-se espaço para que o PL nº 4.330/04 viesse à tona e rapidamente fosse aprovado, o que também se repetiu com a posterior aprovação do PL nº 4.302, que se converteu na Lei nº 13.429/2017.

Apesar de parecer razoável a uma primeira e superficial análise, o PLC n.º 30/2015 era perverso na esfera coletiva. Embora garantisse a responsabilidade solidária entre tomador e prestador dos serviços, a proposta de regulamentação nele contida impedia a sindicalização a partir da categoria profissional preponderante, o que na prática continuaria impedindo os trabalhadores terceirizados de se organizarem na categoria profissional a que realmente pertencem.

Dessa forma, o referido projeto de lei promovia a sofisticação da fragmentação da classe trabalhadora. Como a terceirização estava em foco naquele momento, seus efeitos mais danosos passaram a ser amplamente divulgados, para não falar na pressão social que o Congresso Nacional viu brotar durante o período que culminou com a aprovação da redação final do PL n.º 4.330/2004, era preciso refinar os mecanismos que garantissem a manutenção da precarização. Tal intenção foi atingida mantendo-se e potencializando a fragmentação da classe trabalhadora. Até a promulgação da lei nº 13.429/2017, ainda que através da Justiça do Trabalho, era possível garantir aos trabalhadores terceirizados o reconhecimento a posteriori de pertencimento formal à categoria profissional preponderante. Como já exposto, tal comportamento mitigava monetariamente os danos sofridos com a terceirização, ainda que não resolvesse concretamente a questão da organização coletiva de tais trabalhadores. A intenção do PLC n.º 30/2015 era a de sedimentar cada vez mais a política judiciária do precariado, mitigando monetariamente os danos de uma classe trabalhadora cada vez mais domesticada.

Ainda que eventualmente uma manobra legislativa pudesse prejudicar a tramitação daquele projeto no Senado, o que se demonstrou desnecessário com a aprovação do PL nº 4.302 e a consequente promulgação da

Lei nº 13.429/2017 pouco tempo mais tarde, a classe trabalhadora padece de uma organização suficiente para reagir de modo ostensivo e a condução institucional da terceirização promove a manutenção da fragmentação: ou porque reconhece judicialmente o pertencimento formal dos trabalhadores terceirizados na categoria preponderante dos tomadores de serviço, após o término da relação contratual, convertendo em pecúnia os direitos frutos daquela relação; ou porque articula institucionalmente a repressão a esse modo de condução promovida pelo Judiciário Trabalhista, buscando e de fato implementando uma regulamentação que rebaixasse ainda mais a cidadania salarial em nosso país, seja pela aprovação de leis que regulam especificamente o tema (como se verificou com a aprovação da Lei nº 13.429/2017), seja por meio de decisões do STF, ante o silêncio legislativo.

Na década de 1990 a precarização se expandiu através da reestruturação produtiva, desestruturação do mercado de trabalho e flexibilização dos direitos trabalhistas. Nos anos 2000 e 2010 a precarização se sedimentou com formalização de postos de trabalho instáveis e sem qualidade. A subida da rampa do Palácio do Planalto por Michel Temer em setembro de 2016 representou uma maior ampliação da precarização decorrente, novamente, do ataque e desmonte dos direitos sociais, com urgente tentativa de implantação de reforma trabalhista, que infelizmente também foi aprovada, culminando com a promulgação da Lei nº 13.467, em julho de 2017.

Com certeza vivemos tempos difíceis, em que cada vez mais a repressão a qualquer tipo de movimento social se mostra expressiva, mas esperar por uma solução institucional é ter a certeza de que a barbárie se instalará.

Nesse cenário, necessário retomar as conclusões de Ruy Braga[14] no sentido de que há um estado latente de inquietação social do precariado brasileiro, pois a exemplo da luta pela organização de classe promovida pelo "novo sindicalismo", o espaço privilegiado para construção da emancipação social é junto aos próprios trabalhadores, garantindo a formação de uma consciência política que supere a atual conjuntura.

---

14 BRAGA, Ruy. A política do precariado: do populismo à hegemonia lulista. São Paulo: Boitempo: USP, Programa de Pós-Graduação em Sociologia, 2012. (Mundo do trabalho).263p.

### 4.2. Programa de Proteção ao Emprego (PPE)

A propósito, justamente nesse momento de fragilidade dos sindicatos, o governo Dilma cria o PPE, que é outro exemplo de Medida Provisória (680/2015) com redução de direitos. Trata-se do chamado "Programa de Proteção ao Emprego", espécie brasileira do fenômeno conhecido internacionalmente como Layoff. Basicamente, o PPE possibilita ao empregador negociar a redução de jornada com redução de salários. Tal diploma chegou a sofrer críticas da doutrina especializada e estava sendo questionado em ação no Supremo Tribunal Federal[15]. Jorge Luiz Souto Maior destaca a lógica regressiva dessa MP, a qual, em breve síntese:

> (...) atribui aos sindicatos, por meio da negociação coletiva, o papel de algozes dos direitos dos trabalhadores e não o de protagonistas na luta por melhores condições. Esse, aliás, é um dos piores problemas da lógica trazida pela MP, o da fragilização da atuação sindical, já que as grandes empresas, que possuem forte poder negocial, diante do permissivo ou, mais propriamente, incentivo estatal, saberão jogar os trabalhadores contra os sindicatos e colocar sindicatos uns contra os outros, expondo-os à concorrência do "quem cede mais para garantir empregos", punindo os "xiitas"[16].

Paradoxalmente, é de se ressaltar que o mesmo governo federal que almeja a sustentabilidade financeira do FAT (conforme a exposição de motivos para a MP 665/2014, a que nos referimos na introdução deste texto) é também o governo que, mediante a aprovação do PPE – Plano de Proteção ao Emprego, MP 680/2015 – permitirá a utilização do FAT para a frágil garantia de emprego que se pretende, haja vista que os recursos do fundo serão usados para o custeio da redução salarial combinada com a redução de jornada de trabalho.

O PPE, como ficou conhecido o Programa de Proteção ao Emprego, tem sua origem na MP 680/2015, posteriormente convertida na Lei nº 13.189/2015. O principal objetivo apontado institucionalmente para a

---

15 NOTÍCIAS STF. Medida provisória que institui o Programa de Proteção ao Emprego é objeto de ADI. 17 de julho de 2015. Disponível online em: http://www.stf.jus.br/portal/cms/verNoticiaDetalhe.asp?idConteudo=295816. Acesso em julho/2015.

16 SOUTO MAIOR, Jorge. E o governo brasileiro disse SIM! Disponível online em: http://blogdaboitempo.com.br/category/colunas/jorge-luiz-souto-maior-colunas/. Acesso em julho/2015.

sua implementação foi a proteção aos empregos em períodos de redução do nível da atividade econômica que permite a diminuição temporária da jornada de trabalho, por meio de acordo coletivo específico entre os empregados de um determinado setor específico ou de uma empresa.

Tal medida somente poderia ser aplicada por seis meses, prorrogáveis por igual período, sendo permitida uma redução de 30% da jornada com a correspondente redução nos salários. A participação governamental ocorreria através do FAT, que arcaria com 50% da redução de 30% do salário. Deste modo, o salário dos trabalhadores submetidos ao PPE seria de 85% de seus salários originais, sendo 70% custeados pelos respectivos empregadores e 15% pelo FAT, devendo incidir ainda os recolhimentos referentes às contribuições previdenciárias e correspondentes ao FGTS[17].

Os trabalhadores submetidos ao PPE não poderiam ser dispensados enquanto vigorasse a adesão dos empregadores ao programa. Para a referida adesão ao PPE seriam exigidas comprovação de situação de dificuldade econômico-financeira por parte do empregador, regularidade fiscal, tanto previdenciárias, quanto com o FGTS, bem como registro no Cadastro Nacional de Pessoas Jurídicas há mais de 2 anos.

A justificativa de possibilitar a manutenção de empregos estimulando a produtividade do trabalho por meio do aumento da duração do vínculo empregatício, como pode ser amplamente observado, constituiu medida que beneficiou empresários através de uma redução nas folhas de pagamentos da ordem de aproximadamente 30%, onerando, em contrapartida, o governo, que passou a arcar com um percentual desta redução salarial, sem que fossem verificados incrementos expressivos na atividade produtiva do país, e afetando principalmente os trabalhadores, que continuaram a sofrer com a precarização e redução de direitos sociais básicos, por constituírem o elo mais frágil do atualmente ineficaz arcabouço de desenvolvimento econômico.

17 BRASIL. Ministério do Planejamento, Desenvolvimento e Gestão. Programa de Proteção ao Emprego – PPE. Disponível em: http://www.planejamento.gov.br/servicos/faq/ppe-programa-de-protecao-ao-emprego. Acesso em: 29.set.2018.

## 5. LEGISLAÇÃO (CONTINUAÇÃO): PRECARIZAÇÃO DO TRABALHO DOMÉSTICO (LEI COMPLEMENTAR 150/2015) E DO TRABALHO DOS MOTORISTAS RODOVIÁRIOS (LEI 13.103/2015)

### 5.1. Os trabalhadores domésticos.

Apesar da origem popular do Partido dos Trabalhadores (PT) e, além disso, apesar do discurso garantista durante as campanhas, o fato é que o PT pouco se esforçou para equiparar o trabalho doméstico às demais formas de trabalho, ou melhor, empregou poucos esforços para que a relação de trabalho doméstico fosse considerada uma relação de emprego, de modo com que tais trabalhadores fizessem jus aos mesmos direitos trabalhistas dos demais trabalhadores que possuam vínculo empregatício.

Contudo, não foi o que aconteceu. A categoria dos domésticos conquistou novos direitos, mas, por conta de visão discriminatória, continua possuindo menos direitos.

Vale lembrar que o artigo 7º da Consolidação das Leis do Trabalho (CLT), de 1943, excluiu expressamente de suas normas a relação de trabalho doméstico. Desde então, como se sabe, algumas legislações passaram a regulamentar essa espécie de trabalho. Como exemplo, vale lembrar da Lei do Estado de São Paulo (Decreto estadual n.19216 de 1950), que definiu o trabalho doméstico em seu art. 2°, assemelhando com Resolução n. 62 da Assembleia Provincial de São Paulo de 1886, eis que mantém, inclusive, termos como "ama de leite" e "ama seca", resquícios da escravidão que ainda persistem em nosso ordenamento.

> Art. 2° São considerados domésticos, para os efeitos dêste Regulamento: cozinheiros e seus ajudantes, copeiros, arrumadores, lavadeiras, engomadeiras, jardineiros, serventes, enceradores, amas sêcas ou de leite, governantes, costureiras e, em geral, quantos prestem serviços domésticos no âmbito familiar [18]

18 Disponível em <http://www.al.sp.gov.br/repositorio/legislacao/decreto/1950/decreto-19216-02.03.1950.html>, acessado em 28 de setembro de 2018.

No ano de 1972, com a Lei n. 5.859, assegurou-se direitos como o de férias de 20 dias, sendo que apenas em 2006 foi modificada para garantir 30 dias, como ocorre com os trabalhadores urbanos.

E, em 2011, com a edição da Convenção nº 189 da OIT, sobre trabalho decente para as trabalhadoras e trabalhadores domésticos, iniciou-se, finalmente, um processo de mudanças legislativas internas com o objetivo de estabelecer a equidade entre trabalhadores domésticos e urbanos.

Tal Convenção constituiu um importante instrumento de proteção contra o trabalho doméstico infantil, além de assegurar condições equitativas entre os trabalhadores em geral e os trabalhadores domésticos. Ocorre que, para a sua ratificação, havia a necessidade de compatibilização de tal convenção com a legislação interna brasileira.

A importância da ratificação pelo Brasil decorre do fato de ser o país com a maior quantidade de trabalhadores domésticos no mundo, segundo relatório apresentado em janeiro de 2013 pela OIT[19], aproximadamente 7,2 milhões de trabalhadores, dos quais 6,7 milhões são compostos por mulheres.

O elevado número de trabalhadores traz à tona a influência do passado escravocrata enraizado na cultura brasileira, em breve síntese o Professor Homero Baptista da Silva afirma que:

> O fato de o Brasil ter sido o último país do Ocidente a abolir a escravidão certamente assume parte dessa responsabilidade. Se a força do passado escravocrata se faz sentir até nos tempos presentes, não será surpresa que em 1943 a Consolidação das Leis do Trabalho tenha expressamente excluído o trabalho doméstico de seu alcance (artigo 7º, a).[20]

Nesse sentido, é sintomático que, durante a promulgação da Emenda Constitucional n. 72, que não garante a isonomia entre o trabalho doméstico com o trabalho urbano e rural, mas assegura novas conquistas, o Senador Renan Calheiros tenha feito referência a esse

19 OIT <http://www.ilo.org/travail/Whatsnew/WCMS_173363/lang--en/index.htm>, acessado em 28 de setembro de 2018.

20 SILVA, Homero Baptista Mateus da Silva. Revista Eletrônica do Tribunal da 2ª Região n°15/2014, p.46 <http://www.trtsp.jus.br/geral/tribunal2/Revistas/revista_eletronica/15_2014.pdf>, acessado em 28 de setembro de 2018.

passado ao afirmar que estavam "fechando a última senzala brasileira e a chave estava sendo jogada fora".

Assim, coube, por meio de Emenda Constitucional, alterar o parágrafo único do artigo 7º para estender aos chamados trabalhadores domésticos alguns dos direitos dos trabalhadores urbanos. Já a Lei Complementar n. 150 de 2015 disciplinou os direitos previstos: limitação da jornada diária em 8 horas e indenização contra dispensa sem justa causa, dentre outros direitos.

Há, portanto, apenas uma tímida tentativa de romper com o ciclo que se repete desde os tempos de predomínio do trabalho escravizado, que é "feminização da pobreza" e da "velhice pobre."[21]

### 5.2. Os motoristas profissionais rodoviários.

Paralelamente, vale dizer que durante o governo Dilma foram potencializados os riscos de acidentes de trabalho dos chamados "motoristas rodoviários", bem como os danos à saúde e à vida desses trabalhadores, dos usuários do transporte rodoviário de passageiros e dos usuários das vias públicas em geral.

Cumpre notar que as relações de trabalho dos motoristas rodoviários já possuíam um diploma legal específico desde 1934 (Decreto nº 23.766, de 18 de janeiro de 1934), que dispunha sobre a duração do trabalho dos empregados em transportes terrestres. No entanto, a CLT o revogou em 1943, talvez em razão da ausência de expressividade do modelo "rodoviarista" na época.

Ademais, a malha viária brasileira começou a ser construída em 1920, com apoio financeiro dos EUA, que já era o país com maior produção de veículos automotores, demonstrando claro interesse no potencial econômico do Brasil. O Departamento Nacional de Estradas de Rodagem foi criado em 1937 e a partir da década de 40 o Brasil começou a re-

21 ARRUDA, Kátia Magalhães. O trabalho infantil doméstico: rompendo com o conto de Cinderela. Revista do Tribunal Regional da 3ª Região, Belo Horizonte, v.45, n.75, p.61 <http://www.trt3.jus.br/escola/download/revista/rev_75/Katia_Arruda.pdf>, acessado em 29 de setembro de 2018.

duzir investimentos no sistema ferroviário, em especial sob a justificativa de que o transporte rodoviário era mais rápido e de menor custo para a integração nacional e o desenvolvimento econômico.

Com isso, os motoristas praticamente não conheceram, desde as primeiras manifestações do Direito do Trabalho como ramo autônomo no Brasil, um regramento peculiar que ao menos atenuasse os riscos de acidentes e doenças e que impedisse a alienação social e familiar de tais pessoas. Esse reconhecimento somente se deu após décadas de exploração regida por mecanismos jurídicos que negavam sua cidadania.

Após lutas dos entes coletivos organizados, alguma dignidade foi reconhecida por meio da Lei nº 12.619/12, que ao menos admitiu a existência de uma categoria diferenciada, evoluindo em algumas questões essenciais, como no que diz respeito ao entendimento de que o trabalho externo impossibilitava o controle de jornada.

No entanto, com apoio na retórica de que os direitos trabalhistas são a causa das crises econômicas e do desemprego estrutural, logo em seguida foi aprovada a lei nº 13.103/15, institucionalizando verdadeiro retrocesso. Referida lei, que foi sancionada em 02/03/2015 e publicada em 03/03/2015, iniciando-se sua vigência quarenta e cinco dias depois, trouxe importantes alterações na Lei nº 12.619/12, na Lei nº 11.442/07 (transportadores autônomos) e na Lei nº 9.503/97 (Código de Trânsito Brasileiro), em especial quanto às jornadas. Sua sanção sem vetos foi fruto da pressão dos motoristas autônomos, que na semana anterior haviam realizado manifestações de grande amplitude. Aliás, as manifestações contrárias aos interesses dos motoristas empregados por parte dos autônomos também possuem como origem a estratégia do capital de quebrar a solidariedade da categoria profissional, o que se institucionalizou, por exemplo, por meio da Lei nº 11.442/07 (transportadores autônomos).

Curiosamente, em 15/09/2015, o direito ao transporte foi inserido no texto do art. 6º da CF/88, por meio da EC nº 90, consagrando-o como Direito Social e, portanto, direito fundamental, juntamente com aqueles previstos nos artigos 5º e 7º. Ou seja, o mesmo legislador que aprovou uma lei que instituiu verdadeiro retrocesso nas relações de emprego dos motoristas rodoviários, inseriu o transporte como direito fundamental, o que é absolutamente contraditório, considerando que os Direitos Sociais não podem se excluir uns aos outros. Destaque-se a lição de José Afonso da SILVA[22], para quem a Constituição de 1988 "assumiu, na sua essência, a doutrina segundo a qual há de verificar-se a integração harmônica entre todas as categorias dos direitos fundamentais do homem sob o influxo precisamente dos direitos sociais, que não mais poderiam ser tidos como uma categoria contingente".

A Lei nº 13.103/15, como dito, trouxe diversas involuções com relação à CLT e à própria Lei nº 12.619/12, potencializando o risco de acidentes e danos à saúde e à vida dos trabalhadores, dos usuários do transporte rodoviário de passageiros e dos usuários das vias públicas em geral, sendo relevante mencionar as principais alterações.

O primeiro aspecto se refere à ausência de previsibilidade quanto aos horários de início e término das jornadas de trabalho, tendo a Lei nº 13.103/15 estabelecido que a jornada do motorista empregado "não tem horário fixo de início, de final ou de intervalos" (§13º do art. 235-C, CLT). Ou seja, ao empregador foi conferida, na prática, a possibilidade de exigir o trabalho – ou mesmo que o motorista permaneça à sua disposição – a qualquer hora do dia.

Destaque-se, também, a majoração do limite de tempo em sobrejornada. Enquanto o art. 59 da CLT estabelece, como regra, o limite de duas horas extras por dia, a Lei nº 13.103/15 majorou o limite para até quatro horas, mediante negociação coletiva (art. 235-C, caput, CLT), destacando-se que o limite da CLT havia sido mantido pela Lei nº 12.619/12. Trata-se de previsão legal que vai de encontro à compreensão de que a limitação da jornada está relacionada à saúde e segurança no trabalho, a direitos fundamentais decorrentes do direito à desconexão do trabalho, bem como aos princípios da livre concorrência e do pleno emprego. Além disso, vai na contramão da tendência mundial de redução

---

22 SILVA, José Afonso da – Curso de direito constitucional positivo – 6. ed. rev. e ampl. de acordo com a nova Constituição – São Paulo : Editora Revista dos Tribunais, 1990 – p. 165.

das jornadas, especialmente no âmbito da economia, destacando-se o estudo de Sangheon Lee, Deirdre McCann e Jon C. Messenger[23] sobre o reconhecimento do valor econômico do lazer, refletido na declaração de Henry Ford no sentido de que "um operário pouco usaria um automóvel se tivesse de permanecer na fábrica desde o alvorecer até o anoitecer (FORD, 1926: 614)".

Mencione-se, ainda, o sistema "12x36", que foi expressamente autorizado pela Lei nº 12.619/12 em caso de "especificidade do transporte, sazonalidade ou alguma característica que justificasse". As condições especiais que justificavam a adoção do sistema "12x36", no entanto, foram suprimidas pela Lei nº 13.103/15, que passou a admitir o mencionado sistema irrestritamente.

Outro aspecto relevante tratado pelas novas leis é o que diz respeito ao tempo de direção. A Lei nº 12.619/12 impedia a condução do veículo por mais de quatro horas ininterruptas (viagens de longa distância), determinando um intervalo mínimo de trinta minutos em seguida. A Lei nº 13.103/15 majorou tal limite para cinco horas e trinta minutos e, especificamente quanto aos motoristas de carga, determinou a realização de intervalo de trinta minutos dentro de cada seis horas de direção ininterrupta.

O tempo de espera é também uma das inovações da nova legislação, referindo-se aos períodos em que os motoristas aguardam, por exemplo, a carga/descarga ou a fiscalização da mercadoria em barreiras fiscais ou alfandegárias. A Lei nº 12.619/12 apartou o tempo de espera dos conceitos de trabalho efetivo e de tempo à disposição, suprimindo o direito ao salário integral e às horas extras, com garantia apenas do direito ao salário acrescido de 30%. A Lei nº 13.103/15, por sua vez, reduziu a remuneração a apenas 30% da hora de trabalho, como indenização, estabelecendo que o tempo de espera não se computa na jornada. Pior que isso, estabeleceu que durante o tempo de espera o motorista pode realizar movimentações

23 LEE, Sangheon, McCANN, Deirdre, MESSENGER, Jon C. - Duração do Trabalho em Todo o Mundo: Tendências de jornadas de trabalho, legislação e políticas numa perspectiva global comparada / Sangheon Lee, Deirdre McCann e Jon C. Messenger ; Secretaria Internacional de Trabalho. – Brasília: OIT, 2009 – p. 23-24.

necessárias no veículo (art. 235-C, §12º, CLT), reconhecendo, de forma contraditória, que haveria em tal situação uma atividade laboral útil ao empregador, ou seja, criou uma forma de trabalho sem salário.

No que tange aos intervalos interjornadas, a Lei nº 13.103/15 manteve o período de 11 (onze) horas de descanso, mas permitiu o seu fracionamento. A Lei nº 12.619/12 falava em fracionamento em dois períodos, mas a lei de 2015 não mais limitou a quantidade de fracionamentos, garantindo apenas um período de oito horas consecutivas, o que pode comprometer o efetivo descanso do motorista.

Outra inovação maléfica da Lei nº 13.103/15 foi a de autorizar que a fruição dos intervalos interjornadas coincida com os períodos de parada obrigatória previstos no Código de Trânsito Brasileiro. Com isso, desvirtuou a natureza jurídica e o objetivo de tais intervalos, pois as paradas obrigatórias destinam-se à recuperação do trabalhador com relação ao tempo de direção ininterrupto, ou seja, ao longo da prestação diária de serviços, hipótese que corresponde, na verdade, aos intervalos intrajornada.

Devem-se ressaltar, ainda, as previsões dos arts. 235-C, §11º e 235-D, §7º, da CLT, trazidas pela Lei nº 13.103/15, que consideram como tempo de repouso aquele em que o motorista deve permanecer junto ao veículo, caso o local ofereça condições adequadas, ou em que deve acompanhar o veículo transportado por qualquer meio, quando houver cabine leito ou alojamento na embarcação. Ora, não se trata, de fato, de tempo de descanso, pois não há desconexão do trabalhador para que possa exercer outras atividades particulares, como de lazer e cultura, sendo inegável que aquele, na realidade, permanece na guarda do veículo e à disposição do empregador para quaisquer atividades relacionadas ao transporte, como admite a própria lei ao se referir às movimentações necessárias no veículo.

Quanto à remuneração, por fim, é importante destacar que o oferecimento de parcelas ligadas à produtividade não estava vedado antes da lei de 2012, o que gerava a extração do máximo da mão de obra dos motoristas, para obtenção do maior lucro possível, potencializando o estado de subordinação e o risco da atividade. A situação foi corrigida pela Lei nº 12.619/12, que proibiu expressamente a prática, mas a Lei nº 13.103/15 reconstituiu a dinâmica anteriormente vigente. É bem verdade que a Lei nº 13.103/15 impôs a condição de que a forma de "remuneração ou comissionamento não comprometa a segurança da rodovia e da coletividade", no entanto, sabe-se que tal condição não possui eficácia, diante do natural anseio do trabalhador por comissões que complementem o baixo padrão salarial propositadamente praticado, bem como dos próprios métodos de flexibilização de jornada trazidos pela nova lei.

Pois bem. Tal espécie de normatividade, como se vê, é absolutamente agressiva à própria existência humana, na medida em que gera o fenômeno definido por Giovanni Alves como "vida reduzida", ocasionado pela "captura da subjetividade do trabalho vivo pelo capital"[24]. Um pequeno exemplo que demonstra o prejuízo social implementado se deu por meio de pesquisa recentemente realizada pelo Ministério Público do Trabalho em Mato Grosso do Sul, com apoio da Polícia Rodoviária Federal, que submeteu caminhoneiros a exames toxicológicos em operações no Ceasa/MS e no posto da PRF da BR-163. A pesquisa apontou que 33% dos caminhoneiros examinados haviam usado algum tipo de droga, em especial cocaína, constatando-se, em comparação com dados obtidos antes da sanção da Lei nº 13.103/15, que houve aumento de resultados positivos para uso de drogas[25].

Tais circunstâncias se agravam quando levadas a efeito em relações de emprego que, por si sós, envolvem uma atividade de elevado risco. A título de exemplo, verificou-se que no ano de 2010 os motoristas de carga eram os trabalhadores que mais morriam em acidentes do trabalho no Brasil, de acordo com dados do Ministério da Previdência Social daquele ano[26].

Nesse contexto, denota-se que o intuito da Lei nº 13.103/15 de superação dos "entraves" do Direito Social ocasionou um efeito reacio-

---

24 ALVES, Giovanni. Trabalho e nova precariedade salarial no Brasil. A morfologia social do trabalho na década de 2000. CES – Centro de Estudos Sociais – Faculdade de Economia Universidade de Coimbra. Março/2012. Oficina nº 381. p. 27. Disponível em http://www.ces.uc.pt/publicacoes/oficina/ficheiros/6024_Oficina_do_CES_381.pdf (acesso em 23/10/2015)

25 Disponível em: http://www.transportabrasil.com.br/2015/11/ministerio-publico-diz-que-lei-dos-motoristas-triplicou-o-uso-de-drogas-entre-caminhoneiros/ (acesso em 03/09/2016)

26 Disponível em <http://reporterbrasil.org.br/2012/04/caminhoneiros-sao-os-trabalhadores-que-mais-morrem-no-brasil/> Acesso em 11/09/2016).

nário, ou de retrocesso social, qual seja, o de permitir que direitos obtidos na perspectiva de melhoria da condição pessoal, social, de trabalho e econômica sejam meramente suprimidos, recolocando o ser humano em situação jurídica pretérita, anterior a uma evolução já obtida.

## 6. MOBILIZAÇÃO DOS TRABALHADORES: LEGADOS DO PERÍODO ENTRE A COPA DO MUNDO E AS OLIMPÍADAS: LEI ANTITERRORISMO E ACIDENTES DE TRABALHO

A ofensiva do capital e a inversão de compromissos e valores foi tamanha que o governo cedeu ao empresariado, por exemplo, com a suspensão da aplicação e posterior alteração da NR12, que regulamenta o uso de máquinas e equipamentos industriais, sob a espúria alegação de alto custo para sua aplicação integral.

Isso num contexto em que a norma vigorava há 4 anos; havia sido elaborada após anos de debates em fórum tripartite; e os dados colhidos em 2013 denunciavam que "apenas 11 tipos de máquinas e equipamentos (como serras, prensas, tornos, frezadoras, laminadoras, calandras, máquina de embalar) provocaram 55.118 infortúnios, o que representa mais de 10% do total de 546.014 acidentes típicos comunicados pelas empresas no Brasil"[27].

Ora, se o próprio governo não atentava às normas de segurança em suas obras, como imaginar que teria força para impô-las, sobretudo após as grandes obras da Copa do Mundo de 2014 e as da Olímpiadas de 2016.

Após as 8 mortes ocorridas nas obras preparativas da Copa do Mundo de 2014, a Federação Internacional de Trabalhadores da Construção e da Madeira (ICM) propôs um Protocolo de Segurança e Saúde no Trabalho às autoridades responsáveis pela Olimpíada. Infelizmente

27 Alessandro da Silva e Vitor Araújo Filgueiras, in: http://reporterbrasil.org.br/2014/07/mais-de-55- mil-trabalhadores-sofreram-acidentes-com-maquinas-em-2013/

não tiveram retorno e, só no Rio de Janeiro, ocorreram 11 mortes nas obras para as Olímpiadas de 2016[28].

A mensagem era clara, para a economia girar eram aceitáveis efeitos colaterais, inclusive a custo da saúde e segurança dos trabalhadores.

Nesse passo, se a subnotificação de acidentes do trabalho no Brasil já era tema discutido, ficou escancarado ao ser apresentada a redução de 14 % nas ocorrências em 2015. De um lado porque o número total reconhecido de 612.632 casos ainda era assustador; e de outro em razão da queda ser extremamente desproporcional à diminuição de 3,04% de empregados com carteira assinada, quando era esta a hipótese aventada pelos representantes patronais. Outro fator relativo às estatísticas de acidentes do trabalho é a redução do reconhecimento destes pela Previdência Social, com a ampliação da negativa de benefícios, a qual sugere uma mudança de postura na análise de concessão mais do que a não análise em decorrência da greve dos servidores, como alegado por representante do INSS à imprensa. Como bem observou Maria Maeno, pesquisadora da Fundacentro[29]:

> Num panorama heterogêneo, como é o do Brasil, as reduções de acidentes e, principalmente, de doenças relacionados ao trabalho não seriam bruscas, pois inúmeras são as causas e atividades envolvidas nesses acidentes e doenças. Acompanhamos as evoluções das condições de trabalho e podemos afirmar que nada significativamente positivo aconteceu nos últimos dois ou três anos.

Dentro de todo esse contexto, mais uma vez a opção brasileira foi dar um passo atrás na sedimentação da ordem constitucional de construção de um Estado Democrático e Social de Direito para resgatar suas origens liberais e policiais.

Senão, qual o sentido de após pouco mais de oito meses de uma obscura tramitação, a Câmara aprovar o Projeto de Lei 2.016/2015, conhecido como Lei Antiterrorismo, quando não há histórico de atos terroristas no país, e já há na legislação pátria leis que punem os atos objetivos

---

28 Cf. https://www.redebrasilatual.com.br/trabalho/2016/07/federacao-internacional-faz-homenagem-a-trabalhadores-mortos-em-obras-da-olimpiada-5368.html

29 Cf. https://epocanegocios.globo.com/Brasil/noticia/2017/01/numero-de-acidentes-de-trabalho-cai-mas-especialistas-veem-subnotificacao.html

nela tratados, ou garante os meios de prevenção e colaboração internacionais exigidos pelo GAFI (Grupo de Ação Financeira), a exemplo da Lei 12.850/13, que tipifica a participação em organização criminosa.

Se duvidosas eram as intenções do governo, não há dúvidas, como já indicado anteriormente, sobre as intenções dos grupos mais conservadores. O Senador Aloísio Nunes Ferreira, por exemplo, coordenou a supressão do veto presidencial à caracterização de atos de extremismo político como sendo ato de terrorismo.

Qual é a perspectiva de aplicação desta lei? Sobretudo quando lembramos que a lei de crimes ambientais fora mais usada contra pequenos agricultores do que contra representantes do agronegócio; ou que o crime de milícia privada, criado para combater as milícias cariocas especialmente, não se aplicou contra estas, mas já fora aplicado contra manifestantes de esquerda e anarquistas em protestos dos últimos anos; ou que a Lei de Segurança Nacional já fora aplicada para militantes do MST (Movimento dos Trabalhadores Sem Terra).

Trata-se, portanto, de disputa ideológica na sociedade sobre a imagem e a legitimidade das organizações de trabalhadores, suas manifestações e reivindicações, com a criação de mais um instrumento para tentar,mais que lhes neutralizar, desmoralizá-los e deslegitimá-los perante a sociedade, se assim julgarem necessário.

Impossível não notar a conveniência de referido instrumento para aqueles que pretendem disputar com os trabalhadores as condições de regulação da relação entre o trabalho e o capital. Afinal, Dilma Rousseff conseguiu vencer as eleições, porém, faltavam-lhe a densidade social e política do período Lula – ainda que este também praticasse as metas de inflação, superávit primário e o regime de câmbio flutuante, impostos desde a era FHC, e ainda que, formalmente, contasse com o apoio de representações do agronegócio, da indústria, e das finanças.

Ademais, com o agravamento da crise econômica internacional ultrapassando as fronteiras dos EUA e da União Europeia e alcançando os BRICS (Brasil, Rússia, Índia, China e África do Sul), não mais se sustentou o pacto policlassista e a receita de seu antecessor, de: crescimento econômico com foco na expansão do mercado interno; nas commodities, especialmente do agronegócio, para exportação; com redução/isenção de tributos às empresas, especialmente automobilísticas e da construção civil; e manutenção da lógica rentista dos altos juros, satisfazendo o sistema financeiro.

Não bastasse o conflito de interesses econômicos, gerador da cisão na base socioeconômica do governo, desde os novos escândalos de corrupção e as manifestações sociais da chamada "jornada de junho" de 2013, a crise econômica também se tornou política, polarizando a sociedade e as eleições.

É nesse contexto que na campanha presidencial os setores dominantes exigem uma política de "ajuste fiscal", privatizações e reformas para enxugar o Estado e reduzir custos deste e do empresariado, tais como a previdenciária e a trabalhista, em nome da retomada do crescimento econômico e de se pôr as contas em dia.

Rosa Maria Marques e Patrick Rodrigues Andrade[30], analisando criticamente esse momento de crise e acirrada disputa, que se intensificam até o impeachment presidencial e às reformas que o seguem, consideram que "não houve tecnicamente um ajuste e sim contingenciamento provocado pela abrupta redução da arrecadação de impostos". Mais que isso, entendem que "O que estava em jogo era, como veremos mais adiante, quais reformas seriam levadas a cabo." E não só por interesses internos, mas também externos, se disputando com quem e como o Brasil se alinharia em Acordos multilaterais internacionais, lembrando que

> tais acordos não se limitam apenas a 'questões comerciais', mas envolvem: redução de autonomia (ou "soberania nacional") em áreas como regulação financeira e de investimentos; em setores de infraestrutura (setor energético, transportes, etc.); 'liberalização' (leia-se abertura à competição internacional e à 'estrangeirização') de serviços (como serviços postais, educação e saúde); o fim de requerimentos de participação doméstica em setores considerados estratégicos (política de conteúdo local); diretrizes de regulação trabalhista comum; além de mídias e políticas sociais.

30 Cf. http://cebes.org.br/site/wp-content/uploads/2016/06/2RosaMarques_Patrick-Andrade-Crise-pol%C3%ADtica-e-escalada-do-capital-no-Brasil-versaofinal-1.pdf

Sim, mais uma vez o "custo do trabalho" era argumentado como parte significativa da crise econômica, e novamente os direitos sociais são atacados agressivamente, sem pudor, bem como o papel do Estado em garantir esses direitos.

Aécio Neves e o PSDB rápida e publicamente se arvoram legítimos representantes desses interesses, ao passo que Dilma e o PT discursam serem contrários. Assim, embora vitoriosa, por pequena margem de votos, Dilma sucumbe e passa a implementar a agenda conservadora da oposição, aumentando as crises econômica, social e política.

## 7. MOBILIZAÇÃO DOS ATORES JURÍDICOS: A ATUAÇÃO DO SUPREMO TRIBUNAL FEDERAL NA REDUÇÃO DOS DIREITOS TRABALHISTAS

Conforme a crise do governo Dilma vai se aprofundando, o capital passa, mais e mais, a agir com selvageria na busca de uma maior exploração da classe que vive do trabalho, como forma de salvaguardar a obtenção de lucro em contexto de retração econômica. Assim, dadas condições particulares do Brasil, em que a crise econômica conjugou-se com a denominada "crise política" alimentada pelo caos vendido pela mídia, o capital se valeu de todos os instrumentos que tinha em mãos para proceder a uma verdadeira barbárie na seara dos direitos sociais, com a tomada de medidas que visavam, na prática, extinguir as conquistas sociais obtidas na Constituição Federal de 1988.

Determinante neste movimento, que teve seu ápice com a "PEC do Teto de Gastos" e a "Reforma Trabalhista", foi a atuação do Supremo Tribunal Federal. De fato, o papel da Suprema Corte é o de dar ares de legitimidade e de definitividade para medidas que ensejam a negação do pacto social de 1988, com a adoção aberta de medidas ultraneoliberais que não foram ratificadas pelas urnas.

Ora, a utilização da Suprema Corte parte da constatação de que a tomada de medidas duras e diretas voltadas à desregulamentação e flexibilização da legislação trabalhista gera forte reação na esfera política. Assim, se tais medidas são admitidas, gradualmente, pelo Supremo Tribunal Federal não há custo político algum, eis que o tribunal é apresentado como órgão "técnico e imparcial", infenso à pressão política. Ao mesmo tempo, o encaminhamento das questões trabalhistas à Suprema Corte permite a desconstruçao da doutrina e jurisprudência trabalhistas, notadamente aquela produzida pelo Tribunal Superior do Trabalho, o qual, a partir de 2003, passou a ter atuação decisiva contrária ao desmonte do Direito do Trabalho.

Embora a gênese desta atuação do Supremo Tribunal Federal possa ser encontrada desde a Reforma do Judiciário, em 1994, é a partir do ano de 2012 que esta atuação se aprofunda. Nas palavras de SOUTO MAIOR:

> É dentro desse contexto, aliás, que muitas questões trabalhistas são conduzidas ao Supremo Tribunal Federal, a quem se pretende atribuir, suplantando o TST, o papel de conferir uma "nova roupagem" ao Direito do Trabalho, que representa, no fundo, a extinção do Direito do Trabalho e, por consequência, da própria Justiça do Trabalho, ainda que essas instituições não desapareçam formalmente[31].

Tal atuação da Suprema Corte não deve nos surpreender, eis que, nas palavras de Ricardo Antunes,

> há um Supremo Tribunal Federal sem competência jurídica para analisar os temas do trabalho. Só alguns dos ministros do Supremo têm formação em Direito do Trabalho e muitos lá são verdadeiros representantes do Capital. Aliás, a ampla maioria, com raras exceções, se é que elas existem.[32]

Como já mencionado, os discursos dos próprios Ministros do STF demonstram a execução de uma agenda neoliberal. Gilmar Mendes, em palestra concedida no dia 26.08.2016, afirmou que:

> Eu tenho a impressão que a CLT tem que passar por reformas e que nós também, no âmbito da Justiça, da Justiça do Trabalho, do Supremo Tribunal Federal, temos que fazer uma releitura atualizada da legislação. Hoje nós não temos só o desafio de proteger o empregado, ou o

31 2016. Disponível em: http://www.jorgesoutomaior.com/blog/os-direitos-trabalhistas-sob-o-fogo-cruzado-da-crise-politica. [Acesso em 25.09.2018]

32 Disponível em: https://www.brasildefato.com.br/2018/09/04/terceirizacao-or-stf-se-alinhou-a-setores-que-querem-a-volta-da-escravidao/ [Acesso em 28.09.2018].

chamado ex-empregado. Nós temos que garantir o sistema de empregabilidade. Esse é o grande desafio.[33]

Os julgados do Supremo Tribunal, portanto, denotam a atuação da corte em prol da negação dos direitos sociais, em especial no período imediatamente anterior e posterior ao golpe que ensejou o impeachment de Dilma Rousseff. Foram criadas, assim, as condições para as medidas precarizantes editadas no governo Temer, conforme será demonstrado a seguir.

No dia 14.11.2014, no julgamento do ARE 709212, o Supremo Tribunal Federal alterou entendimento jurisprudencial consolidado para determinar que o prazo prescricional para cobrança do FGTS fosse de cinco anos, e não de trinta anos. Note-se que a argumentação dos ministros se baseou em norma que visava, justamente, tutelar o direito dos trabalhadores (art. 7º, da Constituição Federal) para negar o direito a prescrição trintenária aos próprios trabalhadores. Sequer o argumento de segurança jurídica mostra-se razoável, pois os ministros alteraram entendimento pacífico de décadas somente para beneficiar o capital, em prejuízo da classe que vive do trabalho. Este julgamento, aliás, foi um verdadeiro show de horrores para os estudiosos do Direito do Trabalho. As falas dos ministros demonstraram claramente seu desconhecimento dos princípios e normas que norteiam a legislação trabalhista. O Ministro Luiz Fux, por exemplo, confessou que sequer sabia o percentual da multa do FGTS.

Já no dia 16 de abril de 2015, o tribunal declarou a constitucionalidade das Leis nº 9.637/98 e 9.648/98, o que legitima a privatização e terceirização nos setores da saúde, educação, cultura, desporto e lazer, ciência e tecnologia e meio ambiente por intermédio de convênios, sem licitação, com Organizações Sociais. O voto do Ministro relator Luiz Fux foi uma verdadeira ode neoliberal, repetindo ladainhas de que não se trata de privatização, mas de "publicização", muito embora o efeito prático seja o mesmo, tornando ainda mais evidente o processo de esvaziamento do texto constitucional que obriga a atuação estatal direta nos serviços sociais de educação e saúde.

---

33 Disponível em: http://g1.globo.com/economia/noticia/2016/08/ministro-defende-mudancas-na-clt-que-nao-defendam-so-o-empregado.html [Acesso em 28.09.2018].

Na sessão plenária do dia 30 de abril de 2015 (RE 590415) o Supremo Tribunal Federal decidiu que, nos planos de despedida incentivada (PDI) ou voluntária (PDV), é válida a cláusula que confere quitação ampla e irrestrita de todas as parcelas decorrentes do contrato de trabalho, desde que tal item conste de acordo coletivo de trabalho e demais instrumentos assinados pelo empregado.

O voto apresentado pelo relator, Ministro Luís Roberto Barroso, em síntese, baseou-se na previsão constitucional da autonomia coletiva da vontade como mecanismo para, inclusive, redução de direitos trabalhistas. Negou-se vigência ao disposto no art. 7º, caput, da Constituição Federal, o qual impõe como norte interpretativo o princípio da melhoria da condição social do trabalhador.

Tratou-se, portanto, de outra decisão que desconstruiu o entendimento consolidado do Tribunal Superior do Trabalho de que os direitos trabalhistas são indisponíveis e irrenunciáveis e que, portanto, somente há quitação das parcelas especificadas no recibo, conforme previsão do art. 477 da CLT. Ainda, tal decisão atenta contra o disposto no próprio Código Civil, uma vez que a quitação pressupõe pagamento (art. 320 do Código Civil). Em sendo assim, impossível que haja uma cláusula genérica prevendo quitação irrestrita sem que tenha havido o pagamento correspondente.

Mantendo a tendência sinalizada no RE 590.415, no dia 13 de setembro de 2016 o Ministro Teori Zavascki, em decisão monocrática proferida no julgamento do RE 895.759, reformou acórdão do TST que havia anulado uma cláusula de acordo coletivo que excluía o pagamento das horas in itinere, em troca da obtenção de outros benefícios. Embora o TST houvesse julgado que a supressão da referida verba atenta contra os preceitos de garantia a condições mínimas de proteção do trabalho, o Ministro decidiu privilegiar o "negociado sobre o legislado", abrindo caminho para um dos pilares da "reforma trabalhista" promovida pelo governo Temer.

Cabe destacar que a prevalência do "negociado sobre o legislado" sempre foi possível, desde que em benefício do trabalhador. Assim é que muitas categoriais profissionais negociam e obtêm, por exemplo, o pagamento de adicional de horas extraordinárias superior ao mínimo constitucional. O que a Corte Suprema sinalizou é a possibilidade de que se negocie redução de direitos propriamente dita, em claro prejuízo aos trabalhadores.

No julgamento da ADI 4.842, efetuado no dia 14 de setembro de 2016, a Corte Suprema julgou constitucional a jornada de trabalho de doze horas para cada trinta e seis horas de descanso para os bombeiros civis (Lei nº 11.901/2009). O julgamento atenta diretamente contra o direito constitucional a limitação da jornada (art. 7º, XIII) e abriu caminho para que a legitimação da jornada "12x36" por "acordo individual" prevista na "reforma trabalhista". Neste acórdão a Corte chegou a dizer que tal jornada não viola preceitos constitucionais nem gera prejuízos à saúde do trabalhador. Segundo o tribunal, o termo "compensação" constante no art. 7º, XIII, da Constituição Federal pode ser interpretado como "possibilidade de prorrogação em 50% da jornada normal máxima".

Nesta esteira, no dia 14 de outubro de 2016, o Ministro Gilmar Mendes concedeu liminar na ADPF 323 para suspender a aplicação da Súmula nº 277 do TST, a qual previa a ultratividade das cláusulas normativas previstas em acordos ou convenções coletivas do trabalho. Assim, em um simples passo de mágica de uma liminar, o Ministro destruiu uma jurisprudência consolidada do TST, ensejando grave prejuízo aos trabalhadores, os quais, findo o prazo dos acordos ou convenções coletivas, não mais possuirão qualquer garantia convencional. Facilita-se, assim, que a classe patronal pressione a classe trabalhadora a aceitar condições menos vantajosas, quando não verdadeiras reduções de direitos, sob pena de não ser celebrado acordo ou convenção alguma.

No julgamento dos Recursos Extraordinários (RE) 381.367, 661.256 e 827.833, ocorrido no dia 26 de outubro de 2016, o Supremo Tribunal Federal considerou ilegal a desaposentação, isto é, a possibilidade do aposentado que voltou ou continuar a trabalhar e a contribuir para a Previdência Social em pleitear a revisão do benefício concedido. Assim, é punido justamente o aposentado que, diante do parco benefício concedido, foi compelido a voltar ao mercado de trabalho e a contribuir com os cofres da Previdência Social. Aprofundou-se o retrocesso em termos de direitos sociais, em prejuízo de todos os aposentados.

Na sequência, no dia 27 de outubro de 2016, a Corte Suprema concluiu o julgamento do Recurso Extraordinário (RE) 693456, com repercussão geral reconhecida, e, alterando seu próprio entendimento anterior, determinou o desconto dos dias parados em razão de greve de servidores públicas, ressalvada a hipótese do movimento paredista ter sido motivado por inadimplemento de salários pelo poder público.

Ora, se a administração pública não está a pagar salários chega a ser risível a exceção admitida no julgado. No mais, o julgamento enseja verdadeira negação do direito constitucional de greve dos servidores públicos, sem que haja, por contrapartida, qualquer exigência da administração pública em negociar com os servidores em greve.

Não bastou, porém, o desmonte do Direito Material do Trabalho. Foi necessário sacramentar a precarização do próprio Poder Judiciário Trabalhista. Tal medida ocorreu após a promulgação da Lei Orçamentária para 2016, a qual cortou cerca de 30% das verbas de custeio e 90% dos recursos destinados para investimentos na Justiça do Trabalho. O deputado relator desta Lei Orçamentária não teve meias palavras em declarar o porquê de tal corte: "Tenho Alergia à Justiça do Trabalho!", vociferou em uma palestra o então Deputado Federal e Ministro da Saúde, Ricardo Barros (PP/PR).

Entretanto, a despeito da motivação torpe de tal deputado e o claro prejuízo sofrido pelos jurisdicionados, o Supremo Tribunal Federal julgou improcedente a ADI 5.468, a qual questionava os cortes orçamentárias sofridos pela Justiça do Trabalho. Extremamente gravosa tal decisão, uma vez que, neste mesmo ano de 2016, foi aprovada a PEC 241/2016 (atual EC 95/2016), a qual congelou o orçamento federal por vinte anos. Ou seja, em tese, o Judiciário Trabalhista terá que se virar vinte anos com base em um orçamento que foi severamente ceifado.

Ante os diversos julgados acima expostos, fica evidente que o Supremo Tribunal Federal foi um dos instrumentos essenciais para o sucesso do projeto de precarização do trabalho iniciado ainda no governo Dilma, bem como que sua atuação abriu caminho para o desmonte dos direitos sociais, culminando na aprovação da "reforma trabalhista", já no ano de 2017.

## 8. CONJUNTURA POLÍTICA, SOCIAL E ECONÔMICA.

No dia primeiro de janeiro de 2015, em seu discurso de posse do segundo mandato de presidenta da República, Dilma Rousseff, no parlatório do Palácio do Planalto, fez o seguinte juramento:

> [...] o povo brasileiro tem o direito de dizer como uma orientação para o meu novo mandato: nenhum direito a menos, nenhum passo atrás. Só mais direitos e só o caminho a frente. Esse é meu compromisso sagrado perante vocês. Esse é o juramento que faço perante essa praça. Viva o Brasil, viva o povo brasileiro. (...)
>
> Assumo aqui com vocês, nesta praça, o meu compromisso de inaugurar uma nova etapa nesse processo histórico de mudanças sociais no Brasil e digo a vocês algo muito importante. Nós vamos fazer, sim, ajustes na economia, mas isso sem revogar direitos conquistados ou trair nossos compromissos sociais. Fui reeleita para continuar mudando o Brasil e para continuar fazendo as mudanças que vocês desejam. E prometo: farei as mudanças. [34]

No discurso, "nenhum direito a menos, nenhum passo atrás", na prática, porém, o que se viu, a partir de 2015, foi uma inflexão ainda mais agressiva contra os direitos dos trabalhadores, fruto direto da crise do "lulismo", que levou ao aprofundamento do neoliberalismo no Brasil.

Somente para o pagamento de juros e amortização da dívida pública (política da qual os bancos acabaram sendo os únicos beneficiários), foram destinados cerca de 45,1% do Orçamento Geral da União, conforme dados do Senado Federal relativos ao ano de 2014, perfazendo-se assim um total de 978 bilhões de reais. Ou seja, a provisão da dívida pública consome quase metade dos recursos da União, conforme gráfico a seguir[35]:

---

34 G1. 'Nenhum direito a menos, nenhum passo atrás', diz Dilma no parlatório. Disponível online em: http://g1.globo.com/politica/noticia/2015/01/nenhum-direito-menos-nenhum-passo-atras-diz-dilma-em-discurso.html. Acesso em agosto/2015.

35 Gráfico reproduzido de: AUDITORIA CIDADÃ. Disponível online em: http://www.auditoriacidada.org.br/wp-content/uploads/2013/06/Orcamento-2014-executado.jpg. Acesso em agosto/2015.

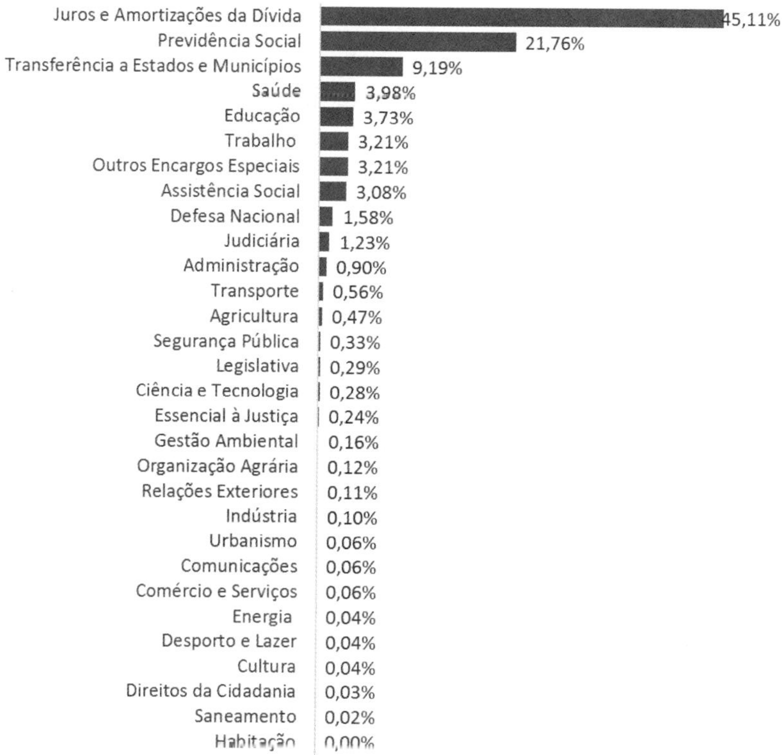


O aguçamento da crise política demarca os mandatos de Dilma, e, nesse breve segundo mandato iniciado em 2015, a Presidência da República – sob a justificativa do ajuste fiscal nas contas públicas – editou Medidas Provisórias que negaram as promessas da campanha eleitoral e atacaram direitos trabalhistas e previdenciários. Ademais, como visto nas seções acima, demarcou-se também uma nítida inflexão do Congresso Nacional para aprovação de reformas legais notoriamente redutoras de direitos sociais, no sentido de assegurar os interesses dos empregadores e capitalistas e, no mesmo passo, restringir ou retirar direitos dos trabalhadores.

No campo da Previdência Social, o professor Marcus Orione Gonçalves Correia alertava que, no segundo mandato de Dilma Rousseff, chegou-se ao ápice do estado de mínima proteção social:

> (...) apesar de a candidata à presidência Dilma Rousseff dizer que os direitos dos trabalhadores não seriam diminuídos, a mudança nas re-

gras da pensão por morte, do auxílio-doença e do seguro-desemprego pode ser considerada o ápice da determinação do papel da nossa previdência num estado de mínimos de proteção social. [36]

A Medida Provisória nº 664/2014 trouxe alterações nas regras de pensão e do benefício de auxílio-doença, dificultando o acesso aos benefícios. Consta da exposição de motivos desta MP:

> Ocorre, entretanto, que as regras de acesso a tal benefício têm permitido distorções que necessitam de ajuste, tendo em vista estarem desalinhadas com os padrões internacionais e com as boas práticas previdenciárias. [37]

Já a Medida Provisória nº 665/2014, em rápida síntese, alterou o abono salarial e o seguro-desemprego, dificultando-se o acesso aos benefícios. Como justificativa para a medida provisória, consta:

> Em 2013, as despesas com abono salarial e seguro desemprego somaram R$ 31,9 bilhões e R$ 14,7 bilhões, respectivamente. Por sua vez, a intermediação de mão de obra registrou um investimento de apenas R$ 117,2 milhões nesse mesmo período. Diante dessa distorção, fica claro que tão importante quanto a criação de um programa é o seu redesenho, afinal de contas, a sua própria efetividade é determinante para que o público-alvo seja revisto ao longo do tempo. Nesse contexto, torna-se necessário reduzir as despesas do FAT com políticas passivas para investir no fortalecimento das políticas ativas, pois estas têm impacto direto no aumento da produtividade do trabalhador e da economia, o que gera maiores ganhos de bem-estar para toda a população no longo prazo. [38]

Ainda, conforme o item nº 9 da mesma exposição de motivos, é afirmado por ministros do governo federal quanto à necessidade de adequar o FAT: "A urgência da medida caracteriza-se pela evidente necessidade de adequar o FAT para que esse tenha assegurada a sua sustentabilidade financeira intertemporal." [39]

---

36 ORIONE, Marcus. Dilma e a vaca profanada. Disponível online em: http://blogdaboitempo.com.br/2015/01/28/dilma-e-a-vaca-profanada/. Acesso em jul/2015.

37 FILHO, Garibaldi Alves; BELCHIOR, Miriam Aparecida et MANTEGA, Guido. EMI nº 00023/2014 MPS MF MP. Disponível online em: http://www.planalto.gov.br/ccivil_03/_Ato2011-2014/2014/Exm/ExmMPv664-14.doc. Acesso em jul/2015.

38 MANTEGA, Guido; FILHO, Garibaldi Alves et Dias, Manoel. EMI nº 00180/2014 MF MPS MTE. Disponível online em: http://www.planalto.gov.br/ccivil_03/_Ato2011-2014/2014/Exm/ExmMP%20665-14.doc. Acesso em jul/2015.

39 Ibidem.

As alterações na concessão do Seguro Desemprego naquele momento revelavam a preocupação com os efeitos deletérios da política econômica em andamento. As medidas contracionistas implicariam o desmonte de um grande número de empreendimentos e consequentemente um aumento no desemprego e na procura pelo benefício, as novas regras de concessão tenderiam a mitigar os efeitos sobre as contas públicas em razão da perspectiva do crescimento dos desempregados e o encurtamento da duração dos contratos de emprego, efeitos esperados de uma economia em desaceleração, habilitando o trabalhador à percepção do direito em várias circunstâncias.

É nesse contexto que ocorre o processo de impeachment da presidenta. Mais especificamente, no dia 2 de dezembro de 2015 o presidente da Câmara dos Deputados, Eduardo Cunha, acolheu um dos sete pedidos de impeachment, que havia sido protocolado pelos juristas Hélio Bicudo, Miguel Reale Júnior e Janaína Paschoal, e entregue a Cunha pouco mais de dois meses antes. No requerimento original foram incluídas denúncias de decretos assinados pela presidente em 2015, para liberar R$ 2,5 bilhões, sem o aval do Congresso, nem previsão no orçamento. Essa operação é conhecida como "pedalada fiscal", e caracterizaria improbidade administrativa.

## 9. CONCLUSÃO (PERÍODO ENTRE 2015 E 2016): OS RESULTADOS DE UM MODELO DE DESENVOLVIMENTO COLOCADO EM XEQUE[40]

No computo geral, pode-se dizer que o segundo mandato do governo Dilma representou uma quebra de compromissos programáticos

40 Referências bibliográficas desta seção:
ALVES, Giovanni. A Pulsão Golpista da Miséria Política Brasileira. In: PRONER, C.; CITTADINO, G.; TENENBAUM, M.; RAMOS F, W. A Resistência ao Golpe de 2016. Bauru, SP: Práxis, 2016. [e-book].
SINGER, André. Raízes sociais e ideológicas do lulismo. Novos estudos, nº 85, 2009, p. 83-102.
SOUTO MAIOR, Jorge Luiz. Os direitos trabalhistas sob o fogo cruzado da crise política. 2016. Disponível em: <http://www.jorgesoutomaior.com/blog/os-direitos-trabalhistas-sob-o-fogo-cruzado-da-crise-politica>. Acesso em 28.09.2018.
LOPES, Gabriel F. R., MARQUES, Ana Carolina B. R. C. e YAMAMOTO, Paulo C. Terceirização e luta de classes. In: KASHIURA JR., Celso Naoto, AKAMINE JR., Oswaldo e MELO, Tarso (orgs.). Para a crítica do direito: reflexões sobre teorias e práticas jurídicas. São Paulo: Outras Expressões; Dobra Editorial, 2015, pp.359-390.

assumidos durante a campanha eleitoral, sobretudo o compromisso nº 6 do documento da candidatura: "O Governo Dilma será de todos os brasileiros e brasileiras e dará atenção especial aos trabalhadores."[41]

O modelo de desenvolvimento dos governos Lula e Dilma possuía alguns fundamentos econômicos e políticos que foram estressados de forma significativa no curso de 2014, o que resultou em queda da receita pública, redução do ritmo de investimentos públicos e a fragilização na relação com o conjunto de forças que os sustentaram por mais de uma década. Reforçado por um processo eleitoral bastante disputado, a crise fiscal que se anunciava passou a ser mais um elemento de tensionamento da legitimidade do recém-eleito governo que deveria apontar rumos para equacionar o modelo de governabilidade baseado em um processo conciliatório de interesses do mercado financeiro e das camadas mais empobrecidas da população.

Os instrumentos de regulação estatal para amortização dos impactos das oscilações econômicas, como no caso do represamento de preços de energia elétrica, mostravam-se já exauridos e insuficientes para contornar o desequilíbrio das contas e a manutenção dos investimentos públicos e o financiamento do setor privado, sendo as alterações no preço das commodities o lado mais visível do novo ambiente econômico.

O mercado de commodites internacional sofreu uma profunda reestruturação[42] com quedas médias de 28% entre setembro de 2014 e abril de

---

MARQUES, Ana Carolina Bianchi Rocha Cuevas. Terceirização: a política judiciária do precariado. Monografia (Especialização – Comissão de Cultura e Extensão Universitária – Pós Graduação lato sensu em Direito do Trabalho e Processo do Trabalho) Faculdade de Direito, Universidade de São Paulo, 2016. 97p.

Sites Consultados:

BRASIL. Supremo Tribunal Federal. ARE 713.211, DF, 6 de junho de 2014. Disponível em: http://portal.stf.jus.br/processos/detalhe.asp?incidente=4304602.>. Acesso em: 20. set. 2018.

BRASIL. Supremo Tribunal Federal. ARE 791.932, DF, 17 de junho de 2014. Disponível em: <http:// http://portal.stf.jus.br/processos/detalhe.asp?incidente=4517937.>. Acesso em: 20 set. 2018.

BRASIL. Ministério do Planejamento, Desenvolvimento e Gestão. Programa de Proteção ao Emprego – PPE. Disponível em: http://www.planejamento.gov.br/servicos/faq/ppe-programa-de-protecao-ao-emprego. Acesso em: 29.set.2018.

41 COLIGAÇÃO Para o Brasil Seguir Mudando. Os 13 Compromissos Programáticos De Dilma Rousseff para o Debate na Sociedade Brasileira. 2014.

42 EBC. 'Preço das commodities teve forte influência na queda do valor das exportações'. Disponível online em: https://www.valor.com.br/internacional/4006282/precos-das-

2015, notadamente os preços do barril de petróleo que caíram mais de 40%, inserindo um elemento de alto impacto na economia brasileira, sobretudo na gestão da Petrobrás responsável por um enorme montante de investimentos em andamento no país à época com repercussões em diversas cadeias de outros agentes econômicos tanto da indústria como de prestação de serviços.

Já pelo lado da receita, o pacto petista com os setores produtivos passava por políticas direcionadas de desonerações fiscais, especialmente nos tributos destinados ao financiamento do Sistema de Seguridade. A Receita Federal calcula que as desonerações saltaram de patamares de 9 bilhões em 2010 para mais de 106 bilhões em 2015[43]. A promessa dos setores beneficiados de manutenção de postos de trabalho não foi correspondida. O Orçamento acabou por absorver o impacto das desonerações fragilizando a equações de financiamento da Seguridade e tornando-a o principal alvo das críticas do mercado financeiro.

A pergunta que se colocou foi: quem iria pagar a conta dos ajustes que seriam necessários para enfrentar a nova realidade? A opção pela nomeação de Joaquim Levy para o Ministro da Fazenda a dirimiu. O reequilíbrio seria feito às custas de um forte choque na despesa pública e a paralisação do investimento público e da produção privada com a intenção de redução da pressão inflacionária e reequilíbrio orçamentário, fórmula da ortodoxia econômica cuja face mais visível pela sociedade sempre foi o desemprego.

Segundo a Pesquisa Nacional por Amostra de Domicílios (PNAD)[44], divulgada em 25/11/2016, no curso de 2015, os desempregados que representavam 6,9% da população em idade ativa, passou para 9,6%, em tendência de crescimento, somando mais de 10 milhões de brasileiros.

Todo esse processo foi marcado por uma discursividade ambígua em que se anunciava o compromisso com a manutenção dos direitos sociais e a necessidade das medidas de austeridade.

commodities-cairam-28-desde-setembro-aponta-fmi. Acesso em 30/09/2018.

43 Receita Federal. 'Desonerações Institutas'. Disponível online em: http://idg.receita.fazenda.gov.br/dados/receitadata/renuncia-fiscal/desoneracoes-instituidas. Acesso em 30/09/2018.

44 G1. 'Pesquisa Nacional por Amostra de Domicílios (PNAD) 2015'. Disponível online em: https://biblioteca.ibge.gov.br/visualizacao/livros/liv98887.pdf. Acesso em 30/09/2018.

No entanto, a guinada econômica e as salvaguardas dadas ao mercado financeiro não foram suficientes para reestabelecer a coalisão governista que, pressionada por vários setores da sociedade em relação aos escândalos de corrupção nas estatais e no executivo, mantiveram-se em posição dúbia: não desembarcavam do governo e, ao mesmo tempo, pavimentavam uma saída para o projeto de país que havia sido derrotado na eleição de 2014, representado pelo questionamento eleitoral feito pelo candidato oposicionista, e depois pelos sucessivos pedidos de impeachment com pouca substância jurídica, mas com forte repercussão em razão do desmonte da base política no Congresso Nacional. O governo, assim, não conseguiu implantar todo o ajuste que intencionou, mas interrompeu a atividade econômica colhendo agora não só o desgaste das medidas impopulares como teria que responder pelas investigações em andamento.

A superposição do desemprego causado pelas medidas de combate à crise fiscal, com as denúncias de corrupção e com os efeitos na redução das políticas sociais criaram as condições para que os setores que vieram perdendo as eleições nacionais desde 2002 se articulassem com o Vice Presidente Michel Temer para impedir a Presidenta e aprofundar o processo de reformas com vistas a desregulamentação do sistema de proteção social previsto na Constituição Federal, especialmente o Trabalho e a Previdência. Ou nas palavras de Ricardo Antunes:

> Consolidou-se a "alternativa ideal" das frações burguesas, agora em aberta dissensão: impossibilitada de ganhar pelas urnas, chegava a hora de deflagrar um golpe que teve no Parlamento seu lócus decisivo. Aqui vale um breve parêntese. Marx disse que o Parlamento francês, em meados do século XIX, vivenciou uma "degradação do poder" que lhe retirou "o derradeiro resquício de respeito aos olhos do público".[1] O que dizer, então, do Parlamento brasileiro recente, no qual viceja um enorme núcleo que exercita solenemente sua forma pantanosa?[45]

Os eventos que se seguiram e são-nos conhecidos, demonstraram que o impeachment se tratou da remoção ilegítima do que se encarava

45 ANTUNES, Ricardo. A devastação do trabalho na contrarrevolução de Temer. Disponível em: https://diplomatique.org.br/a-devastacao-do-trabalho-na-contrarrevolucao-de-temer/. Acesso: 30/09/2018.

como um empecilho que deveria e poderia ser superado. Acreditava-se no sucesso, a toque de forças organizadas ao redor de representantes populares, que detêm legitimidade democrático-burguesa, notadamente no Congresso Nacional, e outros protagonistas não amparados com mandato popular, como atuaram determinados órgãos jurisdicionais e aparelhos de fiscalização da aplicação da legislação social, do caminho de um horizonte pleno de reformas requeridas e vendidas como inescapáveis para a valorização do valor que impulsiona a sociedade de mercado e suas conquistas.

## 10. REFERÊNCIAS BIBLIOGRÁFICAS


ALVES, Giovanni. *Trabalho e Nova Precariedade Salarial no Brasil*: a morfologia social do trabalho na década de 2000. CES – Centro de Estudos Sociais – Faculdade de Economia Universidade de Coimbra. Março/2012. Oficina nº 381. Disponível em http://www.ces.uc.pt/publicacoes/oficina/ficheiros/6024_Oficina_do_CES_381.pdf Acesso em 23/10/2015.

ALVES, Giovanni. *A Pulsão Golpista da Miséria Política Brasileira.* In: PRONER, C.; CITTADINO, G.; TENENBAUM, M.; RAMOS F, W. A Resistência ao Golpe de 2016. Bauru, SP: Práxis, 2016 [e-book].

ANTUNES, Ricardo. *A devastação do trabalho na contrarrevolução de Temer.* Disponível em: https://diplomatique.org.br/a-devastacao-do-trabalho-na-contrarrevolucao-de-temer/. Acesso: 30/09/2018.

ARRUDA, Kátia Magalhães. O trabalho infantil doméstico: rompendo com o conto de Cinderela. *Revista do Tribunal Regional da 3ª Região,* Belo Horizonte, v.45, n.75, p.61. Disponível em <http://www.trt3.jus.br/escola/download/revista/rev_75/Katia_Arruda.pdf>, Acesso em 29 de setembro de 2018.

BRAGA, Ruy. *A política do precariado*: do populismo à hegemonia lulista. São Paulo: Boitempo: USP, Programa de Pós-Graduação em Sociologia, 2012. (Mundo do trabalho). 263p.

BRASIL. *Ministério do Planejamento, Desenvolvimento e Gestão.* Programa de Proteção ao Emprego – PPE. Disponível em: http://www.planejamento.gov.br/servicos/faq/ppe-programa-de-protecao-ao-emprego. Acesso em: 29/9/2018.

BRASIL. *Receita Federal.* 'Desonerações Institutas'. Disponível em: http://idg.receita.fazenda.gov.br/dados/receitadata/renuncia-fiscal/desoneracoes-instituidas. Acesso em 30/09/2018.

BRASIL. *Supremo Tribunal Federal.* ARE 713.211, DF, 6 de junho de 2014. Disponível em: http://portal.stf.jus.br/processos/detalhe.asp?incidente=4304602. Acesso em: 20. set. 2018.

BRASIL. *Supremo Tribunal Federal.* ARE 791.932, DF, 17 de junho de 2014. Disponível em: http:// http://portal.stf.jus.br/processos/detalhe.asp?incidente=4517937. Acesso em: 20 set. 2018.

BRASIL. Câmara dos Deputados. Projeto de Lei nº 2.214/2011. Disponível em <https://www.camara.leg.br/proposicoesWeb/fichadetramitacao?idProposicao=518751>. Acesso em 20/07/2018.

COLIGAÇÃO Para o Brasil Seguir Mudando. *Os 13 Compromissos Programáticos De Dilma Rousseff para o Debate na Sociedade Brasileira.* 2014.

EMPRESA BRASIL DE COMUNICAÇÕES. *'Preço das commodities teve forte influência na queda do valor das exportações'.* Disponível online em: https://www.valor.com.br/internacional/4006282/precos-das-commodities-cairam-28-desde-setembro-aponta-fmi. Acesso em 30/09/2018

FILHO, Garibaldi Alves; BELCHIOR, Miriam Aparecida; MANTEGA, Guido. EMI nº 00023/2014 MPS MF MP. Disponível em: http://www.planalto.gov.br/ccivil_03/_Ato2011-2014/2014/Exm/ExmMPv664-14.doc. Acesso em jul/2015.

G1. *'Pesquisa Nacional por Amostra de Domicílios (PNAD) 2015'.* Disponível em: https://biblioteca.ibge.gov.br/visualizacao/livros/liv98887.pdf. Acesso em 30/09/2018.

G1. *'Nenhum direito a menos, nenhum passo atrás', diz Dilma no parlatório.* Disponível em: http://g1.globo.com/politica/noticia/2015/01/nenhum-direito-menos-nenhum-passo-atras-diz-dilma-em-discurso.html. Acesso em agosto/2015.

GIGLIO, Wagner D.; CORRÊA, Claudia Giglio Veltri. *Direito Processual do Trabalho.* 16. ed. São Paulo: Saraiva, 2007.

LAURINO, Salvador Franco de Lima. O artigo 15 do novo Código de Processo Civil e os limites da autonomia do Processo do Trabalho. In.: BRANDÃO, Cláudio; MALLET, Estevão (coord.). *Processo do Trabalho.* 2. ed. Salvador: Juspodivm, 2016, p. 117.

LEE, Sangheon, McCANN, Deirdre, MESSENGER, Jon C. *Duração do Trabalho em Todo o Mundo*: tendências de jornadas de trabalho, legislação e políticas numa perspectiva global comparada / Sangheon Lee, Deirdre McCann e Jon C. Messenger ; Secretaria Internacional de Trabalho. Brasília: OIT, 2009.

LOPES, Gabriel F. R., MARQUES, Ana Carolina B. R. C. e YAMAMOTO, Paulo C. Terceirização e luta de classes. In: KASHIURA JR., Celso Naoto, AKAMINE JR., Oswaldo e MELO, Tarso (orgs.). *Para a crítica do direito:* reflexões sobre teorias e práticas jurídicas. São Paulo: Outras Expressões; Dobra Editorial, 2015, pp.359-90.

MAIOR, Jorge Luiz Souto. *E o governo brasileiro disse SIM!* Disponível online em: http://blogdaboitempo.com.br/category/colunas/jorge-luiz-souto-maior-colunas/. Acesso em julho/2015.

MAIOR, Jorge Luiz Souto. O Conflito entre o novo CPC e o Processo do Trabalho. In: MIESSA, Élisson (coord.). *O Novo Código de Processo Civil e seus Reflexos no Processo do Trabalho*. 2. ed. Salvador: JusPodivm, 2016.

MAIOR, Jorge Luiz Souto. *Os direitos trabalhistas sob o fogo cruzado da crise política*. 2016. Disponível em: <http://www.jorgesoutomaior.com/blog/os-direitos-trabalhistas-sob-o-fogo-cruzado-da-crise-politica>. Acesso em 28.09.2018.

MANTEGA, Guido; FILHO, Garibaldi Alves; DIAS, Manoel. EMI nº 00180/2014 MF MPS MTE. Disponível em: http://www.planalto.gov.br/ccivil_03/_Ato2011-2014/2014/Exm/ExmMP%20665-14.doc. Acesso em jul/2015.

MARQUES, Ana Carolina Bianchi Rocha Cuevas. Terceirização: *a política judiciária do precariado*. Monografia (Especialização – Comissão de Cultura e Extensão Universitária – Pós Graduação *lato sensu* em Direito do Trabalho e Processo do Trabalho) Faculdade de Direito, Universidade de São Paulo, 2016. 97p.

MARX, Karl. *O Capital*: crítica da economia política. Livro I: o processo de produção do capital. São Paulo: Boitempo, 2013.

MEIRELES, Edilton. O novo CPC e sua aplicação supletiva e subsidiária no Processo do Trabalho. *In*.: MIESSA, Élisson (org.). *O Novo Código de Processo Civil*: e seus reflexos no Processo do Trabalho. 2. ed. Salvador: Juspodivm, 2016, p. 59-60

MELLO FILHO, Luiz Philippe Vieira de; MELLO NETO, Luiz Philippe Vieira de. A Lei 13.015/2014 e o Incidente de Resolução de Demandas Repetitivas: uma visão. *In*.: MIESSA, Élisson (org.). *O Novo Código de Processo Civil e seus Reflexos no Processo do Trabalho*. 2. ed. Salvador: Jvspodium, 2016.

ORGANIZAÇÃO INTERNACIONAL DO TRABALHO. *Domestic workers across the world*: Global and regional statistics and the extent of legal protection. Disponível em <http://www.ilo.org/travail/Whatsnew/WCMS_173363/lang--en/index.htm>, Acesso em 28 de setembro de 2018.

ORIONE, Marcus. Dilma e a vaca profanada. Disponível online em: http://blog daboitempo.com.br/2015/01/28/dilma-e-a-vaca-profanada/. Acesso em jul/2015.

SCHIAVI, Mauro. *Manual de Direito Processual do Trabalho*: de acordo com o novo CPC. 10. ed. São Paulo: LTr, 2016.

SILVA, José Afonso da. *Curso de Direito Constitucional Positivo.* 6. ed. rev. e ampl. de acordo com a nova Constituição. São Paulo: Revista dos Tribunais, 1990.

SILVA, Homero Baptista Mateus da Silva. **Revista Eletrônica do Tribunal da 2ª Região** n°15/2014, p.46. Disponível em <http://www.trtsp.jus.br/geral/tribunal2/Revistas/revista_eletronica/15_2014.pdf>, Acesso em 28 de setembro de 2018.

SINGER, André. *Raízes sociais e ideológicas do lulismo*. Novos estudos, nº 85, 2009.

SODRÉ FILHO, Pedro Paulo de Azevedo. Formas Recursais. In.: MAIOR, Jorge Luiz Souto; SEVERO, Valdete Souto (coord.). *Resistência* 2: defesa e crítica da justiça do trabalho. São Paulo: Expressão Popular, 2018, p. 301-7.

## Sítios na internet consultados:

Disponível em: http://www.stf.jus.br/portal/cms/verNoticiaDetalhe.asp?idConteudo=295816. Acesso em julho/2015.

Disponível em: http://www.al.sp.gov.br/repositorio/legislacao/decreto/1950/decreto-19216-02.03.1950.html. Acesso em 28/09/2018.

Disponível em: http://www.auditoriacidada.org.br/wp-content/uploads/2013/06/Orcamento-2014-executado.jpg. Acesso em agosto/2015.

Disponível em: http://www.transportabrasil.com.br/2015/11/ministerio-publico-diz-que-lei-dos-motoristas-triplicou-o-uso-de-drogas-entre-caminhoneiros/. Acesso em 03/09/2016.

Disponível em: http://reporterbrasil.org.br/2012/04/caminhoneiros-sao-os-trabalhadores-que-mais-morrem-no-brasil/ Acesso em 11/09/2016.

Disponível em: https://www.brasildefato.com.br/2018/09/04/terceirizacao-or-stf-se-alinhou-a-setores-que-querem-a-volta-da-escravidao/. Acesso em 28.09.2018.

Disponível em: http://g1.globo.com/economia/noticia/2016/08/ministro-defende-mudancas-na-clt-que-nao-defendam-so-o-empregado.html. Acesso em 28.09.2018.

Disponível em: https://www.anamatra.org.br/attachments/article/24400/00003439.pdf. Acesso em 30/09/2018.

# 2016-2017 - A QUEDA

*Ana Claudia Ribeiro, Ana Luiza de Oliveira, Bianca Santos da Silva, Bruno Tauil Pivatto, Camilla de Oliveira Borges, Eduarda Mendes Andrade, Fabiana de Fátima Vieira dos Santos, Fábio Alexandre Costa, Felipe de Melo Barbosa, Leila Giovana Izidoro, Priscila da Graça, Priscila Kuhl Zoghbi, Priscila Leiria, Stephani Bianchini, Thiago Antônio Dias e Sumeira, Thiago Rogério Silva Soares, Túlio Avelino Teles de Andrade, Verônica Pavan, Wiliam Luciano Gonçalves, Yuri Kuroda Nabeshima.*

## 1. INTRODUÇÃO

Nós, estudantes da 9ª turma de Especialização em Direito do Trabalho e da Seguridade Social da Universidade de São Paulo, passamos por momentos de tensão e turbulência durante todo o curso, iniciado em agosto de 2016 e findado em dezembro de 2017. Tal fato se deu, sobretudo, por dois momentos conjunturais de grande relevância no cenário nacional: o processo de impeachment da presidenta Dilma Rousseff, em agosto de 2016, e a aprovação de uma série de medidas legislativas pelo governo federal, que marcaram 2017 como um período de retrocessos em direitos sociais no país.

Embora a conjuntura brasileira tenha as suas peculiaridades, que serão abordadas em maior profundidade nesse capítulo, ela segue, em grande parte, o rumo do capitalismo internacional, que vinha enfrentando uma crise financeira cujo ápice se deu em 2008. Tal crise teve seu prenúncio em 2007, no mercado imobiliário estadunidense, quando a inadimplência em massa de créditos hipotecários de risco (os chamados *subprimes*)[1] gerou uma crise de confiança nas instituições financeiras e falta de liquidez bancária, provocando um efeito em cadeia nas bolsas de valores em todo o mundo.

É importante salientar que, dentro do modo de produção capitalista, as crises são recorrentes e podem, inclusive, serem entendidas como estruturais[2]. É nesse sentido que podemos observar como determinadas crises estabelecem novos modos de organização da produção e a reestruturação das formas de trabalho e de remuneração[3]. Dessa maneira, a crise de 2008 pode ser entendida, mais fundamentadamente, como resultado do "capitalismo neoliberal" adotado na década de 1970, sobretudo nos EUA e em países da Europa, cujo modelo de reestruturação produtiva se estendeu ao redor do mundo.

Esse cenário representou o avanço da desregulamentação trabalhista, bem como da adoção de medidas de austeridade e de consolidação orçamental pelos governos dos Estados nacionais (ADASCALITEI, 2016, p. 14). Tais medidas de austeridade foram implementadas a partir de recomendações de organizações financeiras internacionais, como o Fundo Monetário Internacional (FMI), impactando diretamente no or-

---

1 Os subprimes eram créditos concedidos, nos EUA, a clientes sem comprovação de renda, com mau histórico de crédito e que devam como garantia seus próprios imóveis. As taxas de juros eram pós-fixadas, determinados no momento do pagamento do empréstimo. Nesse sentido, enquanto o mercado imobiliário ia de vento em poupa e a taxa de juros estava ok, foram feitos muitos empréstimos. Depois, com o aumento da taxa de juros e a consequente queda no preço dos imóveis, a partir de 2006, houve inadimplência em massa, o que repercutiu.

2 Nesse sentido, nos valemos dos ensinamentos de Mészáros (2002, p. 794), para quem "crises de intensidade e duração variadas são o modo natural de existência do capital: são maneiras de progredir para além de suas barreiras imediatas e, desse modo, estender com dinamismo cruel sua esfera de operação e dominação". Para o autor, a crise pós-1970 é estrutural por seu alcance global, sua escala de tempo extensa, contínua e rastejante e por atingir várias esferas da produção (MÉSZÁROS, 2002, p. 796).

3 Segundo Pochmann (2010, p. 174), a crise de 1873 a 1896, na Inglaterra, deu-se na transição do trabalho no campo para o trabalho nas cidades e gerou uma reestruturação do sistema econômico que deu vazão à evolução dos direitos sociais no início do século XX, cujo marco principal é a criação da Organização Internacional do Trabalho (OIT) em 1919. Já com a crise de 1929, nos EUA, houve a institucionalização das relações de trabalho e a consolidação de várias legislações que nacionalizaram a matéria do trabalho assalariado. Nesse sentido, para o autor, a crise de 2008 é a primeira na história do capitalismo que afetou praticamente todos os países, tendo um caráter estrutural e de longa duração. Ele salienta que um grande desafio, nesse cenário, será uma reformulação do padrão regulatório constituído para o trabalho material, visando abarcar o trabalho imaterial (POCHMANN, 2010, p. 176).

çamento disponível para a efetivação dos serviços públicos outrora garantidos às populações nacionais.

Os primeiros movimentos dos Estados Nacionais em resposta à essa crise foram monitorados pela OIT no relatório *Labour market reforms since the crisis: Drivers and consequence*. Seus resultados demonstram que, no período de 2008 a 2014, houve uma intensificação na promoção de reformas normativas no campo da regulação do mercado de trabalho em mais de 100 países. Dessas reformas, 92% constituíram mudanças permanentes na legislação, "o que sugere que a crise levou a uma mudança de longo prazo na regulação do mercado de trabalho em todo o mundo" (ADASCALITEI, 2016, p. 6).

No nosso caso não foi diferente. A crise afetou a economia brasileira, que já vinha desacelerando desde 2010, com a queda da cotação das *commodities*, a perda do ritmo da economia dos países emergentes e a queda das bolsas de valores, em particular nos EUA (DIEESE, 2016, p. 3). Além disso, no ano eleitoral de 2014, em meio a uma economia estagnada e à Operação Lava Jato[4], os resultados das eleições viabilizaram um cenário político de intensa disputa.

A segunda reeleição da presidenta Dilma Rousseff, do Partido dos Trabalhadores (PT), de centro-esquerda, provocou alvoroço entre a oposição, em um primeiro momento, concentrada no candidato que perdeu o pleito presidencial, Aécio Neves, e setores do seu partido, Partido da Social Democracia Brasileira (PSDB), de centro-direita. A imagem do Partido dos Trabalhadores já havia sido deslegitimada, por um lado, pelas medidas neoliberais que passou a adotar perante a classe trabalhadora, e, por outro, pela vinculação da imagem do partido à corrupção, fortemente influenciada pela oposição que não logrou êxito nas urnas, sedenta pela conquista do poder e pela ampliação das medidas neoliberais adotadas pelo PT.

---

4 A Operação Lava Jato fragilizou os principais setores que puxavam investimentos no país, como o petrolífero e o da construção civil, e ocasionou a redução de investimentos públicos em infraestrutura, além da perda de empregos (DIEESE, 2016, p. 3).

No entanto, o contexto de crise não favoreceu o segundo mandato de Dilma. A tentativa de Joaquim Levy, ministro da Fazenda, fazer um ajuste fiscal em uma economia em desaceleração gerou recessão e aumentou a insatisfação com o governo de Dilma. Esse cenário impulsionou o processo de *impeachment* da presidenta, cuja acusação residia na prática de suposto crime de responsabilidade, por descumprimentos à Lei orçamentária[5].

O *impeachment* de Dilma Rousseff, em agosto de 2016, após um ano e meio de mandato, representou uma ruptura na jovem democracia brasileira, por meio de um golpe civil-parlamentar-midiático de Estado. Tal cenário consolidou a ascensão do vice-presidente, Michel Temer, à cadeira presidencial e inaugurou um período de intensificação da desregulação laboral.

Dentro deste marco encontram-se a chamada "Reforma" Trabalhista (Lei 13.467/2017), considerada a maior mudança na legislação laboral no Brasil desde 1967, a Lei do trabalho temporário e terceirizado (Lei 13.429/17) e a Emenda Constitucional nº 95/2016 do Teto dos gastos públicos.

Tais alterações trouxeram consigo consequências bem práticas, como a flexibilização da jornada de trabalho, a criação de novos tipos de contrato e de regimes de subemprego, piores condições de saúde e segurança no meio ambiente laboral, a fragilização sindical, a limitação do acesso à Justiça do Trabalho e o rebaixamento da remuneração (TEIXEIRA, 2017). Em conjunto, elas significaram a precarização das condições de vida da classe trabalhadora[6].

Portanto, ao longo deste capítulo, pretendemos abordar as principais alterações legislativas, jurisprudenciais e doutrinárias no Direito do Trabalho pátrio, entre 2016 e 2017, e seus efeitos para a classe trabalhadora. Sobretudo, buscaremos evidenciar as resistências de diversos atores sociais, como movimentos populares e sindicatos, aprofundando

5 Sobre esse tema, ler "O golpe contra Dilma Rousseff: O afastamento da presidenta é sem dúvida o capítulo mais vergonhoso da história política brasileira". El país, 1 set. 2016. Disponível em: <https://brasil.elpais.com/brasil/2016/08/31/opinion/1472650538_750062.html>.

6 É importante ressaltar que o contexto brasileiro de reformas ainda conta com uma grande campanha midiática, impulsionada pelo governo federal, para a aprovação do desmantelamento da previdência social.

nas estratégias de mobilização em defesa da permanência e ampliação das garantias trabalhistas e sociais outrora conquistadas.

## 2. JURISPRUDÊNCIA

### 2.1 Direito Processual do Trabalho

#### 2.1.1. Período compreendido entre agosto e dezembro de 2016

As principais mudanças jurisprudenciais compreendidas no período entre agosto e dezembro de 2016 incorporaram os preceitos do Código de Processo Civil de 2015 e não poderia ser diferente. O início da vigência do novo Código de Processo Civil apenas se deu em março de 2016 e, em razão de sua entrada em vigor, houve razoável cizânia jurisprudencial e doutrinária na seara trabalhista sobre a extensão da aplicabilidade de seus dispositivos. À medida que os entendimentos foram se pacificando, o Tribunal Superior do Trabalho alterou a redação de várias de suas súmulas e orientações jurisprudenciais.

Nesse sentido, a mudança de redação da **Súmula nº 456 do TST**, em setembro de 2016, com a publicação da Resolução nº 212/2016 do TST foi radical. Elaborada em 2014, segundo a sua redação original, reputava-se "inválido o instrumento de mandato firmado em nome de pessoa jurídica que não contenha, pelo menos, o nome do outorgante e do signatário da procuração, pois estes dados constituem elementos que os individualizam".

Com a nova redação, à luz do princípio da aproveitabilidade dos atos processuais, bem como dos princípios da economicidade, celeridade processual e primazia da resolução de mérito, caso fosse constatada irregularidade de representação da parte na fase recursal, o relator abriria prazo para que a parte sanasse o vício. Apenas se descumprida essa determinação é que restaria alguma consequência à parte, tal como o não conhecimento do recurso ou o desentranhamento das contrarrazões.

Pelos mesmos motivos, foi alterada a **Orientação Jurisprudencial nº 120 da SBDI-I do TST**. Passou-se a prever a abertura de prazo para que a ausência de assinatura do recurso (vício antes insanável) pudesse ser sanada. Privilegiando a análise de mérito do recurso e a instrumentalidade das formas, a partir da alteração, admite-se o exame do recurso, se sanado o vício.

Ainda sob a égide dos mesmos princípios, mudou-se a redação da **Orientação Jurisprudencial nº 151 da SBDI-II do TST**. Se constatado, em fase recursal, que os poderes conferidos ao advogado na procuração juntada ao mandado de segurança ou à ação rescisória se limitam ao ajuizamento de reclamação trabalhista, o relator deve abrir prazo para regularização do vício. No eito, o cancelamento da **Orientação Jurisprudencial nº 110 da SBDI-I do TST**.

Condições de validade do mandato e do substabelecimento também sofreram alterações diante do novo texto da **Súmula nº 395 do TST**. O item I da súmula foi modificado para fazer referência ao artigo respectivo do NCPC. Quanto ao item II, houve apenas uma mudança das palavras utilizadas, tendo o sentido do entendimento jurisprudencial permanecido o mesmo. Acresceu-se o item V à Súmula nº 395, representando uma modificação no mesmo sentido daquela ocorrida com a Súmula nº 456.

Outra mudança radical ocorreu com os novos termos da **Súmula nº 417 do TST**. Foi alterada a redação do item I a fim de excluir a limitação anterior, no sentido de que a ordem de penhora em dinheiro apenas não feriria direito líquido e certo do executado em execução definitiva, diante da ordem de gradação prevista pelo art. 835 do NCPC. Pelas mesmas razões, foi cancelado o item III da Súmula nº 417.

Assim, com o novo Código de Processo Civil, a execução pode ser realizada prioritariamente mediante penhora em dinheiro, relativizando o princípio da menor onerosidade da execução ao devedor e trazendo maior efetividade à fase executória.

O cabimento do mandado de segurança contra sentença homologatória de adjudicação também sofreu alteração. A redação atualmente vigente distingue a regência normativa sob a égide do CPC/73 e do NCPC. Em ambos casos, é incabível o mandado de segurança, mas as razões são distintas. No CPC/73, havia meio próprio para impugnar o ato judicial em questão: os embargos à adjudicação. Já no NCPC, o ato judicial pode ser impugnado por simples petição.

Mais uma modificação substancial ocorreu em relação à **Súmula nº 419 do TST**. Formulada em 2005, sua redação original previa que "na execução por carta precatória, os embargos de terceiro serão oferecidos no juízo deprecante ou no juízo deprecado, mas a competência para julgá-los é do juízo deprecante, salvo se versarem, unicamente, sobre vícios ou irregularidades da penhora, avaliação ou alienação dos bens, praticados pelo juízo deprecado, em que a competência será deste último."

Por sua vez, a nova redação aponta competência distinta para o oferecimento dos embargos de terceiro. Com base no art. 676, parágrafo único, do NCPC, entende-se que, na execução por carta precatória, os embargos de terceiro serão oferecidos no juízo deprecado, salvo se indicado pelo juízo deprecante o bem constrito ou se já devolvida a carta. Busca-se, assim, conferir maior eficiência à prática dos atos processuais, na medida em que o juiz deprecado está, em tese, mais próximo dos bens do terceiro executado.

Em razão das mudanças havidas no NCPC para os litígios envolvendo a Fazenda Pública, nova redação foi dada à **Súmula nº 303 do TST**. Foram apontados novos limites de valor de condenação contra a Fazenda Pública, cuja observância não enseja o duplo grau de jurisdição necessário. Diante da valorização dos precedentes no novo Código de Processo Civil, também foi ampliado o rol de hipóteses de decisões fundamentadas em súmulas, orientaçoes jurisprudenciais, decisões em incidente de resolução de demandas repetitivas, assunção de competência ou julgamento de recursos repetitivos, bem como entendimentos vinculantes firmados dentro de ente administrativo. Os itens III e IV, por sua vez, só foram modificados para se adequarem às mudanças havidas nos itens anteriores (I e II).

Já a modificação da **Súmula nº 192 do TST** apenas objetivou adaptar a redação da súmula às referências normativas do NCPC. A redação da Súmula nº 299 do TST também mudou para se adequar à menção ao respectivo artigo do NCPC.

Ainda tratando de ação rescisória, as **Orientações Jurisprudenciais nºs 25 e 150 da SBDI-II do TST** foram alteradas para fazer menção a artigos do Código de Processo Civil de 1973. Nesses casos, o entendimento consolidado na Súmula não se aplica aos processos que não transitaram em julgado sob a égide do Código Buzaid.

Sobre os embargos de declaração, restou cancelado o item II da **Orientação Jurisprudencial nº 142 da SBDI-I do TST**. Agora, toda decisão que acolhe embargos declaratórios com efeito modificativo é passível de nulidade se não for concedida oportunidade para a parte contrária se manifestar previamente a respeito dos embargos.

Tratando especificamente de entidades da Administração Pública Indireta estadual (APPA e MINASCAIXA), o Pleno do Tribunal Superior do Trabalho manteve a redação das **Orientações Jurisprudenciais nºs 13 e 87** da SBDI-I do TST. A primeira versa sobre elementos de admissibilidade recursal para a APPA. Exigem-se depósito recursal e custas para tal entidade da Administração indireta paranaense. A segunda permite a execução direta contra a APPA e a MINASCAIXA, diante da exploração de atividade eminentemente econômica.

### 2.1.2. Período compreendido entre janeiro e abril de 2017

À semelhança do que ocorreu no período precedente, também as mudanças jurisprudenciais havidas no período de janeiro de 2017 a abril de 2017 tiveram estreita relação com o início da vigência do novel Código de Processo Civil.

Em primeiro lugar, com o objetivo de adequar a jurisprudência trabalhista ao NCPC, o Tribunal Superior do Trabalho (TST), por meio da Resolução nº 217/2017, alterou a redação das **Súmulas nºs 402, 412, 414 e 418**. Modificou, ainda, a redação da **Orientação Jurisprudencial nº 140 da SBDI-I do TST**, que dispõe sobre o recolhimento insuficiente das custas processuais ou do depósito recursal e cancelou as **Orientações Jurisprudenciais nºs 284 e 285 da Subseção I da Seção Especializada em Dissídios Individuais**, que tratavam, respectivamente, da imprestabilidade da etiqueta adesiva para aferição da tempestividade, do carimbo do protocolo do recurso ilegível para aferição da tempestividade da petição recursal e da responsabilidade pelo recolhimento das contribuições social e fiscal, resultante de condenação judicial referente a verbas remuneratórias.

Nesse eito, a **Súmula nº 402 do TST** passou a determinar que, sob a vigência do NCPC de 2015 (art. 966, inciso VII), para efeito de ação rescisória, considera-se prova nova a cronologicamente velha, já existente ao tempo do trânsito em julgado da decisão rescindenda, mas ignorada pelo interessado ou de impossível utilização, à época, no processo. Ao substituir-se a expressão "documento novo" por "prova nova", promoveu-se um alargamento das hipóteses de cabimento de ação rescisória, já que documento é apenas um dos meios de prova admitidos em direito.

Remanesce na súmula, todavia, a informação de que não é prova nova apta a viabilizar a desconstituição de julgado:

a) sentença normativa proferida ou transitada em julgado posteriormente à sentença rescindenda;

b) sentença normativa preexistente à sentença rescindenda, mas não exibida no processo principal, em virtude de negligência da parte, quando podia e deveria louvar-se de documento já existente e não ignorado quando emitida a decisão rescindenda.

A **Súmula nº 412 do TST**, segundo a qual pode uma questão processual ser objeto de rescisão desde que consista em pressuposto de validade de uma sentença de mérito, passou a conter a expressão "sob a égide do CPC de 1973" a fim de delimitar sua incidência às ações rescisórias regidas pelo código revogado.

A **Súmula 414 do TST**, por sua vez, passou a admitir a obtenção de efeito suspensivo ao recurso ordinário mediante requerimento dirigido ao tribunal, ao relator ou ao presidente ou ao vice-presidente do tribunal recorrido, por aplicação subsidiária ao processo do trabalho do artigo 1.029, § 5º, do NCPC de 2015. Houve, pois, uma simplificação do procedimento, já que, até então, para a obtenção de efeito suspensivo a recurso, a ação cautelar era o meio próprio.

Manteve, no entanto, as seguintes diretrizes: a tutela provisória concedida na sentença não comporta impugnação pela via do mandado de segurança, por ser impugnável mediante recurso ordinário (item I, primeira parte da Súmula); no caso de a tutela provisória haver sido concedida ou indeferida antes da sentença, cabe mandado de segurança, em face da inexistência de recurso próprio (item II); e a superveniência da sentença, nos autos originários, faz perder o objeto do mandado de segurança que impugnava a concessão ou o indeferimento da tutela provisória (item III).

Nesse cenário, a **Súmula 418 do TST** passou a determinar que a homologação de acordo constitui faculdade do juiz, inexistindo direito líquido e certo tutelável pela via do mandado de segurança. Assim, foi retirada de tal jurisprudência a expressão "concessão de liminar".

Por fim, a **OJ nº 140 da SBDI-1**, com nova redação, agora determina que, em caso de recolhimento insuficiente das custas processuais ou do depósito recursal, somente haverá deserção do recurso se, concedido o prazo de 5 (cinco) dias previsto no § 2º do art. 1.007 do NCPC de 2015, o recorrente não complementar e comprovar o valor devido. Nesse mesmo sentido, a Resolução nº 218/2017 do TST revogou o parágrafo único do art. 10 da Instrução Normativa 39/2016 (IN 39/2016).

Antes, caracterizava-se a deserção em caso de diferença a menor do depósito recursal ou das custas, ainda que ínfima, desde que tal diferença tivesse expressão econômica à época da efetivação do depósito. Trata-se, à evidência, de medida que privilegia o princípio da primazia do julgamento de mérito consagrado pela novel codificação processual civil.

### 2.1.3. Período compreendido entre maio e agosto de 2017

Em junho de 2017, foram promovidas alterações jurisprudenciais publicadas por meio da Resolução nº 219/2017 do c. Tribunal Superior do Trabalho.

Ainda na esteira das alterações trazidas pelo NCPC, foi alterada a redação da **Súmula nº 398 do TST**, substituindo, como objeto da ação rescisória, o termo "sentença" pelo termo "decisão".

Isso se explica porque, com a nova legislação processual, foram dirimidas as dúvidas sobre o cabimento de ações rescisórias a fim de desconstituir decisões interlocutórias e decisões sem resolução de mérito. Nesse sentido, o artigo 966, §2º do novel esclareceu as hipóteses de rescisão em caso de decisão não meritória, transitada em julgado, que impeça (i) a propositura de nova demanda; e (ii) a admissibilidade do recurso correspondente.

Cumpre, ainda, ressaltar que esse dispositivo, assim como outros do novel, já estava sendo aplicado por força da IN 39/2016 do TST (artigo 3º, XXVI), porém sem força vinculante. A preocupação do Tribunal Superior do Trabalho, então, em alterar a súmula mencionada decorreu não só da necessidade de atualizar e adequar a jurisprudência trabalhista, mas também de conferir efeito vinculante às instruções desse c. Tribunal sobre a aplicação do NCPC, pacificando a discussão sobre seus efeitos.

Outrossim, foi alterada a **Súmula nº 459 do TST**, modificando apenas a remissão ao artigo do NCPC referente aos elementos essenciais da sentença. Nesse sentido, o NCPC inovou especialmente no que diz respeito à fundamentação, estabelecendo como parâmetro o rol do artigo 489, §1º, o qual esclarece em que casos uma decisão judicial não se considera fundamentada. Cumpre ressaltar, nesse tocante, que, em 2016, o TST estabeleceu, ainda que de forma não vinculante, interpretação restritiva a esse dispositivo (artigo 15 da IN 39/2016).

Por outro lado, foi editada a **Súmula nº 463 do TST**, não só em razão das alterações promovidas pelo NCPC, mas também em razão da consolidação do entendimento exposto na então **OJ nº 304 da SBDI-I** (cancelada na mesma oportunidade), acerca dos parâmetros para a concessão do benefício de assistência judiciária gratuita a pessoas naturais, inclusive no caso de requerimento formulado por advogado, e de pessoas jurídicas.

Nesse sentido, o entendimento consolidado ratifica o texto da orientação jurisprudencial nº 304 da SBDI-I do TST, no sentido de que se presume a miserabilidade jurídica quando declarada pela pessoa natural ou por seu patrono munido de procuração com poderes específicos para esse fim, por força do artigo 4º da Lei nº 1.060/50, alterado pela Lei nº 7.150/86.

Inovou, porém, a referida súmula, em consonância com o NCPC, ao consolidar o entendimento de que à pessoa jurídica deve ser concedido o benefício quando comprovada a situação de miserabilidade, inexistindo a referida presunção com base na simples alegação.

Ainda com relação à justiça gratuita, foi inserido o item II na **OJ nº 269 da SBDI-I do TST**, atendendo à lógica processual estabelecida no artigo 99, §7º do NCPC, segundo o qual a parte que requer a gratuidade de justiça quando do recurso não necessita comprovar o recolhimento do preparo, devendo somente fazê-lo no caso de indeferimento, em prazo fixado pelo relator.

Contudo, o cenário processual foi alterado não só em razão do NCPC, mas também em decorrência do cenário econômico então vigente. Nesse sentido, foi modificado o inciso V da **Súmula nº 368 do TST**, que dispõe sobre a aplicação de multa e sobre o termo inicial da incidência de juros de mora em relação a créditos previdenciários, observado o fato gerador das respectivas contribuições previdenciárias.

Nesse contexto, o ministro Alexandre Agra Belmonte, em seu voto no processo TST-E-RR-1125-36.2010.5.06.0171, esclareceu que, quanto à multa, "ela não incide retroativamente à prestação de serviços, e sim, por força de lei, a partir do exaurimento do prazo de citação para o pagamento, uma vez apurados os créditos previdenciários", sendo

> uma penalidade destinada a compelir o devedor à satisfação da obrigação a partir do seu reconhecimento, cujo pagamento incide a partir do vencimento do prazo previsto para o pagamento da contribuição que, nos termos do artigo 61, §1º, da Lei nº 9.430/96, tem início a partir do exaurimento do prazo de citação, observado o limite legal de 20% (art.61, §2º).

Observa-se, portanto, que, a partir de 2015, com a crise econômica brasileira, o Judiciário proferiu decisões como a acima mencionada, que iam de encontro ao interesse social, visando a ampliar a arrecadação fiscal e previdenciária.

Assim, com a acentuação da crise, em 2017, após reiteradas decisões, o Tribunal apenas ratificou seu entendimento então consolidado, alterando o inciso V da Súmula nº 368 (aglutinando a parte final da **OJ nº 363 da SBDI-I do TST** e cancelando-a), pacificando decisões proferidas em todo o território nacional, com relação à incidência de multa e ao termo inicial de aplicação de juros moratórios quando do inadimplemento previdenciário.

Ainda no que diz respeito aos reflexos econômicos do cenário nacional, a **Súmula nº 124 do TST** foi alterada, reduzindo, na prática, o valor da hora extra do empregado bancário. Cumpre mencionar, ainda, que essa modificação no entendimento jurisprudencial consolidado decorreu da nova sistemática de uniformização jurisprudencial estabelecida pelo NCPC: o microssistema de demandas repetitivas.

Nesse sentido, no julgamento do Tema Repetitivo nº 2, foram fixadas algumas teses, como a de que o número de dias de repouso semanal remunerado pode ser ampliado por convenção ou acordo coletivo de trabalho, em decorrência do exercício da autonomia sindical; que o divisor corresponde ao número de horas remuneradas pelo salário mensal, independentemente de serem trabalhadas ou não; e que o divisor aplicável para cálculo das horas extras do bancário, inclusive para os submetidos à jornada de oito horas, é definido com base na regra geral prevista no artigo 64 da CLT (resultado da multiplicação por 30 da jornada normal de trabalho), sendo 180 e 220, para as jornadas normais de seis e oito horas, respectivamente, independentemente de o sábado ser considerado, por meio de instrumento coletivo, descanso semanal remunerado.

Tendo em vista a ampla repercussão do julgado, entendeu por bem o TST modular os seus efeitos, aplicando-se a nova orientação aos processos em fase de liquidação, quando silentes sobre o divisor, e aos processos em curso, à exceção apenas daqueles com decisão de mérito sobre o tema, emanada de Turma do TST ou da SBDI-I, no período de 27 de setembro de 2012 a 21 de novembro de 2016.

Note-se que a modulação favoreceu especialmente as decisões julgadas em terceira instância, após a edição da antiga redação da Súmula nº 124 do TST e antes do julgamento do incidente de demandas repetitivas, privilegiando a segurança jurídica apenas em relação a esses casos. Assim, diferentemente de casos anteriores de modulação de efeitos, como quando da alteração da Súmula nº 191, o TST entendeu por bem aplicar à maioria dos processos a nova interpretação, menos benéfica ao trabalhador, privilegiando a redução do impacto econômico das decisões justrabalhistas no patrimônio dos estabelecimentos bancários em detrimento da segurança jurídica de trabalhadores que apresentaram ações e recursos calcados na jurisprudência anteriormente consolidada.

Por fim, foi cancelada a **OJ nº 287 da SBDI-I do TST**, em razão da nova lógica processual implementada pelo NCPC. Tal entendimento restou superado porque, diferentemente do novel, que privilegia a celeridade e a economia processual, exigia-se, antigamente, autenticação de verso e anverso de cópia com documentos distintos em uma mesma folha.

#### 2.1.4. Período compreendido entre setembro e dezembro de 2017

Em análise à Resolução nº 220, de 18 de setembro de 2017, depreende-se que a justificativa apresentada pelo Pleno do Tribunal Superior do Trabalho para a alteração das súmulas em questão diz respeito às modificações introduzidas pela Lei nº 13.105/2015 (NCPC), sendo, portanto, de natureza essencialmente processual.

Em linhas gerais, a Resolução nº 220 alterou a redação das Súmulas nº 337 do TST (Comprovação de Divergência Jurisprudencial) e nº 385 do TST (Feriado Local ou Forense); da Orientação Jurisprudencial nº 318 da SBDI-I do TST (Representação de Procuradores Municipais e Estaduais de Autarquias em juízo); Orientações Jurisprudenciais nºs 70, 76, 84, 134 ("Ação Rescisória"), 93 e 153 ("Penhora de Estabelecimento Comercial") da SBDI-II do TST. Ademais, a referida Resolução também cancelou a Orientação Jurisprudencial nº 113 da SBDI-II do TST.

A **Súmula nº 337 do TST**, que versa sobre a comprovação de divergência jurisprudencial, foi alterada para incluir o inciso V, a fim de estabelecer que a existência do código de autenticidade na cópia, em formato *pdf*, do inteiro teor do aresto paradigma, juntada aos autos, torna-a equivalente ao documento original e também supre a ausência de indicação da fonte oficial de publicação. Tal modificação foi introduzida com o intuito de facilitar a demonstração prática da comprovação da divergência jurisprudencial quando da juntada aos autos, evidenciando o alinhamento do Tribunal com a modernização tecnológica e a digitalização dos processos.

A **Súmula nº 385 do TST**, que trata de feriado local ou forense, foi também alterada em seus incisos I e III, de modo a refletir as modificações introduzidas pelo novo NCPC. Segundo a nova redação, incumbe à parte o ônus de provar, quando da interposição do recurso, a existência de feriado local que autorize a prorrogação do prazo recursal (art. 1.003, § 6º, do CPC de 2015). No caso de o recorrente alegar a existência de feriado local e não o comprovar no momento da interposição do recurso, cumpre ao relator conceder o prazo de 5 (cinco) dias para que seja sanado o vício (art. 932, parágrafo único, do CPC de 2015), sob pena de não conhecimento, se da comprovação depender a tempestividade recursal. Além disso, a referida súmula passou a restringir a possibilidade de reconsideração da análise da tempestividade do recurso, mediante prova documental superveniente, em agravo de instrumento, agravo interno, agravo regimental, ou embargos de declaração, apenas a casos nos quais não tenha havido concessão de prazo para a comprovação da ausência de expediente forense.

A Resolução nº 220/2017 também introduziu alterações à **Orientação Jurisprudencial nº 318 da Subseção I da Seção Especializada em Dissídios Individuais do TST**, a fim de estabelecer que os procuradores estaduais e municipais podem representar as respectivas autarquias e fundações públicas em juízo somente se designados pela lei da respectiva unidade da federação (art. 75, IV, do CPC de 2015) ou se investidos de instrumento de mandato válido.

No que concerne à **OJ nº 70 da SBDI-II do TST**, o Pleno do C. Tribunal Superior entendeu por alterá-la para prever que, sob a égide do CPC de 1973, o manifesto equívoco da parte em ajuizar ação rescisória no TST para desconstituir julgado proferido pelo TRT, ou vice-versa, implica a extinção do processo sem julgamento do mérito por inépcia da inicial. Não houve, em si, uma alteração substancial em sua redação, porém a OJ foi atualizada para prever a referência ao CPC antigo.

No tocante à ação rescisória, decidiu-se por alterar a **OJ nº 76 da SBDI-II do TST** para esclarecer que é indispensável a instrução da ação cautelar proposta sob a vigência do CPC de 1973 com as provas documentais necessárias à aferição da plausibilidade de êxito na rescisão do julgado. A referida OJ ainda determina que devem vir junto com a inicial da cautelar as cópias da petição inicial da ação rescisória principal, da decisão rescindenda, da certidão do trânsito em julgado da decisão rescindenda e informação do andamento atualizado da execução. A referida redação também faz referência expressa aos preceitos do CPC antigo.

Ainda na esteira da ação rescisória, foi modificada a **OJ nº 84 da SBDI-II do TST**. Assim, em fase recursal, verificada a ausência de qualquer dessas peças essenciais para a constituição válida e regular do feito, cumpre ao Relator do recurso ordinário à ação rescisória conceder o prazo de 5 (cinco) dias ao recorrente para complementar a documentação exigível, nos termos do art. 932, parágrafo único, do CPC de 2015. Antes, a ausência de qualquer delas implicaria a arguição, de ofício, da extinção do processo sem julgamento do mérito.

A **OJ nº 134 da SBDI-II do TST** prevê, ainda sobre ação rescisória, que a decisão proferida em embargos à execução ou em agravo de petição que apenas declara preclusa a oportunidade de impugnação da sentença de liquidação não é rescindível, por produzir tão somente coisa julgada formal.

Prevê a nova redação da **OJ nº 93 da SBDI-II do TST** que a penhora de parte de renda de estabelecimento comercial é admissível, sendo limitada a percentual que não comprometa o desenvolvimento regular de suas atividades, desde que não haja outros bens penhoráveis ou, havendo outros bens, eles sejam de difícil alienação ou insuficientes para satisfazer o crédito executado, na linha do art. 866 do Novo CPC.

Ainda sobre penhora, a **OJ nº 153 da SBDI-II do TST** foi atualizada de modo a definir que ofende direito líquido e certo a decisão que determina o bloqueio de numerário existente em conta salário, para satisfação de crédito trabalhista, ainda que o bloqueio seja limitado a determinado percentual dos valores recebidos ou a valor revertido para fundo de aplicação ou poupança.

Vale dizer que restou cancelada a **OJ nº 113 da SBDI-II do TST**, que entendia ser incabível medida cautelar para imprimir efeito suspensivo a recurso interposto contra decisão proferida em mandado de segurança, bem como a extinção de processo, sem julgamento do mérito, por ausência de interesse de agir, para evitar que decisões judiciais conflitantes e inconciliáveis passem a reger idêntica situação jurídica.

Por fim, em decorrência das discussões referentes à "reforma" trabalhista e sua iminente entrada em vigor, o TST iniciou os procedimentos para reanálise e revisão de 34 súmulas. Embora urgente e imprescindível para garantir a segurança jurídica no contexto da reforma trabalhista, a revisão das súmulas do TST foi adiada por tempo indeterminado pelo próprio presidente da Comissão de Jurisprudência, Walmir Oliveira da Costa, haja vista que a Lei nº 13.467/2017 teria, ironicamente, imposto obstáculos à revisão dos entendimentos dos Tribunais. Conforme podemos depreender da leitura do seu art. 702, a alteração das súmulas dependeria de (i) aprovação de pelo menos dois terços de seus ministros em pelo menos dez sessões diferentes em cada uma delas; (ii) sessões de julgamento sobre estabelecimento ou alteração de súmulas e outros enunciados de jurisprudência, que devem ser públicas, divulgadas com, no mínimo, trinta dias de antecedência, e devem possibilitar a sustentação oral pelo Procurador-Geral do Trabalho, pelo Conselho Federal da Ordem dos Advogados do Brasil, pelo Advogado-Geral da União e por confederações sindicais ou entidades de classe de âmbito nacional.

Tal dispositivo foi objeto de bastante polêmica e inclusive de ação direta de inconstitucionalidade, restando paralisada a revisão das súmulas do TST conquanto não pacificado a questão referente ao rito adequado para tanto.

### 2.2. Direito Material do Trabalho

Houve somente uma súmula sobre Direito Material modificada no período de novembro de 2016 até maio de 2017, por meio da Resolução nº 214/2016 do TST. As alterações da **Súmula nº 191 do TST** se deram em razão dos litígios envolvendo o adicional de periculosidade dos eletricitários após a entrada em vigor da Lei nº 12.470/2012. Antes, essa espécie de salário-condição tinha fundamento normativo na Lei nº 7.369/1985. Contudo, a Lei nº 12.470/2012 ab-rogou a lei de 1985 e se passou a tratar do adicional de periculosidade do eletricitário diretamente na CLT.

Ocorre que a CLT toma como base de cálculo para o adicional de periculosidade tão somente o salário básico, ao passo que a Lei nº 7.369/1985 autorizava a incidência sobre a globalidade salarial.

Posta tal diferença e para lidar com problemas de aplicabilidade da lei no tempo, foram inseridos os itens II e III na **Súmula nº 191 do TST**, cuja redação segue:

> II – O adicional de periculosidade do empregado eletricitário, contratado sob a égide da Lei nº 7.369/1985, deve ser calculado sobre a totalidade das parcelas de natureza salarial. Não é válida norma coletiva mediante a qual se determina a incidência do referido adicional sobre o salário básico.
>
> III - A alteração da base de cálculo do adicional de periculosidade do eletricitário promovida pela Lei nº 12.740/2012 atinge somente contrato de trabalho firmado a partir de sua vigência, de modo que, nesse caso, o cálculo será realizado exclusivamente sobre o salário básico, conforme determina o § 1º do art. 193 da CLT.

Diante da alteração da Súmula, não poderia sobrar outro caminho que não fosse o cancelamento da **Orientação Jurisprudencial nº 279 da SBDI-I do TST**.

## 2.3. As mudanças de jurisprudência do STF

No dia 14.9.2016, a ministra Carmen Lúcia, presidente do STF, estabeleceu uma "pauta-bomba", como carinhosamente chamada a ordem dos julgados daquele dia pelos juristas da área trabalhista.

A referida pauta consistia no julgamento dos seguintes processos:

- CC 7950 (relator: Min. Marco Aurélio);
- ADI 4842 (relator: Min. Edson Fachin);
- ADI 1625 (relator: Min. Maurício Corrêa). Vista: Min. Dias Toffoli;
- RE 658312 - segundo julgamento no recurso extraordinário (relator: Min. Dias Toffoli). Vista: Min. Gilmar Mendes;
- RE 760931 (relator: Min. Rosa Weber)
- Rcl 14996 (relator: Min. Cármen Lúcia). Vista: Min. Rosa Weber;
- Rcl 15342 (relator: Min. Cármen Lúcia). Vista: Min. Rosa Weber;
- Rcl 15106 (relator: Min. Cármen Lúcia). Vista: Min. Rosa Weber.

O CC 7950 tratava de conflito negativo de competência suscitado pelo Tribunal de Justiça do Rio Grande do Norte para julgar causa de servidor regido pela CLT e contratado, sem concurso público, antes da promulgação da Constituição Federal de 1988. Sob a relatoria do ministro Marco Aurélio, foi declarada a competência da Justiça do Trabalho para julgar a referida questão.

A ADI 4842, sob relatoria do Ministro Edson Fachin, entendeu constitucional a jornada de trabalho do bombeiro civil em 12 horas para cada 36 horas de descanso, com total de 36 horas semanais de trabalho, conforme será analisado mais detalhadamente a seguir.

O julgamento da ADI 1625, que versava sobre o Decreto 2.100/1996, por meio do qual o Presidente da República deu publicidade à denúncia da Convenção 158 da Organização Internacional do Trabalho, foi interrompido pelo pedido de vista do ministro Dias Toffoli.

No RE 658312, o Ministro Gilmar Mendes interrompeu o julgamento para pedir vistas do Recurso Extraordinário com Repercussão Geral no qual se discute a concessão de intervalo obrigatório de 15 minutos para mulheres, antes do início da prorrogação do horário normal

No RE 760931, sobre a Responsabilidade subsidiária da Administração Pública por encargos trabalhistas gerados pelo inadimplemento de empresa prestadora de serviço, o julgamento foi adiado por pedido da Relatora Ministra Rosa Weber.

Na Rcl 14996, a Ministra Rosa Weber interrompeu o julgamento para pedir vista do caso referente à condenação ao pagamento de obrigações trabalhistas inadimplidas por empresas contratadas, reconhecendo a responsabilidade subsidiária da Administração Pública. A Rcl 15342 e a Rcl 15106, ambas sobre a mesma matéria, também tiveram seu julgamento interrompido.

Em junho de 2017, o STF reconheceu a repercussão geral no RE 1023750, o qual versava sobre a eficácia da coisa julgada trabalhista após a transposição dos servidores para o regime jurídico-administrativo. Nesse caso, foi firmado o tema 951:

> 951 - Direito dos servidores federais às diferenças relacionadas ao reajuste de 47,11% sobre a parcela denominada adiantamento do PCCS (adiantamento pecuniário) após a mudança para o regime estatutário. O mérito do recurso extraordinário, porém, continua pendente de julgamento.

Em agosto de 2017, a Corte apreciou a ADI 907, reconhecendo a inconstitucionalidade de lei estadual do Rio de Janeiro, que previa a obrigatoriedade de um empacotador em supermercados, não por se tratar de questão legislativa trabalhista, afeta à competência da União, mas sim por ferir o princípio da livre iniciativa. Nesse sentido, entendeu-se que a providência imposta pela lei estadual foi inadequada, porque a simples presença de um empacotador em supermercados não é uma medida que aumente a proteção dos direitos do consumidor.

Merece destaque, ainda, o julgamento do RE 846854, no bojo do qual restou assentada, em agosto de 2017, a seguinte tese de repercussão geral: "A justiça comum, federal ou estadual, é competente para julgar a abusividade de greve de servidores públicos celetistas da Administração pública direta, autarquias e fundações públicas". Importa destacar que o caso concreto apreciado pela Suprema Corte cuidava apenas da greve de guardas municipais, porém a tese fixada ultrapassou os limites da controvérsia apresentada e criou uma regra geral e abstrata que retirou competência da Justiça do Trabalho.

Destaca-se, no que diz respeito à "reforma trabalhista", a apreciação do HC 145883, em que a Federação Nacional dos Servidores dos Judiciários nos Estados – FENAJUD – e outros obtiveram liminar para garantir seu direito de assistir e de se manifestar na votação da "Reforma" Trabalhista, agendada para o dia 11.7.2017 no Senado Federal. Embora deferida a liminar, cumpre ressaltar que a Ministra Carmen Lúcia, quando da decisão que determinou a expedição de salvo-conduto, limitou o direito obtido às condições de segurança e capacidade estabelecidas pela casa legislativa. Com o mesmo objeto, foram impetrados os HC 145904 e HC 145915.

Outrossim, às vésperas da votação do PLC nº 38/2017 no Senado, foi julgado o MS 34989, de relatoria da ministra Rosa Weber, em 10.7.2017. Nesse caso, o senador Paulo Paim e outros parlamentares impetraram MS em face do Presidente do Senado Federal, a fim de impedir a votação na casa legislativa, com base na inconstitucionalidade da proposta. Para isso, alegaram que havia "grave vício na tramitação da proposta legislativa, que não apresentava, até o momento, a devida estimativa de seu impacto orçamentário e financeiro, conforme estipula o art. 113 do

Ato das Disposições Constitucionais Transitórias". Entretanto, entendeu a Corte Suprema pela "impossibilidade de atuação jurisdicional na espécie, pautada na observância do princípio da separação de poderes, nesse momento processual". Assim, negou-se seguimento ao MS.

Por fim, o então Procurador Geral da República, Rodrigo Janot, em 28.8.2017, ajuizou a ADI 5766, apenas uma dentre as várias ações ajuizadas após a aprovação da "Reforma" Trabalhista no Senado, tratando especialmente da inconstitucionalidade em relação aos dispositivos que restringiriam a garantia à gratuidade de justiça. Requereu o PGR liminar para suspender a eficácia da expressão "desde que não tenha obtido em juízo, ainda que em outro processo, créditos capazes de suportar a despesa," (artigo 791-A, §4º da CLT) e da expressão "ainda que beneficiário da justiça gratuita" (artigo 844, §2º da CLT). A liminar e o mérito, porém, somente foram analisados em 2018, após a entrada em vigor da Lei nº 13.467/2017 (o que ocorreu em 11.11.2017).

## 3. DOUTRINA

Os anos de 2016 e 2017 não só foram repletos de mobilizações sociais, a exemplo da ocorrida no dia 15 de março de 2017 contra a "reforma" trabalhista, como também de manifestações dos setores intelectuais, as quais, massivamente, repudiaram as novidades legislativas, e analisaram, de forma crítica, o comportamento jurisprudencial das cortes trabalhistas e do STF.

Nesse tocante, tendo em vista a multiplicidade e relevância dos trabalhos produzidos na doutrina entre agosto de 2016 e dezembro de 2017, optou-se por destacar os cinco temas mais importantes e comentados nesse período, quais sejam a terceirização, o trabalho intermitente, o contrato de trabalho autônomo, o negociado sobre o legislado e o acesso à justiça.

### 3.1. Terceirização

Até o advento da Lei nº 13.467/17, a doutrina costumava apontar quatro espécies de limites jurídicos ao fenômeno da terceirização, quais sejam: a) limite pela inocorrência de subordinação e pessoalidade; b) limite pela especialidade dos serviços prestados; c) limite pelo nível da prestação de serviços; d) limite pela divisa entre atividade-meio e atividade-fim.

O primeiro decorre diretamente da aplicação dos arts. 2º, 3º e 9 da CLT, e do pressuposto de que a regra geral é o regime de emprego (art. 7º, inc. I, CRFB/88), ou seja, havendo subordinação e pessoalidade, deve prevalecer o contrato-realidade sobre os ajustes meramente formais, como está previsto no inc. I e na parte final do inc. III da Súmula nº 331 do TST.

O segundo limite, por sua vez, relaciona-se com o pressuposto lógico de que a vantagem econômica almejada pela contratante deve decorrer da especialização da empresa contratada, e não da sonegação de direitos trabalhistas. Um exemplo dessa vantagem seria a possibilidade de adquirir matéria-prima mais barata em razão da quantidade adquirida ser bem maior se comparada com aquela que seria adquirida por cada contratante.

É importante a visualização desse limite, pois, no Brasil, na prática, a terceirização vem atrelada à redução dos custos por meio da violação direta da norma trabalhista ou da criação de obstáculos a sua aquisição, como a imposição da alta rotatividade de mão-de-obra que impede, por exemplo, o gozo de férias anuais, reduz o período do aviso prévio proporcional e prejudica os depósitos de FGTS.

O terceiro limite indica que, quando se terceiriza a execução de um determinado serviço, deve-se procurar a transferência de uma atividade econômica que a empresa não possua o *know how* para executar. Busca-se, com esse limite, evitar a simples intermediação de trabalhadores por empresa interposta, isto é, o simples comércio de suor humano, vedado pelo art. 1º da Declaração da Filadélfia (Anexo da Constituição da OIT), o que, aliás, consta no inc. I da **Súmula nº 331 do TST**. As exceções estão na Lei nº 7.102/83 e no art. 455 da CLT. Majoritariamente entendeu-se que a Lei nº 13.429/17 não provocou qualquer modificação nesse cenário, pois, ao alterar a Lei nº 6.019/74, definiu contratante como a pessoa física ou jurídica que celebra contrato com empresa de prestação de serviços *determinados e específicos* (arts. 4º-A e 5º-A), ou seja, utilizou-se de critério já aceito na doutrina e, por isso, não enfrentou resistências.

Por fim, o mais polêmico dos limites é aquele que explora a divisão entre atividade-meio e atividade-fim da empresa. Como o limite visto acima, seu critério é a natureza do serviço contratado e seu fundamento normativo inspira-se na menção a "tarefas acessórias" constante no Decreto nº 200/67 e na Lei nº 5645/70 e consagrada no item III da **Súmula nº 331 do TST**. A princípio, parte da doutrina entendia que tal limite era mais operacional quando se tratava da chamada terceirização de pessoal, também conhecida por interna ou de serviços. Contudo, dificuldades eram enfrentadas nas hipóteses de terceirizações materiais ou externas. A distinção entre atividade-meio e atividade-fim não é verificada com a mesma facilidade quando pensamos no serviço de desenvolvimento de novas ferramentas para os *softwares* de controle de medicamentos que são vendidos para as farmácias.

Com o aprofundamento do processo de reestruturação produtiva e o redesenho da divisão internacional do trabalho, que envolvia, entre outros aspectos, a terceirizaçao das etapas da cadeia produtivas (*outsourcing*), e noções correlatas como *offshoring* e *downsizing*, essa divisa entre atividade-meio e atividade-fim foi ficando cada vez mais rarefeita até ser extinta pelas forças empresariais que elaboraram a Lei nº 13.429/17.

A menção do art. 5º-A da Lei nº 6.019/74 a "serviços relacionados a quaisquer de suas atividades, inclusive sua atividade principal" quis, a um só tempo, extinguir os dois últimos limites analisados. Contudo, há doutrina que reivindica a aplicação, ao menos, do terceiro limite, a partir do §1º do art. 5º, ao dispor que "É vedada à contratante a utilização dos trabalhadores em atividades distintas daquelas que foram objeto do contrato com a empresa prestadora de serviços."

Ora, o contrato de prestação de serviço deve prever a atividade que será objeto de execução e essa atividade, por imperativo lógico, deve ser específica e determinada, uma vez que padeceria de sustentação jurídica um contrato que contivesse cláusulas generalizantes a disfarçar mera intermediação de mão-de-obra. O objeto seria, sem dúvida, ilícito.

Além disso, extrai-se ainda que a norma jurídica impede qualquer traço de subordinação dos empregados terceirizados à empresa tomadora, vedando a esta o exercício de poder diretivo sobre a atividade daqueles trabalhadores, o que reforça o primeiro limite citado.

Assim, mesmo com a tentativa de retroceder nas conquistas sociais, ainda dispomos de instrumentos para combater a nefasta prática da terceirização.

### 3.2. Trabalho Intermitente

De acordo com o art. 443, *caput*, e § 3º, da CLT, o contrato de trabalho intermitente consiste num contrato empregatício cuja demanda por serviço é transitória e altamente volátil, podendo ocorrer, entre o período de atividade e de inatividade, horas ou meses, sem quaisquer limites para esses interregnos. Na prática, é o que tratamos como bico ou *freelancer*.

Embora aparentemente idealizado em situações cuja necessidade de trabalho é inconstante e variável, o legislador não limitou a aplicação da figura do trabalho intermitente para determinadas atividades que justifiquem a intermitência, havendo apenas excluído os aeronautas.

O contrato de trabalho intermitente deve ser celebrado por escrito e conter o valor do salário não inferior ao salário mínimo hora ou àquele devido aos demais empregados do estabelecimento que exerçam a mesma função. Já o pagamento deve ser realizado a cada fim do período da prestação e deve abranger remuneração, férias proporcionais com acréscimo de um terço, décimo terceiro salário proporcional, repouso semanal remunerado e adicionais legais, tudo mediante recibo com discriminação das verbas (art. 452-A e § § da CLT).

No mês em que não ocorra nenhum chamado, o empregado não receberá qualquer remuneração, pois nesse tipo de contrato o período de inatividade não configura tempo à disposição do empregador.

Ocorre que o artigo 7º, IV, da Constituição Federal, assegura um salário mínimo capaz de atender às necessidades básicas do trabalhador e de sua família e, segundo as Convenções 26 e 131 da OIT sobre salários, o Brasil, como Estado-membro ratificante, assumiu o compromisso de estabelecer um sistema que garanta o mínimo principalmente entre os grupos de trabalhadores cujos salários sejam muito baixos e careçam de proteção. Ademais, o art. 78 da CLT, desde 1943, prevê, partindo das premissas da remuneração digna e da assunção dos riscos da atividade pelo empregador, o parâmetro de um dia de salário para o trabalhador em relação de emprego contratado por tarefa ou por unidade de peça.

No entanto, afrontando toda a hierarquia normativa e a lógica do Direito laboral, o trabalho intermitente foi introduzido no nosso ordenamento sem observar um mínimo de padrão civilizatório.

Não se estabeleceu uma quantidade mínima de trabalho (e salário) a ser prestado dentro de um mês ou outro lapso temporal e tampouco limitação do uso a determinados tipos de atividades cuja dinâmica se coadune com a intermitência (por exemplo, a produção de eventos).

Houve uma subversão da figura do empregador, que, consoante os arts. 2° e 3º da CLT, é quem corre os riscos da atividade empresarial. Acrescente-se que, para o art. 966 do Código Civil, empresário é quem exerce profissionalmente uma atividade econômica organizada, detém os meios de produção e explora um ramo de negócio por sua conta e risco.

Quanto às férias, o contrato intermitente garante, a cada doze meses, o gozo de um mês sem convocação para o trabalho.

As interpretações conforme a Constituição e sistemática da CLT (arts. 130, 130-A, 131 e 132) sugerem que é a vigência do contrato o requisito para aquisição do direito às férias anuais. Todavia, a concessão de férias de um mês (e não de 30 dias), independentemente do tempo de atividade, parece desproporcional aos parâmetros previstos na CLT para os empregados contratados por tempo indeterminado e por jornada parcial.

Ademais, um trabalhador intermitente que tenha atendido a todos os chamados e se ativado por um total de doze horas no decorrer de um ano já terá, à época da concessão, recebido o adicional de um terço sobre essas horas trabalhadas (aproximadamente R$ 18,18, baseados em salário de R$ 1.000,00 e divisor 220) de forma antecipada, o que significa dizer que tais valores serão pagos de forma desatualizada, isto é, não levando em conta a remuneração na data da concessão do descanso, conforme preceituava a CLT, até então, para todos os contratos de trabalho. Dessa forma, não poderá usufruir propriamente do direito às férias, já que, além de ter a obrigação de se programar financeiramente para que os valores já pagos estejam à sua disposição no período de descanso, receberá menos do que efetivamente ganharia caso tivesse firmado um contrato de trabalho por tempo indeterminado. Não há, no contrato de trabalho intermitente, portanto, propriamente o direito do trabalhador à desconexão.

Além disso, se o empregado possuir vários contratos assinados sob a modalidade intermitente com outros empregadores, para aumentar suas chances de encontrar-se em atividade, nunca usufruirá verdadeiro descanso anual remunerado, porque a chance de coincidirem as férias de todos os trabalhos é quase nula.

Quanto aos chamados, a convocação deve acontecer com, no mínimo, três dias de antecedência, tendo o empregado o prazo curto de um dia útil para responder ao chamado, presumindo-se, no silêncio, a recusa. Aceita a oferta, no entanto, a parte que a descumprir deve pagar, em trinta dias, à outra 50% da remuneração que seria devida, permitida a compensação nesse prazo.

Nesse tocante, é necessário questionar se, na prática, o empregado exigiria a multa do seu empregador, caso fosse convocado e depois não lhe fosse apresentado o serviço. Importante salientar que a possibilidade de o empregador deduzir, na próxima remuneração, a multa que o empregado eventualmente vier a lhe dever não encontra paradigma na legislação comparada. Dessa forma, viola-se o artigo 9º da Convenção 95 da OIT, ratificada pelo Brasil, segundo o qual é proibido o desconto salarial cuja finalidade seja assegurar o pagamento direto ou indireto do trabalhador ao empregador.

Os recolhimentos para a Previdência Social e para o FGTS, por sua vez, deverão ser feitos pelo empregador, com base nos valores pagos no período mensal, e cópia do comprovante deverá ser entregue ao funcionário.

Na vigência da Medida Provisória nº 808/2017, o auxílio do empregado intermitente deveria ser pago pela Previdência Social desde o primeiro dia de sua incapacidade. Os primeiros quinze dias, em vez de pagos pelo empregador, ficariam a cargo do sistema público. O auxílio-maternidade, da mesma forma, haveria de ser pago diretamente pelo INSS. Referidas disposições, no entanto, tiveram a vigência encerrada.

O que o legislador não disse, em silêncio eloquente, é que o trabalhador que recebe o salário mínimo hora de R$ 4,34 terá de fazer uma contribuição adicional, caso não consiga receber o equivalente a um salário mínimo, de R$ 954,00 (salário mínimo então vigente na data de elaboração desta obra) ao fim de um mês, para fazer jus aos benefícios da Previdência Social, inclusive aposentadoria.

Apontadas as características desse contrato, resta a sensação de insegurança que ele por si só representa. Com exceção da exigência de forma escrita e a impossibilidade de se exigir exclusividade, não se vislumbra nenhuma outra garantia nesse contrato que salvaguarde o trabalhador.

Insta ressaltar que, para o intermitente, diferentemente do trabalhador avulso, não há previsão de levantamento de FGTS quando vierem longos períodos sem atividade, tal como previsto no art. 20, X, da Lei nº 8.036/90.

Na vigência da Medida Provisória nº 808/2017, o empregado que tivesse seu contrato de trabalho por prazo indeterminado extinto não poderia ser readmitido pelo mesmo empregador sob a forma de intermitente nos dezoito meses subsequentes à rescisão. Essa proibição também, atualmente, não mais subsiste.

Encontramos declarações de nomes de peso da doutrina nacional com críticas similares às empreendidas no texto, como: Maurício Godinho Delgado, Vólia Bomfim Cassar, Jorge Luiz Souto Maior, Valdete Souto Severo, Homero Batista Mateus da Silva, Guilherme Guimarães Feliciano, Estevão Mallet e Lênio Streck. Em sentido contrário, aparentemente sem ressalvas, encontramos Nelson Mannrich.

### 3.3. Contrato de Trabalho Autônomo

O contrato de trabalho autônomo se caracteriza como uma prestação de serviço por pessoa física sem qualquer subordinação em sua atividade, ou seja, o trabalhador possui plena liberdade para gerir o serviço e assume o risco do negócio.

A Reforma Trabalhista (Lei nº 13.467 de 2017) trouxe como novidade a regulamentação, no artigo 442-B da CLT, do trabalho autônomo, prevendo que a contratação do trabalhador autônomo, se cumpridas as formalidades legais, com ou sem exclusividade, de forma contínua ou não, afasta a qualidade de empregado.

Primeiramente, cabe criticar a previsão da possibilidade de exclusividade do trabalhador autônomo, uma vez que ofende a principal característica dessa modalidade de serviço que consiste na liberdade do trabalho. A Medida Provisória nº 808/2017 vedou a existência de cláusula de exclusividade e previu que o fato de o autônomo prestar serviço a único tomador não caracteriza vínculo de emprego. Ainda, a MP nº 808/2017 destacou que motoristas, representantes comerciais, corretores de imóveis, parceiros e trabalhadores de outras categorias poderiam firmar contratos de autônomos, desde que cumpridos os requisitos legais.

Segundo o texto da MP, o autônomo também poderia prestar serviço de qualquer natureza a outros tomadores que exerçam ou não a mesma atividade, sendo que tal prestação de serviço pode ocorrer sob qualquer modalidade de contrato de trabalho, inclusive como autônomo novamente.

A regra acima, caso a MP nº 808/2017 tivesse sido convertida em lei, poderia gerar debate na hipótese de os tomadores pertencerem ao mesmo grupo econômico em razão da figura do empregador único.

O autônomo poderia também recusar a prestação de serviço. Nesta hipótese, porém, seria possível a aplicação de cláusula de penalidade prevista em contrato. Tal cláusula se fundamenta na boa-fé contratual, podendo ofender, contudo, o princípio da liberdade de trabalho.

Na hipótese de estar presente a subordinação jurídica, poderia ser reconhecido o vínculo empregatício.

Como a Medida Provisória nº 808/2017 não foi convertida em lei ordinária, permanece em vigor apenas o dispositivo original do art. 442-B, caput, que estabelece que a contratação do autônomo, cumpridas por este todas as formalidades legais, com ou sem exclusividade, de forma contínua ou não, afasta a qualidade de empregado prevista no art. 3o da Consolidação das Leis do Trabalho.

### 3.4. Negociado sobre o Legislado

A Lei n. 13.467, proclamada em 13 julho de 2017 e em vigor desde novembro do mesmo ano, conhecida como Reforma Trabalhista, modificou uma série de dispositivos na Consolidação das Leis do Trabalho (CLT), um dos diplomas de maior relevo no âmbito do Direito do Trabalho.

Uma das principais mudanças no ordenamento jurídico laboral ocasionadas pelo surgimento da nova Lei envolve a controvérsia agora analisada do comumente chamado "negociado sobre o legislado", previsto nos artigos 611-A e 611-B da CLT.

Porém, não é de hoje que os brasileiros escutam a supracitada expressão. Já houve tentativas de alteração desse tema, seja no governo Fernando Henrique, seja no governo Lula.[7] No entanto, foi somente ao final de 2017, apoiada por pressões empresariais, que essa flexibilização se concretizou.[8]

Para H. M. B. da Silva, os defensores do "negociado sobre o legislado" utilizam-se de dois argumentos de teor constitucional a seu favor. *(i)* o reconhecimento como direitos trabalhistas dos acordos e convenções coletivas[9] e *(ii)* a possibilidade da majoração, compensação de jornada e da redução salarial através dos diplomas da negociação coletiva[10]. Ou seja, através da leitura dos incisos que autorizam essas possibilidades, constrói-se a seguinte linha de raciocínio: uma vez que o constituinte permite que os sindicatos possam promover a redução salarial, estes poderiam consentir outras formas de flexibilização dos direitos trabalhistas.[11] Este raciocínio é comumente conhecido como "quem pode mais, pode menos".

---

7 SILVA, Homero Mateus Batista da. *Comentários à reforma trabalhista*. 2. ed. São Paulo: RT, 2017. p.133.

8 Palavra utilizada neste texto como sinônimo do fenômeno de redução dos direitos laborais.

9 Art. 7, XXVI, Constituição da República Federativa do Brasil (CF):
*"São direitos dos trabalhadores urbanos e rurais, além de outros que visem à melhoria de sua condição social: (...)*
*XXVI – reconhecimento das convenções e acordos coletivos de trabalho; (...)".*

10 Previstos respectivamente no art. 7, XIV. XIII e VI da CF;

11 SILVA, Homero Mateus Batista da. *Comentários à reforma trabalhista*. 2. ed. São Paulo: RT, 2017. p.133.

Nesse contexto, surge o art. 611-A, caput: *A convenção coletiva e o acordo coletivo de trabalho têm prevalência sobre a lei quando, entre outros, dispuserem sobre: (...)*

Faz-se necessário tecer algumas considerações sobre o excerto: inicialmente salta aos olhos a expressão "entre outros". Conclui-se que o legislador, de forma expressa, informa que se trata de um rol meramente exemplificativo, e não taxativo, o que permite que a negociação coletiva esteja autorizada a prevalecer sobre a lei em outros aspectos que não somente os ali positivados.

Em outras palavras, o art. 611-A, ao afirmar que os incisos possuem caráter meramente exemplificativo, acaba por aumentar o conjunto de direitos laborais que possam a ser reduzidos ou mesmo suprimidos.

Outro claro exemplo desse fenômeno consiste na possibilidade de supressão dos direitos laborais sem o acompanhamento de uma vantagem compensatória (uma "contrapartida"). Isto é, percebe-se que o artigo 611-A, em seus diversos incisos, teve como intuito admitir a possibilidade de restringir os direitos laborais através dos instrumentos da negociação coletiva.[12]

No entanto, a despeito de estabelecer no art. 611-A, o qual refere-se aos direitos que podem vir a ser lesados através da negociação coletiva, um rol exemplificativo, o legislador optou por estabelecer, no art. 611-B, os direitos que não podem vir a ser objeto de convenção ou acordos coletivos de forma restrita (para tanto utilizou-se o advérbio "exclusivamente").[13]

De acordo com V. B. Cassar, tal decisão demonstra de forma clara a intenção do legislador de expandir ao máximo a flexibilização dos direitos laborais, com o escopo de reduzi-los.[14]

---

12 Art. 611-A § 2º Consolidação das Leis do Trabalho (CLT): *"A inexistência de expressa indicação de contrapartidas recíprocas em convenção coletiva ou acordo coletivo de trabalho não ensejará sua nulidade por não caracterizar vício no negócio jurídico."*.

13 Art. 611-B, *caput*: "Constituem objeto ilícito de convenção coletiva ou de acordo coletivo de trabalho, exclusivamente, a supressão ou a redução dos seguintes direitos: (...)".

14 CASSAR, Vólia Bomfim. BORGES, Leonardo Dias. *Comentários à Reforma Trabalhista*. São Paulo: Método, 2017. p. 75.

Nesta mesma linha segue H. M. B. da Silva, afirmando que a redação do referido dispositivo não refletiu a existência de outros fundamentos de caráter jurídico-legais que causam retraimento da própria negociação sindical. A título de exemplo: renúncia coletiva de direitos, restrições ou condicionantes à garantia de emprego da gestante, cláusulas com efeitos retroativos, entre outros.[15]

Ainda segundo o autor, torna-se insustentável afirmar que o art. 611-B compreenda um rol taxativo de matérias que devem ser mantidas fora do âmbito das convenções e acordos coletivos. Deve-se, portanto, interpretá-lo reconhecendo-se que existem outras restrições à negociação coletiva previstas, por exemplo, por dispositivos do próprio texto constitucional.[16]

Percebe-se que a opção legislativa pelo "negociado sobre o legislado", binômio aplicado hodiernamente de forma inquestionável, gera uma série de consequências nefastas aos obreiros: seja o enfraquecimento do princípio da indisponibilidade dos direitos trabalhistas, seja a dilapidação do princípio da prevalência[17], todas essas nada mais são do que desdobramentos de uma política de reiterados ataques aos direitos laborais, tendo como escopo pôr fim ao Direito do Trabalho como é conhecido hoje.

### 3.5. Acesso à Justiça do Trabalho

Diz-se acesso à justiça do trabalho, e não apenas acesso à justiça, em sentido amplo, em razão de as alterações promovidas pela Reforma Trabalhista (Lei nº 13.467/17) no instituto da justiça gratuita terem criado limites à garantia do amplo acesso à justiça na seara laboral, muito além dos previstos no Código de Processo Civil, norma geral que rege a matéria, como se verá ao longo deste estudo, com o claro intuito de reduzir as demandas propostas perante esta Justiça Especializada.

---

15 SILVA, Homero Mateus Batista da. *Comentários à reforma trabalhista*. 2. ed. São Paulo: RT, 2017. p. 143.

16 SILVA, Homero Mateus Batista da. *Comentários à reforma trabalhista*. 2. ed. São Paulo: RT, 2017. p. 143.

17 CASSAR, Vólia Bomfim. BORGES, Leonardo Dias. *Coment*ários à Reforma Trabalhista. São Paulo: Método, 2017. p. 76.

De fato, a inserção dos artigos 790-B, *caput* e § 4º, 791-A, § 4º, e 844, § 2º, na Consolidação das Leis do Trabalho (CLT), promovida pela Lei nº 13.467/17, trouxe diversos ônus aos beneficiários da justiça gratuita, em clara violação à assistência judiciária gratuita e ao amplo acesso à justiça, direitos fundamentais previstos na Constituição Federal de 1988 (art. 5º, incisos XXXV e LXXIV), sendo mais gravosos, inclusive, do que as disposições previstas no Código de Processo Civil.

A mudança inicial diz respeito ao critério de concessão do benefício da justiça gratuita na Justiça do Trabalho. Segundo a redação original do art. 790, da CLT, o benefício da justiça gratuita era concedido a todo aquele que percebesse salário "inferior ao dobro do mínimo legal", além daqueles que, percebendo salário maior, apresentassem declaração, sob as penas da lei, atestando a impossibilidade de demandar em juízo "sem prejuízo do sustento próprio e da família".

Com a alteração proposta no §3º do artigo 790 pela Lei nº 13.467/17, o critério para a concessão do benefício da justiça gratuita passou a ser a percepção de salário igual ou inferior a 40% do limite máximo dos benefícios do Regime Geral de Previdência Social. Considerando que o teto gira em torno de R$ 5.500,00 na atualidade, o valor representa, em média, R$ 2.200,00.

Ademais, o §4º do mesmo artigo dispõe que o benefício da justiça gratuita também será concedido àqueles que, mesmo recebendo salário superior ao limite acima, comprovem insuficiência de recursos para o pagamento das custas do processo. Parte da doutrina entende que o dispositivo retira a presunção de hipossuficiência e estabelece critério mais gravoso do que o previsto no NCPC, ao exigir uma comprovação por parte do trabalhador, ao passo que o §3º do artigo 99, do NCPC diz ser presumivelmente verdadeira a "alegação de insuficiência deduzida por pessoa natural".

As alterações promovidas nos arts. 790-B e 791-A, da CLT, por sua vez, estabelecem, em síntese, a responsabilidade pelo pagamento de honorários periciais e advocatícios de sucumbência, ainda que a parte seja beneficiária da justiça gratuita, autorizando, ainda, o uso de créditos trabalhistas decorrentes do processo em referência, ou mesmo de qualquer outro processo trabalhista que o beneficiário da justiça gratuita seja parte, para saldar as mencionadas verbas. Tais disposições não encontram qualquer correspondência no Código de Processo Civil.

No caso específico dos honorários advocatícios de sucumbência, o legislador reformista estabeleceu no §4º do art. 791-A, da CLT, que, caso não sejam localizados créditos trabalhistas suficientes para suportar a despesa, haveria a suspensão, em favor do beneficiário da justiça gratuita, de exigibilidade de seu pagamento, pelo prazo de dois anos do trânsito em julgado, de modo que estes somente poderão ser executados após o decurso referido prazo, se o credor demonstrar a perda da condição de insuficiência de recursos.

A doutrina majoritária entende não haver problema em se estabelecer uma condição suspensiva de exigibilidade ao beneficiário da justiça gratuita no processo do trabalho, se a exigência se der apenas no caso de perda da situação de insuficiência de recursos. Neste ponto, há disposição semelhante no Código de Processo Civil (art. 98, §3º, do NCPC), que estabelece o prazo de 5 (cinco) anos para a suspensão de exigibilidade das verbas de sucumbência.

A gravidade do teor da disposição prevista no §4º do art. 791-A, da CLT, reside no fato de que o legislador da reforma trabalhista traz uma condição para a própria suspensão da exigibilidade, condicionando-a à inexistência de créditos trabalhistas em montante suficiente para saldar os valores devidos a título de honorários advocatícios de sucumbência. Verifica-se, assim, que a regulamentação proposta, também neste ponto, é mais gravosa do que a norma geral prevista no NCPC.

Como se não bastasse, a reforma trabalhista impôs mais um ônus ao beneficiário da justiça gratuita, ao alterar o art. 844, da CLT, inserindo-se os §§ 2º e 3º da CLT, estabelecendo a obrigação de pagamento de custas processuais, quando o arquivamento da ação se der por ausência do reclamante à audiência inicial. Cria-se, assim, um óbice intransponível ao ajuizamento de nova ação por parte do trabalhador que não tem condições de arcar com esses valores, ao condicionar a propositura de nova demanda ao pagamento destas verbas.

Verifica-se, portanto, que as alterações promovidas pela Lei nº 13.467/17 ao instituto da gratuidade da justiça na seara trabalhista ignoram a própria condição de insuficiência de recursos que deu ensejo à percepção do benefício da justiça gratuita, esvaziando sobremaneira o instituto da gratuidade de justiça na seara laboral e trazendo óbices ao próprio acesso à justiça, vez que inviabilizam ao reclamante pobre a assunção desses elevados riscos advindos do processo. Não por outra razão que, segundo dados divulgados pelo Tribunal Superior do Trabalho, entre dezembro de 2017 e março deste ano, as ações trabalhistas reduziram em quase 50%.

Vale ressaltar que segundo leciona a melhor doutrina, a Constituição Federal de 1988 estabelece como direitos fundamentais o amplo acesso à justiça (art. 5º, inciso XXXV), sendo este, inclusive, condição sem a qual os demais direitos sociais não conseguem ser efetivamente exercidos, e a assistência jurídica integral e gratuita aos que comprovarem insuficiência de recursos (art. 5º, LXXV), esta abrangendo, segundo a Lei nº 1.060/50 e o Código de Processo Civil, todas as despesas do processo, incluindo-se os honorários periciais e os advocatícios de sucumbência. No caso dos trabalhadores, pessoas economicamente vulneráveis, que em sua grande maioria, buscam a Justiça do Trabalho na condição de desempregados, o acesso à justiça somente se torna possível com a "efetiva garantia da graciosidade dos atos judiciais – a chamada justiça gratuita".

Portanto, para a doutrina majoritária, incluindo-se como expoentes Mauricio Godinho Delgado, Gabriela Neves Delgado, Jorge Luiz Souto Maior e Valdete Souto Severo, os dispositivos analisados mostram-se materialmente inconstitucionais, por violarem os dispositivos supracitados, além de denotarem um caráter discriminatório ao cidadão trabalhador, vez que impõem a este maiores restrições ao acesso à justiça do que ao cidadão comum, que pleiteia perante a Justiça Comum.

## 4. LEGISLAÇÃO

### 4.1. A Reforma Trabalhista

A Reforma Trabalhista, como ficou conhecida a Lei nº 13.467/17, foi aprovada em 11.7.2017, com vigência a partir de 11.11.2017. O novel diploma trouxe diversas e profundas alterações no cenário trabalhista.

Capitaneado pelo Deputado Federal Rogério Marinho, o PL 6.787/16 foi apresentada à Câmara em 23.12.2016, fundamentado em cinco pontos, de acordo com sua própria exposição de motivos[18]: (i) necessidade de diminuir a tutela estatal sobre o contrato de trabalho, reduzindo a intervenção do judiciário sobre o resultado das negociações coletivas de trabalho, adequando o conceito de hipossuficiência ao período atual e à suposta força recentemente adquirida pelos entes coletivos; (ii) a regulamentação do art. 11 da Constituição Federal, que prevê a representação dos trabalhadores nas empresas, presumivelmente inspirado nas experiências de países como Alemanha, Espanha e França, a fim de criar "um ambiente colaborativo entre trabalhador e empresa"; (iii) a preocupação com o constante crescimento da demanda da esfera trabalhista do Poder Judiciário; (iv) a atualização do valor da multa administrativa para trabalhadores sem registro em CTPS, prevista no art. 47 da CLT; e, por fim, (v) a aguardada regulamentação da terceirização, que representou, na verdade, a guarida legal para liberalização de uma prática já instalada.

Contudo, o projeto foi modificado com a apresentação de 840 emendas[19], que tratavam de temas como "negociado x legislado", duração do trabalho, trabalho temporário, trabalho a tempo parcial, homologação da rescisão, férias, remuneração, depósito recursal, dentre outros. Ao final, o projeto apresentado em dezembro de 2016 com 11 artigos se tornou, em abril, um Projeto com mais de 100 artigos, que alterava mais de 200 dispositivos, dentre artigos e parágrafos, da CLT (PLC nº 38/17) e que foi aprovado pelas duas casas legislativas em menos de um ano, sob a pro-

18 BRASIL, Projeto de Lei nº. 6787, de 2016. Altera o Decreto-Lei nº 5.452, de 1º de maio de 1943 – Consolidação das Leis do Trabalho, e a Lei nº 6.019, de 3 de janeiro de 1974, para dispor sobre eleições de representantes dos trabalhadores no local de trabalho e sobre trabalho temporário, e dá outras providências. Em: CONGRESSO NACIONAL. Disponível em: <<http://www.camara.gov.br/proposicoesWeb/prop_mostrarintegra;jsessionid=C1BCE34DE9A097DF4A683DD5880721ED.proposicoesWebExterno2?codteor=1520055&filename=PL+6787/2016>>. Acesso em: 30 set. 2018.

19 CÂMARA NOTÍCIAS. Deputados apresentam 840 emendas à proposta de reforma trabalhista. Disponível em http://www2.camara.leg.br/camaranoticias/noticias/TRABALHO-E-PREVIDENCIA/526840-DEPUTADOS-APRESENTAM-840-EMENDAS-A-PROPOSTA-DE-REFORMA-TRABALHISTA.html Acesso em 30.9.2018.

messa de que, em Medida Provisória, o Presidente Michel Temer viria a modificar pontos polêmicos[20].

A fim de legitimar a pretendida reforma, popularizou-se o jargão da necessidade de "modernizar" a legislação trabalhista, pois os 70 anos da CLT estariam impedindo a criação de novos empregos e tornando o ambiente de negociação inseguro[21]. Na mesma linha, integrou o discurso oficial dos defensores da reforma o argumento de que a alteração iria incrementar a produtividade das empresas, deixando o mercado de trabalho "menos engessado", de acordo com próprio Ministro da Fazenda[22]. Além disso, setor do empresariado brasileiro, que acredita defender o liberalismo econômico, arriscou advogar a favor da reforma trabalhista em nome do ganho de competitividade, porquanto o país, dentre 190 participantes, figurava na 125ª posição do ranking *Doing Business*, que mede a facilidade de se fazer negócios em cada país[23].

Enfim, no período que mediou entre a apresentação do projeto, sua aprovação nas duas casas do legislativo e a sanção presidencial, surgiram as mais diversas linhas argumentativas, muitas não representavam qualquer novidade, apenas encontraram um terreno mais fértil em razão da conjuntura política, social e ideológica favorável, reforçada pelo contexto de crise econômica. O movimento político-ideológico em torno da flexibilidade dos direitos trabalhistas não é novidade, nem mesmo no Brasil, pois sua vetusta retórica costuma povoar o cenário jurídico de tempos em tempos.

---

20 SEVERO, Valdete Souto; SOUTO MAIOR, Jorge Luiz. Manual da Reforma Trabalhista. Pontos e Contrapontos. Editora Sensus: Porto Alegre - São Paulo, 2017, p. 13.

21 GOVERNO FEDERAL. Modernização da CLT vai dar mais segurança e gerar mais empregos. Governo do Brasil, 11 maio 2017. Disponível em: <<http://www.brasil.gov.br/economia-e-emprego/2017/05/modernizacao-da-clt-vai-dar-mais-seguranca-e-gerar-mais-empregos>>. Acesso em 30 set. 2018.

22 VENTURA, Manoel. Reforma trabalhista vai gerar empregos e aumentar produtividade, diz Meirelles. O Globo, 13 jul. 2017. Disponível em: <<https://oglobo.globo.com/economia/reforma-trabalhista-vai-gerar-empregos-aumentar-produtividade-diz-meirelles-21586177>>. Acesso em: 30 set. 2018.

23 ISTOÉ DINHEIRO. Reforma trabalhista vai melhorar competitividade do Brasil, diz dono da Riachuelo. Istoé Dinheiro, 11 nov. 2017. Disponível em: <<https://www.istoedinheiro.com.br/reforma-trabalhista-vai-melhorar-competitividade-do-brasil-diz-dono-da-riachuelo/>>. Acesso em 30 set. 2018.

Os patronos da causa da flexibilidade total e irrestrita sustentaram que os direitos sociais dos trabalhadores seriam o percalço para a introdução da economia nacional no mercado globalizado, assim como para a sua atratividade ao capital financeiro e que, portanto, não poderia existir tamanha rigidez normativa[24].

Com efeito, sustentaram que a economia moderna e de mercado globalizado, demandaria regras trabalhistas flexíveis, propiciando constantemente modificações, conforme a exigência do mercado, permitindo maior criação de empregos e melhoria de salários.

Os arautos da desregulamentação, por sua vez, colaboraram fortemente para a construção desse discurso e chegaram a afirmar que o principal atributo para quem vive do trabalho não é mais estar "empregado", o que representa estar amparado por toda a legislação protetiva dos seus direitos, mas sim o conceito de capacidade de estar "ocupado", ainda que sem nenhuma proteção da legislação social (sem direitos trabalhistas e previdenciários), engrossando o enorme contingente da economia informal.

Por outro lado, havia setores sociais que defendiam uma sorte de argumentos relevantes para o enfrentamento às mudanças propostas, e da maneira como o foi. Grosso modo, visualizam nessas mudanças uma efetiva perda de direitos sociais capaz de nos fazer retroceder a um período pré-regulatório[25], e denunciaram que sua aprovação representaria a legalização de práticas combatidas há anos pelos órgãos de proteção do trabalho, a exemplo da pejotização, da terceirização fraudulenta e da jornada variável.

Comparecem ainda, argumentos que identificam no reconhecimento pela ordem jurídica de certos direitos aos trabalhadores (tais como limi-

24 MORAES JÚNIOR, Flávio. Flexibilização dos direitos trabalhistas e o princípio da proibição do retrocesso. 2015. 169 f. Dissertação para obtenção do Título de Mestre – Faculdade De Direito do Sul de Minas, Pouso Alegre, 2015

25 HONÓRIO, Cláudia; OLIVEIRA, Fabrício Gonçalves. Retrocesso sem precedentes: a reforma trabalhista e os danos extrapatrimoniais. Justificando, 14 ago. 2017. Disponível em: <http://justificando.cartacapital.com.br/2017/08/14/retrocesso-sem-precedentes-reforma-trabalhistae-os-danos-extrapatrimoniais/>. Acesso em 30.09.2018.

te de jornada, férias remuneradas, décimo terceiro) verdadeiras conquistas da classe trabalhadora e que, por isso, sua retirada seria antijurídica[26].

Relevante, igualmente, a desmistificação do alegado anacronismo da regulação trabalhista ao lembrar que, desde a sistematização dos textos normativos na CLT, dos 921 artigos originários, restaram apenas 188 com a sua redação original, sendo que praticamente nenhum deles prevê custos ao empregador. Além disso, desmente a alegação de obsolescência da CLT o fato de que, dos 188 artigos originais, isto é, que podem ser considerados cronologicamente antigos, apenas 7 foram atingidos pelo PL nº 6.787/2016[27].

Além do prazo extremamente diminuto com que a Reforma foi aprovada, outros aspectos foram alvos de crítica da população e dos operadores do Direito, tais como o escasso debate travado na sociedade sobre o seu conteúdo, a ausência de participação popular na elaboração da proposta e os graves retrocessos alcançados. Outrossim, a MP 808, editada pelo Presidente Michel Temer para regular questões polêmicas apontadas pelo Senado perdeu sua vigência, mantendo-se o texto originalmente sancionado.

### 4.2. Alterações legislativas progressistas

Inicialmente, serão apresentadas as alterações legislativas que representaram aumento, ainda que discreto, no conjunto de garantias dos trabalhadores.

#### 4.2.1. Suspensão de prazos processuais

A Lei nº 13.363, de 25 de novembro de 2016, incluiu no rol do artigo 313 do Novo Código de Processo Civil - NCPC duas novas causas

26 CARELLI, Rodrigo de Lacerda. Os 5 mitos da Justiça do Trabalho. Artigo publicado em 7/09/2016. Disponível em: http://jota.info/os-5-mitos-da-justica-trabalho, acesso em 30.09.2018

27 SOUTO MAIOR, Jorge Luiz. A quem interessa essa "reforma" trabalhista? Disponível em: <https://www.jorgesoutomaior.com/blog/a-quem-interessa-essa-reforma-trabalhista>. Acesso em 19.1.2019.

de suspensão de prazos. Foram elas: o *parto ou a concessão de adoção, quando a advogada responsável pelo processo constituir a única patrona da causa (inciso IX)*; e *quando o advogado responsável pelo processo constituir o único patrono da causa e tornar-se pai (inciso XX)*. Apesar de o NCPC reger o processo comum, os dispositivos em tela se aplicam ao processo do trabalho diante da omissão e compatibilidade com o processo trabalhista e veiculam inegável melhoria na condição de trabalho dos profissionais da advocacia.

### 4.2.2. Gorjetas

Em 13 de março de 2017, a Lei nº 13.419, conhecida como Lei das Gorjetas, modificou a redação do §3º[28] e acrescentou os parágrafos 4º a 11 ao art. 457 da Consolidação das Leis do Trabalho - CLT. Ela trouxe mudanças interessantes, tais como a titularidade do empregado sobre os respectivos valores, a obrigatoriedade de registro na CTPS, os critérios de rateio e a possibilidade de incorporação ao salário. Tais dispositivos, porém, foram precocemente revogados, provavelmente por erro de técnica legislativa, em sua quase totalidade, pela Lei nº 13.467/17, aprovada em 13 de julho de 2017, mantendo-se apenas o §4º, com redação modificada.

Numa tentativa de resgatar a regulação introduzida pela Lei nº 13.419, a MP 808, de 14 de novembro de 2017, incluiu os §§ 11 a 21 ao mesmo artigo 457 com redação idêntica aos antes revogados §§ 4º a 11. Contudo, referida medida provisória não foi convertida em lei e perdeu sua vigência em 23 de abril de 2018. Na redação atual da CLT, portanto, apenas o §3º (incluído pela Lei nº 13.419/17) e o §4º (modificado pela Lei nº 13.467/17) permanecem em vigor.

### 4.2.3. Aprendizagem

Ainda em 13 de março de 2017, foi aprovada a Lei nº 13.420, cuja principal alteração foi a inclusão das entidades de prática desportiva

---

28 "Art. 457, §3º: Considera-se gorjeta não só a importância espontaneamente dada pelo cliente ao empregado, como também o valor cobrado pela empresa, como serviço ou adicional, a qualquer título, e destinado à distribuição aos empregados.

filiadas ao Sistema Nacional do Desporto e aos Sistemas de Desporto dos Estados, do Distrito Federal e dos Municípios no rol de entidades que podem suprir a demanda dos estabelecimentos (artigo 429, caput da CLT) quando os Serviços Nacionais de Aprendizagem (Senai, Senac, Senat...) não oferecerem cursos ou vagas suficientes para atendê-la (inc. III no art. 430 da CLT).

#### 4.2.4. Migração

Por sua vez, a Lei nº 13. 445, de 24 de maio de 2017, instituiu a Lei de Migração. A substancial mudança de eixo no tratamento jurídico da questão do labor do migrante é facilmente verificada quando se faz o cotejo da nova lei com o revogado Estatuto do Estrangeiro. Enquanto este prescrevia que sua aplicação deveria atender precipuamente à defesa do trabalhador nacional (art. 2º), mandamento, aliás, que encontrava respaldo na CLT (vide as disposições discriminatórias dos arts. 349, 354 e 358), aquela adota como princípio da política migratória brasileira a *inclusão social, laboral e produtiva do migrante* por meio de políticas públicas (art. 3, inc. X).

De relevo destacar, ainda, a possibilidade de concessão de um visto temporário para os migrantes que vêm ao Brasil em busca de trabalho (artigo 14, I, "e"). A entrada regular em território nacional dos principais fluxos migratórios torna o migrante menos suscetível à ação de redes criminosas que exploram seu trabalho, valendo-se odiosamente de sua situação irregular, como comumente verificado entre as vítimas de trabalho em condições análogas às de escravo.

#### 4.2.5. Proteção à maternidade

Digna de nota foi a promulgação da Lei nº 13.509, de 22 de novembro de 2017, que, dentre outras medidas, alterou os artigos 391-A, 392-A e 396 da CLT.

A novel legislação estendeu a garantia provisória de emprego da gestante para o empregado adotante ao qual tenha sido concedida guarda provisória para fins de adoção (parágrafo único do art. 391-A da CLT, incluído pela nova Lei).

Ainda, passou a garantir a licença maternidade em casos de adoção ou obtenção de guarda judicial não só de crianças, mas também de adolescentes (art. 392-A da CLT).

Por fim, os dois descansos especiais para amamentação, de meia hora cada um, aos quais faz jus a mulher que deu à luz, foram estendidos também para os casos de adoção (art. 396 da CLT). As medidas são salutares e promovem a igualdade substancial entre o filho adotado e o não adotado, em observância à proteção constitucional constante no art. 227 da CRFB. Do mesmo modo, reduzem, ainda que sutilmente, a discriminação sofrida pela mulher no mercado de trabalho, considerando que o adotante que usufruir dos descansos e licença pode ser tanto do sexo feminino quanto do sexo masculino.

### 4.3 Alterações legislativas regressivas

Esses parcos avanços legislativos, no entanto, não traduzem com precisão o que o período de agosto de 2016 a dezembro de 2017 representou para a classe trabalhadora.

A esmagadora maioria das alterações legislativas ocorridas nesse ínterim teve por desiderato precípuo a liberalização do mercado de trabalho e a redução de direitos e garantias individuais trabalhistas.

Tais são as inovações legislativas apresentadas doravante.

#### 4.3.1. Responsabilidade por dano extrapatrimonial

O legislador constituinte originário erigiu a reparação por danos morais ao patamar de direito fundamental (artigo 5º, V e X, CRFB).

A CLT, até recentemente, era omissa quanto à temática, o que importava na aplicação subsidiária do Código Civil. A Lei nº 13.467, de 13 de julho de 2017, inovou ao disciplinar, no título II-A - artigos 223-A a 223-G da CLT -, os danos imateriais nas relações de trabalho. Porém, a referida regulamentação possui regramentos de constitucionalidade duvidosa.

Nesse viés, impende destacar a latente inconstitucionalidade do artigo 223-A da CLT, ao expressamente restringir a normatividade do dano extrapatrimonial na seara trabalhista às disposições contidas no Título II-A da CLT. Macula-se, a um só tempo, o princípio da vedação ao retrocesso social, o princípio da norma mais favorável, a teoria do diálogo das fontes e a subsidiariedade do direito comum como fonte do ramo justrabalhista.

Contudo, é o artigo 223-G, § 1º, da CLT, que suscita mais perplexidade ao tarifar a reparação por danos morais em múltiplos do salário contratual do trabalhador lesionado. Tal norma propicia situações absurdas do ponto de vista prático, por exemplo: como explicar a possibilidade de dois colegas de trabalho sofrerem o mesmo ato lesivo a direitos da personalidade e a reparação por danos morais de um deles ser superior à reparação do outro tão somente em razão de um deles receber maior salário? É como se o legislador afirmasse que, quanto maior o salário, maior será também a dignidade do trabalhador.

É irrefutável, pois, que o art. 223-G, § 1º, da CLT afronta uma coleção de dispositivos constitucionais, tais como: a dignidade humana (art. 1º, III), a vedação à discriminação (art. 3º, IV) e o princípio da isonomia (art. 5º, *caput*, CRFB).

Nesse viés, é oportuno relembrar que a Declaração Universal dos Direitos Humanos dispõe que todos os homens nascem iguais em direitos e dignidade. Já a moral kantiana determina que, sendo os homens dotados de dignidade, cada indivíduo seja tratado como um fim em si mesmo, nunca como meio. Assim, precificar a violação aos direitos da personalidade dos trabalhadores em múltiplos de salário importa em monetizar a própria dignidade do trabalhador, tratando-os como meios, não como fins em si mesmo.

Diante do exposto, é cristalina a inconstitucionalidade do art. 223-G, § 1º, da CLT. Ademais, é oportuno lembrar que o STF (RE n. 396386) e o STJ (Súmula 281) já reconheceram a inconstitucionalidade da tarifação do dano moral outrora prevista na Lei de Imprensa.

#### 4.3.2. Exposição da gestante a condições de insalubridade

A Lei nº 13.287/2016 prestigiou o princípio da igualdade material ao inserir o art. 394-A na CLT, que determinava o afastamento da mulher de atividade insalubre durante a gestação e a lactação. Contudo, a Lei nº 13.467/2017 alterou o referido dispositivo para restringir a obrigatoriedade do afastamento apenas para o caso da gestante que labora em atividade insalubre de grau máximo, de forma que as gestantes que laboram em atividades enquadradas nos demais graus de insalubridade e as lactantes apenas serão afastadas se assim for recomendado por seu médico de confiança.

Critica-se o fato de a lei ter atribuído tal incumbência ao médico de confiança da mulher. Isso porque a empregada, ante sua condição de hipossuficiência e com medo de sofrer represálias, pode optar por nem procurar seu médico. Ademais, o obstetra não é profissional habilitado para aferir os riscos de um meio ambiente de trabalho insalubre (que sequer conhece!) no desenvolvimento do nascituro ou do lactente. A limitação da proteção à gestante e à lactante perpetrada pela Reforma Trabalhista vai de encontro à dignidade – fundamento da República brasileira – e ao direito social da saúde tanto da mulher como das futuras gerações.

Assim, o caráter retrógrado da atual redação do art. 394-A da CLT é inconteste e implicou flagrante afronta ao princípio da vedação ao retrocesso social – base dos Direitos Humanos e previsto no art. 7º, *caput*, da CRFB e no Pacto de San José da Costa Rica (ratificado pelo Brasil) – o que torna questionável sua constitucionalidade.

### 4.3.3. Escala 12 x 36

A Lei nº 13.467/2017 alterou a CLT passando a disciplinar a escala de trabalho de 12 horas de trabalho por 36 horas de descanso abrangendo a generalidade dos trabalhadores, acrescentando o art. 59-A no texto celetista.

Anteriormente, a jornada 12x36 era prevista apenas para profissões específicas, como os bombeiros civis (Lei nº 11.901/2009), os motoristas profissionais (Lei nº 12.619/2012) e os empregados domésticos (Lei Complementar nº 150/2015).

No âmbito jurisprudencial, o Colendo Tribunal Superior do Trabalho - TST entendia pela sua validade – em caráter excepcional – na

Súmula nº 444, desde que prevista em lei ou ajustada exclusivamente mediante Acordo Coletivo de Trabalho ou Convenção Coletiva de Trabalho.

Não obstante, à luz do artigo 7º, inciso XIII, da Constituição Cidadã, é questionável a constitucionalidade da jornada 12x36 tal qual prevista pelo art. 59-A da CLT. Isso porque, embora o STF tenha se manifestado pela sua constitucionalidade (ADI 4842), considerando a jornada mais benéfica ao empregado, estudos apontam que os acidentes de trabalho ocorrem, majoritariamente, em razão da jornada excessiva[29]. Assim, o sobrelabor contribui sobremaneira para a ocorrência de acidentes, assim como pelo maior desgaste físico e mental do próprio empregado.

Não se pode olvidar que o constituinte de 1988 consagrou o princípio da melhoria da condição social a todos os trabalhadores (artigo 7º, *caput)* e erigiu como direito fundamental a jornada de 8 horas diárias com o limite semanal de 44 horas de trabalho (artigo 7º, XIII).

A jornada de trabalho é tema afeto à saúde e segurança do trabalhador e é por tal motivo que se limita sua duração. O direito à saúde constitui direito social (artigo 6º da CRFB), sendo, portanto, direito fundamental e, por consequência, cláusula pétrea.

Nesta monta, entende-se que a jornada 12x36 deve ser admitida apenas em caráter excepcional. Ocorre que artigo 59-A nada menciona a respeito da excepcionalidade da jornada 12x36. E não só. O dispositivo possibilita, ainda, a supressão do intervalo para repouso e alimentação, e, por corolário, consagra o turno ininterrupto de 12 horas de trabalho, ante a previsão expressa de que serão "observados ou indenizados os intervalos para repouso e alimentação".

Além disso, excluiu a remuneração do descanso semanal remunerado e dos feriados, em dobro, prevista na redação da Súmula nº 444 do TST, considerando compensados os feriados e as prorrogações do trabalho noturno, violando, assim, o artigo 7º, IX e X, da CRFB.

29 CONJUR. Jornada excessiva de trabalho provoca acidentes. Por Cláudio Mascarenhas Brandão. Disponível em: <https://www.conjur.com.br/2009-out-20/jornada-excessiva-trabalho-provoca-acidentes-tira-dignidade>. Acesso em 30.9.2018

O legislador, de modo temerário, autorizou a prorrogação da jornada de trabalho nas atividades insalubres (artigo 60, parágrafo único da CLT), contrariando, assim, toda a proteção afeta à saúde, higiene e segurança do trabalho, em afronta direta ao artigo 7º, XXII, da Constituição Cidadã.

Com efeito, o trabalho insalubre e o labor extraordinário – isoladamente considerados – são nocivos à saúde do trabalhador, de modo que a combinação destas condições pode causar danos inestimáveis a longo prazo.

Conclui-se, então, que, embora numa análise meramente matemática, *a priori*, a jornada 12x36 pareça mais benéfica ao trabalhador, considerando a média semanal de 42 horas de trabalho, ela em nada contribui, tampouco compensa a saúde do trabalhador, apesar de ser, por ironia, modalidade de regime de compensação.

### 4.3.4. Terceirização

A Lei nº 13.429/2017 inseriu, na lei do trabalho temporário – Lei nº 6.019/1974 –, a figura da "empresa prestadora de serviços a terceiros".

Ao prever capital social mínimo (art. 4º-B), a lei ignorou propositalmente que não há fiscalização sobre a constituição de empresas e que o capital social é declarado unilateralmente. Não trouxe, ainda, quaisquer outros critérios de verificação [uma ausência notável!], pelo tomador dos serviços, das obrigações [notadamente trabalhistas e previdenciárias] da prestadora (indo aquém, por exemplo, de mínimos parâmetros já existentes no setor público, *ex vi* do art. 29, IV e V, e art. 31, I a III, da Lei nº 8.666/1993, que devem ser mantidos durante toda a execução contratual, de acordo com o art. 55, XIII, da mesma lei).

Não o bastante, fixou no texto legal cláusula para os contratos de prestação de serviços a terceiros em que se prevê a questionável responsabilidade "subsidiária" (art. 5º-A, § 5º). Ora, até mesmo o Código Civil a prevê em hipóteses muito específicas (arts. 997, inc. VIII, 1.091 e 1.744, inc. II), sendo dispensável sua previsão contratual. Cabe lembrar, também, que, para o poder público, a responsabilidade em relação às obrigações trabalhistas já era considerada subsidiária, não automática (RE 760931), mas solidária em relação às obrigações previdenciárias da empresa interposta (Lei nº 8.666/1993, art. 71, § 2º), sendo desnecessária a "nova" previsão legal.

Por outro lado, a lei da terceirização lei acabou, porém, não consagrando expressamente a terceirização da atividade-fim, quiçá por atecnia legislativa de seus redatores, porquanto lançou mão da expressão "serviços determinados e específicos".

Logo em seguida (pouco mais de três meses), contudo, a famigerada Lei nº 13.467/2017 fez constar, na Lei nº 6.019/74, agora, sim, expressamente, a terceirização das atividades-fim, transfigurando-a em intermediação de mão-de-obra (que a Declaração da Filadélfia já ostensivamente vetava desde 1944), franqueando a entrega de "quaisquer de suas atividades, inclusive sua atividade principal". Admitiu, sem ressalvas, a quarteirização e a formação de uma cadeia infindável de subcontratações (art. 4º-A, § 1º).

Em dispositivo de discutível constitucionalidade, a igualdade remuneratória entre empregado próprio e terceirizado passou a ser questão de cláusula empresarial (art. 4º-C, § 1º), relegando a garantia proclamada até em pactos internacionais a uma concessão patronal. Criou um período de quarentena de 18 meses, exceto na aposentadoria, para a migração [forçada] de uma contratação trabalhista típica para uma precarizada/pejotizada (arts. 5º-A e 5º-C). Desestruturou, também, o arranjo sindical, que passou expressamente a ser aferido pelo empregador e não pelo tomador de serviços.

A constitucional previsão de valorização do trabalhador pela progressividade da tutela dos direitos sociais trabalhistas e a própria finalidade do Direito do Trabalho, enquanto disciplina jurídica autônoma, levaria qualquer agente jurídico a criticar/barrar os despropósitos da lógica "terceirizante", como posta, valendo destacar que seus efeitos desembocam, invariavelmente, na exorbitância da cruenta desigualdade social já reinante no país.

### 4.3.5. Trabalho intermitente

Em um momento de crescimento da economia colaborativa, o Poder Legislativo, por meio da Lei nº 13.467/2017, aumentou o tempo do empregado à disposição do empregador e a mais valia do empresário. Explica-se.

De acordo com a doutrina dominante, a contratação de empregado para prestação de trabalho intermitente rompe com o paradigma de obrigações contratuais no âmbito do Direito do Trabalho, pois no contrato intermitente atenua-se a obrigação do empregador de prover o trabalho e, consequentemente, de prover o salário, desafiando a configuração dos próprios elementos da relação de emprego, como onerosidade, subordinação e não eventualidade.

No contrato de trabalho intermitente, não existe qualquer remuneração ou tributo a ser pago pelo empregador quando o empregado não é convocado para trabalhar, tampouco existe contagem do tempo de serviço.

Aproxima-se do "zero-hour contract", principal contrato de trabalho em uso na Inglaterra, de modo que a sua característica é que o trabalhador seja convocado conforme a demanda do empregador e, assim, sua remuneração tenha como base apenas as horas efetivamente trabalhadas.

Todas as verbas contratuais trabalhistas são pagas de forma proporcional ao tempo em que o trabalhador convocado efetivamente se ativou. Exemplificativamente, se o trabalhador foi convocado para trabalhar apenas por um mês, dentro de um período de um ano, receberá, ao final daquele mês, além do salário acordado, respeitado o salário-mínimo hora, 13º salário proporcionais (1/12), férias proporcionais acrescidas do terço (1/12), além do correspondente depósito de FGTS e recolhimento previdenciário. Trata-se, pois, de modalidade atípica de contrato de trabalho, que desafia o próprio conceito originário da relação de emprego, cujo uso ainda será explorado no mercado e enfrentado pela jurisprudência trabalhista brasileira.

Com essa nova modalidade de contrato, de contornos inéditos na legislação laboral brasileira, são violados tradicionais princípios do Direito do Trabalho, como o princípio da continuidade e o princípio da intangibilidade salarial, uma vez que não só inexiste garantia de recebimento de salários durante o período do vínculo de emprego, como também não há como o empregado antecipar o valor que será recebido durante o contrato.

Por muito menos, o TST já declarou a invalidade da jornada móvel variável, segundo a qual o empregado ficava à disposição do empregador para trabalhar em escalas variáveis, definidas com pouca antecedência, e percebendo apenas em relação às horas efetivamente trabalhadas (TST, 8ª turma, ARR - 323-78.2012.5.02.0074, Ministro Relator Marcio Eurico Vitral Amaro, DJe 27.4.2018). Assim, o modelo de contrato de trabalho intermitente significa necessariamente uma redução do patamar mínimo civilizatório nas relações de trabalho em nosso país, devendo ser rechaçado pela jurisprudência.

### 4.3.6. Direito processual do trabalho

Além das diversas alterações normativas no âmbito do direito material do trabalho, o direito processual do trabalho também sofreu drásticas modificações. Entre as principais mudanças, pode-se destacar, em apertada síntese, a necessidade de liquidação e determinação dos pedidos (art. 840, §1º da CLT), a condenação da parte vencida ao pagamento de honorários advocatícios decorrentes da sucumbência (art. 791-A da CLT), a maior dificuldade para obtenção de gratuidade de justiça (art. 790, §3º da CLT) e a mitigação dos efeitos da justiça gratuita (art. 790-B, art. 791-A, §4º e art. 844, §2º da CLT), a responsabilização por dano processual em razão de comportamento das partes e das testemunhas (art. 793-A e seguintes da CLT) e a homologação de acordo extrajudicial na Justiça do Trabalho (art. 855-B e seguintes da CLT).

A Lei nº 13.467/2017, no tocante ao processo do trabalho, trouxe, também, as seguintes inovações: contagem dos prazos processuais em dias úteis (art. 775 da CLT) e sua suspensão no período de 20 de dezembro a 20 de janeiro (art. 775-A da CLT); limitação do valor máximo das custas no processo de conhecimento (art. 789 da CLT); prazo para apresentação de exceção de incompetência territorial em cinco dias a contar da notificação (art. 800 da CLT); distribuição dos ônus da prova (art. 818 da CLT); impossibilidade de desistência da ação após a apresentação de contestação (art. 841, §3º da CLT); desnecessidade do preposto ser empregado (art. 843, §3º da CLT) e o recebimento da defesa ainda que ausente a reclamada (art. 844, §5º da CLT); obrigatoriedade de pagamento das custas para propositura de nova ação (art. 844, §3º da CLT); limitação da execução de ofício pelo juiz ou pelo Presidente do Tribunal apenas aos casos em que as partes não estiverem representadas por advogados (art. 878 da CLT), e as alterações no preparo recursal (art. 899, §§ 4º, 9º, 10 e 11 da CLT).

Com efeito, constata-se que a intenção do legislador, de forma inconteste, foi dificultar e tornar oneroso o acesso à justiça pelo trabalhador, bem como facilitar a defesa da reclamada no curso do processo judicial. O propósito é muito claro: reduzir o número de ações judiciais (reclamações) trabalhistas, ainda que sem reduzir as violações aos direitos dos trabalhadores.

Em relação à necessidade de apresentação de pedido certo, determinado e com indicação de valor, severas críticas podem ser tecidas, mormente porquanto o legislador, diferentemente do que fez no Código de Processo Civil (art. 324, §1º), não previu a possibilidade de formulação de pedido genérico no processo do trabalho, o que abre azo para que arbitrariedades possam ser cometidas por magistrados, através da extinção do feito sem julgamento do mérito mesmo quando o reclamante não tem condições de apresentar pedido e seu respectivo valor com exatidão (pedido certo, determinado e líquido). Por lógico, a regra do diploma processual civil deve ser aplicada subsidiariamente (art. 769, CLT e art. 15, NCPC). Contudo, a lei deixou margem para que o juiz da causa tome tal decisão, podendo, portanto, assim não ser reconhecido o pedido ilíquido formulado pelo obreiro.

Ademais, com a restrição dos requisitos para obtenção da gratuidade de justiça e com a condenação de honorários advocatícios sucumbenciais, buscou-se incentivar o reclamante a postular em juízo somente pedidos em que há certeza de ganho, deixando-o em situação difícil - propositalmente, vale dizer - quanto aos pedidos em que a procedência é controversa e depende da instrução processual (como, por exemplo, um pedido de adicional de insalubridade em que há bons elementos para concluir a exposição a agentes insalubres, mas a perícia ambiental – efetuada de acordo com a conduta e posicionamento do perito – pode concluir que não houve). Nestes casos, mesmo diante de uma dúvida real e razoável sobre o direito do trabalhador, cujo debate em juízo é legítimo e justo, o reclamante poderá ser sancionado financeiramente pelo simples fato de postular em juízo, o que afronta o direito de acesso ao Poder Judiciário (art. 5º, inc. XXXV, da CRFB).

Insta destacar, ainda, a expressiva redução dos efeitos da justiça gratuita, exigindo-se que o beneficiário arque com as custas (quando houver arquivamento por ausência em audiência inicial) e com os honorários periciais e advocatícios (art. 790-B, *caput* e §4º, e art. 791-A, §4º da CLT).

No tocante ao pagamento dos referidos honorários, a Lei nº 13.467/2017, de forma nunca antes vista, permitiu a retenção de seu montante quando da liberação do crédito obtido em juízo, ainda que em outro processo, sem se preocupar com a natureza jurídica do crédito ou se a situação de hipossuficiência econômica que deu causa à justiça gratuita deixou de existir. Tal fato notoriamente representa violação à garantia constitucional de assistência jurídica gratuita e integral àqueles que comprovarem insuficiência de recursos, insculpida no art. 5º, inc. LXXIV, da Carta Magna.

#### 4.3.7 Representação coletiva dos trabalhadores.

A comissão de representação dos empregados foi outra novidade introduzida pela Lei nº 13.467/2017 nos artigos 510-A e seguintes da CLT. Sua finalidade é facilitar o diálogo com o empregador, no âmbito da empresa, sendo necessária naqueles empreendimentos com mais de 200 empregados, para representar seus interesses e levar reivindicações específicas perante a administração, melhorar o relacionamento e o entendimento no ambiente de trabalho, buscar soluções para conflitos internos, assegurar tratamento justo e imparcial a todos e acompanhar o cumprimento de normas trabalhistas e previdenciárias.

Diferentemente dos sindicatos, a comissão de representação dos trabalhadores na empresa não tem poder negocial ou de representação em uma determinada base territorial. Também não se confunde com as Comissões Internas de Prevenção de Acidentes.

Sua composição depende do tamanho do quadro de funcionários e a sua constituição possui regramento rígido estabelecido pelo legislador, que reconhece garantia provisória de emprego contra despedida arbitrária ao membro da comissão, desde o registro da candidatura até um ano após o fim do mandato, cuja duração também é de um ano.

Contudo, essa inovação enfrenta o desafio hodierno de encontrar empresas com profissionais empregados em número expressivo, para formação do sentido de unidade e surgimento dessas comissões.

### 4.3.8. Contribuição sindical

A contribuição sindical (antigo imposto sindical), prevista no artigo 578 e seguintes da CLT, a partir da reforma trabalhista, teve sua obrigatoriedade suprimida e sua cobrança passou a ser condicionada à autorização prévia e expressa do empregado, avulso, profissional liberal, autônomo ou empregador.

Embora a compulsoriedade não se coadune com o princípio da liberdade sindical e inúmeros sindicatos sem representatividade tenham se proliferado ao longo dos anos em torno da sua receita, a modificação repentina da lei desafia hoje a manutenção de programas assistenciais (como o FAT e o programa do seguro-desemprego) e a atuação coletiva dos trabalhadores.

É certo que os sindicatos podem contar com outras formas de custeio, como a contribuição dos beneficiados por uma norma coletiva ou as mensalidades dos seus filiados, para sua sobrevivência e fornecimento de atividades assistenciais.

Entretanto, diante da crise econômica vivenciada pelo país desde 2015 e da baixa adesão associativa dos trabalhadores, cujas classes encontram-se fragmentadas por pejotizações e terceirizações, o impacto desse dispositivo será desastroso, pois a contribuição sindical vinha sendo a principal fonte de custeio dos sindicatos por décadas.

Recentemente, o STF entendeu, por maioria, na ADI 5.794, que a Reforma Trabalhista, nesse tocante, não afronta o art. 8º, inciso IV, da Constituição, confirmando a perda da natureza parafiscal da contribuição sindical.

Salienta-se que o sistema sindical atual ainda mantém traços corporativistas, não tendo havido modificações quanto ao enquadramento por categoria e a unicidade.

## 5. MOBILIZAÇÃO DOS TRABALHADORES

A piora nos indicadores de emprego e renda, somada ao conturbado cenário político e econômico que o país atravessava, além dos receios causados com a divulgação das propostas de reformas do Governo Federal prejudiciais para a classe trabalhadora e o questionável processo político que resultou no impedimento da então Presidenta da República Dilma Rousseff podem, de certo modo, explicar a eclosão de uma série de movimentos organizados por trabalhadores - sobretudo o movimento grevista a partir de meados do ano de 2016.

Em 22.09.2016, os trabalhadores se reuniram em diversas capitais do país[30], em ato nacional, com a participação de importantes Centrais sindicais como a CUT, UGT, CTB, Força Sindical, CSB, CGTB, NCST e CSP-Conlutas, a fim de combater as propostas de alterações legislativas em discussão no Congresso Nacional, que acarretassem a perda de importantes direitos trabalhistas e previdenciários conquistados pelos trabalhadores ao longo de muitos anos.

As mobilizações contaram com atuações em ao menos 23 estados, além do DF[31], e fizeram parte do Dia Nacional de Paralisação e Mobilização das Categorias, apoiados também pelos movimentos Frente Brasil Popular e Povo sem Medo, tendo sido registrados atos no Distrito Federal e em Alagoas, Amapá, Amazonas, Bahia, Ceará, Espírito Santo, Goiás, Maranhão, Mato Grosso, Minas Gerais, Pará, Paraíba, Pernambuco,

30 FOLHA DE SÃO PAULO. Centrais sindicais protestam contra reforma trabalhista e da Previdência. Disponível em: <https://www1.folha.uol.com.br/mercado/2016/09/1815752-centrais-sindicais-fazem-protesto-contra-reformas-do-governo.shtml>, consulta em 25/08/2018>. Acesso em 25/08/2018

31 G1. CUT e outras centrais sindicais fazem protestos contra Temer pelo país. Disponível em: <http://g1.globo.com/politica/noticia/2016/09/cut-e-outras-centrais-sindicais-fazem-protestos-contra-temer-pelo-pais.html>. Acesso em 25/08/2018.

Piauí, Rondônia, Roraima, Rio de Janeiro, Rio Grande do Sul, Rio Grande do Norte, Santa Catarina, São Paulo, Sergipe e Tocantins.

Movimentos paredistas como paralisações, atrasos na entrada, assembleias nas portas das empresas, passeatas e manifestações, são formas eficazes de mobilização, que nas manifestações de setembro de 2016, serviram como atividades importantes na preparação para a construção de uma greve geral que se pretendia realizar na defesa de um projeto de desenvolvimento, com a diminuição das desigualdades socioeconômicas, criação de empregos e distribuição de renda, trabalho decente, aposentadoria digna e a redução da jornada de trabalho para 40 horas semanais sem redução de salários[32].

Várias outras mobilizações de trabalhadores ocorreram nos meses subsequentes a setembro de 2016. Algumas de categorias específicas, outras mais regionalizadas, com números maiores ou menores expressivos de participantes.

Ocorre que nada seria comparável ao dia 28.04.2017. Um movimento de dimensões nunca antes vista na história do Brasil, desde a greve geral de 1917, contou com a participação de milhões de trabalhadores e literalmente parou o país em todos os Estados e no DF, com o objetivo de pressionar o Governo Federal e barrar as propostas de reformas em discussão.

A "Rede Brasil Atual"[33] noticiou em sua página na *internet*: "Movimentação de dimensão nunca vista tomou todo o território nacional, com centenas de categorias que cruzaram os braços nos 26 estados e no Distrito Federal, dispostas a barrar as reformas de Temer".

Além das Centrais Sindicais e entidades presentes nas mobilizações anteriores, outros movimentos também aderiram às manifestações, como o Movimento dos Sem Terra - MST, Movimento dos Trabalha-

32 DMT - Democracia e mundo do Trabalho em debate. Centrais e movimentos promovem dia nacional de paralisação nesta quinta. Disponível em: <http://www.dmtemdebate.com.br/centrais-e-movimentos-promovem-dia-nacional-de-paralisacao-nesta-quinta/>, consulta em 25/08/2018.

33 RBA - Rede Brasil Atual. Greve geral de 28 de abril já está na história, mas promete desdobramentos. Disponível em: <https://www.redebrasilatual.com.br/trabalho/2017/04/greve-geral-de-28-de-abril-ja-esta-na-historia-mas-promete-desdobramentos>, consulta em 27/08/2018.

dores Sem Teto – MTST, União Nacional dos Estudantes – UNE e a Conferência Nacional dos Bispos do Brasil – CNBB, que fez a convocação de fiéis para participarem da mobilização nacional em prol dos direitos dos trabalhadores[34].

Em São Paulo, o setor de transportes aderiu ao movimento, e linhas do metrô, ônibus e trens não circularam, além de terem sido bloqueadas estradas e avenidas.

Ao redor do país, centenas de categorias se juntaram à greve geral, inclusive no setor rural[35], que contou com uma movimentação intensa nos estados do Mato Grosso do Sul, São Paulo, Pernambuco, Pará, Paraíba, Espírito Santo, Rio de Janeiro, Maranhão, Rio Grande do Norte, Paraná, Piauí, Bahia, Tocantins, Alagoas, Minas Gerais, Rio Grande do Sul, Distrito Federal, Santa Catarina e Goiás.

Em entrevista concedida na manhã seguinte ao movimento à Rádio Brasil Atual, o ex-presidente Luiz Inácio Lula da Silva atribuiu o sucesso da greve a uma maior conscientização dos brasileiros sobre os impactos das reformas trazidas pelo governo Temer e à força do movimento sindical.

A mobilização eletrônica por meio da hashtag #BrasilEmGreve atingiu o primeiro lugar dentre os assuntos mais falados na rede social Twitter no mundo, e recebeu apoio e solidariedade de diferentes partes da América Latina, como Nicarágua, Panamá, Venezuela, Cuba e outros.

Em 24 de maio de 2017, houve um protesto contra o governo de Michel Temer, em Brasília, o qual reuniu mais de cem mil trabalhadores de diversas regiões do país, segundo notícia do site "Brasil de Fato"[36].

---

34 CNBB. Secretário-Geral da CNBB fala a respeito da convocação de Greve Geral para 28 de abril. Disponível em: <http://www.cnbb.org.br/vaticano-fara-ecoar-ao-mundo-a-voz-da-55a-assembleia-geral/>, consulta em 31/08/2018.

35 G1. Trabalhadores rurais, fiscais federais e portuários vão aderir à greve geral. Disponível em: <https://revistagloborural.globo.com/Noticias/Politica/noticia/2017/04/trabalhadores-rurais-fiscais-federais-e-portuarios-vao-aderir-greve-geral.html>, consulta em 31/08/2018.

36 BRASIL DE FATO. Marcha sobre Brasília foi tremenda vitória popular. Disponível em: <https://www.brasildefato.com.br/2017/05/24/artigo-or-marcha-sobre-brasilia-foi-tremenda-vitoria-popular/>, consulta em 30/09/2018.

O ato teve iniciativa das Centrais Sindicais e a concentração dos trabalhadores da Força começou às 9 horas no Parque da Cidade, ao lado da Torre de TV, e a Marcha saiu em direção ao Congresso Nacional às 12 horas.

A cidade foi cercada pela polícia desde o dia anterior, a qual buscou reprimir o movimento com bombas, gases de efeito moral, utilizando, ainda a cavalaria e cachorros. Um trabalhador manifestante foi baleado durante o ato.

Mesmo com a repressão policial os trabalhadores permaneceram firmes no propósito de protestar contra o desmonte dos direitos trabalhistas e previdenciários, bem como em favor da antecipação das eleições para o governo federal.

Conquanto a grande mídia tenha buscado demonstrar um viés negativo ao movimento, a *internet* possibilitou o acesso à realidade, demonstrando que o movimento foi pacífico por parte dos trabalhadores e violento por parte do Estado.

Em 30 de junho de 2017, nova greve geral ocorreu com paralisações de diversas categorias em todo o país, porém, em menor força em comparação com a mobilização anterior.

Embora de acordo em lutar contra as propostas de reformas trabalhista e da Previdência, sindicatos divergiram sobre a inclusão ou não, de manifestações contrárias ao governo Temer, o que resultou na menor adesão aos protestos. Para os representantes da Força sindical, o foco da mobilização seria a reforma da Previdência, mantendo a possibilidade de negociação com o Presidente da República, caso houvesse avanço do projeto de lei no Senado Federal[37].

O movimento enfrentou a falta de apoio das grandes centrais sindicais, o que não impediu a paralisação dos trabalhadores, embora o suporte das entidades pudesse ter trazido maior força e expressividade ao movimento.

---

37 FORÇA SINDICAL SP. Greve geral contra reformas no dia 30 perde força. Disponível em: http://www.fsindicalsp.org.br/portal/greve-geral-contra-reformas-no-dia-30-perde-forca/, acesso em 02/09/2018.

De fato, a classe trabalhadora buscou lutar contra as propostas legislativas relacionadas ao trabalho e à Previdência Social, em especial no primeiro semestre de 2017. A greve geral de abril parece ter sido a mais expressiva manifestação nesse sentido.

Nada obstante, não há como deixar de reconhecer a importância dos outros dois movimentos citados neste texto, pois a Marcha à Brasília foi uma representação do descontentamento da classe trabalhadora, que fez com que o governo a enxergasse.

A greve geral de 30 de junho, por sua vez, conquanto não tenha contado com a participação das grandes entidades sindicais, demonstrou que a união dos trabalhadores é capaz de mostrar sua força sozinha.

Infelizmente, tais movimentos não foram capazes de barrar a aprovação da reforma trabalhista, mas certamente demonstraram a força do povo e da classe trabalhadora, deixando claro ao governo que não se calará diante das dificuldades.

É nesse cenário que vale discutir o que foi alterado na legislação trabalhista, na jurisprudência e na visão da doutrina no período de agosto de 2016 a dezembro de 2017.

## 6. MOBILIZAÇÃO DOS ATORES JURÍDICOS

Como já salientado o ano de 2016 foi marcado por severas e profundas mudanças no cenário político, que repercutiram também no ano de 2017.

Nesse sentido, as reformas trabalhista e previdenciária que foram propostas à época do governo de Michel Temer, acabavam por aniquilar direitos e garantias sociais dos cidadãos.

Diante desse cenário no período ora destacado, foi plausível e de grande relevância a mobilização de muitos advogados, juízes, juristas, procuradores, entidades de classes, dentre outros que, como militantes da área e defensores dos direitos sociais, também adotaram a postura de buscar combater esse retrocesso, que se realizava sob a justificativa de modernização e flexibilização das normas trabalhistas para melhor acompanhar os avanços do mercado, ou seja, para melhor atender aos interesses do Capital.

Desde o segundo semestre de 2016 até dezembro de 2017, o Supremo Tribunal Federal foi presidido pela Ministra Carmen Lúcia, enquanto a Suprema Corte da esfera trabalhista, o Tribunal Superior do Trabalho, foi presidido pelo Ministro Ives Gandra Martins Filho.

O ministro Ives Gandra, na contramão da maioria dos ministros do TST, tinha uma postura, em grande parte, favorável à reforma trabalhista. O ministro, em determinada entrevista ao CONJUR, disse que: "Período de crise econômica exige reforma da legislação trabalhista"[38].

As suas manifestações pareciam alinhadas com as intenções de Governo Federal, vez que Michel Temer, desde seu primeiro pronunciamento como presidente, manifestou sua intenção pela reforma trabalhista. Além disso, o Presidente do C. TST parecia simétrico com as tendências adotadas nas decisões do STF.

Nesse tocante, cumpre destacar que a Suprema Corte, em suas decisões relativas às demandas trabalhistas, inclinava-se pela aceitação e validade da reforma, com base no ideal de flexibilização e modernização das leis. Nesse contexto, o Ministro Luís Roberto Barroso, em sessão do dia 14.09.2016, expressou que "toda tendência do Direito do Trabalho contemporâneo é no sentido da flexibilização das relações e da coletivização das discussões". Nesse contexto, o STF estava revertendo diversas decisões do TST com base nessa tendência da Suprema corte.

O professor Jorge Luiz Souto Maior, em um dos ilustres textos de seu blog [39], após a decisão do Ministro Teori Zavascki na RE 895.759, mencionou que

> sua decisão, de todo modo, reflete o posicionamento assumido pelo STF, desde 2009, com tendência de ser mais intenso em 2016, de alterar a jurisprudência do TST, para realizar a "reforma trabalhista" tão reclamada por parte do setor econômico e alguns veículos de comunica-

38 CONJUR. Ives Gandra Filho: "Período de crise econômica exige reforma da legislação trabalhista". Disponível em https://www.conjur.com.br/20anos/2017-ago-08/ives-gandra-filho-periodo-de-crise-economica-exige-reforma-da-legi. Acesso em 15.2.2019.

39 SOUTO MAIOR, Jorge Luiz. O STF em matéria trabalhista e o curioso caso de Benjamin Button. Disponível em: https://www.jorgesoutomaior.com/blog/o-stf-em-materia-trabalhista-e-o-curioso-caso-de-benjamin-button. Acesso em 14.2.2019.

ção em massa, que não querem outra senão o fim do Direito do Trabalho e da Justiça do Trabalho.

Além dessas manifestações, ocorreram, em 2017, diversos atos e mobilizações de atores jurídicos que erram contrários à reforma trabalhista, cuja proposta havia sido encaminhada ao Congresso Nacional em 23 de dezembro de 2016.

Logo no primeiro mês do ano 2017, o Ministério Público do Trabalho apontou uma série de irregularidades em projetos de lei que tramitavam no Congresso e faziam parte da reforma trabalhista. Nesse estudo, foi abordada a prevalência do negociado sobre o legislado, a flexibilização da jornada, o regime de tempo parcial, a representação de trabalhadores no local de trabalho, a terceirização da atividade-fim, o trabalho temporário e a jornada intermitente.

No campo acadêmico, destaca-se que, como forma de dar força e voz ativa à classe trabalhadora, os professores e magistrados Jorge Luiz Souto Maior e Valdete Souto Severo coordenaram a obra "Resistência: aportes teóricos contra o retrocesso trabalhista", que reuniu textos que visavam a motivar a luta contra o projeto da reforma trabalhista.

No final de janeiro de 2017, foi criado o Fórum Interinstitucional em Defesa do Direito do Trabalho e da Previdência Social, que tinha o objetivo de promover ampla discussão sobre as propostas, em tramitação no Congresso Nacional, que alteravam as normas trabalhistas. A criação do Fundo contou com representantes do MPT e de outras 29 entidades sindicais e associações, dentre elas a ANAMATRA. Ao final, os participantes assinaram a Carta em Defesa dos Direitos Sociais[40], que, em suma, buscava garantir o que está previsto na Convenção nº 144 da OIT, ou seja, a promoção de um grande e profundo debate com toda a sociedade, de maneira a permitir que todos os setores interessados pudessem dar contribuições[41]. O grupo/fundo supracitado, em ato contra a reforma

40 MPT NOTÍCIAS. Fórum discute impactos da reforma trabalhista. Disponível em: <http://portal.mpt.mp.br/wps/portal/portal_mpt/mpt/sala-imprensa/mpt-noticias/910c2573-b793-46f0-8c2d-e8531ce274db>, acesso em 14.2.2019.

41 INSTITUTO HUMANITAS UNISINUS. Ministério Público do Trabalho diz que reforma trabalhista é inconstitucional. Disponível em: <http://www.ihu.unisinos.br/186-noticias/noticias-

trabalhista, no final de fevereiro daquele ano, promoveu, na Câmara dos Deputados, a discussão dos projetos que envolviam a reforma trabalhista.

Com o encaminhamento do PL nº 6.787/2016 para aprovação na Câmara, após a conclusão da fase de debates na Comissão Especial da Reforma Trabalhista e apresentação do relatório, havia expectativa de o presidente da Câmara incluir a votação em pauta ainda no mês de abril, como aconteceu no dia 26 daquele mês. Nesse período, muitos atos e mobilizações começaram a aflorar por todo o país.

Nesse contexto, destaca-se o ato do Tribunal Regional do Trabalho da 4ª Região (TRT-RS), em frente ao Fórum Trabalhista de Porto Alegre, que reuniu servidores, magistrados, procuradores, advogados, peritos e representantes de entidades sindicais, com o objetivo de defender a Justiça Trabalhista e esclarecer o papel prestado pelos servidores judiciários[42].

Nessa mesma toada, destaca-se a mobilização da Associação dos Magistrados da Justiça do Trabalho da 1ª Região (AMATRA 1), que contou com a participação da Associação carioca de advogados trabalhistas (Acat-RJ), da Associação Nacional dos Procuradores do Trabalho (ANPT), do Sindicato dos Advogados do Rio de Janeiro e do Sindicato dos Servidores das Justiças Federais do Estado do Rio de Janeiro (Sisejufe) e que realizaram ato na frente do fórum trabalhista contra a reforma trabalhista proposta pelo então Governo Federal[43].

Outrossim, houve manifestação dos juízes do Trabalho, servidores da Justiça, juristas e advogados do Ceará. O ato contou com a participação e comoção da Associação dos Magistrados do Trabalho da Sétima Região (AMATRAVII), da Associação dos Advogados Trabalhistas do Ceará (ATRACE), do Sindicato dos Servidores da Sétima Região da Justiça do

---

2017/564311-ministerio-publico-do-trabalho-diz-que-reforma-trabalhista-e-inconstitucional>, acesso em 12.2.2019.

42 SUL 21. 'Fim da Justiça do Trabalho é início da barbárie': TRT protesta contra reformas de Temer. Disponível em: <https://www.sul21.com.br/areazero/2017/03/fim-da-justica-do-trabalho-e-o-inicio-da-barbarie-trt-protesta-contra-reformas-de-temer/>, acesso em 12.2.2019.

43 BRASIL 247. No Rio, associação de magistrados marca ato contra a reforma da CLT. Disponível em: <https://www.brasil247.com/pt/247/rio247/291906/No-Rio-associa%C3%A7%C3%A3o-de-magistrados-marca-ato-contra-a-reforma-da-CLT.htm>, acesso em 12.2.2019.

Trabalho (SindiSetima) e do movimento dos Juristas pela Democracia, que realizaram ato público no Fórum Trabalhista. Na oportunidade, a palavra de ordem era: "sem Justiça do Trabalho, não há direitos trabalhistas"[44].

Ainda em abril, a ANAMATRA, diante da iminente possibilidade de aprovação da reforma trabalhista na Câmara, por meio de nota técnica, entregou a líderes e parlamentares da Casa alerta para as ameaças de mudanças propostas pelo Governo, no tocante aos direitos sociais, bem como participou de debates nas Comissões[45].

Na mesma época, o MPT se manifestou desfavorável, mais uma vez, à reforma trabalhista, destacando que: "a cada passo de flexibilização, mais uma lei é criada, mais uma exceção, e, assim, mais complexa se torna a aplicação do direito"[46].

Em 28 de Abril, após a aprovação do texto do projeto da reforma trabalhista na Câmara, o Brasil assistiu a um ato de luta dos movimentos sociais em todo o país, inclusive com repercussão internacional, intitulado "Greve Geral", que contou com apoio popular e de diversos atores jurídicos.

Com o prosseguimento do trâmite no Senado, a Ordem dos Advogados do Brasil – OAB, por meio de Comissão específica formada para apreciar a reforma trabalhista, apresentou parecer em que identificou diversas inconstitucionalidades à proposta, o que foi levado ao Senado Federal.

Nesse tocante, o presidente nacional da OAB à época, Claudio Lamachia, declarou que

> A OAB tem sido muito enfática no que diz respeito a proposição de urgência para votação desta proposta de reforma trabalhista. Não aceitamos esta idéia da urgência como ela está posta no parlamento e pelo

---

44 BRASIL 247. Juristas e advogados farão ato em defesa dos direitos trabalhistas. Disponível em <https://www.brasil247.com/pt/247/ceara247/288392/Juristas-e-advogados-far>, acesso em 12.2.2019.

45 ANAMATRA. Reforma trabalhista é inconstitucional e tende a aumentar desemprego no país, alerta Anamatra. Disponivel em: <https://www.anamatra.org.br/imprensa/noticias/25204-reforma-trabalhista-e-inconstitucional-e-tende-a-aumentar-desemprego-no-pais-alerta-anamatra>, acesso em 13.2.2019.

46 EM. Ministério Público contesta reforma trabalhista de Temer. Disponível em: <https://www.em.com.br/app/noticia/economia/2017/04/14/internas_economia,862172/ministerio-publico-contesta-reforma-trabalhista-de-temer.shtml>, acesso em 14.2.2019.

próprio governo. Aprovar uma reforma trabalhista controversa, de modo açodado, significa assumir o risco de esfacelar completamente a solidez das instituições e os direitos conquistados pela cidadania, a duras penas, nas últimas décadas. Debatendo, tenho convicção de que vamos encontrar aquilo que será o melhor para a própria sociedade[47].

Destaca-se, ainda, que alguns juristas, em audiência na Comissão de Constituição e Justiça, afirmaram que a reforma em comento era inconstitucional, pugnando pela sua rejeição[48].

Nessa toada, antes da aprovação no Senado, a Associação Nacional dos Procuradores do Trabalho – ANPT, a Associação Nacional dos Magistrados da Justiça do Trabalho – ANAMATRA, a Associação Brasileira dos Advogados Trabalhistas – ABRAT, o Sindicato Nacional dos Auditores Fiscais do Trabalho – SINAIT, a Associação Latino-Americana de Advogados Laboralistas – ALAL, a Associação Latino-americana de Juízes do Trabalho – ALJT e a Associação Luso-Brasileira de Juristas do Trabalho - JUTRA posicionaram-se, em nota técnica conjunta, contrárias ao Projeto de Lei (então PLC 38/2017) e ao parecer do Senador Ricardo Ferraço, rogando aos senhores Senadores pela rejeição da proposta e alegando que, se aprovada, a lei só traria retrocesso social para o país, agravando, ainda mais, a crise política, econômica e social instaurada[49].

Em julho de 2017, com a aprovação da Lei nº 13.467/2017 pelo Senado, a OIT se pronunciou a pedido de centrais sindicais brasileiras. A manifestação foi assinada pela diretora do Departamento de Normas Internacionais da Organização e alertava que a reforma trabalhista aprovada

47 MENNA Advocacia e consultoria. OAB aponta inconstitucionalidades no texto da Reforma Trabalhista. Disponível em: <http://www.menna.com.br/ws17/index.php/pt/noticias/94-oab-aponta-inconstitucionalidades-no-texto-da-reforma-trabalhista#.XF9Q6FxKiUk>, acesso em 14.2.2019.

48 SENADO NOTÍCIAS. Juristas afirmam em audiência na CCJ que reforma trabalhista é inconstitucional. Disponível em: <https://www12.senado.leg.br/noticias/materias/2017/06/27/juristas-afirmam-em-audiencia-na-ccj-que-reforma-trabalhista-e-inconstitucional>, acesso em 14.2.2019.

49 ANAMATRA. Reforma trabalhista: associações divulgam nota técnica sobre o PLC 38/17. Disponível em: <https://www.anamatra.org.br/imprensa/noticias/25376-reforma-trabalhista-associacoes-divulgam-nota-tecnica-sobre-o-plc-38-17>, acesso em 12.2.2019.

no Senado violava algumas convenções internacionais das quais o Brasil é signatário, dentre elas as Convenções nºs 98 e 144[50].

Com a sanção da Lei por Michel Temer, muitas manifestações de juristas, advogados, juízes, promotores se intensificaram.

Em 31.8.2017, o então Procurador-Geral da República, Rodrigo Janot, apresentou Ação Direta de Inconstitucionalidade (ADI 5766) no STF, questionando, notadamente, as restrições inconstitucionais à gratuidade de justiça[51].

O procurador do Ministério Público do Trabalho, Márcio Amazonas, destacou à época que "o que a reforma vai fazer é aumentar a taxa de desigualdade social. A tendência é que os ricos fiquem mais ricos e pobres fiquem mais pobres"[52].

O juiz, professor e Presidente da ANAMATRA, Guilherme Feliciano, também se posicionou, afirmando que: "**não houve modernização e sim retrocessos**"[53].

Os desembargadores da 4ª Câmara do Tribunal Regional do Trabalho da 15ª Região, por sua vez, avaliaram e entenderam que as decisões proferidas anteriormente à vigência da Lei nº 13.467/17, ainda que consumadas após esse fato, deveriam respeitar os critérios da legislação anterior, quanto ao cabimento dos honorários advocatícios[54].

Em audiência pública realizada em setembro de 2017 na Subcomissão Temporária do Estatuto do Trabalho, magistrados, procuradores e advogados, sinalizaram que poderiam não aplicar a Lei exatamente

---

50 ESTADÃO. Reforma trabalhista viola convenções internacionais, diz OIT. Disponível em: https://economia.estadao.com.br/noticias/geral,reforma-trabalhista-viola-convencoes-internacionais-diz-oit,70001884924. Acesso em 13.2.2019.

51 MPT NOTÍCIAS. Ação contra reforma trabalhista é ajuizada no STF. Disponível em: http://portal.mpt.mp.br. Acesso em 12.2.2019.

52 JOTA. Oito opiniões sobre a reforma trabalhista. Disponível em: https://www.jota.info/tributos-e-empresas/trabalho/oito-opinioes-sobre-a-reforma-trabalhista-11112017. Acesso em 13.2.2019.

53 JOTA. Ob. Cit. Ob. Cit.

54 JOTA. TRT-15 não aplica reforma trabalhista a processos antigos. Disponível em: https://www.jota.info/justica/trt-15-nao-aplica-reforma-trabalhista-a-processos-antigos-16112017. Acesso em 12.2.2019.

como foi aprovada, pois "contaminada" por inúmeras inconstitucionalidades e retrocessos[55].

Em outubro de 2017, no Congresso realizado pela ANAMATRA, juízes e procuradores do trabalho aprovaram 125 enunciados acerca da Lei nº 13.467/2017, explicitando teses de como interpretar – ou não – pontos da reforma nos tribunais[56].

Apesar de todos os esforços, a Lei n° 13.467/2017 passou a vigorar no Brasil em 11 de novembro de 2017, tal como aprovada.

## 7. CONJUNTURA POLÍTICA, SOCIAL E ECONÔMICA

Até então o Brasil estava vivenciando momentos de turbulência. Em 2015, Dilma Rousseff iniciou seu segundo mandato como Presidente da República. Em uma eleição disputada, Dilma (PT) venceu Aécio Neves (PSDB), no segundo no turno, com 51,6% de votos válidos, contra 48,3% do candidato tucano[57], dando seguimento ao governo petista, iniciado em 2003 com Luís Inácio Lula da Silva.

Todavia, embora seu governo pretendesse manter os êxitos dos mandatos antecessores, o que ocorreu após a reeleição de Dilma, em outubro 2014, foi uma sucessão de escândalos de corrupção e conspirações políticas.

Ainda em dezembro de 2014, embora suas promessas de campanha tenham reiteradamente assegurado a manutenção dos direitos trabalhistas, foi editada a MP 665, convertida na Lei nº 13.134/15, restringido o acesso ao abono salarial e ao seguro-desemprego.

---

55 CONJUR. Juízes preveem não aplicar reforma trabalhista como foi aprovada. Disponível em: https://www.conjur.com.br/2017-set-12/juizes-preveem-nao-aplicar-reforma-trabalhista-foi-aprovada. Acesso em 15.2.2019.

56 GAZETA DO POVO. "Juízes criticam a reforma trabalhista e podem não aplicar nova lei". Disponível em: https://www.gazetadopovo.com.br/justica/juizes-criticam-a-reforma-trabalhista-e-podem-nao-aplicar-nova-lei-6j7wbw3tfiqfyjzo6yghvleyz/. Acesso em 15.2.2019.

57 G1. Dilma é reeleita presidente e amplia para 16 anos ciclo do PT no poder. Disponível em http://g1.globo.com/politica/eleicoes/2014/noticia/2014/10/dilma-e-reeleita-presidente-e-amplia-para-16-anos-ciclo-do-pt-no-poder.html, acesso em 30.9.2018.

Em 2015[58], a operação lava-jato, conduzida pela Polícia Federal a fim de apurar escândalos de corrupção no governo, culminou na prisão de Marcelo Odebrecht, dono da construtora que leva seu nome, assim como na prisão de tesoureiros e marqueteiros ligados ao Partido dos Trabalhadores. Não bastasse, foram divulgados diversos escândalos de corrupção ligados aos mais diversos políticos, sendo que, em março de 2015, o então Procurador Geral da República pediu a abertura de inquérito contra 54 pessoas envolvidas no esquema da lava-jato, dentre as quais figuravam o presidente do Senado, Renan Calheiros (PMDB), e o presidente da Câmara dos Deputados, Eduardo Cunha (PMDB).

No mesmo dia em que o PT declarou apoio ao processo de cassação de Eduardo Cunha no Conselho de Ética, o então presidente da Câmara aceitou, em 2 dezembro de 2015[59], o pedido de impeachment formulado contra a presidenta Dilma Rousseff por Hélio Bicudo, Miguel Reale Junior e Janaina Paschoal[60], apontando como crime de responsabilidade os atos de improbidade cometidos pela então presidenta, notadamente em relação às "pedaladas fiscais"[61].

Diversos movimentos sociais inundaram o país, contra e a favor da deposição da Presidenta, refletindo uma verdadeira cizânia nacional. De um lado, estava o setor social que defendia a manutenção da presidenta no governo e considerava o processo de impeachment como uma tentativa de golpe; de outro, a parcela da população, normalmente de classe mais abastada, que apoiava a retirada da presidenta do poder. Há de se notar, nesse momento, que a dualidade entre tais setores foi apenas acirrada, pois já era

58 O GLOBO. Linha do tempo: entenda a crise que culminou no impeachment. Disponível em https://oglobo.globo.com/brasil/linha-do-tempo-entenda-crise-que-culminou-no-impeachment-20015867, acesso em 30.9.2018.

59 SENADO NOTÍCIAS. Impeachment de Dilma Rousseff marca ano de 2016 no Congresso e no Brasil. Disponível em https://www12.senado.leg.br/noticias/materias/2016/12/28/impeachment-de-dilma-rousseff-marca-ano-de-2016-no-congresso-e-no-brasil, acesso em 30.9.2018.

60 ESTADÃO. Autores do pedido de impeachment defendem processo. Disponível em https://politica.estadao.com.br/noticias/geral,autores-do-impeachment-defendem-processo,10000003726, acesso em 30.9.2018.

61 Para atender aos programas sociais de seu governo, a Presidenta Dilma atrasou o repasse de verbas a bancos públicos.

de fácil visualização no contexto das eleições presidenciais de 2014, quando os votos válidos foram bipolarizados entre os candidatos do PT e do PSDB.

No dia 17 de abril de 2016, após seis horas de votação nominal e televisionada, o Plenário da Câmara autorizou a abertura do impeachment contra Dilma, por 367 votos a favor, 137 votos contra e 7 abstenções[62]. Em 6 de maio de 2016, com a aprovação do relatório favorável à abertura do processo no Senado Federal, Dilma Roussef foi afastada da presidência, ocasião em que o então vice-presidente, Michel Temer, assumiu o governo federal interinamente. Em 31 de agosto de 2016, o Senado encerrou o julgamento do processo: com 61 votos favoráveis (e 20 contrários), a presidenta teve seu mandato cassado. Nesse mesmo dia, o Presidente da República Michel Temer iniciou seu governo, marcado por uma pauta de diversas mudanças legislativas, notadamente pela Reforma Trabalhista.

## 8. CONCLUSÃO

O Brasil, após a vigência da Lei nº 13.467/2017 passou por profundas alterações na legislação trabalhista. Tal lei, amplamente conhecida por implementar a "Reforma Trabalhista", alterou, criou ou revogou mais de cem artigos e parágrafos da CLT, em um contexto de crise econômica e desemprego. Nas palavras de Homero Batista "...tenho a impressão de que o Brasil está em eterna reforma (...) reforma-se de tudo, a todo instante, numa ansiedade que chega a oprimir a respiração de quem observa. Reformamos o velho e o novo, o errado e o certo"[63].

Tais mudanças legislativas dificultaram a tarefa da doutrina de antever seus impactos, mormente considerando que a "Reforma Trabalhista", devido à sua rápida tramitação e larga ampliação de escopo, pecou pela falta total de coerência e organicidade. Cumpre mencionar, ainda, que esse tipo de reforma sequer possui a capacidade de produzir renda,

62 SENADO NOTÍCIAS. Aprovada a reforma trabalhista. Disponível em https://www12.senado.leg.br/noticias/materias/2017/07/11/aprovada-a-reforma-trabalhista. Acesso em 30.9.2018

63 SILVA, Homero Batista Mateus da. Comentários à reforma trabalhista [livro eletrônico]. 1. ed. São Paulo: Editora Revista dos Tribunais, 2017, p.6.

tampouco de gerar empregos ou trabalho decente – o trabalho suficiente, digno e envolvido no diálogo social, como ensina a Organização Internacional do Trabalho (OIT)[64].

Nesse sentido, houve um "esquecimento" proposital quanto à função do Direito do Trabalho e sua delimitação dentro do quadrante de espaços de livre negociação, gerando uma discricionariedade irrestrita ao empregador, uma vez que a nova lei pretendeu garantir apenas o processo de negociação coletiva, e não o seu resultado, permitindo a violação da autonomia dos entes coletivos e das garantias mínimas de dignidade humana dos trabalhadores.

Ora, um diploma normativo com mudanças tão substanciais deveria, inicialmente, pautar-se sobre a matriz constitucional, a partir de seus pilares fundantes e de sua lógica jurídica estrutural, quais sejam o Estado Democrático de Direito, a principiologia humanística e social e a concepção de direitos fundamentais da pessoa humana[65].

Contudo, na contramão constitucional, a "Reforma Trabalhista", implementada pela Lei nº 13.467/2017, foi ao encontro do antigo papel do Direito na História como instrumento de exclusão, segregação e sedimentação da desigualdade entre as pessoas humanas e grupos sociais[66].

A Lei nº 13.467/2017 rompeu, ainda, a lógica do patamar civilizatório mínimo, objeto de regulação do Direito Individual do Trabalho, desregulamentando ou flexibilizando suas regras imperativas, demonstrando completo desprezo à noção de centralidade da pessoa humana na ordem jurídica e na vida social. Privilegiou-se, portanto, desmedidamente, o poder econômico na relação de emprego, esvaziando o princípio da igualdade material.

O esvaziamento de tal princípio dá-se quer pela flexibilização nas normas imperativas, quer pela acentuação do poder unilateral do emprega-

64 Op..cit., ob. cit., p.8.

65 DELGADO, Maurício Godinho; DELGADO, Gabriela Neves. A reforma trabalhista no Brasil: com os comentários à Lei n. 13.467/2017. São Paulo: LTr, 2017, p. 21.

66 Op..cit., ob. cit. p. 39-40.

dor nessa relação socioeconômica e jurídica, quer pelas severas restrições que foram implementadas no acesso à justiça à pessoa humana do trabalhador.

Nesse tocante, a "Reforma" implementou o sistema de sucumbência recíproca, relativamente aos honorários advocatícios, elevando o risco econômico do trabalhador ao ingressar com qualquer tipo de demanda. Além disso, o novel diploma previu que responderão pelos encargos processuais do trabalhador os créditos obtidos no respectivo processo ou em outro processo. Inexistindo tais créditos, o trabalhador não fica desonerado do pagamento: o trabalhador permanece como "devedor" nos dois anos subsequentes ao trânsito em julgado da respectiva decisão judicial.

Se não bastassem tais limitações, criou-se um conjunto de mecanismos para eliminação do crédito trabalhista antes de seu potencial exame judicial, vinculando o trabalhador (formal ou informal) à ampla e irrestrita quitação das parcelas oriundas de seu vínculo (empregatício ou equiparado) antes de qualquer eventual exame judicial concreto.

A par do já comentado, a nova lei gerou diversos incidentes processuais que, em seu conjunto, podem comprometer a eficiência, a celeridade e a efetividade da prestação jurisdicional, tais como a desconsideração da personalidade jurídica, com efeito de suspensão total da execução (art. 855-A, da CLT), o processo de jurisdição voluntária para homologação de acordo extrajudicial (arts. 855-A até 855-E, da CLT) e a eliminação da regra da execução de ofício no processo do trabalho (art. 878 da CLT em sua nova redação).

Aspecto que também se destaca na seara processual é a restrição à atuação dos Tribunais (TRTs e TST), pois implementados fortes limites à função interpretativa dos Tribunais em comento, buscando afastar destes o controle de constitucionalidade, de convencionalidade e de legalidade, no que tange ao conteúdo de acordos e convenções coletivas de trabalho.

Houve, também, uma clara afronta não apenas ao princípio constitucional da separação dos poderes (art. 2º da CRFB) e à garantia constitucional da independência do Judiciário (arts. 2º e 92, da CRFB), como também à estrutura lógica das funções conferidas ao Poder Judiciário (CRFB, art. 114), o que transparece na nova redação do art. 702 da CLT, o qual agregou limites adicionais ao estabelecimento e/ou reforma de súmulas e outros enunciados de jurisprudência uniforme.

A Reforma impôs, ainda, graves restrições à atuação dos magistrados e tribunais trabalhistas, na tentativa de restringir e enfraquecer a Justiça do Trabalho, constituindo impressionante obstáculo na busca e efetivação dos direitos individuais e sociais de caráter trabalhista.

No campo coletivo, observa-se uma evidente tentativa de driblar normas jurídicas de inclusão de pessoas humanas vulneráveis no mercado de trabalho. Com a comentada "pulverização" dos vínculos empregatícios pela terceirização, fomentada no novo cenário legislativo, torna-se quase impossível a efetividade de normas inclusivas no âmbito socioeconômico, afastando-se, ainda, a incidência de instrumentos coletivos negociados pelas empresas tomadoras.

Nessa mesma linha, a Lei nº 13.467/2017 flexibilizou a duração do trabalho e descaracterizou a natureza salarial das parcelas pagas ao empregado no contexto da relação de emprego. A negociação coletiva sobre a jornada de trabalho e intervalos estimulou o aumento da duração do trabalho, o que, consequentemente, gerará inevitáveis prejuízos à vida da pessoa humana, comprometendo sua saúde, bem-estar, segurança e convivência em todos os âmbitos (familiar, comunitária e cívica); sem, é claro, esquecer que tal exacerbação desestimula a criação de novos postos de trabalho.

Houve, ainda, um enfraquecimento do sindicalismo, com a eliminação do financiamento compulsório dos sindicatos. Tal situação deve ser agravada com a possibilidade de suprimir ou atenuar, por meio da negociação coletiva, direitos imperativamente fixados na ordem jurídica, pois a perda econômica dos sindicatos deve impactar na sua força de negociação. Ademais, a lei eliminou importante atividade fiscalizadora dos sindicatos na rescisão dos contratos individuais de trabalho, estipulando o fim da chamada homologação das rescisões contratuais. Além disso, regulamentou outro tipo de representação, denominado comissão de empregados, o que pode enfraquecer ainda mais o sindicalismo, caso tenha sua função desvirtuada.

Houve, também, o alargamento extremado dos poderes da negociação coletiva, em particular, no que tange à prerrogativa de deteriorar as condições contratuais e ambientais do trabalho. A agregação de outras regras desfavoráveis também pode ser observada, a título de exemplo, com a proibição da ultratividade dos instrumentos coletivos negociados (art. 614, § 3º, da CLT) e a determinação de que as "condições estabelecidas em acordo coletivo de trabalho sempre prevalecerão sobre as estipuladas em convenção coletiva de trabalho" (art. 620, da CLT).

Entretanto, o período de agosto de 2016 a dezembro de 2017 não manifestou, ainda, repercussões sobre a mencionada "Reforma", o que não poderia ser diferente, já que a vigência da Lei nº 13.467/2017 se iniciou apenas em 11.11.2017. Conforme pudemos depreender da releitura da jurisprudência em matéria trabalhista no período compreendido entre agosto de 2016 e dezembro de 2017, os entendimentos do Supremo Tribunal Federal e do Tribunal Superior do Trabalho foram claramente influenciados por dois fatores, quais sejam: (a) pela entrada em vigor em março de 2016 do Novo Código de Processo Civil (NCPC) e (b) pela crise econômica então vigente.

No que concerne ao NCPC, é possível observar que os referidos Tribunais se debruçaram sobre as inovações trazidas, bem como estudaram e implementaram modificações em suas súmulas a fim de adaptá-las a esta nova realidade jurídica. Ademais, a revisão das súmulas dos Tribunais também teve como objetivo conferir efeito vinculante às instruções dos órgãos sobre a aplicação do NCPC, pacificando a discussão sobre o assunto do ponto de vista jurisprudencial.

Nesse sentido, cumpre destacar que a renovação do CPC foi além dos títulos dogmáticos. O NCPC adequou-se ao modelo constitucional trazido pela CRFB e internalizou uma mudança estrutural, aproximando-se da tradição *common law*. A tradição *civil law* carregava os valores da Revolução Francesa, com a ideia original de separação quase estanque dos poderes. Essa reformulação estrutural gerou impactos para diversos ramos do direito, incluindo o ramo do direito do trabalho, como já destacado.

Nesse sentido, nota-se que grande parte das súmulas alteradas diz respeito a adaptações processuais que se fizeram necessárias na linha das modificações introduzidas pelo NCPC, visando a desburocratizar o procedimento e atender aos princípios de aproveitabilidade dos atos processuais, economicidade, celeridade processual e primazia da resolução do mérito.

Exemplo disso é a revisão da OJ-SD11-140, baseada no parágrafo 2º do art.1.007, do NCPC, que determina que em caso de recolhimento insuficiente de custas processuais ou do depósito recursal, somente haverá deserção do recurso se, concedido o prazo de 5 (cinco) dias, o recorrente não complementar e comprovar o valor devido.

Outro caso que ilustra a adoção destes novos preceitos pelo processo trabalhista diz respeito à revisão da OJ 269 da SDI-I do TST, que em consonância com o art. 99, parágrafo 7º do NCPC, estabelece que a parte que requer a gratuidade de justiça quando do recurso não necessita comprova o recolhimento do preparo, devendo somente fazê-lo no caso de indeferimento, em prazo fixado pelo relator.

Além disso, conforme já antecipado, não obstante o NCPC tenha de fato levado à necessária revisão das súmulas dos Tribunais, o cenário econômico em crise também impactou significativamente em decisões relacionadas à matéria trabalhista.

A título de exemplo, relembramos a modificação do inciso V da Súmula 368 do TST, que dispõe sobre a aplicação de multa e sobre o termo inicial de incidência de juros de mora em relação a créditos previdenciários, observado o fato gerador das respectivas contribuições previdenciárias.

Consoante já explicado, sob a justificativa de que se geraria "um evidente desequilíbrio atuarial para o caixa da previdência social, além de desestimular os que cumprem antecipadamente as suas obrigações", rejeitou-se a ideia de que os juros devidos à previdência deveriam ser contados somente a partir da sentença de liquidação, mas sim a partir do seu inadimplemento previdenciário. Ou seja, a crise econômica acabou por servir como argumento para consolidar o entendimento até então majoritário e, consequentemente, ampliar a arrecadação fiscal e previdenciária. Na mesma toada, seguiu-se a alteração da Súmula 124 do TST que acabou por reduzir o valor da hora extra do empregado bancário.

Assim, tem-se que o contexto de crise econômica aliada ao embaraço político vivenciados pelo Brasil no período em análise favoreceram as alterações legislativas apreciadas, não como um mecanismo de evolução social, mas como um atalho para ceifar direitos, mantendo-se como vívido instrumento do capital. Extrai-se a lição de que momentos de crise e convulsão social afrouxam os laços do pacto social em vigor e abrem uma vaga no comando do poder, que, no caso analisado, foi ocupado pelos setores sociais mais reacionários e fiéis à manutenção do capital, ainda que para isso, seja necessário empurrar o padrão médio de vida dos trabalhadores para um nível pré-regulatório.

## 9. REFERÊNCIAS BIBLIOGRÁFICAS


ADASCALITEI, Dragos. MORANO, Clemente Pignatti. *Labour market reforms since the crisis: drivers and consequences*. International Labour Office, Research Department. - Geneva: ILO, 2015 (Research Department working paper ; No. 5).

AMORIM, Helder Santos. A terceirização na reforma trabalhista. Revista do Tribunal Superior do Trabalho, São Paulo, SP, v. 83, n. 4, p. 156-183, out./dez. 2017. Disponível em: <https://hdl.handle.net/20.500.12178/128094>.Acesso em 01.10.2018.

ANAMATRA. **Reforma trabalhista é inconstitucional e tende a aumentar desemprego no país, alerta Anamatra**. Disponivel em https://www.anamatra.org.br/imprensa/noticias/25204-reforma-trabalhista-e-inconstitucional-e-tende-a-aumentar-desemprego-no-pais-alerta-anamatra. Acesso em 13.2.2019

ANAMATRA. **Reforma trabalhista: associações divulgam nota técnica sobre o PLC 38/17**. Disponível em: https://www.anamatra.org.br/imprensa/noticias/25376-reforma-trabalhista-associacoes-divulgam-nota-tecnica-sobre-o-plc-38-17. Acesso em 12.2.2019

BIAVASCHI, Magda Barros. **A reforma trabalhista no Brasil em tempos de acirramento das desigualdades sociais à ação de um capitalismo "sem peias"** In: MELO, Raimundo Simão de; ROCHA, Cláudio Jannotti da (Coord.). Constitucionalismo, Trabalho, Seguridade Social e as Reformas Trabalhista e Previdenciária. São Paulo/Brasília: LTr/FAPDF, 2017.

BRASIL, Projeto de Lei nº. 6787, de 2016. Altera o Decreto-Lei nº 5.452, de 1º de maio de 1943 – Consolidação das Leis do Trabalho, e a Lei nº 6.019, de 3 de janeiro de 1974, para dispor sobre eleições de representantes dos trabalhadores no local de trabalho e sobre trabalho temporário, e dá outras providências. CONGRESSO NACIONAL. Disponível em: <<http://www.camara.gov.br/proposicoesWeb/prop_mostrarintegra;jsessionid=C1BCE34DE9A097DF4A683DD5880721ED.proposicoesWebExterno2?codteor=1520055&filename=PL+6787/2016>>. Acesso em: 30 set. 2018.

BRASIL DE FATO. Marcha sobre Brasília foi tremenda vitória popular. Brasil de Fato. Disponível em: https://www.brasildefato.com.br/2017/05/24/artigo-or-marcha-sobre-brasilia-foi-tremenda-vitoria-popular/. Consulta em 30/09/2018.

BRASIL 247. **Juristas e advogados farão ato em defesa dos direitos trabalhistas**. Disponível em https://www.brasil247.com/pt/247/ceara247/288392/Juristas-e-advogados-far Acesso em 12.2.2019.

BRASIL 247. **No Rio, associação de magistrados marca ato contra a reforma da CLT**. Disponível em https://www.brasil247.com/pt/247/rio247/291906/No-Rio-associa%C3%A7%C3%A3o-de-magistrados-marca-ato-contra-a-reforma-da-CLT.htm Acesso em 12.2.2019.

CÂMARA NOTÍCIAS. Deputados apresentam 840 emendas à proposta de reforma trabalhista. Câmara Federal. Disponível em http://www2.camara.leg.br/camaranoticias/noticias/TRABALHO-E-PREVIDENCIA/526840-DEPUTADOS-APRESENTAM-840-EMENDAS-A-PROPOSTA-DE-REFORMA-TRABALHISTA.html. Acesso em 30.9.2018.

CARELLI, Rodrigo de Lacerda. Os 5 mitos da Justiça do Trabalho. Portal JOTA. Artigo publicado em 7/09/2016. Disponível em: http://jota.info/os-5-mitos-da-justica-trabalho, acesso em 30.09.2018.

CASSAR, Vólia Bomfim. **Direito do trabalho**. São Paulo: Método, 2017.

CNBB. Secretário-Geral da CNBB fala a respeito da convocação de Greve Geral para 28 de abril. Conferência Nacional dos Bispos do Brasil. Disponível em: http://www.cnbb.org.br/vaticano-fara-ecoar-ao-mundo-a-voz-da-55a-assembleia-geral/, consulta em 31/08/2018.

CONJUR. **Jornada excessiva de trabalho provoca acidentes**. Portal Consultor Jurídico. Disponível em https://www.conjur.com.br/2009-out-20/jornada-excessiva-trabalho-provoca-acidentes-tira-dignidade. Acesso em 30.9.2018.

CONJUR. **Ives Gandra Filho: "Período de crise econômica exige reforma da legislação trabalhista"**. Disponível em https://www.conjur.com.br/20anos/2017-ago-08/ives-gandra-filho-periodo-de-crise-economica-exige-reforma-da-legi. Acesso em 15.2.2019.

CONJUR. **Juízes preveem não aplicar reforma trabalhista como foi aprovada**. Disponível em: https://www.conjur.com.br/2017-set-12/juizes-preveem-nao-aplicar-reforma-trabalhista-foi-aprovada. Acesso em 15.2.2019

DELGADO, Maurício Godinho. **Direito Coletivo do Trabalho**. 7. ed. São Paulo: LTr, 2017.

DELGADO, Maurício Godinho e DELGADO, Gabriela Neves. **Constituição da República e Direitos Fundamentais - dignidade da pessoa humana, justiça social e Direito do Trabalho**. 4. ed. São Paulo: LTr, 2017.

DELGADO, Maurício Godinho e DELGADO, Gabriela Neves. **A reforma trabalhista no Brasil: com os comentários à Lei n. 13.467/2017**. São Paulo: LTr, 2017.

DIEESE. Boletim de Conjuntura. Nº6, março 2016. Disponível em: https://www.dieese.org.br/boletimdeconjuntura/2016/boletimConjuntura006.html.

DMT. Democracia e mundo do Trabalho em debate. **Centrais e movimentos promovem dia nacional de paralisação nesta quinta**. Democracia e Mundo do Trabalho. Disponível em: <http://www.dmtemdebate.com.br/centrais-e-movimentos-promovem-dia-nacional-de-paralisacao-nesta-quinta/, consulta em 25/08/2018.

EM. **Ministério Público contesta reforma trabalhista de Temer**. Disponível em https://www.em.com.br/app/noticia/economia/2017/04/14/internas_economia,862172/ministerio-publico-contesta-reforma-trabalhista-de-temer.shtml. Acesso em 14.2.2019

ESTADÃO. **Reforma trabalhista viola convenções internacionais, diz OIT**. Disponível em: https://economia.estadao.com.br/noticias/geral,reforma-trabalhista-viola-convencoes-internacionais-diz-oit,70001884924. Acesso em 13.2.2019.

ESTADÃO. **Autores do pedido de impeachment defendem processo**. O Estado de São Paulo. Disponível em https://politica.estadao.com.br/noticias/geral,autores-do-impeachment-defendem-processo,10000003726, Acesso em 30.9.2018.

FOLHA DE SÃO PAULO. **Centrais sindicais protestam contra reforma trabalhista e da Previdência**. Folha de São Paulo. Disponível em: https://www1.folha.uol.com.br/mercado/2016/09/1815752-centrais-sindicais-fazem-protesto-contra-reformas-do-governo.shtml, consulta em 25/08/2018, acesso em 02/09/2018.

FORÇA SINDICAL SP. **Greve geral contra reformas no dia 30 perde força**. Força Sindical. Disponível em: http://www.fsindicalsp.org.br/portal/greve-geral-contra-reformas-no-dia-30-perde-forca/, acesso em 02/09/2018.

GAZETA DO POVO. **"Juízes criticam a reforma trabalhista e podem não aplicar nova lei"**. Disponível em: https://www.gazetadopovo.com.br/justica/juizes-criticam-a-reforma-trabalhista-e-podem-nao-aplicar-nova-lei-6j7wbw3tfiqfyjzo6yghvleyz/. Acesso em 15.2.2019

G1. Dilma é reeleita presidente e amplia para 16 anos ciclo do PT no poder. Portal G1. Disponível em http://g1.globo.com/politica/eleicoes/2014/noticia/2014/10/dilma-e-reeleita-presidente-e-amplia-para-16-anos-ciclo-do-pt-no-poder.html Acesso em 30.9.2018.

G1. CUT e outras centrais sindicais fazem protestos contra Temer pelo país. Portal G1. Disponível em: http://g1.globo.com/politica/noticia/2016/09/cut-e-outras-centrais-sindicais-fazem-protestos-contra-temer-pelo-pais.html, acesso em 25/08/2018.

G1. Trabalhadores rurais, fiscais federais e portuários vão aderir à greve geral. Portal G1. Disponível em: https://revistagloborural.globo.com/Noticias/Politica/noticia/2017/04/trabalhadores-rurais-fiscais-federais-e-portuarios-vao-aderir-greve-geral.html, consulta em 31/08/2018.

GOVERNO FEDERAL. **Modernização da CLT vai dar mais segurança e gerar mais empregos**. Governo do Brasil, 11 maio 2017. Disponível em: <<http://www.brasil.gov.br/economia-e-emprego/2017/05/modernizacao-da-clt-vai-dar-mais-seguranca-e-gerar-mais-empregos>>. Acesso em 30 set. 2018.

HONÓRIO, Cláudia; OLIVEIRA, Fabrício Gonçalves. **Retrocesso sem precedentes: a reforma trabalhista e os danos extrapatrimoniais**. Justificando, 14 ago. 2017. Disponível em: <<http://justificando.cartacapital.com.br/2017/08/14/retrocesso-sem-precedentes-reforma-trabalhistae-os-danos-extrapatrimoniais/>>. Acesso em 30.01.2018.

INSTITUTO HUMANITAS UNISINUS. **Ministério Público do Trabalho diz que reforma trabalhista é inconstitucional**. Disponível em: http://www.ihu.unisinos.br/186-noticias/noticias-2017/564311-ministerio-publico-do-trabalho-diz-que-reforma-trabalhista-e-inconstitucional. Acesso em 12.2.2019.

ISTOÉ DINHEIRO. Reforma trabalhista vai melhorar competitividade do Brasil, diz dono da Riachuelo. Istoé Dinheiro, 11 nov. 2017. Disponível em: <<https://www.istoedinheiro.com.br/reforma-trabalhista-vai-melhorar-competitividade-do-brasil-diz-dono-da-riachuelo/>>. Acesso em 30 set. 2018.

KANT, Immanuel. **Fundamentação da metafísica dos costumes e outros escritos**, tradução de Leopoldo Holzbach. São Paulo: Martin Claret, 2004.

JORGE LUIZ SOUTO MAIOR. **O STF em matéria trabalhista e o curioso caso de Benjamin Button**. Disponível em: https://www.jorgesoutomaior.com/blog/o-stf-em-materia-trabalhista-e-o-curioso-caso-de-benjamin-button. Acesso em 14.2.2019.

JOTA. **Oito opiniões sobre a reforma trabalhista**. Disponível em: https://www.jota.info/tributos-e-empresas/trabalho/oito-opinioes-sobre-a-reforma-trabalhista-11112017. Acesso em 13.2.2019.

JOTA. **TRT-15 não aplica reforma trabalhista a processos antigos**. Disponível em: https://www.jota.info/justica/trt-15-nao-aplica-reforma-trabalhista-a-processos-antigos-16112017. Acesso em 12.2.2019.

MÉSZÁROS, István. **Para além do capital**. São Paulo: Boitempo, 2002.

MENNA Advocacia e consultoria. **OAB aponta inconstitucionalidades no texto da Reforma Trabalhista**. Disponível em: http://www.menna.com.br/ws17/index.php/pt/noticias/94-oab-aponta-inconstitucionalidades-no-texto-da-reforma-trabalhista#.XF9Q6FxKiUk Acesso em 14.2.2019

MORAES JÚNIOR, Flávio. Flexibilização dos direitos trabalhistas e o princípio da proibição do retrocesso. 2015. 169 f. Dissertação para obtenção do Título de Mestre – Faculdade De Direito do Sul de Minas, Pouso Alegre, 2015.

MPT NOTÍCIAS. **Ação contra reforma trabalhista é ajuizada no STF** Disponível em: http://portal.mpt.mp.br/wps/portal/portal_mpt/mpt/sala-imprensa/mpt-noticias/dc90864a-5acc-4b36-8e80-17b469cf6933/!ut/p/z0/jY0xb8IwFIT_ShgyWn4mxnFGg6rIpCmgLqmX6sUE6jbYgVioP7-u1LVVp9OdvrujhnbUeLy7M0YXPI7Jvxjxymrger2Dpm72JagDax90zZYbKOmWmgQ8Hbiu18_QSLFNgJBKN9Ue9I59L7j369UoamzwcfiMtLtMMYeQJfnp_3GQ-stbu2nP1EwY34jzp0C7o61ACo5khdYS3heCyEECYWXPRWVPoiqK369nHDE7Dpm7TLfBz5hDijMforMO5xz-tT59mH413h-VWiy-ADZIEMI!/. Acesso em 12.2.2019.

MPT NOTÍCIAS. Fórum discute impactos da reforma trabalhista. Disponível em: http://portal.mpt.mp.br/wps/portal/portal_mpt/mpt/sala-imprensa/mpt-noticias/910c2573-b793-46f0-8c2d-e8531ce274db, acesso em 14.2.2019.

POCHMANN, Márcio. O impacto da crise econômica e financeira no mercado de trabalho. *Rev. TST*, Brasília, vol. 76, nº 4, out/dez 2010.

RBA. Rede Brasil Atual. Greve geral de 28 de abril já está na história, mas promete desdobramentos. Rede Brasil Atual. Disponível em: https://www.redebrasilatual.com.br/trabalho/2017/04/greve-geral-de-28-de-abril-ja-esta-na-historia-mas-promete-desdobramentos, consulta em 27/08/2018.

SANTOS, Ronaldo Lima dos. Teoria das normas coletivas. São Paulo: LTr, 2007.

SCHIAVI, Mauro. A reforma trabalhista e o processo do trabalho: aspectos processuais da Lei n. 13.467/2017. 1. ed. São Paulo: LTr Editora, 2017.

SENADO NOTÍCIAS. Impeachment de Dilma Rousseff marca ano de 2016 no Congresso e no Brasil. Senado Federal. Disponível em https://www12.senado.leg.br/noticias/materias/2016/12/28/impeachment-de-dilma-rousseff-marca-ano-de-2016-no-congresso-e-no-brasil. Acesso em 30.9.2018.

SENADO NOTÍCIAS. Aprovada a reforma trabalhista. Senado Federal. Disponível em https://www12.senado.leg.br/noticias/materias/2017/07/11/aprovada-a-reforma-trabalhista. Acesso em 30.9.2018.

SENADO NOTÍCIAS. **Juristas afirmam em audiência na CCJ que reforma trabalhista é inconstitucional**. Disponível em: https://www12.senado.leg.br/noticias/materias/2017/06/27/juristas-afirmam-em-audiencia-na-ccj-que-reforma-trabalhista-e-inconstitucional. Acesso em 14.2.2019.

SEVERO, Valdete Souto e SOUTO MAIOR, Jorge Luiz; organizadores NETO, Afonso Paciléo e HAKIM, Sarah; prefácio ENESCU, Lívio. Manual da reforma trabalhista: pontos e contrapontos. São Paulo: Sensus, 2017.

SILVA, Homero Batista Mateus da. Comentários à reforma trabalhista [livro eletrônico]. 1. ed. São Paulo: Editora Revista dos Tribunais, 2017.

SUL 21. **'Fim da Justiça do Trabalho é início da barbárie': TRT protesta contra reformas de Temer**. Disponível em: https://www.sul21.com.br/areazero/2017/03/fim-da-justica-do-trabalho-e-o-inicio-da-barbarie-trt-protesta-contra-reformas-de-temer/ Acesso em 12.2.2019.

SUPIOT, Alain. Beyond employment: changes in work and the future of labor law in Europe. Oxford: Oxford University Press, 2001.

TEIXEIRA, Marilane Oliveira. Contribuição crítica à reforma trabalhista. Campinas, SP: UNICAMP/ IE/ CESIT, 2017.

TEIXEIRA, Marilane Oliveira et al (Org). *Contribuição crítica à reforma trabalhista.* Campinas: UNICAMP/IE/CESIT, 2017. Disponível em: https://www.eco.unicamp.br/images/arquivos/Reformatrabalhista.pdf.

VENTURA, Manoel. Reforma trabalhista vai gerar empregos e aumentar produtividade, diz Meirelles. O Globo, 13 jul. 2017. Disponível em: <https://oglobo.globo.com/economia/reforma-trabalhista-vai-gerar-empregos-aumentar-produtividade-diz-meirelles-21586177>. Acesso em: 30 set. 2018.

VOGEL, L. H. Negociar direitos? Legislação trabalhista e reforma neoliberal no governo FHC (1995-2002). Rio de Janeiro: Eduerj, 2013.

# 2018-2019 - 2017, O ANO QUE NÃO TERMINOU - REFORMA TRABALHISTA E SEUS EFEITOS NEFASTOS. RESISTÊNCIA OU PRECARIZAÇÃO?

*Alexandre Corrêa, Anderson do Nascimento Leriano, André Luiz Lima da Silva, André Monici Sabino, André Monteiro do Rosário, Andresa Aparecida Moreira, Anna Beatriz de Alencar Reis, Arlindo Oliveira Lima, Bruna Fonseca Uchoa, Caio Spazzapan Meloni, Carlos Alexandre Aires Elldrikwer, Carlos Augusto Pereira Nunes, Charita Maria Doimo Rodrigues, Cristiane Anizeti dos Santos, Daiane Brasil Pereira Silva, Daniel Ferreira da Silva, Daniel Mermerian, Danielle da Costa Silva, Danilo de Carvalho Cremonini, Elaine D'Ávila Coelho, Elisa Maria Secco Andreoni, Erazê Sutti, Érika Cristhiane Camargo Marques, Felipe Augusto de Azevedo Marques Arruda, Felipe Lopes Tamelini, Felipe Meleiro Fernandes, Francesco Scotoni M. da Silva, Frederico Espinoza Cerruti, Gabriel Henrique Zani Furlan, Gabriel Moreira de Santana, Gabriel Ruiz Peixoto, Gabriela Menezes Zacareli, Gabriela Oliveira Chikitani, Helena Pontes dos Santos, Iasmim Pereira Gois, Jéssica Serejo Luglio de Oliveira, Joana Roberta Gomes Marques, José do Socorro Teixeira Gomes, Larissa Daniela Carvalho de Sá, Marcela Vasconcellos Santos de Andrade, Mariana Evelin da Silva Leal, Mariana Moraes Vieira, Marina Costa Rosa Sant'ana, Mayara Rocha de Lima Pires, Monique Dominicheli do Nascimento Basso, Natali Gomes Vancini, Otto Dmitry Garkauskas Hernandes, Patrícia Soares Nicolini de Deus, Patrícia Souza Anastácio, Pedro Tarozzo Tinoco Cabral Lima, Reinaldo Kosmo da Silva Lima, Renato Oliveira Batista, Roberto Alves de Andrade Barbosa, Samuel Alves da Silva, Tiago Alves da Silva*

*"Deixa, deixa, deixa*
*Eu dizer o que penso dessa vida*
*Preciso demais desabafar*
*Suportei meu sofrimento*
*De face mostrada, riso inteiro*
*Hoje canto o meu lamento*
*Coração cantou primeiro*
*Você não tem direito*
*De calar a minha boca*
*Afinal me dói no peito*
*Uma dor que não é pouca*
*Tenha dó"*
Deixa eu dizer – Ivan Lins

## 1. INTRODUÇÃO

No bojo deste esforço coletivo entre as turmas da Especialização em Direito do Trabalho da Faculdade de Direito da USP em retratar seu período histórico, a nós, da X Turma, coube uma inglória tarefa: abordar o período que coincide com nossa vivência – afinal, nosso curso abrange o biênio 2018-2019 – o que, *de per si,* impacta de sobremaneira a pesquisa pela inexistência de distanciamento dos fatos. Ademais, referido período coincide com uma profunda fase de alteração no âmbito político, cujo resultado das eleições de 2018 é a face mais visível, além de, no nosso âmbito de pesquisa, ser o primeiro ano de aplicação da contrarreforma trabalhista, aprovada em 2017 e cujas proposições começaram a concretizar seus nefastos efeitos em 2018.

Desta forma, a análise dos impactos da contrarreforma nos âmbitos da jurisprudência, da doutrina, da legislação, da mobilização dos trabalhadores e da mobilização dos atores jurídicos, almeja, ao final, que as observações em cada um destes aspectos, dentro das limitações inerentes ao presente texto, contribuam no debate de apontar caminhos para a luta pela concretização dos direitos sociais e da plenitude da cidadania.

Se faz necessária uma última ponderação nesta introdução. Apesar dos esforços colocados pelo grupo, o texto carrega em si diferentes percepções da realidade e formas de manifestação, o que, ao nosso entender, se apresenta como uma de suas principais virtudes. Afinal, trata-se de um mosaico elaborado pelas 110 mãos das mulheres e dos homens que compõem a X Turma. Certos de que a construção coletiva vivaz pode gerar incômodos e estranhamentos em sua complexidade, antecipadamente, pedimos compreensão do leitor.

## 2. JURISPRUDÊNCIA

### 2.1. Direito Intertemporal

Publicada no Diário Oficial da União em 13/07/2017, a Lei 13.467/2017, denominada de "Reforma Trabalhista", passou a viger quando transcorrido o prazo de *vacatio legis* de 120 dias previsto em seu artigo 6º, ou seja, em 11/11/2017, sábado. Apesar da possibilidade de ocorrência de atos urgentes aos finais de semana e de utilização do próprio Processo Judicial Eletrônico, PJE, os efeitos do novel diploma foram efetivamente sentidos a partir do dia 13/11/2017, segunda-feira, afinal os atos processuais se realizam, em regra, em dias úteis e das 06 às 20 horas (artigo 770 da CLT).

Não tendo a lei tratado de forma expressa da questão atinente ao direito intertemporal, referida missão coube a seus intérpretes. De efeito, observando a premissa disposta no artigo 6º da Lei de Introdução ao Direito Brasileiro, LINDB, logrou-se estabelecer que as normas de caráter material têm efeito imediato e geral, é claro, respeitados o ato jurídico perfeito, o direito adquirido e a coisa julgada. Assim, aplicando-se o brocado latino *Tempus regit actum*, os atos são disciplinados pela lei vigente ao tempo de sua ocorrência. A disciplina, todavia, é outra para as leis de viés processual.

A doutrina prevê três teorias diversas, quais sejam, a teoria da unidade, a qual dispõe que a lei nova aplica-se somente aos processos instaurados após sua vigência. Dividindo o processo em fases processuais autônomas - postulatória, instrutória, decisória, recursal e executória - a teoria da fase processual apregoa que a fase é toda regida pela lei vigente quando de seu começo, ainda que quando de sua ultimação já exista outra. A teoria do isolamento dos atos processuais, por sua vez, sem limitações às fases, leciona que a lei processual nova, não atingindo os atos já praticados e seus efeitos, deve ser aplicada a todos os atos a serem iniciados após sua vigência. E é a última teoria que tem preponderado na jurisprudência. À guisa de ilustração, colaciona-se o seguinte julgado:

> DIREITO INTERTEMPORAL PROCESSUAL. IMPUGNAÇÃO À ASSISTÊNCIA JUDICIÁRIA GRATUITA. INCIDENTE INSTAURADO EM AUTOS APARTADOS NA VIGÊNCIA DOS ARTS. 4º, 7º E 17 DA LEI 1.060/50. DECISÃO DA IMPUGNAÇÃO PROLATADA NA VIGÊNCIA DO CPC/2015. PRINCÍPIO DO "TEMPUS REGIT ACTUM". TEORIA DO ISOLAMENTO DOS ATOS PROCESSUAIS. RECURSO CABÍVEL. AGRAVO DE INSTRUMENTO. (STJ, REsp 1666321, Min. Rel. Nancy Andrighi, Terceira Turma, DJe 13/11/2017)

Parece-nos, inclusive, que o Colendo Tribunal Superior do Trabalho, TST, também se inclina nessa direção, porquanto, ao editar a Instrução Normativa nº 41/2018, logo no primeiro artigo dispôs, *in verbis:*

> Art. 1º A aplicação das normas processuais previstas nas Consolidações das Leis do Trabalho, alteradas pela Lei nº 13.467, de julho de 2017, com eficácia a partir de 11 de novembro de 2017, é imediata, sem atingir, no entanto, situações pretéritas iniciadas ou consolidadas sob a égide da lei revogada.

## 2.2. Requisitos da petição inicial

As primeiras repercussões da Lei nº 13.467/2017 foram sentidas quando, em massa, vários processos foram extintos por carecerem as petições iniciais de liquidação dos pedidos. Se alguns Juízos de 1 ª Instância foram rápidos em promover extinções, de outro lado não se pode negar que os Tribunais de 2ª Instância também foram céleres em sedimentar o entendimento de que os requisitos da petição inicial são os previstos na lei processual vigente à data de propositura da ação. Cita-se, a título de ilustração, a decisão liminar proferida nos autos do Mandado de Segurança nº 1004053-35.2017.5.02.0000, processada no âmbito do Tribunal Regional do Trabalho da 2 ª Região, em 16/01/2018. Nela, inclusive, lança-se mão do Enunciado n º 220 da 2 ª Jornada de Direito Material e Processual do Trabalho como razão de decidir.

PEDIDO CERTO, DETERMINADO E COM INDICAÇÃO DE SEU VALOR. LEI N º 13.467/2017. ART. 840, §1º, DA CLT. EXIGÊNCIA EXCLUSIVAMENTE PARA AS AÇÕES AJUIZADAS A CONTAR DO INÍCIO DA VIGÊNCIA DA REFERIDA LEI. DIREITO PROCESSUAL INTERTEMPORAL (CPC, 1RT. 14). Os requisitos da petição inicial são os previstos na lei processual vigente à data do ingresso da demanda, sob pena de aplicação retroativa da nova lei processual e, ainda, de exigência inexistente quando do exercício do direito de ação e da provocação da jurisdição. Inteligência do art. 14 do CPC.

A nova regra instituída no §1º do artigo 840 da CLT, destarte, somente é aplicável de forma imperativa nas ações propostas a partir de 11/11/2017. Sua eventual inobservância, aliás, não implica em imediata extinção do feito, mas, sim, em concessão de prazo para emenda da inicial – inteligência do disposto no artigo 321 do CPC, de aplicação subsidiária ao Processo do Trabalho, e dos termos da Súmula 263 do C. TST.

### 2.3. Gratuidade de Justiça, honorários periciais, honorários de advogado e custas em razão de ausência à audiência

A questão da aplicação da Lei nº 13.467/2017 ("Reforma Trabalhista") no tempo, é especialmente delicada ao se analisar a edição dos artigos 790-B, §4º, 791-A, §4º e 844, §2º, que preveem a obrigação do pagamento de honorários periciais e sucumbenciais pelo reclamante, ainda que beneficiário da justiça gratuita, além do pagamento das custas processuais quando da ausência do reclamante à audiência. A mera existência dos artigos consubstancia nítida restrição ao direito de acesso à jurisdição, eis que condiciona a propositura da ação à possibilidade do empregado de arcar com referidos custos, em hialina inversão do conceito de hipossuficiência dos reclamantes. Por esta razão foi proposta a Ação Direta de Inconstitucionalidade - ADI nº 5766[1] perante o Supremo Tribunal Federal (STF), em que se pleiteia a declaração de inconstitucionalidade das disposições que visam a restrição ou condicionamento dos benefícios da justiça gratuita. Nos autos da referida ADI, em 09/05/2018, foi

1 Cuja Inicial encontra-se disponível em <http://www.mpf.mp.br/pgr/documentos/ADI5766reformatrabalhista.pdf>. Acesso em: 19 de jun. de 2018.

apresentado o voto do Ministro Relator, Luís Roberto Barroso, em que se sustentou que não haveria *"desproporcionalidade nas regras questionadas, uma vez que a limitação tem como objetivo restringir a judicialização excessiva das relações de trabalho"*. O voto ainda considera *"válida a regra sobre cobrança de custas judiciais dos beneficiá*rios da justiça gratuita que derem razão ao arquivamento do processo, diante do não comparecimento injustificado à audiência"[2], em evidente incompreensão das vicissitudes a que estão sujeitos os trabalhadores brasileiros. O Ministro Edson Fachin, por sua vez, posicionou-se pela procedência da ADI ao sustentar que as restrições impostas pela Lei nº 13.467/2017 mitigam o direito fundamental à assistência judicial gratuita e o direito fundamental ao acesso à Justiça, obstando-se o próprio acesso aos direitos sociais dos trabalhadores que se reputam prejudicados. Logo, em decorrência da vulneração destes preceitos, ter-se-ia a violação do princípio da dignidade da pessoa humana e da cidadania, bem como a frustração da construção de uma sociedade livre, justa e solidária, da erradicação da pobreza e da marginalização e a redução das desigualdades sociais[3].

Os Tribunais Regionais do Trabalho vêm, apesar da existência de alguma divergência entre as Turmas, decidindo pela inaplicabilidade do regime de sucumbência aos processos movidos anteriormente à vigência da Lei 13.467/2017, tendo em vista o caráter híbrido da norma, bem como em proteção aos princípios da segurança jurídica, devido processo legal e princípio da não-surpresa. Desta forma, concluiu-se que aos processos ajuizados antes da vigência da Lei nº 13.467/2017 sujeitam-se, no aspecto de sucumbência, aos requisitos da Lei nº 5.584/70. Corroborando este entendimento, a Instrução Normativa nº 41/2018[4], nos artigos 4º, 5º, 6º e 12, prevê que as alterações introduzidas pela Reforma Trabalhista, no que tange aos honorários sucumbenciais e periciais, seriam aplicáveis tão somente às ações ajuizadas posteriormente ao início da vigência da Lei nº 13.467/2017. As discussões acerca dos artigos 789, 790-B, 791-A, 844

2 Ibid.

3 Ibid.

4 Disponível em: <https://hdl.handle.net/20.500.12178/138949>. Acesso em: 19 de jun. de 2018.

da CLT, editados pela Lei nº 13.467/2017 são incipientes e se afastam, em sua maioria, das principais preocupações acerca do tema, quais sejam, a vulneração do trabalhador enquanto reclamante e hipossuficiente, além da restrição ao acesso à justiça. No entanto, isto não equivale a dizer que a matéria não vem sendo abordada pelos Tribunais Regionais do Trabalho. Neste sentido, colaciona-se:

> EMENTA: ASSISTÊNCIA JUDICIÁRIA GRATUITA. INDEVIDA A FIXAÇÃO DE CUSTOS AO BENEFICIÁRIO. IMPROPRIEDADE DO ESTABELECIMENTO DA PRESUNÇÃO DO EXERCÍCIO ABUSIVO DO DIREITO DE AÇÃO COMO FORMA DE NEGAR VIGÊNCIA À GARANTIA CONSTITUCIONAL DA JUSTIÇA GRATUITA (TRT-15 - ROPS: 00127158920175150146 0012715-89.2017.5.15.0146, Relator: JORGE LUIZ SOUTO MAIOR, 1ª Câmara, Data de Publicação: 07/06/2018)[5].

Ante o exposto, projeta-se que a discussão sobre a nova sistemática das custas processuais e sucumbência na Justiça do Trabalho não só será intensificada com a tramitação das ações ajuizadas após a vigência da Lei nº 13.467/2017, mas também refletirá muitos dos posicionamentos adotados pelos Ministros do Supremo Tribunal Federal no julgamento da ADI nª 5766, envolvendo debates acerca dos primados mais caros ao Direito do Trabalho e, quiçá, ao próprio conceito de justiça.

### 2.4. Arbitragem aplicada aos Dissídios Individuais Trabalhistas

Discute-se há muito tempo quanto à aplicação da Arbitragem nos Dissídios Individuais, existindo entendimentos favoráveis e contrários à sua efetivação nos casos concretos, contudo, até o presente momento, prevalece a opinião de que é inaplicável tal instituto aos litígios de cunho individual, não havendo qualquer discussão sobre sua utilização nos Dissídios Coletivos, já que a Constituição da República prevê expressamente a faculdade de sua utilização em tal modalidade, a teor dos parágrafos 1º e 2º do artigo 114. Com o intento de "modernizar" o Direito do Trabalho,

5 No mesmo sentido, sobressalta-se o TRT da 3ª Região, conforme se depreende dos julgamentos dos processos 0010140-61.2018.5.03.0129, 0012170-67.2017.5.03.0044 e 0012044-11.2017.5.03.0143.

sendo essa uma das bandeiras do legislador, a polêmica "Reforma Trabalhista" incluiu ao Texto Consolidado o artigo 507-A, que deu lastro para a utilização do instituto em comento, sob a condição de que o contrato individual de trabalho tenha remuneração superior a duas vezes o limite máximo dos benefícios pagos pela Previdência Social, respeitada a autonomia de vontade do empregado. Diante do curto espaço temporal desde a vigência da Lei nº 13.467/2017, a jurisprudência trabalhista limita-se a discorrer a respeito da inaplicabilidade da Arbitragem aos Dissídios Individuais, sobretudo pela indisponibilidade e irrenunciabilidade dos Direitos Laborais, deixando de aplicar e falar sobre a efetividade do artigo 507-A, ante o princípio da irretroatividade, tendo em vista que os casos práticos, passíveis de julgamento, foram firmados em período anterior à vigência da Lei nº 13.467/2017[6]. Haverá outro dilema a ser resolvido pela jurisprudência envolvendo o instituto da Arbitragem, pois o legislador olvidou-se de alterar o artigo 876 da Norma Consolidada, incluindo a sentença arbitral como título executivo extrajudicial, haja vista que o mencionado artigo dispõe de rol taxativo e para alguns não é possível a aplicação subsidiária do Código de Processo Civil[7], logo, ocorrendo o inadimplemento de obrigações contidas em sentença arbitral, esta será inexequível.

### 2.5. Prescrição intercorrente

A aplicação da prescrição intercorrente no processo do trabalho foi marcada pelo conflito entre o entendimento do STF, que desde 1963 acena com a admissão da prescrição intercorrente pelo direito do trabalho através da Súmula 327, e a recusa do TST em aceitar a compatibilidade desse instituto, conforme Súmula 114, uma vez que o art. 878 da CLT preconizava que o juiz poderia impulsionar a execução de ofício. A despeito da Súmula do STF, o TST seguiu firme em seu posicionamento[8], mas essas duas linhas jurisprudenciais ainda dividiram as decisões dos

---

6 Nesse sentido o julgado do TRT da 2ª Região sob n. AP 1002222-33.2015.5.02.0707 e 3ª Turma do Tribunal Superior do Trabalho no processo n. TST-AIRR-2810-32.2012.5.03.0029.

7 Nesse sentido o julgado do TRT da 2ª Região sob n. AP 1002265-90.2017.5.02.0612.

8 TST, RO 0000178-26.2016.5.23.0000, Acórdão proferido em 26/06/2018.

Tribunais Regionais. Enquanto alguns se basearam na decisão do STF e aplicaram a prescrição intercorrente[9], outros seguiram a orientação do TST, inclusive sumulando a matéria nesse sentido[10]. Visando acabar com a celeuma jurisprudencial e para eliminar a resistência encabeçada pelo TST, a Lei nº 13.467/2017 alterou o art. 878 da CLT para proibir os juízes de promoverem a execução de ofício fora dos casos de *jus postulandi* e incluiu o art. 11-A para prever expressamente a prescrição intercorrente no processo trabalhista. Ainda assim a aplicação intertemporal da nova legislação também encontrou interpretações completamente diferentes no Judiciário Trabalhista. Enquanto em um caso se exigiu apenas que a extinção da execução pelo reconhecimento da prescrição intercorrente tivesse sido declarada após a entrada em vigor da Reforma Trabalhista[11], outros afastaram completamente a prescrição das ações distribuídas antes da Lei nº 13.467/2017[12] ou mesmo dos contratos que vigoraram antes dela[13]. Em uma posição intermediária se decidiu que a nova legislação se aplica imediatamente a todos os processos em curso, desde que a inércia do exequente se dê por descumprimento à determinação proferida após 11/11/2017, início da vigência da Reforma Trabalhista[14]. Tentando nortear as instâncias inferiores antes mesmo de julgar algum caso à luz da Lei nº 13.467/2017, o TST editou a Instrução Normativa Nº 41/2018 que em seu art. 2º se inclinou para essa posição intermediária, exigindo nova intimação após 11/11/2017 para início da contagem do prazo prescricional. Esse é o entendimento que se desenha na Justiça do Trabalho a

---

9 TRT 1ª Região, AP 0071100-86.2008.5.01.0226, Acórdão proferido em 24/04/2018; TRT 8ª Região, AP 0012900-56.2005.5.08.0013, Acórdão proferido em 19/08/2018.

10 TRT 5ª Região, AP 0124800-31.2009.5.05.0193, Acórdão proferido em 06/02/2018; TRT 2ª Região, Tese Jurídica Prevalecente nº 6; TRT 5ª Região, Súmula 23; TRT 9ª Região, OJ EX SE 39 orienta a aplicação da Súmula 114 do TST quando não localizados bens do devedor, mas reconhece a prescrição intercorrente na inércia do credor.

11 TRT 1ª Região, AP 0040500-85.1999.5.01.0521, Acórdão proferido em 04/07/2018

12 TRT 2ª Região, AP 0091800-44.1994.5.02.033, Acórdão proferido em 12/07/2018

13 TRT 4ª Região, AP 0149200-12.1995.5.04.0102, Acórdão proferido em 13/03/2018

14 TRT 2ª Região, AP 0064500-34.2007.5.02.0201, Acórdão proferido em 05/07/2018; TRT 23ª Região, 0122800-16.2007.5.23.0003, Acórdão proferido em 04/07/2018.

partir do novo art. 11-A da CLT, uma vez que a Instrução Normativa já foi utilizada para fundamentar decisão recente sobre o tema[15].

### 2.6. Terceirização

A Lei 13.429 de 31 de março de 2017 alterou a Lei de Contratação Temporária (Lei 6.019/74) e passou a regulamentar a terceirização, vigendo agora com mudanças, principalmente no que tange à terceirização. Posteriormente, a Lei a 13.467, de 13 de julho de 2017, trouxe novas alterações na Lei 6.019/74, ampliando ainda mais o conceito de terceirização e superando a distinção entre atividades-fim e atividades-meio, anteriormente adotada pela jurisprudência, como se observa na Súmula 331, item III, do TST. A Rede Sustentabilidade ajuizou no STF a ADI 5685 contra a Lei 13.429/2017, e que tem como apensos a ADI 5735, apresentada pelo procurador-geral da República, Rodrigo Janot, a ADI 5695, ajuizada pela Confederação Nacional dos Trabalhadores na Indústria Química e Confederação Nacional dos Trabalhadores nas Indústrias Têxtil, Vestuário, Couro e Calçados, a ADI 5686, apresentada pela Confederação Nacional das Profissões Liberais, e a ADI 5687, apresentada pelo Partido dos Trabalhadores e pelo Partido Comunista do Brasil, ações estas que se encontram pendente de julgamento. No que diz respeito à eficácia da Lei 13.429/2017 no tempo, a jurisprudência vem apontando no sentido da impossibilidade[16] da aplicação para as relações jurídicas que tiveram início antes da vigência da Lei[17], sendo que a própria norma, ao incluir o art. 19-C[18] na Lei 6.019 /74, prevê regra específica de direito intertemporal cujo teor assenta que os contratos em vigência somente po-

15 TRT 5ª Região, AP 0000520-19.2014.5.05.0029, Acórdão proferido em 12/07/2018

16 BRASIL - TRT-3 - RO: 00108313720155030014 0010831-37.2015.5.03.0014, Relator: Juliana Vignoli Cordeiro, Decima Primeira Turma).

17 BRASIL - TRT-2 10007413020165020083 SP, Relator: MARIA ISABEL CUEVA MORAES, 4ª Turma - Cadeira 1, Data de Publicação: 24/10/2017).

18 BRASIL - Lei no 6.019, de 3 de janeiro de 1974 Art. 19-C. Os contratos em vigência, se as partes assim acordarem, poderão ser adequados aos termos desta Lei.

derão ser adequados aos termos da nova lei se as partes assim acordarem[19]. Entretanto não é uníssona a jurisprudência, sendo que o Tribunal Regional da 2ª Região manteve a improcedência da Ação Civil Pública autuada sob o número 1001774-35.2016.5.02.0316, utilizando a Lei 13.429/2017 para reforçar seu fundamento, indicando que "o artigo 9º, parágrafo 3º da Lei 6.019/74, com a nova redação dada pela Lei 13.429/2017, encerrou a discussão a respeito da terceirização de atividade fim[20]". Talvez, neste curto período em que vige a Lei 13.429/2017, a decisão que tenha chamado mais atenção seja a sentença do processo autuado sob o nº 11609-17.2015.5.03.0043, que tramitou na 1ª Vara do Trabalho de Uberlândia, na qual foi utilizado o seguinte fundamento:

> Revejo entendimento anterior. Com efeito, a tese descrita na petição inicial, a respeito da ilicitude da terceirização de serviços de operação de Telemarketing ligada ao seguimento bancário, encontra-se fundamentada no entendimento firmado na Súmula 331 do TST e Súmula 49 deste TRT. Ocorre que o cancelamento destes entendimentos é medida que necessariamente se impõe, em virtude do advento da Lei 13.429/2017 (Lei da Terceirização).

Tal decisão foi reformada pelo Tribunal Regional do Trabalho da 3ª Região sob o fundamento de que *"a Lei 13.429/2017 entrou em vigor na data de sua publicação (artigo 3º), isto é, em 31/03/2017 e, em sendo assim, não se aplica aos contratos de trabalho já rescindidos, como é o caso dos autos"*[21]. Entretanto, a nova lei pode apontar uma tendência de entendimento acerca das novas disposições legais.

### 2.7. Homologação de Acordo Extrajudicial na Justiça do Trabalho

Também novidade da Reforma Trabalhista (Lei nº. 13.467/2017), a homologação de acordos extrajudiciais foi disciplinada pelo legislador

19 BRASIL - TRT-6 - RO: 00010552520165060101, Data de Julgamento: 26/04/2018, Quarta Turma.

20 BRASIL - TRT-2 10017743520165020316 SP, Relator: ODETTE SILVEIRA MORAES, 11ª Turma - Cadeira 3, Data de Publicação: 15/05/2018.

21 BRASIL - TRT-3 0011609-17.2015.5.03.0043, Data de Julgamento 06/06/2017, 5ª Turma, Relator João Alberto de Almeida.

(artigos 855-B a 855-E, CLT) e incluída no rol de competências das Varas do Trabalho (art. 652, "f", CLT). Com isso, instituiu-se novo procedimento de jurisdição voluntária perante a Justiça do Trabalho. Devido à grande quantidade de ações ajuizadas nos últimos meses a respeito do tema, alguns Tribunais Regionais do Trabalho (TRT), dentre eles os da 1ª e 2ª Regiões, criaram diretrizes próprias para operacionalizar o trâmite das homologações de acordo extrajudicial[22]. As diretrizes do TRT da 2ª Região solucionaram uma das questões mais debatidas a respeito do instituto, a viabilidade da estipulação de cláusula de quitação geral. O referido tribunal entendeu que "a quitação deve ser limitada aos direitos (verbas) especificados na petição de acordo"[23], ou seja, que não é permitida a quitação geral via acordo extrajudicial homologado na forma dos artigos 855-B a 855-E da CLT. Entretanto, ainda há inúmeras controvérsias a respeito do alcance e da repercussão dos acordos extrajudiciais em matéria trabalhista, de modo que caberá à jurisprudência resolver tais questões. Como o assunto é incipiente, a grande maioria das decisões judiciais a respeito foi proferida por Varas do Trabalho, tendo em vista que a maior atuação dos tribunais só ocorrerá após transcorrido tempo suficiente para a tramitação dos recursos em 2ª Instância. Ainda assim é possível encontrar alguns acórdãos esparsos, nada que se aproxime de uma jurisprudência propriamente dita. Dentre as decisões de destaque, cabe citar acórdão do TRT da 3ª Região que rejeitou acordo extrajudicial entre doméstica e seu patrão devido ao fato de o contrato de trabalho permanecer em vigor, situação considerada não prevista no art. 855-B da CLT[24]. Outra decisão emblemática consiste em acórdão do TRT da 12ª Região que rejeitou a homologação de acordo celebrado antes da vigência da Reforma Trabalhista[25]. Finalmente, deve ainda ser mencionada decisão

---

22 Resolução Administrativa nº 9/2018 de 05/04/2018 do Órgão Especial do Tribunal Regional do Trabalho da 1ª Região e Recomendação n° GP/CR Nº 1/2017 de do Tribunal Regional do Trabalho da 2ª Região.

23 TRT2. Pedidos de homologação de acordos extrajudiciais seguem regras específicas. Disponível em: <http://trt2.jus.br/indice-noticias-em-destaque/21461-pedidos-de-homologacao-de-acordos-extrajudiciais-seguem-regras-especificas>. Acesso em: 01 de ago. de 2018.

24 TRT3. PJe: 0010099-04.2018.5.03.0062 (RO) — Acórdão proferido em 10/04/2018.

25 TRT12. PJe: 0000521-04.2017.5.12.0029 (RO) – Acórdão proferido em 23/01/2018.

proferida pela 75ª Vara do TRT da 2ª Região que impediu a celebração de acordo cujo objeto seja transação de verbas trabalhistas incontroversas, o que representaria simples renúncia[26].

### 2.8. Acordo Individual sobre Banco de Horas

A Reforma Trabalhista (Lei n°. 13.467/2017) incluiu o §5º ao artigo 59 da CLT e passou a permitir a celebração de acordo individual de banco de horas, desde que a compensação ocorra no período máximo de 6 (seis) meses. Apesar da escassez de manifestações judiciais a respeito do tema, vale citar decisão da Corregedoria-Geral da Justiça do Trabalho, que manteve decisão monocrática da MM. Desembargadora Maria Isabel Cueva Moraes, do TRT da 2ª Região, no tocante à impossibilidade de celebração de acordo individual de banco de horas com trabalhadores contratados antes da vigência da Reforma Trabalhista[27]. Entendeu-se que a aplicação ao caso das alterações trazidas com a Lei 13.467/2017 configuraria nítida ofensa aos princípios da irretroatividade da lei e da segurança jurídica, pois o direito ao percebimento de eventuais horas extras prestadas já tinha sido incorporado ao patrimônio jurídico dos empregados em momento anterior às alterações legislativas[28].

### 2.9. Contribuição Sindical

Em que pese o curto espaço de tempo de vigência da Lei 13.467/2017, o Supremo Tribunal Federal concluiu o julgamento da Ação Direta de Inconstitucionalidade nº 5794/DF, ajuizada pela Confederação Nacional dos Trabalhadores em Transporte Aqua-

---

26 TRT2. PJe: 1000455-61.2018.5.02.0075 – Sentença proferida em audiência de 23/05/2018 pelo MM. Juiz Dr. Daniel Rocha Mendes.

27 TST. CorPar - 1000368-40.2018.5.00.0000 – Decisão proferida em 05/06/2018 pelo Ministro-Corregedor Lélio Bentes Correa.

28 GALASSI, João Marcelo. TST mantém decisão do TRT-2 quanto à inaplicabilidade da reforma trabalhista em caso de banco de horas por acordo individual. Disponível em: <trt2.jus.br/indice-de-noticias-noticias-juridicas/21760-tst-mantem-decisao-do-trt-2-quanto-a-inaplicabilidade-da-reforma-trabalhista-em-caso-de-banco-de-horas-por-acordo-individual> Acesso em: 01 de ago. de 2018.

viário e Aéreo, na Pesca e nos Portos (CONTTMAF), por meio da qual postulou-se a declaração da inconstitucionalidade parcial do art. 1º da Lei 13.467, de 13 de julho de 2017, naquilo em que confere nova redação aos artigos 545, 578, 579, 582, 583, 587 e 602 da Norma Laboral, por alegada ofensa ao disposto nos artigos 5º-XXXV, LV, LXXIV; 6º; 7º; 146-III-a; 149 e 150-§6º da Constituição da República. Em poucas palavras, a Lei 13.467/2017 transmutou o caráter compulsório atribuído à contribuição sindical, tornando-o em facultativo. A manifestação da Procuradora-Geral da República, Raquel Elias Ferreira Dodge, sob muitos argumentos e em grande parte contrários ao relator do processo, o Ministro Edson Fachin, foi no sentido de que a alteração trazida é constitucional, não merecendo prosperar a Ação Direta de Inconstitucionalidade nº 5794/DF. Por seis votos a três, a Corte Suprema decidiu declarar a constitucionalidade dos artigos supramencionados nos pontos que tratam da facultatividade da contribuição sindical para empregados e empregadores e prevaleceu o entendimento do Ministro Luiz Fux, que, dentre os argumentos expostos por ele e pelos ministros que o acompanharam em seu voto, está o de não se poder admitir que a contribuição sindical seja imposta a trabalhadores e empregadores quando a Constituição determina que ninguém é obrigado a se filiar ou a se manter filiado a uma entidade sindical. Além disso, houve concordância no entendimento da maioria da Corte que o fim da obrigatoriedade da contribuição sindical não ofende a Constituição. Os votos vencidos foram dos ministros Edson Fachin, Dias Toffoli e Rosa Weber.

## 3. DOUTRINA

### 3.1. Brevemente, a delicada situação das gestantes

O art. 394-A da Lei nº 13.467/2017 prevê para a gestante a possibilidade de trabalhar em ambiente insalubre, salvo se apresentar laudo médico recomendando o afastamento. Antes da alteração, tal possibilidade era vedada pela legislação. O objetivo da redação anterior era proteger a gestante e lactante, o feto e a criança nos períodos de gestação e lactação, proibindo o trabalho da empregada em atividades, operações ou locais insalubres, que deveria nesses períodos exercer suas atividades em locais salubres, livres dos respectivos riscos. A Medida Provisória nº 808/2017, não mais vigente, chegou a propor a inversão deste ônus da prova, no qual o afastamento seria automático, de modo que a permanência da gestante em local insalubre estaria condicionada a atestado médico que permitisse tal prática. Para a lactante, continua a regra de permanência no local insalubre, salvo se houver expressa recomendação médica de afastamento, ao passo que o artigo 396 da lei em epígrafe concede dois intervalos computados na jornada para que a empregada possa amamentar, ainda que a criança seja fruto de adoção, até os seus seis meses. Assim, a legislação prevê dois intervalos, de meia hora cada um, que devem ser gozados durante a jornada de trabalho, impreterivelmente. Os horários devem ser definidos em comum acordo entre empregada e patrão. A doutrina, com efeito, reagiu negativamente. De imediato, Melo[29] questiona se os atestados médicos serão mesmo garantia de proteção para a mulher e o feto, pois "o médico pode não ter o conhecimento específico necessário sobre segurança no trabalho e não ir examinar o local de trabalho. Em segundo lugar, o trabalho de grávidas e lactantes em ambientes insalubres poderá afetar não apenas a trabalhadora, mas os recém-nascidos, promovendo-se com isso "padrão predatório da força de trabalho já antes do nascimento dos futuros trabalhadores, quando começarão a ser atingidos por agentes contaminantes de adoecimento". O trabalho em ambientes insalubres é prejudicial não só às trabalhadoras em qualquer situação, mas, principalmente, às gestantes e lactantes, ao feto e à criança em fase de amamentação, sendo correta, segundo Raimundo Simão de Melo, a proibição do trabalho da gestante e da lactante em atividades ou locais insalubres.

29 MELO, Raimundo Simão de. Reforma erra ao permitir atuação de grávida e lactante em local insalubre. Revista eletrônica [do] Tribunal Regional do Trabalho da 9ª Região, Curitiba, PR, v. 6, n. 61, p. 180-181, jul./ago. 2017. Disponível em:<https://hdl.handle.net/20.500.12178/111554>. Acesso em: 01 de ago. de 2018.

### 3.2. Terceirização da atividade empresarial de uma empresa e alterações sobre a responsabilidade patronal

Os empregadores também são afetados pela Reforma; no entanto, mais se percebem alterações em seu favor que contra – e elas se iniciaram com a Lei nº 13.429/17, que alterou as condições do regime de terceirização até então vigente. A principal alteração na Lei da Terceirização corresponde à ampliação da atuação do trabalhador temporário e terceirizado para as atividades-fim da sociedade empresária, o que permite ao empregador contar com terceirizados em todas as vertentes produtivas e economizar na remuneração da mão de obra. Tal como era a restrição da terceirização às atividades-meio, a redação anterior do Art. 2º, §2º, CLT consistia em garantia ao trabalhador, defendendo a unicidade contratual e facilitando o recebimento dos créditos aos quais o trabalhador faz jus. As alterações trazidas pela Lei nº 13.467/17 ao Art. 2º da CLT, influenciam diretamente na exequibilidade dos créditos trabalhistas. Se por um lado agora a sucessão é regulamentada a favor do trabalhador em atenção ao entendimento jurisprudencial já consolidado, a inclusão do §3º ao Art. 2º, dificulta o estabelecimento de relação entre sociedades empresárias ao excluir a identidade dos sócios como fator de reconhecimento de um grupo econômico e, assim, prejudicando a localização de bens para a desconsideração da personalidade jurídica da sociedade. E nem se alegue que a responsabilidade solidária prevista no Art. 2º, §2º, seria uma forma de garantia. A prática permite inferir que uma das formas mais comuns de fraude à execução trabalhista é a "dança" de sócios entre sociedades empresárias, ou a participação de um único sócio em diversas sociedades, camuflando-se. Se é certo que o sócio aufere lucro e o incorpora ao seu patrimônio ao explorar a atividade empresarial baseada na prestação de serviços do trabalhador, é certo que o sócio deve responder com seu próprio patrimônio na liquidação de crédito existente.

### 3.3. O Inconstitucional Preço Da "Dor"

Sem rodeios, um dos maiores pontos de crítica às alterações promovidas na CLT pela Lei 13.467/2017, sem dúvida, é o conteúdo do parágrafo 1º do artigo 223-G. A tarifação do dano extrapatrimonial promovida pela Reforma Trabalhista confronta diretamente o conteúdo do artigo 5º., incisos V, X e XXXV, da Constituição Federal. Sem qualquer razoabilidade, entra em embate contra todo o núcleo legislativo pátrio acerca da reparação civil, inclusive os pertinentes dispositivos do Código Civil[30], sendo certo que a novel legislação trabalhista promoveu um sério atentado à dignidade da pessoa humana, verdadeiro fundamento da República Federativa do Brasil ao deixar de amparar amplamente os direitos pessoais das vítimas à integral reparação dos danos. A Constituição Cidadã, considerados os diversos prismas e potenciais da existência humana, teve o cuidado de tutelar os danos pessoais em sentido amplo. Portanto, a quebra de isonomia e o verdadeiro tratamento discriminatório do sistema de reparação de danos implantado pela Reforma faz defluir "ipso facto" a inadmissibilidade de legislação do gênero por afrontar também os objetivos fundamentais da República (art. 3º. da CF). É frívola a tentativa do legislador infraconstitucional de tentar verdadeiramente expurgar a Constituição Federal do trato de indenizações por danos extrapatrimoniais, como se isso fosse possível. Esqueceram-se da Supremacia da Constituição e da inegável reverência que a legislação infraconstitucional deve lhe emprestar, até mesmo como pressuposto para sua validade e eficácia. Uma análise conglobada e sistemática do ordenamento jurídico revela a total inconsistência constitucional do artigo 223 G da CLT reformada. A resposta proporcional ao agravo e a indenização integral dos danos, como preceitos decorrentes dos incisos V e X do artigo 5º da CF des-

30 Como destacou Cláudia Honório, em seu artigo "Tarifação do Dano Extrapatrimonial", publicado no Manual de Apoio -Inconstitucionalidades da Lei nº 13.467/2017 pelo Ministério Público do Trabalho, p.29: Nessa esteira, tem-se que o núcleo infraconstitucional da responsabilidade civil se encontra nas disposições do Código Civil, que estão em consonância com o paradigma da reparação insculpido na Constituição Federal de 1988, uma vez que: a) destaca e valoriza a proteção aos direitos da personalidade (arts. 11 a 21), estendendo-a, inclusive, às pessoas jurídicas, no que lhes é pertinente aplicar (art.52); (b) distingue, explicitamente, a obrigação de reparar o dano moral, sem limitações quanto às suas diversas manifestações (dano à honra, dano à liberdade, dano ao nome, dano à imagem etc.) e áreas de incidência (individual ou coletiva) (arts. 186 e 927); c) garante a reparação do dano moral, de maneira ampla e a mais completa possível, incumbindo ao órgão julgador, mediante arbitramento, à luz da equidade e do postulado da razoabilidade, fixar o valor da condenação em cada caso concreto, a fim de atender, nessa tarefa, às funções compensatória e sancionatória, e também o norte preventivo-pedagógico dessa específica e peculiar espécie da responsabilização (arts.927, 941, 946, 948, 949, 950, 952, 953 e 954).

constrói de maneira hábil e suficiente a pretensão da CLT de estabelecer um valor máximo de indenização para os danos extrapatrimoniais. Além disso, colocar preço na dor do cidadão trabalhador e tarifá-la segundo o salário recebido pela vítima viola os princípios constitucional da isonomia e da dignidade da pessoa humana como mais de uma vez já se afirmou neste artigo. É absurda a condição de se estabelecer um tratamento diferenciado e de menos valia justamente àquele trabalhador hipossuficiente, inclusive, em maior grau. São valores antagônicos, aplicados de maneira exponencial e mais antagônica ainda[31]. Inconcebível, destarte, que num sistema constitucional cujos fundamentos idealizam, justamente, a erradicação ou ao menos a diminuição das diferenças dos valores sensíveis à sociedade e aos seres humanos, que se pretenda admitir que empregados vítimas de lesões similares ou idênticas possam receber reparações distintas simplesmente por força do valor do salário que recebem. Acredita-se que, da mesma forma que o sábado foi feito para o homem (e não o contrário), que por serem os magistrados e magistradas, homens e mulheres que juraram guardar a Constituição Federal, estes não permitirão, mediante o nobre exercício da jurisdição, que a legislação infraconstitucional ora criticada promova verdadeiro açoite à dignidade da pessoa humana, e que, com o manejo adequado das ferramentas constitucionais que lhe são disponíveis aplicar, certamente darão conta do árduo trabalho de promover a desconstrução de preceitos da Reforma Trabalhista e que confrontam com a dignidade da pessoa humana, especialmente quanto ao preceito legal em estudo e que, de maneira insana, irresponsável e descompromissada com o ser humano e trabalhador, imaginou ser possível colocar-se um preço na dor.

---

31 Como pontuou Homero Batista Mateus da Silva, in "Comentários à Reforma Trabalhista – Análise da Lei 13.467/2017 – Artigo por Artigo". São Paulo. Editora Revista dos Tribunais. 2017. p. 61: "... houve crítica severa ao governo federal, por haver utilizado o salário-contratual do empregado como base de cálculo para a indenização pois esse padrão, por qualquer ângulo que se observe, faz com que a dor do pobre seja menor do que a dor do rico, independentemente da lesão; essa crítica é irrespondível."

### 3.4. Óbices à gratuidade de justiça introduzidos pela Lei nº 13.467/17. Inconstitucionalidade e incoerência sistêmica

As alterações promovidas pela lei 13.467/17 no tocante ao instituto de gratuidade de justiça revelam de forma mais verdadeira as intenções da dita modernização: impedir o litígio, desencorajar, ao máximo, o trabalhador de buscar a tutela jurisdicional, em violação do artigo 25 da Convenção Americana de Direitos Humanos. Se antes bastava ao trabalhador declarar a condição econômica social e financeira para obter o pleno acesso à justiça, com a reforma surgiram novas exigências como faculdade do juiz, renda salarial não superior a 40% do benefício teto da previdência social, comprovação de insuficiência de recursos, pagamento de perícias ainda que beneficiário da justiça gratuita e uma possível dívida com a união por dois anos, após o trânsito em julgado da ação, além do pagamento de honorários ao advogado patronal no caso de não comprovação pelo trabalhador de suas afirmações iniciais. A Constituição Federal, por sua vez, impõe ao Estado a obrigação de prestar assistência jurídica integral e gratuita apenas aos que comprovarem insuficiência de recursos. Não tardou, portanto, para que a doutrina trabalhista começasse a apontar a inconstitucionalidade do novo normativo, bem como desnudar os objetivos de obstar o acesso à justiça, na contramão das evoluções do direito do trabalho e civilista. Dinamarco[32] defende que a expressão "acesso à justiça" permeia três níveis: inicia-se com o mero ingresso do indivíduo em juízo, perpassa o processo como instrumento para a realização dos direitos individuais e, por fim, significa o dever do Estado de não só garantir a eficiência do ordenamento jurídico, como também proporcionar a realização de verdadeira justiça, como conceito filosófico, aos cidadãos. Na esfera cível[33], compreendida como aquela em que deve haver mais rigidez em relação aos regramentos de gratuidade de justiça por não operar pela lógica da hipossuficiência do trabalhador - a qual existe na Justiça do Trabalho por tratar majoritariamente de uma relação

32 DINAMARCO, Cândido Rangel. A instrumentalidade do processo. 8ª Edição, São Paulo: Malheiros, 2000, p. 51.

33 Artigos 98 e 99, caput, da Lei. 13.105/15.

contratual onde a sobrevivência de uma das partes está em jogo - o direito é concedido a toda pessoa com insuficiência de recursos para arcar com as custas, despesas e honorários de qualquer tipo, com a garantia de que o pedido somente poderá ser indeferido se houver nos autos elementos que evidenciem a falta dos pressupostos legais para a concessão, depois de oferecida a oportunidade para comprovação. Há de se mencionar ainda que o próprio Supremo Tribunal Federal manifestou-se[34] diversas vezes no sentido de que a insuficiência se dá no materialmente, ou seja, na verificação da incapacidade do beneficiário de arcar com o ônus sem comprometer o sustento próprio e de sua família, em uma demonstração de que o critério é bem mais profundo do que a mera aferição de renda. Incabível, portanto, disposição na seara trabalhista que se pretenda mais rígida do que a cível, vez que se tratando de incoerência sistêmica. Neste sentido, Delgado[35] se opõe à alteração, defendendo que a restrição monetária, relativamente aos segmentos sociais sem lastro econômico-financeiro, assume o caráter de restrição absoluta ou quase absoluta, em flagrante desrespeito aos comandos constitucionais expressos nos incisos XXXV e LXXIV do art. 5º da CF/88 no que concerne à sua regulação do instituto da justiça gratuita no Direito Processual do Trabalho. E além: a reforma fez incluir na Consolidação das Leis do Trabalho o §4º do artigo 791-A, que autoriza que o beneficiário da gratuidade de justiça arque com os ônus processuais com o proveito econômico obtido como resultado da demanda, ou seja, em subtração forçada de seu crédito trabalhista e alimentar. A reação negativa do meio acadêmico foi tão intensa que motivou a impugnação do normativo dentre os demais questionados pela ADI 5766, sob a argumentação de que normas impugnadas inviabilizariam ao trabalhador economicamente desfavorecido a assunção dos riscos naturais de demanda trabalhista e impõe-lhe pagamento de custas e despesas processuais de sucumbência com uso de créditos trabalhistas auferidos no processo. Para finalizar, um contundente resumo dos questionamentos apresentados pelos doutrinadores trabalhistas pode ser expresso pela nobre reflexão de

34 Recursos Extraordinários nº 249003 e nº 249277 e Agravo Regimental no RE 284729.

35 DELGADO; DELGADO, A reforma trabalhista no Brasil. São Paulo: Ltr, 2017, p. 113.

Anselmo Prieto Alvarez[36], Procurador do Estado de São Paulo, professor de Direito Processual Civil, Coordenador do Núcleo de Prática Jurídica da Faculdade de Direito da PUC/SP e Coordenador de Curso da Escola Superior de Advocacia da OAB/SP:

> Num país onde temos como regra a pobreza de sua população, poderíamos afirmar que a assistência jurídica gratuita, em sua real acepção, é por certo tão importante quanto à liberdade de expressão, vez que do que adiantaria termos assegurada tal liberdade se, caso violada, o lesado, sendo hipossuficiente, nada pudesse fazer para rechaçá-la?

### 3.5. O negociado sobre o legislado

A prevalência das normas coletivas sobre a legislação é objeto de discussão no antes mesmo das alterações impostas pela Lei 13.467/2017, sendo expressamente prevista no artigo 7º, XXVI, da Constituição Federal, a fim de incentivar as negociações entre sindicatos e empregadores, considerando o constituinte um importante instrumento de democratização das relações de trabalho e método de solução de conflitos[37]. Há que se considerar que no campo das relações coletivas de trabalho é possível atribuir certa equivalência entre os contratantes, porquanto o modelo juslaborista adotado no Brasil atribui a qualidade de norma jurídica às chamadas "cláusulas" estabelecidas por meio de Acordos ou Convenções Coletivas de Trabalho, entendendo-se que as entidades representativas dos trabalhadores juntamente com os empregadores ou com as entidades representativas patronais são hábeis a estabelecer as normas mais adequadas às peculiaridades das respectivas categorias. Todavia, estando a previsão inserta no rol de direitos e garantias dos trabalhadores, conforme *caput* do artigo 7º da CF, certo é que as disposições negociais somente podem prevalecer sobre a lei quando tiverem por finalidade melhoria da

36 ALVAREZ, Anselmo Pietro. Uma Moderna Concepção De Assistência Jurídica Gratuita. Revista da Procuradoria Geral do Estado, São Paulo, n. 53, 2017. Revista eletrônica, disponível em < http://www.pge.sp.gov.br/centrodeestudos/revistaspge/revista53/moderna.htm> acessado em 24 de julho de 2018.

37 DELGADO, Maurício Godinho. A reforma trabalhista no Brasil: com comentários à Lei 13.467/2017 / Mauricio Godinho Delgado, Gabriela Neves Delgado. – São Paulo : LTr, 2017. p. 250

condição social dos trabalhadores, não podendo as normas coletivas servirem de instrumento de redução de direitos e precarização da força de trabalho[38]. Sendo assim, a interpretação que se deu a partir da previsão constitucional foi no sentido de que determinadas normas jurídicas de proteção contidas na lei representariam um patamar civilizatório mínimo da relação de trabalho, portanto, tais níveis de proteção não poderiam ser objeto de negociação em detrimento dos trabalhadores, mas apenas para elevação da proteção, exemplo típico eram as normas atinentes à duração do trabalho que procurassem reduzir ou suprimir intervalos intrajornada (Súmula 437, II do TST) ou permitir a ampliação da jornada sem o correspondente pagamento (Súmula 449 do TST). Tanto é que, ao longo dos anos, a interpretação do próprio dispositivo constitucional foi objeto de inúmeras ações sobre a contestação da validade e inconstitucionalidade de cláusulas de convenções e acordos coletivos, havendo vasto repertório de julgados do TST sobre os mais variados temas acerca da extrapolação dos limites mínimos de proteção ao trabalhador, tais como a autorização do trabalho noturno de adolescente e vedação do direito de greve, demonstrando a relativização da autonomia da norma coletiva diante da garantia dos direitos sociais, quando incompatíveis entre si[39]. Destarte, não poderá ser dada interpretação diversa às normas coletivas pautadas no rol disposto no artigo 611-A da CLT, cabendo a análise do caso concreto sob o prisma da finalidade precípua da representação sindical, ou seja, defesa dos interesses dos trabalhadores, sendo ilegítima e nula qualquer pactuação que reduza ou viole direitos legalmente previstos e afronte as garantias constitucionais, podendo haver a prevalência da negociação coletiva apenas quando efetivamente mais benéfica aos trabalhadores[40]. Ademais, não se argumente que a diminuição da proteção não será possível caso haja recusa do sindicato em negociar, pois é fato constatado no Brasil dos quase 15.000 sindicatos registrados até 2013, a

38 Ibidem. p. 256

39 MATEUS DA SILVA, Homero Batista. "Comentários à Reforma Trabalhista – Análise da Lei 13.467/2017 – Artigo por Artigo". São Paulo. Editora Revista dos Tribunais. São Paulo. 2017, p. 78.

40 GODINHO, op. cit., p.256

maior parte deles jamais enfeixou qualquer tipo de negociação coletiva[41] e que diante da não obrigatoriedade do imposto sindical, muitos dos quais podem terminar sendo cooptados por empregadores havidos pelo poder de chancela dos sindicatos para redução de direito laborais, quando então o problema pode atingir contornos de econômicos mais deletérios sob o ponto de vista da concorrência desleal. Além da tentativa de permissivo à negociação coletiva redutora de patamares mínimos de civilidade na relação de emprego, o legislador resolveu dar a mesma autonomia ao empregado autossuficiente, atribuindo tal condição ao empregado detentor de diploma de nível superior, que perceber salário igual ou superior a duas vezes o teto do regime geral de previdência social, atualmente, pouco mais de R$ 11.500,00, conforme inclusão do parágrafo único ao artigo 444 da CLT. Contudo, a autonomia concedida ao empregado autossuficiente à luz da "reforma trabalhista" está demasiado viciada, cabendo diversas ressalvas, tais como as considerações de Reginaldo Melhado[42], para quem a educação formal e a remuneração do empregado não são elementos que permitam a distinção material de uma relação de emprego ao ponto de permitir se aplicar um regime jurídico diferenciado, principalmente porque no caso de empregados com remuneração acima da média, o temor do desemprego é ainda mais elevado, pois o amparo estatal nestes casos não é capaz de suprir a renda perdida em caso de desemprego e porque a recolocação destes profissionais no mercado de trabalho mostra-se o mais das vezes mais difícil do que no caso de um cargo com menor remuneração. Portanto, o contexto social torna ainda mais desequilibrado o poder de negociação. Ademais, importante destacar que há incompatibilidade das garantias constitucionais com a autonomia de negociação das condições de trabalho pelo empregado tido como autossuficiente, tal qual a

41 SOUZA, Rodrigo Trindade de. Negociado sobre o legislado: o Mito de Ulisses e as Sereias, in Reforma trabalhista: visão compreensão e crítica. Guilherme Guimarães Feliciano, Marco Aurélio Marsiglia Treviso, Saulo Tarcísio de Carvalho Fontes, org. São Paulo: LTR, 2017. p. 177 – 185.

42 MELHADO, Reginaldo. Trabalhador pseudossuficiente: o conto do vigário da autonomia da vontade na 'reforma trabalhista'. in Reforma trabalhista: visão compreensão e crítica. Guilherme Guimarães Feliciano, Marco Aurélio Marsiglia Treviso, Saulo Tarcísio de Carvalho Fontes, org. São Paulo: LTR, 2017. p. 95-106.

jornada, cujo aumento e compensação somente pode ocorrer mediante acordo ou convenção coletiva, assim como a possibilidade de redução salarial, consoante previsão expressa do artigo 7º, VI e XIII, da CF, podendo ser declarada inconstitucional a cláusula negociada de forma individual com o empregado se versar sobre as matérias. Assim, por meio desta despretensiosa explanação, que nada tem de pioneiro em relação às manifestações de outros estudiosos do assunto, temos que a famigerada "reforma" não empreendeu outra coisa senão pavimentar o caminho para uma maior exasperação da exploração do trabalhador, o que em um primeiro momento até pode gerar aquecimento econômico, mas que no longo prazo diminuirá o tamanho e as potencialidades do mercado consumidor interno, causando a anoxia do capital, que não será capaz de continuar sua reprodução. Não obstante o intento do legislador ordinário, há que se utilizar as sólidas bases do ordenamento jurídico em prol da garantia dos direitos sociais, dignidade da pessoa humana e proteção do trabalhador em face do poder diretivo do empregador, a fim de invalidar qualquer tentativa de afronta aos princípios constitucionais, basilares das relações jurídicas e norteadores da interpretação e aplicação normas, incluindo a função social do contrato de trabalho.

### 3.6. Inclusão da Modalidade de Contrato de Trabalho Intermitente. Afronta à Dignidade da Pessoa Humana e a Negativa de Garantia do Salário Mínimo

A Lei nº 13.467/2017 ("Reforma Trabalhista") trouxe para o âmbito do Direito do Trabalho brasileiro a figura do trabalho intermitente ao conferir nova redação ao *caput* do art. 443 da CLT, inserir o §3º ao mesmo dispositivo e adicionar o art. 452-A na CLT. Referida lei conceitua o trabalho intermitente, no novo §3º do art. 443, considerando-o como "*o contrato de trabalho no qual a prestação de serviços, com subordinação, não é contínua, ocorrendo com alternância de períodos de prestação de serviços e de inatividade, determinados em horas, dias ou meses, independentemente do tipo de atividade do empregado e do empregador*", com exceção dos aeronautas, que são regidos por lei própria. A MP nº 808 editada em 14/11/2017 trouxe diversas alterações à Lei 13.467, contudo, perdeu sua vigência em 23/04/2018 diante da inércia do Congresso Nacional. À luz do Pacto Constitucional firmado em 1988, importantes aspectos do novel contrato de trabalho intermitente devem ser analisados e interpretados. De acordo com Maeda[43], o trabalho intermitente, tal como trazido pela Reforma Trabalhista, afronta a dignidade da pessoa humana prevista no art. 1º, III, da CF/88, na medida em que coloca o trabalhador em condição de mero objeto, ferramenta, maquinário, à disposição da atividade econômica empresarial. Por conseguinte, prossegue a autora, este rebaixamento do *status* civilizatório contraria não só a vedação de tratamento desumano (art. 5º, III, CF/88), mas também a finalidade constitucional do Direito do Trabalho de melhoria da condição social do trabalhador (art. 7º, *caput*, CF/88). A autora[44] também sustenta que o trabalho intermitente é inconstitucional no tocante à remuneração, porque não garante a subsistência do trabalhador e de sua família com o pagamento do salário mínimo mensal constitucional previsto no art. 7º, incisos IV e VII, da CF/88. Maurício Godinho Delgado e Gabriela Neves Delgado advertem que, caso lidos em sua literalidade, os novos preceitos rompem com dois importantes direitos e garantias justrabalhistas, quais sejam, a noção de duração do trabalho e de jornada e a noção de salário[45]. Isso porque tentam criar uma realidade do tempo à disposição do empregador sem os efeitos jurídicos do tempo à disposição, ou seja, um contrato de trabalho sem salário, ou, então, com salário, se e quando o trabalhador for convocado para o trabalho. Os autores salientam, porém, que uma interpretação lógico-racional, sistemática e teleológica do art. 443, *caput* e §3º e art. 452-A da CLT, evidencia que tais dispositivos, em verdade, criaram nova modalidade de salário por unidade de obra ou, pelo menos, de salário-tarefa, já que a base de cálculo do salário contratual será a produção do trabalhador no

43 MAEDA, Patrícia. Contrato de trabalho intermitente. In: Resistência: aportes teóricos contra o retrocesso trabalhista. Coord.: SOUTO MAIOR, Jorge Luiz. SEVERO, Valdete Souto. 1ª Ed. São Paulo : Expressão Popular, 2017, p. 323.

44 Idem, p. 324.

45 DELGADO, Maurício Godinho. DELGADO, Gabriela Neves. A reforma trabalhista no Brasil: com os comentários à Lei n. 13.467/2017. São Paulo : LTr, 2017, p. 154 e 155.

respectivo mês tendo em vista número de horas que esteve à disposição do empregador quando das convocações. Por conseguinte, tratando-se de salário por unidade de obra ou de salário-tarefa, é imperiosa a observância do inciso VII, do art. 7º, da CF/88, o qual expressamente assegura um salário nunca inferior ao mínimo para os que percebem remuneração variável, durante a vigência do contrato de trabalho intermitente[46]. Outra questão – que, evidentemente, não pode ser desvinculada da anterior – é a previsão do §9º do artigo 452-A da CLT, que aborda o direito (constitucional, diga-se) de férias no âmbito do trabalho intermitente. Sua redação estabelece que "a cada doze meses, o empregado adquire direito a usufruir, nos doze meses subsequentes, um mês de férias, período no qual não poderá ser convocado para prestar serviços pelo mesmo empregador". Percebe-se, pela literalidade do texto, que não foram abordados a remuneração das férias e o pagamento do terço constitucional, previstos no art. 7º, XVII, da Constituição Federal de 1988, dando margem para que se sustente, equivocadamente, a possibilidade de gozo de férias sem pagamento da remuneração e respectivo adicional. Entretanto, à luz do Pacto Constitucional vigente, não há se falar em direito de férias sem a observância do disposto no art. 7º, inciso XVII, da CF/88, motivo pelo qual é imperioso se admitir o pagamento das férias de 30 dias com o respectivo terço constitucional, cujo cálculo levará em conta a média mensal dos salários nos meses do período aquisitivo, respeitado o piso do salário mínimo mensal[47], como dito anteriormente.

### 3.7. A Reforma Trabalhista e a Proibição do Exame do Conteúdo dos Instrumentos Coletivos: Grave Ofensa a Inafastabilidade de Jurisdição

O direito do trabalho surge em épocas de crise, portanto, crises econômicas não podem ser apontadas como fundamento para quaisquer retrocessos, também porque, mesmo que assim não fosse, os problemas

46 Idem, p. 155.

47 Idem, p. 187.

econômicos estão ligados à economia, não podendo ser solucionados pelo jurista, sendo, por isso, incabível culpar o direito do trabalho, assim já advertia desde 1987 a jurista Telma Nubia Tavares, citada pelo prof. Souto Maior[48]. Entretanto, tenta a Reforma Trabalhista de 2017, de modo geral, apresentar uma concepção distorcida acerca da Justiça do Trabalho, como se dela a sociedade pudesse extrair somente uma espécie de insegurança jurídica, sendo certo que tal pensamento, equivocado e despido de bases históricas, costuma se fortalecer em situações cíclicas de crise no sistema capitalista, como a que vivemos no cenário em que a CLT "moderna" foi aprovada. O novel §3 do art. 8º da CLT, ao inserir o advérbio "exclusivamente" no tocante aos supostos pontos autorizadores de análise pelo Judiciário sobre os instrumentos coletivos, demonstra a ideologia de precarização e retrógrada que ainda prevalece em nosso legislativo. Prevê referido dispositivo celetista, assim como parágrafos 1º e 2º do art. 611-A, que os juízes do trabalho devem se limitar à apreciação dos meros vícios formais ou "elementos essenciais do negócio jurídico". Vale lembrar que o art. 5º, XXXV, da Constituição Federal de 1988, ao afirmar que a lei não excluirá da apreciação judicial lesão ou ameaça a direito, reconhece não apenas o direito do cidadão de participar ativamente da sociedade por meio de uma ação preventiva ou repressiva, mas também a existência de um direito fundamental à uma tutela que se apresente adequada e amplamente efetiva[49]. Frisa-se, a intenção real da Reforma é impedir o exame do conteúdo das normas coletivas que resultem em violações aos direitos sociais trabalhistas insculpidos tanto na Carta Maior quanto nos documentos internacionais ratificados pelo Brasil. A Lei 13.467/2017, ao impor obstáculos de exame pelo Judiciário quanto aos Acordos e Convenções Coletivas, desconsidera os princípios constitucionais do direito do trabalho e, especialmente, o princípio da inafastabilidade do Poder Judiciário, reconhecidamente uma das normas fundamentais de maior

48 Maior, Jorge Luiz Souto. História do Direito do Trabalho no Brasil. Volume I: parte II. São Paulo : LTr, 2017. P. 366.

49 Sarlet,. Marinoni, Luiz Guilherme. Curso de direito constitucional. 4ª. Ed. São Paulo : Saraiva, 2015, p. 741.

relevância da CF/88, pois, segundo ensinamentos de Canotilho, veda a chamada "justiça pelas próprias mãos", necessariamente através do monopólio da jurisdição, dimensão do princípio do estado de direito e um corolário material do princípio da divisão dos poderes. Foi o reconhecimento dessa função específica dos tribunais que fez com que eles se libertassem da influência imperial da política[50]. Quanto ao art. 611-A da CLT, conhecido como "negociado sobre o legislado", ratifica Carlos Henrique Bezerra Leite[51] que se trata de norma manifestamente inconstitucional, uma vez que também viola a disposição do art. 5º, XXXV, da CF/88. Especificamente quanto ao §2º, entende o doutrinador que se trata de dispositivo que descaracteriza a essência da negociação coletiva, calcada na reciprocidade de interesses contrapostos.

## 4. LEGISLAÇÃO

### 4.1. Lei nº 13.595/2018

Alterou pontos da Lei nº 11.350/2006 para dispor sobre a reformulação das atribuições, a jornada e as condições de trabalho, o grau de formação profissional, os cursos de formação técnica e continuada e a indenização de transporte dos profissionais Agentes Comunitários de Saúde e Agentes de Combate às Endemias.

Estabelece que tais profissionais devem preencher os seguintes requisitos para o exercício da atividade: curso de formação inicial com carga horária de 40 horas e diploma de ensino médio. Inexistindo candidato inscrito em concurso que tenha ensino médio, poderá ser admitida a contratação de candidato com ensino fundamental, que deverá comprovar a conclusão do ensino médio no prazo máximo de três anos.

---

50 Canotilho, J. J. Direito constitucional e teoria da Constituição. 7ª. Ed. Coimbra : Almedina, 2003. p. 661.

51 Leite, Carlos Henrique Bezerra. Curso de direito do trabalho. 9ª ed. São Paulo: Saraiva, 2018. p. 807

O agente comunitário de saúde passa a ter como atribuição o exercício de atividades de prevenção de doenças e de promoção da saúde, a partir dos referenciais da Educação Popular em Saúde, mediante ações desenvolvidas em conformidade com as diretrizes do SUS. O objetivo é ampliar o acesso da comunidade aos serviços de informação, de saúde, de promoção social e de proteção da cidadania, sob supervisão do gestor municipal, distrital, estadual ou federal.

### 4.2. Lei nº 13.601/2018

Referida Lei fora publicada em 09 de janeiro de 2018 com a finalidade de regulamentar o exercício da profissão de Técnico em Biblioteconomia. Considera este profissional aquele que possuir diploma de formação de nível médio técnico em Biblioteconomia, expedido no Brasil, por escolas oficiais ou reconhecidas na forma da lei, ou ainda expedido por escola estrangeira e revalidado no Brasil de acordo com a legislação em vigor. Supradita regulamentação, define ainda as funções competentes ao Técnico em Biblioteconomia, pelas quais devem auxiliar nas atividades e serviços pertinentes ao funcionamento das bibliotecas e outros serviços de documentação e informação, e auxiliar no planejamento e desenvolvimento de projetos que ampliem as atividades de atuação sociocultural das instituições em que atuam, sempre na supervisão de um Bibliotecário com registro profissional.

### 4.3. Lei nº 13.643/2018

Com o objetivo de regulamentar a profissão de Esteticista, a referida Lei fora promulgada em 03 de abril de 2018, compreendendo também o Cosmetólogo e o Técnico em Estética, regulamentando, quanto à formação desses profissionais, exigência, para os cosmetólogos e esteticistas, de diploma de graduação em nível superior com concentração em estética e cosmética, e, para o técnico em estética, diploma em curso técnico com concentração em estética, ambos expedidos por instituição de ensino brasileira ou estrangeira, revalidado no Brasil. A lei também regulamentou as competências e funções desses profissionais, dentre elas a responsabilidade técnica pelos centros de estética que executam e aplicam recursos estéticos, executar procedimentos estéticos faciais, corporais e capilares, utilizando como recursos de trabalho produtos cosméticos, técnicas e equipamentos com registro na Agência Nacional de Vigilância Sanitária, observando a prescrição médica ou fisioterápica.

### 4.4. Medida Provisória 808/2017 e Portaria 349 do Ministério do Trabalho e Emprego

Como é cediço, a Medida Provisória 808 entrou em vigor ainda no ano de 2017 trazendo alterações significativas ao texto original da lei 13.467/17. Perdeu sua vigência em 23 de abril de 2018, motivo pelo qual voltou a vigorar - em sua íntegra - os artigos inseridos pela Lei 13.467/17. Por esta razão, o Ministro de Estado do Trabalho editou a Portaria nº 349 de 23 de maio de 2018, estabelecendo regras voltadas à execução da Lei 13.467/17 e os artigos da MP 808 encontraram novo fôlego. A respeito da jornada de trabalho, a lei 13.467/2017, inseriu o artigo 59-A da Consolidação das Leis do Trabalho, dispondo sobre a possibilidade de instituir o horário de doze horas de trabalho por trinta e seis de descanso (12x36), mediante acordo individual escrito, convenção coletiva ou acordo coletivo de trabalho, além de possibilitar a observância ou indenização do horário intrajornada. No seu parágrafo único, incluiu o descanso semanal remunerado, os feriados e prorrogações de horário noturno na remuneração mensal do empregado. Tal dispositivo superaria o entendimento consolidado na Súmula 444 do Tribunal Superior do Trabalho, em sentido contrário. Com o advento da Medida Provisória 808/2017, foi suprimida a possibilidade de acordo individual para a jornada 12x36, sendo admitida somente para as entidades atuantes no setor de saúde (parágrafo 2º). As alterações supriram em parte as críticas da possibilidade de acordo individual para esta modalidade de jornada, ainda que não tenha modificado o disposto sobre o horário intrajornada, remuneração dos descansos em feriados, bem como a não prorrogação do trabalho noturno. Contudo, com a perda da vigência da MP 808/2017, o artigo 59-A retomou sua redação original dada pela Lei 13.467/2018, mantendo assim a possibilidade de acordo individual para a modalidade de trabalho 12x36, e permanecendo o que a Associação Nacional dos Magistrados na Justiça do Trabalho[52] tem denominado como regime complessivo, que engloba na remuneração pagamentos de feriados, horário intrajornada como indenização e prorrogações de jornada noturna, não levando em conta a jornada real realizada pelo trabalhador. A Lei 13.467/17 incluiu na Consolidação das Leis do Trabalho o Título II-A, com disposições referentes ao dano extrapatrimonial. O art. 223-C teve sua redação modificada pela MP 808, passando a prever como bem juridicamente tutelado não apenas a honra, a imagem, a intimidade, a liberdade de ação, a autoestima, a saúde, o lazer e a integridade física, mas também a etnia, a idade e a nacionalidade. Além disso, a referência à sexualidade foi trocada por "gênero" e "orientação sexual", assim como o termo "pessoa física" foi substituído por "pessoa natural", aprimorando os institutos. Não obstante, com a perda de vigência da MP 808, a redação do art. 223-C retomou as inconsistências terminológicas da Lei 13.467/17. Apresentou a reforma, no seu artigo 223-G os critérios para avaliação do juízo ao analisar o pedido. A Medida Provisória 808/2017 trouxe alterações no parágrafo 1º e 3º e incluiu os parágrafos 4º e 5º[53]. As alterações foram recebidas como benéficas, pois substituíram o parâmetro de fixação da indenização, de salário contratual para o teto da previdência social (parágrafo 1º), sanando o critério de tarifação até então adotado, e previa a aplicação em dobro da indenização

---

52 2ª Jornada de Direito Material e Processual do Trabalho, evento realizado pela Associação Nacional dos Magistrados da Justiça do Trabalho (Anamatra), realizado em 19/10/2018. Disponível em: <https://www.anamatra.org.br/imprensa/noticias/25797-reforma-trabalhista-anamatra-divulga-integra-dos-enunciados-aprovados-na-2-jornada.>. Acesso em: 08 de ago. de 2018.

53 MP 808/2.017 "§1º Ao julgar procedente o pedido, o juízo fixará a reparação a ser paga, a cada um dos ofendidos, em um dos seguintes parâmetros, vedada a acumulação: I - para ofensa de natureza leve - até três vezes o valor do limite máximo dos benefícios do Regime Geral de Previdência Social; II - para ofensa de natureza média - até cinco vezes o valor do limite máximo dos benefícios do Regime Geral de Previdência Social; III - para ofensa de natureza grave - até vinte vezes o valor do limite máximo dos benefícios do Regime Geral de Previdência Social; ou IV - para ofensa de natureza gravíssima- até cinquenta vezes o valor do limite máximo dos benefícios do Regime Geral de Previdência Social. §3º Na reincidência de quaisquer das partes, o juízo poderá elevar ao dobro o valor da indenização. §4º Para fins do disposto no § 3º, a reincidência ocorrerá se ofensa idêntica ocorrer no prazo de até dois anos, contado do trânsito em julgado da decisão condenatória. §5ºOs parâmetros estabelecidos no § 1ºnão se aplicam aos danos extrapatrimoniais decorrentes de morte."

para reincidência de quaisquer das partes e não somente no caso de partes idênticas. (parágrafo 3º). A MP 808/2017 inseriu ainda os parágrafos 4º e 5º, para estabelecer um prazo de 2 anos para o critério de indenização em dobro para ofensas idênticas (parágrafo 4º) e para excluir os danos de que resultem em morte, do critério parametrizado de fixação da indenização. (parágrafo 5º). Com a perda da vigência da MP 808/2017 em 23/04/2018, o artigo 223-G retomou sua redação original dada pela lei 13.467/2018, que fixa a indenização de acordo com o critério do salário contratual da vítima e possibilita a aplicação de indenização em dobro somente entre partes idênticas, nada dispondo sobre prazo para aplicação da reincidência ou casos de morte[54]. Demonstra assim sua inconstitucionalidade, em confronto com os artigos 3º, IV, 5º caput, incisos V e X da Constituição, pois adota o critério de tarifação de dano extrapatrimonial, ofendendo a reparação integral do dano, a isonomia e a dignidade da pessoa humana. Ao que tange a proteção do trabalho da mulher, com a edição da MP 808 de 2017, o art. 394-A da CLT, sofreu modificações, especialmente conferindo a empregada gestante o seu afastamento enquanto durar a gestação, na atividades operadas em locais insalubres, sendo excluído então o adicional de insalubridade, com a transferência da empregada para local salubre. No curso da vigência da referida MP, ainda que a empregada apresentasse atestado médico, voluntariamente, poderia continuar a exercer atividade e operações insalubres em grau médio e mínimo, também ocorrendo para empregada lactante, porém em qualquer grau de insalubridade. Contudo, em razão do encerramento de seu prazo de vigência, foram restabelecidos os efeitos da Lei 13.467/17, passando a vigorar o artigo 394 -A da presente lei. No tocante às modificações da contratação do autônomo, destaca-se a perda de vigência dos parágrafos do art. 442-B da CLT, os quais traziam algumas especificidades sobre tal

54 Lei 13.467/2.017: "§1o Se julgar procedente o pedido, o juízo fixará a indenização a ser paga, a cada um dos ofendidos, em um dos seguintes parâmetros, vedada a acumulação: I - ofensa de natureza leve, até três vezes o último salário contratual do ofendido; II - ofensa de natureza média, até cinco vezes o último salário contratual do ofendido; III - ofensa de natureza grave, até vinte vezes o último salário contratual do ofendido; IV - ofensa de natureza gravíssima, até cinquenta vezes o último salário contratual do ofendido.§3o Na reincidência entre partes idênticas, o juízo poderá elevar ao dobro o valor da indenização."

modalidade de trabalho. Neste sentido, com a edição da Portaria nº 349, os parágrafos 2º a 6º da MP 808 encontraram novo fôlego. Dito isso, verifica-se que não mais persiste a vedação de celebração de contrato com cláusula de exclusividade com o autônomo, bem como a previsão de que o autônomo continua sendo autônomo ainda que exerça atividade relacionada ao negócio da empresa contratante. De outro lado, os demais parágrafos do art. 442-B da MP 808 encontram amparo legal na Portaria supramencionada e, portanto, ainda possuem respaldo para sua aplicação. Quanto ao trabalho intermitente, a MP n° 808/2017 promoveu profundas alterações e regulamentações. O conceito de trabalho intermitente continuou o mesmo que foi estabelecido pela Reforma Trabalhista (Lei ° 13.467/2017), conforme expressa o art. 443, §3° da CLT. Destaca-se que a MP n° 808/2017 passou a prever novas formalidades para o contrato de trabalho intermitente, nos termos da redação do "caput" do art. 452-A da CLT, como anotações obrigatórias e registro na CTPS, ainda que o contrato seja previsto em acordo coletivo ou convenção coletiva de trabalho. O valor da hora, anteriormente disciplinado pela MP 808/2017, continuou com os mesmos preceitos estipulados na Portaria 349 e acrescido de que não poderá ser inferior àquele devido aos demais empregados do estabelecimento que exerçam a mesma função e quanto ao prazo de convocação, ficou mantido o texto da Lei 13.467/2017 durante e após a vigência da MP 808/2017, em que o empregador convocará o trabalhador intermitente para a prestação de serviços com, pelo menos, três dias corridos de antecedência. Em relação ao prazo de aceitação da oferta, a MP 808/2017 trouxe o prazo de vinte e quatro horas para responder ao chamado, sendo que o silêncio importa em recusa. Com o fim da vigência da referida Medida, o prazo voltou a ser de um dia útil, o empregador e empregado deixaram de acordar entre si a data para pagamento das verbas trabalhistas, e o prazo voltou para o final de cada período de prestação de serviço, recebendo o empregado de imediato a remuneração, férias proporcionais com o acréscimo de um terço, décimo terceiro salário proporcional, repouso semanal remunerado e adicionais legais, em ambos os momentos, expressos no § 6° do art. 452-A da CLT. A Portaria 349 manteve as condições que podem ser estabelecidas por acordo individual entre empregado e empregador aos temas de locais de prestações de serviços, turnos para os quais o empregado será convocado para prestar serviços, formas e instrumentos de convocação e de resposta para a prestação de serviços. A MP n° 808/ 2017 revogou o §5° do art. 452-A da CLT e passou a prever as normas referentes ao período de inatividade como o intervalo temporal distinto daquele para o qual o empregado intermitente haja sido convocado, conforme art. 452-C da CLT. Com a perda da vigência, o período de inatividade voltou a ser previsto no § 5º do artigo 452-A da CLT e a Portaria 349 passou a instruir que o empregado em período de inatividade não será considerado tempo à disposição do empregador e não será remunerado, podendo o mesmo prestar serviços a outros tomadores de serviços. O art. 452-D da MP n° 808/ 2017 estabelecia o prazo de um ano para que os contratos intermitentes sem convocações ou alterações fossem considerados rescindidos automaticamente. Com a queda da MP, tal regulamentação deixou de existir, de modo que poderá um trabalhador ser contratado e ter seu contrato prosseguido na modalidade de trabalho intermitente, por período indeterminado, mesmo que o empregador não lhe convoque, ou seja, não há mais nenhuma limitação quanto ao transcurso do tempo. A MP n° 808/ 2017 estabelecia, em seus artigos 452-E e 452-F, algumas diretrizes quanto aos valores devidos ao empregado a títulos de verba rescisória no contrato intermitente; atualmente, em virtude da queda da MP, há um ínfimo de regras estipuladas na Portaria 349, em seus artigos 5° e 6º, os quais determinam que as verbas serão calculadas com base na média dos valores recebidos pelo empregado no curso do contrato de trabalho intermitente e para esse cálculo serão considerados apenas os meses durante os quais o empregado tenha recebido parcelas remuneratórias no intervalo dos últimos doze meses ou o período de vigência do contrato de trabalho intermitente. Há também a determinação em que o empregador efetuará o recolhimento das contribuições previdenciárias próprias e do empregado e o depósito do Fundo de Garantia do Tempo de Serviço com base nos valores pagos no período mensal e fornecerá ao empregado comprovante do cumprimento dessas obrigações. Tais regulamentações são pequenas, se comparadas à MP, na qual havia maiores diretrizes quanto às verbas rescisórias nesta modalidade de contrato, tais como a estipulação que o aviso prévio deveria ser necessariamente indenizado, que haveria indenização sobre o FGTS, bem como que, na extinção do contrato, seria permitido a movimentação da conta vinculado ao mesmo, limitada até a 80% do valor dos depósitos. Também era estipulado que os empregados contratados como intermitentes não teriam direito ao seguro desemprego, bem como que seriam pagas todas as demais verbas na integralidade. No que tange ao cálculo de referidas verbas, podemos dizer que foram mantidas as diretrizes do art. 452-F "caput" e §1° na portaria hoje em vigor. O artigo 452-G pela MP n° 808/ 2017 estabelecia a chamada "quarentena", pelo período de dezoito meses em que o empregado intermitente demitido até 31 de dezembro de 2020 não poderia ser recontratado pelo mesmo empregador. A evidência é que a "quarentena" que era prevista em referido artigo, não iria impedir que, a partir 1° de janeiro de 2021, todos os empregadores passassem a contratar somente empregados intermitentes, substituindo seus empregados habituais, uma vez que lhes sairiam muito mais baratos. Deste modo, hoje, com a queda da MP, não há referida quarentena, o que deixa os empregados mais fragilizados pois podem, a qualquer momento, serem demitidos e recontratados nesta modalidade muito mais econômica, ficando totalmente a mercê do empregador. Diante deste cenário, a Reforma Trabalhista revogou tacitamente os §§5° ao 11 do artigo 457 da CLT. De mais a mais, o §4°, que estabelecia que a gorjeta não constitui receita própria dos empregadores, passou a trazer a definição legal de prêmios. Restou tão somente o § 3°, original da CLT. Com a Medida Provisória 808/2017, foram inseridos os §§12 a 23 ao artigo 457, trazendo de volta as regras de arrecadação, distribuição/rateio e tributação sobre as parcelas auferidas a título de gorjetas. Mantiveram-se, contudo, durante a vigência da Medida Provisória dois parágrafos (4° e 22) abordando o conceito de prêmios. O fim da vigência da Medida Provisória trouxe um vácuo normativo, falecendo as referidas regras legais sobre as gorjetas. Afirma-se que, por estarem baseadas nos usos e costumes, tais parcelas não desaparecerão, porém restou evidente insegurança jurídica. Assim, atualmente, encontram-se em vigência o caput do artigo 457 da CLT e seus §§1° ao 4°. Além disso, a Portaria 349 passou a estabelecer, por meio do seu artigo

7º, que as empresas anotarão na Carteira de Trabalho e Previdência Social de seus empregados o salário fixo e a média dos valores das gorjetas referente aos últimos doze meses. Com objetivo de regular uma comissão de representantes dos empregados, o artigo 510-E da CLT foi inserido pela Medida Provisória nº 808/2017 e não encontra correspondente na Reforma Trabalhista. Deste modo, com o final da vigência da MP 808 e na medida em que CLT passou a não ensinar sobre o tema, a Portaria 349 expressou tacitamente em seu artigo 8º sobre o tema, não sendo a comissão substituta nas funções do sindicato de defender os direitos e os interesses coletivos ou individuais de determinada categoria. O caput do art. 611-A da CLT foi alterado pela MP 808/2017 para destacar a prerrogativa dos sindicatos na celebração de convenções e acordos coletivos de trabalho. As normas coletivas poderiam versar sobre o enquadramento do grau de insalubridade e a prorrogação da jornada em atividades insalubres, passando a exigir a presença dos sindicatos subscritores de convenção coletiva ou acordo coletivo de trabalho, como litisconsortes necessários, em ação coletiva que tenha como objetivo a anulação de cláusulas desses instrumentos, vedando que a anulação ocorresse por meio de ação individual, presentes no inciso XII e no §5º do artigo 611-A, pontos estes que foram revogados com o final da vigência da Medida Provisória em questão. A MP nº 808/2017 acrescentou dispositivo que versa sobre o recolhimento de contribuições previdenciárias, esta novidade estava contida nos §§ 1º e 2º do art. 911-A da CLT. Os empregados que tivessem sua remuneração no período de um mês inferior ao salário mínimo mensal poderiam recolher a contribuição previdenciária sobre a diferença entre o salário mínimo e a remuneração recebida, utilizando-se a alíquota aplicada pelo empregador. Essa alíquota, segundo a legislação vigente, era de 8% sobre a diferença entre o salário mínimo mensal e a remuneração recebida, caso o empregado não o fizesse não teria contado como tempo de contribuição e de carência aquela competência. Atualmente, não há previsão na CLT deste artigo pelo fim da vigência da MP 808/2017. Não obstante, os efeitos práticos das referidas mudanças serão analisados em tópico específico, na medida em que repercute em questões doutrinárias, jurisprudenciais, em mobilizações dos atores jurídicos e absorvidos principalmente na classe dos trabalhadores.

### 4.5. Decreto nº 9.345/2018

Altera o Regulamento do Fundo de Garantia do Tempo de Serviço - FGTS, aprovado pelo Decreto nº 99.684, de 8 de novembro de 1990, para dispor sobre as normas de movimentação da conta vinculada do FGTS para aquisição de órtese e prótese pelo trabalhador com deficiência. Devem ser observadas as condições estabelecidas pelo Agente Operador do FGTS, inclusive, o valor limite movimentado por operação e o interstício mínimo de dois anos entre as movimentações para este fim. Considera trabalhador com deficiência aquele que tem impedimento de natureza física ou sensorial de longo prazo, isto é, que produza efeitos pelo prazo mínimo de dois anos e que, em interação com uma ou mais barreiras, possa obstruir a participação plena e efetiva do trabalhador na sociedade em igualdade de condições com as demais pessoas.

## 5. A MOBILIZAÇÃO DOS TRABALHADORES E TRABALHADORAS

### 5.1. A conjuntura política e os problemas enfrentados pelos trabalhadores e trabalhadoras

Desde sua promulgação em 1988, o Estado Social pactuado e expresso no texto constitucional enfrenta tentativas sucessivas de desmanche, e, neste cenário, o direito do trabalho e os direitos sociais arduamente conquistados pelos trabalhadores e trabalhadoras, inimigos a serem enfrentados por setores econômicos em luta pelo rebaixamento de salários e direitos. Além disto, o Brasil de 2017 e 2018 está imerso numa profunda crise econômica, social e, também, política, em que os anseios e necessidades da população passam ao largo das decisões tomadas pelos poderes instituídos e onde sequer a formalidade jurídica dos atos são respeitados. Ainda que historicamente o Brasil seja um país fortemente dependente externamente e muito violento internamente[55], a quebra institucional de 2016[56] abriu espaço para ataques em que não há sequer a preocupação de se estabelecer justificativas retóricas e obedecer às formalidades típicas de um Estado Democrático de Direito. Isto evidencia-se na aprovação de legislações formal e materialmente inconstitucionais como o PL 4.302, e sua transformação na Lei 13.429/2017 e Lei 13.467/2017, equivocadamente chamada de reforma trabalhista. Neste cenário de franca luta entre capital e trabalho, a reação dos trabalhadores, ainda que nem sempre motivadas pela percepção do conjunto dos ataques que sofrem enquanto "classe que vive do trabalho"[57], tem feito pipocar o número de greves para resistir aos ataques ou em busca de melhores condições de trabalho. Segundo dados do DIEESE – Departamento Intersindical de Estatísticas e Estudos Socioeconômicos[58] – há uma ascensão das greves no Brasil extrapolando categorias historicamente mais mobilizadas como bancários e metalúrgicos e alcançando inclusive setores mais pauperizados.[59] Estatísticas do DIEESE para o período de 2004 a 2014, apuraram 365 greves em 2004, 408 em 2008 e 2039 em 2014, apontando uma maior

55 O binômio dependência externa e violência interna, o papel da burguesia na origem da ordem social competitiva sob condições de dependência no Brasil, as instabilidades inerentes ao subdesenvolvimento compensadas pela dualidade estrutural entre os setores modernos e arcaicos e as relações de classes na sociedade são temas abordados por Florestan Fernandes, cuja obra colabora para a compreensão da realidade social brasileira e revela as especificidades dos processos históricos na formação econômica nacional.

56 O impeachment da presidenta Dilma Rousseff não foi resolvido com processo de chamada de novas eleições levando à condução do Estado Brasileiro um governo sem base eleitoral disposto ao jogo do vale tudo para aprovar "reformas estruturais" exigidas pelo capital financeiro como forma de manter-se no poder.

57 Conceito apresentado pelo professor Ricardo Antunes, defendendo que a classe trabalhadora hoje compreende a totalidade dos assalariados, homens e mulheres que vivem da venda da sua força de trabalho — a "classe-que-vive-do-trabalho", conforme denominação que apresentada nos livros Adeus ao Trabalho? e Os Sentidos do Trabalho (Antunes, 2002a e 2002b). Ver artigo escrito pelo autor: "O caráter polissêmico e multifacetado do mundo do trabalho." In: http://www.scielo.br/pdf/tes/v1n2/04.pdf. Último acesso em 08 de setembro de 2018.

58 O DIEESE tem um Sistema de Acompanhamento das Greves (SAG) que reúne informações de paralisações através de notícias publicadas em jornais impressos e eletrônicos, da grande mídia e da imprensa sindical. Em 2016, o SAG-DIEESE registrou 2.093 greves: 1.100 trabalhadores da esfera pública e 983 trabalhadores da esfera privada.

59 DIEESE. Balanço das greves de 2016. São Paulo, dez. 2015. (Estudos e Pesquisas, 79). Disponível em: <https://www.dieese.org.br/balancodasgreves/2013/estPesq79balancogreves2013.html>. Acesso em: 25 de ago. de 2018.

mobilização dos trabalhadores mesmo diante de ganhos reais de salários, com pautas que superaram a disputa econômica para atingir melhores condições sociais do trabalho. De outro lado, conforme dados da PNAD-IBGE, em 2015, 19,5% dos empregados estavam filiados em Sindicatos. Como comparativo com outros países, temos, na França, que 7,7% dos empregados são sindicalizados; nos EUA, são 10,8% e, na Alemanha, 18,1% são empregados sindicalizados. Para o ano de 2016, o SAG-DIEESE, em um cenário de piora dos indicadores de emprego e nos ganhos salariais, registrou 2.093 greves: 1.100 trabalhadores da esfera pública e 983 trabalhadores da esfera privada.[60] Nesse contexto, vale destacar que as greves passam a ocorrer, cada vez mais, no campo do imediato, do urgente – mobilizações contra a realização de demissões e contra o atraso no pagamento dos salários. Em 2012, por exemplo, cerca de 24% da pauta grevista era composta por reivindicações relacionadas ao pagamento de salários em atraso. Em 2016, esse percentual já correspondia a 45% das paralisações. Em termos de quantidade, o número de mobilizações permanece no patamar anual de 2 mil greves – que se iniciou em 2013 e prossegue nos anos seguintes.

### 5.2. Mobilização organizada dos trabalhadores e trabalhadoras

Apesar das centrais sindicais terem garantidos importantes vitórias nos anos 2000, a falta de identidade e de legitimidade política delas como instrumentos de luta da classe trabalhadora começou a ficar cada vez mais evidente com o avançar da crise dos governos petistas. Sintoma da falta de legitimidade de tais organizações tradicionais pôde ser evidenciada nos protestos de junho de 2013, nos quais as centrais sindicais e os partidos políticos de esquerda, que haviam protagonizado a grande parte das mobilizações na era da constituição de 88, viram-se alijados desse processo, estando a reboque de manifestações mais espontâneas e sem uma direção clássica. Isso não quer dizer que as centrais sindicais, em especial a CUT, a INTERSINDICAL e a CSP-Conlutas, mantiveram-se totalmente iner-

60 Idem.

tes frente a reforma trabalhista. Essas entidades, juntamente com a CTB e as demais centrais e alguns movimentos sociais, notadamente o MTST e o MST, organizados nas Frente Brasil Popular e Povo Sem Medo, estiveram junto aos trabalhadores e trabalhadoras e parcelas organizadas da juventude, na maior greve geral do período pós-redemocratização brasileira, em abril de 2017, paralisando a produção em todos os grandes centros urbanos do país. Ademais, esses mesmos movimentos, em maio, fizeram uma grande manifestação em Brasília fazendo frente à reforma previdenciária do presidente golpista Michel Temer, com mais de 120 mil pessoas em marcha. Cumpre-se notar que, em todo esse processo de luta, as forças de repressão estatal, em especial as polícias militares, foram amplamente utilizadas pelos governos para reprimir as mobilizações, chegando ao ápice o decreto presidencial de Michel Temer que, fundamentado na lei de segurança nacional, convocou o exército para sitiar Brasília no dia da grande marcha. Isso demonstra, novamente, a forma histórica como os levantes populares são tratados pelo Estado brasileiro, sempre com violência e repressão[61]. Nessa crescente mobilização, a CUT, o MTST e o MST buscaram convocar outra greve geral contra a reforma trabalhista para o mês de junho de 2017, todavia, essa ideia foi esvaziada principalmente pela Força Sindical, que há época buscava negociar com o governo golpista seus interesses na "reforma", e boicotou a greve geral planejada, esvaziando a sua mobilização. A despeito da desmobilização das centrais organizadas durante a aprovação da lei, a CUT, por meio de sindicatos combativos históricos, como os bancários, os metalúrgicos e os petroleiros, continuou mobilizada, convocando o Dia Nacional de Paralização e Luta, realizando diversos grandes atos o dia 10.11.17, um dia antes da vigência da lei 13.467/17, nos quais denunciavam os retrocessos sociais trazidos me diversas capitais do país[62]. Os atos foram grandes,

61 Mais sobre o histórico repressivo do Estado frente às reivindicações da classe trabalhadora em SOUTO MAIOR, Jorge. História do Direito do Trabalho. LTr. 2017.

62 MARCHESAN, Ricardo; AMORIM, Kleyton; ROUSSO, Bruno. Sindicatos protestam contra reforma trabalhista e da Previdência. Disponível em<https://economia.uol.com.br/noticias/redacao/2017/11/10/contra-reformas-centrais-prometem-protestos-em-varias-capitais-nesta-sexta.htm>. Acesso em: 30 de jun. de 2018.

entretanto, sem conseguir mobilizar grades setores desorganizados, que apesar da reprovação ampla da "reforma trabalhista"[63], não viram nas manifestações das entidades sindicais uma forma de combate aos retrocessos. Desde a aprovação da Lei 13.467/17, muitas categorias se mobilizaram em diversas paralizações, atos e greves que faziam frente as mudanças, direta ou indiretamente. Cita-se a mobilização das centrais sindicais convocada para o dia 10.08.18, chamada com o "Dia do Basta"[64], na qual denunciavam a realidade do mundo do trabalho pós "reforma", com milhões de desempregados, redução no número de convenções e acordos coletivos firmados entre as categorias e o desfinanciamento das entidades de classe. Outra greve que teve grande repercussão foi a greve dos petroleiros contra a política de do governo golpista na Petrobrás, greve essa que antes mesmo de ter início foi declarada ilegal por ser uma greve política pelo TST. Ainda algumas entidades tiveram de enfrentar negociações coletivas já dentro do novo contexto jurídico e político imposto pela Lei 13.467/17, enfrentando as entidades patronais que detinham cenário favorável a retirada de direitos. Entre elas a categorias dos e das professoras em instituições particulares, em Minas Gerais e São Paulo.

### 5.2.1. Judicialização do conflito: Atuação institucionalizada pelas entidades de classe

Em larga medida, as entidades de classe se viram forçadas a atuar judicialmente para frear os efeitos jurídico-políticos e sociais inseridos ao texto da CLT pela "reforma", questionando as inconstitucionalidades dos dispositivos legais que violam o texto constitucional, em especial os artigos 7º e 8º. Para se ter uma ideia, até fevereiro de 2018, quatro meses após a vigência da lei, as entidades de classe já haviam ajuizado mais de 15 ações

---

63 REDAÇÃO RBA. Reforma trabalhista é rejeitada por 81% dos brasileiros, diz pesquisa CUT/Vox Populi. Disponível em<https://www.redebrasilatual.com.br/trabalho/2017/11/reforma-trabalhista-e-rejeitada-por-81-dos-brasileiros-diz-pesquisa-cut-vox-populi>. Acesso em: 30 de jun. de 2018.

64 REDAÇÃO RBA. 'Dia do Basta': centrais e frentes populares protestam contra o desemprego. Disponível em<https://www.redebrasilatual.com.br/politica/2018/08/dia-do-basta-centrais-sindicais-realizam-manifestacoes-nesta-sexta>. Acesso em: 30 de jun. de 2018.

de declaração de inconstitucionalidade (ADI) no STF, discutindo temas como a restrição ao acesso à justiça, por conta da limitações à justiça gratuita, e a retirada do imposto sindical. Todavia, tais ações de inconstitucionalidade não têm tido um resultado positivo no STF, servindo ao fim para dar ares de constitucionalidade às alterações trazidas pela lei 13.467/17. Em 29.06.18[65], o plenário do Supremo decidiu pela constitucionalidade do fim da contribuição sindical obrigatória, por 6 votos a 3, encerrando o debate jurídico sobre o tema e as demais 19 ADIs que foram levadas, especialmente por entidades de classe, ao Supremo. Outro tema levado ao STF que ainda está em discussão diz respeito às novas restrições à gratuidade de justiça e ao pagamento de honorários sucumbenciais e periciais por reclamante, ainda que gozem de tal benefício. A despeito de o plenário ainda não ter fechado entendimento sobre o tema, a indicação sobre a constitucionalidade de tais dispositivos no voto do Ministro relator Luís Roberto Barroso, é um sinal ruim para a garantia do acesso à justiça e da realização pela dos direitos trabalhista por meio do judiciário.

### 5.2.2. A experiência dos professores da rede privada de ensino de São Paulo

O setor patronal apresentou uma convenção coletiva que retirava direitos historicamente conquistados pela categoria, como a garantia de bolsas a filhos de professores, retirada da garantia semestral a professores e professoras demitidas no final de semestre, entre outros. Apostava, em especial, na extinção da ultratividade das normas coletivas como modo de coação política. A grande diferença política como consequência da desregulamentação do direito coletivo do trabalho foi a inversão do fator "tempo" na negociação. Isso porque, sem a ultratividade da norma coletiva, o tempo passou a ser um fator que atuava como pressão sobre os e as professoras, que se viram, desde de 28.03.18, sem os direitos garantidos em sua CCT nas suas relações individuais de emprego. Nesse cenário de

65 NOTÍCIAS DO STF. STF declara constitucionalidade do fim da contribuição sindical obrigatória. Disponível em: <http://www.stf.jus.br/portal/cms/verNoticiaDetalhe.asp?idConteudo=382819>. Acesso em 30 de ago. de 2018.

impasse, foi ajuizado um dissidio coletivo no Tribunal Regional do Trabalho da 2ª região, a fim de solucionar a negociação, com intermédio do Poder Judiciário. Esta foi uma das primeiras grandes categorias a sofrer sem a proteção da ultratividade de sua convenção coletiva e experimentar a disputa política no novo contexto jurídico **imposto pelo congresso golpista à classe trabalhadora brasileira.** Inclusive, tal fato chamou tanta atenção da classe de proprietários que o jornal **"Estado de São Paulo" lançou um editorial, em sua edição de 25.05.18**[66], anunciando o dissidio como "um teste importante para a reforma trabalhista". Nesse cenário de retrocessos sociais, a categoria, que há anos não se mobilizava nas negociações coletivas desde 2003, viu como única alternativa a organização. Passou, então, a realizar debates nas praças e nas próprias escolas com os e as professoras, chegando ao ponto de propor paralizações nas escolas por meio de suas assembleias no sindicato. Quando a primeira paralização foi realizada, o debate chegou a toda comunidade escolar, envolvendo os e as estudantes e, também, seus pais e suas mães. O resultado dessa mobilização foi uma inédita aglutinação desses setores na mobilização, contando com participação massiva de mães, pais e estudantes em atos realizados nas ruas de São Paulo contra a agenda de retrocessos inserida na disputa da categoria. A mobilização foi tamanha que a primeira paralização teve a adesão integral de 33 escolas, enquanto na paralisação seguinte, mais de 100 escolas estavam fechadas em razão da reivindicação da categoria. Com uma assembleia para deliberação a respeito da possibilidade de entrarem em greve marcada para o dia seguinte à audiência de conciliação, a entidade patronal recuou em todos os seus pleitos, propondo a manutenção integral da CCT por mais um ano para dar fim ao dissídio. O que se viu "no primeiro grande teste da reforma trabalhista" foi a imposição de uma derrota aos interesses explícitos dos proprietários. Deve-se ressaltar que a retirada de direitos com a aprovação da Lei 13.467/17, ao invés de enfraquecer a luta da classe trabalhadora, num caso concreto,

---

66 O ESTADO DE SÃO PAULO. A Greve dos Professores. Disponível em: <https://opiniao.estadao.com.br/noticias/geral,a-greve-dos-professores,70002323434>. Acesso em: 30 de jun. de 2018.

intensificou a mobilização e **organização de toda a população** que, de maneira ativa, colocou sua opinião sobre a chamada "reforma trabalhista", demonstrando seu repudio a retirada de direitos sociais. Nesse cenário, é possível apontar que, apesar da mobilização dos setores historicamente organizados frente à aprovação da "reforma", em abstrato, ter sido muito aquém do esperado em face da sua gravidade, em uma situação de exposição dessa realidade no concreto da vida das pessoas, foram engendradas uma organização e **uma resposta muito mais forte do que vinha sendo observado na última década.** Tal reação tem relação direta com o avanço da retirada de diretos sociais do conjunto da classe trabalhadora brasileira, que vê em situações concretas sentido de lutar por seus direitos e demonstra sua disposição e força para combater o atual cenário.

### 5.2.3. A experiência dos servidores e servidoras municipais de São Paulo

Outro exemplo marcante de paralisações nesse período foi a greve organizada pelas e pelos servidores públicos municipais de São Paulo em março de 2018. Tal greve fora decretada frente ao projeto do prefeito da cidade, João Doria (PSDB), PL 621/2016, que por meio de uma "reforma" da aposentadoria das e dos servidores, reduziria salários e retiraria direitos previdenciários desses. A greve começou no dia 8.03.18, com diversas categorias do funcionalismo, realizando atos sucessivos nas ruas em frente às representações dos Poder Legislativo e Executivo. O movimento grevista parou cerca de 94% das escolas municipais e creches, 100% da assistência social, mais de 90% dos CEUs[67], conseguindo ampla aderência da categoria. Momento marcante dessa mobilização foi o ato no dia 14.03.18, em frente à Câmara Legislativa da cidade de São Paulo, onde ocorria a discussão sobre o referido PL. Nesse ato, milhares de servidores e servidoras buscavam demonstrar a vontade de sua categoria para manter seus direitos previdenciários. Todavia, o que se viu foi um massacre por parte da Guar-

67 Os Centros Educacionais Unificados (CEUs) são equipamentos públicos voltados à educação criados pela Secretaria Municipal de Educação de São Paulo.

da Civil Metropolitana (GCM) que, por meio da força, impediu as e os manifestantes de participarem da discussão na Câmara. O resultado foram dezenas de feridos; entretanto, a mobilização ganhou mais força e, no dia seguinte, havia um ato, em frente à Câmara, ainda maior para impedir a retirada de direitos, o que foi exitoso, sendo o PL arquivado. Importante, aqui, foi o componente de solidariedade, novamente, junto à categoria. O mesmo fenômeno identificado na mobilização dos e das professoras do ensino privado esteve presente nessa greve: a solidariedade ativa dos e das trabalhadoras. Isso porque o fato da adesão e do apoio de outros setores da sociedade à mobilização foi determinante para vitória da categoria frente à Prefeitura e à Câmara Legislativa. Tal fenômeno aponta, novamente, para uma situação política na qual, na luta concreta e cotidiana, a classe que vive do trabalho, golpeada em suas mais diversas esferas de direitos, tem conseguido se mobilizar em solidariedade às lutas gerais, engendradas no período, demonstrando uma consciência de classe e de mobilização muito superior ao período anterior, de governos petistas.

### 5.3. A repercussão da reforma trabalhista nas redes sociais: a voz do povo, trabalhadores falando por si mesmos

A Contrarreforma trabalhista levada a cabo pelo governo golpista, acabou por gerar na sociedade as mais diversas formas de comoção, havendo manifestações majoritariamente contrárias, que tomaram não apenas as ruas, mas, sobretudo, as redes sociais. Como na véspera da entrada em vigência da nefasta "reforma" (11/11/2017), a *hashtag* derruba reforma (#derrubareforma) atingiu o *trending topics* do twitter. As redes sociais deram voz à massa de trabalhadores descontentes com o cenário que antecedeu a reforma e, sobretudo, os seus efeitos evidentemente prejudiciais que adviriam, como de fato se consolidaram e reverberam até os dias atuais. Todavia, pode-se notar, quando da vigência da Lei, um efeito interessante, com o povo se opondo e manifestando-se de forma contrária à aludida lei, o que não se verifica de forma ordinária quando da edição de determinadas leis. Para além dos setores historicamente organizados como representantes da classe trabalhadora, como os sindicatos, partidos políticos e movimentos sociais, os mais diversos setores se manifestaram e ainda se manifestam em sentido contrário à vigência da lei. Como exemplo, o samba enredo da escola de samba Unidos do Tuiuti, que foi à avenida com o tema que indagava "Meu Deus, meu Deus, está extinta a escravidão?"[68], e em seu refrão dizia "meu Deus, meu Deus se eu chorar não leve a mal, pela luz do candeeiro liberte o cativeiro social", em uma óbvia alusão à situação precária dos brasileiros que padecem com o desemprego em níveis alarmantes. Nas manifestações nas redes sociais acerca da reforma, a oposição não se deu apenas pelos populares, mas, também, por personalidades midiáticas se manifestando contrariamente à mudança da legislação, como a atriz Taís Araújo, que alertava "sem debate e reflexão, não podemos avançar" e "sem ouvir todos os lados interessados, não geraremos empregos com a dignidade necessária". Já a atriz Leandra Leal, indaga "Feliz Dia do Trabalho?" fazendo alusão à clássica obra de Charles Chaplin Tempos Modernos. Tais oposições, manifestações e campanhas contrárias à reforma trabalhista nas redes sociais também foram veiculadas por órgãos, inclusive vinculados à própria Justiça do Trabalho, haja vista a campanha lançada pelo MPT de Brasília e Tocantins nas redes sociais, bem como pelo lançamento de quadrinhos onde explicavam os efeitos da contrarreforma[69]. Sendo a greve um excelente demonstrativo para compreender o momento político-sócio-econômico de determinada categoria ou até mesmo Nação, é possível entender o esforço para tolher dos trabalhadores tal direito, justamente tentando calá-los face às nefastas reformas. Afinal, como diz a máxima, "a história é cíclica" e, em sendo cíclica, torna-se contemporâneo inspirar-se e declamar os versos de Chico Buarque, "Pai, afaste de mim esse cálice", neste momento de ataque às garantias constitucionais e ao estado de bem-estar social. Desta forma, em 21 de maio de 2018, foi deflagrada a greve dos caminhoneiros que teve grande repercussão em todos os setores da sociedade, onde

68 ANÍBAL. RUSSO, Claudio. JURANDIR. LUZ, Moacyr. ZEZÉ. Meu Deus, Meu Deus, Está Extinta A Escravidão? Disponível em: <https://www.letras.mus.br/gres-paraiso-do-tuiuti/samba-enredo-2018-meu-deus-meu-deus-esta-extinta-a-escravidao/>. Acesso em: 30.jun. de 2018.

69 Disponível em: <http://portal.mpt.mp.br/wps/portal/portal_mpt/mpt/sala-imprensa/mpt-noticias/>. Acesso em: 30. de jun. de 2018.

economistas eram chamados a prever o tamanho do rombo na economia, juristas discutiam se tal movimento se tratava de greve, locaute ou uma condição "*suis generis*", e a população por meio das redes sociais, além da criação de diversos "memes", se manifestava, em grande sentido, apoiando-os. Ocorre que, diante de uma classe tão pulverizada e sem de fato uma pauta de reivindicações definidas e, ainda, somando-se o advento das redes sociais, além do apoio da sociedade, os mais diversos grupos tentaram infiltrar-se e usurpar a legitimidade do movimento, utilizando as redes sociais para manifestarem seu inconformismo e propagarem "fake news" com reivindicações dissonantes da categoria. Importante observar que a greve dos caminhoneiros teve apoio da grande massa brasileira em todas as esferas da classe social, inclusive a dominante, o que é difícil de se verificar no contexto prático, haja vista que, além da classe trabalhadora brasileira não ser, ainda, uma classe unida, as greves são vistas com maus olhos e ainda recaem sobre si, partindo de boa parte da população a visão retrógrada que, todavia, persiste desde o século XVIII. Como dito, a greve dos caminhoneiros gerou grande comoção e contou com apoio da grande massa brasileira, que manifestava apoio sobretudo pelas redes sociais, chegando a marca de 8,8 milhões de postagens acerca da greve. O aplicativo de mensagens "WhatsApp", ao mesmo tempo em que serviu como grande propulsor para a adesão da categoria dos e das caminhoneiras, haja vista se tratar de categoria pulverizada, havendo diversos "autônomos" e "parceiros", que não gozam da proteção sindical destinada apenas àqueles que possuem vínculo formal de emprego. Ao mesmo tempo em que o aplicativo de mensagens "WhatsApp" colaborou para adesão e propagação de notícias em tempo real acerca da greve, inclusive com envio de fotos, vídeos dos bloqueios realizados nas estradas, também serviu como instrumento de propagação de falsas notícias, gerando, até certo ponto, receio na população, inclusive sobre rumores de intervenção militar, gerando apoio dos incautos que também se manifestaram propagando dizeres e discursos de generais inexistentes ou atribuindo falas a militares de alta patente que jamais disseram o quanto veiculado por meio de tal aplicativo. Assim, a greve dos caminhoneiros trouxe à tona o problema da propagação de falsas notícias e o quanto tais notícias impactam o dia-dia da população. Neste período em razão do colossal número de postagens acerca do tema, a *hashtag* #Brasilemgreve atingiu o primeiro lugar nos *trending topics* mundiais, figurando também dentre os assuntos mais comentados nas redes sociais, outras *hashtags* que faziam menção à greve e à situação brasileira, como #euvoutrabalhar #grevegeralnoBrasil. A empresa Torabit, que faz medição de dados nas redes sociais, verificou, em um primeiro momento (dia 25/05 – 5º dia da greve dos caminhoneiros), um apoio médio de 52,2% à greve, com apenas 10% das postagens de cunho negativo. No oitavo dia da greve, a mesma empresa registrou uma queda de 20 pontos percentuais ao apoio explícito, registrando somente 34% de manifestações a favor e queda também nas avaliações positivas, que caíram de 52% para 45%. De todo cenário explicitado, pode-se concluir que as redes sociais trazem a seus usuários, principalmente trabalhadores, o poder de dar voz àqueles que, via de regra, são relegados a segundo plano sendo os mais prejudicados pelas reformas que objetiva privilegiar uma classe já privilegiada. Por outro lado, torna-se evidente maior necessidade de coesão e, oxalá, união dos trabalhadores em busca de uma integração e paralisação que afete o Governo de tal maneira que não lhe reste saída a não ser recuar de seu nefasto plano de sepultar direitos e garantias conquistadas por meio de muita luta pelos trabalhadores.

### 5.4. A postura da Justiça do Trabalho em face das mobilizações

Como vimos acima, a promulgação da Lei 13.467/2017 e a eminência de uma subsequente reforma previdenciária (PEC 287) provocaram a eclosão de diversos movimentos grevistas durante os anos de 2017 e 2018, desaguando, inclusive, na organização de uma greve geral em 28.04.2017 – fenômeno que não ocorria há pelo menos 100 anos no país. Toda essa movimentação social não ocorreu de forma consensual entre coletivos de empregados e empregadores tampouco permaneceu imune às amarras da Lei 7.783/89. Ao revés, o que se verificou foi uma intensa agitação da Justiça do Trabalho por iniciativa da classe patronal, objetivando reprimir as paralisações havidas em categorias diversificadas, exemplificando o habitual deslocamento da luta de classes para o terreno jurídico[70]. Nesse contexto, colhemos algumas das diversas decisões colegiadas provenientes de diferentes Tribunais Regionais do Trabalho espalhados ao longo do país, as quais analisaram os efeitos jurídicos da greve geral e das greves motivadas pelas reformas[71], sistematizando, abaixo, os principais fundamentos e efeitos jurídicos dessas decisões. De um modo geral, as referidas decisões são unânimes em declarar a natureza política das greves, assinalando, quase que de modo automatizado, a sua abusividade e ilegalidade, seguindo entendimento majoritário fixado pela doutrina e pela massiva jurisprudência do Tribunal Superior do Trabalho – entendimento este que, vale ressaltar, é anterior à própria Constituição Federal de 1988[72]. Dentre as principais medidas coercitivas adotadas – inclusive em caráter liminar - está o corte de salários dos grevistas e a cominação de multas às entidades sindicais. Colocado de forma panorâmica, o tratamento jurídico dispensado à greve geral e às demais greves vinculadas às mudanças propostas para a legislação trabalhista e previdenciária, cumpre-nos, segundo a própria lógica formal da dogmática jurídica, apontar algumas inconsistências nesse cenário aparentemente tão trivial. A primeira evidência da fragilidade do raciocínio que declara abusiva a greve política reside no próprio *caput* do art. 9º da Constituição Federal, que relega à conveniência dos trabalhadores a oportunidade do seu exercício e os interesses que, por meio da greve, queiram defender. Nesse contexto, a própria redação do dispositivo constitucional deixa claro se tratar de norma com eficácia plena, de modo que a Lei 7.783/89 – além de dispensável – é uma excrecência do legislador constitucional na medida em

---

70 CORREIA, Marcus Orione Gonçalves. A legalização da classe trabalhadora – uma leitura a partir do recorte da luta de classes. In: SIQUEIRA, Germano et al. (orgs.). Direito do Trabalho: releituras, resistência. São Paulo: LTr, 2017, pp. 139-154.

71 Para referência, citamos os números dos casos que foram analisados: 1001240-35.2017.5.02.0000; 1000639-29.2017.5.02.0000; 10504-66.2017.5.03.0000; 0010566-55.2017.5.03.0017; 0020663-41.2017.5.04.0000; 0000609-73.2017.5.06.0008; 279-46.2017.5.08.0000; 0002024-29.2017.5.10.0801; 0000693-07.2017.5.12.0041; 0011927-24.2015.5.15.0021; 0000196-78.2017.5.17.0000 e 0000178-46.2017.5.21.0000.

72 Para uma análise materialista-histórica acerca do tema, cf. BABOIN, José Carlos de Carvalho. O tratamento jurisprudencial da greve política no Brasil. Dissertação (mestrado) São Paulo: USP, 2013.

que restringe o exercício de um direito fundamental[73]. Como vimos nos demais tópicos dessa obra, o potencial lesivo à classe trabalhadora dessas reformas é gritante. Nesse contexto, a partir da exegese constitucional, não é necessário muito esforço hermenêutico para concluir que a greve geral e as demais greves deflagradas em face das reformas trabalhista e previdenciária instrumentalizam e consolidam o espírito democrático tão caro à Constituição Federal. Mais do que isso, dada a abrangência das propostas de reforma das leis trabalhistas e previdenciárias, a greve geral não pode ser concebida senão como o único meio de expressão dos interesses de toda uma camada social: a classe trabalhadora. Dessa feita, a lógica da Justiça do Trabalho no sentido de reprimir manifestações legítimas de defesa dos interesses dos trabalhadores em sentido amplo não pode ser vista senão como uma prática nitidamente antissindical, na medida em que constitui uma verdadeira prática institucionalizada, concertada e dirigida à obstaculização da liberdade sindical, turbando, por ação direta, uma barricada popular contra o retrocesso social[74]. Concluir que a greve política é intrinsecamente abusiva e ilegal não é algo novo no âmbito jus laboral, mas é preciso ir além dos argumentos economicistas esboçados nas decisões mencionadas alhures, isto é, revelar o que essa conclusão açodada oculta, bem como buscar argumentos que **exorbitem** a lógica da dogmática jurídica, já que, como vimos, bastaria uma leitura mais atenta do *caput* do art. 9º da Constituição Federal para se concluir pela legitimidade dessas greves. No século anterior, teóricos progressistas como Bernard Edelman, no contexto da França - berço dos ideários que até hoje embasam sociabilidade moderna – já desvelava o incessante trabalho da jurisprudência no sentido de segmentar interesses profissionais e interesses políticos (segmentação que, em verdade, oculta um esforço contínuo de interditar a luta de classes no/pelo terreno jurídico)[75]. É necessário, portanto, uma imersão crítica mais profunda no papel do Estado

73 SILVA, José Afonso da. Curso de direito constitucional positivo. 37ª edição. São Paulo: Malheiros, 2014. p. 307.

74 A respeito da prática de atos antissindicais pelo Estado cf. MARTINEZ, Luciano. Condutas antissindicais. São Paulo: Saraiva, 2013.

75 EDELMAN, Bernard. A legalização da classe operária. São Paulo: Boitempo, 2016. p. 49

e do direito como ferramentas de regulação social para compreender a perpetuação dessa lógica punitivista da greve política mesmo no contexto do constitucionalismo social[76].

# 6. MOBILIZAÇÃO DOS ATORES JURÍDICOS

## 6.1. Sinalagma do poder: a imprensa e a política no pré e pós-reforma trabalhista

A imprensa, em seu sentido amplo, há muito se tornara interlocutora do processo democrático, embora tenha seu desempenho continuamente posto em descrédito por sua fragilidade na divulgação objetiva dos fatos[77]. Já ensinava Noblat que "um jornal é ou deveria ser um espelho da consciência crítica de uma comunidade em determinado espaço de tempo"[78].

E foi exatamente no diapasão de ideias sensíveis à sociedade, como as de que era imprescindível "modernizar uma legislação antiquada à conjuntura internacional e às necessidades do sistema econômico", que as manchetes dos principais jornais do país fizeram coro durante as coberturas sobre a reforma trabalhista, esquecendo-se da hipossuficiência dos trabalhadores ao passo que o empregador ganhava autonomia. Pesquisas independentes, como as da Repórter Brasil[79], fizeram verificações alarmantes sobre a questionável atuação da imprensa no período. Ao checar matérias dos principais jornais e telejornais brasileiros durante 10 dias,

76 Para o aprofundamento no tema, deixa-se como recomendação ao leitor recente texto oriundo do Núcleo de estudos sobre teoria e prática da greve no direito sindical brasileiro contemporâneo do DTBS-USP cf. BATISTA, Flávio Roberto. Em busca de um método para a produção de conhecimento sobre a greve, o materialismo histórico-dialético e sua relação com a empiria. INSURGÊNCIA: REVISTA DE DIREITOS E MOVIMENTOS SOCIAIS, v. 2, p. 138-162, 2016.

77 BIROLI, Flávia; MIGUEL, Luis Felipe. A produção da imparcialidade: a construção do discurso universal a partir da perspectiva jornalística. Revista Brasileira de Ciências Sociais. v. 25, n. 73, p. 59-76, 2010.

78 NOBLAT, Ricardo. A arte de fazer um jornal diário. São Paulo: Contexto, 2010, p. 21-22.

79 REPÓRTER BRASIL. Reforma trabalhista: maior parte da mídia não aborda o impacto negativo das mudanças. Disponível em: <http://reporterbrasil.org.br/2017/06/reforma-trabalhista-maior-parte-da-midia-nao-aborda-o-impacto-negativo-das-mudancas>. Acesso em: 3 de ago. de 2018.

a agência constatou que 100% das reportagens do Jornal da Record não apresentaram contrapontos aos argumentos favoráveis à reforma; O Globo apresentou 88% de seu conteúdo do mesmo modo, seguido por 77% do Jornal Nacional. Já o impresso O Estado de S. Paulo se alinhou a um único ângulo em 68% de suas publicações, destoando apenas a Folha de S. Paulo, que somente em 42% de seu conteúdo reproduziu os argumentos do governo. A confusão ou a astúcia partidária e jornalística pró-reforma residiu especialmente na ordem semântica, em que, a exemplo, ora se usava a data de aprovação da Consolidação das Leis do Trabalho (CLT), Decreto-lei de 1943, para afirmar sua caducidade, ora suas atualizações e complementações ao longo dos anos como uma prova de que era inconsistente. Noutras palavras, fossem os textos originais ou houvesse recentes redações pontualmente inseridas, a versão anterior seria sempre "anacrônica". Além de tal argumento, políticos de partidos como PMDB, PSDB, PP, PR, PRB, diziam que aqueles contrários à composição reformista da CLT eram os verdadeiros "conservadores", numa nítida tentativa de rebatar as alegações de retrocesso feitas pelos partidos de esquerda, como PT, PCdoB, PDT, PSOL, que resistiam ao então projeto pseudoprogressista por, noutras palavras, conceder "data nova a ideias velhas". A proximidade entre o discurso político e o da imprensa não é um fenômeno isolado, uma vez que faz parte do surgimento dos folhetins e permeia toda a evolução do jornalismo. Por isso, buscou-se na técnica superar com a objetividade narrativa a interação que Colin Saymour-Ure chamou de "paralelismo político", referindo-se à convergência dos interesses de ambos os grupos[80]. Outra denúncia[81] ganhou forma com o projeto de *fact-checking* da Agência Pública de jornalismo investigativo, fundada por repórteres mulheres em 2011. Um exame reconheceu argumentos comuns aos parlamentares favoráveis à reforma da qual se originou a Lei 13.467/2017 e propagados pela "grande mídia" como verdades factuais, que na verdade tratam apenas

80 AZEVEDO, Fernando Antônio. A grande imprensa brasileira: parcialidade política e antipetismo (1989-2014). São Carlos: EdUFSCar, 2017.

81 FIGUEIREDO, Patrícia; MORAES, Maurício. Imprecisões cercam argumentos a favor da reforma trabalhista. Disponível em: <https://apublica.org/2017/06/truco-imprecisoes-cercam-argumentos-a-favor-da-reforma-trabalhista>. Acesso em: 3 de ago. de 2018.

de premissas inconsistentes ou puramente ideologizadas. Para Jorge Luiz Souto Maior[82], juiz e professor de Direito do Trabalho da USP, dessa aliança entre a intenção política e a comunicação que dela decorre, desta-ca-se um falso debate do qual decorreria mais que uma reforma trabalhista, depreenderia "uma reformulação profunda no modo de ser social, que passa pela destruição das bases jurídicas do Estado de Direito brasileiro". Historicamente, há inúmeros registros do uso da imprensa como mecanismo de manipulação de massa, o que certamente não torna essa relação aceitável ou adequada. É preciso superar a condição promíscua que se instaurou. Longe de uma solução, no entanto, resta lembrar aos juristas o problema da legitimidade do poder e o da efetividade dos sistemas normativos aos quais, como se admitiu no início, a imprensa corrobora: "o poder sem direito é cego, mas o direito sem poder é vazio"[83].

### 6.2. Movimentos dos Atores Patronais

Dentre os principais responsáveis pela defesa da aprovação das leis 13.419 ("Lei das Gorjetas"), 13.429 ("Nova da Terceirização") e 13.467/17 ("Reforma Trabalhista"), encontra-se a classe patronal, representada em grande parte por suas respectivas entidades sindicais. A classe patronal realizou ampla movimentação no sentido de aprovação das novas leis. No que tange à Reforma Trabalhista, promoveu um discurso baseado, dentre outros argumentos: (i) no anacronismo da legislação celetista, (ii) na necessidade econômica de maior flexibilidade para estipular as condições do contrato de trabalho, o que implicaria, também, em maior geração de postos de trabalho (iii) na importância de se priorizar as negociações em virtude da lei, (iv) na existência de irresponsabilidade no ajuizamento de ações trabalhistas, (v) na necessidade de maior segurança jurídica nas decisões judiciais, (vi) bem como no fato dos empregados gozarem, hoje em dia, de maior autonomia em relação a seus empregadores

82 MAIOR, Jorge Luiz Souto. A quem interessa a "reforma" trabalhista? Disponível em: <https://www.jorgesoutomaior.com/blog/a-quem-interessa-essa-reforma-trabalhista>. Acesso em: 3 de ago. de 2018.

83 BOBBIO, Norberto. Direito e poder. São Paulo: UNESP, 2008, p. 196.

do que antigamente. Dito isso, as principais entidades sindicais patronais apoiaram as disposições trazidas pelo projeto de lei da Reforma Trabalhista em sua integralidade, inclusive no que lhes era desfavorável, como, por exemplo, no que tange à extinção da contribuição sindical obrigatória, também chamada de "imposto sindical". Contudo, vale pincelar que, ao contrário das entidades sindicais profissionais, cuja maioria tinha a maior parte do orçamento derivado da contribuição obrigatória, as entidades patronais encontravam-se em posição mais cômoda para tanto, já que contavam com outras fontes alternativas de custeio, que é o caso do repasse de taxas previstas em contratos firmados para gerir os sistema S[84], que inclui entidades como Sesc, Sesi, Senac, Senai e Sebrae, sendo, em 2016, quase R$ 1 bilhão de repasse de dinheiro público para tanto[85]. Nisso, antes da aprovação legislativa da Reforma Trabalhista, foram promovidos diversos congressos, seminários e palestras por todo Brasil em sua defesa[86] [87], bem como da Lei de Terceirização[88]. Mesmo após a aprovação, essa postura ativa pró-mudanças continua forte pelas entidades patronais, eis que, como a Reforma ainda não encontra-se de todo estável, tendo sido suscitadas várias inconstitucionalidades, aquelas têm promovido diversos eventos e atuado diretamente no sentido de apoiar a sua manutenção na forma como foi aprovada. Contudo, no que pese algumas empresas já estarem aplicando em sua plenitude as disposições trazidas pela Reforma Trabalhista, realizando, inclusive, dispensas coletivas sem negociação

---

84 LADIM, Raquel. Sistema S ajuda sindicato patronal a viver sem imposto sindical. Disponível em: <https://www1.folha.uol.com.br/mercado/2017/05/1880554-sistema-s-ajuda-sindicato-patronal-a-viver-sem-imposto-sindical.shtml>. Acesso em: 30 de jun. de 2018.

85 TORRES, Fernando. Gestão do Sistema S rende R$ 1 bilhão a entidades patronais. Disponível em: <https://www.valor.com.br/brasil/5100102/gestao-do-sistema-s-rende-r-1-bilhao-entidades-patronai>. Acesso em: 30 de jun. de 2018.

86 RODRIGUES, Moacir. Para especialistas, reforma trabalhista é avanço. Disponível em <http://revistasafra.com.br/para-especialistas-reforma-trabalhista-e-avanco/>. Acesso em: 30 de jun. de 2018.

87 MATOGROSSOECONÔMICO. Reforma trabalhista foi debatida por empresários em evento. Disponível em: <http://www.matogrossoeconomico.com.br/blog-post/reforma-trabalhista-foi-debatida-por-empresarios-em-evento/16006>. Acesso em 30 de jul. de 2018.

88 "II Fórum Nacional do Setor de Serviços". Disponível em: <https://www.cebrasse.org.br/forum-nacional-do-setor-de-servicos-2017/>. Acesso em: 03 de out. de 2020.

prévia com sindicatos profissionais[89], a grande maioria do setor patronal ainda está receoso com as possíveis posturas do judiciário, considerando que a Reforma, apesar de já transcorrido mais de um ano e meio de sua vigência, ainda encontra-se em um estágio incipiente. As empresas estão realizando, portanto, pequenas e gradativas adequações à legislação vigente desde sua aprovação[90], realizando a homologação de Termos de Rescisão de Contratos de Trabalho sem a participação de sindicatos, por exemplo. Destarte, temos que a movimentação dos atores patronais no âmbito das novas leis de cunho trabalhista aprovadas recentemente, em especial a Lei da Gorjeta, Lei da Terceirização e Reforma Trabalhista, tem sido ostensiva e constante em sua defesa.

### 6.3. Posicionamento da OAB quanto às alterações na Legislação Trabalhista

A Ordem dos Advogados do Brasil desempenhou papel de protagonista quanto aos seus posicionamentos, com abordagem concisa e em consonância com os Princípios Constitucionais que regem a nossa nação. Antes mesmo da aprovação da cognominada "Reforma Trabalhista", foram apresentadas diversas objeções pela OAB perante o Congresso Nacional, como, à guisa de exemplo, Nota Técnica se contrapondo à tramitação da matéria em regime de urgência, do então Projeto de Lei 38/2017, sendo listados 18 (dezoito) pontos contrários à Constituição da República, oportunidade em que se defendeu amplo debate sobre o tema, ante a premente insegurança jurídica em caso de aprovação do projeto[91],

89 CONSULTOR JURÚDICO. Demissão em massa não exige negociação com sindicato, decide presidente do TST. Disponível em: <https://www.conjur.com.br/2018-jan-08/demissao-massa-nao-exige-negociar-sindicato-ives-gandra>. Acesso em: 30 de jun. de 2018.

90 "Com cautela, empresas de SC começam a se adequar à reforma trabalhista". Disponível em: <https://www.nsctotal.com.br/noticias/com-cautela-empresas-de-sc-comecam-a-se-adequar-a-reforma-trabalhista>. Acesso em: 30 de out. de 2020.

91 CSB - Central dos Sindicatos Brasileiros. Conselho Federal da OAB afirma que reforma trabalhista "visa a satisfação da demanda empresarial" com inconstitucionalidades. Disponível em: <http://csb.org.br/noticias/conselho-federal-da-oab-afirma-que-reforma-trabalhista-visa-a-satisfacao-da-demanda-empresarial-com-inconstitucionalidades>. Acesso em 04 de ago. de 2018.

tendo sido publicado parecer apontando item a item quais eram as medidas consideradas inconstitucionais pela entidade[92].

Nesta senda, antes e após a aprovação da Lei 13.467/2017, foram promovidas em todas as Seções da Ordem presentes no Brasil, conferências, simpósios, congressos, para fomentar debates acerca dos reflexos que esta alteração traria ao judiciário, tendo sido considerada como motivação para a reforma a tentativa de coisificar o trabalhador, transformando o ser humano em objeto a ser apropriado pelo detentor do capital[93]. Considerando o óbice criado ao ingresso de demandas trabalhistas por intermédio dos dispositivos que alteraram, principalmente, as questões atinentes à gratuidade de justiça e honorários sucumbenciais, implicando em direto impacto atuação dos advogados, a OAB manteve o seu movimento de resistência à aplicação, sendo certo que perante a Justiça do Trabalho, inobstante ao valor atribuído aos magistrados, estes só se debruçarão sobre o tema por iniciativa das partes, que, na maior parte das situações, estarão assistidas de membros da entidade. Um dos únicos pontos louvados pela OAB com relação às alterações trazidas pela Reforma Trabalhista foi a da necessidade de assistência de ambas as partes por advogados distintos, quando da celebração de Acordo Extrajudicial, sendo adotado um procedimento de jurisdição voluntária, previsão esta que deveria ser encorajada em procedimentos de conciliação em outras searas do direito[94]. É certo dizer que, das alterações legais afetas à Justiça Laboral, houve e ainda há pouco apoio e mais combatividade por parte da Ordem dos Advogados, principalmente no que pertine ao acesso ao judiciário consagrado pela Constituição da República, partindo de tal premissa, foi aprovado,

---

92 Proposição n. 49.0000.2017.004049-7/COP. Parecer sobre o projeto de lei da reforma trabalhista, aprovado na Câmara dos Deputados (PL 6787/2016 – Câmara Federal e PLC 38/2017 – Senado Federal). Disponível em: <http://s.oab.org.br/arquivos/2017/06/reforma-trabalhista-preliminares-inconstitucionalidades.pdf>. Acesso em: 04 de ago. de 2018.

93 OAB-SP. Precarização dos direitos com a reforma trabalhista motiva proposições durante a XXIII Conferência Nacional. Disponível em:<http://www.oabsp.org.br/noticias/2017/11/precarizacao-dos-direitos-com-a-reforma-trabalhista-e-sindical-motiva-proposicoes-da-advocacia-durante-a-xxiii-conferencia-nacional.12101>. Acesso em: 05 de ago de 2018.

94 OAB-SP. Mudanças na legislação trabalhista exigem debate para aprimoramentos. Disponível em: <http://www.oabsp.org.br/noticias/2017/08/mudancas-na-legislacao-trabalhista-exigem-debate-para-aprimoramentos-3>. Acesso em: 06 de ago. de 2018.

em votação do Conselho Nacional, relatório para a apresentação de ADI perante o Supremo Tribunal Federal, a fim de questionar a constitucionalidade do artigo 840, §§1º e 3º da Lei Consolidada[95], uma vez que é patente o impedimento ou dificuldade criada ao exercício da profissão pelos advogados. Sendo assim, considerando o papel atribuído à Ordem dos Advogados do Brasil, é evidente que seu posicionamento é de enorme relevância, sendo uma entidade de representatividade incontestável ante ao grande número de seus membros, que atuam diariamente moldando em conjunto com o Ministério Público do Trabalho, Magistratura, Entidades Sindicais, e demais atores jurídicos e políticos envolvidos, a efetiva consolidação dos entendimentos a serem considerados, uma vez que tem por finalidade a defesa da Constituição, da ordem jurídica do Estado democrático de direito, os direitos humanos, a justiça social, pugnando pela boa aplicação das leis, pela rápida administração da justiça e pelo aperfeiçoamento da cultura e das instituições jurídicas, conforme rege o artigo 44 da Lei 8.906/94 (Estatuto da OAB).

### 6.4. Posicionamento da Magistratura e do Ministério Público do Trabalho

A magistratura trabalhista, majoritariamente, tem se mostrado contrária à reforma trabalhista, seja pela ausência de debate acerca do tema com os demais ramos da sociedade civil, em especial os trabalhadores, bem como pela "suposta urgência" de todo o processo legislativo que culminou com a promulgação da Lei nº 13.467/2017. Neste ponto, é necessário fazer um aparte para relembrar que o processo legislativo para a aprovação da Lei nº 13.467/2017 perdurou apenas 6 meses desde a apresentação do projeto pelo Presidente da República, Michel Temer, em 23 de dezembro de 2016; a aprovação pela Câmara dos Deputados em 26 de abril de 2017, a aprovação pelo Senado em 11 de julho de 2017 e a sanção pelo Presidente da República, Michel Temer, em 13 de julho de 2017. Há de se

95 OAB NACIONAL. OAB vai propor ADI contra violação de princípios na reforma trabalhista. Disponível em: <https://www.youtube.com/watch?reload=9&v=cCtPDDHZQhU>. Acesso em: 06 de ago. de 2018.

perceber que, no entendimento dos juízes do trabalho, o que se pretendia com a tal reforma trabalhista era na verdade realizar um desmonte do Direito do Trabalho no Brasil[96], bem como retirar direitos dos trabalhadores e precarizar as relações de trabalho em prol do capital, conforme Manifesto[97] dos Ministros do Tribunal Superior do Trabalho assinado por mais de 1,5 mil magistrados do trabalho. Os magistrados trabalhistas, em especial, do Tribunal Regional do Trabalho da 4ª Região[98] e Tribunal Regional do Trabalho da 10ª Região[99], bem como aqueles que integram a Anamatra[100], aprovaram teses[101] e enunciados, estabelecendo as diretrizes e orientações para a aplicação da reforma trabalhista, observando-se os preceitos estabelecidos na Constituição Federal, convenções e tratados internacionais, buscando evitar a precarização das relações de trabalho. Assim, as entidades ligas à magistratura trabalhista tem se posicionado no sentido de ser inviável a aplicação integral da Reforma Trabalhista, em razão de flagrantes ofensas a princípios constitucionais, em claro retrocesso social, com o objetivo de ***exclusão, segregação e sedimentação da desigualdade entre as pessoas humanas e grupos sociais***[102]***, contrariando os princípios constitucionais,*** *excluindo regras protetoras ao direito e processo do trabalho*[103]*, ousando dizer que a dispensa em massa é igual à dispensa individual,* ***em claro desafio***

96 DIREITOS SOCIAIS - 1,5 mil juízes assinam manifesto contra possível reforma trabalhista de Temer. Disponível em: <https://www.conjur.com.br/dl/mil-juizes-aderem-documento-defesa.pdf>. Acesso em: 05 de ago. de 2018.

97 Documento de Defesa do Direito do Trabalho e da Justiça do Trabalho no Brasil. Disponível em: <https://www.conjur.com.br/dl/mil-juizes-aderem-documento-defesa.pdf>. Acesso em 05 de ago. de 2018.

98 "Plenária Virtual. II Jornada sobre a Reforma Trabalhista. 05 e 06/04/2018". Disponível em: <https://www.trt4.jus.br/portais/media-noticia/171544/Enunciados%20da%20Plen%C3%A1ria%20Virtual.pdf>. Acesso em: 03 de out. de 2020.

99 II Jornada sobre a Reforma Trabalhista – Disponível em: <https://www.conjur.com.br/dl/trt10-enunciados-reforma-trabalhista.pdf>. Acesso em: 05 de ago. de 2018.

100 Reforma trabalhista deve ser aplicada de acordo com a Constituição Federal, decide Plenária do 19º Conamat, Disponível em: <https://www.anamatra.org.br/imprensa/noticias/26463-plenaria-conamat>. Acesso em: 24 de jun. de 2018.

101 Teses – Plenária Final, 19º Conamat, Disponível em: <https://www.anamatra.org.br/conamat/teses-plenaria-final>. Acesso em: 24 de jul. de 2018.

102 DELGADO, Maurício Godinho. DELGADO, Gabriela Neves. A reforma trabalhista no Brasil: com os comentários à Lei 13.467/2017. – São Paulo: LTr, 2017, pp.39-40.

103 CASSAR, Vólia Bonfim. Comentários à Reforma Trabalhista. Rio de Janeiro: Forense, 2017, p. 5.

***à Constituição Brasileira[104]"***. Na mesma toada, o Ministério Público do Trabalho também se posicionou contrariamente à Lei nº 13.467/2017, em razão das diversas violações à Constituição. Após a aprovação da PLC 38/2017 pela Câmara de Deputados, em 26 de junho de 2017, o procurador-geral do Trabalho, Ronaldo Fleury, divulgou uma nova nota técnica (nº 8)[105] pedindo a rejeição parcial do projeto da reforma trabalhista. Entretanto, o pedido não foi atendido. Atualmente, o Ministério Público do Trabalho mantém, em seu portal, o Observatório da Reforma Trabalhista[106], agregando inúmeras informações de grande relevância para a atuação institucional após a promulgação da Lei nº 13.467/2017, e se tornou um repositório referencial de toda a produção jurídica do MPT e de outras instituições de renome no cenário jurídico trabalhista.

### 6.5. O pensamento jurídico no ensino do direito do trabalho em 2018

Ainda são bastante recentes os acontecimentos que culminaram na lei que alterou dispositivos da Consolidação das Leis do Trabalho (CLT) e deslocou o posicionamento da hermenêutica jurídica até então aplicada aos direitos trabalhistas, de um eixo crítico e contextual. Construído mais por influência internacional que por uma luta histórica, o direito do trabalho brasileiro teve o pensamento operante que convergia à uma estrutura social pautada pela nomologia, substituído dentro e fora da academia pelas questões atinentes ao direito econômico e empresarial. Evidente que tal constatação, no momento, faz-se mais pela observação apurada dos discursos de porta-vozes institucionais em eventos sobre o

---

104 SILVA, Homero Batista Mateus. Comentários à Reforma Trabalhista (e-book). São Paulo: Editora Revista dos Tribunais, 2017, p. 7.

105 Nota Técnica nº08 do MPT. Disponível em: <http://portal.mpt.mp.br/wps/wcm/connect/portal_mpt/ce4b9848-f7e4-4737-8d81-6b3c6470e4ad/Nota+t%C3%A9cnica+n%C2%BA+8.2017.pdf?MOD=AJPERES&CVID=lPCHY69>. Acesso em 05 de ago. de 2018.

106 Observatório da Reforma Trabalhista. Disponível em:<http://portal.mpt.mp.br/wps/portal/portal_mpt/mpt/ompt/crj/noticias/af1ef8c7-face-4181-a74f-361b21d4257d?urile=wcm%3Apath%3A/mpt/o+mpt/crj/noticias/af1ef8c7-face-4181-a74f-361b21d4257d>. Acesso em: 05 de ago. de 2018.

tema, que por mensurações precisas. Há inúmeras limitações para se delinear o comportamento futuro da academia frente ao direito do trabalho, dada a proximidade entre os fatos e esta análise. Talvez, justamente pelo motivo exposto, caiba aqui mais uma provocação aos ânimos dos juristas do que um registro narrativo. Afinal, no que pese às interpretações dos "otimistas-reformistas" ante às dos "pessimistas-garantistas", há ao menos duas correntes a observar a conjuntura em que a "nova CLT" se insere no direito do trabalho: do direito econômico e empresarial - com ideias e defesas pró-reforma quase uníssonas - e a dos direitos sociais, ou da sociologia jurídica. Assim, a premissa possível reside mais na pergunta de qual reação deveria se esperar dos docentes enquanto cientistas e difusores de 'conhecimentos', do que quais são as suas convicções pessoais ou ideologizadas. Jorge Luiz Souto Maior, juiz e professor de Direito do Trabalho da Faculdade da USP, alude que a multiplicidade de posicionamentos de profissionais do direito é inerente ao processo de construção do posicionamento acadêmico[107]. Para o desembargador Georgenor de Sousa Franco Filho[108], do TRT da 8ª Região, a nova realidade deve compreender as transformações que ocorrem em escala mundial, para então conjugar os sentimentos de empreendedores e trabalhadores quanto às mudanças tão necessárias quanto inevitáveis na seara trabalhista. Por outro lado, o filósofo e professor da Faculdade de Direito da Universidade de Harvard, Roberto Mangabeira Unger, a questão é outra: mostra-se avesso a uma perspectiva global. Para Unger, há muito, o ponto central da interpretação do direito em todos seus ramos, no ambiente acadêmico e nos espaços sociais que ocupa, deve partir de um entendimento de estrutura institucional e ideológica da sociedade à qual pertence; só assim seria possível concebê-lo para atender às reais necessidades sociais e aos propósitos jurídicos libertos de abstrações ou de uma taxonomia superficial

---

107 MAIOR, Jorge Luiz Souto. A "reforma" trabalhista era para retirar direitos, reconhecem os "donos da bola". Disponível em: <https://www.jorgesoutomaior.com/blog/a-reforma-trabalhista-era-para-retirar-direitos-reconhecem-os-donos-da-bola>. Acesso em: 3 de agosto de 2018.

108 FRANCO FILHO, Georgenor de Sousa. A próxima reforma trabalhista. Revista do Tribunal Regional do Trabalho da 9ª Região, v. 7, n. 62, p. 48-54, 2017.

(informação verbal)[109]. Os métodos de avaliação, mensuração ou projeção dos possíveis efeitos legais e sociais são tão experimentais quanto a noviça Lei 13.467/2017. Será com a ampliação de espaços que propiciam elos entre a academia e a sociedade, como o da extensão, onde ocorrerão trocas concretas[110]. Talvez, com o decurso do tempo, a defesa feita por grande parte dos acadêmicos de que o papel do direito do trabalho - parafraseando o doutor em economia Sandro Sacchet de Carvalho[111], pesquisador do Instituto de Pesquisa Econômica Aplicada (IPEA) - é justamente o de alterar a balança de poder para o lado mais frágil da relação, introduzindo um elemento estranho ao mercado, sendo um aliado muito mais valioso para o seu desenvolvimento e a sua preservação daqueles que lhe permitem a existência, os trabalhadores, do que o contrário.

### 6.6. A atuação dos atores laborais na reforma trabalhista

As entidades sindicais que representam os trabalhadores no Brasil foram profundamente prejudicadas com a aprovação da Lei 13.467/17 e enfrentaram muitos problemas relacionados à própria conjuntura política do período, aliado ao fato de não ter havido uma reforma sindical que tornassem as entidades mais representativas. O prazo exíguo entre a concepção e a aprovação do Projeto de Lei - cerca de seis meses - tornou impossível o estabelecimento de um debate democrático e plural. O papel categórico da mídia foi decisivo neste contexto, posicionando-se desde o início a favor da proposta de reforma, promovendo “debates” monolíticos sem jamais conceder espaço para a exploração das ideias contrárias ao projeto. Ainda, acusou as entidades sindicais laborais de interesse apenas em sua sustentação financeira. Ao contrário das entidades patronais, as enti-

109 Fala do professor Roberto Mangabeira Unger, durante debate sobre “Pensamento Jurídico e o Ensino do Direito” na Faculdade de Direito da Universidade de São Paulo, Largo de São Francisco, em São Paulo, em 4 de novembro de 2014.

110 CORRÊA DA COSTA, Mila Batista Leite; SENA, Adriana Goulart de. Ensino jurídico: resolução de conflitos e educação para a alteridade. Revista da Faculdade de Direito UFMG, n. 56, p. 11-32, 2010.

111 CARVALHO, Sandro Sacchet de. Uma visão geral sobre a reforma trabalhista. Mercado de Trabalho, n. 63, p. 81-94, 2017.

dades laborais não foram sequer ouvidas, sendo chamadas para algumas audiências públicas de forma protocolar. Diante de tal contexto, o movimento sindical organizado ficou restrito às suas bases de representação para fazer o contrapronto à narrativa dos proponentes da reforma. Aliado à isso, a divergência entre as centrais sindicais inviabilizou a unificação na sua atuação. É que, conforme amplamente veiculado, alguns setores do movimento sindical acreditavam que seria editada Medida Provisória pelo governo Temer para resolver a questão da sustentação financeira dos Sindicatos. Apesar de não haver consenso entre as centrais e sindicatos sobre esse acordo, a estratégia do governo deu certo na medida em que os fragmentou e inviabilizou as tentativas de greve geral, o que, por certo, foi determinante para a ausência de mobilizações de porte necessário a barrar tal retrocesso. Por isso, a atuação dessas entidades pode ser considerada tímida em face do tamanho do projeto de desmonte dos direitos sociais. Por certo, esperava-se muito mais desses atores do ponto de vista da mobilização da sociedade. Entretanto, ainda que tímidas, ocorreram tentativas de greve geral que se viabilizaram parcialmente, bem como manifestações em vários estados do país, especialmente no dia 10/11/2017, um dia antes da votação do Projeto, que foi chamado de Dia Nacional de Paralisação contra a reforma trabalhista, e ocorreu em todas as capitais e no Distrito Federal.

## 7. CONJUNTURA POLÍTICA, SOCIAL E ECONÔMICA

### 7.1. Eleições 2018: o desmanche dos direitos sociais vem à galope

A fúnebre agenda à classe trabalhadora brasileira imposta pelo governo Temer após o golpe institucional aplicado na presidenta eleita Dilma Rousseff, notadamente a desidratação das garantias sociais das trabalhadoras e trabalhadores, encontrou no período das eleições presidenciais de 2018 campo amplo para seu aprofundamento.

Isto porque "o que se preconizou na eleição foi algo bem além de uma reformulação estrutural voltada à melhoria do País. O que se prometeu foi uma perseguição aos adversários, estimulando posturas de violência, de ódio, de intolerância e de censura, que, inclusive, começaram a se difundir na sociedade antes mesmo da conclusão da votação. E, mais ainda, o que se apresentou foi a implementação de um projeto ultra neoliberal, que tende a destruir instituições e direitos sociais, sendo que, para se efetivar, pode estimular o uso concreto das promessas antidemocráticas, passando-se por cima das garantias constitucionais"[112].

Assim, é de se notar que durante a campanha eleitoral o candidato que despontava como messias, libertador do fatigado povo brasileiro propunha, ao revés daqueles que dizia representar, que "O trabalhador terá que escolher entre mais direitos e menos emprego, ou menos direitos e mais empregos"[113].

As propostas do referido candidato, que viria a se consagrar eleito no pleito presidencial, abordava, ainda que de maneira genérica, os seguintes aspectos, segundo seu plano de governo[114]: (i) modernização da legislação trabalhista; (ii) adoção de uma carteira de trabalho verde-e-amarela, que seria opcional ao jovem que ingressa no mercado de trabalho, a qual não teria o resguardo dos direitos laborais estabelecidos na CLT e, como aspecto lateral; (iii) reforma da previdência.

Em que pese o fato da superficialidade e as falas genéricas serem uma marca indelével do agora Presidente da República, em sua primeira entrevista após ser eleito fez questão de apresentar como lidaria com a grave situação de desemprego e ocupação em "trabalho informal", segun-

---

112 MAIOR, Jorge Luiz Souto. A hora da sensatez. Disponível em: <https://www.jorgesoutomaior.com/blog/a-hora-da-sensatez7523688>. Acesso em: 22 de fev. de 2019.

113 TOLOTTI, Rodrigo. Bolsonaro diz no JN que trabalhador terá de escolher entre direitos e emprego. Disponível em:<https://www.infomoney.com.br/mercados/politica/noticia/7589379/bolsonaro-diz-no-jn-que-trabalhador-tera-de-escolher-entre-direitos-e-emprego>. Acesso em: 22 de fev. de 2019.

114 O Caminho da prosperidade – Proposta de Plano de Governo Bolsonaro 2018. Disponível em: <http://divulgacandcontas.tse.jus.br/candidaturas/oficial/2018/BR/BR/2022802018/280000614517//proposta_1534284632231.pdf>. Acesso em: 22 de fev. de 2019.

do IBGE[115], afirmou ser necessário aprofundar a reforma trabalhista que, em sua visão, significaria aproximar os direitos laborais à informalidade[116].

Entre os tantos moinhos de vento que o presidente eleito lutou em sua campanha, havia um inimigo concreto ali, os direitos sociais. E sua cruzada contra estes direitos avançou tão logo assumiu o exercício da presidência, visto que duas das primeiras medidas no exercício do cargo foram (i) a concessão de salário mínimo em importe inferior ao previsto em orçamento[117] e; (ii) a extinção do Ministério do Trabalho e Emprego[118].

### 7.2. Extinção do Ministério do Trabalho e Emprego

Seguindo o discurso já aqui alinhado de que o resultado do golpe parlamentar perpetrado em 2016 culminou com uma série de mazelas no que diz respeito à proteção e a regulamentação das relações de trabalho no Brasil, não se pode olvidar ao fato antes inédito no Brasil: a extinção do Ministério do Trabalho.

O atual presidente da República Federativa do Brasil anunciou no dia 07 de novembro de 2018 a extinção oficialmente do Ministério do Trabalho e sua consequente incorporação a alguma outra pasta. Atualmente se sabe que o referido ministério agora foi agregado ao Ministério da Economia, sob comando de Paulo Guedes, braço direito do presidente no que diz respeito à aplicação de políticas neoliberais na atual gestão. Tal união demonstra nitidamente a quem o atual governo realmente serve, quando a discussão se dá no binômio capital-trabalho.

---

115 SARAIVA, Adriana. Desemprego cai para 11,6%, mas informalidade atinge nível recorde. Disponível em: <https://agenciadenoticias.ibge.gov.br/agencia-noticias/2012-agencia-de-noticias/noticias/23465-desemprego-cai-para-11-6-mas-informalidade-atinge-nivel-recorde>. Acesso em 22 de fev. de 2019.

116 ALESSI, Gil. Bolsonaro: "Brasil tem direitos em excesso. A ideia é aprofundar a reforma trabalhista". Disponível em: <https://brasil.elpais.com/brasil/2018/10/22/politica/1540230714_377475.html>. Acesso em: 22 de fev. de 2019.

117 G1. Bolsonaro assina decreto que fixa salário mínimo em R$ 998 em 2019. Disponível em: <https://g1.globo.com/economia/noticia/2019/01/01/bolsonaro-assina-decreto-que-fixa-salario-minimo-em-r-998-em-2019.ghtml>. Acesso em: 22 de fev. de 2019.

118 GONÇALVES, Carolina. Onyx confirma extinção do Ministério do Trabalho. Disponível em: <https://agenciabrasil.ebc.com.br/politica/noticia/2018-12/onyx-confirma-extincao-do-ministerio-do-trabalho>. Acesso em 22/02/2019.

O discurso foi aquele que, nos mesmos moldes da reforma trabalhista aprovada em 2017, agradou gregos e troianos: promessa de redução de gastos públicos, uma "enxugada" na quantidade de cargos destinados à pasta, geração de empregos e chegou-se até a discutir sobre a ideologia do ministério do trabalho às vésperas de sua extinção.

O órgão ministerial era responsável, dentre tantos outros misteres, por fiscalizar postos de trabalho, criar políticas de geração de emprego, além de atuar no desenvolvimento de políticas salariais de repercussão nacional.

Não obstante, e não ao acaso, pouco após o Ministério do Trabalho e Emprego ser extinto oficialmente com a posse do presidente Jair Bolsonaro, o Brasil passou pelo maior acidente de trabalho de sua história, e o que posteriormente se confirmaria a ser também o maior acidente de trabalho da América Latina: o rompimento da barragem da Vale em Brumadinho e a morte de mais de 170 pessoas[119].

### 7.3. Brumadinho e Incêndio no Ninho do Urubu: reflexo da precarização da fiscalização

O ano de 2019 iniciou com a ocorrência de dois acidentes de trabalho que eram verdadeiras tragédias anunciadas e dirigidas dolosamente pelo Capital e executada contra a classe trabalhadora. Reflexos da ausência de Estado, da fiscalização realizada por Auditores Fiscais do Trabalho estar passando nos últimos anos por ataques ferrenhos, com corte de verbas[120] e, por fim, com a extinção do próprio Ministério do Trabalho.

A primeira delas, barragem da mineradora Vale situada na cidade de Brumadinho, é o maior acidente do trabalho do Brasil. A mídia vin-

119 ABEL, Victória. Tragédia de Brumadinho completa um mês com mais de 170 mortes e rio contaminado por rejeitos de minério. Disponível em: <https://jovempan.uol.com.br/programas/jornal-da-manha/tragedia-de-brumadinho-completa-um-mes-com-mais-de-170-mortes-e-rio-contaminado-por-rejeitos-de-minerio.html>. Acesso em: 25 de fev. de 2019.

120 TAU, Felipe. Sindicato de auditores denuncia cortes no Ministério do Trabalho à OIT. Disponível em: <https://www.chegadetrabalhoinfantil.org.br/noticias/materias/sindicato-de-auditores-denuncia-cortes-no-ministerio-do-trabalho-a-oit/>. Acesso em: 25 de fev. de 2019.

culou o acidente de trabalho como tragédia ou buscou dar mais ênfase e focar na questão ambiental, omitindo as demais faces do ocorrido.

Não há como esconder que a maioria das vítimas eram empregados na mineradora que só foram atingidos pelos resíduos da mineração por estar em seu local de trabalho, cumprindo sua jornada diária. O mais terrível é que, diante dessa tragédia pode-se verificar o hiato criado entre o Direito da Pessoa Humana e o Direito da Pessoa Trabalhadora: considerando uma pessoa que teve sua vida ceifada em seu local e jornada de trabalho e outra que não tinha nenhuma relação de trabalho e emprego com a empresa, veremos que a família da primeira terá um teto para receber as indenizações, o teto previsto no art. 223-G da CLT.

Causou também imensa comoção nacional, ainda, a notícia do incêndio no Centro de Treinamentos do Flamengo, conhecido como Ninho do Urubu, que no último dia 08 de fevereiro de 2019 matou dez adolescentes com idades entre quatorze e quinze anos, deixou pelo menos outros três feridos (um muito gravemente). O que se observou, no entanto foi a construção de uma narrativa que prolonga e agrava violência contra a classe trabalhadora.

Os noticiários silenciaram quanto ao fato de serem as vítimas crianças e adolescentes em sua maioria negras, colocadas em quartos improvisados e inadequados, o evento decorre de relação de trabalho, bem como a futura profissionalização desses aspirantes a jogadores de futebol, gera aos clubes, por conta do mecanismo de solidariedade (regra criada pela FIFA para ressarcir equipes que formam atletas), porcentagem de sua venda em todas as negociações que realize até o final de sua carreira[121].

O silenciamento evita a correta reação popular, posto que a população é levada a entender o evento como "tragédia" ou ainda "fatalidade", quando em verdade é evidente fato criminoso cujo autor é o Clube-empresa, e que ideologicamente é chamado no âmbito do Direito do Trabalho como "acidente do trabalho", amparado pelo racismo estrutural e pela

121 O Santos faturou com a venda do "menino da Vila" Neymar do Barcelona para o Paris Saint-Germain 33 milhões.

naturalização da exploração do trabalho infantil, além da relativização da Dignidade da Pessoa Humana do Trabalhador ante o aumento de "rentabilidade" das empresas.

Assim o que observamos é a violação ao conjunto de proteções chamadas de Direitos Humanos da Pessoa Trabalhadora que se ergue sob quatro pilares: não discriminação, vedação do trabalho em condições análogas a de escravo, liberdade sindical e vedação do trabalho infantil.

Verifica-se que em nenhum momento as notícias do evento referem aos Direitos Humanos da Pessoa Trabalhadora, à exploração ilegal de trabalho infantil, à garantia ao meio ambiente do trabalho seguro e saudável ou à culpa da pessoa jurídica patronal.

Curioso que ante a essas duas tragédias cujos responsáveis são empresas que mantinham relação de trabalho e/ou emprego com a maior parte das vítimas são colocadas como questões à margem do Direito do Trabalho para a maioria das vozes que tratam do assunto e poucas fazem a leitura de que essas "tragédias" foram geradas e ampliadas por conta do esfarrapar do tecido que constitui a proteção aos Direitos Sociais atualmente.

## 8. CONCLUSÃO CRÍTICA

Seguindo a proposta da análise do período que compreende o ano vigente, em que começamos a cursar a Especialização em Direito do Trabalho na Faculdade de Direito da Universidade de São Paulo, apresentaremos nossas conclusões no que se referem aos cinco recortes apresentados - jurisprudência, doutrina, legislação, mobilização dos trabalhadores, mobilização dos atores jurídicos e conjuntura.

### 8.1 Jurisprudência

Muitas foram as alterações e manifestações jurisprudenciais ocorridas no ano por consequência das alterações introduzidas pela Lei nº 13.467/2017, o Judiciário Trabalhista se viu obrigado a sair da zona de conforto e passar a elucidar algumas dúvidas e incertezas trazida pelo desmonte de 2017. Muitas foram as decisões monocráticas e colegiadas que se preocuparam com a questão temporal quando da aplicação da nova legislação. Foi possível observar, portanto, neste período de alguns meses de aprovação da "reforma" trabalhista, diversas decisões sobre o direito intertemporal, as normas que regem o processo do trabalho, sobretudo no que se refere à teoria do isolamento dos atos processuais e do princípio dos *tempus regit actum*, bem como da vedação da decisão surpresa. Tal entendimento foi acompanhado, inclusive, pela Instrução Normativa nº 41/2018[122] do Tribunal Superior do trabalho (TST). Especificamente no que diz respeito aos requisitos da petição inicial, destacamos a eficiência dos Tribunais Regionais do Trabalho em sedimentar uma jurisprudência no sentido de que a liquidação dos pedidos com a indicação do seu valor na peça inaugural só teria aplicabilidade nas ações distribuídas após 11 de novembro de 2017, declarando o equívoco que era a extinção do processo sem análise de mérito em tais hipóteses. Não é demais registrar que a alteração trazida pela "reforma" jamais exigiu a liquidação dos pedidos na petição inicial. Nos termos do artigo 840 da CLT alterada pela "reforma", a exigência literal prevista em seu §1º é a de que a petição inicial deverá conter o pedido com a indicação de seu valor. Por óbvio, a indicação do valor não deve ser confundir com a figura da liquidação dos pedidos, realizada na fase de execução, pois só se pode fazer com exatidão após a instrução processual e a juntada de todos os documentos por parte da reclamada em uma determinada reclamação trabalhista. No que diz respeito à discussão sobre a assistência judiciária gratuita, possibilidade de utilização da arbitragem no processo do trabalho, prescrição intercorrente, terceirização irrestrita, homologação de acordo extrajudicial na Justiça do trabalho e acordo individual de banco de horas também foi sensível, como já reportado anteriormente. Evidentemente, as alterações trazidas pela Lei 13.467/2017 foram extremamente substanciais para a interpretação e aplicação do direito do trabalho e do processo do trabalho na esfera judicial. Óbvio seria que a Justiça do Trabalho teria de se manifestar sobre as formas de releitura e subsunção de um texto normativo extremamente

---

122 Art. 1º. A aplicação das normas processuais previstas nas Consolidações das Leis do Trabalho, alteradas pela Lei nº 13.467, de julho de 2017, com eficácia a partir de 11 de novembro de 2017, é imediata, sem atingir, no entanto, situações pretéritas iniciadas ou consolidadas sob a égide da lei revogada.

contraditório, mal redigido, atentatório à condição de sobrevivência legal da classe trabalhadora e que afronta diretamente vários dos princípios sobre o qual se ergueu o edifício do Direito do Trabalho. Há muito de espaço aberto ainda para a produção jurisprudencial e doutrinária, considerando que não temos nem um ano de vigência da "reforma" trabalhista.

### 8.2 Doutrina

Tendo em vista os aspectos observados, a lógica de que o direito do trabalho surge em épocas de crise ganha destaque de maneira fortificada no atual momento vivido em nosso país. A reforma trabalhista, famigerada pelo setor empresarial brasileiro como a necessidade para o reencontro do crescimento econômico, veio com o objetivo bem delimitado: a desconstrução de certos direitos indisponíveis trabalhistas. Desde a gestante, que agora fica refém de laudos médicos frente à prática predatória de exploração da força de trabalho, até o Poder Judiciário Trabalhista, que pode ver suas mãos atadas diante de absurdos normativos por causa da criação do princípio da intervenção mínima na autonomia da vontade coletiva. Assim, a doutrina tece comentários duros, mas não injustos, quanto ao que dispõe a Lei nº 13.467, ressaltando aquilo que o legislador não se atentou ao promulgar a lei: a preservação da segurança jurídica, da isonomia e, principalmente, da constitucionalidade das normas, além do diálogo amigável das fontes normativas, já que a própria modificação celetista, por exemplo, nas questões da gratuidade e do dano extrapatrimonial, fere grotescamente toda uma órbita jurídica. A existência de crise, que supostamente necessitaria de um novo direito do trabalho para sumir, agrava a precarização no mundo do trabalho, como foi a introdução à força de figura alienígena ao Direito do Trabalho e já muito criticada em seu nascedouro, como é o caso do contrato intermitente. Não há que se aceitar discursos que se vangloriam de geração de emprego, de criação de postos de trabalho quando esses são preenchidos por empregado intermitente. Tampouco há como ter por legítima a ideia de que o empregado com um bom salário e detentor de diploma de ensino superior agora teria real poder de barganha com seu empregador pois é desconsiderar a realidade dos brasileiros, os verdadeiros excluídos da reforma. Por todo exposto, a Academia, aos olhos de muitos como reacionária, atravessa o achismo para chegar na dura realidade que se dispõe como uma grande tentativa de desregulamentação do direito do trabalho, retirada de direitos sociais e no direto confronto constitucional, tudo trazido pela Lei nº 13.467.

### 8.3 Legislação

É de conhecimento geral o fato de o ano de 2018 ter sido um grande marco temporal de ruptura institucional com a acepção jurídica do Direito do Trabalho no Brasil. Tendo marcado um período de crise democrática advinda do golpe parlamentar sofrido pelo país em 2016 com o impeachment da então presidenta eleita Dilma Rousseff, o Congresso Nacional, em um espaço muito curto de tempo adotou medidas legislativas que impuseram grande retrocesso para a classe trabalhadora, dentre elas a Lei nº 13.467/2017 e a posterior Medida Provisória nº 808/2018 (não mais em vigor), que passaram a ser conhecidas como "Reforma" Trabalhista. Tal previsão legislativa, como já profundamente abordado, revelou as verdadeiras intenções da classe burguesa brasileira, que não mais mediada pela maioria dos partidos progressistas no Congresso, encontrou uma liberdade ímpar para impor medidas de austeridade, principalmente no que tange ao Direito do Trabalho. De forma a dar inveja aos maiores recordistas do Guinness Book, a Lei nº 13.467/2017 foi aprovada em um intervalo de aproximadamente 7 meses desde a sua apresentação, em maio de 2017[123]. Esta pressa na aprovação do referido texto, já transformada em norma jurídica, demonstra o desespero da classe burguesa em aproveitar o momento de exceção estabelecido por ela no Brasil para impor lei que esmaga, estrangula e escraviza a classe operária. Não se limitou a isso mas também buscou imobilizar o Judiciário Trabalhista, sendo a maior prova disso ter a malícia de criar um dispositivo na redação da nova CLT prevendo que a Justiça do Trabalho, no exame da Conven-

123 Projeto de Lei da Câmara n° 38, de 2017. Disponível em: <https://www25.senado.leg.br/web/atividade/materias/-/materia/129049>. Acesso em: 03 de Ago. de 2018.

ção Coletiva do Trabalho, analisará exclusivamente a validade do negócio jurídico e balizará sua atuação pelo **princípio da intervenção mínima** na autonomia da vontade coletiva (artigo 8º, § 3º da CLT). Desta maneira, o legislador trouxe diversas medidas com o intuito de aprofundar a exploração da classe trabalhadora pela forma jurídica do direito, com normas de duvidosa constitucionalidade, sem se esquecer de ao tempo amordaçar a Justiça do Trabalho. Ou seja, a classe trabalhadora deve arcar com as mazelas do capitalismo e da "modernização das relações de trabalho" e, caso se sinta injustiçada e procure defender seus direitos, deve sofrer os riscos de ter que pagar honorários de sucumbência ao lado empregador por bater às portas de uma Justiça do Trabalho algemada pela burguesia. A cada dia, torna-se mais verdadeira a afirmação de Bernard Edelman de que não existe um direito do trabalho operário. O que existe é um direito do trabalho traduzido e adaptado para a burguesia[124].

### 8.4 Mobilização dos trabalhadores

A Lei 13.467 de 2017 é um instituto que foi inserido no âmbito jurídico brasileiro acompanhado de muitas promessas envoltas de um aspecto positivo, que propagandeavam a melhora da vida dos trabalhadores, acompanhada da "volta" do crescimento da economia nacional. No entanto, essas promessas tinham o intuito de iludir o senso comum, e o que se revelou na realidade, foi que a reforma trabalhista gerou um panorama de insegurança jurídica e precariedade nas relações trabalhistas. Sobre isso, é importante reforçar a fragilização da negociação coletiva, pois os sindicatos vêm perdendo sua força. O número de acordos coletivos reduziu-se e é possível se observar um endurecimento da posição patronal, amparada pelo fim da ultratividade da norma coletiva, somado ao desinteresse da classe patronal em negociar, agora que não se prevê mais prejuízos em virtude disso. Outro reflexo da reforma trabalhista, ironicamente ao seu discurso oficial, foi o crescimento do desemprego, o que reflete negativamente na economia nacional. Além disso, é possível mencionar a notável queda de

124 EDELMAN, Bernard. "A legalização da classe operária", Editora Boitempo, 2016.

ações trabalhistas ajuizadas na Justiça do Trabalho ao longo desses meses, o que se traduz para a falta de representatividade e de legitimidade que o trabalhador passou a ter. Com relação aos setores representantes da classe trabalhadora, especialmente durante o período de tramitação da lei, observou-se uma dificuldade de organização para fazer frente à retirada de direitos, sendo a greve geral de abril de 2017 um ponto de destaque nesse contexto. O que se constatou com isso, com essa dificuldade, foi uma judicialização do conflito. Aliada à dificuldade de organização da classe trabalhadora em âmbitos não-jurídicos, os defensores da reforma, tentavam alienar a classe, a fim de que a mesma adotasse a conveniente bandeira do liberalismo. Se essa dificuldade se apresentou como uma questão no âmbito da vida em sociedade, por outro lado, nas redes sociais, houve uma unificação da massa trabalhadora, no sentido de se manifestar, e que, em sua maioria estava em conformidade. As redes sociais foram a instrumentalização que deu voz à massa que estava descontente com a reforma, de uma maneira geral. Além dela, algumas figuras mais expressivas no contexto social se manifestaram colaborando para fortalecer as vozes individuais, juntamente com órgãos vinculados à Justiça do Trabalho. Essa instrumentalização, no entanto, apesar de pulverizadora de nobres ideais, vem acompanhada de alguns agentes revestidos de um caráter maldoso, que pulverizam também falsas notícias, no intuito de confundir e de tirar a legitimidade de movimentos tão importantes. Analisando o ponto das manifestações no plano real, as greves, é necessário mencionar a realização de greves em razão de fatos políticos, que é assegurado pela Constituição e pela Lei 7.839/89, já que compete aos trabalhadores defender seus interesses por meio de greves. No entanto, manifestações com esse caráter foram consideradas abusivas pela Justiça. Sobre isso, é necessário entender que a greve é um demonstrativo essencial para se ajudar a compreender o momento político-sócio-econômico de determinado contexto, além de instrumento legítimo de reivindicação. A postura da Justiça do Trabalho face às mobilizações, por iniciativa da classe patronal, foi muito abusiva ao assinalar a ilegalidade das greves, cortando os salários dos grevistas e multando as entidades sindicais. Com isso, chegamos no seguinte contexto: a população viu a retirada de seus direitos por meio de uma lei aprovada em momento nebuloso, teve dificuldade em se organizar para fazer frente ao atropelo e, nas oportunidades em que foi efetiva essa organização, a Justiça do Trabalho, que deveria lhe servir de amparo, mostra a quais interesses serve, apresentando interpretação pela ilegitimidade dessas paralizações. Observa-se assim que o objetivo das alterações havidas é o de fragilizar e desorganizar a classe trabalhadora, impedindo sua unificação e seu reconhecimento enquanto tal.

### 8.5 Mobilização dos Atores Jurídicos e conjuntura Política, Social e Econômica

Em tempos conturbados, a leitura crítica e a ponderação histórica dos movimentos que originam e modificam a legislação pátria são tarefas indispensáveis na atuação dos operadores de direito dada a interligação dos diversos atores envolvidos na implementação de alterações significativas ao Direito do Trabalho, alterações estas, contidas, mas não exauridas, na Lei 13.467/2017, chamada de "Reforma" Trabalhista. A análise crítica do momento atual do Direito do Trabalho é eficaz antídoto à leitura distorcida da realidade contemporânea, proposta por diversos interesses políticos apoiados maciçamente pelos veículos midiáticos. Nesta época em que os resultados de mercado e as variações dos índices das bolsas de valores são acompanhados com fervor por jornais escritos e televisivos, cabe ao Estado a responsabilidade de impedir que a centralização de prioridades monetárias não recaia sobre direitos sociais de seus cidadãos ao ponto de colocar a própria dignidade da pessoa humana na berlinda. Não à toa, essas mudanças na legislação trabalhista ocorrem no hiato democrático pós golpe de 2015. O apoio popular não foi a tônica das recentes mudanças da legislação do trabalho; a narrativa oficial de todo o processo de aprovação da Lei 13.467/2017, por sua vez, além de parcial, teve evidente intenção de excluir os sindicatos obreiros, sobre os quais se impôs a extinção da contribuição obrigatória, enfraquecendo qualquer possibilidade de reação sindical do trabalho. Como já abordamos além de contar com o Judiciário para o controle asfixiante dos momentos paradistas, a invisibilização das greves e das paralisações foram garantidas nos noticiários, inclusive quanto às repressões agressivas atos classificados como vandalismo, sem qualquer aprofundamento sobre o motivo essencial do descontentamento popular. Por seu turno, os sindicatos patronais tiveram atuação forte e marcada na aprovação da reforma, não encontrando problema com a retirada da contribuição obrigatória, já que receptores de considerável repasse ao chamado sistema 'S'. Em que pesem as fundamentadas oposições advindas de diversos segmentos, como a Ordem dos Advogados do Brasil – OAB, Associações de Magistrados do Trabalho e Ministério Público do Trabalho, apontando contradições ao texto constitucional, não houve sucesso em influenciar o processo legislativo; contudo, ainda há, hoje, ADIs contra alguns pontos da reforma em análise no Supremo Tribunal Federal. Sendo assim, apesar do cenário temeroso, a própria instabilidade gera plasticidade, no sentido de que a sedimentação da nova legislação não poderá fugir ao processo democrático. As edições midiáticas e manipulações políticas não têm o alcance de camuflar o efetivo retrocesso, já sentido pelos que compõem a classe trabalhadora e pela própria economia. Deste modo, a realidade cuidará de focalizar corretamente as lentes distorcidas utilizadas para aprovação legislativa.

### 8.6 Conjuntura

2018 começou triste, com o silenciamento de Marielle Franco, terminou de modo amargo, com a vitória de um projeto que entrega as riquezas nacionais e retira direitos sociais da classe trabalhadora brasileira para permitir a ampliação da exploração do Brasil e dos brasileiros pelo capital internacional.

2019, por sua vez, teve início com demonstrações das limitações e contradições do novo governo eleito e duas grandes tragédias que geraram comoção nacional, ambas relacionadas ao mundo do trabalho: o incêndio do Centro de Treinamento do Flamengo, conhecido como Ninho do Urubu, vitimando 10 jovens aspirantes a atletas profissionais, e o rompimento da barragem de Brumadinho, com mais de 170 mortos computados. É de se ressaltar que não ultrapassamos o primeiro trimestre e já há dois escândalos relacionando o filho e a esposa do presidente eleito, bem como o partido pelo qual se elegeu com corrupção, lavagem de dinheiro, milícia e caixa dois.

Apesar de ainda se manter em muitos o discurso de defesa cega ao governo recém eleito, o fato é que cobranças por explicações começam a ser feitas. "Quem matou Marielle Franco?", "cadê o Queiroz?" e "Bolsonaro me traiu", são frases que, de tão ouvidas no início deste ano, ecoam nos espaços de luta e entre os comprometidos com as mudanças necessárias a garantia dos direitos capazes de manter a dignidade da pessoa humana e o patamar mínimo civilizatório.

Falta ganhar corações e mentes para avançar às ruas, é verdade. No entanto, ante a agenda antipopular do governo no Congresso Nacional (que conta, principalmente, com a PEC 6/2019, a reforma da previdência), ameaças a instituições como a Justiça do Trabalho, bem como ao fato de parte da classe trabalhadora começar a sentir os impactos concretos em suas vidas de terem eleito Presidente da República um ultraliberal - que defende os interesses imperialistas e não nacionais -, o resultado da flexibilização de jornadas pela precarização das condições contratuais e o que significa, em termos práticos, o acordado sobre o legislado, podemos acabar a chegando a um cenário de conflitos e revoltas pela dor e desesperança, como única forma de se buscar garantir humanidade.

No cenário temerário que se anuncia à classe trabalhadora como um todo, a busca da proteção constitucional à Dignidade da Pessoa Humana e de Patamares Civilizatórios Mínimos talvez se mostre insuficiente, lhe impondo a responder questão que há muito emerge para negras, negros e mulheres (vitimados a mais tempo pelas condições precárias positivadas no último período): resistência ou precarização?

## 9. REFERÊNCIAS BIBILIOGRÁFICAS

ALVES, Giovanni. O Novo (e Precário) Mundo do Trabalho – Reestruturação Produtiva e Crise do Sindicalismo. Boitempo editorial. 2000.

ANTUNES, Ricardo. "O caráter polissêmico e multifacetado do mundo do trabalho." In: http://www.scielo.br/pdf/tes/v1n2/04.pdf. Último acesso em 08 de setembro de 2018.

AZEVEDO, Fernando Antônio. A grande imprensa brasileira: parcialidade política e antipetismo (1989-2014). São Carlos: EdUFSCar, 2017.

BABOIN, José Carlos de Carvalho. O tratamento jurisprudencial da greve política no Brasil. Dissertação (mestrado) São Paulo: USP, 2013.

BATISTA, Flávio Roberto. Em busca de um método para a produção de conhecimento sobre a greve, o materialismo histórico-dialético e sua relação com a empiria. INSURGÊNCIA: REVISTA DE DIREITOS E MOVIMENTOS SOCIAIS, v. 2.

BIROLI, Flávia; MIGUEL, Luis Felipe. A produção da imparcialidade: a construção do discurso universal a partir da perspectiva jornalística. Revista Brasileira de Ciências Sociais. v. 25, n. 73, p. 59-76, 2010.

BOBBIO, Norberto. Direito e poder. São Paulo: UNESP, 2008, p. 196.

BRASIL. Decreto nº 9.345, de 16 de abril de 2018. Regulamenta o § 5º do art. 198 da Constituição Federal, dispõe sobre o aproveitamento de pessoal amparado pelo parágrafo único do art. 2º da Emenda Constitucional nº 51, de 14 de fevereiro de 2006, e dá outras providências. **Diário Oficial da União**, Brasília, DF. 6 de out. 2006. Seção 1. pag. 1.

BRASIL. Decreto nº 99.684, de 8 de novembro de 1990, Consolida as normas regulamentares do Fundo de Garantia do Tempo de Serviço - FGTS. **Diário Oficial da União**, Brasília, DF. 12 de nov. 1990. Seção 1. Pag. 21504.

BRASIL. Lei nº 11.350, de 5 de outubro de 2006. Regulamenta o § 5º do art. 198 da Constituição Federal, dispõe sobre o aproveitamento de pessoal amparado pelo parágrafo único do art. 2º da Emenda Constitucional nº 51, de 14 de fevereiro de 2006, e dá outras providências. **Diário Oficial da União**, Brasília, DF. 6 de out. 2006. Seção 1. Pag. 1.

BRASIL. Lei nº 13.467, de 13 de julho de 2017.Altera a Consolidação das Leis do Trabalho (CLT), aprovada pelo Decreto-Lei nº 5.452, de 1º de maio de 1943, e as Leis nºs 6.019, de 3 de janeiro de 1974, 8.036, de 11 de maio de 1990, e 8.212, de 24 de julho de 1991, a fim de adequar a legislação às novas relações de trabalho. **Diário Oficial da União**, Brasília, DF. 14 de jul de 2017. Col. 1. Pag. 1.

BRASIL. Lei nº 13.595, de 05 de janeiro de 2018. Altera a Lei nº 11.350, de 5 de outubro de 2006, para dispor sobre a reformulação das atribuições, a jornada e as condições de trabalho, o grau de formação profissional, os cursos de formação técnica e continuada e a indenização de transporte dos profissionais Agentes Comunitários de Saúde e Agentes de Combate às Endemias. **Diário Oficial da União**, Brasília, DF. 8 de jan. de 2018. Seção 1. Pag. 1.

BRASIL. Lei nº 13.601, de 9 de janeiro de 2018. Regulamenta o exercício da profissão de Técnico em Biblioteconomia. **Diário Oficial da União**, Brasília, DF. 10 de jan. de 2018 . Seção 1. Pag. 1.

BRASIL. Lei nº 13.629, de 16 de janeiro de 2018. **Declara o advogado Luiz Gama Patrono da Abolição da Escravidão do Brasil. Diário Oficial da União**, Brasília, DF. 16 de jan. de 2018 . Seção 1. Pag. 1.

BRASIL. Lei nº 13.653, de 18 de abril de 2018. **Dispõe sobre a regulamentação da profissão de arqueólogo e dá outras providências. Diário Oficial da União**, Brasília, DF. 19 de abr. de 2018 . Seção 1. Pag. 2.

BRASIL. Lei nº 13.660, de 08 de maio de 2018. Altera o § 2º do art. 819 da Consolidação das Leis do Trabalho - CLT, aprovada pelo Decreto-Lei nº 5.452, de 1º de maio de 1943, para dispor sobre o pagamento dos honorários de intérprete judicial. **Diário Oficial da União**, Brasília, DF. 9 de maio de 2018 . Seção 1. Pag. 2.

BRASIL. Lei nº 13.667, de 17 de maio de 2018. Dispõe sobre o Sistema Nacional de Emprego (Sine), criado pelo Decreto nº 76.403, de 8 de outubro de 1975. **Diário Oficial da União**, Brasília, DF. 18 de maio de 2018 . Seção 1. Pag. 2.

BRASIL. Lei nº 13.695, de 12 de julho de 2018. Regulamenta a profissão de corretor de moda. **Diário Oficial da União**, Brasília, DF. 13 de jul de 2018 . Seção 1. Pag. 2.

BRASIL. Lei nº 13.691, de 10 de julho de 2018. **Dispõe sobre o exercício da profissão de físico e dá outras providências. Diário Oficial da União**, Brasília, DF. 11 de jul de 2018 . Seção 1. Pag. 2.

BRASIL. Medida Provisória nº 808, de 14 de novembro de 2017. Altera a Consolidação das Leis do Trabalho - CLT, aprovada pelo Decreto-Lei nº 5.452, de 1º de maio de 1943. **Diário Oficial da União**, Brasília, DF. 14 de nov. de 2017 . Seção 1. Edição extra. Pag. 1.

BRASIL. Ministério do Trabalho. Portaria nº 349, de 23 de maio de 2018. **Diário Oficial da União**, Brasília, DF. 24 mar. De 2018.

CARVALHO, Sandro Sacchet de. Uma visão geral sobre a reforma trabalhista. Mercado de Trabalho, n. 63, p. 81-94, 2017.

CASSAR, Vólia Bonfim. Comentários à Reforma Trabalhista. Rio de Janeiro: Forense, 2017, p. 5.

CHAUI, Marilena. A nova classe trabalhadora brasileira e ascensão do conservadorismo. Por que gritamos golpe?: para entender o impeachment e a crise/ André Singer... [et. All]; organização Ivana Jinkings, Kim Doria, Murilo Cleto;. – 1 ed. – São Paulo: Boitempo, 2016, p. 17.

CORRÊA DA COSTA, Mila Batista Leite; SENA, Adriana Goulart de. Ensino jurídico: resolução de conflitos e educação para a alteridade. Revista da Faculdade de Direito UFMG, n. 56, p. 11-32, 2010.

CORREIA, Marcus Orione Gonçalves. A legalização da classe trabalhadora – uma leitura a partir do recorte da luta de classes. In: SIQUEIRA, Germano et al. (orgs.). Direito do Trabalho: releituras, resistência. São Paulo: LTr, 2017.

DELGADO, Maurício Godinho. DELGADO, Gabriela Neves. A reforma trabalhista no Brasil: com os comentários à Lei 13.467/2017. – São Paulo: LTr, 2017, pp.39-40.

DIEESE. Balanço das greves de 2016. São Paulo, dez. 2015. (Estudos e Pesquisas, 79). Disponível em: https://www.dieese.org.br/balancodasgreves/2013/estPesq79balanco greves2013.html. Acesso em: 25 ago. 2018

DIEESE. Boletim de conjuntura 014 de 2018. São Paulo, maio. 2018. Disponível em: https://www.dieese.org.br/boletimdeconjuntura/2018/boletimConjuntura014.pdf. Último acesso em 09/09/2018.

EDELMAN, Bernard. A legalização da classe operária. São Paulo: Boitempo, 2016.

FRANCO FILHO, Georgenor de Sousa. A próxima reforma trabalhista. Revista do Tribunal Regional do Trabalho da 9ª Região, v. 7, n. 62, p. 48-54, 2017.

FIGUEIREDO, Patrícia; MORAES, Maurício. Imprecisões cercam argumentos a favor da reforma trabalhista. Disponível em: <https://apublica.org/2017/06/truco-imprecisoes-cercam-argumentos-a-favor-da-reforma-trabalhista>. Acesso em: 3 de agosto de 2018.

IBGE. Pesquisa Nacional por Amostra de Domicílios – 2015. Disponível em: <https://ww2.ibge.gov.br/home/estatistica/populacao/trabalhoerendimento/pnad2015/default.shtm>. Último acesso em 09/09/2018.

NOBLAT, Ricardo. A arte de fazer um jornal diário. São Paulo: Contexto, 2010, p. 21-22.

MARTINEZ, Luciano. Condutas antissindicais. São Paulo: Saraiva, 2013.

OLIVEIRA, Giuliano Contento de e VAZQUEZ, Daniel Arias. Florestan Fernandes e o capitalismo dependente: elementos para a interpretação do Brasil. Disponível em: <http://www.revistaoikos.org/seer/index.php/oikos/article/viewFile/192/133>. Último acesso em 08 de setembro de 2018.

SILVA, José Afonso da. Curso de direito constitucional positivo. 37ª edição. São Paulo: Malheiros, 2014. p. 307.

SILVA, Homero Batista Mateus. Comentários à Reforma Trabalhista (e-book). São Paulo: Editora Revista dos Tribunais, 2017, p. 7.

SOUTO MAIOR, Jorge Luiz e SEVERO, Valdete Souto. "Resistência: Aportes teóricos contra o retrocesso trabalhista". Expressão Popular. 2017

______________, Jorge Luiz. História do Direito do Trabalho no Brasil: curso de direito do trabalho, volume I: Parte II/ Jorge Luiz Souto Maior. – São Paulo: LTr, 2017, p. 698.

______________, Jorge Luiz. A quem interessa a "reforma" trabalhista? Disponível em: <https://www.jorgesoutomaior.com/blog/a-quem-interessa-essa-reforma-trabalhista>. Acesso em 3 de agosto de 2018.

______________, Jorge Luiz Souto. A "reforma" trabalhista era para retirar direitos, reconhecem os "donos da bola". Disponível em: <https://www.jorgesoutomaior.com/blog/a-reforma-trabalhista-era-para-retirar-direitos-reconhecem-os-donos-da-bola>. Acesso em: 3 de agosto de 2018.